आर. गुप्ता® कृत

पॉपुलर मास्टर गाइड

# DDA

**Delhi Development Authority**

# पटवारी

एवं

# स्टेनोग्राफर (ग्रेड 'D')

## भर्ती परीक्षा

**RPH** संपादक मंडल द्वारा संपादित

**2026**
EDITION

रमेश पब्लिशिंग हाउस, नई दिल्ली

*प्रकाशक*

ओ॰पी॰ गुप्ता, **रमेश पब्लिशिंग हाउस**

*प्रशासनिक कार्यालय*

12-H, न्यू दरियागंज रोड, ऑफिसर्स मेस के सामने,
नई दिल्ली-110002 ☏ 23275224, 23245124

**E-mail:** info@rameshpublishinghouse.com
**For Online Shopping:** www.rameshpublishinghouse.com

*विक्रय केन्द्र*

- बालाजी मार्किट, नई सड़क, दिल्ली-6 ☏ 23253720, 23282525
- 4457, नई सड़क, दिल्ली-6, ☏ 23918938



**Book Code: R-1290**

**ISBN: 978-81-7812-980-8**

**मूल्यः ₹ 310**

**मुद्रकः** बी.के. ऑफसैट, दिल्ली

# अनुक्रमणिका

# Scheme of Examination

## FOR THE POST OF PATWARI

- 2 stage Online Examination (Objective Multiple Choice Questions).
- **Stage I (Preliminary) : General Awareness, General Intelligence & Reasoning Ability, Arithmetical & Numerical Ability, Hindi & English** (Language & Comprehension) and Basic Computer Knowledge (120 questions/120 marks of 2 Hours duration).
- **Stage II (Main) : General Awareness** (Special Emphasis on Delhi), **General Intelligence & Reasoning Ability, Arithmetical & Numerical Ability, English Language & Comprehension, Hindi** or **Urdu Language and Comprehension, Basic Computer Knowledge** (200 questions/200 marks of 2 hours duration).
- Stage I will be only for screening of the candidates for Stage II. Further final merit for selection of the candidates will be prepared on the basis of marks obtained by the candidates in Stage II examination only.

## FOR THE POST OF STENOGRAPHER GRADE 'D'

- Single Stage Online Examination (Objective Multiple Choice Questions) followed by Skill Test.
- **General Intelligence & Reasoning** (50 questions of 50 marks), **General Awareness** (50 questions of 50 marks) and **English Language & Comprehension** (100 questions of 100 marks) for 2 Hours duration followed by Skill Test.
- **Skill Test :** The Candidates will have to appear for the **Stenography Test.** The candidates will be given one dictation for 10 minutes in **English/Hindi** at the speed of 80 w.p.m. The matter will have to be transcribed on computer only. The transcription time is as follows:
  50 minutes (English) 65 minutes (Hindi).
- There is no exemption from skill test for any category of candidates. Candidates who opt to take the Stenography Test in Hindi will be required to learn English Stenography and vice versa after their appointment. VH candidates will be required to transcribe the matter in 75 minutes for English Shorthand or in 100 minutes for Hindi Shorthand.
- Candidates will be shortlisted for the skill test on the basis of their performance in the online examination. The merit list will be prepared on the basis of marks secured by the candidate in the online examination in respect of only those candidates who qualify in the skill test.

***Note :***

- The standard and syllabus of the Online Examination will be of the level of prescribed minimum qualification. The medium of the Online examination will be Hindi/English only for all posts.

---

पिछले प्रश्न-पत्र

# दिल्ली विकास प्राधिकरण (DDA)

# पटवारी भर्ती परीक्षा, 2023

(Exam held on 19-08-2023)

## सामान्य ज्ञान

**1.** स्क्वैश विश्व कप 2023 ______ में आयोजित किया गया था।

A. बेंगलुरु　　B. अहमदाबाद
C. हैदराबाद　　D. चेन्नई

**2.** 2011 की जनगणना के अनुसार, निम्नलिखित में से किस राज्य में स्त्री साक्षरता दर 80 प्रतिशत से अधिक है?

I. मिजोरम　　II. त्रिपुरा
A. ना ही I न ही II　　B. I तथा II दोनों
C. केवल I　　D. केवल II

**3.** रामकृष्ण मिशन की स्थापना ______ में हुई थी।

A. 1877　　B. 1897
C. 1907　　D. 1887

**4.** भारतीय संविधान के अनुसार, राष्ट्रीय ध्वज और राष्ट्रगान का आदर करना एक ______ है।

A. संवैधानिक नैतिकता
B. मूल अधिकार
C. राज्य नीति के निदेशक तत्व
D. मूल कर्तव्य

**5.** चिल्का झील निम्नलिखित में से किस नदी डेल्टा के दक्षिण में स्थित है?

A. महानदी डेल्टा　　B. गोदावरी डेल्टा
C. कृष्णा डेल्टा　　D. कावेरी डेल्टा

**6.** 2022 के लिए राष्ट्रीय प्रतिरक्षीकरण कवरेज के लिए WHO और यूनिसेफ के आकलन के अनुसार, भारत में डिप्थीरिया, पर्टुसिस और टेटनस टीकों की तीसरी खुराक DPT3 की कवरेज दर ______ थी।

A. 95 प्रतिशत　　B. 91 प्रतिशत
C. 85 प्रतिशत　　D. 93 प्रतिशत

**7.** निम्नलिखित में से कौन-सा/से त्योहार भारत में क्षेत्रीय नव वर्ष दिवस के उत्सव से संबंधित है/हैं?

I. गुड़ी पड़वा
II. पोइला बैशाख
A. केवल II　　B. केवल I
C. I तथा II दोनों　　D. ना ही I न ही II

**8.** प्रधानमंत्री फसल बीमा योजना के संदर्भ में निम्नलिखित में से कौन-सा कथन सही है?

I. यह योजना अक्टूबर 2018 में शुरू की गई थी।
II. इस योजना में सभी खाद्य और तिलहन फसलें तथा वार्षिक वाणिज्यिक/बागवानी फसलें शामिल हैं।
A. I तथा II दोनों　　B. ना ही I ना ही II
C. केवल II　　D. केवल I

| 1. D | 2. B | 3. B | 4. D | 5. A | 6. D | 7. C | 8. C |
|---|---|---|---|---|---|---|---|

9. हिमतरंगिनी पुस्तक के लेखक कौन है?
A. मदन मोहन मालवीय
B. रवीन्द्रनाथ टैगोर
C. माखन लाल चतुर्वेदी
D. अटल बिहारी वाजपेयी

10. वह प्रक्रिया जिसके द्वारा कार्बन डाइऑक्साइड या ऑक्सीजन जैसे पदार्थ कोशिका झिल्ली के पार जा सकते हैं, _______ कहलाती है।
A. बिंदुस्राव B. स्वेद
C. परासरण D. प्रसार

11. निम्नलिखित में से 'खिलाड़ी–खेल' का कौन-सा युग्म सही सुमेलित है?
I. भक्ति प्रदीप कुलकर्णी – शतरंज
II. सागर कैलास ओव्हालकर – निशानेबाजी
A. ना ही I न ही II B. केवल I
C. I तथा II दोनों D. केवल II

12. माँग वक्र के ऋणात्मक ढाल को निम्नलिखित में से किस आधार पर समझाया जा सकता है?
I. प्रतिस्थापन प्रभाव
II. आय प्रभाव
A. केवल II B. ना ही I ना ही II
C. केवल I D. I तथा II दोनों

13. रश्मी चौधरी ने किस भाषा के लिए साहित्य अकादमी पुरस्कार 2022 जीता?
A. डोगरी B. बोडो
C. गुजराती D. उड़िया

14. किस राज्य सरकार ने स्कूल में बड़े पैमाने पर परिवर्तन के लिए जुलाई 2022 में नीति आयोग के साथ त्रिपक्षीय समझौता ज्ञापन (MoU) पर हस्ताक्षर किए?
A. हिमाचल प्रदेश B. उत्तर प्रदेश
C. मध्य प्रदेश D. अरुणाचल प्रदेश

15. अतिरिक्त उपभोग और अतिरिक्त आय के अनुपात को _______ कहा जाता है।
A. सीमांत बचत प्रवृत्ति B. प्रत्याशित उपभोग
C. औसत बचत प्रवृत्ति D. सीमांत उपभोग प्रवृत्ति

16. भारत के राष्ट्रपति के रूप में निर्वाचन के लिए निम्नलिखित में से कौन-सी योग्यता आवश्यक है?
I. उसका जन्म भारत से बाहर होना चाहिए।
II. वह लोक सभा का सदस्य बनने के योग्य होना चाहिए।
A. I तथा II दोनों B. केवल I
C. केवल II D. ना ही I ना ही II

17. निम्नलिखित में से कौन-सी भाषा द्रविड़ भाषा परिवार से संबंधित है?
I. कोरवा
II. तुलू
A. केवल II B. केवल I
C. I तथा II दोनों D. ना ही I न ही II

18. निम्नलिखित में से कौन-से वृक्ष मैंग्रोव वनों में पाए जाते हैं?
A. सुंदरी B. नागफनी
C. देवदार D. अर्जुन

19. निम्नलिखित में से कौन-सा भारत के उच्चतम न्यायालय द्वारा जारी रिट नहीं है?
A. प्रतिषेध B. प्रथम दृष्टया
C. अधिकार पृच्छा D. उत्प्रेषण

20. बंगाल के निम्नलिखित नवाबों को सही कालानुक्रमिक क्रम में व्यवस्थित करें।
I. अली वर्दी खान
II. मुर्शिद कुली खान
III. सिराजुद्दौला
A. II, I, III B. I, II, III
C. I, III, II D. II, III, I

| | | | | | |
|---|---|---|---|---|---|
| **9.** C | **10.** D | **11.** B | **12.** D | **13.** B | **14.** D |
| **15.** D | **16.** C | **17.** A | **18.** A | **19.** B | **20.** A |

# सामान्य बुद्धिमत्ता एवं तार्किक क्षमता

**21.** नीचे दिए गए प्रश्न में, कथनों में विभिन्न अवयवों के बीच संबंध दर्शाए गए हैं। इन कथनों के बाद दो निष्कर्ष दिए गए हैं। उत्तर दीजिये:

**कथनः** $G \leq J < T; N \geq K = P; N = E > G$

**निष्कर्षः**

I. $G < T$
II. $K < G$

A. यदि निष्कर्ष I और II दोनों सत्य हैं
B. यदि केवल निष्कर्ष II सत्य है
C. यदि न तो निष्कर्ष I और न ही निष्कर्ष II सत्य है
D. यदि केवल निष्कर्ष I सत्य है

**22.** नीचे दिए गए प्रश्न में कथनों में विभिन्न अवयवों के बीच संबंध दर्शाए गए हैं। इन कथनों के बाद दो निष्कर्ष दिए गए हैं। उत्तर दीजिये:

**कथनः** $P > Q \geq R; T = N > E > R$

**निष्कर्षः**

I. $P > R$
II. $T > Q$

A. यदि न तो निष्कर्ष I और न ही निष्कर्ष II सत्य है
B. यदि निष्कर्ष I और II दोनों सत्य हैं
C. यदि केवल निष्कर्ष I सत्य है
D. यदि केवल निष्कर्ष II सत्य है

**23.** सात महिलाएँ A, B, C, D, E, F तथा G केंद्र के विपरीत मुख करके एक वृत्ताकार मेज के इर्द-गिर्द बैठी हुई हैं (जरूरी नहीं की इसी क्रम में हो)। G, C के दायीं ओर दूसरे स्थान पर है। F, C के तुरंत दायीं ओर है। A, E के दायीं ओर तीसरे स्थान पर है। B, D तथा E की निकटतम पड़ोसी है। निम्नलिखित में से कौन-सा/से कथन सही है/हैं?

I. B, E के तुरंत दायी ओर है।
II. G, A के दायीं ओर तीसरे स्थान पर है।

A. ना ही I ना ही II  B. केवल II
C. I तथा II दोनों  D. केवल I

**24.** नीचे दिए गए प्रश्न में, चार अक्षर युग्म दिए गए हैं। (–) के बायीं ओर दिये गये अक्षर (–) के दायीं ओर दिये गये अक्षर से किसी तर्क/नियम/संबंध से संबंधित है। तीन उसी एक तर्क/नियम/संबंध के आधार पर समान हैं। दिए गए विकल्पों में से विषम को चुनिए।

A. PDTV–TFVY  B. TFAL–VHCN
C. DPKV–FRMK  D. JYQB–LASD

**25.** किन दो संख्याओं को आपस में परस्पर बदलने के पश्चात्, दिये गए समीकरण का मान '71' होगा?

$9 \times 7 - 8 \div 1 + 6$

A. 8 तथा 6  B. 8 तथा 9
C. 7 तथा 8  D. 7 तथा 6

**26.** 'P $ Q' का अर्थ 'P, Q का पिता है', 'P # Q' का अर्थ 'P, Q की माता है', 'P * Q' का अर्थ 'P, Q की बहन है', यदि 'N # L $ X * Q' है, तो Q, N से किस प्रकार संबंधित है?

A. आंकड़े अपर्याप्त  B. भांजा
C. पोती  D. पोता

**27.** नीचे दिए गए प्रश्न में, चार अक्षर युग्म दिए गए हैं। (–) के बायीं ओर दिये गये अक्षर (–) के दायीं ओर दिये गये अक्षर से किसी तर्क/नियम/संबंध से संबंधित है। तीन उसी एक तर्क/नियम/संबंध के आधार पर समान हैं। दिए गए विकल्पों में से विषम को चुनिए।

A. LRTJ–OUWN
B. MBXG–PEAJ
C. WLHQ–ZOKT
D. CRNW–FUQZ

| 21. D | 22. C | 23. C | 24. A | 25. C | 26. A | 27. A |
|---|---|---|---|---|---|---|

**28.** A, B का भाई है। B, C की बहन है। C, D का पिता है। D, E की पत्नी है। E, F का पिता है। F, G का पति है। परिवार में कितनी महिलाएँ हैं?

A. 1 B. 2
C. 3 D. 4

**29.** निम्नलिखित प्रश्न में, दिए गए विकल्पों में से प्रश्न चिह्न (?) के स्थान पर आने वाली आकृति को चुनिए।

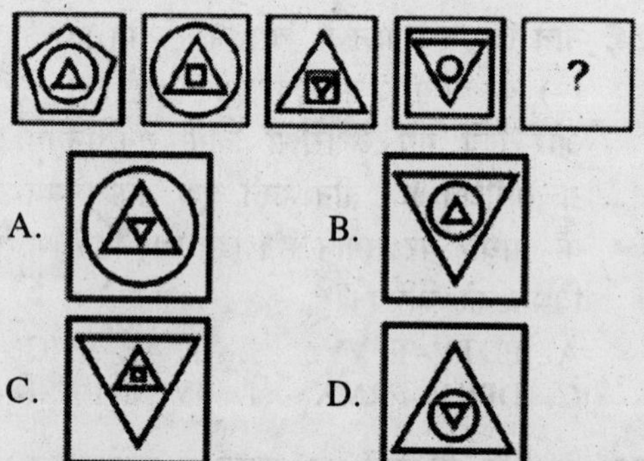

**30.** 6 लड़के A, B, C, D, E और F एक छह मंजिला इमारत में रहते हैं। सबसे निचली मंजिल की संख्या 1 है उसके ऊपर की मंजिल की संख्या 2 है और इसी प्रकार सबसे ऊपरी मंजिल तक की संख्या 6 है। कोई भी दो व्यक्ति एक ही मंजिल पर नहीं रहते हैं। F विषम संख्या वाली मंजिल पर रहता है। A और B के बीच तीन व्यक्ति रहते है। केवल A और F, D के ऊपर रहते हैं। C अभाज्य संख्या वाली मंजिल पर रहता है। C के ठीक ऊपर कौन रहता है?

A. F B. D
C. B D. A

**31.** किन दो संख्याओं को आपस में परस्पर बदलने के पश्चात, दिये गए समीकरण का मान '14' होगा?

$3 \times 5 + 4 - 6 \div 2$

A. 4 तथा 2
B. 2 तथा 3
C. 5 तथा 4
D. 4 तथा 3

**32.** कौन-सी आकृति दी गई आकृतियों के समान है?

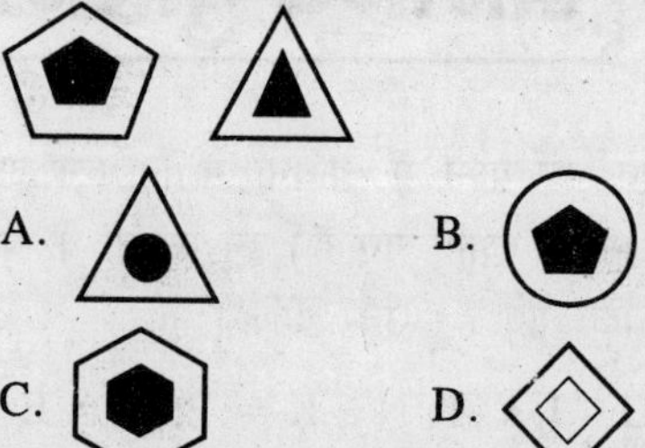

**33.** सात मजदूर P, Q, R, S, T, U तथा V केंद्र की ओर मुख करके एक वृत्ताकार मेज के इर्द-गिर्द बैठे हुए हैं (जरूरी नहीं की इसी क्रम में हो)। Q, T के दायीं ओर दूसरे स्थान पर है। U, Q तथा V दोनों का निकटतम पड़ोसी है। P, T तथा S दोनों का निकटतम पड़ोसी है। P के बायीं ओर दूसरे स्थान पर कौन है?

A. R B. Q
C. U D. V

**34.** निम्नलिखित प्रश्न में दिए गए विकल्पों में से संबंधित अक्षरों को चुनिए।

MY : HT :: KW : ?

A. NO
B. FR
C. OS
D. RP

**35.** निम्नलिखित प्रश्न में दी गई शृंखला में से लुप्त अंक ज्ञात कीजिए।

2, 2, 3, 5.5, 12, ?

A. 28 B. 27
C. 25 D. 31

**36.** निम्नलिखित प्रश्न में दी गई शृंखला में से लुप्त अंक ज्ञात कीजिए।

1, 2, 8, 25, 66, ?

A. 168 B. 157
C. 160 D. 161

| 28. C | 29. B | 30. B | 31. C | 32. C | 33. D | 34. B | 35. D | 36. B |
|---|---|---|---|---|---|---|---|---|

**37.** नीचे दी गई अक्षर-प्रतीक से बनी स्ट्रिंग पर विचार करें। दाएं से छठे तत्व के बायीं ओर 12वां तत्व कौन-सा अक्षर/प्रतीक होगा?

%*RR*SSS*RSR*S*R*%**%SS%*

A. S　　B. R
C. %　　D. *

**38.** निम्नलिखित प्रश्न में दिए गए विकल्पों में से संबंधित अक्षर युग्म को चुनिए।

TCE : PYA :: ?

A. APO : POZ　　B. ABC : DKM
C. OXB : KTX　　D. ZOL : HUC

**39.** नीचे दिए गए प्रश्न में कुछ कथन और उनके बाद उन कथनों पर आधारित कुछ निष्कर्ष दिए गए हैं। दिए गए कथनों को सही माने, चाहे उनमें सामान्य ज्ञात तथ्यों से भिन्नता हो। सभी निष्कर्ष पढ़ें और फिर निर्धारित करें कि दिए गए कौन-से निष्कर्ष, दिए गए कथनों के आधार पर युक्तिसंगत हैं।

**कथनः**

I. सभी Q, Y हैं।
II. कुछ Y, A हैं।

**निष्कर्षः**

I. कुछ A, Q नहीं है।
II. कुछ Y, Q नहीं हैं।
III. कुछ Q, Y हैं।

A. दोनों निष्कर्ष II तथा III अनुसरण करते हैं
B. केवल निष्कर्ष III अनुसरण करता है
C. दोनों निष्कर्ष I तथा III अनुसरण करते हैं
D. सभी निष्कर्ष अनुसरण करते हैं

**40.** एक अनुक्रम दिया गया है, जिसमें से एक पद लुप्त है। दिए गए विकल्पों में से वह सही विकल्प चुनिए, जो अनुक्रम को पूरा करे।

AM, WV, SE, ON, ?

A. KW　　B. TD
C. LW　　D. LM

# अंकगणित एवं संख्यात्मक योग्यता

**41.** 23478$y$ को 3 से विभाज्य बनाने के लिए "$y$" के स्थान पर किस संख्या का उपयोग किया जा सकता है?

A. 1　　B. 0
C. 2　　D. 3

**42.** एक परीक्षा में, नूपुर ने 98 अंक प्राप्त किये जो कि अधिकतम अंक का 56% है। अधिकतम अंक क्या होंगे?

A. 225　　B. 175
C. 150　　D. 265

**43.** एक बेलन के आधार की त्रिज्या और ऊँचाई का योग 37 मीटर है। यदि पिन का कुल सतह क्षेत्रफल 1628 वर्ग मीटर है तो रोलिंग के आयतन और पिन के घुमावदार सतह क्षेत्रफल का अनुपात होगा।

A. 7 : 2　　B. 5 : 2
C. 2 : 7　　D. 3 : 7

**44.** लकड़ियों के 1225 लट्ठे हैं जिन्हें इस प्रकार रखना है कि प्रत्येक पंक्ति में समान संख्या में लट्ठे बनें। प्रत्येक पंक्ति में कितने लट्ठे रखे जा सकते हैं?

A. 39　　B. 36
C. 38　　D. 35

**45.** मान लीजिए कि आवृत्ति वितरण में B किसी वर्ग की निचली श्रेणी की सीमा है और $x$ वर्ग का मध्यबिंदु है तो वर्ग की उच्च श्रेणी की सीमा होगी:

A. $x-\frac{(x+B)}{2}$　　B. $2x - B$
C. $B+\frac{(x+B)}{2}$　　D. $x - 2B$

**37.** A　**38.** C　**39.** B　**40.** A　**41.** *　**42.** B　**43.** A　**44.** D　**45.** B

**46.** आभा और बिलाल, एक साथ काम करते हुए एक काम को 6 दिनों में पूरा कर सकते हैं, जबकि आभा अकेले इसे 9 दिनों में पूरा कर सकती है। बिलाल को उसी काम को अकेले पूरा करने में कितना समय लगेगा?

A. 15 दिन
B. 18 दिन
C. 20 दिन
D. 14 दिन

**47.** अंकित ने अपने दोस्त से 12% प्रति वर्ष साधारण ब्याज पर ₹ 20,000 उधार लिए। उसने इसे शाहजेब को उसी दर पर उधार दिया लेकिन वार्षिक चक्रवृद्धि ब्याज दिया। 2 वर्ष बाद उसे क्या लाभ होगा?

A. ₹ 398  B. ₹ 278
C. ₹ 288  D. ₹ 290

**48.** एक गोलाकार गेंद और समान त्रिज्या के एलपीजी सिलेंडर का आयतन समान है। बेलन का व्यास उसकी ऊंचाई से कितने प्रतिशत अधिक है?

A. 50%  B. 30%
C. 40%  D. 20%

**49.** छवि ने अपने घर के लिए ढक्कन वाली एक घनाकार पानी की टंकी बनाई, जिसका प्रत्येक बाहरी किनारा 1.5 मीटर लंबा है। वह आधार को छोड़कर टैंक की बाहरी सतह को 25 सेमी. भुजा वाली वर्गाकार टाइलों से ढकवाती है। यदि टाइल्स की लागत ₹ 520 प्रति दर्जन है तो वह टाइल्स पर कितना खर्च करेंगी।

A. ₹ 7,800  B. ₹ 7,810
C. ₹ 7,200  D. ₹ 7,799

**50.** साक्षी पूरे वर्ष में 204 दिन अपने स्कूल में उपस्थित हुई। यदि उसकी उपस्थिति 85% है तो विद्यालय के कार्य दिवसों की संख्या होगी:

A. 300  B. 230
C. 260  D. 240

**51.** 44 सेमी. × 20 सेमी. आयाम वाले एक आयताकार चार्ट पेपर को उसकी लंबाई के साथ बेलनाकार आकार बनाने के लिए घुमाया जाता है, तो नए बने आकार का आयतन होगा:

A. 3030 सेमी.$^3$
B. 3080 सेमी.$^3$
C. 2080 सेमी.$^3$
D. 3050 सेमी.$^3$

**52.** कक्षा 120 – 200 का वर्ग चिह्न है:

A. 160  B. 120
C. 110  D. 200

**53.** 10% जीएसटी सहित एक ग्लास कंटेनर की कीमत ₹ 825 है। इसकी मूल कीमत क्या है?

A. ₹ 650  B. ₹ 754.35
C. ₹ 843.67  D. ₹ 750

**54.** एक पार्क 70 मी. लंबा और 40 मीटर चौड़ा है। पार्क के एक कोने में एक पानी की टंकी खोदी गई है जो 10 मीटर लंबी, 8 मीटर चौड़ी और 5 मीटर गहरी है। इससे निकाली गई मिट्टी को पार्क के शेष भाग पर समान रूप से फैलाया जाए तो पार्क के स्तर में वृद्धि होगी:

A. 14.70 सेमी.  B. 14.70 मी.
C. 15 मी.  D. 14.724 सेमी.

**55.** $a$ और $b$ विपरीत रूप से भिन्न होते हैं। जब $a = 15$, तो $b = 6$, जब $a = 9$, तो $b$ का मान क्या होगा?

A. 152  B. 10
C. 78  D. 15

**56.** सरल करें: $7\frac{1}{2}-\left[1\frac{1}{4}\div\left\{1\frac{1}{4}-\frac{1}{2}\right\}\right]$

A. $\frac{2}{5}$  B. $\frac{4}{5}$
C. $\frac{2}{15}$  D. $\frac{5}{2}$

| | | | | | |
|---|---|---|---|---|---|
| **46.** B | **47.** C | **48.** A | **49.** A | **50.** D | **51.** B |
| **52.** A | **53.** D | **54.** A | **55.** B | **56.** A | |

**57.** यदि P, बैंक B से R दर पर T वर्षों के लिए साधारण ब्याज पर ऋण के रूप में ली गई राशि है तो SI होगी:

A. $\frac{P \times R \times 100}{T}$ B. $\frac{P \times R \times T}{100}$

C. $\frac{B \times P \times T}{R}$ D. $\frac{B \times P \times T}{100 + R}$

**58.** एक दुकानदार अपने ग्राहकों को 16% की छूट देता है और फिर भी 20% का लाभ प्राप्त करता है। चावल के एक बैग का अंकित मूल्य ज्ञात कीजिए जिसकी कीमत दुकानदार को ₹ 1190 है।

A. ₹ 1800 B. ₹ 1723

C. ₹ 1870 D. ₹ 1700

**59.** $a^{-1}$ का मान क्या होगा?

A. A B. $1/a$

C. $a/1$ D. 0

**60.** एक शंक्वाकार जन्मदिन टोपी की त्रिज्या और ऊँचाई का अनुपात 5 : 12 है और इसका आयतन 2512 सेमी.$^3$ है तो बंद टोपी का घुमावदार सतह क्षेत्र क्या होगा?

A. $820\pi$ सेमी.$^2$ B. $26\pi$ सेमी.$^2$

C. $260\pi$ सेमी.$^2$ D. $816\pi$ सेमी.$^2$

**61.** दिए गए वाक्यांश के लिए सार्थक शब्द ज्ञात कीजिए।

जो कानून के विरुद्ध हो।

A. वैध B. संवैधानिक

C. निरीक्षक D. अवैध

**62.** रिक्त स्थानों की पूर्ति करें।

जीवन के हर कदम पर सीखना और उसको सुधारने की _______ रखना, सफलता की दिशा में महत्वपूर्ण कदम है।

A. विफलता B. क्षमता

C. नाम D. सामान

**63.** निम्नलिखित प्रश्न में, दिए गए चार विकल्पों में से, उस विकल्प का चयन करें जो दिए गए लोकोक्तियाँ के अर्थ को सर्वश्रेष्ठ रूप से व्यक्त करता है।

जहाँ जाए भूखा, वहाँ पड़े सूखा।

A. धोखेबाज होना

B. पूरी तरह बाध्य कर देना

C. मन से दुखी व्यक्ति को कहीं आराम नहीं मिलता है

D. खाना नसीब नहीं होना

**64.** निम्नलिखित प्रश्न में, दिए गए चार विकल्पों में से, उस विकल्प का चयन करें जो दिए गए मुहावरे के अर्थ को सर्वश्रेष्ठ रूप से व्यक्त करता है।

पका पकाया मिलना।

A. बहुत बड़ा लाभ होना

B. बहुत अच्छा लगना

C. बिना मेहनत किए मिलना

D. कुछ नहीं मिलना

**65.** दिए गए शब्द का विलोम ज्ञात कीजिए।

दीर्घ

A. लघु

B. विशाल

C. प्राचीन

D. उदय

**66.** दिये गये वाक्य में रेखांकित शब्द को सही कीजिए।

पारस सूरज का <u>छोटी</u> भाई है।

A. छूटा B. छोटि

C. छोटे D. छोटा

| **57.** B | **58.** D | **59.** B | **60.** C | **61.** D | **62.** B | **63.** C | **64.** C | **65.** A | **66.** D |
|---|---|---|---|---|---|---|---|---|---|

**67.** दिए गए शब्द का विलोम ज्ञात कीजिए।

उपचार

A. अनादर
B. अपचार
C. प्रकाश
D. अनुचित

**68.** रिक्त स्थानों की पूर्ति करें।

छोटे-छोटे जानवर भी बुढ़े शेर को चकमा देकर ______ जाते थे।

A. टूट
B. भाग
C. घिस
D. थक

**69.** रिक्त स्थानों की पूर्ति करें।

समाज में चारों ओर जो कुछ नया सामयिक घटित हो रहा है, उसका विवरण या उसकी ______ को समाचार कहते हैं।

A. प्रावधानों
B. सूचनाओं
C. घटनाओं
D. विधानों

**70.** दिये गये वाक्य में रेखांकित शब्द को सही कीजिए।

राहुल को शतरंज <u>खेलनी</u> नहीं आता हैं।

A. खेलनि
B. खुलना
C. खेलना
D. खोलनी

**71.** दिए गए चार विकल्पों में से, एक सुसंगत अनुच्छेद बनाने के लिए वाक्यों के सबसे तार्किक क्रम का चयन करें।

(क) इसी कारण उसके माता-पिता उससे परेशान रहते हैं।
(ख) उसका ध्यान खेलकूद में ज्यादा रहता है।
(ग) अभिषेक नाम का एक लड़का है।
(घ) वह पढ़ाई में कम रूची रखता है।

A. ग, क, घ, ख
B. क, ग, घ, ख
C. ग, घ, ख, क
D. घ, ग, ख, क

**72.** रिक्त स्थानों की पूर्ति करें।

प्राकृति हमारे जीवन का एक महत्वपूर्ण भाग है और हमें अपने पर्यावरण के ______ का ध्यान रखना चाहिए।

A. नाम
B. परिश्रम
C. संरक्षण
D. संकोच

**73.** निम्नलिखित प्रश्न में, दिए गए चार विकल्पों में से, उस विकल्प का चयन करें जो दिए गए मुहावरे के अर्थ को सर्वश्रेष्ठ रूप से व्यक्त करता है।

जबान का कच्चा होना

A. झूठा व्यक्ति
B. सच्चा व्यक्ति
C. गूंगा व्यक्ति
D. मितभाषी

**74.** दिए गए चार विकल्पों में से, एक सुसंगत अनुच्छेद बनाने के लिए वाक्यों के सबसे तार्किक क्रम का चयन करें।

(क) सभी पुत्र ईमानदार और मेहनती थे।
(ख) सभी एक-दूसरे से छोटी-मोटी बातों पर लड़ते रहते थे।
(ग) बस एक समस्या यह थी कि उनकी आपस में बनती नहीं थी।
(घ) एक गांव में एक किसान रहता था और उसके चार पुत्र थे।

A. घ, ख, क, ग
B. घ, क, ग, ख
C. क, ख, घ, ग
D. ग, ख, घ, क

**75.** दिए गए शब्द का पर्यायवाची ज्ञात कीजिए।

आलोक

A. गगन
B. प्रकाश
C. अंधकार
D. प्रजा

**76.** दिए गए वाक्यांश के लिए सार्थक शब्द ज्ञात कीजिए।

किसी बात को बढ़ा-चढ़ा कर कहना।

A. आक्रांत
B. लोकप्रिय
C. आद्योपात
D. अतिश्योक्ति

**67.** B **68.** B **69.** B **70.** C **71.** C **72.** C **73.** A **74.** B **75.** B **76.** D

**निर्देशः (प्र.सं. 77 से 80 तक):** *एक गद्यांश दिया गया है। गद्यांश के आधार पर चार प्रश्न दिए गए हैं। गद्यांश को ध्यानपूर्वक पढ़ें तथा प्रत्येक प्रश्न के चार विकल्पों में से सही विकल्प चुने।*

उल्टा पिरामिड सिद्धांत समाचार लेखन का बुनियादी सिद्धांत है। यह समाचार लेखन का सबसे सरल, उपयोगी और व्यावहारिक सिद्धांत है। समाचार लेखन का यह सिद्धांत कथा या कहानी लेखन की प्रक्रिया के ठीक उल्टा है। इसमें किसी घटना, विचार या समस्या के सबसे महत्वपूर्ण तथ्यों या जानकारियों को सबसे पहले बताया जाता है, जबकि कहानी या उपन्यास में क्लाइमेंक्स सबसे अंत में आता है। इसे उल्टा पिरामिड इसलिए कहा जाता है, क्योंकि इसमें सबसे महत्वपूर्ण तथ्य या सूचनाएँ आती है, जबकि पिरामिड के निचले हिस्से में अन्य तथ्य या सूचनाएँ होती है। इस शैली में पिरामिड को उल्टा कर दिया जाता है।

इसमें सबसे महत्वपूर्ण सूचना पिरामिड के सबसे ऊपरी हिस्से में होती है और घटते हुए क्रम में सबसे कम महत्व की सूचनाएँ सबसे निचले हिस्से में होती है।

समाचार लेखन की उल्टा पिरामिड शैली के तहत लिखे गये समाचारों को सुविधा की दृष्टि से मुख्यतः तीन हिस्सों में विभाजित किया जाता है– मुखड़ा या इंट्रो या लीड, बॉडी और निष्कर्ष या समापन। इसमें मुखड़ा या इंट्रो समाचार के पहले और कभी-कभी पहले और दूसरे दोनों अनुच्छेदों को कहा जाता है। मुखड़ा किसी भी समाचार का सबसे महत्वपूर्ण हिस्सा होता है, क्योंकि इसमें सबसे महत्वपूर्ण तथ्यों और सूचनाओं को लिखा जाता है। इसके बाद समाचार की बॉडी आती है, जिसमें महत्व के अनुसार घटते हुए क्रम में सूचनाओं का ब्यौरा देने के अलावा उसकी पृष्ठभूमि का भी जिक्र किया जाता है। सबसे अंत में निष्कर्ष या समापन आता है।

समाचार लेखन में निष्कर्ष जैसी कोई चीज नहीं होती है और न ही समाचार के अंत में यह बताया जाता है कि यहां समाचार का समापन हो गया है।

**77.** समाचार लेखन विधि किसके विपरीत है?

A. निबंध B. परीक्षा
C. कहानी D. डायरी

**78.** दिए गए अपठित गद्यांश का उपयुक्त शीर्षक क्या होगा?

A. समाचार के स्रोत B. समाचार का इंट्रो
C. कहानी और समाचार D. समाचार लेखन सिद्धांत

**79.** समाचार लेखन को उल्टा पिरामिड शैली के चरणों का सही क्रम क्या हैं?

A. बॉडी, इंट्रो, निष्कर्ष B. निष्कर्ष, बॉडी, इंट्रो
C. बॉडी, निष्कर्ष, इंट्रो D. इंट्रो, बॉडी, निष्कर्ष

**80.** उल्टा पिरामिड सिद्धांत समाचार लेखन का कैसा सिद्धांत है?

A. कठिन B. अव्यावहारिक
C. गलत D. व्यावहारिक

## ENGLISH LANGUAGE & COMPREHENSION

**81.** Choose the most appropriate opposite meaning of the below mentioned word from the below options:

Invasion

A. Raid B. Protect
C. Aid D. Assault

**82.** Choose the most appropriate one-word substitution for the bracketed word from the below sentence.

(Heavy rains had lashed) various parts of the country on July 6, prompting the weather department to issue a red alert.

A. Lashed
B. Heavy rains lash
C. Heavy rains have lashed
D. Heavy rains lashed

**77.** C **78.** D **79.** D **80.** D **81.** B **82.** D

**83.** Choose the most suitable word to complete the below sentences:

The ideas of ______ and public good in journalism are more than two centuries old.

A. accountability B. machinery
C. accessibility D. instrument

**84.** Choose the most appropriate opposite meaning of the below mentioned word from the below options:

Lament

A. Delight B. Wail
C. Regret D. Mourn

**85.** Choose the most appropriate one-word substitution for "One who offers his services without charging for it":

A. Missionary B. Philanderer
C. Payee D. Volunteer

**86.** Choose the most suitable word to complete the below sentences:

I tried to go out on Sunday, but it was raining ______.

A. Heavily B. amazingly
C. little D. awful

**87.** Choose the most appropriate meaning of the below mentioned word from the below options:

Accomodate

A. Block B. Turn out
C. Limit D. Take in

**88.** Choose the most appropriate meaning of the below mentioned word from the below options:

Endurance

A. Weakness B. Inability
C. Apathy D. Stamina

**89.** Choose the most logical order of the sentences from among the four given choices to construct a coherent paragraph.

Modern consumers are seeking more than just food preservation.

(*a*) Processes are becoming more and more sophisticated to meet the demands of modern consumers.
(*b*) Quality, economy, and convenience are important factors.
(*c*) Overall, food preservation techniques have come a long way from nature's methods to high-tech processes.
(*d*) In Western or "Westernized" communities, goods do not sell easily if they lack color, natural flavor, the right texture and are free from defects.

A. (*a*), (*d*), (*c*), (*b*)
B. (*b*), (*a*), (*c*), (*d*)
C. (*b*), (*a*), (*d*), (*c*)
D. (*d*), (*a*), (*b*), (*c*)

**90.** Fill in the missing word to complete the sentences below:

______ it rained a lot, we enjoyed our holiday.

A. Because of B. Although
C. Because D. Inspite of

**91.** Choose the most suitable word to complete the below sentences:

Just as Salina was about to go the cashier to pay for her purchases, she ______ the cookery section.

A. spotted B. To spot
C. Looking for D. spotting

**92.** Choose the most appropriate one-word substitution for "To surround a place with the intention of capturing it":

A. Besiege B. Intern
C. Bivouac D. Invade

| 83. A | 84. A | 85. D | 86. A | 87. D | 88. D | 89. C | 90. B | 91. A | 92. A |
|---|---|---|---|---|---|---|---|---|---|

**93.** Choose the most appropriate meaning of the below quoted idiom from the below options:

"In the fast lane"

A. A life filled with excitement.
B. A thrilled and fast paced lane on the road
C. A dull and boring life which needs excitement
D. A life filled with sorrowness

**94.** Choose the most appropriate meaning of the below quoted idiom from the below options:

"Sell Like hot cakes"

A. No sellout at all
B. No profit at all
C. Quick sellout
D. Unable to sellout anything

**95.** Fill in the missing word to complete the sentences below:

I haven't seen our neighbours for ages. They ______ away.

A. Had gone B. Had went
C. Must have gone D. Must have go

**96.** Choose the most suitable word to complete the below sentences: She loved going to the bookstore and spending hours browsing ______ the racks and shelves, looking for good bargains.

A. might B. through
C. By D. way

**Directions: (Qs. No. 97 to 100):** *Read the passage below and answer the following questions.*

In the past, travel was seen as a means of colonization, exploration, and exploitation. Early travelers considered themselves as teachers, bringing a supposedly superior way of life to undeveloped countries. The motive behind travel was to make money abroad and then return home to live as a gentleman. However, with the passage of time, the theory of travel has undergone a radical change, and the attitude of older countries towards foreigners has transformed. The modern age regards travel as an intellectual venture and a means of gaining education.

Today, distance has become insignificant in terms of time, and travel for business, military or diplomatic reasons has become virtually immediate. The spread of international outlook and world peace is a result of people meeting overseas, and the admixture of populations has actual benefits from an educational point of view.

Although few travel primarily for education, it is an inevitable result. Travel teaches us about climatic conditions, languages, and social and political outlooks of other nationalities. However, education is incidental and inevitable only for those with receptive and open minds. For the dull and narrow-minded, who gain no benefit from their travels, it would be better to stay at home.

In conclusion, the changing face of travel has transformed it into an intellectual venture that offers educational benefits. The spread of international outlook and the admixture of populations have actual benefits from an educational point of view. Therefore, travel has become a function that is accessible to people of all levels of society and is essential for developing a well-rounded personality.

**97.** Identify the central theme of the passage:

A. Travel has evolved over years and has lot educational benefits as well
B. Travel promotes exchange of ideas and good
C. Early travelers had a superior way of life due to travelling
D. There are no benefits of travelling and one must avoid it

**98.** What is the meaning of "Radical"?

A. Revolutionary B. Orthodox
C. Moderate D. Conventional

| **93.** A | **94.** C | **95.** A | **96.** B | **97.** A | **98.** A |
|---|---|---|---|---|---|

**99.** Identify the suitable title for the passage:
A. Travel & modern age problems
B. The challenges of travel in old times
C. Travel & its teachings
D. The Changing Face of Travel and its Educational Benefits

**100.** Identify the inferences drawn from the passage:
A. The changing face of travel has transformed it into an intellectual venture that offers educational benefits.
B. The dull and narrow-minded people should be travelling more to explore.
C. Travel teaches about climatic conditions, racial customs, religions, languages, and social and political outlooks of other nationalities.
D. The modern age does not regard travel as an intellectual venture and a means of gaining education.

# कम्प्यूटर ज्ञान

**101.** निम्नलिखित में से किसे कंप्यूटर का जनक कहा जाता है?
A. चार्ल्स बैबेज B. लेडी ऑगस्टा
C. जेम्स बैबेज D. चार्ल्स ऑगस्टा

**102.** विंडोज XP के स्टार्ट मेनू के संबंध में निम्नलिखित में से कौन-सा सही ढंग से मेल खाता है?
A. माई डॉक्यूमेंट्स – स्थापित प्रोग्राम की एक सूची प्रदर्शित करता है, जिसे उपयोगकर्ता प्रारंभ या उपयोग कर सकता है
B. कंट्रोल पैनल – कंप्यूटर सिस्टम को कॉन्फिगर करने और स्थापित करने वाली उपयोगिताओं की एक सूची प्रदर्शित करता है सॉफ्टवेयर और हार्डवेयर
C. कंट्रोल पैनल – कंप्यूटर सिस्टम सिस्टम को कॉन्फिगर करने और स्थापित करने वाली उपयोगिता की एक सूची प्रदर्शित करता है केवल सॉफ्टवेयर
D. ऑल प्रोग्राम – अनइंस्टॉल किए गए प्रोग्राम की एक सूची प्रदर्शित करता है, जिसे उपयोगकर्ता प्रारंभ या उपयोग कर सकता है

**103.** डिजिलॉकर सुविधा निम्नलिखित में से किस वर्ष शुरू की गई थी?
A. 2020 B. 2019
C. 2015 D. 2018

**104.** ______ वर्कशीट के बाएँ और दाएँ नेविगेट करने में मदद करता है।
A. स्टेटस बार B. क्षैतिज स्क्रॉल बार
C. डॉकिंग टूलबार D. लंबवत स्क्रॉल बार

**105.** वर्तमान कॉलम को पूरी तरह से चुनने के लिए निम्नलिखित में से किस शॉर्टकट कुंजी(की) का उपयोग किया जाता है?
A. Shift + Spacebar
B. Ctrl + A
C. Shift + Spacebar + Tab
D. Ctrl + Shift + Spacebar

**106.** MS Word 2010 में फ्रॉन्ट साइज ड्रॉप डाउन सूची का उपयोग करके दूसरा सबसे बड़ा फ्रॉन्ट आकार क्या चुना जा सकता है?
A. 48 B. 50
C. 55 D. 52

**107.** पावर पॉइंट में मौजूदा प्रेजेंटेशन को खोलने के लिए निम्नलिखित में से कौन-सी शॉर्टकट कुंजी(की) है?
A. Ctrl + M B. Ctrl + K
C. Ctrl + O D. Ctrl + N

**99.** D **100.** A **101.** A **102.** B **103.** C **104.** B **105.** D **106.** A **107.** C

**108.** क्या पावरपॉइंट में पावरपॉइंट प्रेजेंटेशन की पीडीएफ बनाने की सुविधा होती है?

A. सत्य

B. कहा नहीं जा सकता है।

C. शायद

D. असत्य

**109.** ''उमंग ऐप'' का प्रबंधन और सेवा निम्नलिखित में से किस मंत्रालय के अंतर्गत आती है?

A. इलेक्ट्रॉनिक्स और सूचना प्रौद्योगिकी मंत्रालय

B. शिक्षा मंत्रालय

C. कॉर्पोरेट मामलों का मंत्रालय

D. वाणिज्य एवं उद्योग मंत्रालय

**110.** आईटी अधिनियम 2000 की कौन-सी धारा पहचान की चोरी के लिए सजा से संबंधित है?

A. 62 B. 66C

C. 65A D. 64

**111.** निम्नलिखित में से किस शॉर्टकट कुंजी(की) का उपयोग वर्ड में प्रिंट पूर्वावलोकन दस्तावेज को देखने के लिए किया जाता है?

A. Ctrl + G B. Ctrl + *

C. Ctrl + F2 D. Ctrl + F1

**112.** निम्नलिखित में से कौन-सा एक ऑपरेटिंग सिस्टम है?

A. माइक्रोसॉफ्ट विंडोज

B. डीबगर

C. गूगल क्रोम

D. मोजिला

**113.** यह एक ऐसा स्थान है जहां कोई सूत्र या पाठ दर्ज कर सकता है या देख सकता है। यहां किसकी चर्चा हो रही है?

A. फॉर्मूला बार

B. सेल

C. वर्कबुक

D. रिबन

**114.** निम्नलिखित में से किसे कंप्यूटर का मस्तिष्क भी कहा जाता है?

A. मदर बोर्ड B. सी.पी.यू.

C. कंट्रोल यूनिट D. वी.डी.यू.

**115.** ______ एक प्रेजेंटेशन प्रोग्राम है।

A. एमएस-पावरप्वाइंट B. मोजिला फायरफॉक्स

C. स्लाइड पैनल D. यू-टोरेंट

**116.** MS Word 2010 में फॉन्ट साइज ड्रॉप डाउन सूची का उपयोग करके सबसे छोटा फॉन्ट आकार क्या चुना जा सकता है?

A. 8 B. 6

C. 9 D. 7

**117.** C.U. का फुल फॉर्म क्या है?

A. कंट्रोल यूनिट B. कम्प्यूटर यूनिट

C. सेंट्रल यूनिट D. कमांड यूनिट

**118.** निम्नलिखित ऑपरेटिंग सिस्टम को पहले से बाद तक उचित क्रम में व्यवस्थित करें:

1. विंडोज 95 2. विंडोज 98

3. विंडोज एक्सपी 4. विंडोज 2000

A. 1, 3, 2, 4 B. 1, 4, 3, 2

C. 1, 2, 4, 3 D. 1, 2, 3, 4

**119.** MS-2010 के निम्नलिखित में से किस मेनू में वॉटरमार्क कमांड शामिल होता है?

A. इन्सर्ट

B. व्यू

C. पेज लेआउट

D. होम

**120.** आईटी अधिनियम-2000 की किस धारा में इलेक्ट्रॉनिक रूप से अश्लील सामग्री प्रकाशित या प्रसारित करने पर दंड की चर्चा की गई है?

A. 67 B. 68

C. 56 D. 66

| | | | | | | |
|---|---|---|---|---|---|---|
| **108.** D | **109.** A | **110.** B | **111.** C | **112.** A | **113.** A | **114.** B |
| **115.** A | **116.** A | **117.** A | **118.** C | **119.** C | **120.** A | |

# व्याख्यात्मक उत्तर

**1. (D):** विश्व कप स्क्वैश 2023 का आयोजन चेन्नई में हुआ था। यह शहर भारतीय स्क्वैश में एक महत्वपूर्ण स्थान रखता है और इसने इस खेल के विकास और प्रचार का योगदान दिया है।

**2. (B):** 2011 की जनगणना के अनुचार, मिजोरम और त्रिपुरा दोनों राज्यों में स्त्री साक्षरता दर 80 प्रतिशत से अधिक है। मिजोरम में यह दर लगभग 89.40% है जबकि त्रिपुरा में यह लगभग 83.15% है, जो दिखाता है कि इन राज्यों में महिला शिक्षा की स्थिति काफी बेहतर है।

**3. (B):** रामकृष्ण मिशन की स्थापना स्वामी विवेकानंद द्वारा 1897 में की गई थी। इस संगठन का मुख्य उद्देश्य शिक्षा, स्वास्थ्य सेवा, ग्रामीण विकास और धार्मिक प्रचार के माध्यम से समाज सेवा करना है।

**4. (D):** भारतीय संविधान के अनुसार, राष्ट्रीय ध्वज और राष्ट्रगान का आदर करना एक मूल कर्तव्य है, जिसे संविधान के अनुच्छेद 51A के तहत परिभाषित किया गया है। यह प्रावधान नागरिकों को देश के प्रति उनकी जिम्मेदारीयों की याद दिलाता है।

**5. (A):** चिल्का झील भारत के ओडिशा राज्य में स्थित है और यह महानदी डेल्टा के दक्षिण में पाई जाती है। यह झील भारत की सबसे बड़ी लवणीय पानी की झील है और इसका भौगोलिक स्थान महानदी डेल्टा के करीब होने के कारण यहाँ की जैव विविधता बहुत समृद्ध है।

**6. (D):** 2022 के लिए WHO और यूनिसेफ के आकलन के अनुसार, भारत में डिप्थीरिया, पर्टुसिस (काली खांसी) और टेटनस (DPT) की तीसरी खुराक की कवरेज दर 93 प्रतिशत थी। यह आकलन राष्ट्रीय प्रतिरक्षीकरण कार्यक्रम की सफलता को दर्शाता है जिससे बच्चों को इन गंभीर बीमारियों से बचाने में मदद मिलती है।

**7. (C):** गुड़ी पड़वा और पोइला बैशाख दोनों ही भारत में क्षेत्रीय नव वर्ष के उत्सव से संबंधित हैं। गुड़ी पड़वा महाराष्ट्र में मनाया जाता है जबकि पोइला बैशाख पश्चिम बंगाल में नव वर्ष के रूप में मनाया जाता है। ये दोनों त्योहार स्थानीय संस्कृति और परंपराओं को प्रतिबिंबित करते हैं।

**8. (C):** प्रधानमंत्री फसल बीमा योजना के अंतर्गत सभी खाद्य और तिलहन फसलें तथा वार्षिक वाणिज्यिक/बागवानी फसलें शामिल हैं। यह योजना वास्तव में जनवरी, 2016 में शुरू की गई थी, न कि अक्टूबर, 2018 में। इसलिए केवल दूसरा कथन सही है।

**9. (C):** "हिमतरंगिनी" पुस्तक के लेखक माखन लाल चतुवेर्दी हैं। इस पुस्तक में लेखक ने अपनी कविताओं के माध्यम से पहाड़ों की सुंदरता और उनके प्रति अपनी भावनाओं को व्यक्त किया है।

**10. (D):** कोशिका झिलली के पार कार्बन डाइऑक्साइड या ऑक्सीजन जैसे पदार्थों का जाना 'प्रसार' कहलाता है। प्रसार एक ऐसी प्रक्रिया है जिसमें अणुओं का स्थानांतरण उनकी उच्च सांद्रता से निम्न सांद्रता की ओर होता है, जिससे अणु समान रूप से फैल जाते हैं।

**11. (B):** भक्ति प्रदीप कुलकर्णी शतरंज के खिलाड़ी हैं। शतरंज में उनको उपलब्धियाँ और योगदान उन्हें इस खेल के महत्वपूर्ण खिलाड़ियों में से एक बनाते हैं।

**12. (D):** माँग वक्र का ऋणात्मक ढाल प्रतिस्थापन प्रभाव और आय प्रभाव दोनों पर आधारित हो सकता है। प्रतिस्थापन प्रभाव में, मूल्य वृद्धि के कारण उपभोक्ता एक उत्पाद से दूसरे उत्पाद में स्थानांतरित हो जाते हैं, जबकि आय प्रभाव में, मूल्य वृद्धि के कारण उपभोक्ताओं की क्रय शक्ति प्रभावित होती है, जिससे उनकी माँग में कमी आती है।

**13. (B):** रश्मी चौधरी ने साहित्य अकादमी पुरस्कार 2022 बोडो भाषा में अपने योगदान के लिए जीता। उनकी रचनाएँ बोडो समाज और संस्कृति के विभिन्न पहलुओं को उजागर करती हैं।

**14. (D):** अरुणाचल प्रदेश सरकार ने जुलाई 2022 में नीति आयोग के साथ त्रिपक्षीय समझौता ज्ञापन पर हस्ताक्षर किए। यह समझौता स्कूली शिक्षा में बड़े पैमाने पर परिवर्तन के लिए किया गया था, जिसमें शिक्षा की गुणवत्ता और स्कूलों की संरचनात्मक सुधार पर ध्यान केंद्रित था।

**15. (D):** अतिरिक्त उपभोग और अतिरिक्त आय के अनुपात को 'सीमांत उपभोग प्रवृत्ति' कहा जाता है। यह दर्शाता है कि आय में हुई वृद्धि का कितना प्रतिशत उपभोग में जाता है, जो आर्थिक विकास और माँग संबंधी नीतियों के निर्धारण में महत्वपूर्ण होता है।

**16. (C):** भारत के राष्ट्रपति के रूप में निर्वाचन के लिए यह आवश्यक है कि व्यक्ति लोक सभा का सदस्य बनने के योग्य हो। इसका अर्थ है कि उम्मीदवार को भारत का नागरिक होना चाहिए, उसे 35 वर्ष की उम्र होनी चाहिए और वह मानसिक रूप से स्थिर होना चाहिए। पहली योग्यता कि ''उसका जन्म भारत से बाहर होना चाहिए'' गलत है।

**17. (A):** तुलू भाषा द्रविड़ भाषा परिवार से संबंधित है और यह मुख्य रूप से दक्षिणी भारत के कर्नाटक और केरल राज्यों में बोली जाती है। कोरवा भाषा द्रविड़ परिवार से नहीं है; यह ऑस्ट्रो-एशियाटिक भाषा परिवार का हिस्सा है।

**18. (A):** मैंग्रोव वनों में पाए जाने वाले वृक्षों में 'सुंदरी' वृक्ष प्रमुख हैं, खासकर सुंदरबन डेल्टा क्षेत्र में। यह नमकीन पानी के संपर्क में आने वाले क्षेत्रों में बढ़ने के लिए अनुकूलित होते हैं। नागफनी, देवदार और अर्जुन मैंग्रोव वातावरण में नहीं पाए जाते।

**19. (B):** 'प्रथम दृष्टया' भारतीय उच्चतम न्यायालय द्वारा जारी की जाने वाली एक रिट नहीं है। यह एक कानूनी शब्द है जिसका उपयोग प्रारंभिक सबूत के संदर्भ में किया जाता है। प्रतिषेध, अधिकार पृच्छा और उप्रेषण वे रिट हैं जो भारतीय न्यायिक प्रणाली में उपयोग की जाती हैं।

**20. (A):** बंगाल के नवाबों का सही कालानुक्रमिक क्रम है: मुर्शिद कुली खान, अली वर्दी खान और सिराजुद्दौला। मुर्शिद कुली खान ने 1717 में नवाब का पद संभाला, उसके बाद अली वर्दी खान 1740 में और अंत में सिराजुद्दौला 1756 में नवाब बने।

**21. (D):** दिया है,

**कथनः** $G \le J < T, N \ge K = P, N = E > G$

$\Rightarrow P = K \le N = E > G \le J < T.$

$\Rightarrow G < T$

**निष्कर्षः** I. $G < T$ (सत्य)

II. $K < G$ (असत्य)

∴ केवल निष्कर्ष I सत्य है।

**22. (C):** दिया है,

**कथनः** $P > Q \ge R, T = N > E > R$

$\Rightarrow P > Q \ge R < E < N = T$

$\therefore P > R$

**निष्कर्षः** I. $P > R$ (सत्य)

II. $T > Q$ (असत्य)

यहाँ केवल निष्कर्ष I सत्य है।

**23. (C):** दिया है, 7 महिलायें केंद्र के विपरीत मुख करके एक वृत्ताकार मेज के इर्द-गिर्द बैठी हुई है।

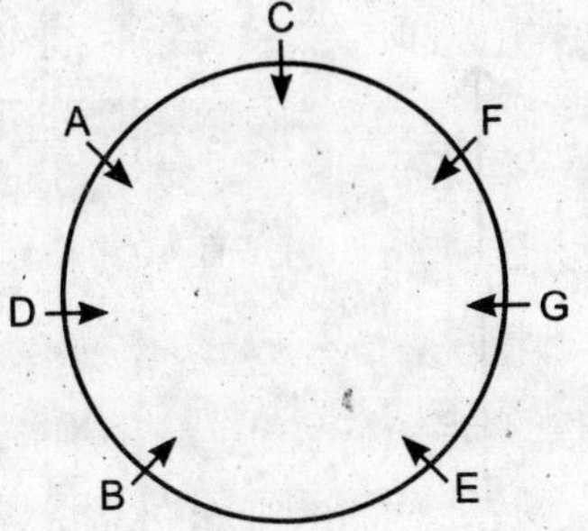


**कथनः** I. B, E के तुरंत दायीं ओर है। (सही)

II. G, A के दायीं ओर तीसरे स्थान पर है। (सही)

यहाँ I और II दोनों सही है।

**24. (A):** A. PDTV–TFVY

⇒ P D T V
+4 +2 +2 +3
T F V Y

B. TFAL–VHCN

⇒ T F A L
+2 +2 +2 +2
V H C N

C. DPKV–FRMX

⇒ D P K V
+2 +2 +2 +2
F R M X

D. JYQB–LASD

⇒ J Y Q B
+2 +2 +2 +2
L A S D

यहाँ विकल्प (A) में विषम अक्षर युग्म है।

**25. (C):** 7 तथा 8

$\therefore 9 \times 7 - 8 \div 1 + 6$

$= 9 \times 8 - 7 \div 1 + 6$

$= 9 \times 8 - 7 + 6$

$= 72 - 7 + 6$

$= 78 - 7 = 71.$

**26. (A):** N # L $ X * Q

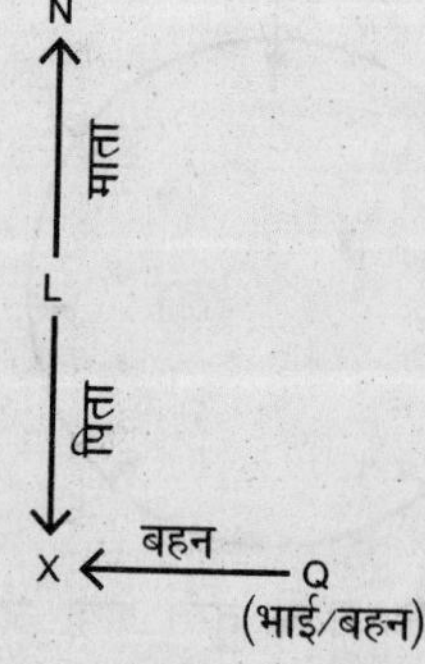


यहाँ Q, X की भाई है या बहन, जानकारी अपर्याप्त है।

∴ आँकड़े अपर्याप्त है।

**27. (A):** A. LRTJ—OUWN

⇒ L R T J
+3 +3 +3 +4
O U W N

B. MBXG—PEAJ

⇒ M B X G
+3 +3 +3 +3
P E A J

C. WLHQ—ZOKT

⇒ W L H Q
+3 +3 +3 +3
Z O K T

D. CRNW—FUQZ

⇒ C R N W
+3 +3 +3 +3
F U Q Z

यहाँ विकल्प (A) का अक्षर युग्म विषम है।

**28. (C):** A ← भाई — B ← बहन — C

C ↑ पिता — D

E — पत्नी → D

E ↑ पिता — F

F ← पति — G

यहाँ परिवार में 3 (B, D, G) महिला हैं।

**30. (B):**

| मंजिल | | लड़के |
|---|---|---|
| 6 | — | A |
| 5 | — | F |
| 4 | — | D |
| 3 | — | C |
| 2 | — | B |
| 1 | — | E |

यहाँ, C के ठीक ऊपर D रहता है।

**31. (C):** 5 तथा 4

$\therefore 3 \times 5 + 4 - 6 \div 2$

$= 3 \times 4 + 5 - 6 \div 2$

$= 3 \times 4 + 5 - 3$

$= 12 + 5 - 3$

$= 17 - 3 = 14.$

**33. (D):** दिया है, 7 मजदूर केंद्र की ओर मुख करके एक वृत्ताकार मेज के इर्द-गिर्द बैठे हुए हैं।

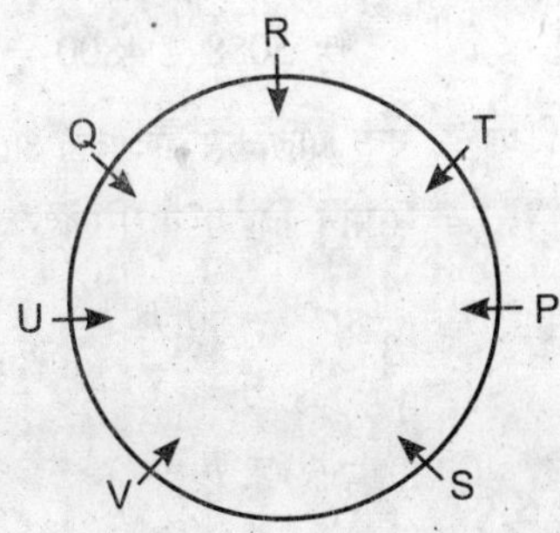


यहाँ, P के बायीं ओर दूसरे स्थान पर V बैठा है।

**34. (B):**

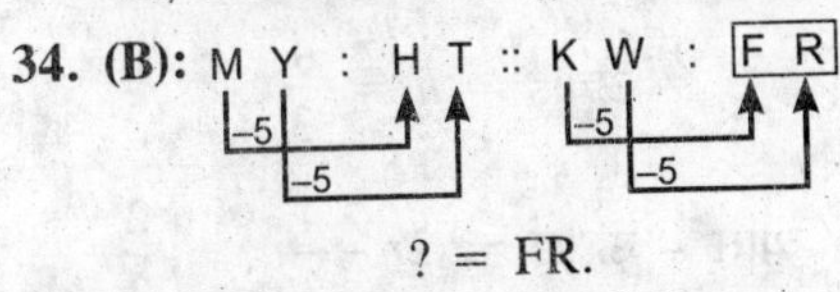


? = FR.

**37. (A):** दिए गए अक्षर-प्रतीक से:

दाएं से छठे तत्व = *

इसके बायीं ओर 12वाँ = S

⇒ दाएं से 18वां = S.

**38. (C):** दिया है,

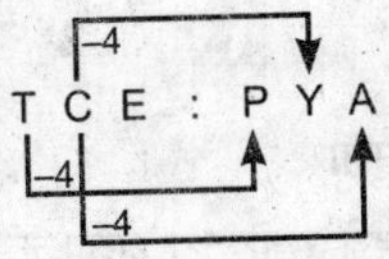


इसी प्रकार,

–4

O X B : K T X

–4

–4

$\therefore$ TCE : PYA :: OXB : KTX

$\therefore$ ? = OXB: KTX.

**40. (A):** A M, W V, S E, O N, K W

(+9, +9, +9, +9; –4, –4, –4, –4)

$\therefore$ यहाँ, ? = लुप्त पद = KW.

**41. (*):** संख्या $23478y$, 3 से विभाज्य है।

$\therefore 2 + 3 + 4 + 7 + 8 + y$, 3 से विभाज्य होगा

$\Rightarrow \quad \frac{24 + y}{3} = 8$ जब, $y = 0$

और $\frac{24 + y}{3} = 9$ जब, $y = 3.$

**42. (B):** माना अधिकतम अंक = $x$

तब, $x$ का 56% = 98

$\Rightarrow \quad x \times \frac{56}{100} = 98$

$\Rightarrow \quad x = \frac{98 \times 100}{56}$

$= \frac{7 \times 100}{4} = 7 \times 25$

$\Rightarrow \quad x = 175.$

**43. (A):** माना एक बेलन के आधार की त्रिज्या और ऊँचाई $r$ और $h$ है।

तब, $r + h = 37$ मीटर ...$(i)$

अब, पिन का कुल सतह क्षेत्रफल $= 2\pi rh + 2\pi r^2$

$\therefore \quad 1628 = 2\pi r(h + r)$

$\Rightarrow \quad 1628 = 2\pi r(37)$

$\therefore \quad r = \frac{1628}{37} \times \frac{1}{2\pi} = \frac{1628}{37} \times \frac{7}{44}$

$= \frac{44 \times 7}{44} = 7$

$\Rightarrow \quad r = 7$ मीटर

$\therefore$ $(i)$ से $h = 37 - r = 37 - 7 = 30$ मीटर

अब, रेलिंग का आयतन $= \pi r^2 h$ मीटर$^3$

$= \frac{22}{7} \times 7^2 \times 30$ मीटर$^3$

और पिन के घुमावदार सतह का क्षेत्रफल $= 2\pi rh$

$= 2 \times \frac{22}{7} \times 7 \times 30$ मीटर$^2$

अतः अभीष्ट अनुपात $= \frac{22}{7} \times 7^2 \times 30 : 2 \times \frac{2}{77} \times 7 \times 30$

$= 7^2 \times 30 : 2 \times 7 \times 30$
$= 7 \times 1 : 2 \times 1 \times 1$
$= 7 : 2.$

**44. (D):** प्रत्येक पंक्ति में रखे लट्ठों की संख्या

$= \sqrt{1225} = 35.$

**45. (B):** वर्ग का मध्य बिंदु $= \frac{\text{निचली सीमा} + \text{उच्च सीमा}}{2}$

$\Rightarrow \quad x = \frac{B + \text{उच्च सीमा}}{2}$

$\Rightarrow$ उच्च सीमा $= 2x - B.$

**46. (B):** (आभा + बिलाल) का 1 दिन का काम $= \frac{1}{6}$

और आभा का 1 दिन का काम $= \frac{1}{9}$

$\therefore$ बिलाल का 1 दिन का काम $= \frac{1}{6} - \frac{1}{9}$

$= \frac{6-4}{36} = \frac{2}{36} = \frac{1}{18}$

अतः बिलाल को उसी काम को अकेले पूरा करने में 18 दिन लगेगा।

**47. (C):** साधारण ब्याज $= \frac{P \times r \times t}{100}$

$= \frac{20,000 \times 12 \times 2}{100}$

$=$ ₹ 4800

और चक्रवृद्धि ब्याज $= P\left[\left(1 + \frac{r}{100}\right)^n - 1\right]$

$= 20,000\left[\left(1 + \frac{12}{100}\right)^2 - 1\right] = 20,000\left[\left(1 + \frac{3}{25}\right)^2 - 1\right]$

$= 20,000\left[\left(\frac{28}{25}\right)^2 - 1\right]$

$= 20,000\left[\frac{784}{625} - 1\right]$

$= 20,000\left[\frac{159}{625}\right]$

$= 32 \times 159 =$ ₹ 5088

अतः 2 वर्ष बाद अंकित को मिलने वाला लाभ

= चक्रवृद्धि ब्याज – साधारण ब्याज

$= 5088 - 4800 =$ ₹ 288.

**48. (A):** दिया है, एक गोलाकार गेंद का आयतन

= समान त्रिज्या के सिलेंडर का आयतन

$\Rightarrow \quad \frac{4}{3}\pi r^3 = \pi r^2 h$

$\Rightarrow \quad \frac{4}{3}r = h$

$\therefore$ बेलन का व्यास $= 2r$

और ऊँचाई $= h = \frac{4}{3}r$

अब, व्यास – ऊँचाई $= 2r - \frac{4}{3}r = \frac{2}{3}r$

अतः बेलन का व्यास उसकी ऊँचाई से $\frac{\frac{2}{3}r}{\frac{4}{3}r} \times 100\%$

अधिक है।

$= \frac{1}{2} \times 100 = 50\%.$

**49. (A):** प्रश्नानुसार,

टंकी की बाहरी सतह का क्षेत्रफल (आधार को छोड़कर)

$= 5$ (किनारा)$^2$
$= 5\,(1.5)^2 = 5 \times 2.25$
$= 11.25\ m^2$
$= 11.25 \times 100 \times 100\ cm^2$
$= 1125 \times 100\ cm^2$

अब, 25 सेमी. भुजा वाली वर्गाकार टाइल का क्षेत्रफल

$= 25 \times 25$ सेमी.$^2$

∴ टंकी की सतह को ढकने के लिए टाइलों की संख्या

$$= \frac{1125 \times 100}{25 \times 25}$$

$= 45 \times 4 = 180$

दिया है, टाइल्स की लागत ₹ 520 प्रति दर्जन

∴ टंकी की सतह को ढकने के लिए टाइल्स पर की गई खर्च

$$= 180 \times \frac{520}{12} = 15 \times 520$$

= ₹ 7800.

**50. (D):** माना विद्यालय में कार्य दिवसों की संख्या $= x$

तब, $x \times \frac{85}{100} = 204$

$\Rightarrow \quad x = \frac{204 \times 100}{85} = \frac{12 \times 100}{5}$

$= 12 \times 20 = 240.$

**51. (B):** दिया है, 44 सेमी. × 20 सेमी. वाले एक आयताकार पेपर को उसकी लंबाई के साथ बेलनाकार आकार बनाने के लिए घुमाया जाता है।

∴ $2\pi r = 44$ सेमी. और $h = 20$ सेमी.

$\Rightarrow \quad 2 \times \frac{22}{7} r = 44$

$\Rightarrow \quad r = 7$ सेमी.

अब नए बने आकार का आयतन $= \pi r^2 h$

$= \frac{22}{7} \times 7^2 \times 20$

$= 22 \times 7 \times 20$

$= 3080$ सेमी.$^3$

**52. (A):** कलास मार्क (वर्ग चिह्न) $= \frac{120 + 200}{2}$

$= \frac{320}{2} = 160.$

**53. (D):** माना एक ग्लास कंटेनर की मूल कीमत ₹ $x$ है।

तब, $x \times \frac{100 + 10}{100}$ = ₹ 825

$\Rightarrow \quad x \times \frac{11}{10} = 825$

$\Rightarrow \quad x = 750.$

**54. (A):** यहाँ, पार्क का क्षेत्रफल $= 70 \text{ m} \times 40 \text{ m}$

$= 2800 \text{ m}^2$

∵ पार्क के एक कोना में एक पानी की टंकी खोदा गया है

∴ टंकी का आयतन

$= 10 \text{ m} \times 8 \text{ m} \times 5 \text{ m}$

$= 400 \text{ m}^3$

अब टंकी को छोड़कर शेष पार्क का क्षेत्रफल

$= 2800 - 10 \times 8$

$= 2720 \text{ m}^2$

माना पार्क के शेष भाग के स्तर में ऊँचाई $= h$ m

तब, $2720 \times h = 400$

∴ $h = \frac{400}{2720}$ m

$= \frac{5}{34} \text{ m} = \frac{5}{34} \times 100 \text{ cm}$

$= \frac{250}{17} \text{ cm} = 14.70 \text{ cm}.$

**58. (D):** माना चावल के बैग का अंकित मूल्य ₹ $x$ है।

तब, $x \times \frac{100 - 16}{100} = 1190 \times \frac{120}{100}$

$\Rightarrow \quad x \times \frac{84}{100} = 1190 \times \frac{120}{100}$

$\Rightarrow \quad x \times 84 = 1190 \times 120$

$\Rightarrow \quad x = \frac{1190 \times 120}{84}$

$= \frac{170 \times 120}{12} = 1700$

∴ अभीष्ट अंकित मूल्य = $x$ = ₹ 1700.

**59. (B):** $a^1 = \frac{1}{a} \quad \left[\because \frac{1}{a^n} = a^{-n}\right]$

**61. (D):** ''जो कानून के विरुद्ध हो'' का अर्थ होता है वह जो कानूनी रूप से अनुमति नहीं है, इसलिए 'अवैध' शब्द इस वाक्यांश का सही अर्थ व्यक्त करता है। वैध, संवैधानिक और निरीक्षक शब्द इस संदर्भ में अप्रासंगिक हैं।

**62. (B):** वाक्य ''जीवन के हर कदम पर सीखना और उसको सुधारने की ... रखना, सफलता की दिशा में महत्वपूर्ण कदम है'' में 'क्षमता' शब्द सर्वश्रेष्ठ फिट बैठता है क्योंकि यह जीवन में सीखने और सुधारने की क्षमता को दर्शाता है। विफलता, नाम और सामान इस संदर्भ में सही नहीं बैठते।

**63. (C):** लोकोक्ति ''जहाँ जाए भूखा, वहाँ पड़े सूखा'' का अर्थ है कि एक दुखी व्यक्ति को कहीं भी संतोष या आराम नहीं मिलता, चाहे वह जहाँ भी जाए। धोखेबाज होना, पूरी तरह बाध्य कर देना और खाना नसीब नहीं होना इस लोकोक्ति के अर्थ को सही ढंग से व्यक्त नहीं करते।

**64. (C):** मुहावरा ''पका पकाया मिलना'' का अर्थ है बिना मेहनत किए कुछ प्राप्त करना। यह व्यक्त करता है कि कोई व्यक्ति बिना किसी प्रयास के सफलता या लाभ प्राप्त कर लेता है। बहुत बड़ा लाभ होना, बहुत अच्छा लगना और कुछ नहीं मिलना इस मुहावरे के सही अर्थ को नहीं दर्शाते।

**65. (A):** 'दीर्घ' का विलोम 'लघु' होता है, जिसका अर्थ है छोटा या संक्षिप्त। विशाल, प्राचीन और उदय यहाँ उपयुक्त विलोम शब्द नहीं हैं।

**66. (D):** वाक्य ''पारस सूरज का छोटी भाई है।'' में रेखांकित शब्द 'छोटी' को लिंग के अनुसार सही करने की आवश्यकता है। 'भाई' शब्द पुल्लिंग है, इसलिए उसके अनुसार 'छोटा' शब्द का प्रयोग सही होगा।

**67. (B):** 'उपचार' का विलोम 'अपचार' होता है। 'उपचार' का अर्थ है उपाय या इलाज, जबकि 'अपचार' का अर्थ होता है गलत या अनुचित इलाज। अनादर, प्रकाश और अनुचित इस संदीर्ा में सही विकल्प नहीं है।

**68. (B):** वाक्य ''छोटे-छोटे जानवर भी बूढ़े शेर को चकमा देकर ... जाते थे।'' में 'भाग' शब्द रिक्त स्थान के लिए सबसे उपयुक्त है क्योंकि यह जानवरों के बचने की क्रिया को व्यक्त करता है। टूट, घिस और थक इस संदर्भ में उपयुक्त नहीं है।

**69. (B):** वाक्य ''समाज में चारों ओर जो कुछ नया सामयिक घटित हो रहा है, उसका विवरण या उसकी ... को समाचार कहते हैं। में 'सूचनाओं' शब्द उपयुक्त है क्योंकि यह समाचार की परिभाषा में फिट बैठता है जो कि घटनाओं की जानकारी या विवरण को व्यक्त करता है। प्रावधानों, घटनाओं और विधानों इस संदर्भ में सटीक नहीं हैं।

**70. (C):** वाक्य ''राहुल को शतरंज खेलनी नहीं आता हैं।'' में रेखांकित शब्द 'खेलनी' को लिंग और वाक्य संरचना के अनुसार सही करने की आवश्यकता है। 'खेलना' यहाँ सही रूप है क्योंकि यह अनिर्दिष्ट रूप से गतिविधि को दर्शाता है और इसे सामान्य रूप से क्रिया के रूप में प्रयोग किया जाता है।

**71. (C):** सबसे तार्किक क्रम में वाक्य इस प्रकार होने चाहिए: (ग) पहले 'अभिषेक नाम का एक लड़का है', इसके बाद (घ) 'वह पढ़ाई में कम रुचि रखता है', फिर (ख) 'उसका ध्यान खेलकूद में ज्यादा रहता है' और अंत में (क) 'इसी कारण उसके माता-पिता उससे परेशान रहेते हैं'। ये वाक्य मिलकर एक सुसंगत अनुच्छेद बनाते हैं।

**72. (C):** वाक्य ''प्राकृति हमारे जीवन का एक महत्वपूर्ण भाग है और हमें अपने पर्यावरण के ... का ध्यान रखना चाहिए।'' में 'संरक्षण' शब्द रिक्त स्थान को सबसे अच्छा पूरा करता है क्योंकि यह पर्यावरण के देखभाल और संरक्षण की बात करता है। नाम, परिश्रम और संकोच इस संदर्भ में सही विकल्प नहीं हैं।

**73. (A):** 'जबान का कच्चा होना' मुहावरे का अर्थ होता है कि व्यक्ति अपनी बात पर कायम नहीं रहता या उसकी बातों का भरोसा नहीं किया जा सकता, यानी वह झूठा होता है। सच्चा व्यक्ति, गूंगा व्यक्ति और मितभाषी इस मुहावरे के सही अर्थ नहीं व्यक्त करते।

**74. (B):** सबसे तार्किक क्रम यह है: पहले (घ) 'एक गांव में एक किसान रहता था और उसके चार पुत्र थे', फिर (क) 'सभी पुत्र ईमानदार और मेहनती थे', इसके बाद (ग) 'बस एक समस्या यह थी की उनकी आपस में बनती नहीं थी', और अंत में (ख) 'सभी एक-दूसरे से छोटी-मोटी बातों पर लड़ते रहते थे'।

**75. (B):** 'आलोक' का पर्यायवाची 'प्रकाश' होता है, जिसका अर्थ होता है रोशनी या उजाला। गगन, अंधकार और प्रजा इसके पर्यायवाची नहीं हैं।

**76. (D):** ''किसी बात को बढ़ा-चढ़ा कर कहना'' के लिए 'अतिश्योक्ति' शब्द सबसे उपयुक्त है। अतिश्योक्ति का अर्थ होता है वास्तविकता से अधिक या बढ़ा-चढ़ा कर प्रस्तुत करना। आक्रांत, लोकप्रिय और आद्योपात इस संदर्भ में उपयुक्त नहीं है।

**77. (C):** गद्यांश के अनुसार, समाचार लेखन का विधि कथा या कहानी लेखन की प्रक्रिया के विपरीत है। कहानी में क्लाइमेक्स आमतौर पर अंत में आता है, जबकि समाचार लेखन में महत्वपूर्ण जानकारियां सबसे पहले दी जाती हैं।

**78. (D):** दिए गए गद्यांश का उपयुक्त शीर्षक 'समाचार लेखन सिद्धांत' होगा क्योंकि इसमें समाचार लेखन के उल्टा पिरामिड सिद्धांत का वर्णन किया गया है, जो समाचार लेखन की एक प्रमुख विधि है।

**79. (D):** गद्यांश के अनुसार, समाचार लेखन में उल्टा पिरामिड शैली में समाचार को मुख्य रूप से तीन हिस्सों में विभाजित किया जाता है: पहले इंट्रो या मुखड़ा, उसके बाद बॉडी जिसमें महत्वपूर्ण सूचनाओं को घटते हुए क्रम में प्रस्तुत किया जाता है और अंत में निष्कर्ष या समापन आता है।

**80. (D):** गद्यांश में समाचार लेखन की उल्टा पिरामिड शैली को व्यावहारिक कहा गया है क्योंकि यह समाचार लेखन का सबसे सरल, उपयोगी और व्यावहारिक सिद्धांत है, जो पाठकों को तत्काल और सबसे महत्वपूर्ण जानकारी प्रदान करता है।

**81. (B):** "Invasion" refers to an act of entering somewhere to conquer. Therefore, the opposite of "invasion" would be "protect," which implies safeguarding a place against invasion or other harms.

**82. (D):** The phrase "Heavy rains had lashed" refers to a completed action that occurred in the past, specifically on a particular date. The correct tense to maintain this reference to the past event without implying continuation or repetition is thc simple past tense, hence "Heavy rains lashed."

**83. (A):** The phrase refers to principles or ideals in journalism. "Accountability" fits well as it relates to the responsibility and ethical obligations in journalism, which are essential for public good and trust.

**84. (A):** "Lament" means to express sorrow or grief, typically in a vocal or demonstrative manner. The opposite of expressing sorrow would be expressing great pleasure or happiness, thus "delight" is the correct antonym.

**85. (D):** A volunteer is someone who offers his services without expecting payment or any form of compensation, fitting the description perfectly.

**86. (A):** The sentence structure suggests describing the intensity of the rain, which hindered the speaker's plans. "Heavily" directly describes the manner of raining that is intense and aligns with the context of being significant enough to affect plans.

**87. (D):** "Accommodate" generally means to make space for or to include. In various contexts, it could mean to adjust or provide accommodation, making "take in" a suitable meaning as it implies including or allowing space for.

**88. (D):** "Endurance" refers to the ability to withstand hardship or stress over a period of time, making "stamina," which is the capacity to sustain prolonged physical or mental effort, the correct synonym.

**89. (C):** This sequence starts with establishing the broader preferences of consumers today (*b*), followed by the sophistication in processes (*a*), the particular consumer demands in specific communities (*d*), and concludes with a summary of the evolution of food preservation techniques (*c*), making a coherent flow of information.

**90. (B):** The conjunction "Although" is used to introduce a statement that makes the main statement less absolute, fitting the contrast needed in the sentence: despite the rain, the holiday was enjoyable.

**91. (A):** In the sentence "Just as Salina was about to go the cashier to pay for her purchases, she ______ the cookery section," the most suitable word to complete it is "spotted," which means she suddenly saw or noticed the cookery section.

**92. (A):** The one-word substitution for "To surround a place with the intention of capturing it" is "Besiege." This term specifically refers to surrounding a place to conquer or force its surrender.

**93. (A):** The idiom "In the fast lane" refers to living a life filled with excitement and activity, typically at a fast pace, suggesting an adventurous and potentially risky lifestyle.

**94. (C):** The phrase "Sell Like hot cakes" means to sell very quickly and in large quantities, indicating high demand and rapid sales.

**95. (A):** The sentence "I haven't seen our neighbours for ages. They ______ away" correctly uses "Had gone" to indicate that the neighbours went away some time ago and have not been seen since. This usage fits the past perfect tense needed for the context of not having seen them for a long period.

**96. (B):** In the sentence "She loved going to the bookstore and spending hours browsing ______ the racks and shelves, looking for good bargains," the word "through" best fills the blank. It indicates moving among and examining the racks and shelves.

**97. (A):** The central theme of the passage is the evolution of travel from a means of exploitation to an intellectual and educational activity, highlighting its educational benefits today.

**98. (A):** The word "Radical" in this context means significant or revolutionary change, indicating a complete transformation in attitudes and methods.

**99. (D):** This title accurately encapsulates the main ideas and themes discussed in the passage, focusing on how travel has transformed and its current role as an educational tool.

**100. (A):** This is a direct inference from the passage, highlighting how travel has become more than just movement from one place to another but a means to gain education and broader perspectives.

**101. (A):** चार्ल्स बैबेज को कंप्यूटर का जनक कहा जाता है क्योंकि उन्होंने पहली बार मैकेनिकल कंप्यूटर की अवधारणा पेश की, जिसे एनालिटिकल इंजन कहा जाता है। यह डिजाइन आधुनिक कंप्यूटरों के विकास के लिए आधारशिला मानी जाती है।

**102. (B):** कंट्रोल पैनल विंडोज में एक फीचर है जो सिस्टम की सेटिंग्स को मैनेज करने के लिए उपयोगिताओं की एक सूची प्रदर्शित करता है, जिसमें सॉफ्टवेयर और हार्डवेयर दोनों को कॉन्फिगर करना शामिल है।

**103. (C):** डिजिलॉकर सुविधा की शुरुआत 2015 में की गई थी। यह एक ऑनलाइन सेवा है जो नागरिकों को उनके दस्तावेजों और प्रमाणपत्रों को डिजिटल रूप में सुरक्षित रूप से संग्रहित करने और साझा करने की सुविधा प्रदान करती है।

**104. (B):** वर्कशीट के बाएँ और दाएँ नेविगेट करने में मदद करने वाला उपकरण 'क्षैतिज स्क्रॉल बार' होता है। यह

उपयोगकर्ताओं को वर्कशीट में बाएँ और दाएँ स्क्रॉल करने की अनुमति देता है।

**105. (D):** वर्तमान कॉलम में पूरी तरह से चुनने के लिए 'Ctrl + Shift + Spacebar' शॉर्टकट का उपयोग किया जाता है। यह शॉर्टकट उपयोगकर्ताओं को एक्सेल या अन्य स्प्रेडशीट प्रोग्रामों में वर्तमान कॉलम का त्वरित चयन करने की अनुमति देता है।

**106. (A):** MS Word 2010 में फॉन्ट साइज ड्रॉपडाउन सूची का उपयोग करके दूसरा सबसे बड़ा फॉन्ट आकार 48 चुना जा सकता है। यह आकार सामान्यतः उपलब्ध सबसे बड़े आकारों में से एक है।

**107. (C):** पावरपॉइंट में मौजूदा प्रेजेंटेशन को खोलने के लिए शॉर्टकट कुंजी Ctrl + O है। यह कुंजी सामान्यतः किसी भी फाइल को खोलने के लिए उपयोग की जाती है।

**108. (D):** पावरपॉइंट में पावरपॉइंट प्रेजेंटेशन को पीडीएफ बनाने की सुविधा नहीं होती है। यह विकल्प असत्य है क्योंकि पावरपॉइंट में सीधे पीडीएफ बनाने की सुविधा नहीं है।

**109. (A):** ''उमंग ऐप'' का प्रबंधन और सेवा इलेक्ट्रॉनिक्स और सूचना प्रौद्योगिकी मंत्रालय के अंतर्गत आती है। यह मंत्रालय डिजिटल सेवाओं के लिए जिम्मेदार है।

**110. (B):** आईटी अधिनियम 2000 की धारा 66C पहचान की चोरी के लिए सजा से संबंधित है। यह धारा विशेष रूप से पहचान की चोरी के मामले में कानूनी दंड का प्रावधान करती है।

**111. (C):** वर्ड में प्रिंट पूर्वावलोकन दस्तावेज को देखने के लिए शॉर्टकट कुंजी Ctrl + F2 है। यह उपयोगकर्ता को दस्तावेज का प्रिंट पूर्वावलोकन देखने की अनुमति देती है, ताकि वह दस्तावेज को प्रिंट करने से पहले उसकी जाँच कर सके।

**112. (A):** माइक्रोसॉफ्ट विंडोज एक ऑपरेटिंग सिस्टम है। यह एक सॉफ्टवेयर प्रणाली है जो कंप्यूटर हार्डवेयर और सॉफ्टवेयर के बीच संपर्क प्रदान करता है और उपयोगकर्ताओं को कंप्यूटर का उपयोग करने में सक्षम बनाता है।

**113. (A):** फॉर्मूला बार वह स्थान है जहाँ कोई सूत्र या पाठ दर्ज कर सकता है या देख सकता है। यह विशेष रूप से एक्सेल जैसे स्प्रेडशीट अनुप्रयोगों में उपयोगी है, जहाँ उपयोगकर्ता कक्षों में डेटा और गणनाएँ देख सकते हैं।

**114. (B):** कंप्यूटर का मस्तिष्क ''सी.पी.यू.'' (Central Processing Unit) है। यह वह इकाई है जो कंप्यूटर के सभी कार्यों को नियंत्रित और संसाधित करती है, इसे कंप्यूटर के केंद्रीय प्रोसेसर के रूप में जाना जाता है।

**115. (A):** एमएस-पावरप्वाइंट एक प्रेजेंटेशन प्रोग्राम है। यह एक सॉफ्टवेयर है जिसका उपयोग स्लाइड-आधारित प्रस्तुतियाँ बनाने के लिए किया जाता है, जिसे खासतौर पर शिक्षा, व्यवसाय और अन्य पेशेवर उद्देश्यों के लिए उपयोग किया जाता है।

**116. (A):** MS Word 2010 में फॉन्ट साइज ड्रॉपडाउन सूची का उपयोग करके सबसे छोटा फॉन्ट आकार 8 चुना जा सकता है। यह एक सामान्य न्यूनतम फॉन्ट आकार होता है जिसे आसानी से पढ़ा जा सकता है।

**117. (A):** C.U. का फुल फॉर्म ''कंट्रोल यूनिट'' है। यह कंप्यूटर का एक महत्वपूर्ण हिस्सा है जो डेटा प्रोसेसिंग और निर्देशों के निष्पादन को नियंत्रित करता है।

**118. (C):** विंडोज 95, 98, 2000 और XP की क्रमबद्धता को सही रूप से 1, 2, 4, 3 के रूप में रखा जाता है। विंडोज 95 पहले आया था, फिर विंडोज 2000 और अंत में विंडोज XP।

**119. (C):** MS Word 2010 में 'वॉटरमार्क' कमांड ''पेज लेआउट'' मेनू में शामिल होता है। यह ऑप्शन पेज की पृष्ठभूमि में वॉटरमार्क डालने के लिए उपयोग किया जाता है।

**120. (A):** IT अधिनियम 2000 की धारा 67 में इलेक्ट्रॉनिक रूप से अश्लील सामग्री प्रकाशित या प्रसारित करने पर दंड की चर्चा की गई है। यह धारा उस स्थिति में सजा और दंड का प्रावधान करती है जब अश्लील सामग्री इंटरनेट या अन्य इलेक्ट्रॉनिक माध्यमों के माध्यम से प्रसारित की जाती है।

पिछले प्रश्न-पत्र (हल सहित)

# दिल्ली विकास प्राधिकरण (DDA)
# पटवारी भर्ती परीक्षा, 2020*

## सामान्य ज्ञान

**1.** निम्न में से किस शहर में संत आदिनाथ को समर्पित मध्यकालीन युग का जैन चौमुखा मंदिर (चार मुख वाला मंदिर) स्थित है?

A. रणकपुर
B. कानपुर
C. उज्जैन
D. कुरुक्षेत्र

**2.** स्वेज नहर भूमध्य सागर को किससे जोड़ती है?

A. एड्रियाटिक सागर
B. लाल सागर
C. ईजियन सागर
D. काला सागर

**3.** फोबोस और डीमोस किस ग्रह के प्राकृतिक उपग्रह हैं?

A. मंगल
B. शनि
C. यूरेनस
D. बृहस्पति

**4.** निम्न में से कौन-सा हड़प्पा सभ्यता भारत में नहीं है?

A. सुरकोटदा
B. रोजड़ी
C. नागेश्वर
D. कुल्ली

**5.** निम्न में से किस राज्य में वन्यजीव अभयारण्यों की संख्या सबसे अधिक है?

A. केरल
B. मध्य प्रदेश
C. आंध्र प्रदेश
D. महाराष्ट्र

**6.** सुरेन्द्रनाथ बनर्जी और आनन्द मोहन बोस ने बंगाल में एक राष्ट्रवादी राजनीतिक ग्रुप की स्थापना की थी। इस ग्रुप का नाम था :

A. लैंडहोल्डर्स सोसायटी
B. इंडियन लीग
C. इंडियन एसोसिएशन
D. ब्रिटिश इंडिया सोसायटी

**7.** मुबाडाला इंवेस्टमेंट कंपनी कहां स्थित है, जिसने एक भारतीय कंपनी में 1.85 प्रतिशत हिस्सेदारी खरीदने की घोषणा की?

A. सिंगापुर
B. अबू धाबी
C. ताइवान
D. न्यूयॉर्क

**8.** मई 2020 में, वाइस एडमिरल विनय बधवार ने भारतीय जलराशिकी (हाइड्रोग्राफी) और पूरे हिंद महासागर क्षेत्र में अपने उत्कृष्ट योगदान के लिए .......... पुरस्कार प्राप्त किया।

A. वर्ष के हाइड्रोग्राफर (Hydrographer of the Year)
B. व्लादिमीर हर्जोग (Vladimir Herzog)
C. अलेक्जेंडर डेलरिम्पल (Alexander Dalrymple)
D. लेनका फ्रैनोलिक (Lenka Franulic)

**9.** भारतीय संविधान के अनुच्छेद 1 में भारत का वर्णन करने के लिए निम्न में से किस उक्ति का उपयोग किया गया है?

A. कॉन्फेडरेशन ऑफ स्टेट
B. यूनियन ऑफ स्टेट्स
C. कॉन्फेडरेशन ऑफ स्टेट्स एंड टेरीटीरियस
D. फेडरेशन ऑफ स्टेट्स

**10.** मई 2020 में, भारतीय रेलवे ने 12000 हॉर्सपॉवर के एक रेल के इंजन का परिचालन शुरू किया। इस इंजन का निर्माण किया गया था :

A. रेल विकास निगम लिमिटेड के द्वारा
B. पिपावाव रेलवे कॉरपोरेशन लिमिटेड के द्वारा

* Exam held on: 11-11-2020

C. मधेपुरा इलेक्ट्रिक लोकोमोटिव प्राइवेट लिमिटेड के द्वारा
D. चित्तरंजन लोकोमोटिव वर्क्स के द्वारा

**11.** भारतीय बैंकिंग परिचालन के संदर्भ में, CIBIL स्कोर पद का उपयोग क्या मापने के लिए किया जाता है?
A. बैंक की ऋण-वसूली दर के संदर्भ में इसका प्रदर्शन।
B. एक व्यक्ति की ऋण प्राप्ति योग्यता।
C. बैंक की ऋण वृद्धि के मामले में उसके प्रदर्शन।
D. एक कंपनी की ऋण प्राप्ति योग्यता।

**12.** अंतरराष्ट्रीय स्तर पर, खिलाड़ी दीपा कर्माकर किस खेल में भारत का प्रतिनिधित्व करती हैं?
A. जिमनास्टिक्स B. बैडमिंटन
C. क्रिकेट D. निशानेबाजी

**13.** निम्न में से किस शहर की लोकप्रिय नृत्य का नाम अहिरी है, जो इसकी संस्कृति का एक महत्वपूर्ण हिस्सा है?
A. मुंबई B. पुणे
C. ग्वालियर D. लखनऊ

**14.** बौद्ध मान्यताओं के अनुसार, निम्न में से किस स्थान पर बुद्ध सोने की सीढ़ी से स्वर्ग से उतरे थे?
A. वैशाली B. राजगीर
C. संकिसा D. कुशीनगर

**15.** निम्न में से किस कंपनी ने भारत में ऑनलाइन शिक्षण और अध्यापन के प्रति अनुकूलन को बढ़ावा देने के लिए 'PC पाठशाला' नामक एक पहल प्रारंभ करने के लिए टाइम्स ऑफ इंडिया के साथ भागीदारी की है?
A. इंटेल (Intel)
B. माइक्रोसॉफ्ट (Microsoft)
C. गूगल (Google)
D. रिलायंस जियो (Reliance Jio)

**16.** केंद्र सरकार की PM स्वनिधि योजना का उद्देश्य किनको किफायती ऋण प्रदान करना है?
A. सीमांत किसानों B. स्वयं-सहायता समूहों
C. बेरोजगार स्नातकों D. स्ट्रीट वेंडरों (फेरीवालों)

**17.** बुंदेसलिगा नामक फुटबॉल टूर्नामेंट कौन-सा देश आयोजित करता है?
A. जर्मनी B. फ्रांस
C. स्पेन D. ऑस्ट्रिया

**18.** अशोक मेहता समिति ने 1978 में निम्न में से किस विषय पर अपनी रिपोर्ट प्रस्तुत की थी?
A. मौलिक कर्तव्य B. नागरिकता
C. केंद्र-राज्य संबंध D. पंचायती राज संस्था

**19.** निम्न में से किस पोषक तत्व की कमी से बच्चों में मानसिक विकलांगता उत्पन्न होती है?
A. आयोडीन B. आयरन (लौह तत्व)
C. विटामिन B-1 D. कैल्शियम

**20.** भारतीय संविधान का कौन-सा अनुच्छेद प्रेस की स्वतंत्रता की गारंटी देता है?
A. अनुच्छेद 19(1)(c) B. अनुच्छेद 19(1)(b)
C. अनुच्छेद 19(1)(a) D. अनुच्छेद 19(1)(d)

## सामान्य बुद्धिमत्ता एवं तार्किक क्षमता

**21.** यदि '!' का अर्थ गुणा, $ का अर्थ जोड़, # का अर्थ घटाना और @ का अर्थ भाग है, तो निम्न का मान क्या होगा?

56@16!8$5#2

A. 40 B. 31
C. 35 D. 29

**22.** विषम युग्म की पहचान करें।
A. 7 : 64 B. 20 : 441
C. 18 : 400 D. 14 : 225

**23.** एक भाषा में, सोमवार को बुधवार लिखा जाता है, मंगलवार को गुरुवार लिखा जाता है, बुधवार को शुक्रवार लिखा जाता है और इसी तरह बाकी क्रम भी जारी रहता है। यदि कैलेंडर के अनुसार 20 मार्च को शनिवार है, तो इस भाषा में 15 अप्रैल को कौन-सा दिन होगा?
A. गुरुवार
B. रविवार
C. शनिवार
D. सोमवार

**24.** एक तस्वीर की ओर इशारा करते हुए, राकेश ने बताया कि मेरे इकलौते भाई राजेश के पिता हैं। राजेश कविता के ससुर है। कविता की बेटी सुधा के पिता राजेश के बेटे हैं। तस्वीर वाले व्यक्ति का सुधा से क्या संबंध है?

A. दादा/नाना B. पिता
C. परदादा/परनाना D. दादा ससुर

**25.** यदि 'GOLD' को 19 लिखा जाता है, 'DUST' को 32 लिखा जाता है, तो 'MONDAY' को क्या लिखा जाएगा?

A. 27 B. 72
C. 36 D. 64

**26.** दी गई श्रृंखला को पूरा करें।

omn, omnn, oomnn, _____, ooomnnn

A. oomnnn B. oomnn
C. oommnnn D. ooomnn

**27.** विषम ज्ञात कीजिए।

A. ग्रासनली (एसोफैगस) B. ग्रसनी (फैरिंक्स)
C. मलाशय (रेक्टम) D. नाड़ीग्रन्थि (गैग्लिऑन)

**28.** विषम ज्ञात कीजिए :

A. झील B. समुद्र
C. लैगून D. महासागर

**29.** निम्न में से कौन-सा विकल्प तीसरे पद से ठीक उसी तरह संबंधित है, जिस प्रकार दूसरा पद पहले पद से संबंधित है?

कठोर परिश्रम : सफलता :: अपराध : ?

A. प्रोत्साहन B. दंड
C. इनाम D. फिटनेस

**30.** सुरेखा के पास एक टोकरी में तीन कैंडी, कुछ जेली और कुछ सेब हैं। सेब की संख्या जेली की संख्या का 25 प्रतिशत है। यदि कुल चीजें 33 हैं, तो उसके पास कितनी जेलियां हैं?

A. 2 B. 18
C. 24 D. 8

**31.** व्यक्ति के एक समूह का औसत वजन 58 किग्रा. है। समूह के 67 किग्रा. और 56 किग्रा. वजन वाले दो व्यक्तियों को 69 किग्रा. और 54 किग्रा. वजन वाले दो व्यक्तियों से प्रतिस्थापित कर दिया गया। 21 व्यक्तियों वाले इस समूह का प्रतिस्थापन के बाद औसत वजन क्या होगा?

A. 58 B. 58.5
C. 62 D. 61

**32.** चार वर्ष पहले, मोहित की आयु राहुल की आयु की चार गुना थी। यदि दोनों की आयु का योग 58 है, तो राहुल की वर्तमान आयु क्या है?

A. 44 B. 14
C. 40 D. 10

**33.** विषम ज्ञात कीजिए।

A. VZ B. KN
C. XB D. ZD

**34.** एक भाषा में GRAPHIC को EKJRCTI के रूप में कोड किया जाता है, तो उसी भाषा में DROUGHT को कैसे कोड किया जाएगा?

A. VJIWQTF B. VJIPVSE
C. UJIWQTF D. VJIVQTF

**35.** विषम ज्ञात कीजिए।

A. ओटावा B. बेयरूत
C. सिडनी D. काहिरा

**36.** एक गोल मेज के चारों ओर पांच व्यक्तियों P, H, R, S, और J एक-दूसरे के सम्मुख बैठे हुए हैं। H और J एक साथ नहीं बैठे हैं। S, R के एकदम बाएं बैठा है, जो H के बाएं तीसरे स्थान पर बैठा है। R के दाएं चौथे स्थान पर कौन बैठा है?

A. S B. J
C. H D. R

**37.** एक घन की प्रत्येक भुजा की लंबाई 10 सेमी. है, जिसे 5 सेमी. भुजा वाले घनों में काटा जाता है, तो ऐसे कितने छोटे घन बनाए जा सकते हैं?

A. 25 B. 8
C. 4 D. 64

**38.** विषम ज्ञात कीजिए।

A. NRV B. HLP
C. SWA D. VZC

**39.** यदि निम्न अक्षरों को उन्हें निर्दिष्ट अंकों के अनुक्रम में व्यवस्थित किया जाता है, तो निम्न में से कौन-सा एक सार्थक शब्द के निर्माण हेतु सही विकल्प होगा?

| T | H | R | I | S | E | S | G | N | B |
|---|---|---|---|---|---|---|---|---|---|
| 0 | 1 | 2 | 3 | 4 | 5 | 6 | 7 | 8 | 9 |

A. 1023579846 B. 6345978210
C. 9237018564 D. 9237108564

**40.** दी गई आकृति में कुल कितने आयत हैं?

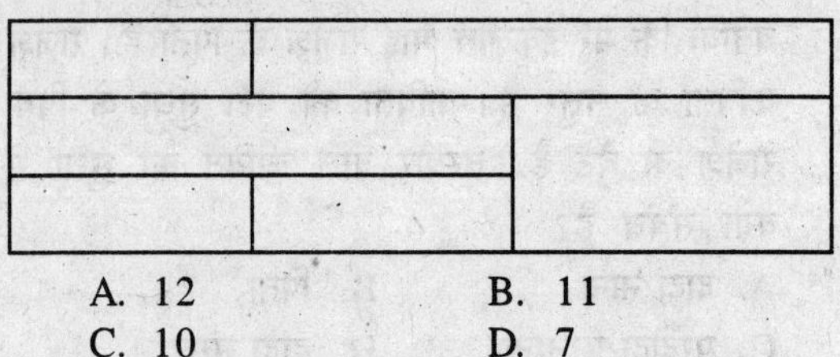

A. 12 B. 11
C. 10 D. 7

## अंकगणितीय एवं संख्यात्मक योग्यता

**41.** 15 इकाई भुजा वाले एक घन में उत्कीर्ण किए जा सकने वाले विकर्ण की अधिकतम लंबाई क्या होगी?
A. $15\sqrt{2}$ B. 15
C. $15\sqrt{3}$ D. $15\sqrt{5}$

**42.** एक मंदिर में रविवार को औसतन 520 आगंतुक और अन्य दिनों में 250 आगंतुक आते हैं। 5 रविवार वाले 30 दिनों के एक महीने में प्रतिदिन आगंतुकों की औसत संख्या कितनी है?
A. 320 B. 250
C. 295 D. 520

**43.** ₹ 12000 की धनराशि पर दो वर्ष के लिए 10 प्रतिशत वार्षिक ब्याज दर पर, वार्षिक तौर पर गणना किए गए चक्रवृद्धि ब्याज और साधारण ब्याज का योग कितना होगा?
A. ₹ 4940 B. ₹ 4290
C. ₹ 4920 D. ₹ 4220

**44.** कांतिलाल एक बेईमान दुकानदार है। वह A1 ग्रेड चावल की 8 किग्रा. मात्रा को C ग्रेड चावल की Y किग्रा. मात्रा के साथ मिश्रित करता है और इस मिश्रित चावल को ₹ 100 प्रति किग्रा. की दर से बेचता है। जिसके परिणामस्वरूप, कांतिलाल को 20 प्रतिशत लाभ अर्जित होता है। यदि कांतिलाल ने A1 ग्रेड चावल को ₹ 120 प्रति किग्रा. की दर से खरीदा है और C ग्रेड चावल को ₹ 80 प्रति किग्रा. की दर से खरीदा है, तो $y$ का मूल्य निर्धारित करें।
A. 88 B. 90
C. 100 D. 8

**45.** यदि ₹ 20000 की एक वस्तु पर 20 प्रतिशत की छूट या 15 प्रतिशत और 5 प्रतिशत की दो क्रमिक छूट दी जाती हैं, तो दोनों छूटों के बीच कितने ₹ का अंतर होगा?
A. ₹ 150 B. ₹ 0
C. ₹ 100 D. ₹ 200

**46.** एक घर के निर्माण में किए गए है ₹ 20000 के व्यय से जुडी निम्न जानकारी पाई चार्ट में दी गई है:

व्यय

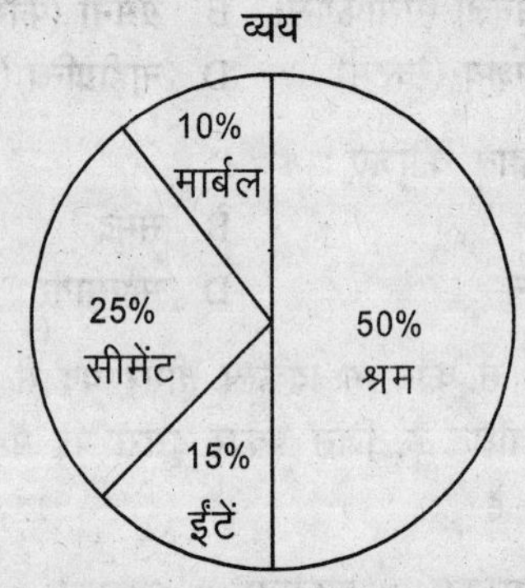


श्रम पर किंये गए खर्चे का और ईंटों पर हुए खर्चे का अनुपात पता लगाए।
A. 2 : 1 B. 2 : 5
C. 10 : 3 D. 5 : 3

**47.** एक टैंक पानी से पूरा भरा हुआ है। पानी की पूरी मात्रा का उपयोग करके, 20 कैन या 4 बैरल भरे जा सकते हैं। लेकिन रिसाव के कारण 20 प्रतिशत पानी बाहर फैल गया है। शेष पानी का उपयोग करके, 5 कैन और कुछ बैरल भरे जाते हैं। कुल कितने बैरल भरे गए हैं।

A. 2 पूर्ण बैरल और एक बैरल 30 प्रतिशत भरा
B. 2 पूर्ण बैरल और एक बैरल 20 प्रतिशत खाली
C. 3 पूर्ण बैरल और एक बैरल 20 प्रतिशत भरा
D. 2 पूर्ण बैरल और एक बैरल 80 प्रतिशत खाली

**48.** एक दुकानदार एक वस्तु पर समान प्रतिशत की दो क्रमागत छूट प्रदान करता है। यदि उस वस्तु का अंतिम विक्रय मूल्य ₹ 1620 और अंकित मूल्य ₹ 2000 है, तो छूट का प्रतिशत क्या है?
A. 11 B. 12
C. 14 D. 10

**49.** 3 मूर्तिकार X, Y और Z हैं, जो एक साथ काम करते हुए 4 घंटे में 216 मूर्तियां बना सकते हैं। एक घंटे में Z, Y से उतनी ही अधिक मूर्तिया बना सकता है, जितनी एक घंटे में ही Y, X से अधिक बना सकता है। उनमें से प्रत्यक मूर्तिकार एक घंटे में कितनी मूर्तिया बनाता है?
A. X = 20, Y = 17, Z = 18
B. X = 16, Y = 17, Z = 20
C. X = 15, Y = 18, Z = 21
D. X = 15, Y = 21, Z = 18

**50.** X एक पलंग को ₹ 40000 में खरीदता है और इसे 5% के लाभ पर Y को बेच देता है। Y अब इसे Z को 10% लाभ पर बेच देता है और Z इसे W को 5% की हानि पर बेच देता है। W ने इस पलंग के लिए कितना भुगतान किया है?
A. ₹ 43800 B. ₹ 43400
C. ₹ 43980 D. ₹ 43890

**51.** एक कार एक बाइक की तुलना में 25% तेजी से चल सकती है। दोनों एक ही समय पर बिंदु A से चलना शुरू करती हैं और A से 75 किमी. की दूरी पर स्थित बिंदु B तक एक ही समय पर पहुंचती है। हालांकि, रास्ते में ईंधन भरवाने के लिए कार को 7.5 मिनट ठहरना पड़ा था। बाइक की चाल कितनी है?
A. 100 किमी./घंटा B. 90 किमी./घंटा
C. 120 किमी./घंटा D. 130 किमी./घंटा

**52.** 6 के पहले 50 गुणनफलों का औसत ज्ञात कीजिए।
A. 80 B. 124
C. 153 D. 1036

**53.** एक कॉलेज में अध्यक्ष पद के लिए चुनाव आयोजित किया जाता है, जहां HOD द्वारा 2 उम्मीदवारों को चुना जाता है और चुनाव में 68 वोट अवैध घोषित किए गए हैं, जीतने वाले उम्मीदबार को 52 प्रतिशत वोट मिलते हैं और 86 वोटों से जीत हासिल करता है, अवैध घोषित मतों को हटाकर, डालें गए कुल मतों की संख्या कितनी है?
A. 2150 B. 3250
C. 2700 D. 1520

**54.** दो संख्याओं $m$ और $n$ का अनुपात 5 : 2 है। $\frac{10m+20n}{m-n}$ का मान ज्ञात करें।
A. 30 B. 28
C. 42 D. 36

**55.** 10 वर्ष पूर्व 4 सदस्यों वाले एक परिवार की औसत आयु 22 वर्ष थी। 2 वर्ष की आयु अंतराल पर दो बच्चे पैदा हुए है, लेकिन परिवार की वर्तमान औसत आयु में कई परिवर्तन नहीं हुआ है। सबसे छोटे बच्चे की वर्तमान आयु क्या होगी?
A. 1 वर्ष B. 2 वर्ष
C. 4 वर्ष D. 3 वर्ष

**56.** राजेश ने तीन स्थानों पर अपनी धनराशि को 2 : 3 : 5 के अनुपात में निवेश किया है। उसे पहले निवेश पर 5 प्रतिशत लाभ, दूसरे निवेश पर 8 प्रतिशत लाभ और तीसरे निवेश पर 12 प्रतिशत हानि होती है। पूरे निवेश पर उसका लाभ या हानि का प्रतिशत क्या है?
A. 3.6 B. 2.8
C. 1.6 D. 2.6

**57.** एक साइकिल चालक ने एक निश्चित दूरी एक निश्चित चाल से तय की है। यदि पैदल चलने वाला एक व्यक्ति दोगुने समय में इसकी आधी दूरी तय करता है, तो पैदल चलने वाले व्यक्ति की चाल का साइकिल चालक की चाल से अनुपात क्या होगा?
A. 4 : 1 B. 1 : 4
C. 2 : 1 D. 1 : 1

**58.** एक परिवार में पांच सदस्य A, B, C, D और E हैं। A और B की वर्तमान आयु का अनुपात 3 : 2, C और D की वर्तमान आयु का अनुपात 5 : 4 तथा

A और E की वर्तमान आयु का अनुपात 1 : 2 है। यदि छह वर्ष के बाद, A और D की आयु का अनुपात 4 : 1 होगा, और C की आयु 11 वर्ष होगी, तो E की वर्तमान आयु क्या है?

A. 18 वर्ष B. 100 वर्ष से अधिक
C. 68 वर्ष D. 84 वर्ष

**59.** राज एक दुकानदार है। उसने एक कारखाने से ₹ 10 की दर से दवाई खरीदी। कुछ दिनों के बाद, जब दवा की माँग बढ़ गई, तो उसने अधिक आय के लालच में दवा के विक्रय मूल्य को सामान्य विक्रय मूल्य से दो गुना कर दिया। इसके कारण उसने जो लाभ अर्जित किया, वह विक्रय मूल्य को बदले बिना होने वाले अर्जित लाभ का चार गुना है। दवा की बिक्री के माध्यम से राज को होने वाले लाभ के प्रतिशत की गणना करें, यदि उसने विक्रय मूल्य में कोई परिवर्तन नहीं किया होता।

A. 50 प्रतिशत
B. 60 प्रतिशत
C. 120 प्रतिशत
D. 100 प्रतिशत

**60.** नीचे दिए गए पाई आरेख के केंद्र में कौन-सा व्यय 90 डिग्री का कोण बनाएगा?

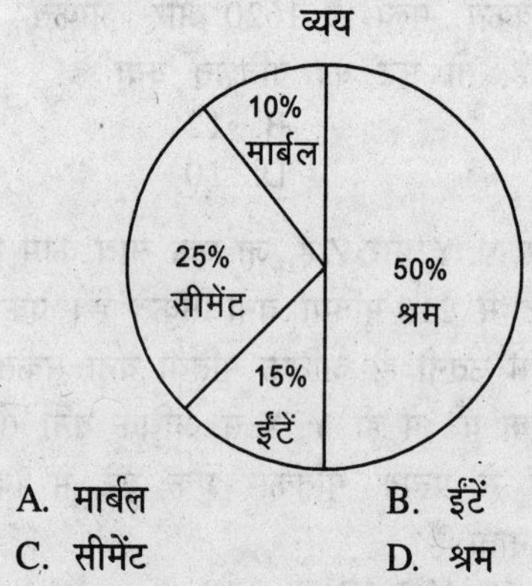


A. मार्बल B. ईंटें
C. सीमेंट D. श्रम

## हिन्दी

**61.** 'मिश्र वाक्य' के सन्दर्भ में कौन-सा कथन उचित है?

A. मिश्र वाक्य में सदैव एक ही आश्रित उपवाक्य होता है
B. मिश्र वाक्य में एकाधिक मुख्य वाक्य रहते हैं
C. मिश्र वाक्य में मुख्य उपवाक्य एक ही रहता है
D. मिश्र वाक्य में आश्रित उपवाक्य नहीं रहता

**62.** विषम स्रोतीय शब्दों से निर्मित शब्द नहीं है:

A. टिकटघर B. रेलगाड़ी
C. चीनांशुक D. सिनेमाघर

**63.** 'अनाज' का पर्यायवाची शब्द है:

A. हय B. धान्य
C. धन्य D. धन

**64.** 'अद्‌भुत' का पर्यायवाची नहीं है:

A. अनूठा B. विलक्षण
C. अनूप D. विचित्र

**65.** 'तारा' का पर्यायवाची शब्द है:

A. मिति B. भृत्य
C. खद्योत D. उपानह

**66.** जिन शब्दों के स्रोत का पता नहीं होता, उन्हें कहा जाता है:

A. समस्रोतीय शब्द B. तत्सम शब्द
C. विषम स्रोतीय शब्द D. देशज शब्द

**67.** 'क्षत' का विलोमार्थी है:

A. विक्षिप्त B. विक्षत
C. अक्षत D. अक्षम्य

**68.** 'तुम अभी इसी गली के पास घूम रहे हो' में 'इसी' है:

A. विशेषण B. क्रियाशब्द
C. कालबोधक संज्ञा D. सर्वनाम

**69.** 'तुरुप' है:

A. विदेशी शब्द B. तद्‌भव शब्द
C. देशज शब्द D. तत्सम शब्द

**70.** 'जागरण' का विलोमार्थी शब्द नहीं है:

A. नींद B. अनिद्रा
C. सुषुप्ति D. निद्रा

**71.** निम्रोक्त में अर्ध-तत्सम शब्द नहीं है :

A. मर्म
B. किशन
C. धरम
D. करम

**72.** निम्रोक्त में किस वाक्य में प्रविशेषण का उचित उपयोग हुआ है?

A. वह निहायत बुरा आदमी है
B. उसे अधिक दु:ख है
C. उसमें बहुत खाना-पीना है
D. वह आदमी निपट है

**73.** 'वे अभी उसी जगह खड़े है' में 'अभी' है :

A. प्रविशेषण
B. विशेषण
C. सार्वनामिक विशेषण
D. क्रियाविशेषण

**74.** 'मूढ़' का विलोमार्थी है :

A. ज्ञानी
B. मंडित
C. अचेत
D. मृदु

**75.** 'नायक' का संधि-विच्छेद है :

A. नै + अक
B. ना + यक
C. न + आक
D. न + याक

**निर्देश (प्रश्न सं. 76 से 80) :** *दिये गये गद्यांश के आधार पर प्रश्न के उत्तर दीजिए।*

भाषा और समाज आपस में एक-दूसरे के पूरक ही नहीं अपितु निर्माता और सृष्टा भी हैं। भाषा समाज के कारखाने में ही निर्मित होती है और समाज भाषा के ही आईने में दृश्यमान होता है। बगैर भाषा समाज की संज्ञा भी संभव नहीं है, सामाजिक संबंधों के आत्मसातीकरण को तो भूल ही जाईये। समाज का कण-कण भाषा पर निर्भर है। इसलिए जो लोग भाषा और समाज को दो अलग इकाईया मानकर चलने के आदि होते है वो ये बुनियादी भूल करते है कि देह और आत्म को भिन्न माना जाये। जिस तरह शरीर आत्मा के बगैर शव है उसी तरह आत्म बगैर शरीर के भूत। अत: कहने का अभिप्राय है कि भाषा और समाज के संबंधों को समझते समय इन्हें दो भिन्न इकाईयां मानकर चलने से बचना चाहिए।

**76.** 'जन्मदाता' का पर्यायवाची नहीं है :

A. सृजनकर्ता
B. पूरक
C. निर्माता
D. सृष्टा

**77.** भाषा के अभाव में समाज की संज्ञा भी संभव नहीं है। वाक्य अर्थ की दृष्टि है :

A. निषेधवाचक
B. संकेतार्थक
C. आज्ञार्थक
D. प्रश्नार्थक

**78.** बगैर शब्द है :

A. देशज
B. तद्भव
C. विदेशी
D. तत्सम

**79.** 'देह और आत्म को भिन्न माना जाये' वाक्य का विधानवाचक शब्द है :

A. भिन्न
B. आत्म
C. जाये
D. देह

**80.** निम्रोक्त में कौन तत्सम शब्दावली नहीं है?

A. भूल
B. शव
C. आत्मा
D. सृष्टा

## English

**81.** Select the most appropriate option to fill in the blank.

His reforms have no longer ____ support of the people.

A. an
B. the
C. no article
D. a

**82.** Select the most appropriate antonym of the given word.

MISERY

A. Pleasure
B. Calmness
C. Spendthrift
D. Relief

**83.** Select the most appropriate synonym of the given word.

RELY

A. depend
B. admire
C. believe
D. adore

**84.** Arrange parts of the sentence in meaningful order.

(*a*) more pollution
(*b*) increase in traffic
(*c*) implies
(*d*) more roads and

A. (*c*), (*b*), (*d*), (*a*)
B. (*b*), (*c*), (*d*), (*a*)
C. (*b*), (*d*), (*a*), (*c*)
D. (*d*), (*a*), (*c*), (*b*)

**85.** Arrange parts of the sentence in meaningful order.
(*a*) an immediate share issue
(*b*) circumstances have conspired
(*c*) to make
(*d*) an unattractive option
A. (*d*), (*a*), (*b*), (*c*) B. (*b*), (*d*), (*c*), (*a*)
C. (*b*), (*c*), (*a*), (*d*) D. (*a*), (*b*), (*c*), (*d*)

**86.** Select the most appropriate option to fill in the blank.
I tried to reason ____ her, but without success.
A. by B. for
C. with D. of

**87.** Select the most appropriate option to fill in the blank.
Geniuses tend to be rather ____.
A. Childlike B. Childish
C. Innocent D. Babyish

**88.** Select the most appropriate word for the given group of words.
Extend beyond or above a surface.
A. Promote B. Stretch
C. Protrude D. Poke

**89.** Arrange parts of the sentence in meaningful order.
(*a*) like this
(*b*) that someone would try
(*c*) to pull a stunt on me
(*d*) it seems absolutely ridiculous
A. (*a*), (*b*), (*c*), (*d*) B. (*a*), (*d*), (*c*), (*b*)
C. (*d*), (*b*), (*c*), (*a*) D. (*c*), (*b*), (*a*), (*d*)

**90.** Select the most appropriate synonym of the given word.
BACKFIRE
A. rebound B. recover
C. retreat D. restore

**91.** Select the most appropriate option to fill in the blank.
It is not difficult to see why Edward ____ her.
A. is enamoured by
B. enamours
C. could enamour
D. have been enamoured

**92.** Select the most appropriate option to fill in the blank.
He had the strong impression that someone ____ him.
A. was watched B. was watching
C. watched D. is watching

**93.** Select the most appropriate antonym of the given word.
REJOICE
A. Complain B. Reject
C. Frighten D. Lament

**94.** Select the most appropriate option to fill in the blank.
There were ____ large number of excellent performers in this year's competition.
A. an unconventionally
B. gleefully
C. a magnificently
D. an unusually

**95.** Select the most appropriate options to fill in the blank.
It was ____ of a telephone conversation with a mysterious person that I accidently heard.
A. odds and ends B. bits and pieces
C. by and large D. ins and outs

**Directions (Qs. No. 96-100):** *Read the passage below and answer the following questions.*

The word, "hacker," is usually used in relation to cyber criminals, but a hacker can actually be anyone, regardless of intentions, who utilizes his knowledge of computer software and hardware to break down and bypass security measures on a computer, device of network. Hacking itself is not an illegal activity unless the hacker is getting into the system without the owner's permission. Many companies and government agencies in fact employ hackers to help them secure their systems.

Hackers are generally categorized as "white hat" and "black hat". The terms come from old western movies, where the bad guy wears a black cowboy hat, and the good guy wears a white hat. Black hat hackers breaking into computer networks usually for personal or financial gain. The aim is to steal data, financial information, personal information and login credentials. Not only do black hat hackers steal data, they often modify or destroy data as well. White hat hackers choose to use their powers for good rather than evil. White hat hackers employ the same methods of hacking as black hats, with one exception-they do it with permission from the owner of the system. This makes it legal. The intention is to test the security systems and find out the weak and vulnerable sections in the system through data can be stolen by an outsider. They hack with the intention to test and strengthen computer security systems. Therefore this form is also called ethical hacking.

**96.** What are two things that differentiate a white hat from a black hat hacker?
A. Hacking expertise and legality issues
B. Hacking expertise and the intention behind hacking
C. Intention behind hacking and legality issues
D. Hacking expertise and permission to hack

**97.** Who is a 'white hat hacker'?
A. Who uses his skills to identify security loopholes
B. Who can bypass security to get into a system
C. Who wears a white hat
D. A person from old western movies

**98.** Which word in the text has the following meaning?
A document proving a person's identify or qualification.
A. Ethics
B. Credentials
C. Permissions
D. Login

**99.** Which of these is not true of ethical hacking?
A. Hack with the knowledge of the owner
B. Hack for personal gains
C. Test a computer security system
D. Identify weak and vulnerable sections

**100.** Who can be called a hacker?
A. Someone who legally breaks into a system
B. Someone who are employed to help in securing computer systems
C. Someone who writes financial and personal data from a computer
D. Someone who can break into a system bypassing security measures

## कम्प्यूटर ज्ञान

**101.** निम्न में से कौन-सा फाइल सिस्टम, माइक्रोसॉफ्ट विंडोज ऑपरेटिंग सिस्टम (Microsoft Windows operating system) द्वारा समर्थित है?
A. फाइल एलोकेशल टेबल (FAT)
B. एप्पल फाइल सिस्टम (APFS)
C. ग्लोबल फाइल सिस्टम (GFS)
D. हाइरार्ककल फाइल सिस्टम (HFS)

**102.** प्रोग्राम निष्पादन के दौरान निम्न में से कौन-सा CPU द्वारा सीधे एक्सेस किया जाता है?
A. ROM B. RAM
C. मैग्नेटिक डिस्क D. मैग्नेटिक टेप

**103.** MS-पॉवरपॉइंट में इन्सर्ट टैब का निम्न में से कौन-सा विकल्प आयत, वृत्त आदि जैसी पहले से निर्मित आकृति ऑब्जेक्टों को इन्सर्ट करने के लिए उपयोग किया जाता है?
A. SmartArt (स्मार्टआर्ट) B. ClipArt (क्लिपआर्ट)
C. WordArt (वर्डआर्ट) D. Shapes (शेप्स)

**104.** MS-पॉवरपॉइंट में प्रिंट प्रिव्यू व्यू (Print Preview View) के लिए शॉर्टकट 'की' क्या है?
A. Ctrl+F2 B. Ctrl+Q
C. Ctrl+F1 D. Ctrl+Z

**105.** निम्न में से कौन-सा विकल्प कथनों की सच्चाई का सबसे अच्छा वर्णन करता है?
(*i*) ROM एक प्रकार की वोलेटाइल (परिवर्तनशील) मैमोरी है।
(*ii*) ROM को आकस्मिक रूप से बदला नहीं जा सकता है।
A. (*i*) गलत, (*ii*) सही B. (*i*) गलत, (*ii*) गलत
C. (*i*) सही, (*ii*) सही D. (*i*) सही, (*ii*) गलत

**106.** MS-एक्सेल में फॉर्मूले में सेल रेफरेंस $A$1 के संदर्भ में निम्न में से कौन-सा सही है?

A. कॉपी करने पर रो में कोई परिवर्तन नहीं होगा।

B. कॉपी किए जाने पर कॉलम और रो में कोई परिवर्तन नहीं होगा।

C. कॉपी करने पर कॉलम में कोई परिवर्तन नहीं होगा।

D. कॉपी करते ही कॉलम और रो बदल जाएगा।

**107.** निम्न में से कौन-सा, डेस्कटॉप कंप्यूटर सिस्टम के लिए उपयोग किए जाने वाले ऑपरेटिंग सिस्टम का एक उदाहरण है?

A. एप्पल iOS (Apple iOS)

B. मेकOS (MacOS)

C. ब्लक्कबेर्री (BlackberryOS)

D. गूगल एंड्रॉयड (Google Andriod)

**108.** MS-वर्ड डॉक्यूमेंट में वर्तनी की त्रुटियों को रेखांकित करने के लिए निम्न में से किसका उपयोग किया जाता है?

A. लाल रेखा  B. हरी रेखा

C. पीली रेखा  D. नीली रेखा

**109.** ऑपरेटिंग सिस्टम का निम्न में से कौन-सा फंक्शन आसान नेविगेशन और उपयोग के लिए निर्देशिकाओं में डेटा को व्यवस्थित कर देता है?

A. डिवाइस मैनेजमेंट

B. प्रोसेस मैनेजमेंट

C. फाइल मैनेजमेंट

D. मेमोरी मैनेजमेंट

**110.** MS-वर्ड डॉक्यूमेंट में किसी एक शब्द को सेलेक्ट करने के लिए निम्न में से किसका उपयोग किया जा सकता है?

A. उस शब्द पर कहीं भी डबल-क्लिक करें, जिसे आप सेलेक्ट करना चाहते हैं।

B. Ctrl की दबाए रखें और शब्द पर कहीं भी क्लिक करें।

C. शब्द की शुरुआत पर क्लिक करें।

D. Alt दबाए रखे, माउस बटन को क्लिक करें और दबाए रखें और शब्द पर ड्रैग करें।

**111.** निम्न में से कौन-सा कार्यालय और औद्योगिक सेटिंग्स (स्थापना) के लिए एक मल्टी-टास्क (बहु कार्य) सूचना कियोस्क है और इसका उपयोग प्रिंट, स्कैन, कॉपी और ईमेल के लिए किया जाता है?

A. एनवायरो आउटडोर कियोस्क (Enviro Outdoor Kiosk)

B. फ्रीस्टैंडिंग कियोस्क (Freestanding Kiosk)

C. डॉक्यूमेंट कियोस्क (The Document Kiosk)

D. पेडस्टल कियोस्क (The Pedestal Kiosk)

**112.** निम्न में से किस प्रकार का ROM पराबैंगनी प्रकाश में प्रकट होने से मिट (इरेज हो) जाता है?

A. PROM

B. EEPROM

C. आच्छादित (मॉस्क्ड) ROM

D. EPROM

**113.** भारतीय IT अधिनियम के निम्न में से किस भाग में 'SECURE ELECTRONIC RECORDS AND SECURE ELECTRONIC SIGNATURE' (सुरक्षित इलेक्ट्रॉनिक रिकॉर्ड और सुरक्षित इलेक्ट्रॉनिक हस्ताक्षर) शामिल है?

A. अध्याय III  B. अध्याय I

C. अध्याय VII  D. अध्याय V

**114.** MS-वर्ड में पेज ब्रेक का विकल्प निम्न में से किस टैब में पाया जाता है?

A. पेज लेआउट (Page Layout)

B. रेफरेंस (References)

C. इन्सर्ट (Insert)

D. रिव्यू (Review)

**115.** कंप्यूटर विशेषताओं के संदर्भ में निम्न का मिलान करें।

| | |
|---|---|
| (*a*) बहुविज्ञता (बर्सटिलटी) | (*i*) डेटा के समान सेट के लिए सुसंगत परिणाम प्रदान करना। |
| (*b*) सटीकता | (*ii*) विभिन्न प्रकार के कार्य निष्पादित करने की क्षमता। |
| (*c*) परिश्रमशीलता/ तत्परता (Diligence) | (*iii*) त्रुटि रहित गणना करना |
| (*d*) विश्वसनीयता | (*iv*) लाखों कार्यों या गणनाओं को निष्पादित करना |

| | (*a*) | (*b*) | (*c*) | (*d*) |
|---|---|---|---|---|
| A. | (*ii*) | (*iii*) | (*iv*) | (*i*) |
| B. | (*ii*) | (*i*) | (*iv*) | (*iii*) |
| C. | (*ii*) | (*iii*) | (*i*) | (*iv*) |
| D. | (*i*) | (*iii*) | (*ii*) | (*iv*) |

**116.** निम्न में से MS-एक्सेल का कौन-सा वैशिष्ट्य एक सेल के सारे कन्टेंट (सामग्री) को कई लाइनों पर प्रदर्शित करके दृश्य बनाता है?

A. एलाइनमेंट (Alignment)
B. फॉर्मेट एज टेबल (Format as table)
C. रैप टेक्स्ट (Wrap text)
D. मर्ज एंड सेंटर (Merge and Centre)

**117.** कंप्यूटर स्पीड और पावर की सामान्य माप के लिए निम्न में से किसका संक्षिप्त नाम MIPS (एमआईपीएस) है?

A. मिलियन इंस्ट्रक्शंस पर सेकंड (Million Instructions per Second
B. मैक्सिमम इंस्ट्रक्शंस पर सर्वर (Maximum Instructions per Server)
C. मोर इंस्ट्रक्शंस पर सेकंड (More Instructions per Second)
D. मिलियन इंस्ट्रक्शंस पर सर्वर (Million Instructions per Server)

**118.** निम्न में से कौन-सा ओपन सोर्स सॉफ्टवेयर का एक उदाहरण है?

A. यूनिक्स (Unix)
B. विंडोज (Windows)
C. लिनक्स (Linux)
D. ऐडोब (Adobe)

**119.** निम्न में से कौन-सी एक छोटी और तेज (फास्टर) मेमोरी है, जो अक्सर उपयोग किए जाने वाले मेन मैमोरी स्थानों से डेटा की प्रतियां संग्रहीत करती है?

A. कैश
B. हार्ड डिस्क
C. मैग्नेटिक टेप
D. ROM

**120.** निम्न में से कौन-सा MS-एक्सेल में लॉजिकल फॉर्मूलों की श्रेणी में आता है?

A. CHAR
B. DATE
C. ABS
D. NOT

## उत्तरमाला

| 1 | 2 | 3 | 4 | 5 | 6 | 7 | 8 | 9 | 10 |
|---|---|---|---|---|---|---|---|---|---|
| A | B | A | D | D | C | B | C | B | C |
| **11** | **12** | **13** | **14** | **15** | **16** | **17** | **18** | **19** | **20** |
| B | A | C | C | A | D | A | D | A | C |
| **21** | **22** | **23** | **24** | **25** | **26** | **27** | **28** | **29** | **30** |
| B | C | C | C | C | A | D | A | B | C |
| **31** | **32** | **33** | **34** | **35** | **36** | **37** | **38** | **39** | **40** |
| A | B | B | A | C | A | B | D | D | B |
| **41** | **42** | **43** | **44** | **45** | **46** | **47** | **48** | **49** | **50** |
| C | C | C | A | A | C | D | D | C | D |
| **51** | **52** | **53** | **54** | **55** | **56** | **57** | **58** | **59** | **60** |
| C | C | A | A | A | D | B | C | A | C |
| **61** | **62** | **63** | **64** | **65** | **66** | **67** | **68** | **69** | **70** |
| C | C | B | C | C | D | C | A | A | B |
| **71** | **72** | **73** | **74** | **75** | **76** | **77** | **78** | **79** | **80** |
| A | A | D | A | A | B | A | C | A | A |
| **81** | **82** | **83** | **84** | **85** | **86** | **87** | **88** | **89** | **90** |
| B | A | A | B | C | C | A | C | C | A |
| **91** | **92** | **93** | **94** | **95** | **96** | **97** | **98** | **99** | **100** |
| A | B | D | D | B | C | A | B | B | D |
| **101** | **102** | **103** | **104** | **105** | **106** | **107** | **108** | **109** | **110** |
| A | B | D | A | A | B | B | A | C | A |
| **111** | **112** | **113** | **114** | **115** | **116** | **117** | **118** | **119** | **120** |
| C | D | D | C | A | C | A | C | A | D |

# दिल्ली सामान्य ज्ञान

## वस्तुनिष्ठ प्रश्न

1. राजा दिलू, जिसके नाम पर दिल्ली नाम पड़ा, वह किस वंश का था?
   A. मयूर वंश  B. सूर्य वंश
   C. गौतम वंश  D. गहलौत वंश

2. इन्द्रप्रस्थ का दूसरा नाम क्या था?
   A. कृष्णप्रस्थ  B. खण्डप्रस्थ
   C. अमारप्रस्थ  D. सोनप्रस्थ

3. यूनानी भूगोलवेत्ता प्लुटोमी जो कि दूसरी सदी में भारत आया था ने अपने एटलस में दिल्ली को क्या संबोधित किया है?
   A. दलाई  B. ढिल्ली
   C. दाइदला  D. इन्द्रापाट

4. तैमूर लंग के आक्रमण के समय दिल्ली का सुल्तान कौन था?
   A. सैयद महमूद  B. कैकुबाद
   C. फिरोज तुगलक  D. महमूद तुगलक

5. राय पिथौरा किसे कहा जाता था?
   A. पृथ्वीराज चौहान  B. अनंगपाल
   C. विग्रहराज  D. उपर्युक्त में से कोई नहीं

6. 'दीन पनाह' दिल्ली का कौन सा शहर था?
   A. पांचवां  B. छठा
   C. चौथा  D. सातवां

7. शाहजहांबाद दिल्ली का कौन सा शहर था?
   A. पांचवां  B. छठा
   C. सातवां  D. आठवां

8. राष्ट्रपति भवन किस पहाड़ी पर स्थित है?
   A. दिल्ली रीज  B. रायसीना पहाड़ी
   C. विलिंगटन रीज  D. उपर्युक्त में से कोई नहीं

9. दिल्ली का सम्पूर्ण क्षेत्रफल कितना है?
   A. 1120 वर्ग किमी.  B. 1280 वर्ग किमी.
   C. 1483 वर्ग किमी.  D. 2483 वर्ग किमी.

10. दिल्ली में यमुना किस गांव में प्रवेश करती है?
    A. पालम गांव  B. जैनपुर गांव
    C. लिबासपुर गांव  D. माधोपुर गांव

11. यमुना नदी की दिशा क्या है?
    A. उत्तर-पूर्व  B. दक्षिण-पूर्व
    C. दक्षिण-उत्तर  D. उत्तर-दक्षिण

12. दिल्ली में मानसून काल कितना होता है?
    A. 30 दिन लगभग  B. 29 दिन लगभग
    C. 23 दिन लगभग  D. 35 दिन लगभग

13. दिल्ली समुद्र तल से कितने फीट की ऊंचाई पर है?
    A. 650 फीट  B. 700 फीट
    C. 800 फीट  D. 720 फीट

14. दिल्ली का राजकीय पशु क्या है?
    A. शेर  B. जंगली भैंसा
    C. हाथी  D. इनमें से कोई नहीं

15. दिल्ली को केन्द्रशासित प्रदेश का दर्जा कब दिया गया था?
    A. 1956 में  B. 1957 में
    C. 1958 में  D. 1959 में

16. दिल्ली के शहरी क्षेत्रों का क्षेत्रफल कितना है?
    A. 450.78 वर्ग किमी.  B. 500.24 वर्ग किमी.
    C. 600.45 वर्ग किमी.  D. 1113.65 वर्ग किमी.

17. दिल्ली के ग्रामीण क्षेत्रों का क्षेत्रफल कितना है?
    A. 369.35 वर्ग किमी.  B. 680.58 वर्ग किमी.
    C. 580.46 वर्ग किमी.  D. 740.45 वर्ग किमी.

18. सन् 2011 की जनगणना के आधार पर दिल्ली की कुल जनसंख्या कितनी है?
    A. 10,542,678  B. 11,657,548
    C. 12,486,397  D. 16,753,235

19. दिल्ली के प्रथम उपराज्यपाल (तत्कालीन मुख्य आयुक्त) कौन थे?
    A. एन. एन. झा  B. शंकर प्रसाद
    C. भगवान सहाय  D. जगमोहन

**20.** दिल्ली की प्रथम महिला मुख्यमंत्री होने का श्रेय किसे प्राप्त है?
A. शीला दीक्षित B. सुषमा स्वराज
C. कृष्णा तीरथ D. आरती मेहरा

**21.** सन् 2011 की जनगणना के आधार पर जनसंख्या की दृष्टि से राज्यों एवं केन्द्रशासित प्रदेशों में दिल्ली का कौन सा स्थान है?
A. 16वां B. 17वां
C. 18वां D. 19वां

**22.** दिल्ली में लोक सभा सदस्यों की संख्या कितनी है?
A. 4 B. 5
C. 6 D. 7

**23.** दिल्ली में राज्य सभा सदस्यों की संख्या कितनी है?
A. 3 B. 2
C. 4 D. 1

**24.** दिल्ली में विधान सभा सदस्यों की संख्या कितनी है?
A. 50 B. 60
C. 70 D. 75

**25.** किस संविधान संशोधन के फलस्वरूप दिल्ली में विधान सभा का गठन हुआ?
A. 69वें B. 72वें
C. 75वें D. 78वें

**26.** कुतुबमीनार किसे समर्पित है?
A. कुतुबुद्दीन ऐबक
B. मोइउद्दीन चिश्ती
C. कुतुबुद्दीन बख्तियार काकी
D. इल्तुतमिश

**27.** सबसे पहले जन्तर-मन्तर कहां बनी?
A. उज्जैन B. बनारस
C. मथुरा D. दिल्ली

**28.** नई दिल्ली का क्षेत्र किस राजा का था?
A. जयपुर राजा B. जोधपुर राजा
C. मेवाड़ राजा D. उदयपुर राजा

**29.** बाल साहिब गुरुद्वारा किसे समर्पित है?
A. गुरु नानक B. गुरु हरिकिशन
C. गुरु हरिराय D. गुरु रामराय

**30.** गुलाम वंश का संस्थापक कौन था?
A. अल्तमश B. नासिरुद्दीन
C. कुतुबुद्दीन ऐबक D. बलबन

**31.** किस शासक को 'लाखबख्श' कहा जाता है?
A. फिरोज तुगलक B. बलबन
C. अल्तमश D. कुतुबुद्दीन ऐबक

**32.** दिल्ली स्थित विक्रमादित्य द्वितीय का लौह स्तम्भ कितना ऊंचा है?
A. 7.20 मीटर B. 8.60 मीटर
C. 9.20 मीटर D. 9.40 मीटर

**33.** अष्टकोणीय मस्जिद मोठ का निर्माण किसके काल का है?
A. गुलाम वंश B. तुगलक वंश
C. खिलजी वंश D. लोदी वंश

**34.** सुल्तान गढ़ी का मकबरा किसका है?
A. अल्तमश B. रजिया
C. नसीरुद्दीन मुहम्मदशाह D. बलबन

**35.** दिल्ली की गद्दी पर बैठने वाली पहली और एकमात्र महिला रजिया सुल्ताना किसकी पुत्री थी?
A. कुतुबुद्दीन ऐबक B. अल्तमश
C. आरामशाह D. बलबन

**36.** दिल्ली पर शासन करने वाले किस गुलाम वंश के शासक की नीति को 'रक्त और तलवार' की नीति कहा जाता है?
A. बलबन B. अल्तमश
C. नासिरुद्दीन D. बहराम

**37.** 'किला राय पिथौरा' का निर्माण किसने करवाया था?
A. अनंगपाल B. पृथ्वीराज चौहान
C. कुतुबुद्दीन ऐबक D. अल्तमश

**38.** दिल्ली का दूसरा शहर 'सीरी' किसने बसाया?
A. जलालुद्दीन खिलजी B. ग्यासुद्दीन तुगलक
C. अलाउद्दीन खिलजी D. नासिरुद्दीन

**39.** दिल्ली का तीसरा शहर 'तुगलकाबाद' किसने बसाया?
A. मुहम्मद तुगलक B. फिरोज तुगलक
C. सुल्तान महमूद D. ग्यासुद्दीन तुगलक

**40.** दिल्ली का चौथा शहर 'जहांपनाह' किसने बसाया?
A. मुहम्मद तुगलक B. ग्यासुद्दीन तुगलक
C. फिरोज तुगलक D. नासिरुद्दीन तुगलक

**41.** दिल्ली का पाचवां शहर 'फिरोजाबाद' किसने बसाया?
A. ग्यासुद्दीन तुगलक B. मुहम्मद तुगलक
C. फिरोज तुगलक D. बहलोल लोदी

42. दिल्ली के छठे शहर 'दीन पनाह' को किसने बसाया ?
A. बाबर B. हुमायूं
C. शेरशाह सूरी D. अकबर

43. किस शासक ने 'दीन-ए-इलाही' धर्म को चलाया था ?
A. बाबर B. हुमायूं
C. शेरशाह सूरी D. अकबर

44. दिल्ली के सातवें शहर 'शाहजहांबाद' को किसने बसाया ?
A. शाहजहां B. अकबर
C. जहांगीर D. औरंगजेब

45. दिल्ली में लाल किला, जामा मस्जिद और मयूर सिंहासन का निर्माण किस मुगल शासक ने करवाया ?
A. हुमायूं B. अकबर
C. जहांगीर D. शाहजहां

46. सिखों के नवें गुरु तेग बहादुर की हत्या किस मुगल शासक ने करवाई थी ?
A. अकबर B. शाहजहां
C. जहांगीर D. औरंगजेब

47. दिल्ली में 'कुवत-उल-इस्लाम' मस्जिद का निर्माण किसने करवाया था ?
A. कुतुबुद्दीन ऐबक B. अल्तमश
C. बलबन D. इनमें से किसी ने नहीं

48. दिल्ली में महात्मा गांधी की समाधि स्थल का क्या नाम है ?
A. शांतिवन B. राजघाट
C. शक्ति स्थल D. विजय घाट

49. 'शांति वन' किस नेता की 'समाधि स्थल' का नाम है ?
A. इन्दिरा गांधी B. राजीव गांधी
C. जवाहर लाल नेहरू D. महात्मा गांधी

50. भारत की राजधानी का कलकत्ता (अब कोलकाता) से दिल्ली हस्तान्तरण किस सन् में हुआ ?
A. 1905 B. 1907
C. 1910 D. 1911

51. पूर्व में वायसराय निवास जो वर्तमान में राष्ट्रपति भवन है इसका डिजाइन किसने तैयार किया था ?
A. ल्युटियन B. इर्विन
C. मैग्नेम D. इनमें से किसी ने नहीं

52. इंडिया गेट किस सन् में बनकर तैयार हुआ ?
A. 1925 B. 1931
C. 1939 D. 1941

53. इंडिया गेट भारतीय सेना के प्रथम विश्व युद्ध में कितने शहीद हुए जवानों की याद में बना है ?
A. 30,000 B. 60,000
C. 90,000 D. 1,00,000

54. इंडिया गेट पर शहीद हुए जवानों की याद में 'अमर जवान ज्योति' कब से लगातार जल रही है ?
A. 1940 से B. 1947 से
C. 1962 से D. 1971 से

55. गुरुद्वारा शीशगंज किसे समर्पित है ?
A. गुरु तेग बहादुर B. गुरु हरिकिशन
C. गुरु गोविन्दसिंह D. गुरु रामदास

56. दिल्ली किस नदी के किनारे बसी हुई है ?
A. गंगा B. यमुना
C. गोदावरी D. सतलज

57. दिल्ली विधान सभा के अध्यक्ष या उपाध्यक्ष को निम्नलिखित में से किन तरीकों से उनके पद से हटाया जा सकता है ?
A. वह स्वयं पद का त्याग कर देगा, यदि उसने विधान सभा की सदस्यता छोड़ दी हो।
B. अध्यक्ष अपना त्यागपत्र उपाध्यक्ष को और इसी तरह उपाध्यक्ष अपना त्यागपत्र अध्यक्ष को सौंपकर अपने पद का त्याग कर सकता है।
C. विधान सभा में सदस्यों के बहुमत से उनके विरुद्ध प्रस्ताव (14 दिन पूर्व में सूचित) लाकर उन्हें उनके पद से हटाया जा सकता है।
D. उपर्युक्त सभी

58. विधान सभा में यदि अध्यक्ष या उपाध्यक्ष के विरुद्ध प्रस्ताव विचाराधीन हो तो, वे सदन की अध्यक्षता :
A. कर सकते हैं
B. नहीं कर सकते हैं
C. कर भी सकते हैं और नहीं भी कर सकते हैं
D. ले. गवर्नर की स्वीकृति से कर सकते हैं

59. विधान सभा का कोई सदस्य विधान सभा की अनुमति के बिना लगातार कितने दिनों तक विधान सभा की बैठकों में अनुपस्थित रहता है तो विधान सभा उसकी सदस्यता निरस्त कर सकती है ?
A. 55 दिन B. 60 दिन
C. 45 दिन D. 75 दिन

**60.** विधान सभा में निम्नांकित वित्त विधेयकों—किसी भी कर का आरोपण, समापन, छूट, परिवर्तन या विनियमन या किसी बाध्यता के अन्तर्गत कानूनों में संशोधन या केन्द्र सरकार का उत्तरदायित्व या केन्द्र की समेकित निधि के अतिरिक्त मुद्राओं का विनियोग—के सन्दर्भ में किसकी अनुशंसा के बगैर कोई विधेयक अथवा संशोधन प्रस्ताव नहीं लाया जाएगा ?

A. विधान सभा में सदस्यों के बहुमत से

B. विधान सभा अध्यक्ष की अनुशंसा से

C. ले. गवर्नर की अनुशंसा से

D. मुख्यमंत्री की अनुशंसा से

**61.** यदि कोई विधेयक विधान सभा में विचाराधीन हो और विधान सभा का विघटन हो जाए तो:

A. वह विधेयक अगली विधान सभा में पुन: प्रस्तुत किया जा सकेगा

B. वह विधेयक समाप्त हो जाएगा

C. वह विधेयक स्वत: स्वीकृत हो जाएगा

D. उपर्युक्त में से कोई नहीं

**62.** चुनाव आयोग किस धारा के अन्तर्गत व्यावहारिक परन्तु नियत एक सदस्यीय राजधानी चुनाव क्षेत्रों का निर्धारण एवं वितरण करेगा ?

A. धारा-3 B. धारा-24

C. धारा-324 D. उपर्युक्त में से कोई नहीं

**63.** विधान सभा के एक सत्र (अन्तिम दिन) से दूसरे सत्र (प्रथम दिन) के बीच की अवधि अधिकतम कितने दिनों की होती है ?

A. 3 माह B. 4 माह

C. 5 माह D. 6 माह

**64.** दिल्ली के मुख्यमंत्री अरविंद केजरीवाल, कार्यालय में ........... के बाद दिल्ली जन लोकपाल बिल पर फरवरी 14, 2014 को इस्तीफा देकर पुलिस पर नियंत्रण पर मांग के लिए सड़कों पर उतर आए थे।

A. 45 दिन B. 42 दिन

C. 47 दिन D. 49 दिन

**65.** दिल्ली की भौतिक स्थिति है?

A. उत्तर में 25°-24'-18" से 30°-53'-00" तक एवं पूर्व में 76°-50'-30" से 77°-20'-37" तक

B. उत्तर में 28°-22' से 28°-54' तक एवं पूर्व में 76°-48' से 77°-23' तक

C. उत्तर में 35°-27'-20" से 30°-56'-11" तक एवं पूर्व में 76°-50'-30" से 80°-21'-40" तक

D. उत्तर में 42°-26'-31" से 32°-28'-16" तक एवं पूर्व में 80°-56'-27" से 42°-27'-36" तक

**66.** दिल्ली की भौगोलिक सीमा किससे जुड़ी है ?

A. उत्तर तथा पश्चिम में हरियाणा, दक्षिण में पंजाब एवं पूर्व में उत्तर प्रदेश

B. उत्तर, पश्चिम तथा दक्षिण में हरियाणा एवं पूर्व में उत्तर प्रदेश

C. उत्तर, पश्चिम तथा दक्षिण में हरियाणा एवं पूर्व में उत्तरांचल

D. उत्तर, पश्चिम में पंजाब, दक्षिण में हरियाणा तथा पूर्व में उत्तर प्रदेश से

**67.** दिल्ली की लम्बाई (पूर्व से पश्चिम की ओर) कितनी है ?

A. 40.21 किमी. B. 45.00 किमी.

C. 51.90 किमी. D. 60.57 किमी.

**68.** दिल्ली की चौड़ाई (उत्तर से दक्षिण की ओर) कितनी है ?

A. 36.36 किमी. B. 40.40 किमी.

C. 45.45 किमी. D. 48.48 किमी.

**69.** दिल्ली का राजकीय पक्षी क्या है ?

A. मोर B. कोयल

C. तोता D. गौरैया

**70.** सन् 2011 की जनगणना के अनुसार दिल्ली में 0-6 आयु समूह की जनसंख्या कितनी है ?

A. 19,70,510 B. 15,45,680

C. 13,01,218 D. 12,05,780

**71.** सन् 2011 की जनगणना के अनुसार दिल्ली की नगरीय जनसंख्या कितनी है ?

A. 1,07,68,545 B. 16,333,916

C. 87,65,877 D. 1,17,41,565

**72.** दिल्ली के विकास के लिए सर्वप्रथम 'मास्टर प्लान' किस वर्ष तैयार किया गया था?

A. 1959 में B. 1960 में

C. 1961 में D. 1962 में

**73.** दिल्ली में रिंग रेल सेवा की शुरूआत कब की गई थी?

A. 1981 में B. 1985 में

C. 1983 में D. 1982 में

**74.** नई दिल्ली स्थित अम्बेडकर स्टेडियम में कौन-सा खेल खेला जाता है?

A. क्रिकेट B. फुटबॉल
C. टेनिस D. हॉकी

**75.** दिल्ली के किस जिले में अनुसूचित जाति की सर्वाधिक जनसंख्या रहती है?

A. पश्चिम B. दक्षिण
C. उत्तर-पश्चिम D. उत्तर-पूर्व

**76.** सन् 2011 की जनगणना के अनुसार दिल्ली की ग्रामीण महिला जनसंख्या कितनी है?

A. 4,01,886 B. 5,42,663
C. 1,92,319 D. 5,29,996

**77.** सन् 2011 की जनगणना के अनुसार दिल्ली की जनसंख्या घनत्व है :

A. 8,294 B. 7,835
C. 9,742 D. 11,297

**78.** सन् 2011 की जनगणना के अनुसार दिल्ली की दशकीय जनसंख्या वृद्धि (2001-2011) कितनी है?

A. 20.96 प्रतिशत B. 48.27 प्रतिशत
C. 50.38 प्रतिशत D. 52.64 प्रतिशत

**79.** दिल्ली की राज्य भाषा क्या है?

A. अंग्रेजी B. उर्दू
C. पंजाबी D. हिन्दी

**80.** सन् 2011 की जनगणना के अनुसार दिल्ली की साक्षरता क्या है?

A. 78.45 प्रतिशत B. 86.34 प्रतिशत
C. 76.46 प्रतिशत D. 75.38 प्रतिशत

**81.** सन् 2011 की जनगणना के अनुसार दिल्ली की पुरुष साक्षरता क्या है?

A. 83.45 प्रतिशत B. 85.68 प्रतिशत
C. 91.03 प्रतिशत D. 90.45 प्रतिशत

**82.** सन् 2011 की जनगणना के अनुसार दिल्ली की महिला साक्षरता क्या है?

A. 80.28 प्रतिशत B. 79.39 प्रतिशत
C. 77.34 प्रतिशत D. 80.93 प्रतिशत

**83.** चुनाव आयोग किस धारा के अन्तर्गत विधान सभा चुनाव क्षेत्रों के निर्धारण के पश्चात जितना जल्दी हो सके, विधान सभा के गठन हेतु आम चुनाव कराएगा?

A. धारा–38 B. धारा–37
C. धारा–36 D. धारा–34

**84.** वह निश्चित अवधि, जिसके अन्तर्गत यदि कोई मंत्री विधान सभा का सदस्य नहीं बनता है तो उस अवधि की समाप्ति पर उसका मंत्री पद निरस्त हो जाएगा?

A. 4 माह B. 6 माह
C. 8 माह D. 12 माह

**85.** वह संवैधानिक अनुच्छेद जिसके आधार पर राष्ट्रपति द्वारा राज्य में आपातकाल की घोषणा कर विधान सभा को भंग किया जा सकता है तथा उसकी अवधि एक बार में 6 माह से कम तथा 1 वर्ष से अधिक नहीं होगी—

A. अनुच्छेद 324 की धारा (2)
B. अनुच्छेद 345 की धारा (1)
C. अनुच्छेद 352 की धारा (1)
D. अनुच्छेद 368 की धारा (4)

**86.** सन् 2011 की जनगणना के अनुसार दिल्ली में लिंगानुपात कितना है?

A. 800 B. 811
C. 815 D. 866

**87.** केजरीवाल की आम आदमी पार्टी ने ......... चिह्न के साथ विधानसभा चुनाव लड़ा था?

A. छतरी B. लालटेन
C. झाड़ू D. हाथी

**88.** दिल्ली का पहला अखबार 'दिल्ली अखबार' जो कि 1836 में प्रकाशित हुआ था, किस भाषा का अखबार था?

A. उर्दू B. हिन्दी
C. पंजाबी D. अंग्रेजी

**89.** दिल्ली का पहला अंग्रेजी अखबार कौन-सा था?

A. द स्टेट्समैन B. डेलही मेल
C. टाइम्स ऑफ इण्डिया D. द हिन्दुस्तान टाइम्स

**90.** दिल्ली से रेडियो प्रसारण किस सन् में प्रारम्भ हुआ?

A. 1925 B. 1930
C. 1932 D. 1936

**91.** दिल्ली में दूरदर्शन का पहला प्रसारण किस सन् में प्रारंभ हुआ?
A. 1950 B. 1955
C. 1959 D. 1962

**92.** किस वर्ष से दिल्ली का एक पृथक उच्च न्यायालय अस्तित्व में आया?
A. 1955 से B. 1959 से
C. 1966 से D. 1975 से

**93.** रिजर्व बैंक ऑफ इंडिया की स्थापना कब हुई?
A. 1 अप्रैल, 1920 B. 1 अप्रैल, 1925
C. 1 अप्रैल, 1930 D. 1 अप्रैल, 1935

**94.** दिल्ली की द्वितीय राज्य भाषा कौन-सी है?
A. पंजाबी B. उर्दू
C. A और B दोनों D. इनमें से कोई नहीं

**95.** मदरसा हौजखास का निर्माण किसने करवाया था?
A. जलालुद्दीन खिलजी B. अलाउद्दीन खिलजी
C. सिकंदर लोदी D. फिरोज तुगलक

**96.** चोर मीनार का निर्माण किसने करवाया था?
A. ग्यासुद्दीन तुगलक B. फिरोज तुगलक
C. जलालुद्दीन खिलजी D. अलाउद्दीन खिलजी

**97.** खैरूल मंजिल मस्जिद का निर्माण किसके शासन काल में हुआ था?
A. अकबर B. जहांगीर
C. शाहजहां D. औरंगजेब

**98.** सीरी स्थित अलाउद्दीन के खूबसूरत महल का नाम है :
A. कसरे-हजर-सतन B. लाल महल
C. महल-ए-सौगात D. दरवाजे-हिन्द

**99.** दिल्ली स्थित लाल किले में मोती मस्जिद का निर्माता है :
A. शाहजहां B. ज़हांआरा
C. औरंगजेब D. जीनत महल

**100.** दाराशिकोह ने हिन्दू एवं मुस्लिम धर्म की तुलना करते हुए किस पुस्तक की रचना की?
A. मजमा-ए-बहराइन B. सिर-ए-अकबर
C. फरिश्ता-ए-बहराइन D. उपर्युक्त में से कोई नहीं

**101.** भारतीय संविधान की किस अनुसूची में, संघ प्रदेशों के नाम सूचीबद्ध हैं?
A. पहली अनुसूची B. तीसरी अनुसूची
C. सातवीं अनुसूची D. पाँचवीं अनुसूची

**102.** दिल्ली के पड़ोसी राज्य कौन-से हैं?
A. पंजाब, हरियाणा B. हरियाणा, हिमाचल प्रदेश
C. हरियाणा, उत्तराखंड D. हरियाणा, उत्तर प्रदेश

**103.** महाभारत महाकाव्य में पृथ्वी का स्वर्ग किसे कहा गया है?
A. दिल्ली B. हस्तिनापुर
C. अंगदेश D. कुरुक्षेत्र

**104.** चौहान वंश की नींव किसने डाली?
A. पृथ्वीराज B. विग्रहराज
C. दिल्लू D. अनंगपाल

**105.** लालकोट किले का निर्माण किसने किया?
A. पृथ्वीराज B. अनंगपाल
C. दिल्लू D. इनमें से कोई नहीं

**106.** चौहान वंश के किस शासक को राय पिथौरा कहा गया है?
A. पृथ्वीराज चौहान B. विग्रहराज
C. दिल्लू D. इनमें से कोई नहीं

**107.** स्वतन्त्रता-प्राप्ति के बाद भारत सरकार ने दिल्ली के लिए विशेष दर्जा की आवश्यकता तथा उससे जुड़ी समस्याओं पर विचार के लिए किसकी अध्यक्षता में समिति का गठन किया?
A. डॉ. राजेन्द्र प्रसाद B. डॉ. पट्टाभि सीतारमैय्या
C. डॉ. राधाकृष्णन D. इनमें से कोई नहीं

**108.** राज्यों के पुनर्गठन आयोग की स्थापना कब हुई?
A. दिसम्बर, 1953 B. जनवरी, 1950
C. दिसम्बर, 1948 D. अगस्त, 1952

**109.** दिल्ली में किस प्रकार का विधानमंडल है?
A. एकसदनी
B. द्विसदनी
C. दोनों एकसदनी और द्विसदनी
D. न ही एकसदनी और न ही द्विसदनी

**110.** भारत सरकार ने सरकारिया आयोग कब गठित किया?
A. 24 दिसम्बर, 1957 B. 26 जनवरी, 1950
C. 28 दिसम्बर, 1995 D. 9 जुलाई, 1969

**111.** दिल्ली सरकार का प्रमुख होता है :
A. ले. गवर्नर B. राष्ट्रपति
C. मुख्यमंत्री D. इनमें से कोई नहीं

**112.** किस शासक द्वारा स्थापित शासन को दिल्ली सल्तनत कहा जाता है?
A. मुहम्मद-बिन-तुगलक B. मुहम्मद गोरी
C. महमूद गजनी D. शेरशाह सूरी

**113.** किस अनुच्छेद का उपयोग कर आपातकाल की घोषणा कर देने पर विधानसभा भंग हो जाती है?
A. अनुच्छेद 370 B. अनुच्छेद 335
C. अनुच्छेद 352 D. इनमें से कोई नहीं

**114.** दिल्ली नगर निगम में महिलाओं के लिए कितने प्रतिशत सीटें आरक्षित कर दी गई हैं?
A. 50 प्रतिशत B. 33 प्रतिशत
C. 10 प्रतिशत D. 15 प्रतिशत

**115.** प्रशासनिक सुविधा के लिए दिल्ली नगर निगम को कितने जोन में बाँटा गया है?
A. 12 B. 15
C. 3 D. 7

**116.** दिल्ली नगर निगम के प्रादेशिक क्षेत्राधिकार से बाहर किसे रखा गया है?
A. दिल्ली कैन्टोनमेंट बोर्ड
B. दिल्ली परिवहन निगम
C. दिल्ली जल बोर्ड
D. उपरोक्त में से कोई नहीं

**117.** दिल्ली विकास प्राधिकरण का पदेन अधयक्ष कौन होता है?
A. मुख्यमंत्री B. गृहमंत्री भारत सरकार
C. ले. गवर्नर D. राष्ट्रपति

**118.** राष्ट्रीय राजधानी क्षेत्र योजना बोर्ड का पदेन अध्यक्ष कौन होता है?
A. मुख्यमंत्री B. ले. गवर्नर
C. गृहमंत्री D. शहरी विकास मंत्री

**119.** पुलिस एक्ट कब लागू किया गया?
A. 1978 B. 1989
C. 1991 D. 2001

**120.** दिल्ली का पहला कोतवाल (सन् 1237) किसे माना जाता है?
A. अबुल फजल B. मलिकुल उमर फकरुद्दीन
C. बलबन D. इनमें से कोई नहीं

**121.** शाहजहाँ के शासनकाल में दिल्ली का राज्यपाल कौन था?
A. गजनफर खान B. अफजल खान
C. जयसिंह D. मान सिंह

**122.** दिल्ली में कोतवाल परम्परा का अंत कब हुआ?
A. 1860 B. 1857
C. 1890 D. 1905

**123.** दिल्ली में बहनेवाली मुख्य नदी का नाम क्या है?
A. ब्रह्मपुत्र B. दामोदर
C. यमुना D. उपरोक्त तीनों

**124.** शाहजहाँ ने अपनी राजधानी को आगरा से दिल्ली ले जाने का निर्णय कब किया?
A. सन् 1618 B. सन् 1639
C. सन् 1630 D. सन् 1625

**125.** लाल किले को यूनेस्को द्वारा विश्व धरोहर कब घोषित किया गया?
A. 28 जून, 2007 B. 15 जुलाई, 2004
C. 19 अगस्त, 2001 D. 28 जून, 2009

**126.** लाल पत्थरों से बने लाल किले के निर्माण के लिए किन दो नामी कारीगरों की सहायता ली गई?
A. भवानी सिंह एवं सैयद खाँ
B. उस्ताद हमीद एवं उस्ताद अहमद
C. उमर अहमद एवं इज्जत खाँ
D. इनमें से कोई नहीं

**127.** शाहजहाँ के शासन काल में लाल किले को किस नाम से जाना जाता था?
A. उर्दू-इ-मुअल्ला B. किला-इ-मुअल्ला
C. किला-ए-मुबारक D. इनमें से कोई नहीं

**128.** हुमायूँ के मकबरे का निर्माण किसने करवाया था?
A. हाजी बेगम B. हमीदा बानो
C. जीनत महल D. मुमताज महल

**129.** एक मान्यता के अनुसार, खांडव प्रदेश को किस राजा ने बसाया था?
A. चंद्रवंशी राजा सुदर्शन ने
B. पांडवों ने
C. कौरवों ने
D. उपरोक्त में कोई नहीं

**130.** दिल्ली में सीरी शहर की स्थापना किसने की?
A. शेरशाह सूरी B. मुहम्मद तुगलक
C. अलाउद्दीन खिलजी D. इनमें से कोई नहीं

**131.** किस मकबरा के गुम्बद के ऊपर हिन्दू मंदिर के समान कलश बना हुआ है?
A. हुमायूँ का मकबरा
B. अकबर का मकबरा
C. ग्यासुद्दीन तुगलक का मकबरा
D. अल्तमश का मकबरा

**132.** दाराशिकोह द्वारा लिखी गई महत्वपूर्ण पुस्तक का क्या नाम था?
A. महाभारत B. मजमा-उल-बहराइन
C. मजमा-उल-उपनिषद D. उपरोक्त में से कोई नहीं

**133.** दिल्ली में जंतर-मंतर का निर्माण किस राजा ने करवाया था?
A. सवाई मान सिंह B. सवाई जयसिंह
C. राणा प्रताप सिंह D. बीरबल

**134.** महात्मा गाँधी का अंतिम संस्कार कहाँ हुआ था?
A. राजघाट B. निगम बोध घाट
C. विजय घाट D. समता स्थल

**135.** दिल्ली विधानसभा में कितनी सीटें हैं?
A. 65 B. 70
C. 75 D. 6

**136.** लोट्स टेम्पल (कमल मंदिर) किस धर्मावलम्बियों का पूजा स्थल है?
A. पारसी B. बहाई
C. यहूदी D. बौद्ध

**137.** संसद भवन का डिजाइन किसने तैयार किया था?
A. लुटियन एवं बैकर ने
B. लॉर्ड रिपन एवं वेलेजली ने
C. लॉर्ड विलियम बैंटिक एवं राजा राममोहन राय ने
D. उपरोक्त में से कोई नहीं

**138.** राष्ट्रपति भवन में सबसे पहले किस वायसराय का निवास स्थान था?
A. लॉर्ड डलहौजी B. लॉर्ड वेलेजली
C. लॉर्ड इरविन D. लॉर्ड चेम्सफोर्ड

**139.** इंडिया गेट की डिजाइन किसने तैयार की थी?
A. ल्यूटियन B. लॉर्ड डलहौजी
C. लॉर्ड रिपन D. लॉर्ड वेलेजली

**140.** इंडिया गेट का नाम सबसे पहले क्या था?
A. ऑल इंडिया वार मेमोरियल
B. शहीद स्मृति स्थल
C. क्रांतिकारी स्थल
D. उपरोक्त में से कोई नहीं

**141.** तीन मूर्तियों का निर्माण ब्रिटेन के प्रसिद्ध मूर्तिकार लियोनार्ड जेनिंग ने कब किया?
A. 1930 B. 1926
C. 1922 D. 1931

**142.** इंग्लैंड की रानी विक्टोरिया को 'भारत की महारानी' की उपाधि कब दी गई थी?
A. 1857 B. 1600
C. 1930 D. 1911

**143.** पूर्व प्रधानमंत्री लाल बहादुर शास्त्री के स्मारक का नाम है–
A. शक्ति स्थल B. शांति वन
C. विजय घाट D. किसान घाट

**144.** दिल्ली स्थित कालकां मंदिर किस देवी को समर्पित है?
A. दुर्गा माता B. काली देवी
C. संतोषी माता D. सरस्वती माता

**145.** दिल्ली के दिगम्बर जैन मंदिर का निर्माण कब हुआ?
A. 1012 B. 1501
C. 1526 D. 1761

**146.** किस मंदिर को गिनीज बुक ऑफ वर्ल्ड रिकॉर्ड में दुनिया के सबसे बड़े मंदिर के रूप में दर्ज किया गया है?
A. स्वामी नारायण अक्षरधाम मंदिर
B. कालका मंदिर
C. श्री राधा पारसार्थी मंदिर
D. बिरला मंदिर

**147.** जामा मस्जिद का दूसरा नाम क्या है?
A. मस्जिद-ए-जहाँनुमा B. सुनहरी मस्जिद
C. जामी मस्जिद D. मस्जिद मोठ

**148.** बाबा बघेल सिंह म्यूजियम किस गुरुद्वारे में है?
A. गुरुद्वारा शीशगंज B. बंगला साहिब
C. गुरुद्वारा रकाबगंज D. माता सुंदरी गुरुद्वारा

**149.** सेंट स्टीफेंस चर्च का निर्माण कब हुआ?
A. 1857 B. 1942
C. 1600 D. 1761

**150.** दिल्ली का कुल क्षेत्रफल कितना है?
A. 1,32,525 हेक्टेयर्स B. 1,00,000 हेक्टेयर्स
C. 1,47,488 हेक्टेयर्स D. उपरोक्त में से कोई नहीं

**151.** दिल्ली में संक्रमित एवं रोगी वृक्षों का इलाज किसके द्वारा किया जाता है?
A. ट्री एंबुलेंस B. वृक्षारोपण विधि द्वारा
C. साधारण एंबुलेंस D. उपरोक्त में से कोई नहीं

**152.** भारतीय डेरी निगम द्वारा स्थापित किया गया एक प्रतिष्ठान है:
A. दिल्ली दुग्ध योजना B. मदर डेयरी
C. पराग दूध D. उपरोक्त में से कोई नहीं

**153.** नादिरशाह का आक्रमण कब हुआ?
A. 1761 B. 1739
C. 1707 D. 1720

**154.** वंदेमातरम नाम से समाचार पत्र किसने निकाला था?
A. लाला लाजपत राय B. स्वामी दयानन्द
C. बाल गंगाधर तिलक D. पं. मोतीलाल नेहरू

**155.** 'द हिन्दुस्तान टाइम्स' का प्रकाशन कब शुरू हुआ?
A. 1924 B. 1930
C. 1942 D. 1950

**156.** सबसे बड़ी समाचार एजेन्सी है :
A. इंडिया प्रेस एजेन्सी B. यू.एन.आई.
C. प्रेस ट्रस्ट ऑफ इंडिया D. उपरोक्त में से कोई नहीं

**157.** दिल्ली स्टेशन ऑल इंडिया रेडियो की प्रसारण सेवा का विस्तार तेजी से कब शुरू हुआ?
A. द्वितीय विश्वयुद्ध के समय
B. स्वतन्त्रता संग्राम आंदोलन के समय
C. प्रथम विश्व युद्ध के समय
D. स्वतन्त्रता प्राप्ति के समय

**158.** गुप्त वंश (320-540) के शासन के दौरान कुतुब मीनार के नजदीक लौह स्तंभ पर किसका साधिकार है?
A. समुद्रगुप्त B. चन्द्रगुप्त
C. कुमारगुप्त I D. उपरोक्त सभी

**159.** दिल्ली परिवहन निगम (DTC) का गठन कब किया गया?
A. 1971 B. 1981
C. 1961 D. 1950

**160.** जी.टी.रोड को पहले क्या कहा जाता था?
A. शेरशाह सूरी रोड B. रिंग रोड
C. बाबा खड़कसिंह मार्ग D. वंदेमातरम मार्ग

**161.** दिल्ली वर्तमान में भारतीय रेल के किस जोन में स्थित है?
A. पूर्वी B. पश्चिमी
C. दक्षिणी D. उत्तरी

**162.** दिल्ली मेट्रो रेल कॉरपोरेशन (DMRC) का गठन किसके तहत किया गया?
A. भारतीय कम्पनी एक्ट, 1956
B. भारतीय कम्पनी एक्ट, 1950
C. भारतीय कम्पनी एक्ट, 1970
D. भारतीय कम्पनी एक्ट, 1932

**163.** सफदरजंग हवाई अड्डे का नाम पहले क्या था?
A. डलहौजी हवाई अड्डा
B. विलिंगटन हवाई अड्डा
C. नेहरू हवाई अड्डा
D. महात्मा गाँधी हवाई अड्डा

**164.** अल्तमश ने सबसे पहले एक मदरसा स्थापित किया, उसका नाम था :
A. मदरसा-ए-पैगाम B. मदरसा-ई-मुञ्जी
C. मदरसा-ए-हिन्द D. उपरोक्त में से कोई नहीं

**165.** दिल्ली की जलवायु किस प्रकार की है?
A. शीतोष्ण प्रकार की B. ग्रीष्मोष्ण प्रकार की
C. आर्द्रता भरी D. इनमें से कोई नहीं

**166.** नई दिल्ली को दक्षिण-पश्चिम दिल्ली में ब्रिटिश द्वारा निर्मित किया गया था और ............ को भारत की राजधानी घोषित किया गया था।
A. 12-12-1911 B. 12-12-1921
C. 12-12-1901 D. 12-12-1931

**167.** संविधान संशोधन अधिनियम (74वाँ संशोधन) के अंतर्गत दिल्ली को राष्ट्रीय राजधानी का दर्जा कब दिया गया?
A. 1980 B. 1991
C. 1999 D. 2004

**168.** दिल्ली विश्वविद्यालय की स्थापना कब हुई थी?
A. 1792 B. 1876
C. 1921 D. 1929

**169.** दिल्ली को किस रूप में पुनः परिभाषित किया गया था?
A. राष्ट्रीय केंद्रीय क्षेत्र B. राष्ट्रीय राजधानी क्षेत्र
C. प्राकृतिक राजधानी क्षेत्र D. तटस्थ केंद्रीय क्षेत्र

**170.** दिल्ली में हवाई यात्रा की शुरूआत कब हुई थी?
A. 8 जनवरी, 1927 B. 2 अक्टूबर, 1869
C. 30 जनवरी, 1931 D. 15 अगस्त, 1947

**171.** दक्षिणी दिल्ली की वर्तमान साक्षरता दर कितनी है?
A. 87.03% B. 69.75%
C. 96.81% D. 81.35%

**172.** धार्मिक आधार पर दिल्ली में हिन्दुओं की जनसंख्या कितनी है?
A. 91% B. 98%
C. 82% D. 90%

**173.** दिल्ली में सबसे कम जनसंख्या किस धर्मावलम्बियों की है?
A. बौद्ध B. जैन
C. सिख D. ईसाई

**174.** भारतीय उद्योग विकास बैंक की स्थापना कब की गई थी?
A. 1975 B. 1964
C. 1947 D. 1950

**175.** घोषणा के अनुसार, एनसीटी दिल्ली में कितने जिले हैं?
A. 10 B. 11
C. 9 D. 8

**176.** निम्नलिखित में से कौन-सा एनसीटी दिल्ली का एक मुख्य एयरपोर्ट है?
A. महात्मा गांधी इंटरनेशनल एयरपोर्ट
B. संजय गांधी इंटरनेशनल एयरपोर्ट
C. राजीव गांधी इंटरनेशनल एयरपोर्ट
D. इंदिरा गांधी इंटरनेशनल एयरपोर्ट

**177.** एनसीटी दिल्ली का क्षेत्रफल क्या है?
A. 1483 वर्ग किलोमीटर B. 1583 वर्ग किलोमीटर
C. 1383 वर्ग किलोमीटर D. 1683 वर्ग किलोमीटर

**178.** दिल्ली सल्तनत के शासकों में कौन "प्रिंस ऑफ मरियम" के नाम से प्रसिद्ध था?
A. मुहम्मद बिन तुगलक B. नासिरुद्दीन महमूद
C. कैकूबाद D. शिहाबुद्दीन उमर

**179.** निम्नलिखित में से कौन-सा एनसीटी दिल्ली का एक प्रमुख उद्योग नहीं है?
A. इलेक्ट्रॉनिक्स
B. साईकिल
C. फुटवियर (चमड़े की वस्तुएं)
D. रेलवे वैगन और कोच

**180.** थॉमस मेटकॉफ नामक अंग्रेज ने एक महल बनवा था, उसका नाम था :
A. दिलखुशा B. दिलरुबा
C. दिलनुमा D. कुछ नहीं

**181.** हकीका नामक धार्मिक संस्कार किस धर्म में होता
A. पारसी B. बहाई
C. मुस्लिम D. क्रिश्चियन

**182.** तेरहवीं का आयोजन किस धर्म में होता है?
A. हिन्दू B. मुसलमान
C. ईसाई D. पारसी

**183.** किसके बिना दिल्ली के त्योहारों का वर्णन अधूरा
A. फूलवालों की सैर B. बैशाखी
C. होली D. दीपावली

**184.** फूलवालों की सैर की शुरूआत कब की गई थी?
A. 12वीं शताब्दी में B. 18वीं शताब्दी में
C. 19वीं शताब्दी में D. 17वीं शताब्दी में

**185.** फूलवालों की सैर के अवसर पर हिन्दुओं ने किस म में फूल चढ़ाए थे?
A. योगमाया मंदिर B. बिरला मंदिर
C. योद्धाबाई मंदिर D. जैन मंदिर

**186.** नाच एवं गाने के मध्य स्टेज पर खेला जाने व कौन-सा नाटक है?
A. स्वांग B. नौटंकी
C. गरबा D. भांगड़ा

**187.** दिल्ली उच्च न्यायालय की स्थापना कब की गई?
A. 1966 B. 1972
C. 1950 D. 1954

**188.** दिल्ली विश्व का कौन-सा सर्वाधिक प्रदूषित शहर
A. पहला B. दूसरा
C. चौथा D. इनमें से कोई नहीं

**189.** बैंकों का बैंक किसे कहा जाता है?
A. रिजर्व बैंक ऑफ इंडिया
B. भारतीय स्टेट बैंक
C. इंडियन बैंक
D. इंडियन ओवरसीज बैंक

**190.** रिजर्व बैंक ऑफ इंडिया का राष्ट्रीयकरण कब हुआ
A. 5 जून, 1950 B. 26 जनवरी, 1950
C. 1 जनवरी, 1949 D. 5 नवम्बर, 1947

**191.** दिल्ली में कितने प्रतिशत कूड़ा-कचरा यमुना नदी में पहुँचता है?
A. 20 प्रतिशत B. 50 प्रतिशत
C. 70 प्रतिशत D. 90 प्रतिशत

**192.** दिल्ली में लगभग कितने टन प्रदूषित कण निकलते हैं?
A. 3 हजार टन B. 5 हजार टन
C. 1 हजार टन D. 2 हजार टन

**193.** कनॉट प्लेस की नींव किसने रखी?
A. लुटियन B. रॉबर्ट टोर रसेल
C. रॉबर्ट क्लाइव D. लॉर्ड डलहौजी

**194.** कनॉट प्लेस में कुल ब्लॉकों में लगे खंभों की संख्या कितनी है?
A. 1815 B. 1706
C. 1743 D. 1000

**195.** क्नॉट प्लेस के प्रतिदिन शॉपिंग एवं घूमने के लिए आने वाले लोगों की संख्या है :
A. 3 लाख से ज्यादा B. डेढ़ लाख से ज्यादा
C. 50 हजार से ज्यादा D. 10 हजार से ज्यादा

**196.** संतुष्टि शॉपिंग आर्केड कहाँ स्थित है?
A. चाणक्यपुरी B. कनॉट प्लेस
C. नेहरू प्लेस D. नेताजी सुभाष प्लेस

**197.** संतुष्टि शॉपिंग आर्केड क्यों प्रसिद्ध है?
A. अत्याधुनिक पोशाकों के लिए
B. सोने-चाँदी आभूषणों के लिए
C. कारों के लिए
D. काष्ठ कला कारीगरी के लिए

**198.** अशोक होटल कहाँ है?
A. नेहरू प्लेस B. चाणक्यपुरी
C. कनॉट प्लेस D. विकास पुरी

**199.** दिल्ली का वह कौन-सा भाग था, जहाँ कुतुबुद्दीन ऐबक ने मध्यकालीन दिल्ली के तथाकथित सात शहरों में से प्रथम शहर की आधारशिला रखी :
A. सीरी B. तुगलकाबाद
C. मेहरौली D. हौजखास

**200.** दिल्ली सल्तनत की स्थापना कब हुई?
A. 1194 B. 1206
C. 1208 D. 1210

**201.** कुतुबुद्दीन ऐबक के बाद दिल्ली की गद्दी पर कौन
A. आरामशाह B. इल्तुतमिश
C. नासिरुद्दीन कुवाचा D. नासिरुद्दीन महमूद

**202.** दिल्ली सल्तनत का वह कौन-सा प्रथम सुल्तन था, शुद्ध अरबी सिक्के 'टका' और 'जीतल' को जारी कर
A. कुतुबुद्दीन ऐबक B. इल्तुततमिश
C. मुहम्मद तुगलक D. बलबन

**203.** दिल्ली सल्तनत का पहला शासक कौन था, जिसने को अपनी राजधानी बनाया?
A. आरामशाह B. कुतुबुद्दीन ऐबक
C. इल्तुतमिश D. रजिया सुल्तान

**204.** दिल्ली सल्तनत के किस शासक को 'इक्ता प्रथा' करने का श्रेय दिया जाता है?
A. बलबन B. कुतुबुद्दीन ऐबक
C. इल्तुतमिश D. अलाउद्दीन खिलजी

**205.** 30 अप्रैल, 1236 को इल्तुतमिश की मृत्यु के बाद सल्तनत का अगला शासक कौन हुआ?
A. नासिरुद्दीन महमूद B. रजिया
C. रुकनुद्दीन फिरोजशाह D. शाह तुर्कान

**206.** दिल्ली सल्तनत के किस सुल्तान द्वारा अन्तिम गुलाम तुर्कों के गुट 'चालीसा' को समाप्त किया
A. रजिया B. नासिरुद्दीन महमूद
C. बलबन D. बहराम शाह

**207.** राजधानी दिल्ली में विभिन्न बैंकों की कुल शाखाएँ हैं?
A. 2847 B. 2000
C. 1527 D. इनमें से कोई नहीं

**208.** दिल्ली सल्तनत का वह कौन-सा शासक था जिसने नाम के आगे सर्वप्रथम 'गाजी' उपाधि धारण की
A. बलबन B. इल्तुतमिश
C. अलाउद्दीन खिलजी D. ग्यासुद्दीन तुगलक

**209.** दिल्ली सल्तनत में क्षत्रिय राजस्व समनुदेशन को कह
A. तुयुल B. मिल्क
C. इक्ता D. जागीर

**210.** दिल्ली सल्तनत का वह एकमात्र शासक कौन था, सुल्तान की उपाधि नहीं धारण की थी?
A. खिज्र खाँ B. मुबारकशाह
C. सिकन्दर लोदी D. इनमें से कोई नहीं

# उत्तरमाला

| | | | | | | | | | |
|---|---|---|---|---|---|---|---|---|---|
| **1** | **2** | **3** | **4** | **5** | **6** | **7** | **8** | **9** | **10** |
| A | B | C | D | A | B | C | B | C | A |
| **11** | **12** | **13** | **14** | **15** | **16** | **17** | **18** | **19** | **20** |
| D | C | B | D | A | D | A | D | B | B |
| **21** | **22** | **23** | **24** | **25** | **26** | **27** | **28** | **29** | **30** |
| C | D | A | C | A | C | D | A | B | C |
| **31** | **32** | **33** | **34** | **35** | **36** | **37** | **38** | **39** | **40** |
| D | A | D | C | B | A | B | C | D | A |
| **41** | **42** | **43** | **44** | **45** | **46** | **47** | **48** | **49** | **50** |
| C | B | D | A | D | D | A | B | C | D |
| **51** | **52** | **53** | **54** | **55** | **56** | **57** | **58** | **59** | **60** |
| A | B | C | D | A | B | D | B | B | C |
| **61** | **62** | **63** | **64** | **65** | **66** | **67** | **68** | **69** | **70** |
| B | A | D | D | B | B | C | D | D | A |
| **71** | **72** | **73** | **74** | **75** | **76** | **77** | **78** | **79** | **80** |
| B | C | D | B | C | C | D | A | D | B |
| **81** | **82** | **83** | **84** | **85** | **86** | **87** | **88** | **89** | **90** |
| C | D | A | B | C | D | C | A | B | D |
| **91** | **92** | **93** | **94** | **95** | **96** | **97** | **98** | **99** | **100** |
| C | C | D | C | B | D | A | A | C | A |
| **101** | **102** | **103** | **104** | **105** | **106** | **107** | **108** | **109** | **110** |
| A | D | A | A | B | A | B | A | A | A |
| **111** | **112** | **113** | **114** | **115** | **116** | **117** | **118** | **119** | **120** |
| A | B | C | A | A | A | C | D | A | B |
| **121** | **122** | **123** | **124** | **125** | **126** | **127** | **128** | **129** | **130** |
| A | B | C | B | A | B | A | B | A | C |
| **131** | **132** | **133** | **134** | **135** | **136** | **137** | **138** | **139** | **140** |
| C | B | B | A | B | B | A | C | A | A |
| **141** | **142** | **143** | **144** | **145** | **146** | **147** | **148** | **149** | **150** |
| C | A | C | B | C | A | A | B | A | C |
| **151** | **152** | **153** | **154** | **155** | **156** | **157** | **158** | **159** | **160** |
| A | B | B | A | A | C | A | C | A | A |
| **161** | **162** | **163** | **164** | **165** | **166** | **167** | **168** | **169** | **170** |
| D | A | B | B | A | A | B | A | B | A |
| **171** | **172** | **173** | **174** | **175** | **176** | **177** | **178** | **179** | **180** |
| A | C | A | B | B | D | A | A | D | A |
| **181** | **182** | **183** | **184** | **185** | **186** | **187** | **188** | **189** | **190** |
| C | A | A | C | A | A | A | D | A | C |
| **191** | **192** | **193** | **194** | **195** | **196** | **197** | **198** | **199** | **200** |
| C | A | B | C | B | A | A | B | C | B |
| **201** | **202** | **203** | **204** | **205** | **206** | **207** | **208** | **209** | **210** |
| A | D | C | C | C | C | D | D | C | A |

**2006**

# सामान्य बुद्धिमत्ता एवं तर्कशक्ति
# (General Intelligence and Reasoning)

# शृंखला (SERIES)

## भाग-I अक्षर शृंखला (Letter Series)

अक्षर शृंखला में निहित अक्षरों का एक निश्चित क्रम होता है। दी गई अक्षर शृंखला में अक्षर वर्णमाला के सीधे क्रम में भी हो सकते हैं और वर्णमाला के विपरीत क्रम में भी। यही नहीं, एक ही शृंखला में अक्षर वर्णमाला के सीधे क्रम में और वर्णमाला के विपरीत या उल्टे क्रम में अर्थात् दोनों ही अनुक्रमों में भी हो सकते हैं। शृंखला में दिए गए क्रम में कुछ अक्षर छोड़े भी गए हो सकते हैं या ऐसा भी हो सकता है कि शृंखला में कुछ अक्षरों को एकाधिक बार प्रयुक्त किया गया हो या फिर वे क्रमागत हों। शृंखला एकल भी हो सकती है और एक ही शृंखला में एकांतर क्रम में दो अलग-अलग शृंखलाएं भी निहित हो सकती हैं। अक्षर शृंखला पर आधारित प्रश्नों को हल करते समय शृंखला के पैटर्न पर ध्यान दिया जाना आवश्यक होता है।

वर्णमाला के सीधे क्रम में अक्षरों की शृंखला है :

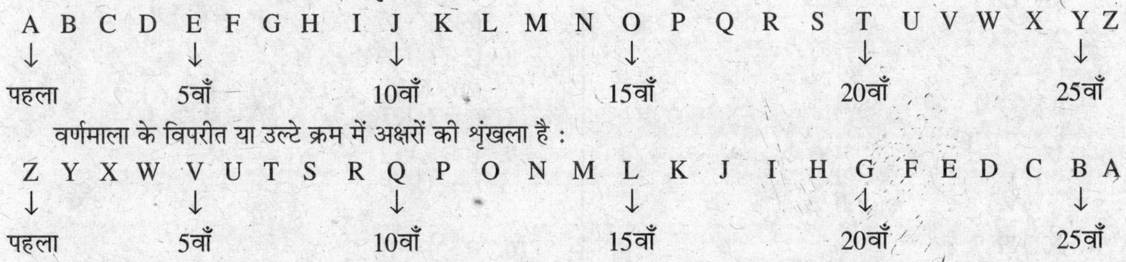


**टिप्पणी :** Z पर पहुंच कर शृंखला A से पुनः शुरू होती है और A पर पहुंच कर शृंखला Z से पुनः शुरू होती है।

### हल किए गए उदाहरण

**निर्देशः** *नीचे दी गई शृंखला में प्रश्न चिह्न को प्रतिस्थापित करने के लिए दिए गए विकल्पों में से सही अक्षर का चयन करें :*

**1.** B D F H J ?

(*a*) L (*b*) O (*c*) M (*d*) K

**उत्तर (*a*) :** शृंखला में प्रत्येक दो अक्षरों के बीच वर्णमाला के सीधे क्रम में एक अक्षर छूट गया है।

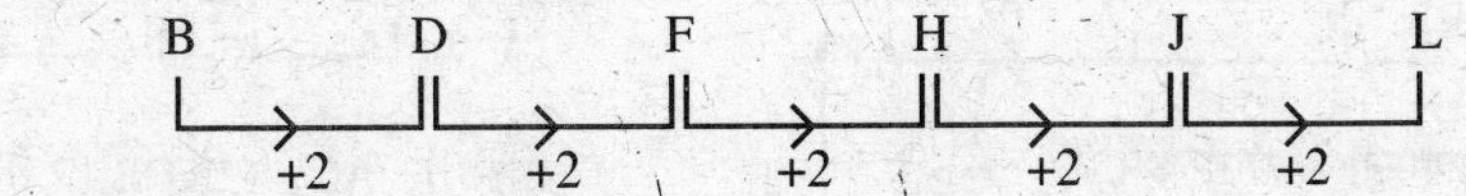

**2.** A Z B Y C ?

(*a*) D (*b*) X (*c*) U (*d*) E

**उत्तर (*b*) :** इस श्रृंखला में बारी-बारी से दो श्रृंखलाएं अंतर्निहित हैं :

श्रृंखला *I* : A B C (प्राकृतिक क्रम अर्थात् वर्णमाला के सीधे क्रम में क्रमागत अक्षर)

श्रृंखला *II* : Z Y X (वर्णमाला के विपरीत क्रम में क्रमागत अक्षर)

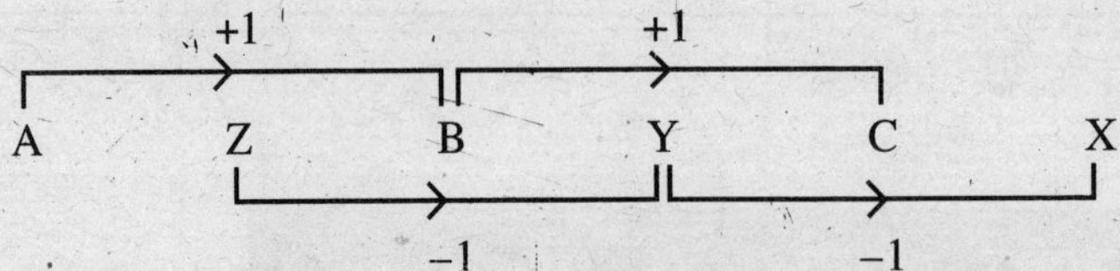


## अभ्यास

**निर्देश ( प्र.सं. 1–10 ):** *नीचे दी गई प्रत्येक श्रृंखला में अक्षरों का क्रम निर्धारित करें। तत्पश्चात् दिए गए विकल्पों में से उस विकल्प का चयन करें जिससे दी गई श्रृंखला में प्रश्न चिह्न प्रतिस्थापित होता हो।*

**1.** B Y C X D W E ?

(*a*) S (*b*) T
(*c*) U (*d*) V

**2.** A D C G E ?

(*a*) G (*b*) J
(*c*) I (*d*) L

**3.** L N P R T ?

(*a*) U (*b*) V
(*c*) W (*d*) Y

**4.** X O I F ?

(*a*) D (*b*) F
(*c*) B (*d*) E

**5.** B A F E J I P O ? U

(*a*) V (*b*) T
(*c*) S (*d*) Q

**6.** Z A A Y B B X C ?

(*a*) W (*b*) C
(*c*) V (*d*) D

**7.** A Z Y B X W C V U D T S E ?

(*a*) R S (*b*) S T
(*c*) R Q (*d*) Q R

**8.** C A B F D E I G H ?

(*a*) J L K (*b*) J K L
(*c*) L K J (*d*) L J K

**9.** B F K Q ?

(*a*) U (*b*) T
(*c*) X (*d*) Y

**10.** R K F ? B

(*a*) D (*b*) C
(*c*) E (*d*) B

## व्याख्यात्मक उत्तर

**1. (*d*) :** दी गई श्रृंखला में बारी-बारी से दो अक्षर श्रृंखलाएं अंतर्निहित हैं।

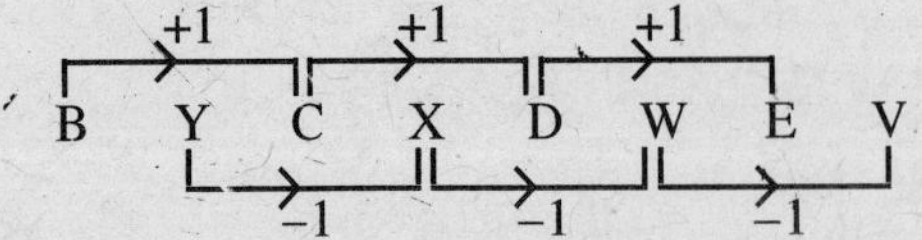


*श्रृंखला I* : BCDE (वर्णमला के सीधे क्रम में)

*श्रृंखला II* : YXWV (वर्णमाला के विपरीत क्रम में)

**2. (*b*) :** दी गई श्रृंखला में बारी-बारी से दो अक्षर श्रृंखलाएं अंतर्निहित हैं।

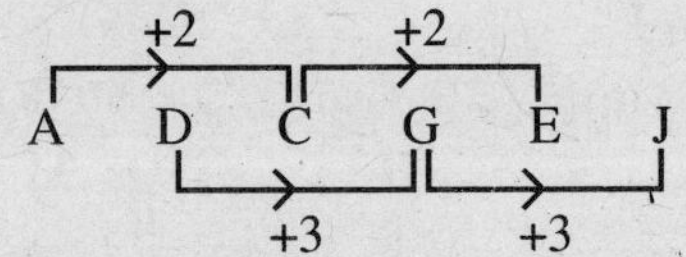


*श्रृंखला I* : ACE (श्रृंखला +2 पैटर्न का अनुपालन करती है)

*शृंखला II* : DGJ (शृंखला +3 पैटर्न का अनुपालन करती है)

**3. (*b*) :** शृंखला +2 पैटर्न का अनुपालन करती है, अर्थात्

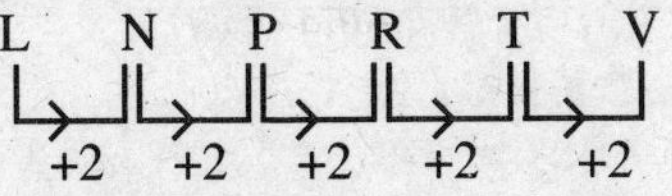


**4. (*b*) :** शृंखला में दो सन्निकट अक्षरों के बीच वर्णमाला के विपरीत क्रम में क्रमशः 3 की कमी होती जाती है, अर्थात्

X O I F F

−9 −6 −3 −0

**5. (*a*) :** शृंखला में अंग्रेजी वर्णमाला के पांच स्वर (vowel) हैं अर्थात् (AEIOU) जिनमें से प्रत्येक के पहले वर्णमाला के सीधे क्रम में उसके ठीक बाद का क्रमागत अक्षर लिखा गया है।

B A F E J I P O V U

**6. (*b*) :** शृंखला में बारी-बारी से तीन शृंखलाएं अंतर्निहित हैं जिनमें से दूसरी और तीसरी शृंखलाएं एक जैसी हैं, अर्थात्

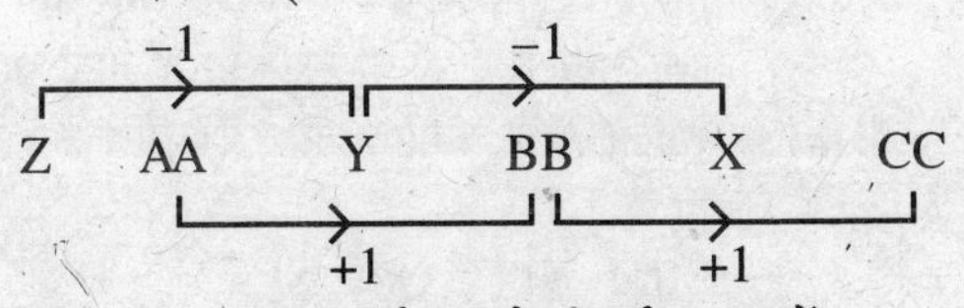


*शृंखला I* : ZYX (वर्णमाला के विपरीत क्रम में)

*शृंखला II और III* : ABC (वर्णमाला के सीधे क्रम में) अक्षर 'C' शृंखला II और III में उभयनिष्ठ है।

**7. (*c*) :** शृंखला में बारी-बारी से दो शृंखलाएं अंतर्निहित हैं।

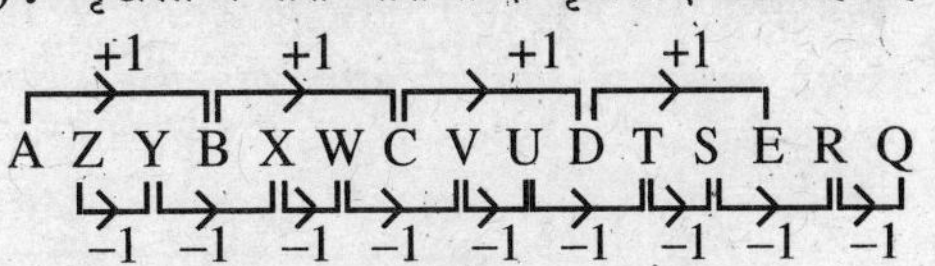


*शृंखला I* : ABCDE (वर्णमाला के सीधे क्रम में)

*शृंखला II* : ZY XW VU TS RQ (वर्णमाला के विपरीत क्रम में एक साथ दो अक्षर)

**8. (*d*) :** वर्णमाला के सीधे क्रम में 3 अक्षरों के समूह से एक खंड निर्मित होता है। प्रत्येक खंड में 3 अक्षरों के समूह में पहला अक्षर बीच में है जिसकी दाहिनी ओर उसका क्रमागत अक्षर है तथा तीसरा क्रमागत अक्षर बीच के अक्षर की बायीं ओर अवस्थित है।

<u>CAB</u> <u>FDE</u> <u>IGH</u> <u>LJK</u>

**9. (*c*) :** शृंखला में दो सन्निकट अक्षरों के बीच अंतर में प्रत्येक चरण में एक की वृद्धि होती जाती है।

B F K Q X

+4 +5 +6 +7

**10. (*b*) :** शृंखला में दो क्रमागत अक्षरों के बीच वर्णमाला के विपरीत क्रम में अंतर में क्रमशः 2 की कमी होती जाती है।

R K F C B

−7 −5 −3 −1

## भाग-II गलत या बेमेल अक्षर-शृंखला (Wrong Letter Series)

इस प्रकार के प्रश्नों में दी गई शृंखला में अभ्यर्थियों को ऐसे अक्षर या अक्षर-समूह ज्ञात करने की आवश्यकता नहीं होती जिनसे दी गई शृंखला पूर्ण होती है बल्कि उन्हें ऐसे अक्षर का पता लगाना होता है जो शृंखला में गलत या बेमेल हो।

### हल किए गए उदाहरण

दी गई शृंखला में कौन-सा अक्षर गलत या बेमेल है?

J M P T V Y

(*a*) J (*b*) P (*c*) T (*d*) Y

**उत्तर (*c*) :** शृंखला में दो सन्निकट अक्षरों के बीच वर्णमाला के क्रम में +3 का अंतर है।

J M P S V Y

+3 +3 +3 +3 +3

अतः अक्षर T के स्थान पर S होना चाहिए।

## अभ्यास

**निर्देश (प्र.सं. 1–10):** *नीचे के प्रत्येक प्रश्न में दी गई अक्षर-शृंखला में कौन-सा अक्षर या अक्षर-समूह गलत या बेमेल है?*

**1.** A E H O U
(*a*) U (*b*) O
(*c*) H (*d*) E

**2.** C H M S W B
(*a*) C (*b*) S
(*c*) B (*d*) W

**3.** X S N I C Y
(*a*) Y (*b*) C
(*c*) S (*d*) I

**4.** Z A W B X C
(*a*) D (*b*) C
(*c*) X (*d*) W

**5.** M L O N Q P R
(*a*) R (*b*) O
(*c*) Q (*d*) L

**6.** D K R Y F L
(*a*) L (*b*) D
(*c*) R (*d*) Y

**7.** L N Q T W Z C F
(*a*) C (*b*) Q
(*c*) L (*d*) F

**8.** XW, DC, CB, NM, PQ
(*a*) NM (*b*) CB
(*c*) PQ (*d*) XW

**9.** B E I N S A I
(*a*) A (*b*) E
(*c*) S (*d*) I

**10.** Z T P K H F
(*a*) Z (*b*) P
(*c*) T (*d*) F

## व्याख्यात्मक उत्तर

**1. (*c*):** शृंखला अंग्रेजी वर्णमाला के केवल स्वरों AEIOU से निर्मित है। अत: H के स्थान पर I होना चाहिए।

**2. (*b*):** शृंखला में दो सन्निकट अक्षरों के बीच वर्णमाला के सीधे क्रम में +5 का अंतर है।

C H M R W B
+5 +5 +5 +5 +5

अत: शृंखला में S के स्थान पर R होना चाहिए।
(शृंखला Z पर पहुंचने के बाद A से पुन: शुरू होती है।)

**3. (*b*):** शृंखला में दो सन्निकट अक्षरों के बीच वर्णमाला के उल्टे क्रम में –5 का अंतर है।

X S N I D Y
–5 –5 –5 –5 –5

अत: C के स्थान पर D होना चाहिए।

**4. (*d*):** दी गई शृंखला में दो शृंखलाएं अंतर्निहित हैं :

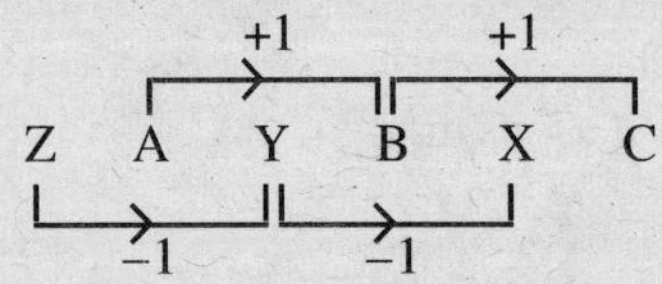


*शृंखला I* : ZYX (वर्णमाला के विपरीत क्रम में)

*शृंखला II* : ABC (वर्णमाला के सीधे क्रम में)

अत: शृंखला में W के स्थान पर Y होना चाहिए।

**5. (*a*):** शृंखला में दो क्रमागत अक्षर विपरीत क्रम में लिखे गए हैं।

ML ON QP SR

अत: शृंखला में R के स्थान पर S होना चाहिए।

**6. (*a*):** शृंखला में दो सन्निकट अक्षरों के बीच +7 का अंतर है।

D K R Y F M
+7 +7 +7 +7 +7

अत: शृंखला में L के स्थान पर M होना चाहिए।

**7. (*c*):** शृंखला में दो सन्निकट अक्षरों के बीच +3 का अंतर है।

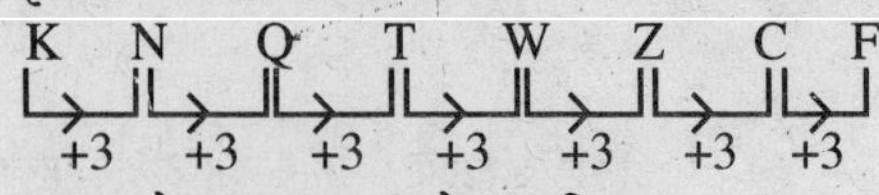


अत: L के स्थान पर K होना चाहिए।

**8. (*c*):** शृंखला कोई भी दो क्रमागत अक्षरों को वर्णमाला के विपरीत क्रम में शामिल करके निर्मित की गई है।

XW DC CB NM QP
← ← ← ← ←

अत: शृंखला में P से पहले Q आना चाहिए।

**9. (*c*) :** श्रृंखला में प्रत्येक चरण में दो सन्निकट अक्षरों के बीच अंतर में एक की वृद्धि होती जाती है।

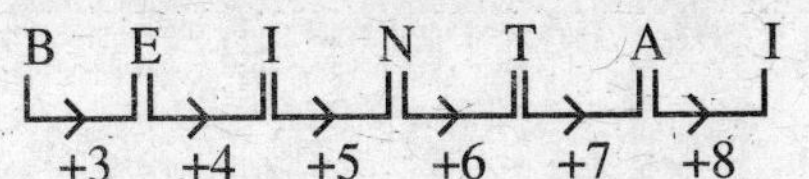


अत: श्रृंखला में S के स्थान पर T होना चाहिए।

**10. (*b*) :** वर्णमाला के विपरीत क्रम में लिखी गई इस श्रृंखला में प्रत्येक चरण में दो सन्निकट अक्षरों के बीच अंतर में एक की कमी होती जाती है।

Z T O K H F

−6 −5 −4 −3 −2

अत: P के स्थान पर O होना चाहिए।

## भाग-III संख्या-श्रृंखला (Number Series)

इस प्रकार की श्रृंखला में दी गई संख्याओं के समुच्चय एक दूसरे से एक विशेष पैटर्न या रुप में संबंधित होते हैं। संख्याओं के बीच संबंध *(i)* क्रमागत विषम/सम संख्याओं; *(ii)* क्रमागत अविभाज्य संख्याओं; *(iii)* किसी संख्या (या संख्याओं) का वर्गफल/घनफल जिसमें किसी संख्या को जोड़ने या घटाने पर परिवर्तन होता है/नहीं होता; *(iv)* पूर्ववर्ती संख्याओं का योग/गुणनफल/अंतर; *(v)* किसी संख्या से योग/घटाव/गुणा/भाग; और *(vi)* उपर्युक्त संबंधों के अनेक और भी संयोजनों पर आधारित होता है।

### हल किए गए उदाहरण

**1.** नीचे दी गई संख्या-श्रृंखला को पूरा करने के लिए कौन-सा विकल्प उपयुक्त है?

4, 8, 12, 16, ?

(*a*) 18 (*b*) 20 (*c*) 22 (*d*) 24

**उत्तर (*b*):** श्रृंखला में अंतर्निहित संख्याएं 4 की गुणज (multiples) हैं। श्रृंखला में अंतर्निहित अवयवों की एक अन्य व्याख्या यह है कि श्रृंखला की दो आनुक्रमिक संख्याओं के बीच 4 का अंतर है।

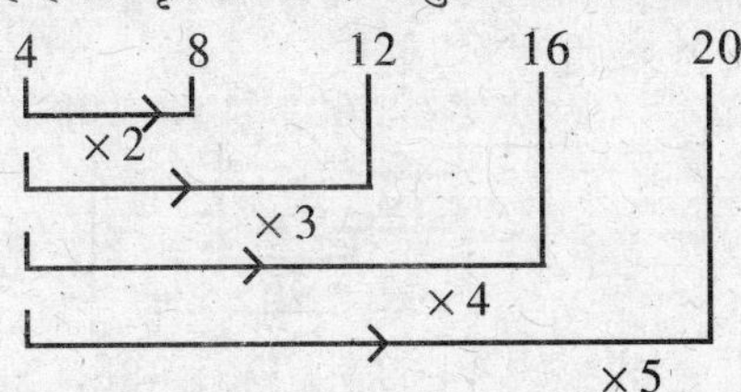


या

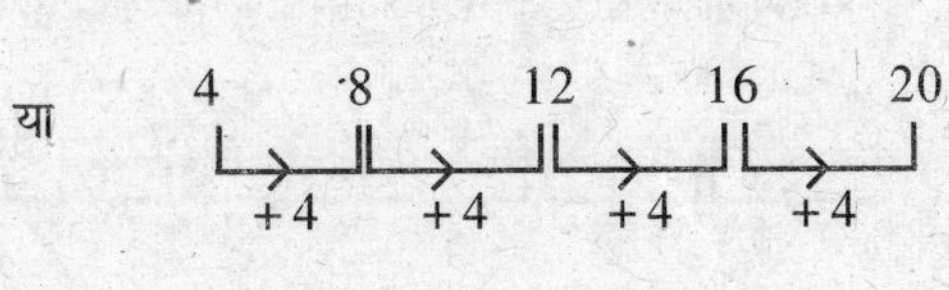


**2.** दी गई श्रृंखला में प्रश्न चिह्न के स्थान पर क्या होगा?

2, 14, 98, 686, ?

(*a*) 1976 (*b*) 2548 (*c*) 980 (*d*) 4802

**उत्तर (*d*) :** श्रृंखला में अंतर्निहित संख्याएं 7 की गुणज हैं।

2 14 98 686 4802

×7 ×7 ×7 ×7

*(किसी दी गई संख्या-श्रृंखला में बारी-बारी से एकाधिक श्रृंखलाएं भी अंतर्निहित हो सकती हैं।)*

## अभ्यास

**निर्देश ( प्र.सं. 1–10 ):** *श्रृंखलाओं को पूरा करने के लिए दिए गए विकल्पों में से लुप्त पद/संख्या ज्ञात करें।*

**1.** 3, 9, 27, 81, 243, ?
(*a*) 486 (*b*) 729
(*c*) 972 (*d*) 359

**2.** 1, 6, 12, 19, 27, ?
(*a*) 38 (*b*) 35
(*c*) 36 (*d*) 54

**3.** 8, 48, 16, 96, 32, ?
(*a*) 192 (*b*) 150
(*c*) 64 (*d*) 288

**4.** 2, 3, 6, 18, 108, ?
(*a*) 1944 (*b*) 1658
(*c*) 648 (*d*) 1008

**5.** 1, 2, 3, 2, 3, 5, 4, 5, ?
(*a*) 9 (*b*) 6
(*c*) 10 (*d*) 7

**6.** 3, 8, 13, 24, 41, ?
(*a*) 65 (*b*) 75
(*c*) 70 (*d*) 80

**7.** 0, 8, 24, 48, 80, ?
(*a*) 110 (*b*) 96
(*c*) 120 (*d*) 140

**8.** 0, 5, 22, 57, ?, 205
(*a*) 198 (*b*) 116
(*c*) 172 (*d*) 92

**9.** 6, 9, 18, 45, 126, 369, ?
(*a*) 1059 (*b*) 1095
(*c*) 1098 (*d*) 1089

**10.** 1, 2, 5, 12, 27, 58, 121, ?
(*a*) 246 (*b*) 247
(*c*) 248 (*d*) 249

## व्याख्यात्मक उत्तर

**1. (*b*) :** श्रृंखला में निहित संख्याओं को अगली संख्या प्राप्त करने के लिए 3 से गुणा किया गया है।

**2. (*c*) :** श्रृंखला के आरंभिक पदों अर्थात् 1 और 6 के बीच 5 का अंतर है और तत्पश्चात् श्रृंखला की आनुक्रमिक संख्याओं के बीच अंतर में क्रमश: 1 की वृद्धि होती जाती है।

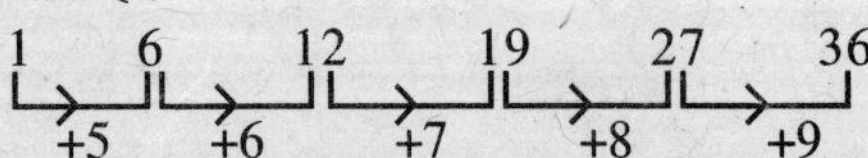


**3. (*a*) :** *व्याख्या I* : श्रृंखला में पहले 6 से गुणा करने और तत्पश्चात् 3 से भाग करने का पैटर्न अपनाया गया है जिसकी पुनरावृत्ति होती है।

8 48 16 96 32 192
×6 ÷3 ×6 ÷3 ×6

*व्याख्या II* : श्रृंखला में बारी-बारी से दो श्रृंखलाएं अंतर्निहित हैं और प्रत्येक श्रृंखला में पहले की संख्या को 2 से गुणा करने पर आनुक्रमिक संख्या प्राप्त होती है।

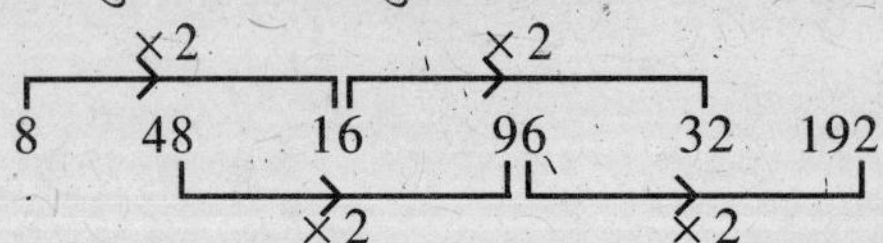


*श्रृंखला I* : 8, 16, 32

*श्रृंखला II* : 48, 96, 192

**4. (*a*) :** श्रृंखला में हर तीसरी संख्या पूर्ववर्ती दो संख्याओं का गुणनफल है।

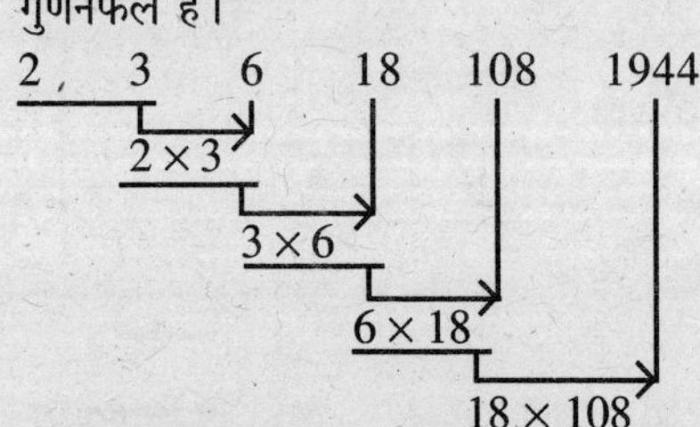


**5. (*a*) :** इस श्रृंखला में तीन संख्याओं से एक समुच्चय निर्मित होता है जिनमें से प्रत्येक समुच्चय में पहली दो संख्याएं सीधे क्रम में हैं तथा तीसरी संख्या पहली और दूसरी संख्याओं का योग है। अगले समुच्चय की पहली संख्या पूर्ववर्ती समुच्चय की पहली संख्या की दोगुनी है।

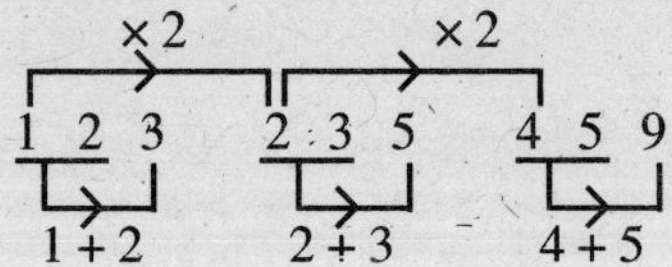

**6. (c) :** शृंखला में निम्नलिखित पैटर्न का अनुपालन किया जाता है :
(दी गई संख्या + अगली संख्या) +2 से आरंभ करके प्रत्येक चरण में 1 की वृद्धि करते हुए क्रमागत प्राकृतिक संख्या का योग :

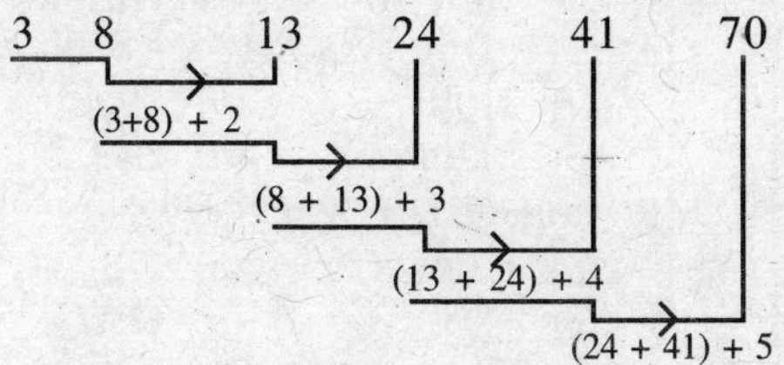


**7. (c) :** शृंखला की संख्याएं प्राकृतिक क्रम में दो सम संख्याओं का गुणनफल हैं, अर्थात्

| 0 | 8 | 24 | 48 | 80 | 120 |
|---|---|---|---|---|---|
| ↓ | ↓ | ↓ | ↓ | ↓ | ↓ |
| (0 × 2) | (2 × 4) | (4 × 6) | (6 × 8) | (8 × 10) | (10 × 12) |

**8. (b) :** शृंखला निम्नलिखित पैटर्न का अनुपालन करती है 1 से आरंभ करके प्राकृतिक संख्याओं का घनफल घटा 1 से आरंभ करके एकांतर विषम संख्याएं

| 0 | 5 | 22 | 57 | 116 | 205 |
|---|---|---|---|---|---|
| ↓ | ↓ | ↓ | ↓ | ↓ | ↓ |
| $1^3–1$ | $2^3–3$ | $3^3–5$ | $4^3–7$ | $5^3–9$ | $6^3–1$ |

**9. (c) :** शृंखला की आनुक्रमिक संख्याओं के बीच अंतर की घात में वृद्धि के साथ बढ़ता है।

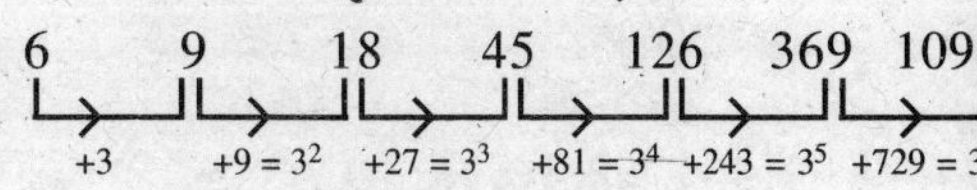


**10. (c) :** शृंखला में निहित संख्या को 2 से गुणा करके 0 से आरंभ करके प्राकृतिक क्रम में संख्याओं को जोड़ने पर अगली संख्या प्राप्त होती है।

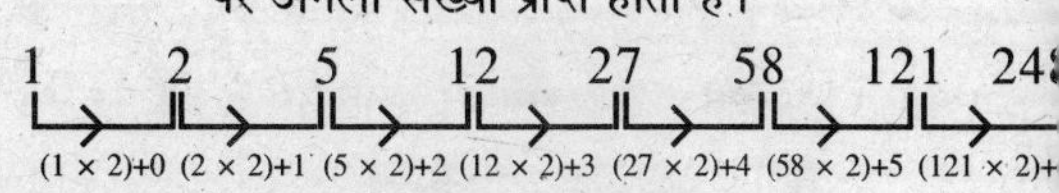


## भाग-IV मिश्रित-शृंखला (Mixed Series)

मिश्रित-शृंखला में अक्षरों और संख्याओं का संयोजन होता है। इस प्रकार की शृंखला में अक्षरों और संख्याओं का एक सर्वनिष्ठ पैटर्न या अलग-अलग अनुक्रम पैटर्न हो सकता है।

### हल किए गए उदाहरण

**1.** निम्नलिखित अक्षर-संख्या संयोजन शृंखला में प्रश्न चिह्न के स्थान पर क्या आएगा?
F6, H8, J10, L12, ?
(*a*) N15 (*b*) O14 (*c*) N14 (*d*) O13

**उत्तर (c) :** शृंखला में अक्षर वर्णमाला के सीधे क्रम में दो स्थान आगे की ओर बढ़ते हैं तथा संख्या वर्णमाला में अक्षरों के स्थान को इंगित करती है।

F6 H8 J10 L12 N14

+2 +2 +2 +2

**2.** दिए गए विकल्पों में से कौन-सा विकल्प निम्नलिखित शृंखला को पूरा करता है?
R(2)S, T(4)U, V(6)W, ?
(*a*) X(8)Y (*b*) Y(10)Z (*c*) Z(8)A (*d*) Y(6)Z

**उत्तर (a) :** अक्षर वर्णमाला के सीधे क्रम में हैं जबकि संख्याएं 2 की आनुक्रमिक गुणज हैं।

## अभ्यास

**निर्देश ( प्र.सं. 1–3 ):** *नीचे की प्रत्येक शृंखला में प्रश्न चिह्न के स्थान पर क्या आएगा ?*

**1.** 2B, 4C, 8E, 14H, ?
(*a*) 20L (*b*) 22L
(*c*) 21I (*d*) 16K

**2.** W(1)A, X(4)Z, Y(9)Y, ?, A(25)W
(*a*) X(11)Z (*b*) Z(21)A
(*c*) Z(16)X (*d*) Z(14)X

**3.** D2, I3, N6, S18, ?
(*a*) V72 (*b*) W36
(*c*) Y90 (*d*) X108

**निर्देश ( प्र.सं. 4 और 5 ):** *नीचे की प्रत्येक अक्षर-संख्या शृंखला में कौन-सा पद बेमेल/शृंखला में उपयुक्त नहीं है ?*

**4.** G4T, J10R, M20P, P43N, S90L
(*a*) J10R (*b*) S90L
(*c*) M20P (*d*) G4T

**5.** B0R, G3U, E3P, J7S, H9N
(*a*) E3P (*b*) J7S
(*c*) H9N (*d*) G3U

## व्याख्यात्मक उत्तर

**1. (*b*) :** शृंखला में संख्याओं का अनुक्रम +2, +4, +6 +8 का तथा अक्षरों का अनुक्रम +1, +2, +3, +4 का है।

**2. (*c*) :** शृंखला में दिए गए समूहों में बायीं ओर के अक्षर वर्णमाला के विपरीत क्रम में हैं और दाहिनी ओर के अक्षर वर्णमाला के सीधे क्रम में हैं तथा संख्याएं 1 से आरंभ करके प्राकृतिक क्रम में क्रमागत संख्याओं के वर्ग हैं।

**3. (*d*) :** अक्षर +5 पैटर्न का अनुपालन करते हैं और हर तीसरी संख्या अपनी पूर्ववर्ती दो संख्याओं का गुणनफल है।

**4. (*a*) :** शृंखला में दिए गए समूहों में बायीं ओर के अक्षर +3 पैटर्न का, दायीं ओर के अक्षर –2 पैटर्न का अनुपालन करते हैं तथा संख्याओं द्वारा $(4 \times 2) + 1$, $(9 \times 2) + 2$, $(20 \times 2) + 3$, $(43 \times 2) + 4$ पैटर्न का अनुपालन किया जाता है। अत: J10R के स्थान पर शृंखला में J9R होना चाहिए।

**5. (*b*) :** शृंखला के दिए गए समूहों में बायीं ओर के अक्षर +5, –2 (5 चरण आगे, 2 चरण पीछे) पैटर्न का अनुपालन करते हैं जिसकी आगे भी पुनरावृत्ति होती है। समूहों में दायीं ओर +3, –5 (3 चरण आगे, 5 चरण पीछे) पैटर्न का अनुपालन किया जाता है जिसकी पुनरावृत्ति होती है। शृंखला की संख्याएं शृंखला में अपने पूर्ववर्ती दो संख्याओं के योग के बराबर हैं। अत: J7S के स्थान पर J6S होना चाहिए।

# सादृश्य या संबंध

# (ANALOGIES OR RELATIONSHIPS)

## भाग-I शब्द सादृश्य (Word Analogy)

संबंध या सादृश्य परीक्षा में दिए गए दो शब्दों के बीच संबंध स्थापित किया जाता है और उसी संबंध को दिए गए अन्य शब्दों पर अनुप्रयुक्त किया जाता है। दिए गए दो शब्दों के बीच विभिन्न प्रकार के संबंध हो सकते हैं, अतः इस प्रकार के प्रश्नों को हल करते समय सर्वप्रथम यह ज्ञात करना होता है कि दिए गए दो शब्दों के बीच किस प्रकार का संबंध है। शब्दों के बीच विभिन्न संबंधों पर नीचे चर्चा की गई है :

### हल किए गए उदाहरण

**1. क्रिया-साधन संबंध (Action Object Relationship)**

**उदाहरण :** जैसे गोली चलाना और 'बंदूक' का संबंध है उसी प्रकार 'खाने' से किसका संबंध है?

(*a*) भूख (*b*) प्यास (*c*) रात्रि-भोज (*d*) फल

**उत्तर (*d*) :** दिए गए शब्दों के बीच संबंध यह है कि गोली चलाना एक क्रिया है और 'बंदूक' उस क्रिया को करने का एक विशिष्ट साधन या उपकरण है। इसी प्रकार 'खाना' एक क्रिया है और 'फल' इस क्रिया को करने अर्थात् खाने का साधन या उपकरण है।

**2. साहचर्य संबंध (Association Relationship)**

**उदाहरण :** जो संबंध 'ग्लैमर' और 'प्रसिद्धि' में है, ठीक वैसा ही संबंध 'रंग' का किससे है?

(*a*) इंद्रधनुष (*b*) छाया (*c*) कला (*d*) चित्रकारी

**उत्तर (*d*) :** जिस प्रकार ग्लैमर से प्रसिद्धि प्राप्त होती है उसी प्रकार 'रंग' से चित्रकारी की जाती है।

**3. विपर्याय ( विलोम ) संबंध (Antonym Relationship)**

**उदाहरण :** अंतर्मुखी : बहिर्मुखी

(*a*) कोण : स्पर्श रेखा (*b*) चरम : अंतरिम (*c*) प्रतिकूल : अनुकूल (*d*) क्रिया : नियम

**उत्तर (*c*) :** संबंधित शब्द विपरीतार्थक हैं।

**4. कार्य-कारण संबंध (Cause and Effect Relationship)**

**उदाहरण :** चोट : दर्द

(*a*) कोटि : योग्यता (*b*) बादल गरजना : बिजली चमकना

(*c*) घूमाना : बिलोना (*d*) धन : परिश्रम

**उत्तर (*b*) :** जिस प्रकार चोट के कारण दर्द होता है उसी प्रकार बादल गरजने के कारण बिजली चमकती है।

**5. कोटि या अंश संबंध (Degree Relationship)**

**उदाहरण :** गुनगुना का जो संबंध 'गरम' से वही संबंध बिलखना या विलाप करने का किससे है?

(*a*) सिसकना (*b*) चिल्लाना (*c*) मुस्कराना (*d*) शांत रहना

**उत्तर (*a*) :** 'गुनगुना' का अर्थ है 'थोड़ा गरम'। इसी प्रकार बिलखने या विलाप करने की निम्न कोटि है 'सिसकना'।

## अभ्यास

**निर्देश ( प्र.सं. 1–5 ):** *पूछे गए प्रत्येक प्रश्न में पहले दिए गए दो शब्दों के बीच संबंध स्थापित करें। तत्पश्चात् दिए गए विकल्पों में से उस विकल्प का चयन करें जिसके शब्द और प्रश्न में दिए गए तीसरे शब्द के बीच ठीक वैसा ही संबंध या सादृश्य हो जैसा कि पहले के दो शब्दों के बीच है।*

**1.** जो संबंध 'उन्माद' और 'सनक' में है वही संबंध 'भय' और निम्नलिखित में से किसमें है?

(*a*) इच्छा (*b*) शौक
(*c*) आवश्यकता (*d*) डर

**2.** 'हकलाना' जिस प्रकार 'वाणी' से संबंधित है उसी प्रकार 'बहरापन' का संबंध निम्नलिखित में से किससे है?

(*a*) कान (*b*) सुनना
(*c*) शोर (*d*) चुप्पी

**3.** जिस प्रकार 'नेता', 'अनुयायी' से संबंधित है, उसी प्रकार .... संबंधित है सिपाही से।

(*a*) कैप्टन (*b*) यूनिट
(*c*) सेना (*d*) बैरक

**4.** जिस प्रकार 'चिल्लाहट', 'फुसफुसाहट' से संबंधित है, उसी प्रकार 'मारना' निम्नलिखित में से किससे संबंधित है?

(*a*) थप्पड़ मारने (*b*) छूना
(*c*) क्रोध (*d*) शोरगुल

**5.** जिस प्रकार 'पंजा', 'बिल्ली' से संबंधित है उसी प्रकार 'खुर' निम्नलिखित में से किससे संबंधित है?

(*a*) घोड़ा (*b*) मेमना
(*c*) हाथी (*d*) शेर

**निर्देश ( प्र.सं. 6–10 ):** *नीचे दिए गए प्रत्येक प्रश्न में :: चिह्न की बाईं ओर दो शब्द दिए गए हैं। इन दोनों शब्दों में कुछ संबंध है। वैसा ही संबंध :: चिह्न की दाईं ओर के दो शब्दों में है जिनमें से एक शब्द के स्थान पर प्रश्नवाचक चिह्न ( ?) है। प्रश्नवाचक चिह्न ( ?) के स्थान पर दिए गए विकल्पों में से एक उपयुक्त विकल्प का चयन करें।*

**6.** शिकारी : बंदूक :: लेखक : ?

(*a*) पुस्तक (*b*) कलम
(*c*) कविता (*d*) पृष्ठ

**7.** भोजन : आमाशय :: ईंधन : ?

(*a*) इंजन (*b*) ऑटोमोबाइल
(*c*) रेल (*d*) वायुयान

**8.** जल : रेत :: महासागर : ?

(*a*) द्वीप (*b*) नदी
(*c*) मरुभूमि (*d*) तरंगें

**9.** वयस्क : बच्चा :: फूल : ?

(*a*) बीज (*b*) कली
(*c*) फल (*d*) तितली

**10.** मोती : कंठहार :: फूल : ?

(*a*) पौधा (*b*) बगीचा
(*c*) पँखुड़ी (*d*) गुलदस्ता

## व्याख्यात्मक उत्तर

**1. (*d*) :** संबंधित शब्द पर्यायवाची हैं।

**2. (*b*) :** 'वाणी' के दोष से 'हकलाने' की समस्या उत्पन्न होती है जबकि 'सुनने' में कठिनाई से 'बहरापन' उत्पन्न होता है।

**3. (*a*) :** जिस प्रकार 'अनुयायी' अपने 'नेता' से मार्गदर्शन प्राप्त करते हैं उसी प्रकार 'सिपाही' को अपने 'कैप्टन' से मार्गदर्शन प्राप्त होता है।

**4. (*b*) :** 'चिल्लाहट' की तीव्रता में अत्यधिक कमी कर दी जाए तो वह 'फुसफुसाहट' का रूप ले लेती है और यदि 'मारने' की तीव्रता कम कर दी जाए तो वैसी क्रिया 'छूना' मात्र रह जाएगी।

**5. (*a*) :** 'बिल्ली' के 'पैर में' 'पंजा' होता है जबकि 'घोड़ा' के पैर में 'खुर' होता है।

**6. (*b*) :** 'शिकारी' का हथियार 'बंदूक' है और 'लेखक' का हथियार 'कलम' है।

**7. (*a*) :** 'भोजन', 'आमाशय' में पचता है और 'ईंधन' की खपत 'इंजन' में होती है।

**8. (*c*) :** संबंधित शब्द एक दूसरे के लगभग विपरीतार्थक शब्द हैं।

**9. (*b*) :** 'बच्चा' विकसित होकर 'वयस्क' बनता है और 'कली' खिलकर 'फूल' बनती है।

**10. (*d*) :** बहुत से मोतियों को मिला कर 'कंठहार' और बहुत से फूलों को मिलाकर 'गुलदस्ता' बनाया जाता है।

# भाग-II अक्षर सादृश्य (Letter Analogy)

इस प्रकार के सादृश्य में अक्षरों के दो दिए गए समुच्चयों के बीच संबंध स्थापित किया जाता है और तत्पश्चात् अक्षरों के दिए गए तीसरे समुच्चय पर पहले दो अक्षर समुच्चयों के बीच के संबंध को अनुप्रयुक्त करके अक्षरों के चौथे अपेक्षित समुच्चय को ज्ञात किया जाता है। दिए गए दो अक्षर समुच्चयों में से पहले समुच्चय के अक्षरों को कुछ चरण आगे या पीछे करके, संपूर्ण समुच्चय के अक्षरों को या समुच्चय के कुछ अक्षरों को उलटे क्रम में लिखकर दूसरे समुच्चय के अक्षरों को प्राप्त किया जा सकता है।

## हल किए गए उदाहरण

**निर्देश:** *दिए गए विकल्पों में से कौन-सा अक्षर-समूह प्रश्नचिह्न (?) के स्थान पर आएगा?*

**1.** JILK : KLIJ : : MNPQ : ?

(*a*) QNPM (*b*) MPQN (*c*) QPNM (*d*) PNMQ

**उत्तर (*c*) :** :: की बायीं ओर के अक्षर-समूहों में से पहले अक्षर-समूह के अक्षरों को विपरीत क्रम में लिखकर दूसरा अक्षर-समूह प्राप्त किया गया है। यही संबंध :: की दाहिनी ओर के दिए गए अक्षर समूह के अक्षरों पर अनुप्रयुक्त करने पर अपेक्षित अक्षर-समूह प्राप्त होता है।

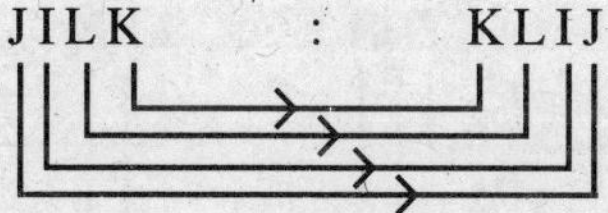


**2.** FLO : DOL : : RDP : ?

(*a*) PGM (*b*) MGP (*c*) GMP (*d*) MPG

**उत्तर (*a*) :** पहले और तीसरे अक्षरों को क्रमशः –2 और –3 चरण पीछे खिसका कर और दूसरे अक्षर को +3 चरण आगे बढ़ा कर :: चिह्न की बायीं ओर का दूसरा अक्षर समुच्चय प्राप्त होता है। यही संबंध :: चिह्न की दायीं ओर के पहले अक्षर समुच्चय पर लगाने पर प्रश्न चिह्न के स्थान पर अक्षर समुच्चय प्राप्त होता है।

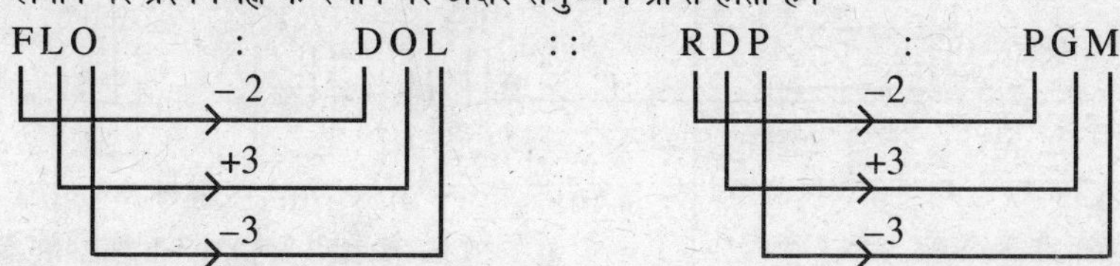


**3.** DumB : BonD : : RusT : ?

(*a*) MOst (*b*) TeNt (*c*) PaTH (*d*) WorK

**उत्तर (*d*) :** प्रत्येक समूह में सिरों पर स्थित दो अक्षर अंग्रेजी वर्णमाला के बड़े अक्षर हैं।

## अभ्यास

**निर्देश ( प्र.सं. 1–10 ):** *नीचे के प्रत्येक प्रश्न में एक लुप्त पद है। प्रश्न में :: चिह्न की बायीं ओर के दो अक्षर-समूहों में जो समानता या सादृश्य है वैसी ही समानता या सादृश्य :: चिह्न की दायीं ओर के दो अक्षर समूहों में है जिनमें से एक अक्षर समूह के स्थान पर प्रश्नवाचक चिह्न ( ?) लगा है। प्रश्नवाचक चिह्न ( ?) के स्थान पर लुप्त पद ज्ञात करें।*

**1.** GFC : CFG : : RPJ : ?
(*a*) JRP (*b*) JPR
(*c*) PJR (*d*) RJP

**2.** BCF : DEG : : MNQ : ?
(*a*) OPR (*b*) PQS
(*c*) OPP (*d*) QRT

**3.** NATION : ANITNO : : HUNGRY : ?
(*a*) HNUGRY (*b*) UNHGYR
(*c*) YRNGUH (*d*) UHGNYR

**4.** ACE : FGH : : LNP : ?
(*a*) QRS (*b*) PQR
(*c*) QST (*d*) MOQ

**5.** BOQD : ERTG : : ANPC : ?
(*a*) DQSF (*b*) FSHU
(*c*) SHFU (*d*) DSQF

**6.** BCDA : STUR : : KLMJ : ?
(*a*) VWXU (*b*) EFHG
(*c*) SRTU (*d*) QSRP

**7.** RUX : TRP : : BEH : ?
(*a*) SQN (*b*) QON
(*c*) QOM (*d*) QNL

**8.** BCDE : WVUT : : QRST : ?
(*a*) EFHG (*b*) JIHG
(*c*) POML (*d*) GEDC

**9.** AKU : AJS : : CRD : ?
(*a*) BQE (*b*) CQB
(*c*) DSB (*d*) APC

**10.** ODL : LOD : : PWN : ?
(*a*) WNP (*b*) NWP
(*c*) NPW (*d*) NMP

## व्याख्यात्मक उत्तर

**1. (*b*) :** पहले समूह के अक्षरों को उलटे क्रम में लिखने पर दूसरा अक्षर-समूह प्राप्त होता है।

GFC : CFG : : RPJ : JPR

**2. (*a*) :** पहले और दूसरे समूह के तीनों अक्षरों के बीच वर्णमाला के सीधे क्रम में क्रमशः +2, +2 और +1 चरणों का अंतर है।

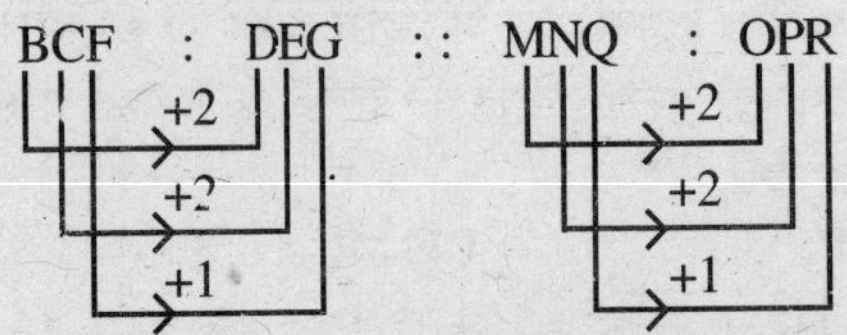


**3. (*d*) :** पहले समूह के अक्षरों को दो-दो अक्षरों के खंडों में विभाजित करके प्रत्येक खंड के अक्षरों को उल्टे क्रम में लिखने पर दूसरा अक्षर-समूह प्राप्त होता है।

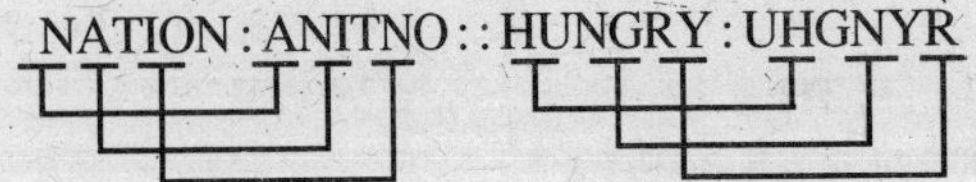


**4. (*a*) :** पहले और दूसरे समूह के तीनों अक्षरों के बीच वर्णमाला के सीधे क्रम में क्रमशः +5, +4, +3 चरणों का अंतर है।

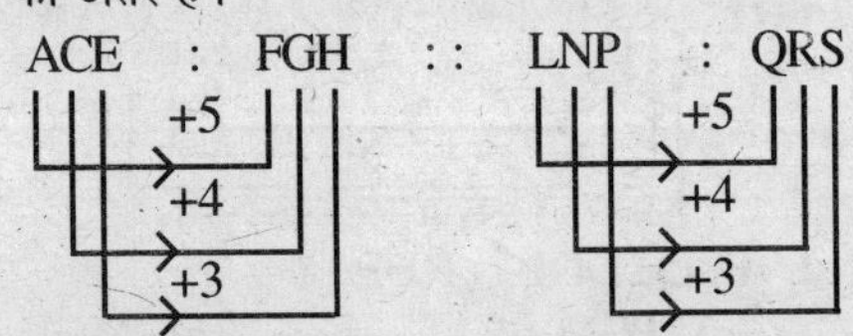


**5. (*a*) :** प्रत्येक अक्षर समूह में पहले और चौथे अक्षरों के बीच एक अक्षर छूटा हुआ है तथा दूसरे और तीसरे अक्षरों के बीच भी एक अक्षर छूटा हुआ है।

BOQD : ERTG : : ANPC : DQSF
P C | S F | O B | R E

**6. (*a*) :** प्रत्येक अक्षर समूह में पहले तीन अक्षर क्रमागत हैं और उनके बाद अनुक्रम का आरंभिक चौथा अक्षर लिखा गया है।

ABCD : RSTU : : JKLM : UVWX

**7. (*c*) :** पहले समूह के अक्षरों में +3 का और दूसरे समूह के अक्षरों में –2 का अंतर है।

RUX : TRP :: BEH : QOM

+3 +3   –2 –2   +3+3   –2 –2

**8. (*b*) :** पहले अक्षर-समूह के आनुक्रमिक अक्षर वर्णमाला के सीधे क्रम में हैं और दूसरे अक्षर समूह के आनुक्रमिक अक्षर वर्णमाला के उलटे क्रम में हैं।

BCDE → : WVUT ← :: QRST → : JIHG ←

**9. (*b*) :** पहले अक्षर समूह के तीन अक्षरों में से पहले अक्षर के स्थान को परिवर्तित किए बिना अन्य दो अक्षरों को वर्णमाला के विपरीत क्रम में क्रमशः –1 और –2 चरण पीछे खिसकाने पर दूसरा अक्षर-समूह प्राप्त होता है।

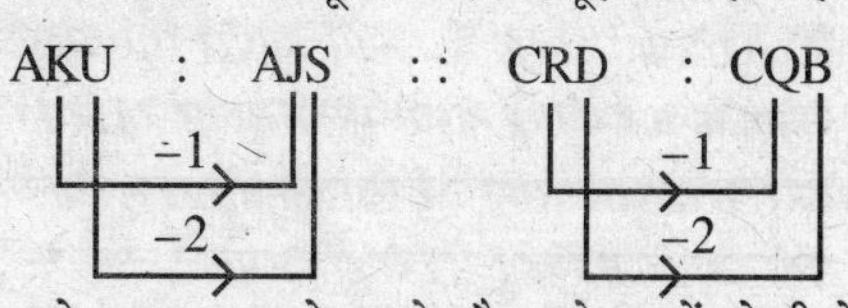


**10. (*c*) :** पहले अक्षर-समूह के पहले और दूसरे अक्षरों को तीसरे अक्षर के बाद रखने पर दूसरा अक्षर समूह प्राप्त होता है।

ODL : LOD :: PWN : NPW

# भाग-III संख्या सादृश्य (Number Analogy)

संख्या सादृश्य में भी पहले दो दी गई संख्याओं के बीच संबंध स्थापित किया जाता है और तत्पश्चात् इस ज्ञात संबंध को संख्याओं के दूसरे जोड़े पर प्रयुक्त करके उसके लुप्त पद को ज्ञात किया जाता है। संख्याओं के बीच संबंध किसी भी एक पैटर्न पर आधारित हो सकता है, जैसे कि : *(i)* संख्याएं विषम/सम/अभाज्य संख्याएं हो सकती हैं; *(ii)* संख्याएं किसी एक संख्या का गुणज हो सकती हैं; *(iii)* संख्याएं भिन्न-भिन्न संख्याओं का वर्गफल/घनफल हो सकती हैं; *(iv)* दूसरी संख्या प्राप्त करने के लिए पहली संख्या में किसी संख्या को जोड़ा/घटाया/गुणा/ भाग किया जा सकता है; *(v)* दूसरी संख्या पहली संख्या के अंकों का योगफल/गुणनफल/अंतरफल हो सकती है, और *(vi)* दो दी गई संख्याओं के बीच संबंध उपर्युक्त किसी भी गणितीय परिकलनों के संयोजन द्वारा भी ज्ञात किया जा सकता है।

## हल किए गए उदाहरण

**निर्देश :** *निम्नलिखित प्रश्नों में प्रश्न चिह्न (?) के स्थान पर लुप्त पद ज्ञात करें।*

**1.** 25 : 81 : : 36 : ?

(*a*) 121   (*b*) 93   (*c*) 65   (*d*) 103

**उत्तर (*a*) :** सभी संख्याएं भिन्न-भिन्न संख्याओं के वर्गफल को सूचित करती हैं।

25 : 81 :: 36 : 121

↓   ↓   ↓   ↓

$5^2$   $9^2$   $6^2$   $11^2$

**2.** 36 : 18 : : 72 : ?

(*a*) 164   (*b*) 134   (*c*) 94   (*d*) 14

**उत्तर (*d*) :** दूसरी संख्या पहली संख्या के अंकों का गुणनफल है।

36 : 18 :: 72 : 14

$3 \times 6$   $7 \times 2$

## अभ्यास

**निर्देश ( प्र.सं. 1–10 ):** *नीचे के प्रत्येक प्रश्न में चिह्न ': :' के पहले दो संख्याएं दी गई हैं जिनमें आपस में एक संबंध है तथा ': :' चिह्न के बाद में एक तीसरी संख्या दी गई है। दिए गए विकल्पों में से उस संख्या का चयन करें जिसका तीसरी संख्या के साथ वैसा ही संबंध हो जैसा संबंध संख्याओं के पहले जोड़े के बीच है।*

**1.** 1 : 11 : : 2 : ?
(*a*) 20 (*b*) 22
(*c*) 24 (*d*) 44

**2.** 18 : 27 : : 22 : ?
(*a*) 42 (*b*) 39
(*c*) 33 (*d*) 54

**3.** 14 : 20 : : 16 : ?
(*a*) 23 (*b*) 10
(*c*) 48 (*d*) 32

**4.** 0.16 : 0.0016 : : 1.02 : ?
(*a*) 10.20 (*b*) 0.102
(*c*) 0.0102 (*d*) 1.020

**5.** 5 : 24 : : 8 : ?
(*a*) 65 (*b*) 63
(*c*) 62 (*d*) 64

**6.** 65 : 30 : : 44 : ?
(*a*) 79 (*b*) 62
(*c*) 28 (*d*) 16

**7.** 30 : 42 : : 56 : ?
(*a*) 92 (*b*) 21
(*c*) 38 (*d*) 72

**8.** 190 : 10 : : 102 : ?
(*a*) 4 (*b*) 7
(*c*) 3 (*d*) 5

**9.** 6 : 18 : : 4 : ?
(*a*) 2 (*b*) 6
(*c*) 8 (*d*) 16

**10.** 2 : 11 : : ?
(*a*) 6 : 17 (*b*) 8 : 43
(*c*) 5 : 41 (*d*) 7 : 35

## व्याख्यात्मक उत्तर

**1. (*b*) :** पहली संख्या के अंक को दो बार लिखने पर दूसरी संख्या प्राप्त होती है।

**2. (*c*) :** पहले जोड़े की संख्याएं 9 का गुणज हैं और दूसरे जोड़े की संख्याएं 11 का गुणज हैं ;

| 18 | : | 27 | : : | 22 | : | 33 |
|---|---|---|---|---|---|---|
| ↓ | | ↓ | | ↓ | | ↓ |
| $9 \times 2$ | | $9 \times 3$ | | $11 \times 2$ | | $11 \times 3$ |

**3. (*a*) :** संख्याओं के बीच संबंध निम्नवत् है :

| 14 | : | 20 | : : | 16 | : | 23 |
|---|---|---|---|---|---|---|
| ↓ | | ↓ | | ↓ | | ↓ |
| $7 \times 2$ | | $(7 \times 3) - 1$ | | $8 \times 2$ | | $(8 \times 3) - 1$ |

**4. (*c*) :** पहली दशमलव संख्या को 100 से भाग करने पर दूसरी दशमलव संख्या प्राप्त होती है :

0.16 : 0.0016 : : 1.02 : 0.0102

$\div 100$ $\div 100$

**5. (*b*) :** पहली संख्या के वर्ग से 1 घटाने पर दूसरी संख्या प्राप्त होती है :

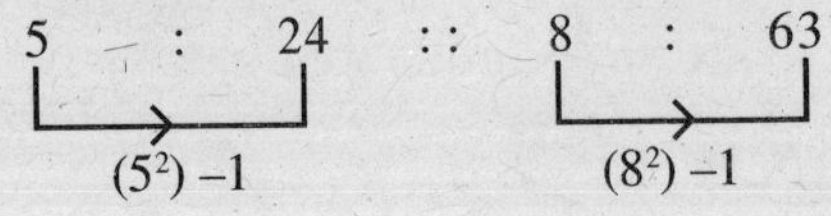


**6. (*d*) :** दूसरी संख्या पहली संख्या के अंकों का गुणनफल है :

$$\frac{65:30}{(6 \times 5)} \; : : \; \frac{44:16}{(4 \times 4)}$$

**7. (*d*) :** संख्याएं विभिन्न संख्याओं के वर्ग में उन्हीं संख्याओं को जोड़ने पर प्राप्त होती हैं :

| 30 | : | 42 | : : | 56 | : | 72 |
|---|---|---|---|---|---|---|
| ↓ | | ↓ | | ↓ | | ↓ |
| $5^2 + 5$ | | $6^2 + 6$ | | $7^2 + 7$ | | $8^2 + 8$ |

**8. (*c*) :** दूसरी संख्या पहली संख्या के अंकों का योगफल है :

$$\frac{190:10}{(1+9+0)} \; : : \; \frac{102\;:\;3}{(1+0+2)}$$

**9. (*c*) :** पहली संख्या के वर्ग को 2 से भाग करने पर दूसरी संख्या प्राप्त होती है :

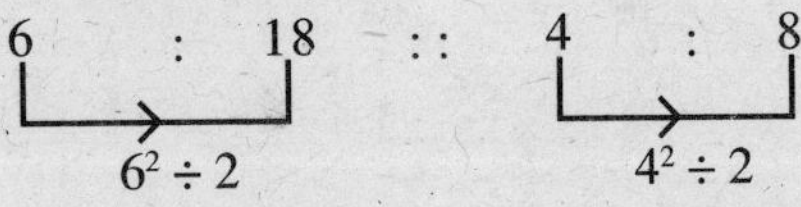


**10. (*c*) :** पहली संख्या दूसरी संख्या के अंकों का योगफल है :

2 : 11 : : 5 : 41

(1 + 1) (4 + 1)

# वर्गीकरण या विजातीय छांटना
# (CLASSIFICATION OR ODD ONE OUT)

## भाग-I विजातीय छांटना – शब्दों पर आधारित समस्याएं

इस प्रकार के वर्गीकरण में चार शब्द दिए जाते हैं जिनमें से तीन शब्द तथ्य या अर्थ की दृष्टि से या अन्य किसी न किसी रूप में आपस में संबंधित होते हुए एक समूह बनाते हैं जबकि शेष केवल एक शब्द अन्य तीनों से भिन्न होता है। परीक्षार्थी को यह पता लगाना होता है कि वह एक कौन–सा शब्द है जो समूह से संबंधित नहीं है और इस कारण विजातीय है।

### हल किए गए उदाहरण

**निर्देश:** *निम्नलिखित चार शब्दों में से उस एक शब्द का चयन करें जो अन्य तीन से भिन्न है :*

**1.** (*a*) पिता (*b*) माता (*c*) मित्र (*d*) भाई

**उत्तर (*c*) :** अन्य सभी के बीच रक्त–संबंध है।

**2.** (*a*) जल (*b*) जेली (*c*) नींबू शरबत (*d*) कॉफी

**उत्तर (*b*) :** अन्य सभी द्रव पदार्थ हैं।

### अभ्यास

**निर्देश ( प्र.सं. 1–10 ):** *यहां दिए गए प्रत्येक प्रश्न में तीन शब्द किसी न किसी प्रकार से समान हैं और इस कारण वे एक समूह बनाते हैं जबकि एक शब्द अन्य तीनों से भिन्न है। इस भिन्न या विजातीय शब्द को ज्ञात करें।*

**1.** (*a*) हरा (*b*) लाल (*c*) रंग (*d*) नारंगी

**2.** (*a*) अस्तबल (*b*) बिल (*c*) डोंगी (*d*) सुअर-बाड़ा

**3.** (*a*) बुध (*b*) चंद्रमा (*c*) बृहस्पति (*d*) मंगल

**4.** (*a*) खुश (*b*) उदास (*c*) प्रसन्नचित्त (*d*) प्रसन्न

**5.** (*a*) शंकु (*b*) वृत्त (*c*) त्रिभुज (*d*) आयत

**6.** (*a*) सीसा (*b*) पारद (*c*) तांबा (*d*) लोहा

**7.** (*a*) पतंग (*b*) चिड़िया (*c*) रेडार (*d*) जेट

**8.** (*a*) अतिवृष्टि (*b*) अनावृष्टि (*c*) भूस्खलन (*d*) युद्ध

**9.** (*a*) सिंहशावक (*b*) चूजा (*c*) सूअर (*d*) पिल्ला

**10.** (*a*) खरगोश (*b*) मगरमच्छ (*c*) केंचुआ (*d*) घोंघा

## व्याख्यात्मक उत्तर

**1. (c) :** अन्य सभी विभिन्न प्रकार के रंग हैं।
**2. (c) :** डोंगी एक छोटी नाव होती है। अन्य सभी पशु–पक्षियों के निवासस्थलों के नाम हैं।
**3. (b) :** अन्य सभी ग्रहों के नाम हैं।
**4. (b) :** अन्य सभी आनन्द की अनुभूति को अभिव्यक्त करते हैं।
**5. (a) :** अन्य सभी आकृतियाँ द्विविमीय आकृतियाँ हैं।
**6. (b) :** अन्य सभी ठोस धातुएं हैं।
**7. (c) :** अन्य सभी हवा में उड़ने वाली वस्तुएं हैं। रेडार हवा में गमन करने वाली वस्तुओं की पहचान करता है।
**8. (d) :** अन्य सभी प्राकृतिक आपदाएं हैं। केवल युद्ध ही मानव द्वारा मानव समाज के समक्ष प्रस्तुत की जाने वाली एक कृत्रिम आपदा है।
**9. (c) :** अन्य सभी शब्द विभिन्न जंतुओं के शिशुओं के नाम हैं।
**10. (a) :** अन्य सभी रेंगने वाले जंतु हैं।

# भाग-II विजातीय छांटना – अक्षरों पर आधारित समस्याएं

इस कोटि के अंतर्गत विकल्प के रूप में चार अक्षर-समूह या अक्षरों की एक शृंखला दी जाती है। परीक्षार्थी को इनमें से ऐसे विकल्प का चयन करना होता है जो अन्यों से भिन्न अर्थात् विजातीय हो।

## हल किए गए उदाहरण

**निर्देश:** *निम्नलिखित अक्षर समूहों में से कौन-सा अक्षर समूह भिन्न या विजातीय स्वरूप का है?*

**1.** (*a*) NOP (*b*) RTU (*c*) JKL (*d*) EFG

**उत्तर (*b*) :** प्रत्येक समूह में अक्षर क्रमागत हैं, जबकि विकल्प (*b*) के अक्षर-समूह में पहले दो अक्षरों के बीच एक अक्षर 'S' छूटा हुआ है।

**2.** (*a*) RUX (*b*) CFI (*c*) BDG (*d*) FIL

**उत्तर (*c*) :** प्रत्येक समूह में अक्षरों के बीच समान संख्या में अक्षर छूटे हुए हैं जबकि विकल्प (*c*) में पहले दो अक्षरों B और D के बीच एक अक्षर और अंतिम दो अक्षरों D और G के बीच दो अक्षर छूटे हुए हैं।

## अभ्यास

**निर्देश (प्र.सं. 1–10):** *नीचे के प्रत्येक प्रश्न में अक्षर समूहों के रूप में चार विकल्प दिए गए हैं जिनमें से तीन में किसी न किसी प्रकार की समानता है और इस कारण वे एक समूह बनाते हैं। उस अक्षर समूह का चयन करें जो समूह से संबंधित नहीं है।*

**1.** (*a*) ACE (*b*) LOR (*c*) GIK (*d*) VXZ

**2.** (*a*) TSR (*b*) LKJ (*c*) PQO (*d*) HGF

**3.** (*a*) EF LM (*b*) KJ SR (*c*) XW HG (*d*) ED YX

**4.** (*a*) JOPK (*b*) BOPC (*c*) QOPR (*d*) TOPS

**5.** (*a*) JKkL (*b*) OPpQ (*c*) DEEf (*d*) VWwX

**6.** (*a*) BdfH (*b*) FHJL (*c*) RTvX (*d*) uVwX

**7.** (*a*) DFHEG (*b*) TWXUV (*c*) OQSPR (*d*) JLNKM

**8.** (*a*) MKGA (*b*) PNID (*c*) RPLF (*d*) VTPJ

**9.** (*a*) ABJNM (*b*) QRTUZ (*c*) IXYOQ (*d*) WGFPO

**10.** (*a*) EFGH (*b*) IRST (*c*) ULMN (*d*) JKLO

## व्याख्यात्मक उत्तर

**1. (*b*) :** शेष सभी अक्षर समूहों में अगला अक्षर अपने पूर्ववर्ती अक्षर से वर्णमाला के सीधे क्रम में 2 अक्षर आगे का है जबकि विकल्प (*b*) के अक्षर समूह में +3 अनुक्रम का पालन होता है।

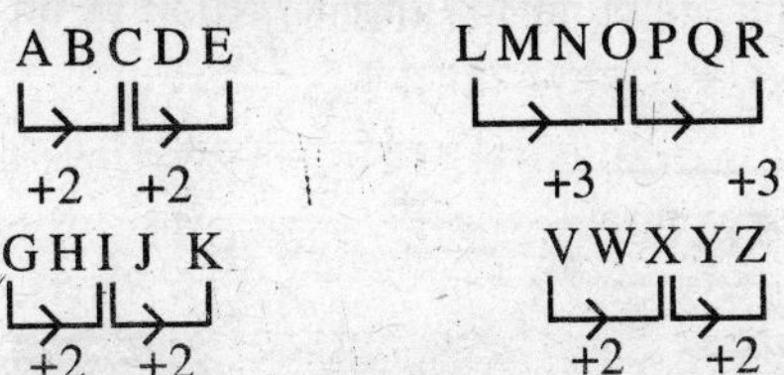


**2. (*c*) :** प्रत्येक समूह में अक्षर वर्णमाला के उलटे क्रम में हैं। केवल विकल्प (*c*) में अक्षरों का अनुक्रम बाधित हो रहा है।

**3. (*a*) :** शेष सभी समूहों में क्रमागत अक्षर वर्णमाला के उलटे क्रम में हैं।

KJ SR; XW HG; ED YX
–1 –1 –1 –1 –1 –1

केवल विकल्प (*a*) में ही क्रमागत अक्षर वर्णमाला के सीधे क्रम में है।

E F
+1

L M
+1

**4. (*d*) :** यहां दिए गए सभी अक्षर समूहों में बीच में 'OP' अक्षर हैं। विकल्प (*d*) में दोनों किनारों पर स्थित अक्षर वर्णमाला के उलटे क्रम में हैं, अर्थात्

जबकि शेष सभी अक्षर समूहों में दोनों किनारों पर स्थित अक्षर वर्णमाला के सीधे क्रम में हैं।

JOPK ; BOPC ; QOPR
+1 +1 +1

**5. (*c*) :** शेष समूहों में तीसरे अक्षर के रूप में दूसरे अक्षर की पुनरावृत्ति की गई है और उसे अंग्रेजी वर्णमाला के छोटे अक्षर के रूप में लिखा गया है जबकि विकल्प (*c*) के तीसरे अक्षर के रूप में दूसरे अक्षर की पुनरावृत्ति तो की जाती है किंतु उसे अंग्रेजी वर्णमाला के बड़े अक्षर के रूप में लिखा जाता है।

**6. (*d*) :** शेष समूहों में अंग्रेजी वर्णमाला के अक्षर चाहे छोटे हों या बड़े, किंतु दूसरे, तीसरे और चौथे स्थान पर स्थित अक्षर अपने पूर्ववर्ती अक्षरों से वर्णमाला के सीधे क्रम में 2 अक्षर आगे के हैं, अर्थात्

B D f H ; F H J L ; R T v X
+2 +2 +2   +2 +2 +2   +2 +2 +2

केवल विकल्प (*d*) में अक्षर वर्णमाला के सहज क्रम (+1) में हैं, अर्थात्

u V w X
+1 +1 +1

**7. (*b*) :** शेष समूहों में पहले, चौथे, दूसरे, पांचवें और तीसरे स्थानों पर स्थित अक्षरों से वर्णमाला का सीधा अनुक्रम बनता है। विकल्प (*b*), में पहले, चौथे, पांचवें, दूसरे और तीसरे स्थानों पर स्थित अक्षरों के मेल से वर्णमाला का सीधा अनुक्रम बनता है।

**8. (*b*) :** शेष समूहों में अक्षरों का अनुक्रम –2, –4, –6 के पैटर्न का पालन करता है, अर्थात्

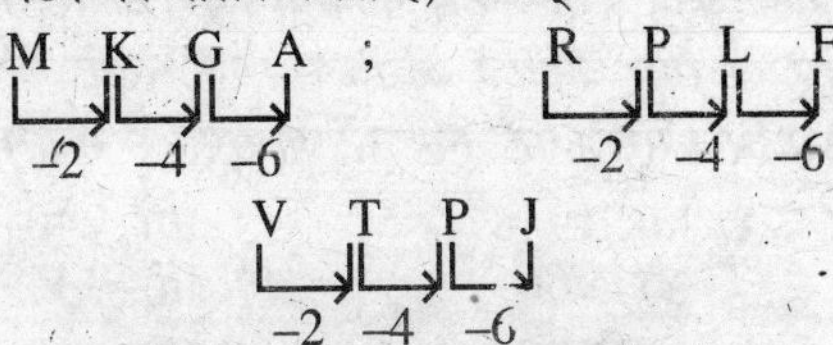


विकल्प (*b*) में अनुक्रम का निम्नलिखित पैटर्न है:

P N I D
–2 –5 –5

अत: सही पैटर्न होना चाहिए → P N J D
–2 –4 –6

**9. (*c*) :** शेष समूहों में कम से कम दो जोड़े अक्षर वर्णमाला के क्रम में हैं, अर्थात्

ABJNM; QRTUZ; WGFPO

विकल्प (*c*) में केवल एक जोड़ा अक्षर–ही वर्णमाला के क्रम में है।

IXYOQ

**10. (*d*) :** शेष समूहों में पहला अक्षर 'स्वर' है जिसके बाद तीन क्रमागत अक्षर लिखे गए हैं।

# भाग-III विजातीय छांटना – संख्याओं पर आधारित समस्याएं

इस प्रकार के वर्गीकरण में विकल्पों के रूप में विभिन्न संख्याएं दी जाती हैं। इन संख्याओं में से एक को छोड़कर जो अन्य से भिन्न होती है, शेष किसी न किसी रूप में आपस में संबंधित होती हैं और इस प्रकार एक समूह बनाती हैं। परीक्षार्थी को दी गई संख्याओं में यह समानता ज्ञात करनी होती है और तत्पश्चात् समूह से भिन्न संख्या का चयन करना होता है। विकल्पों के रूप में दी गई संख्याएं विषम/सम/क्रमागत संख्याएं, अभाज्य संख्याएं, किसी संख्या का गुणज, एक अंकीय, विभिन्न संख्याओं का वर्ग या घन, किसी अन्य संख्या का जोड़/घटा या किसी भी गणितीय परिकलन का संयोजन हो सकती है।

## हल किए गए उदाहरण

**निर्देश:** *दिए गए विकल्पों में विषम संख्या ज्ञात करें।*

**1.** (*a*) 62 (*b*) 121 (*c*) 36 (*d*) 256

**उत्तर (*a*) :** अन्य संख्याएं क्रमशः 11, 6 और 16 के वर्ग द्वारा सूचित होती हैं।

**2.** (*a*) 27 (*b*) 132 (*c*) 93 (*d*) 154

**उत्तर (*d*) :** शेष संख्याएं 3 से विभाज्य हैं।

## अभ्यास

**निर्देश ( प्र.सं. 1–10 ):** *यहां प्रत्येक प्रश्न में चार विकल्प दिए गए हैं जिनमें से तीन किसी न किसी रूप में आपस में संबंधित होते हुए एक समूह बनाते हैं, जबकि शेष एक संख्या अन्य से भिन्न है। उस भिन्न संख्या का चयन करें जो समूह से संबंधित नहीं है।*

**1.** (*a*) 1948 (*b*) 2401 (*c*) 966 (*d*) 1449

**2.** (*a*) 182 (*b*) 169 (*c*) 130 (*d*) 158

**3.** (*a*) 3215 (*b*) 9309 (*c*) 4721 (*d*) 2850

**4.** (*a*) 1776 (*b*) 2364 (*c*) 1976 (*d*) 3776

**5.** (*a*) 7658 (*b*) 1234 (*c*) 9876 (*d*) 6543

**6.** (*a*) 18 (*b*) 12 (*c*) 30 (*d*) 20

**7.** (*a*) 9875432 (*b*) 98765 (*c*) 98756 (*d*) 9876543

**8.** (*a*) 5243 (*b*) 9251 (*c*) 4256 (*d*) 3257

**9.** (*a*) 2553 (*b*) 1224 (*c*) 7992 (*d*) 3885

**10.** (*a*) 3223 (*b*) 4554 (*c*) 6116 (*d*) 9887

## व्याख्यात्मक उत्तर

**1. (*a*) :** शेष संख्याएं 7 से विभाज्य हैं।

**2. (*d*) :** शेष संख्याएं 13 का गुणज हैं।

**3. (*b*) :** शेष संख्याओं में किसी भी अंक का दो बार प्रयोग नहीं किया गया है।

**4. (*b*) :** शेष संख्याओं में आखिरी दो अंक एक से हैं।

**5. (*a*) :** शेष संख्याओं में उनके अंक गिनती के सीधे या उलटे क्रम में क्रमागत (निरंतर) हैं।

**6. (*a*) :** शेष सभी संख्याएं $3^2 + 3 = 12$, $5^2 + 5 = 30$, $4^2 + 4 = 20$ हैं।

**7. (*c*) :** शेष सभी संख्याओं में 987 के बाद अंक अवरोही या घटते हुए क्रम (decreasing order) में हैं।

**8. (*a*) :** शेष सभी संख्याओं में 25 बीच में है और सिरे के दो अंकों का योग 10 के बराबर है।

**9. (*b*) :** शेष सभी संख्याओं में दो सिरों पर स्थित अंकों का योग बीच में स्थित अंक के बराबर है जिसे दो बार लिखा गया है।

**10. (*d*) :** शेष सभी संख्याओं में अंतिम दो अंक पहले दो अंकों को उलटे क्रम में लिखने पर प्राप्त होते हैं।

# भाग-IV विजातीय छांटना – शब्द समूहों से संबंधित समस्याएं

शब्दों, अक्षरों या संख्याओं के समूह का वर्गीकरण एकल शब्द, अक्षर या संख्या के वर्गीकरण से अधिक भिन्न नहीं होता। इसमें परीक्षार्थी को दो परस्पर संबंधित शब्दों के बीच संबंध की विशिष्टता या प्रकृति ज्ञात करनी होती है और तत्पश्चात् दिए गए विकल्पों में से उस शब्द युग्म का पता लगाना होता है, जो अन्य शब्द-युग्मों के संबंध पैटर्न का अनुपालन नहीं करता हो। संबंधित शब्द विपरीत या सदृश अर्थ या स्वरूप के हो सकते हैं अथवा उनकी अर्थ छटा और अर्थ निरुपण में भिन्नता हो सकती है या फिर उनमें एक विशेष तुकबंदी हो सकती है।

## हल किए गए उदाहरण

**निर्देश:** *निम्नलिखित में से कौन-सा शब्द-युग्म अन्यों से भिन्न है?*

**1.** (*a*) अच्छा-बेहतर (*b*) गुनगुना-गरम (*c*) नफा-लाभ (*d*) फुसफुसाना-चिल्लाना

**उत्तर (*c*) :** अन्य शब्द-युग्मों में युग्म के शब्द सदृश अर्थ वाले हैं किंतु उनमें सादृश्यता या साम्यता की अवस्था या कोटि भिन्न-भिन्न है।

**2.** (*a*) कैंची-कपड़ा (*b*) चाकू-सब्जी (*c*) कुल्हाड़ी-लकड़ी (*d*) हथौड़ा-कील

**उत्तर (*d*) :** हालांकि शब्दों के बीच संबंध ठीक है किंतु कील को काटने के लिए हथौड़े का प्रयोग नहीं किया जाता है। शेष तीन युग्मों में बायीं ओर उपकरण का नाम दिया गया है जिसकी सहायता से दायीं ओर लिखी गई वस्तु को काट सकते हैं।

## अभ्यास

**निर्देश ( प्र.सं. 1–20 ):** *नीचे के प्रत्येक प्रश्न में शब्दों के उस जोड़े का चयन करें जो शेष तीन जोड़ों से भिन्न हो।*

**1.** (*a*) कुर्सी-फर्नीचर (*b*) शर्ट-वस्त्र
(*c*) कंठहार-आभूषण (*d*) बोगी-इंजन

**2.** (*a*) चित्रांकनी-कागज (*b*) पेंसिल-लेड
(*c*) कलम-स्याही (*d*) बुरुश-रंग

**3.** (*a*) युद्ध-शांति (*b*) वास्तविक-सहज
(*c*) अग्रगण्य-प्रथम (*d*) क्रोध-गुस्सा

**4.** (*a*) अंगूली-अंगूठी (*b*) सिर-टोपी
(*c*) कमर-मुकुट (*d*) पांव-जूता

**5.** (*a*) दिन-रात (*b*) चालाक-मूर्ख
(*c*) स्पष्ट-धुंधला (*d*) पहुंचना-आना

**6.** (*a*) क्विंटल-गैलन (*b*) गुलदस्ता-फूल
(*c*) पुस्तक-पृष्ठ (*d*) संसद-सांसद

**7.** (*a*) चिड़िया-चहचहाना (*b*) घोड़ा-भिनभिनाना
(*c*) शेर-गरजना (*d*) सांप-फुफकारना

**8.** (*a*) भतीजी-भतीजा (*b*) भाई-बहन
(*c*) पति-पत्नी (*d*) पिता-माता

**9.** (*a*) पेट्रोल-कार (*b*) तेल-लैम्प
(*c*) डीजल-लकड़ी (*d*) मोम-मोमबत्ती

**10.** (*a*) गंगा-नर्मदा (*b*) थार-गोबी
(*c*) आमाशय-हाथ (*d*) एवरेस्ट-पर्वत

**11.** (*a*) औषधि-चिकित्सक (*b*) फूल-कलाकार
(*c*) जूता-मोची (*d*) त्वचा-त्वचारोग विशेषज्ञ

**12.** (*a*) प्राधिकार-मंजूरी
(*b*) प्रतिकर्षण-आकर्षण
(*c*) तुनकमिजाज-दुस्तोषणीय
(*d*) श्वास-अस्तित्व

**13.** (*a*) पोलो-बर्फ का मैदान (रिंक)
(*b*) गोल्फ-लॉन
(*c*) टेनिस-कोर्ट
(*d*) शतरंज-बोर्ड

**14.** (*a*) उमंग-तरंग (*b*) नीड़-पीड़
(*c*) अपराध-रोकथाम (*d*) आन-बान

**15.** (*a*) सेना-सेनापति (*b*) कॉलेज-प्रिंसिपल
(*c*) जहाज-कैप्टन (*d*) नौसेना-लेफ्टिनेंट

16. (*a*) रेलगाड़ी-पटरी
(*b*) पक्षी-उड़ना
(*c*) हवाई जहाज-आकाश
(*d*) पनडुब्बी-समुद्र

17. (*a*) जेली-सौम्य (*b*) पत्थर-कठोर
(*c*) रोवां-मुलायम (*d*) कांच-चिकना

18. (*a*) शाखा-पेड़ (*b*) मिनट-घंटा
(*c*) वाक्य-पैराग्राफ (*d*) विद्यार्थी-शिक्षक

19. (*a*) कुल-जोड़ (*b*) अभी-वर्तमान
(*c*) बड़ी-धारणा (*d*) हां-सहमत

20. (*a*) चार-चौगुना (*b*) तीन-तेरह
(*c*) दो-दोगुना (*d*) छह-छहगुना

## व्याख्यात्मक उत्तर

**1. (*d*) :** बोगी रेलगाड़ी का एक हिस्सा होता है जो परिवहन का एक साधन है। कुर्सी, शर्ट और कंठहार क्रमशः फर्नीचर, वस्त्र और आभूषण हैं।

**2. (*a*) :** पेंसिल, कलम और ब्रुश से लिखने का माध्यम क्रमशः लेड, स्याही और रंग है। चित्रांकनी (क्रेयॉन) से लिखने या चित्र बनाने का माध्यम मोम होता है।

**3. (*a*) :** शेष सभी शब्द-युग्म समानार्थक शब्दों के युग्म हैं जबकि विकल्प (*a*) में दिया गया शब्द-युग्म विपरीतार्थक शब्दों का युग्म है।

**4. (*c*) :** मुकुट सिर पर पहना जाता है।

**5. (*d*) :** शेष शब्द-युग्म एक दूसरे के विपरीतार्थक हैं।

**6. (*a*) :** शेष सभी शब्द युग्मों में पहला दूसरे का समेकित रूप हैं।

**7. (*b*) :** शेष सभी में दूसरी पहले की बोली है। घोड़े हिनहिनाते हैं।

**8. (*a*) :** संबंधित शब्द-युग्मों मे पहला पुल्लिंग और दूसरा स्त्रीलिंग है। विकल्प (*a*) में पहले स्त्रीलिंग और तत्पश्चात् पुल्लिग दिया गया है।

**9. (*c*) :** पेट्रोल का उपयोग कार चलाने में, तेल का उपयोग लैम्प जलाने में और मोम का उपयोग मोमबत्ती जलाने में किया जाता है। डीजल और लकड़ी का आपस में ऐसा कोई संबंध नहीं है।

**10. (*d*) :** संबंधित शब्दों की पहचान एक जैसी है। (*a*) नदियों को, (*b*) मरुभूमि को और, (*c*) शरीर के अंगों को सूचित करते हैं जबकि विकल्प (*d*) में एवरेस्ट एक पर्वत श्रृंखला का नाम है।

**11. (*b*) :** चिकित्सक का औषधि, मोची का जूता और त्वचारोग विशेषज्ञ का संबंध त्वचारोग से है। फूलों की देख-रेख करने वाले व्यक्ति को माली कहते हैं।

**12. (*b*) :** शेष शब्द युग्म समानार्थक हैं जबकि प्रतिकर्षण और आकर्षण शब्द एक दूसरे के विपरीत अर्थ वाले हैं।

**13. (*a*) :** शब्द युग्मों में खेलों और उन्हें खेले जाने वाले स्थानों के बीच संबंध दर्शाया गया है। पोलो मैदान में खेला जाता है।

**14. (*c*) :** शेष शब्द-युग्मों में शब्दों के बीच एक विशेष लय है।

**15. (*d*) :** नौसेना का प्रमुख कमांडर होता है।

**16. (*b*) :** रेलगाड़ी पटरी पर, हवाई जहाज आकाश में और पनडुब्बी समुद्र के जल में चलती है। इसी प्रकार पक्षी हवा में उड़ते हैं और साथ ही ये सजीव प्राणी भी हैं।

**17. (*a*) :** शब्द युग्मों का दूसरा शब्द पहले शब्द की विशेषता बताता है। जेली मुलायम या अस्थिर होती है।

**18. (*d*) :** शेष समूहों में पहला शब्द दूसरे का हिस्सा है।

**19. (*c*) :** शेष समूहों के शब्द परस्पर समानार्थक हैं।

**20. (*b*) :** तीन से तिगुना

# सांकेतिक भाषा परीक्षण
# (CODING AND DECODING)

## भाग-I

कूटलेखन या 'कोडिंग' संवाद-संप्रेषण की एक प्रक्रिया है जिसमें एक गुप्त भाषा का प्रयोग वास्तविक तथ्यों शब्दों/मूल्यों की अभिव्यक्ति या प्रस्तुतिकरण को एक ऐसी भाषा में परिवर्तित करने के लिए किया जाता है जिसे संवाद के प्रेषक और प्राप्तकर्ता के अतिरिक्त कोई तीसरा व्यक्ति समझ न सके। कूटभाषा में लिखने के लिए *(i)* शब्दों के अक्षरों के स्थान पर वर्णमाला के सीधे उलटे क्रम में एक या एकाधिक स्थान आगे या पीछे के अक्षरों को लिखा जाता है; *(ii)* अक्षरों के स्थान पर संख्याओं को या संख्याओं के स्थान पर अक्षरों को लिखा जाता है; *(iii)* दिए गए शब्द के कुछ या सभी अक्षरों को उलटे क्रम में लिखा जाता है; और *(iv)* शब्द के अक्षरों के स्थान पर वर्णमाला के उलटे क्रम में समस्थानिक अक्षरों को लिखा जाता है।

वर्णमाला को सीधे क्रम में लिखने पर प्राप्त शृंखला :

A B C D E F G H I J K L M N O P Q R S T U V W X Y Z

A ↓ प्रथम अक्षर; E ↓ पांचवां अक्षर; J ↓ दसवां अक्षर; O ↓ पंद्रहवां अक्षर; T ↓ बीसवां अक्षर; Y ↓ पच्चीसवां अक्षर

वर्णमाला को उलटे क्रम में लिखने पर प्राप्त शृंखला :

Z Y X W V U T S R Q P O N M L K J I H G F E D C B A

Z ↓ प्रथम अक्षर; V ↓ पांचवां अक्षर; Q ↓ दसवां अक्षर; L ↓ पंद्रहवां अक्षर; G ↓ बीसवां अक्षर; B ↓ पच्चीसवां अक्षर

**टिप्पणी:** Z पर पहुंचने के पश्चात् शृंखला A से पुनः शुरू होती है और A पर पहुंचने के पश्चात् शृंखला Z से पुनः शुरू होती है।

## हल किए गए उदाहरण

**1.** यदि एक विशेष प्रकार की कूट भाषा में शब्द FACE को GBDF की तरह लिखा जाता हो तो इसी कूट भाषा में BADE को कैसे लिखा जाएगा?

*(a)* CBEF *(b)* CEBF *(c)* CFBE *(d)* CBFE

**उत्तर *(a)* :** शब्द के अक्षरों को वर्णमाला के सीधे क्रम में एक चरण आगे का अक्षर लिखकर कूटबद्ध किया गया है।

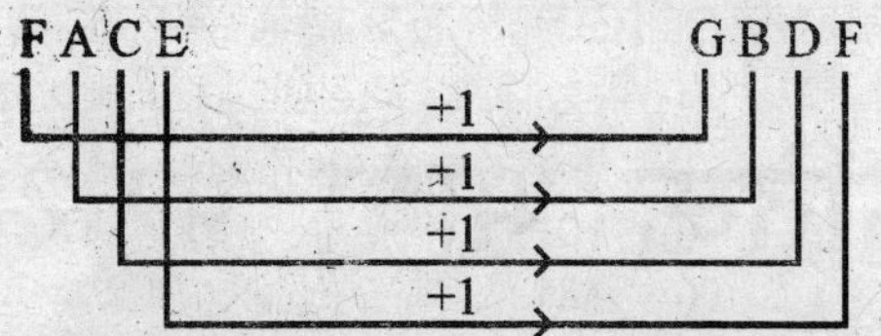


इसी प्रकार,

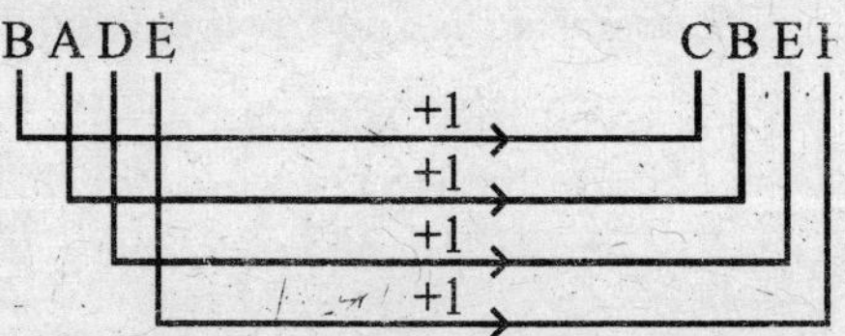


**2.** यदि किसी कूटभाषा में RESULT को 798206 लिखा गया हो तो उसी कूटभाषा में LET किस प्रकार लिखा जाएगा?
(*a*) 680 (*b*) 092 (*c*) 096 (*d*) 086

**उत्तर (*c*) :** अक्षरों को संख्याओं द्वारा कूटबद्ध किया गया है। दिए गए शब्द को कूटबद्ध करने के लिए संबंधित कूट संख्याएं ज्ञात करें।

R E S U L T → अक्षर
7 9 8 2 0 6 → कूट

अतः LET के लिए कूट संख्याएं निम्नवत् होगी :

L E T → अक्षर
0 9 6 → कूट

## अभ्यास

**निर्देश ( प्र.सं. 1–10 ):** *निम्नलिखित प्रश्नों में दिए गए शब्दों या अक्षरों के लिए इंगित कूटभाषा के शब्द या अक्षर ज्ञात करें।*

**1.** यदि किसी कूट भाषा में CHAIR को FKDLU के रूप में लिखा जाए तो उसी कूटभाषा में RAID शब्द को किस प्रकार लिखा जाएगा?
(*a*) ULGD (*b*) ULKG
(*c*) ULDG (*d*) UDLG

**2.** यदि किसी कूटभाषा में CONDEMN को CNODMEN लिखा जाता है तो उसी कूटभाषा में TEACHER को कैसे लिखा जाएगा?
(*a*) TEACHER (*b*) TAEECHR
(*c*) TCAEEHR (*d*) TAECEHR

**3.** किसी कूटभाषा में COME को XLNV और ABLE को ZYOV लिखा जाता है। इसी कूटभाषा में MOLLY किस प्रकार लिखा जाएगा?
(*a*) NLOBO (*b*) NLBOO
(*c*) LNOOB (*d*) NLOOB

**4.** यदि किसी कूटभाषा में ACTION को ZXGRLM लिखा जाता हो तो उसी कूटभाषा में HEALTH को कैसे लिखा जाएगा?
(*a*) SVZOGS (*b*) TVZOGT
(*c*) RUZPGR (*d*) QVGOZQ

**5.** यदि किसी विशेष कूटभाषा में EARTHQUAKE को **MOGPENJOSM के रूप** में लिखा जाता हो तो उसी कूटभाषा में EQUATE निम्नलिखित में से किस प्रकार लिखा जाएगा?
(*a*) MENOPM (*b*) MENOMP
(*c*) MJOGPM (*d*) MNJOPM

**6.** किसी विशेष सांकेतिक भाषा में COUNTRY शब्द को EMWLVPA के रूप में कूटबद्ध किया जाता है। इसी विशेष भाषा में ELECTORATE किस रूप में लिखा जाएगा?
(*a*) CJCEVQPYWC (*b*) GJGERQTYVG
(*c*) CNCERQPCRG (*d*) GJGAVMTYVC

**7.** यदि PHILOSOPHY को HPLISOPOYH लिखा जाता हो तो ORNAMENTAL कैसे लिखा जाएगा?
(*a*) ROANEMNTLA
(*b*) ONRAMNEALT
(*c*) ROANEMTNLA
(*d*) ROANEMNATL

**8.** यदि किसी कूटभाषा में लिखे गए शब्द OPFGBCST का अर्थवाचन NEAR के रूप में किया जाता हो तो उसी कूटभाषा में कूटबद्ध IJVWHI का अर्थ निम्नलिखित में से क्या होगा?
(*a*) HAG (*b*) HUG
(*c*) HUT (*d*) KEG

**9.** किसी विशेष कूटलिपि में PUNCTUAL को 16598623 के रूप में कूटबद्ध किया जाता है। इसी

कूटलिपि में ACTUPULN निम्नलिखित में से किस प्रकार लिखा जाएगा?

(*a*) 29861653 (*b*) 29861635
(*c*) 28916135 (*d*) 29851536

**10.** यदि OUT को 152120 के रूप में कूटबद्ध किया जाता हो तो इसी नियम का प्रयोग करके IN को निम्नलिखित में से कैसे लिखा जाएगा?

(*a*) 1015 (*b*) 819
(*c*) 1813 (*d*) 914

## व्याख्यात्मक उत्तर

**1.** (*d*) : शब्द को कूटबद्ध करने के लिए उसके अक्षरों से वर्ण-माला के क्रम में +3 चरण आगे के अक्षर लिए गए हैं।

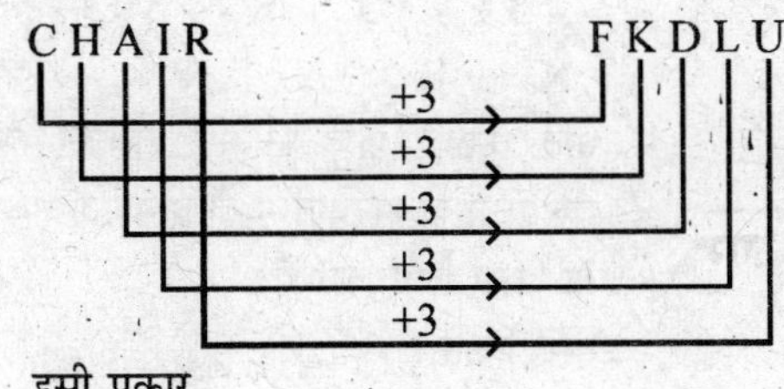


इसी प्रकार,

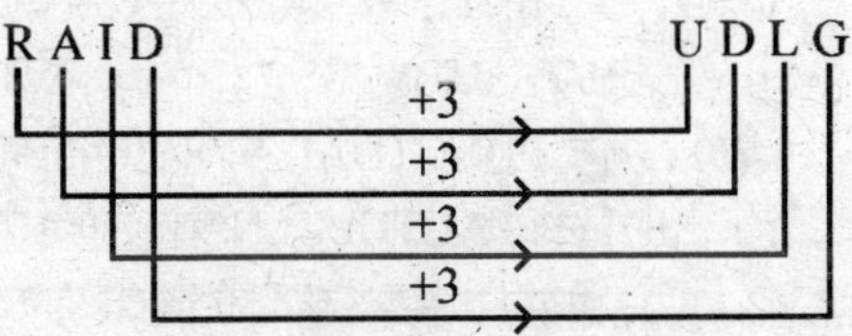


**2.** (*d*) : इस शब्द में दूसरे और तीसरे अक्षर एक दूसरे के स्थान पर आ जाते हैं और पांचवे और छठे अक्षरों द्वारा भी इसी नियम का पालन किया जाता है। शेष अक्षरों का स्थान अपरिवर्तित रहता है।

इसी प्रकार,

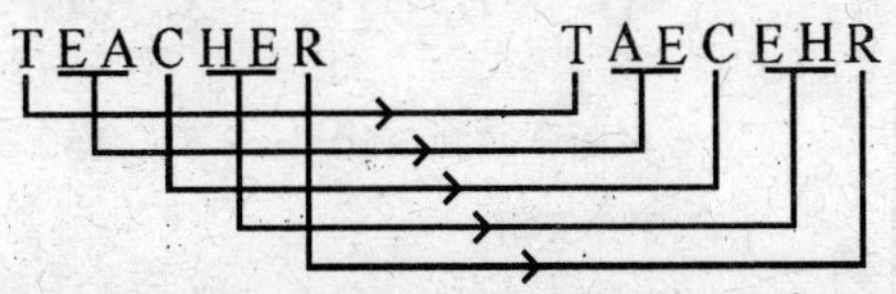


**3.** (*d*) : शब्द के अक्षरों को कूटबद्ध करने के लिए वर्णमाला के उलटे क्रम में समान स्थान वाले अक्षरों को लिया गया है।

C O M E → वर्णमाला के सीधे क्रम में अक्षर

X L N V → वर्णमाला के उलटे क्रम में समान स्थान वाले अक्षर

↓ ↓ ↓ ↓

3रा 15वां 13वां 5वां → वर्णमाला में अक्षरों का स्थान

A B L E → वर्णमाला के सीधे क्रम में अक्षर

Z Y O V → वर्णमाला के उलटे क्रम में समान स्थान वाले अक्षर

↓ ↓ ↓ ↓

1ला 2रा 12वां 5वां → वर्णमाला के अक्षरों का स्थान

इसी प्रकार,

M O L L Y → वर्णमाला के सीधे क्रम में अक्षर

N L O O B → वर्णमाला के उलटे क्रम में समान स्थान वाले अक्षर

↓ ↓ ↓ ↓ ↓

13वां 15वां 12वां 12वां 25वां → वर्णमाला में अक्षरों का स्थान

**4.** (*a*) : शब्द के अक्षरों को कूटबद्ध करने के लिए वर्णमाला के उलटे क्रम में समान स्थान वाले अक्षरों को लिया गया है।

A C T I O N → वर्णमाला के सीधे क्रम में अक्षर

Z X G R L M → वर्णमाला के उलटे क्रम में समान स्थान वाले अक्षर

↓ ↓ ↓ ↓ ↓ ↓

1ला 3रा 20वां 9वां 15वां 14वां वर्णमाला में अक्षरों का स्थान

इसी प्रकार,

H E A L T H → वर्णमाला के क्रम में अक्षर

S V Z O G S → वर्णमाला के उलटे क्रम में समान स्थान वाले अक्षर

8वां 5वां 1ला 12वां 20वां 8वां → वर्णमाला में अक्षरों का स्थान

**5. (*d*) :** EQUATE शब्द के अक्षर EARTHQUAKE शब्द से लिए गए हैं।

उत्तर कूट प्राप्त करने के लिए कूटबद्ध शब्द से अक्षरों का मिलान करें।

E A R T H Q U A K E → अक्षर

M O G P E N J O S M → कूट

E QUA TE→ कूटबद्ध किए जाने वाले अक्षर

M N J O PM→ उत्तर कूट

**6. (*d*) :** शब्द को कूटबद्ध करने के लिए शब्द के अक्षरों से वर्णमाला के क्रम में क्रमशः 2 चरण आगे और दो चरण पीछे के अक्षर लिए गए हैं।

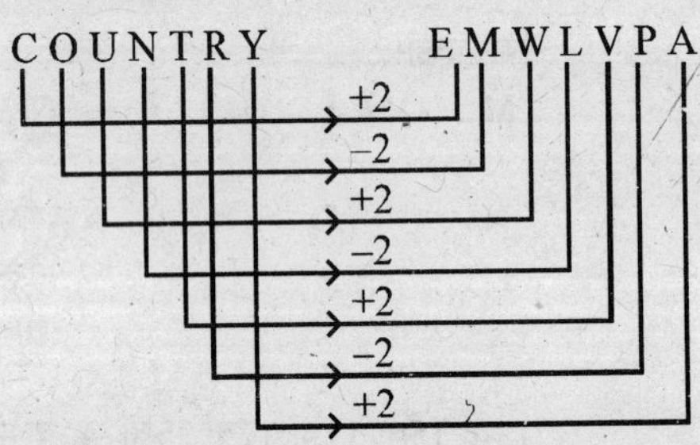


इसी प्रकार,

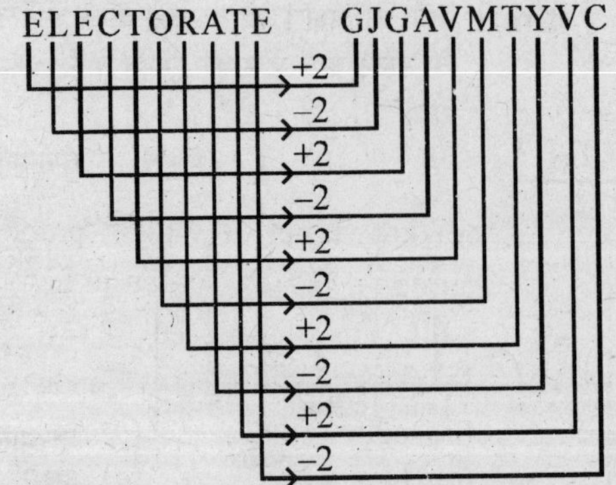


**7. (*c*) :** शब्द को कूटबद्ध करने के लिए उसके दो क्रमागत अक्षरों को एक दूसरे के स्थान पर लिखा जाता है।

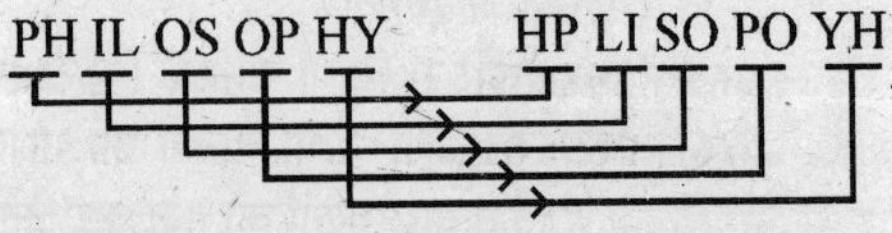


इसी प्रकार,

**8. (*b*) :** कूटबद्ध शब्द का अर्थ–निर्वचन निम्नलिखित रूप में किया गया है :

↓ OP ↓ FG ↓ BC ↓ ST →कूट

N E A R →दिया गया शब्द

अतः कूटबद्ध शब्द का अर्थ–निर्वचन करने के लिए वर्णमाला के अनुक्रम में दो क्रमागत अक्षरों से पहले के अक्षर लिए जाते हैं।

इसी प्रकार,

↓ IJ ↓ VW ↓ HI → दिया गया शब्द

H U G → उत्तर शब्द

**9. (*b*) :** शब्द PUNCTUAL के अक्षरों को यादृच्छिक क्रम में लेकर ACTUPULN शब्द लिखा गया है।

इसी प्रकार संख्या कूट भी लिखा जाएगा

P U N C T U A L → दिया गया शब्द

1 6 5 9 8 6 2 3 → कूट

इसी प्रकार,

A C T U P U L N → कूटबद्ध किया जाने वाला शब्द

2 9 8 6 1 6 3 5→ उत्तर कोड

**10. (*d*) :** कूट लेखन के लिए प्रयोग में लाई गई संख्याएं वर्णमाला के सीधे क्रम (ABCD...) में अक्षरों के स्थान को सूचित करती है।

O U T → OUT

↓ ↓ ↓

15वां 21वां 20वां → 1521

इसी प्रकार,

I N → IN

↓ ↓

9वां 14वां → 914

## भाग-II

कूट लेखन विभिन्न प्रकार से किया जाता है। कूटभाषा का प्रयोग न केवल शब्दों और संख्याओं के लिए किया जाता है बल्कि किसी शब्द-समूह, विवरण या कभी-कभी वाक्यों को भी कूटभाषा द्वारा संप्रेषित किया जाता है। इस प्रकार की कूटभाषा से भ्रम की स्थिति उत्पन्न हो सकती है किंतु कुछ प्रश्नों को हल कर लेने के बाद ऐसी कूटभाषा को समझना और हल करना अत्यंत सरल हो जाता है। इस प्रकार की कूटभाषा पर आधारित प्रश्नों को हल करने के लिए अक्षरों को गिनने या छोड़ने अथवा गणितीय परिकलनों की श्रमसाध्य प्रक्रिया को अपनाने की आवश्यकता नहीं होती बल्कि इनके लिए तेजी से मिलान करने या सादृश्यता स्थापित करने की क्षमता ही अपेक्षित होती है। कूट के रूप में अक्षरों या संख्याओं का प्रयोग किया जा सकता है।

## हल किए गए उदाहरण

**1.** यदि किसी कूटभाषा में 'ra mei ket' का अर्थ है 'he is rich'; 'rui pha jeu' का अर्थ है 'run for money'; और 'pha rui ket' का अर्थ है 'money for rich' उस कूटभाषा में 'rich' के लिए निम्नलिखित में से किस कूट का प्रयोग किया गया है?

(*a*) ra (*b*) pha (*c*) ket (*d*) jeu

**उत्तर (*c*) :** दी गई जानकारी है :

| **कूट** | **वाक्य** |
|---|---|
| 1. ra mei *ket* | he is *rich* |
| 2. rui pha jeu | run for money |
| 3. pha rui *ket* | money for *rich* |

कूटों और वाक्यों की तुलना करने पर यह स्पष्ट होता है कि वाक्य 1 और 3 दोनों में 'rich' शब्द है और दोनों ही वाक्यों में इसके लिए 'ket' शब्द का प्रयोग किया गया है।

**2.** यदि किसी कूटभाषा में 'ni ra ge' का अर्थ है 'who are you'; 'boi wo dur' का अर्थ है 'going far away'; और 'wo ge chi' का अर्थ है 'you went away' तो उस कूटभाषा में 'went' के लिए निम्नलिखित में से किस कूट का प्रयोग किया गया है?

(*a*) ra (*b*) chi (*c*) wo (*d*) boi

**उत्तर (*b*) :** दी गई सूचना है :

| **कूट** | **वाक्य** |
|---|---|
| 1. ni ra *ge* | who are *you* |
| 2. boi *wo* dur | going far *away* |
| 3. *wo ge* **chi** | *you* **went** *away* |

'went' शब्द केवल तीसरे वाक्य में है। 'you' शब्द पहले और तीसरे दोनों वाक्यों में है जिसके लिए इन वाक्यों में 'ge' कूट का प्रयोग किया गया है। शब्द 'away' दूसरे और तीसरे दोनों वाक्यों में है जिसके लिए 'wo' कूट का प्रयोग किया गया है। एकमात्र 'chi' कूट ही ऐसा बचता है जिसका अर्थ 'went' है।

## अभ्यास

**निर्देश (प्र.सं. 1–10):** *नीचे के प्रत्येक प्रश्न में कूटलेखन के पैटर्न को ध्यान से देखें और दिए गए विकल्पों में से सही उत्तर का चयन करें।*

**1.** यदि किसी कूटभाषा में (a) 'go ju mi' का अर्थ है 'plenty of money'; (b) pao ju go nei vu' का अर्थ है 'money creates lots of problems'; (c) 'kol vu nei' का अर्थ है 'problems create tension'; और (d) 'sol tun ju haw' का अर्थ है 'still money is needed' तो उस कूट भाषा में निम्नलिखित में से किसका अर्थ 'money' है?

(*a*) nei (*b*) ju
(*c*) haw (*d*) go

**2.** किसी कूटभाषा में (a) 'FOR' का अर्थ है 'old is gold'; (b) 'ROT' का अर्थ है 'gold is pure'; (c) 'ROM' का अर्थ है 'gold is costly'। इसी कूटभाषा में 'pure old gold is costly' कैसे लिखा जाएगा?

(*a*) TFROM (*b*) FOTRM
(c) FTORM (*d*) TOMRF

**3.** यदि किसी कूटभाषा में '415' का अर्थ है 'milk is hot'; '18' का अर्थ है 'hot soup'; और '895' का अर्थ है 'soup is tasty' तो उसी कूटभाषा में 'tasty' शब्द किस संख्या द्वारा निरूपित होगा?

(*a*) 9 (*b*) 8
(*c*) 5 (*d*) 4

**4.** यदि किसी कूटभाषा में '643' का अर्थ है 'she is beautiful', '593' का अर्थ है 'he is handsome', और '567' का अर्थ है 'handsome meets beautiful' तो उसी कूटभाषा में 'meets' शब्द निम्नलिखित में से किस संख्या द्वारा सूचित होगा?

(*a*) 5 (*b*) 3
(*c*) 7 (*d*) 6

**5.** किसी कूटभाषा में (a) 'dugo hui mul zo' का अर्थ है 'work is very hard'; (b) 'hui dugo ba ki' का अर्थ है 'Bingo is very smart'; (c) 'nano mul dugo' का अर्थ है 'cake is hard', और (d) 'mul ki qu' का अर्थ है 'smart and hard' इस कूट भाषा में 'Bingo' के लिए किस कूटशब्द का प्रयोग किया गया है?

(*a*) jalu (*b*) dugo
(*c*) ki (*d*) ba

**6.** किसी कूटभाषा में (a) 'pic vic nic' का अर्थ है 'winter is cold'; (b) 'to nic re' का अर्थ है 'summer is hot'; (c) 're pic boo' का अर्थ है 'winter and summer' और (d) 'vic tho pa' का अर्थ है 'nights are cold' इस कूटभाषा में 'summer' के लिए किस कूटशब्द का प्रयोग किया जाता है?

(*a*) nic (*b*) boo
(*c*) to (*d*) re

**7.** किसी कूटभाषा में (a) 'mx das sci' का अर्थ है 'good little frock'; (b) 'jm coz sci' का अर्थ है 'girl behaves good'; (c) 'ngv drs coz' का अर्थ है 'girl makes mischief'; और (d) 'das gp coz' का अर्थ है 'little girl fell' इस कूटभाषा में 'frock' के लिए किस कूट शब्द का प्रयोग किया गया है?

(*a*) mx (*b*) das
(*c*) sci (*d*) gp

**8.** किसी कूटभाषा में 'mu mit es' का अर्थ है 'who is she' और 'elb mu es' का अर्थ है 'where is she' इस कूटभाषा में 'where' के लिए किस कूटशब्द का प्रयोग किया जाता है?

(*a*) es (*b*) elb
(*c*) mu (*d*) mit

**9.** किसी कूटभाषा में '069' का अर्थ है 'grapes are sweet', '476' का अर्थ है 'very sweet fruit' और '509' का अर्थ है 'grapes are ripe'। इस कूटभाषा में निम्नलिखित में से किस अंक से 'ripe' शब्द सूचित होता है?

(*a*) 0 (*b*) 5
(*c*) 9 (*d*) 7

**10.** किसी कूटभाषा में 'roi ja kyo twa' का अर्थ है 'Moody is writing letters', 'pok ju ja twa' का अर्थ है 'Woody is writing cards', 'trn kyo pos un' का अर्थ है 'they are writing letters', और 'koi rus pok' का अर्थ है 'gifts and cards'। इसी कूटभाषा में 'Moody' के लिए किस कूटशब्द का प्रयोग किया गया है?

(*a*) ja (*b*) twa
(*c*) roi (*d*) kyo

## व्याख्यात्मक उत्तर

**1.** (*b*):

| | कूट | वाक्य |
|---|---|---|
| 1. | go *ju* mi | plenty of *money* |
| 2. | pao *ju* go nei vu | *money* creates lots of problems |
| 3. | kol vu nei | problems create tension |
| 4. | sol tun *ju* haw | still *money* is needed |

ऊपर के पहले, दूसरे और चौथे कूटों और संबंधित वाक्यों में 'ju' शब्द और उसके लिए 'money' शब्द लिखा गया है।

**2. (a) :**

| | कूट | वाक्य |
|---|---|---|
| 1. | FOR | old is gold |
| 2. | ROT | gold is pure |
| 3. | ROM | gold is costly |

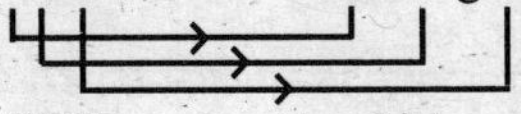

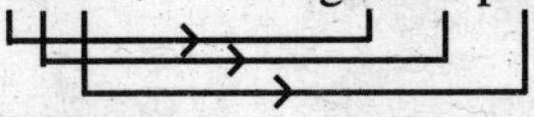

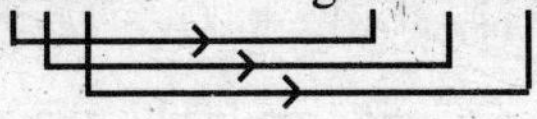

अत:,

| | | |
|---|---|---|
| F | का अर्थ है | old |
| O | का अर्थ है | is |
| R | का अर्थ है | gold |
| T | का अर्थ है | pure |
| M | का अर्थ है | costly |

अत: 'pure old gold is costly' को 'TFROM' द्वारा व्यक्त किया जाएगा।

**3. (a) :**

| | कूट | वाक्य |
|---|---|---|
| 1. | 415 | milk is hot |
| 2. | 18 | hot soup |
| 3. | 895 | soup is *tasty* |

तीसरे कूट और उससे संबंधित वाक्य में दी गई न तो संख्या '9' और न ही शब्द 'tasty' को किसी अन्य कूट और वाक्य में दोहराया गया है।

**4. (c) :**

| | कूट | वाक्य |
|---|---|---|
| 1. | 643 | she is beautiful |
| 2. | 593 | he is handsome |
| 3. | 567 | handsome *meets* beautiful |

तीसरे कूट और उससे संबंधित वाक्य में दी गई न तो संख्या '7' और न ही शब्द 'meets' को किसी अन्य कूट और वाक्य में दोहराया गया है।

**5. (d) :**

| | कूट | वाक्य |
|---|---|---|
| 1. | *dugo hui* mul zo | work *is very* hard |
| 2. | *hui dugo* **ba** *ki* | **Bingo** *is very smart* |
| 3. | nano mul *dugo* | cake is *hard* |
| 4. | mul *ki* qu | *smart* and hard |

दूसरे कूट और संबंधित वाक्य में निहित न तो 'ba' और न ही अर्थ शब्द 'Bingo' की पुनरावृत्ति होती है। (जिन शब्दों की पुनरावृत्ति होती है उन्हें तिरछे अक्षरों में लिखा गया है)

**6. (d) :**

| | कूट | वाक्य |
|---|---|---|
| 1. | pic vic nic | winter is cold |
| 2. | to nic *re* | *summer* is hot |
| 3. | *re* pic boo | winter and *summer* |
| 4. | vic tho pa | nights are cold |

शब्द 'summer' और कूट 're' की दूसरे और तीसरे वाक्यों में पुनरावृत्ति होती है।

**7. (a) :**

| | कूट | वाक्य |
|---|---|---|
| 1. | **mx** *das sci* | *good little* **frock** |
| 2. | jm coz *sci* | girl behaves *good* |
| 3. | ngv drs coz | girl makes mischief |
| 4. | *das* gp coz | *little* girl fell |

शब्द 'frock' केवल पहले वाक्य में है। कूट शब्द 'das' को चौथे वाक्य में और 'sci' को दूसरे वाक्य में दोहराया गया है। अत: स्पष्ट है कि 'frock' के लिए कूट शब्द 'mx' का प्रयोग किया गया है।

**8. (b) :**

| | कूट | वाक्य |
|---|---|---|
| 1. | *mu* mit *es* | who *is she* |
| 2. | **elb** *mu* es | **where** *is she* |

कूट शब्दों 'mu' और 'es' को दोनों वाक्यों में दोहराया गया है। केवल कूट शब्द 'elb' ही बचता है जिसका अर्थ 'where' है।

**9. (b) :**

| | कूट | वाक्य |
|---|---|---|
| 1. | 069 | *grapes are* sweet |
| 2. | 476 | very sweet fruit |
| 3. | **5**09 | *grapes are* **ripe** |

पहले और तीसरे वाक्यों में कूट संख्याओं '0' और '9' की पुनरावृत्ति होती है। अत: स्पष्ट है कि शेष कूट संख्या '5' का ही 'ripe' के लिए प्रयोग किया गया है।

**10. (c) :**

| | कूट | वाक्य |
|---|---|---|
| 1. | **roi** *ja kyo twa* | **Moody** *is writing letters* |
| 2. | pok ju *ja twa* | Woody *is writing* cards |
| 3. | trn *kyo* pos un | they are writing *letters* |
| 4. | koi rus pok | gifts and cards |

'Moody' शब्द केवल पहले वाक्य में है। पहले वाक्य के कूट शब्दों 'ja' और 'twa' की दूसरे वाक्य में पुनरावृत्ति होती है और 'kyo' की तीसरे वाक्य में पुनरावृत्ति होती है। केवल कूट शब्द 'roi' ही बचता है जिसका अर्थ 'Moody' है।

# भाग-III

एक अन्य प्रकार के कूट लेखन में किसी शब्द को कूट नाम दिए जाते हैं जिन्हें आगे भी कूटबद्ध किया जाता है। इस पैटर्न पर आधारित प्रश्न अर्थहीन प्रतीत हो सकते हैं किंतु कूट यथार्थता की बुनियादी बातों से हट कर नहीं होने चाहिए।

## हल किए गए उदाहरण

**1.** यदि किसी कूट भाषा में 'केला' को 'जेली' कहा जाए, 'जेली' को 'हरा' कहा जाए, 'हरा' को 'सेब' कहा जाए, 'सेब' को 'आम' कहा जाए तो उसी कूटभाषा में पत्ते के रंग को क्या कहेंगे?

(*a*) हरा (*b*) आम (*c*) सेब (*d*) केला

**उत्तर (*c*) :** पत्ता हरे रंग का होता है और प्रश्न में उल्लिखित कूटों के अनुसार 'हरा' को 'सेब' कहा जाता है।

**2.** यदि 'धूसर' को 'भूरा', 'सफेद' को 'गुलाबी', 'लाल' को 'धूसर', 'काला' को 'लाल' और 'भूरा' को 'सफेद' कहा जाए तो 'कोयला' किस रंग का है?

(*a*) भूरा (*b*) सफेद (*c*) काला (*d*) लाल

**उत्तर (*d*) :** 'कोयला' काले रंग का होता है और प्रश्न में दिए गए कूटों के अनुसार 'काला' को 'लाल' कहा जाता है।

## अभ्यास

**निर्देश ( प्र.सं. 1–10 ):** *प्रत्येक प्रश्न में दी गई कूटबद्ध सूचना को अच्छी तरह समझें और दिए गए विकल्पों में से सही उत्तर का चयन करें।*

**1.** यदि किसी कूटभाषा में 'पानी' को 'नीला', 'नीला' को 'लाल', 'लाल' को 'सफेद', 'सफेद' को 'आकाश', 'आकाश' को 'वर्षा', 'वर्षा' को 'हरा', 'हरा' को 'हवा' और 'हवा' को 'मेज' कहा जाए, तो इस कूटभाषा में दूध के रंग को क्या कहेंगे?

(*a*) सफेद (*b*) वर्षा
(*c*) आकाश (*d*) हरा

**2.** यदि किसी कूटभाषा में 'प्रकाश' को 'अंधकार', 'अंधकार' को 'हरा', 'हरा' को 'नीला', 'नीला' को 'लाल', 'लाल' को 'सफेद' और 'सफेद' को 'पीला' कहा जाता हो तो इस कूटभाषा में रक्त का रंग क्या कहलाएगा?

(*a*) लाल (*b*) अंधकार
(*c*) सफेद (*d*) पीला

**3.** यदि किसी कूटभाषा में 'आकाश' को 'समुद्र', 'समुद्र' को 'पानी', 'पानी' को 'हवा', 'हवा' को 'बादल' और 'बादल' को 'नदी' कहा जाता हो तो प्यास लगने पर इस कूटभाषा में पीने के लिए किस चीज की मांग करेंगे?

(*a*) आकाश (*b*) हवा
(*c*) पानी (*d*) समुद्र

**4.** यदि किसी कूटभाषा में 'पीला' का अर्थ 'लाल', 'सफेद' का अर्थ 'हरा', 'लाल' का अर्थ 'नारंगी', 'नीला' का अर्थ 'सफेद' और 'हरा' का अर्थ 'नीला' हो तो उस कूटभाषा में आकाश का रंग क्या है?

(*a*) सफेद (*b*) हरा
(*c*) नीला (*d*) पीला

**5.** यदि किसी कूटभाषा में 'घर' को 'झोपड़ी', 'झोपड़ी' को 'नहर', 'नहर' को 'स्कूल', 'स्कूल' को 'मैदान', 'मैदान' को 'सुराही' और 'सुराही' को 'तार' कहा जाए तो इस कूटभाषा में छात्रों के पढ़ने की जगह को क्या कहेंगे?

(*a*) मैदान (*b*) सुराही
(*c*) झोपड़ी (*d*) स्कूल

**6.** यदि किसी कूटभाषा में 'बिल्ली' को 'घोड़ा', 'घोड़ा' को 'चूहा', 'कुत्ता' को 'खरगोश', 'खरगोश' को 'बिल्ली', 'चूहा' को 'कुत्ता' और 'शेर' को 'चींटी' कहा जाए तो इस कूटभाषा मे प्रयुक्त कूटों के आधार पर भौंकने वाले पशु को क्या कहेंगे?

(*a*) कुत्ता (*b*) बिल्ली
(*c*) शेर (*d*) खरगोश

**7.** यदि 'भूमि' को 'झील', 'झील' को 'पत्थर', 'पत्थर' को 'भारी', 'भारी' को 'स्टेडियम', 'स्टेडियम' को 'महासागर', 'महासागर' को 'वर्षा' और 'वर्षा' को 'आग' कहा जाए तो क्रिकेट के टेस्ट मैच खेले जाने वाले स्थान क्या कहलाते हैं?
(*a*) भारी (*b*) महासागर
(*c*) पत्थर (*d*) भूमि

**8.** यदि किसी कूटभाषा में 'चिड़िया' को 'राजा', 'राजा' को 'फूल', 'फूल' को 'घन', 'घन' को 'मेज', 'मेज' को 'मनुष्य' और 'मनुष्य' को 'चिड़िया' कहा जाए तो इस कूटभाषा में 'गुलाब' क्या है?
(*a*) मेज (*b*) फूल
(*c*) घन (*d*) मनुष्य

**9.** यदि किसी कूटभाषा में 'पानी' को 'पत्थर', 'पत्थर' को 'तेल', 'तेल' को 'हवा', 'हवा' को 'लकड़ी', 'लकड़ी' को 'गैस' और 'गैस' को 'द्रव' कहा जाए तो इस कूटभाषा में फर्नीचर किस चीज से बनता है?
(*a*) गैस (*b*) हवा
(*c*) तेल (*d*) द्रव

**10.** यदि किसी कूटभाषा में 'पिंजड़ा' को 'रॉकेट', 'रॉकेट' को 'फंदा', 'फंदा' को 'ग्रह', 'ग्रह' को 'हवाई जहाज', 'हवाई जहाज' को 'साइकिल' और 'साइकिल' को 'कार' कहा जाए तो इस कूटभाषा में पृथ्वी को क्या कहेंगे?
(*a*) साइकिल (*b*) रॉकेट
(*c*) ग्रह (*d*) हवाई जहाज

## व्याख्यात्मक उत्तर

**1. (*c*) :** दूध का रंग 'सफेद' होता है और इस कूटभाषा में 'सफेद' को 'आकाश' कहते हैं।

**2. (*c*) :** रक्त का रंग 'लाल' होता है और इस कूटभाषा में 'लाल' को 'सफेद' कहते हैं।

**3. (*b*) :** प्यास लगने पर हम 'पानी' पीते हैं और इस कूटभाषा में 'पानी' को 'हवा' कहते हैं।

**4. (*a*) :** आकाश का रंग 'नीला' होता है और नीला का अर्थ 'सफेद' है।

**5. (*a*) :** छात्र 'स्कूल' में पढ़ते हैं और 'स्कूल' को इस कूटभाषा में 'मैदान' कहा जाता है।

**6. (*d*) :** भौंकने वाला पशु 'कुत्ता' है और 'कुत्ता' को इस कूटभाषा में 'खरगोश' कहते हैं।

**7. (*b*) :** टैस्ट मैच 'स्टेडियम' में खेले जाते हैं और 'स्टेडियम' को इस कूटभाषा में 'महासागर' कहा जाता है।

**8. (*c*) :** गुलाब एक 'फूल' है और 'फूल' को इस कूटभाषा में 'घन' कहा जाता है।

**9. (*a*) :** फर्नीचर 'लकड़ी' से बनता है और 'लकड़ी' को इस कूटभाषा में गैस कहते हैं।

**10. (*d*) :** पृथ्वी एक 'ग्रह' है 'ग्रह' को इस कूटभाषा में हवाई जहाज कहते हैं।

# कथन विश्लेषण
# (STATEMENT ANALYSIS)

तर्कबुद्धि परीक्षण से संबंधित इस प्रकार के प्रश्नों में कुछ कथन दिए जाते हैं। इन कथनों में कतिपय तथ्यों को अलग-अलग रूपों में तोड़-मरोड़ कर प्रस्तुत किया जाता है। ऐसे प्रश्नों को हल करने के लिए अभ्यर्थियों से यह अपेक्षा की जाती है कि वे दिए गए कथनों का विश्लेषण करें, दिए गए तथ्यों को सुव्यवस्थित और वर्गीकृत करें तथा तत्पश्चात् दिए गए कथनों से संबंधित प्रश्नों के उत्तर दें।

## हल किए गए उदाहरण

**1.** आइसक्रीम बर्फ के समान ठंडा होता है। बर्फ ओले जितनी ठंडी नहीं होती। हिमकण बर्फ जितने ठंडे नहीं होते किंतु ये आइसक्रीम से अधिक ठंडे होते हैं। इनमें से सर्वाधिक ठंडा क्या है?

(*a*) ओला (*b*) आइसक्रीम (*c*) हिमकण (*d*) हिम

**उत्तर (*a*) :** ठंडक में वृद्धि को दर्शाने वाला क्रम है—आइसक्रीम, बर्फ, हिमकण, हिम, ओला।

**2.** नीचे दिए गए कथन को सावधानीपूर्वक पढ़ें और पूछे गए प्रश्नों (*i*) और (*ii*) के उत्तर दें :

पांच आदमी जिनमें से एक वजनी, दूसरा मोटा, तीसरा दुबला-पतला, चौथा नाटा और पांचवां लंबा है, एक दूसरे के पीछे दौड़ रहे हैं। वजनी और लंबे आदमियों में से एक तो कलाकार है और दूसरा बातुनी। दुबला-पतला आदमी जो बुद्धिमान भी है, बीच में दौड़ रहा है। नाटा आदमी काला नहीं है और गोरे रंग का आदमी दुबले-पतले आदमी से आगे दौड़ रहा है। वजनी आदमी जो कलाकार नहीं है, मोटे आदमी के सामने दौड़ रहा है।

(*i*) गोरा कौन है?

(*a*) लंबा आदमी (*b*) मोटा आदमी (*c*) नाटा आदमी (*d*) वजनी आदमी

**उत्तर : (*b*)**

(*ii*) लंबा आदमी क्या है?

(*a*) बुद्धिमान (*b*) बातुनी (*c*) कलाकार (*d*) काला

**उत्तर : (*c*)**

पांचों आदमियों के गुणों का चार्ट इस प्रकार है :

वजनी आदमी बातुनी है।
मोटा आदमी गोरा है।
दुबला-पतला आदमी बुद्धिमान है।
नाटा आदमी काला नहीं है।
लंबा आदमी कलाकार है।

## अभ्यास

**1.** A, B, C, D और E पांच मित्र हैं जिनमें से A का वजन B से अधिक है, C का वजन D से कम है, B का वजन D से कम है किंतु E से अधिक है। इनमें से किसका वजन सबसे अधिक है?

(*a*) B (*b*) C
(*c*) A (*d*) कहा नहीं जा सकता

**2.** झांसी की तुलना में पुणे एक बड़ा शहर है, तथा चित्तौड़ की तुलना में सीतापुर एक बड़ा शहर है। रायगढ़ झांसी जितना बड़ा शहर नहीं है किंतु यह सीतापुर की तुलना में बड़ा शहर है। चित्तौड़ सीतापुर जितना बड़ा शहर नहीं है। इनमें से सबसे छोटा शहर कौन है?

(*a*) झांसी (*b*) पुणे
(*c*) चित्तौड़ (*d*) सीतापुर

**3.** राम के मुकाबले अजय अधिक काम करता है। आलोक और राजू दोनों एक जितना काम करते हैं। पंकज आलोक के मुकाबले कम काम करता है। राम आलोक के मुकाबले अधिक काम करता है। इनमें से सबसे अधिक काम कौन करता है?

(*a*) अजय (*b*) राम
(*c*) आलोक (*d*) राजू

**4.** विपुल, हंस से लंबा है। हंस, आनंद से लंबा है। आलोक, अशोक से लंबा है। अशोक, हंस से लंबा है। इन पांचों मित्रों से कौन सबसे अधिक लंबा है?

(*a*) विपुल (*b*) आलोक
(*c*) अशोक (*d*) कहा नहीं जा सकता

**5.** प्रमोद, गोपाल से लंबा है। गोपाल, मधु से कम लंबा है। यह जानने के लिए कि इनमें सबसे अधिक लंबा कौन है, निम्नलिखित में से कौन-सी अतिरिक्त जानकारी आवश्यक है?

(*a*) मधु, गोपाल से लंबी है
(*b*) मधु, प्रमोद के भाई से कम लंबी है
(*c*) प्रमोद, मधु से लंबा है
(*d*) प्रमोद, मधु के भाई से लंबा है

**6.** A की आयु B से अधिक है जबकि C और D की आयु E से अधिक है तथा E की आयु A और B की आयुओं के बीच है। यदि C की आयु B की तुलना में अधिक हो तो बताएं कि निम्नलिखित में से कौन-सा कथन अनिवार्यतः सत्य है?

(*a*) E की आयु B से अधिक है
(*b*) A की आयु C से अधिक है
(*c*) C की आयु D से अधिक है
(*d*) D की आयु C से अधिक है

**7.** विक्रम की लंबाई राजन से अधिक किंतु ऐनी से कम है। जमाल, ऐनी से अधिक लंबा है। सीता, विक्रम से अधिक लंबी है। राजन, सीता से कम लंबा है। इस समूह में सबसे कम लंबाई किसकी है?

(*a*) सीता (*b*) राजन
(*c*) विक्रम (*d*) कहा नहीं जा सकता

**8.** सुरेश की आयु कमल से उतनी ही अधिक है जितनी कि उसकी आयु प्रबोध से कम है। नवीन और कमल की आयु एक जैसी है। निम्नलिखित में से कौन-सा कथन असत्य है?

(*a*) सुरेश की आयु नवीन से अधिक है
(*b*) कमल की आयु सुरेश से कम है
(*c*) प्रबोध सबसे अधिक आयु का नहीं है
(*d*) नवीन की आयु प्रबोध से कम है

**9.** प्रमोद आयु में जयेश और सुधीर से बड़ा है। विकास, अनिल से छोटा है। इनमें किसकी आयु सब से अधिक है, यह जानने के लिए निम्नलिखित में से कौन-सी अतिरिक्त जानकारी अपेक्षित है?

(*a*) सुधीर, जयेश से बड़ा है
(*b*) अनिल, जयेश से बड़ा है
(*c*) विकास, प्रमोद से बड़ा है
(*d*) विकास, प्रमोद से छोटा है

**10.** पांच लड़कों में बसंत, मनोहर से लंबा है किंतु वह राजू जितना लंबा नहीं है। जयंत, दत्ता से लंबा है किंतु मनोहर से उसकी लंबाई कम है। इनमें सबसे अधिक लंबा लड़का कौन है?

(*a*) राजू (*b*) मनोहर
(*c*) बसंत (*d*) कहा नहीं जा सकता

**11.** A और D एक ही कक्षा में पढ़ते हैं। K और L एक ही कक्षा में पढ़ते हैं। D किस कक्षा में पढ़ता है? इस प्रश्न का उत्तर ज्ञात करने के लिए निम्नलिखित A और B कथनों में से किसमें दी गई सूचना आवश्यक है?

A. D, L से एक कक्षा कम में पढ़ता है
B. A का बड़ा भाई K के साथ पढ़ता है

(*a*) उपर्युक्त A और B दोनों में दी गई सूचनाएं पर्याप्त नहीं हैं
(*b*) उपर्युक्त A और B दोनों में दी गई सूचनाएं अपेक्षित हैं

(*c*) केवल A में दी गई सूचना पर्याप्त है

(*d*) केवल B में दी गई सूचना आवश्यक है

**निर्देश ( प्र.सं. 12 और 13 ):** (A) गोपाल की लंबाई अशोक से कम किंतु केशव से अधिक है; (B) नवीन की लंबाई केशव से कम है; (C) जयेश की लंबाई नवीन से अधिक है; (D) अशोक की लंबाई जयेश से अधिक है।

**12.** इनमें सबसे अधिक लंबा कौन है ?

(*a*) गोपाल (*b*) अशोक

(*c*) जयेश (*d*) नवीन

**13.** उपर्युक्त प्रश्न का उत्तर देने के लिए निम्नलिखित में से कौन-सी सूचना आवश्यक नहीं है ?

(*a*) A (*b*) B

(*c*) C (*d*) D

**निर्देश ( प्र.सं. 14–16 ):** *नीचे दिए गए कथन को ध्यानपूर्वक पढ़ें और इसमें दी गई सूचना के आधार पर पूछे गए प्रश्नों के उत्तर दें:*

रवि, हरी, मनु और जतिन चार मित्र हैं। इनमें से एक कानपुर में रहता है और उसे लिखने-पढ़ने का शौक है। हरी और जतिन लखनऊ में रहते हैं। हरी को डाक टिकटें एकत्रित करने का शौक है। लखनऊ में रहने वाले दोनों मित्रों में से प्रत्येक को सिक्के एकत्रित करने का शौक है। रवि इलाहाबाद में रहता है। लखनऊ में रहने वाला एक लड़का संगीत सुनना भी पंसद करता है। इलाहाबाद में रहने वाले लड़के को यात्रा करने और कॉमिक्स पढ़ने का शौक है। यदि सभी लड़कों में से प्रत्येक को दो शौक हों तो निम्नलिखित प्रश्नों के उत्तर दें :

**14.** कानपुर में कौन रहता है ?

(*a*) जतिन (*b*) मनु

(*c*) रवि (*d*) हरी

**15.** सिक्के एकत्रित करने और संगीत सुनने का शौक निम्नलिखित में से किसे है ?

(*a*) मनु (*b*) रवि

(*c*) हरी (*d*) जतिन

**16.** निम्नलिखित में से कौन-सा शौक रवि को नहीं है ?

(*a*) कॉमिक्स पढ़ना (*b*) पढ़ना

(*c*) यात्रा करना (*d*) कहा नहीं जा सकता

## व्याख्यात्मक उत्तर

**1. (*d*) :** वजन के घटते क्रम में इन मित्रों को निम्नवत् श्रेणीबद्ध किया जा सकता है : A/D, B/C, E या A/D, B, C/E अत: इन मित्रों में से A या D का वजन सबसे अधिक है।

**2. (*c*) :** आकार के घटते क्रम में शहरों के नाम हैं: पुणे, झांसी, रायगढ़, सीतापुर, चित्तौड़।

**3. (*a*) :** इन व्यक्तियों के नामों का इनके द्वारा किए जाने वाले काम की मात्रा के घटते क्रम में निम्नलिखित अनुक्रम होगा :

अजय, राम, आलोक/राजू, पंकज।

**4. (*d*) :** लंबाई के घटते क्रम में इन व्यक्तियों के नाम हैं : विपुल/आलोक, अशोक, हंस, आनंद। अत: विपुल या आलोक में से कोई एक सबसे अधिक लंबा है।

**5. (*c*) :** दी गई सूचना के अनुसार प्रमोद और मधु दोनों ही गोपाल से अधिक लंबे हैं। विकल्प (*c*) में दी गई जानकारी से ही यह पता चलता है कि सबसे अधिक लंबा कौन है।

**6. (*a*) :** आयु के घटते क्रम में इन व्यक्तियों को निम्नवत् विन्यस्त किया जा सकता है :

A/C/D, E, B.

**7. (*b*) :** लंबाई के घटते क्रम में इन व्यक्तियों को निम्नवत् विन्यस्त किया जा सकता है:

जमाल/सीमा, ऐनी, विक्रम, राजन

या

जमाल, सीता/ऐनी, विक्रम, राजन

**8. (*c*) :** आयु के घटते क्रम में इन व्यक्तियों को निम्नवत् विन्यस्त किया जा सकता है :

प्रबोध, सुरेश, कमल/नवीन

**9. (*c*) :** आयु के घटते क्रम में इन व्यक्तियों को निम्नवत् विन्यस्त किया जा सकता है:

1. प्रमोद, जयेश/सुधीर और 2. अनिल, विकास

विकल्प (c) इन दोनों कथनों के बीच संबंध स्थापित करता है।

**10. (*a*) :** लंबाई के घटते क्रम में इन लड़कों को निम्नवत् विन्यस्त किया जा सकता है:

राजू, बसंत, मनोहर, जयंत, दत्ता

**11. (*a*) :** दोनों में से किसी भी कथन में उपयोगी सूचना नहीं दी गई है।

**12. (*b*) :** लंबाई के घटते क्रम में इन व्यक्तियों को निम्नवत् विन्यस्त किया जा सकता है:

अशोक, गोपाल/जयेश, केशव, नवीन

या

अशोक, गोपाल, केशव/जयेश, नवीन

**13. (*c*)** **14. (*b*)** **15. (*d*)** **16. (*b*)**

# स्थान व्यवस्थीकरण
# (PLACE ARRANGEMENT)

स्थान व्यवस्थीकरण का सामान्य अर्थ है दी गई सूचनाओं के आधार पर व्यक्तियों या वस्तुओं का स्थान-क्रम निर्धारित करना। इसके लिए आवश्यक है कि स्थान-क्रम को अच्छी तरह समझा जाए और तत्पश्चात् दिए गए प्रश्नों को उपलब्ध कराई गई सूचना के आधार पर हल करने का प्रयास किया जाए।

## हल किए गए उदाहरण

**1.** पांच लड़के एक सीढ़ी पर चढ़ रहे हैं। सीढ़ी पर डेविड लड़कों के बीच में है। कार्तिक सबसे पीछे है। अनमोल नीतिन से आगे है जो अनमोल और डैनी दोनों के पीछे है। सीढ़ी पर सबसे आगे कौन है?

(*a*) डैनी (*b*) अनमोल

(*c*) डैनी या अनमोल (*d*) कहा नहीं जा सकता

**उत्तर (*c*) :** लड़कों के सीढ़ी पर चढ़ने का निम्नलिखित क्रम है :

| | | |
|---|---|---|
| डैनी | | अनमोल |
| अनमोल | | डैनी |
| डेविड | या | डेविड |
| नीतिन | | नीतिन |
| कार्तिक | | कार्तिक |

अतः इस बात की पूर्ण संभावना है कि सीढ़ी पर सबसे आगे डैनी या अनमोल है।

**2.** पांच व्यक्ति किसी पंक्ति में एक दूसरे के पीछे चल रहे हैं। पंक्ति में सबसे आगे और सबसे पीछे चल रहे व्यक्तियों में एक व्यक्ति बुद्धिमान और दूसरा मूर्ख है। एक नाटे व्यक्ति के पीछे एक मजबूत कद काठी का व्यक्ति चल रहा है। मूर्ख व्यक्ति के सामने एक दुबला व्यक्ति चल रहा है। नाटा व्यक्ति बुद्धिमान व्यक्ति और मजबूत कद काठी के व्यक्ति के बीच में है। पंक्ति में बीचों-बीच कौन चल रहा है?

(*a*) नाटा व्यक्ति (*b*) मजबूत कद-काठी का व्यक्ति

(*c*) दुबला व्यक्ति (*d*) बुद्धिमान व्यक्ति

**उत्तर (*b*) :** पांचों व्यक्तियों का पंक्ति में स्थान-क्रम निम्नवत् है :

मूर्ख, दुबला व्यक्ति, मजबूत कद-काठी का व्यक्ति, नाटा व्यक्ति, बुद्धिमान व्यक्ति।

## अभ्यास

**निर्देश ( प्र.सं. 1–10 ):** *निम्नलिखित प्रश्नों में व्यवस्थीकरण के पैटर्न को समझें और तत्पश्चात् दिए गए विकल्पों में से सही उत्तर का चयन करें:*

**1.** पांच लड़के एक पंक्ति में बैठे हैं। रघु, श्याम या अमित की बगल में नहीं बैठा है। अजय, श्याम की बगल में नहीं बैठा है। रघु, मयंक की बगल में बैठा है। यदि मयंक पंक्ति में बीच में बैठा हो तो अजय निम्नलिखित में से किसकी बगल में बैठा है?

(*a*) अमित (*b*) रघु
(*c*) मयंक (*d*) श्याम

**2.** मिनी, रजनी के दाएं और अनंता के बाएं बैठी है। सत्या, मिनी के दाएं बैठी है किंतु वह जया के बाएं है। यदि सभी लड़कियां उत्तर दिशा की ओर मुंह किए बैठी हों तो इनमें से सबसे बाएं छोर पर कौन बैठी है?

(*a*) जया (*b*) मिनी
(*c*) रजनी (*d*) सत्या

**3.** किट्टू, मोहन और सोहन के बीच बैठा है। राजू, सोहन की बायीं ओर और श्याम, मोहन की दाहिनी ओर बैठा है। यदि ये सभी मित्र दक्षिण दिशा की ओर मुंह करके बैठे हों, तो सबसे दाहिने छोर पर कौन बैठा है?

(*a*) मोहन (*b*) सोहन
(*c*) किट्टू (*d*) श्याम

**4.** A, B, C, D और E एक दूसरे के पीछे दौड़ रहे हैं। C, E के निकट नहीं है और A, D के निकट नहीं है। B, A के पीछे है और E, D के निकट नहीं है। इनके बीच में कौन व्यक्ति है?

(*a*) B (*b*) E
(*c*) A (*d*) कहा नहीं जा सकता

**5.** O, P, Q, R, S और T एक बेंच पर अपनी लंबाई के घटते क्रम में खड़े हैं। P, O से अधिक लंबा है किंतु S से उसकी लंबाई कम है। केवल S ही T से अधिक लंबा है। R, P से कम लंबा है किंतु वह Q से अधिक लंबा है। इनमें किसकी लंबाई सबसे कम है?

(*a*) O (*b*) Q
(*c*) P (*d*) कहा नहीं जा सकता

**6.** छह मित्र एक गोल घेरे में बैठ कर ताश खेल रहे हैं। केनी, डैनी की बायीं ओर बैठा है। माइकल, बॉब और जॉन के बीच बैठा है। रॉजर, केनी और बॉब के बीच बैठा है। माइकल की दाहिनी ओर कौन बैठा है?

(*a*) डैनी (*b*) जॉन
(*c*) केनी (*d*) बॉब

**7.** चार लड़कियां A, B, C और D एक गोल घेरे में बैठी हैं। B और C का मुंह एक दूसरे की ओर है। निम्नलिखित कथनों में से कौन-सा निश्चित रूप से सत्य है?

(*a*) A, C की बायीं ओर बैठी है
(*b*) D, C की बायीं ओर बैठी है
(*c*) A और D एक दूसरे के आमने-सामने बैठी हैं
(*d*) A, B और C के बीच नहीं बैठी है

**8.** 10 पुस्तकों के एक ढेर में 3 पुस्तकें इतिहास की, 3 हिंदी की, 2 गणित की और 2 अंग्रेजी की पुस्तकें हैं। यदि ऊपर से देखा जाए तो इतिहास और गणित की एक-एक पुस्तकों के बीच अंग्रेजी की एक पुस्तक है, गणित और अंग्रेजी की एक-एक पुस्तकों के बीच इतिहास की एक पुस्तक है, अंग्रेजी और गणित की एक-एक पुस्तकों के बीच एक हिंदी की पुस्तक है, हिंदी की दो पुस्तकों के बीच गणित की एक पुस्तक है तथा गणित और इतिहास की एक-एक पुस्तकों के बीच हिंदी की दो पुस्तकें हैं। इस ढेर में किस विषय की पुस्तक ऊपर से छठे स्थान पर है?

(*a*) अंग्रेजी (*b*) हिंदी
(*c*) इतिहास (*d*) गणित

**9.** पांच व्यक्ति A, B, C, D और E एक पंक्ति में आपकी ओर मुंह करके इस प्रकार बैठे हैं कि D, C की बायीं ओर बैठा है और B, E की दाहिनी ओर बैठा है। A, C की दाहिनी ओर बैठा है और B, D की बायीं ओर बैठा है। यदि E कोने में बैठा हो तो बीच में कौन बैठा है?

(*a*) A (*b*) B
(*c*) C (*d*) D

**10.** छह मित्र A, B, C, D, E और F एक गोल घेरे में खड़े हैं। B, F और C के बीच में है, A, E और D के बीच में है, F, D की बायीं ओर है। A और F के बीच कौन है?

(*a*) C (*b*) B
(*c*) D (*d*) E

**निर्देश ( प्र.सं. 11–13 ):** *नीचे दिए गए कथन को ध्यानपूर्वक पढ़ें और पूछे गए प्रश्नों के उत्तर दें :*

A, B, C, D और E एक पंक्ति में खड़े हैं। पंक्ति के एक छोर पर D और दूसरे छोर पर C है। B, E की दाहिनी ओर खड़ा है। A, C की बायीं ओर खड़ा है तथा E, D और B के बीच खड़ा है।

**11.** पंक्ति के बीच में कौन खड़ा है?
(*a*) E (*b*) D
(*c*) B (*d*) A

**12.** A निम्नलिखित में से किसके बीच खड़ा है?
(*a*) B और D (*b*) E और B
(*c*) C और E (*d*) B और C

**13.** B की दाहिनी ओर कौन खड़ा है?
(*a*) C (*b*) E
(*c*) A (*d*) D

**निर्देश ( प्र.सं. 14 और 15 ):** *निम्नलिखित कथनों को सावधानी पूर्वक पढ़ें और पूछे गए प्रश्नों के उत्तर दें :*

एक शेल्फ में पांच कमीजें एक ढेर में एक के ऊपर एक रखी हुई हैं। इस ढेर में लाल कमीज नीली कमीज के ऊपर रखी गई है और हरे रंग की कमीज नारंगी रंग की कमीज के नीचे रखी गई है। नीली कमीज नारंगी रंग की कमीज के ऊपर तथा सफेद कमीज हरी कमीज के नीचे रखी गई है।

**14.** लाल और नारंगी रंग की कमीजों के बीच रखी कमीज किस रंग की है?
(*a*) सफेद रंग की (*b*) हरे रंग की
(*c*) नीले रंग की (*d*) आंकड़े अपर्याप्त हैं

**15.** सबसे नीचे किस रंग की कमीज है?
(*a*) लाल (*b*) सफेद
(*c*) नारंगी (*d*) कहा नहीं जा सकता

**निर्देश ( प्र.सं. 16–18 ):** *निम्नलिखित प्रश्नों को ध्यानपूर्वक पढ़ें और पूछे गए प्रश्नों के उत्तर दें :*

(*i*) A, B, C, D और E एक पांच मंजिली इमारत में रहते हैं।
(*ii*) B और E भूतल पर नहीं रहते।
(*iii*) D, A से एक मंजिल ऊपर और C से एक मंजिल नीचे के तल पर रहता है
(*iv*) E सबसे ऊपर वाली मंजिल पर नहीं रहता।

**16.** D किस मंजिल पर रहता है?
(*a*) दूसरी (*b*) चौथी
(*c*) पांचवीं (*d*) पहली

**17.** इनमें से कितने व्यक्ति C से ऊपर वाली मंजिल पर रहते हैं?
(*a*) 3 (*b*) 2
(*c*) 4 (*d*) 1

**18.** उपर्युक्त दोनों प्रश्नों का उत्तर ज्ञात करने के लिए दिए गए चार कथनों में से किसे छोड़ा जा सकता है?
(*a*) केवल (*iv*) (*b*) केवल (*ii*) और (*iii*)
(*c*) कोई नहीं (*d*) केवल (*i*)

**निर्देश ( प्र.सं. 19 और 20 ):** *निम्नलिखित सूचना को ध्यान से पढ़ें और नीचे पूछे गए प्रश्नों के उत्तर दें :*

(*i*) एक मेज पर एक के ऊपर एक मनोविज्ञान, हिंदी, अंग्रेजी, समाज विज्ञान, अर्थशास्त्र, शिक्षाशास्त्र और लेखाशास्त्र विषयों की सात पुस्तकें रखी हैं।
(*ii*) इनमें समाज विज्ञान की पुस्तक सभी पुस्तकों के ऊपर है।
(*iii*) लेखाशास्त्र की पुस्तक शिक्षाशास्त्र की पुस्तक के ठीक नीचे है जो समाज विज्ञान की पुस्तक के ठीक नीचे रखी गई है।
(*iv*) अर्थशास्त्र की पुस्तक मनोविज्ञान की पुस्तक के ठीक ऊपर किंतु सभी पुस्तकों के बीच में नहीं रखी गई है।
(*v*) हिंदी की पुस्तक मनोविज्ञान की पुस्तक के ठीक नीचे रखी गई है।

**19.** लेखाशास्त्र और हिंदी की पुस्तकों के बीच किन विषयों की तीन पुस्तकें रखी गई हैं?
(*a*) अर्थशास्त्र, मनोविज्ञान और हिंदी
(*b*) अर्थशास्त्र, मनोविज्ञान और शिक्षाशास्त्र
(*c*) अंग्रेजी, अर्थशास्त्र और मनोविज्ञान
(*d*) कहा नहीं जा सकता

**20.** अर्थशास्त्र की पुस्तक निम्नलिखित में से किन पुस्तकों के बीच रखी गई है?
(*a*) लेखाशास्त्र और शिक्षाशास्त्र
(*b*) मनोविज्ञान और हिंदी
(*c*) अंग्रेजी और मनोविज्ञान
(*d*) कहा नहीं जा सकता

## व्याख्यात्मक उत्तर

**1. (*b*) :** पांचों लड़कों के पंक्ति में बैठने का निम्नलिखित क्रम है:
अमित, श्याम, मयंक, अजय, रघु
या
अजय, रघु, मयंक, अमित, श्याम

**2. (*c*) :** इन सभी लड़कियों के बैठने का निम्नलिखित क्रम है:
रजनी, मिनी, अनंता, सत्या, जया
या
सत्या, जया, अनंता
या
सत्या, अनंता, जया

**3. (*d*) :** दक्षिण दिशा की ओर मुंह करके बैठने पर इन मित्रों के बैठने का निम्नलिखित क्रम होगा:
श्याम, मोहन, किट्टू, सोहन, राजू

**4. (*a*) :** दौड़ते समय ये व्यक्ति निम्नलिखित क्रम में एक दूसरे के पीछे होंगे:

| | | |
|---|---|---|
| E | | E |
| A | | A |
| B | या | B |
| C | | D |
| D | | C |

**5. (*d*) :** लंबाई के घटते क्रम में ये व्यक्ति बेंच पर निम्नलिखित विन्यास में खड़े होंगे:

| | | |
|---|---|---|
| S | | S |
| T | | T |
| P | या | P |
| R | | R |
| O | | Q |
| Q | | O |

इनमें या तो O या फिर Q सबसे छोटा है। दी गई सूचना उत्तर ज्ञात करने के लिए पर्याप्त नहीं है।

**6. (*d*) :** इन छह मित्रों के बैठने का निम्नलिखित क्रम है:

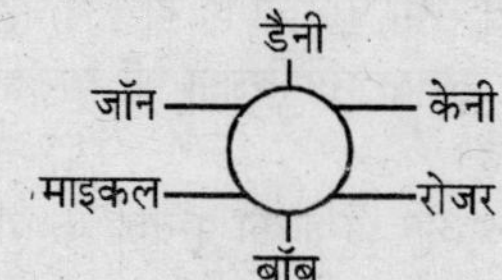


**7. (*c*) :** इन लड़कियों के बैठने का निम्नलिखित क्रम होगा:

A
B C या B C
D

D
A

**8. (*b*) :** पुस्तकें निम्नलिखित विषय-क्रम में एक दूसरे के ऊपर रखी गई हैं:

पहला — इतिहास
अंग्रेजी
गणित
इतिहास
अंग्रेजी
छठा — हिंदी
गणित
हिंदी
हिंदी
दसवां — इतिहास

**9. (*d*) :** हमारी ओर मुंह किए बैठे इन व्यक्तियों का निम्नलिखित क्रम होगा:
A, C, D, B, E

**10. (*c*) :** ये मित्र निम्नलिखित क्रम में एक दूसरे की बगल में खड़े हैं

D F
A B
E C

**11. (*c*) :** प्रश्न संख्या 16 से 18 के संदर्भ में बताए गए पांच व्यक्ति पंक्ति में निम्नलिखित क्रम में खड़े हैं:
D, E, B, A, C.

**12. (*d*)** **13. (*c*)**

**14. (*c*) :** प्रश्न संख्या 14 और 15 के संदर्भ में शेल्फ में कमीजों को निम्नलिखित क्रम में रखा गया है:

लाल कमीज
नीली कमीज
नारंगी रंग की कमीज
हरे रंग की कमीज
सफेद कमीज

**15. (*b*)**

प्रश्न संख्या 16 से 18 के संदर्भ में दी गई सूचना के अनुसार पांच मंजिली इमारत में A, B, C, D और E निम्नलिखित क्रम में रहते हैं:

B
E
C
D
A – भूतल

**16. (*d*)** **17. (*b*)** **18. (*c*)**

**19. (*c*) :** पुस्तकें निम्नलिखित क्रम में एक दूसरे के ऊपर रखी गई हैं:

समाज विज्ञान
शिक्षाशास्त्र
लेखाशास्त्र
अंग्रेजी
अर्थशास्त्र
मनोविज्ञान
हिंदी

**20. (*c*)**

प्रश्न संख्या 21 से 25 के संदर्भ में दिए गए कथनों के अनुसार आवंटित किए गए फ्लैटों की अवस्थिति निम्नवत् है:

| | | | | |
|---|---|---|---|---|
| Q | T | S | ↑N | इनका मुख्य दरवाजा उत्तर दिशा में खुलता है |
| U | R | P | ↓S | इनका मुख्य दरवाजा दक्षिण दिशा में खुलता है |

# दिशा ज्ञान परीक्षण
# (DIRECTION SENSE)

इस प्रकार के प्रश्न अभ्यर्थियों की सही दिशा-निर्देशों को समझने की योग्यता की जांच करने हेतु पूछे जाते हैं। ऐसे प्रश्न दिशा-चार्ट पर आधारित होते हैं:

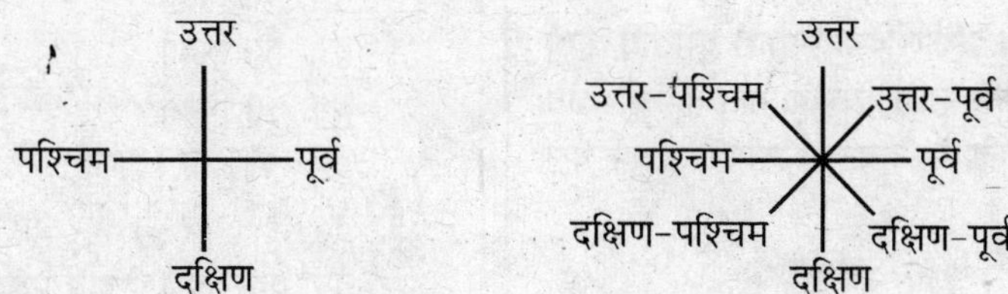


विभिन्न दिशाओं का बोध बाएं या दाएं मोड़ या कोणीय मोड़ों द्वारा निर्देशित होता है।

## हल किए गए उदाहरण

**1.** एक व्यक्ति उत्तर दिशा में चल रहा है। वह दो बार दाहिने मुड़ता है और फिर चलने लगता है अब वह किस दिशा में चल रहा है?

(*a*) उत्तर (*b*) दक्षिण (*c*) पूर्व (*d*) पश्चिम

**उत्तर (*b*) :**

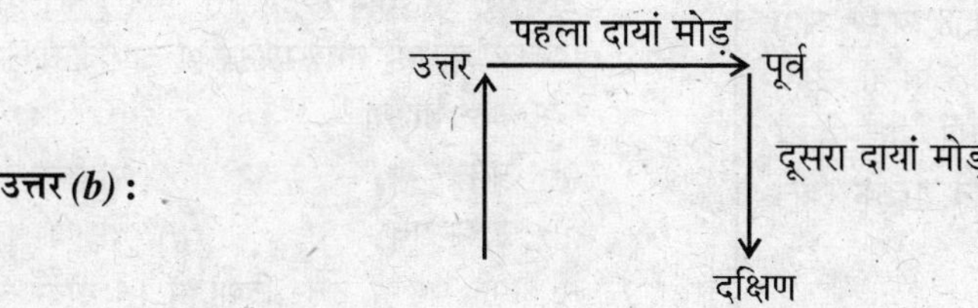


दिशा चार्ट का अनुसरण करने पर यह स्पष्ट होता है कि वह व्यक्ति अब दक्षिण दिशा में चल रहा है।

**2.** एक व्यक्ति पूर्व दिशा में चल रहा है। वह पहले 45° बाएं और तब 90° दाएं मुड़ता है। अब वह किस दिशा में चल रहा है?

(*a*) उत्तर (*b*) उत्तर-पश्चिम (*c*) दक्षिण-पूर्व (*d*) पश्चिम

**उत्तर (*c*) :** 45° मोड़ का अर्थ है, सीधी दिशा न होकर दो दिशाओं के बीच में जाना। 90° मोड़ में भी दो दिशाएं शामिल हैं और व्यक्ति उत्तर-पूर्व में न जाकर दक्षिण-पूर्व दिशा में जाने लगता है।

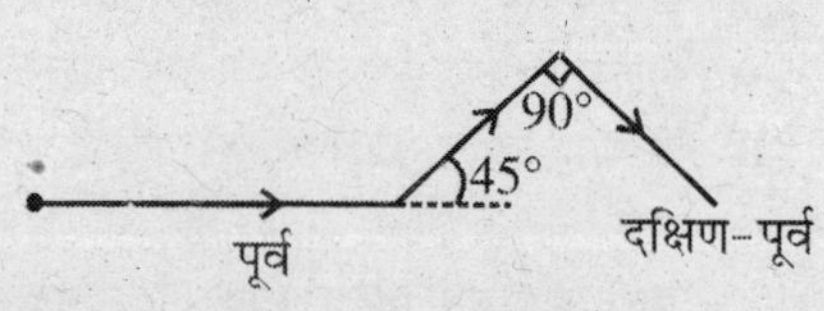


एक दिशा को छोड़कर दूसरी दिशा में जाने पर व्यक्ति किस दिशा में गति कर रहा है, इसे जानने के लिए सही दिशा-निर्देशों को समझने की आवश्यकता है। साथ ही अभ्यर्थियों को कागज पर दिशा की जानकारी होना भी आवश्यक है। दिशा चार्ट की सहायता से दूरियों को भी सरलतापूर्वक मापा जा सकता है।

## अभ्यास

**निर्देश ( प्र.सं. 1–12 ):** *नीचे के प्रत्येक प्रश्न में सही दिशा/दूरी दर्शाने के लिए दिए गए विकल्पों से सही उत्तर का चयन करें।*

**1.** किट्टू पहले पूर्व दिशा में चलता है और तब दक्षिण दिशा में चलता है। दक्षिण दिशा में कुछ दूरी तय करने के बाद वह पश्चिम दिशा में मुड़ जाता है और तब अपने बाएं मुड़ जाता है। अब वह किस दिशा में चल रहा है?

(*a*) उत्तर (*b*) दक्षिण
(*c*) पूर्व (*d*) पश्चिम

**2.** एक व्यक्ति पश्चिम दिशा में अपनी गाड़ी चला रहा है। वह दक्षिण दिशा में चले इसके लिए उसे निम्नलिखित में से कौन से मोड़ मुड़ने चाहिए?

(*a*) बायीं ओर, दायीं ओर, दायीं ओर
(*b*) दायीं ओर, दायीं ओर, बायीं ओर
(*c*) बायीं ओर, बायीं ओर, बायीं ओर
(*d*) दायीं ओर, दायीं ओर, दायीं ओर

**3.** ऋचा अपनी गाड़ी से दक्षिण दिशा में 8 किमी आगे चलकर बायीं ओर मुड़ जाती है और 5 किमी. आगे चलती है। वहां वह एक बार फिर से बायीं ओर मुड़कर 8 किमी. आगे चलती है। अब वह अपने शुरु के स्थान से कितनी दूरी पर है?

(*a*) 3 किमी.
(*b*) 5 किमी.
(*c*) 8 किमी.
(*d*) 13 किमी.

**4.** डिंगी अपनी गाड़ी से उत्तर की ओर 40 किमी. की दूरी तय करती है, वहां वह दायीं ओर मुड़कर 50 किमी आगे जाती है जहां वह एक बार फिर से दायीं ओर मुड़कर 30 किमी. आगे जाती है, और तब फिर से दायीं ओर मुड़कर 50 किमी. और आगे जाती है। यहां वह अपने आरंभिक बिंदु से कितनी दूरी पर है?

(*a*) 90 किमी.
(*b*) 50 किमी.
(*c*) 10 किमी.
(*d*) 5 किमी.

**5.** देबू पहले पूर्व की ओर और तब उत्तर की ओर चलता है तथा वहां वह 45° दायें मुड़कर कुछ देर आगे चलता है और अंततः बायीं ओर मुड़ जाता है। अब वह किस दिशा में चल रहा है?

(*a*) उत्तर
(*b*) पूर्व
(*c*) दक्षिण-पूर्व
(*d*) उत्तर-पश्चिम

**6.** यदि उत्तर का उत्तर-पश्चिम, उत्तर-पश्चिम का पश्चिम, पश्चिम का दक्षिण-पश्चिम और इसी प्रकार अन्य दिशाओं का भी नामकरण किया जाए तो दक्षिण पूर्व को क्या कहा जाएगा?

(*a*) पूर्व (*b*) पश्चिम
(*c*) उत्तर-पूर्व (*d*) दक्षिण-पूर्व

**7.** मैं अपने घर से उत्तर दिशा में 15 मीटर चला, तब पश्चिम दिशा में मुड़कर 10 मीटर और आगे चला, यहां दक्षिण दिशा में मुड़कर मैंने 5 मीटर की एक अन्य दूरी तय की और तब पूर्व की ओर मुड़कर 10 मीटर की दूरी तय की। बताइए कि मैं अपने आरंभिक स्थान से किस दिशा में हूँ?

(*a*) पूर्व (*b*) पश्चिम
(*c*) उत्तर (*d*) दक्षिण

**8.** मैं अपने घर से उत्तर दिशा में चला और तब बायीं ओर मुड़ गया। अब कुछ देर तक आगे चलने के बाद मैं फिर से बायीं ओर मुड़ा और तब दायीं ओर मुड़ गया। बाद में आगे चलते हुए मैं बायीं ओर और एक बार फिर से बायीं ओर मुड़ा। बताइए कि अब मैं किस दिशा में चल रहा हूँ?

(*a*) उत्तर (*b*) दक्षिण
(*c*) पूर्व (*d*) पश्चिम

**9.** राज पश्चिम दिशा में चल रहा है। वह आगे चलते हुए अपने दाएं, फिर दाएं और तब बाएं, हर बार 135° के कोण पर मुड़ा। बताइए कि अब वह किस दिशा में चल रहा है?

(*a*) उत्तर-पूर्व (*b*) दक्षिण-पूर्व
(*c*) पूर्व (*d*) पश्चिम

**10.** जतिन अपने घर से उत्तर दिशा में 12 किमी. चलता है। तब वह अपनी दायीं ओर मुड़कर 12 किमी. की एक अन्य दूरी तय करता है। वह एक बार फिर से दायीं ओर मुड़ता है और 12 किमी. की एक अन्य दूरी तय करके बायीं ओर मुड़ता है ओर तब 5 किमी. आगे चलता है। बताइए कि इस समय वह अपने घर से कितनी दूरी पर है और किस दिशा में है?

(*a*) 7 किमी., पूर्व दिशा
(*b*) 10 किमी., पूर्व दिशा
(*c*) 17 किमी., पूर्व दिशा
(*d*) 24 किमी., पूर्व दिशा

**11.** एक महिला उत्तर दिशा में 12 किमी. चलती है, तब वह दक्षिण दिशा में 6 किमी. चलती है और तत्पश्चात् पूर्व दिशा में 8 किमी चलती है। इस समय वह अपने आरंभिक बिंदु से कितनी दूरी पर है और किस दिशा में चल रही है?

(*a*) 5 किमी., उत्तर-पूर्व (*b*) 5 किमी., पूर्व
(*c*) 10 किमी., उत्तर-पूर्व (*d*) 10 किमी., पश्चिम

**12.** दिव्या पूर्व दिशा में 10 किमी. की यात्रा करती है, और तब दक्षिण-पश्चिम दिशा में 10 किमी. की यात्रा करती है। वह एक बार फिर से मुड़कर उत्तर-पश्चिम दिशा में 10 किमी. चलती है। बताइए कि अब वह अपने आरंभिक बिंदु से किस दिशा में चल रही है?

(*a*) दक्षिण (*b*) उत्तर
(*c*) पश्चिम (*d*) पूर्व

## व्याख्यात्मक उत्तर

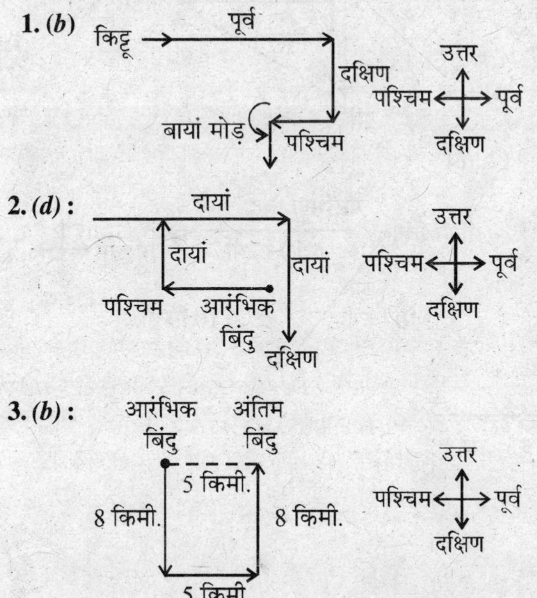


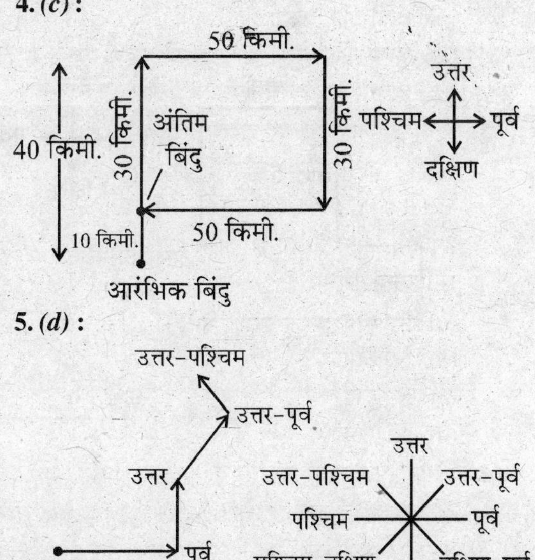

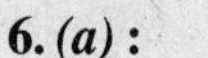

**6. (a) :** **मूल दिशाएं**

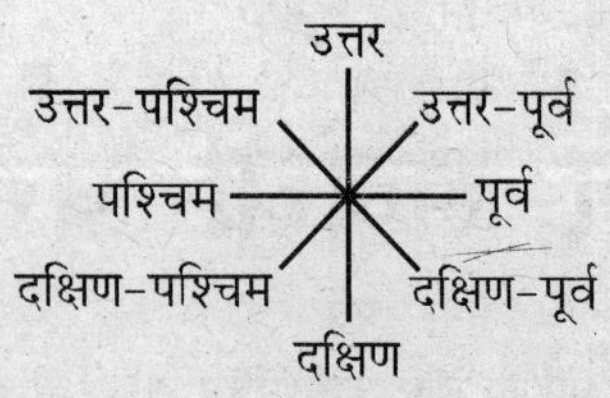


**बदली हुई दिशाएं**

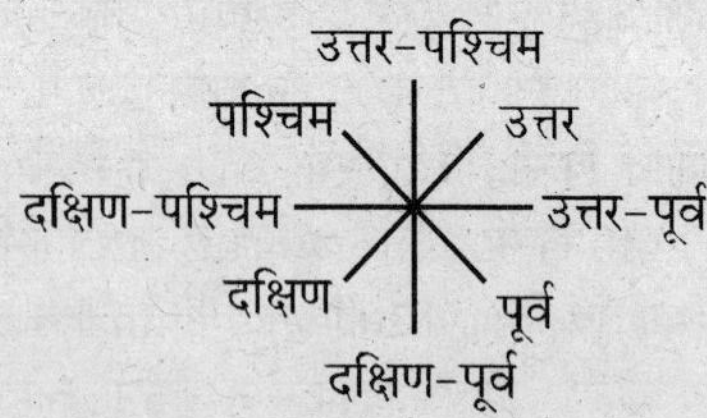


**7. (c) :**

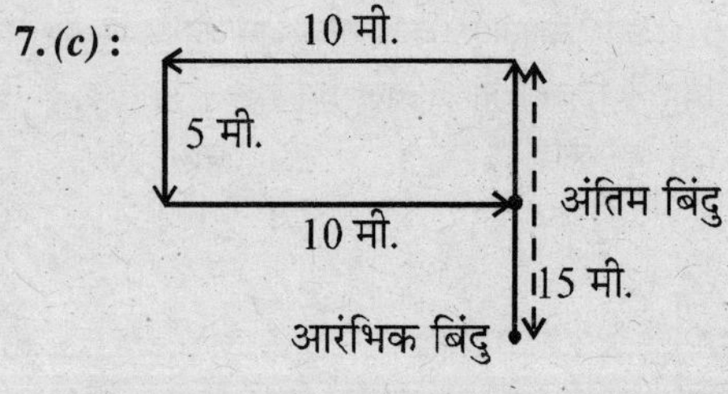


अंतिम बिंदु आरंभिक बिंदु से 10 मीटर उत्तर की ओर है।

**8. (c) :**

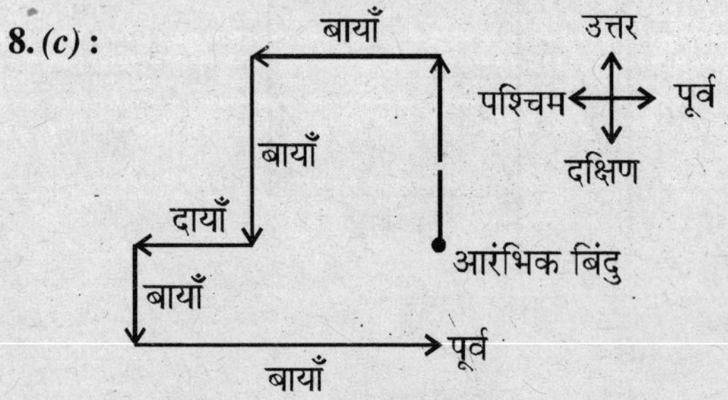


**9. (a) :**

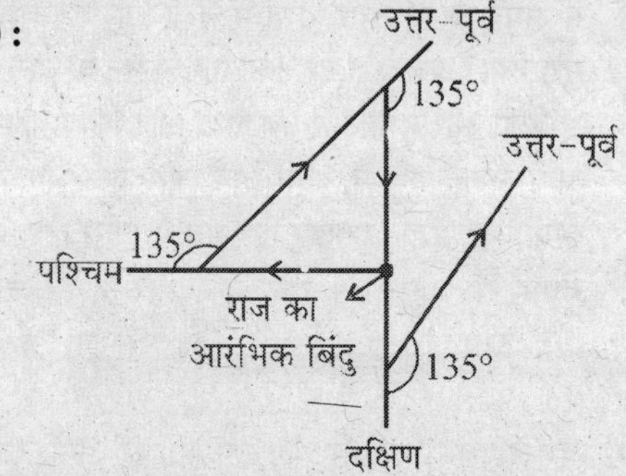


**10. (c) :** (12 किमी. + 5 किमी. = 17 किमी.)

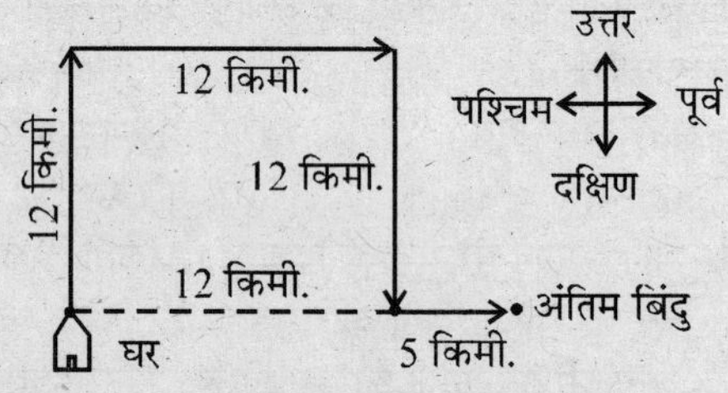


**11. (c) :**

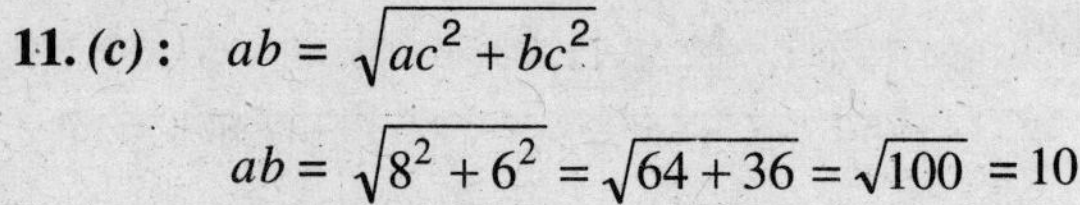

$ab = \sqrt{ac^2 + bc^2}$

$ab = \sqrt{8^2 + 6^2} = \sqrt{64 + 36} = \sqrt{100} = 10$

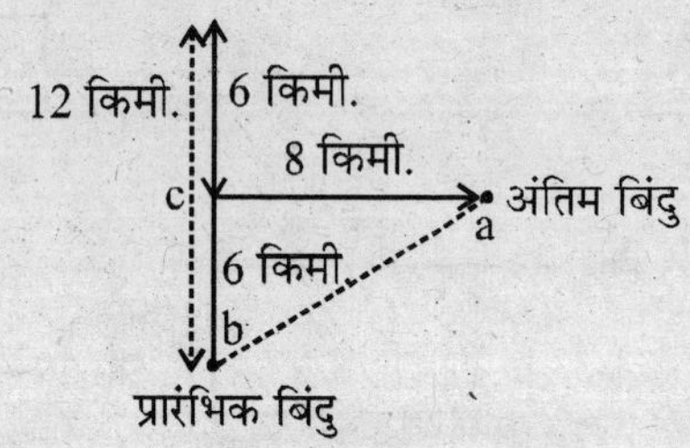


**12. (c) :**

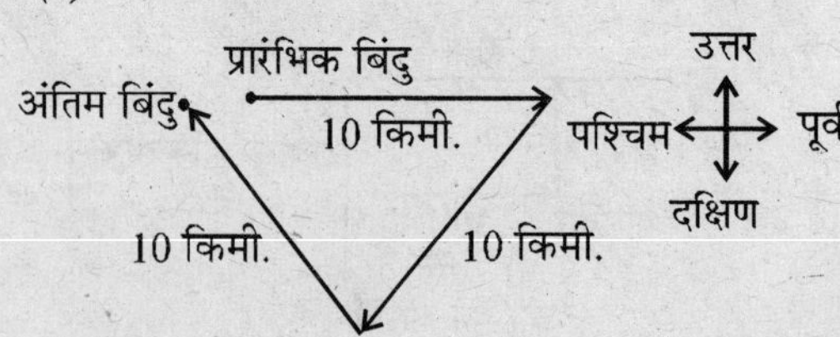

# रक्त संबंधी परीक्षण (BLOOD RELATIONSHIPS)

रक्त संबंधों पर आधारित प्रश्नों को हल करने के लिए यह आवश्यक है कि परीक्षार्थी रिश्तों की जटिलता को तत्काल समझ सकें और किन्हीं दो व्यक्तियों के बीच किस प्रकार के संबंध हो सकते हैं, इस बारे में उन्हें स्पष्ट जानकारी हो। इस प्रकार के प्रश्नों को पूछने का अभिप्राय मुख्यत: यह सुनिश्चित करना है कि परीक्षार्थी कतिपय जटिल भाषा में व्यक्त रिश्तों को कितनी तत्परता से समझ सकते हैं और उत्तर के रूप में सही विकल्प का चयन कर सकते हैं।

इन प्रश्नों को हल करने में सहायक कुछ संबंधों के पैटर्न नीचे दर्शाए गए हैं :

पिता का पिता — दादा
मां का पिता — नाना
पिता की मां — दादी
मां की मां — नानी
पिता या मां का पुत्र — भाई
पिता या मां की पुत्री — बहन
पिता का भाई — चाचा
पिता की बहन — बुआ
मां का भाई — मामा
मां की बहन — मौसी
चाचा या चाची का पुत्र या पुत्री — चचेरा भाई, चचेरी बहन
पुत्र की पत्नी — पुत्रवधु
पुत्री का पति — दामाद
पति का भाई — देवर
पत्नी का भाई — साला
पति की बहन — ननद
पत्नी की बहन — साली
भाई की पत्नी — भाभी
बहन का पति — बहनोई
भाई का पुत्र — भतीजा
भाई की पुत्री — भतीजी

## हल किए गए उदाहरण

**1.** एक फोटो की ओर संकेत करते हुए एक महिला ने कहा ''इस व्यक्ति के पुत्र की बहन मेरी सास है''। उस महिला के पति का उस व्यक्ति से क्या संबंध है जिसका वह फोटो है ?

(*a*) पुत्र (*b*) नाती (*c*) भतीजा (*d*) दामाद

**उत्तर (*b*) :** दिए गए प्रश्न के अनुसार संबंध चार्ट निम्नवत् दर्शाया जा सकता है :

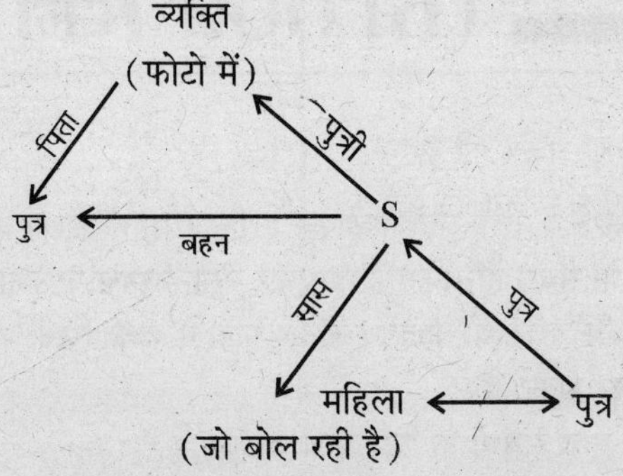


उस व्यक्ति के पुत्र की बहन (मान लें S) उस व्यक्ति की पुत्री है। यदि यह महिला 'S' उस महिला (जो बोल रही है) की सास है तो उसका विवाह 'S' के पुत्र से हुआ है। उस महिला के पति की मां S है और S फोटो वाले व्यक्ति की पुत्री है। अत: उस बोल रही महिला का पति फोटो वाले व्यक्ति का नाती है।

**2.** 'X', 'Y' की पत्नी है और 'Y', 'Z' का भाई है। 'Z', 'P' का पुत्र है। 'P' का 'X' से क्या संबंध है ?

(*a*) बहन (*b*) चाची (*c*) भाई (*d*) श्वसुर

**उत्तर (*d*) :** दिए गए प्रश्न के अनुसार संबंध चार्ट निम्नवत् दर्शाया जा सकता है :

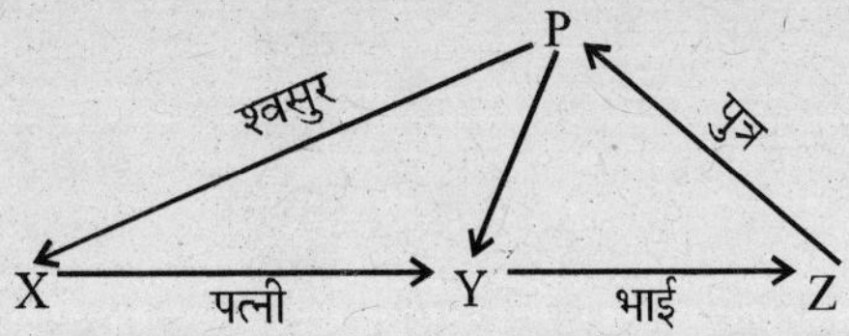


'Y', 'Z' का भाई है जो 'P' का पुत्र है। अत: 'Z' भी 'P' का पुत्र है। चूंकि 'P', 'Y' का पिता है और 'X', 'Y' की पत्नी है अत: 'P', 'X' का श्वसुर है।

## अभ्यास

**निर्देश (प्र.सं. 1–10):** *नीचे के प्रत्येक प्रश्न में व्यक्तियों के बीच उल्लिखित संबंधों को सावधानीपूर्वक समझें और तब दिए गए विकल्पों में से सही उत्तर का चयन करें :*

**1.** A, B और C का पिता है। B, A का पुत्र है किंतु C, A का पुत्र नहीं है। C का A से क्या संबंध है ?

(*a*) पुत्री (*b*) पुत्र

(*c*) भतीजी (*d*) भतीजा

**2.** एक महिला ने कहा, ''वहां खड़ी लड़की मेरे दादा जी के एकमात्र पुत्र की पुत्री है''। उस महिला का उस लड़की से क्या संबंध है ?

(*a*) बहन (*b*) मां

(*c*) चाची (*d*) भतीजा

**3.** रवि अमित के पुत्र के पुत्र का भाई है। अमित, रवि का क्या है ?

(*a*) चचेरा भाई (*b*) पिता

(*c*) दादा (*d*) पुत्र

**4.** मयंक ने कहा, ''मेरी मां रजत के भाई की बहन है''। रजत का मयंक से क्या संबंध है?

(*a*) चचेरा भाई (*b*) मामा
(*c*) चाचा (*d*) साला

**5.** लिली से परिचय कराते हुए राघव ने कहा, ''इसके पिता मेरी मां के एकमात्र पुत्र हैं''। लिली का राघव से क्या संबंध है?

(*a*) चाची (*b*) पुत्री
(*c*) मां (*d*) बहन

**6.** अजय, विजय का भाई है। शुभा, अजय की बहन है। संजय, राहुल का भाई है और मेहुल विजय की पुत्री है। संजय का चाचा कौन है?

(*a*) राहुल
(*b*) अजय
(*c*) मेहुल
(*d*) दी गई सूचना अपर्याप्त है

**7.** आदित्य, रवि का भाई है। भरत, जयंत के पिता हैं। ईला, रवि की मां है। आदित्य और जयंत आपस में भाई हैं। ईला का भरत से क्या संबंध है?

(*a*) बहन (*b*) मां
(*c*) पुत्री (*d*) पत्नी

**8.** एक व्यक्ति ने अपने साथ आ रहे लड़के का परिचय देते हुए कहा, ''यह मेरी पत्नी की पुत्री के पिता का पुत्र है।'' वह लड़का उस व्यक्ति का क्या है?

(*a*) दामाद (*b*) पुत्र
(*c*) भाई (*d*) पिता

**9.** A और B दो भाई हैं। C, B की बहन है। D, E की बहन है। E, A का पुत्र है। D का चाचा कौन है?

(*a*) D (*b*) E
(*c*) B (*d*) C

**10.** वरुण ने अरुण की ओर संकेत करते हुए कहा, ''वह मेरी बहन के एकमात्र भाई का पुत्र है।'' अरुण का वरूण से क्या संबंध है?

(*a*) पुत्र
(*b*) भाई
(*c*) भतीजा
(*d*) दी गई सूचना अपर्याप्त है

## व्याख्यात्मक उत्तर

**1. (*a*) :**

पिता
A
B
पुत्र
C
पुत्री

C, A का पुत्र नहीं है किंतु A, C का पिता है। अत: C, A की पुत्री है।

**2. (*a*) :**

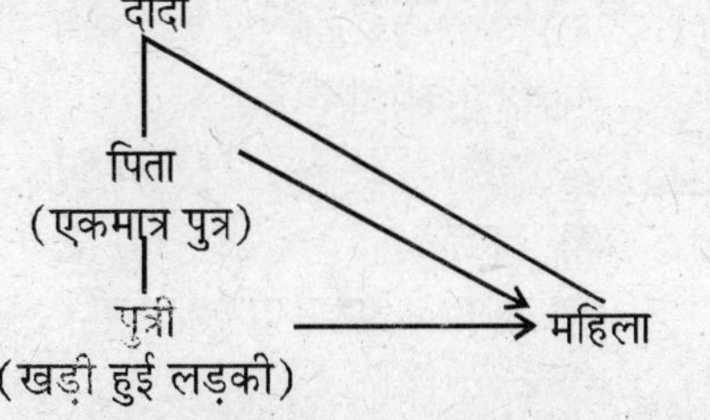


उस महिला के दादा का पुत्र उसके पिता हैं तथा पिता की पुत्री निश्चित ही उस महिला की बहन होगी।

**3. (*c*) :**

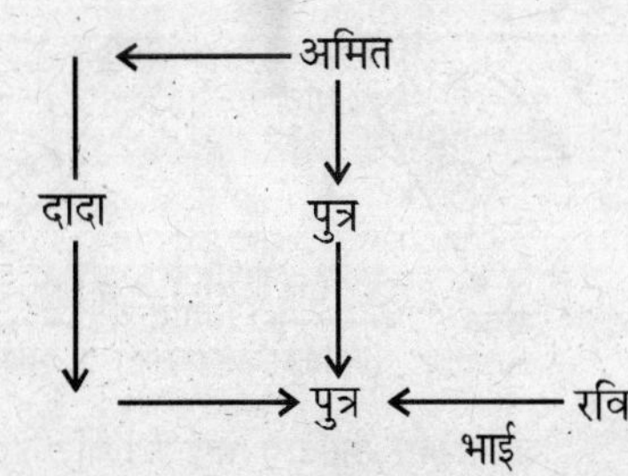


अमित के पुत्र का पुत्र अमित का पोता होगा। रवि अमित के पुत्र के पुत्र का भाई है, अत: अमित रवि के भी दादाजी हैं।

**4. (*b*) :**

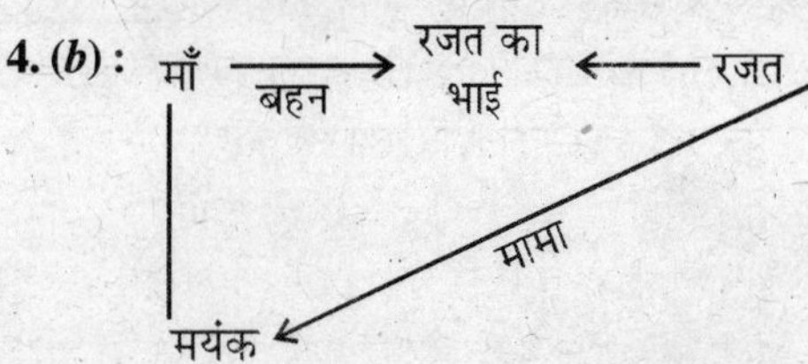

मयंक की मां रजत के भाई की बहन है। अत: रजत भी मयंक की मां का भाई है। इस प्रकार रजत, मयंक का मामा हुआ।

**5. (*b*) :** संबंध चार्ट निम्नवत् है : माँ

↑ पुत्र

राघव

↓ पिता

लिली (पुत्री)

राघव जब कहता है, ''मेरी मां का एकमात्र पुत्र'' तो वह स्वयं अपने बारे में ही कह रहा होता है। इसके पिता का आशय है, 'लिली के पिता' अर्थात् स्वयं राघव। अत: लिली, राघव की पुत्री है।

**6. (*d*) :** 1. शुभा ⟶ अजय ⟶ विजय ↓ मेहुल (पुत्री)

2. संजय ⟶ राहुल (भाई)

यहां दो संबंध-समुच्चयों का उल्लेख किया गया है। दी गई सूचना अपर्याप्त है और इन दो भिन्न संबंध-समुच्चयों के बीच कोई संबंध स्थापित नहीं किया जा सकता।

**7. (*d*) :** प्रश्न पर आधारित संबंध चार्ट है :

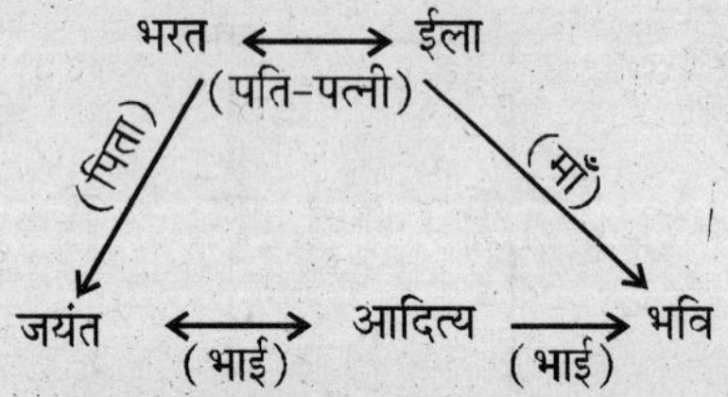


जयंत और आदित्य भाई हैं। यदि आदित्य, रवि का भाई है तो जयंत भी रवि का भाई है। यदि भरत, जयंत का पिता है तो वह आदित्य और रवि का भी पिता है। यदि ईला, रवि की मां है तो वह आदित्य और जयंत की भी मां है। इसका अर्थ है कि भरत और ईला पति-पत्नी हैं और तीनों बच्चों के माता-पिता हैं।

**8. (*b*) :** प्रश्न पर आधारित संबंध-चार्ट है :

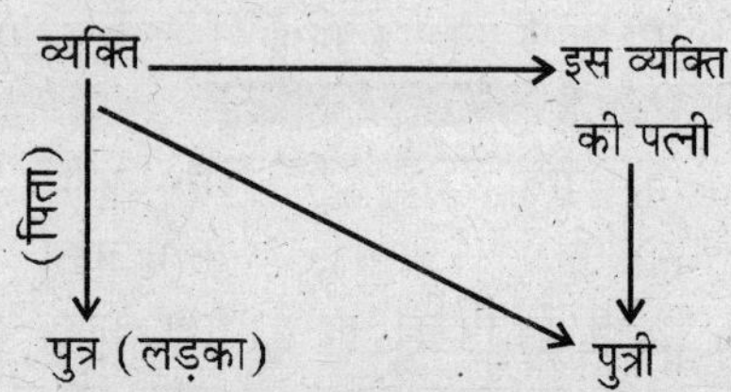


'उस व्यक्ति की पत्नी की पुत्री के पिता' का आशय है कि वह व्यक्ति स्वयं अपने बारे में बात कर रहा है, अत: वह लड़का उस व्यक्ति का पुत्र है।

**9. (*c*) :** प्रश्न पर आधारित संबंध-चार्ट है :

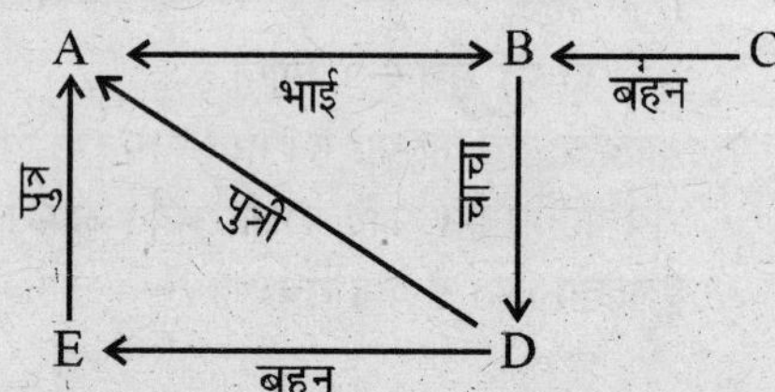


D, E की बहन है और E, A का पुत्र है। अत: D, A की पुत्री है। चूंकि A का भाई B है, अत: B, D का चाचा है।

**10. (*a*) :**

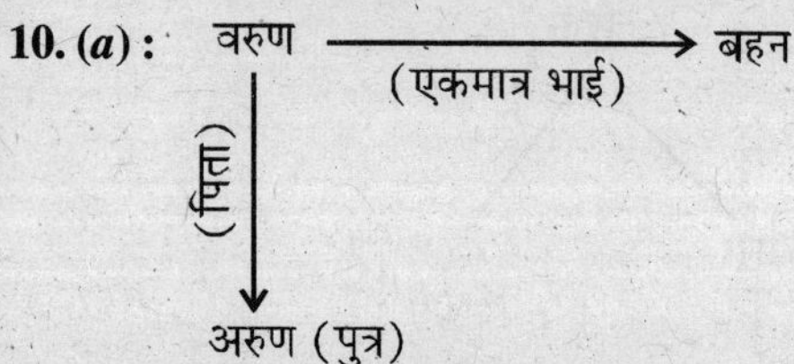


वरुण की बहन का एकमात्र भाई स्वयं वरुण है और उसका पुत्र अरुण है।

# क्रम व्यवस्था और काल परीक्षण
# (ROWS AND RANKS)

इस प्रकार के प्रश्न किसी पंक्ति या लाइन में व्यवस्थित वस्तुओं की संख्या या कुछ छात्रों की एक कक्षा में किसी छात्र के क्रम-स्थान (कोटि) या कक्षा में छात्रों की कुल संख्या ज्ञात करने के लिए कतिपय सरल गणितीय परिकलनों पर आधारित होते हैं।

## हल किए गए उदाहरण

**1.** पेड़ों की किसी पंक्ति में कोई एक पेड़ किसी एक सिरे से आठवें और दूसरे सिरे से तीसरे स्थान पर है। बताइए कि इस पंक्ति में कुल कितने पेड़ हैं?

(*a*) 11 (*b*) 9 (*c*) 10 (*d*) 12

**उत्तर (*c*) :** इस पंक्ति में पेड़ों की संख्या

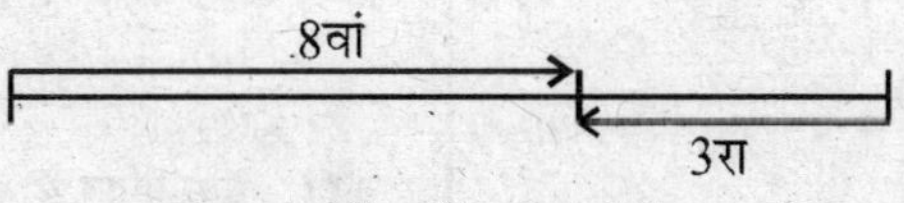


$(8 + 3) - 1 = 10$

**2.** यदि किसी कक्षा में योग्यता-क्रम में जानकी, पल्लवी से 12 स्थान आगे है और पल्लवी का कक्षा में 15वां स्थान है तथा जानकी का कक्षा में योग्यता-क्रम में चौथा स्थान है तो बताइए कि इस कक्षा में कुल कितने छात्र हैं?

(*a*) 23 (*b*) 27 (*c*) 31 (*d*) 33

**उत्तर (*c*) :** परिकलन करने पर निम्नलिखित उत्तर प्राप्त होता है :

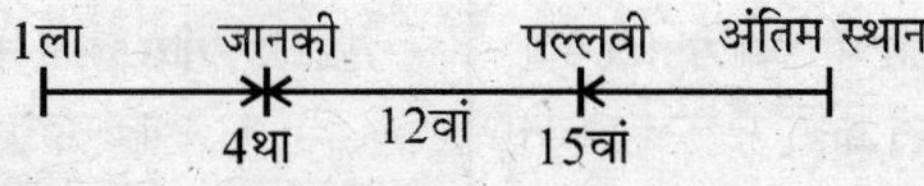


कक्षा में छात्रों की कुल संख्या = 4 + 12 + 15 = 31

## अभ्यास

**1.** पेड़ों की एक पंक्ति में कोई एक पेड़ पंक्ति के दोनों छोरों से पांचवें स्थान पर है। इस पंक्ति में कुल कितने पेड़ हैं?

(*a*) 11 (*b*) 8
(*c*) 10 (*d*) 9

**2.** 53 छात्रों की एक कक्षा में जया का योग्यता-क्रम में 5 वां स्थान है। कक्षा में योग्यता-क्रम में नीचे से उसका क्रम-स्थान क्या है?

(*a*) 49 वां (*b*) 48 वां
(*c*) 47 वां (*d*) 50 वां

**3.** पैंसठ छात्रों की एक कक्षा में योग्यता-क्रम में मोहन का क्रम स्थान इक्कीसवां है। यदि योग्यता-क्रम में सबसे नीचे के छात्र का क्रम-स्थान 1 माना जाए तो योग्यता-क्रम में नीचे से मोहन का क्रम-स्थान क्या होगा?

(*a*) 44 वां
(*b*) 45 वां
(*c*) 46 वां
(*d*) दी गई सूचना अपर्याप्त है

**4.** लड़कों की एक पंक्ति में राहुल दाहिने से 12 वें स्थान पर और बाएं से चौथे स्थान पर खड़ा है। इस पंक्ति में और कितने लड़कों को शामिल करने पर पंक्ति में लड़कों की कुल संख्या 28 हो जाएगी?

(*a*) 12 (*b*) 14
(*c*) 20 (*d*) 13

**5.** लड़कों की एक पंक्ति में राजन दाहिने से दसवें स्थान पर है और सूरज बाएं से दसवें स्थान पर है। यदि राजन और सूरज आपस में अपना स्थान बदल लें तो सूरज बाएं से सताइसवें स्थान पर आ जाएगा। राजन अब पंक्ति में दाहिने से कितने स्थान पर खड़ा है?

(*a*) दसवें (*b*) छब्बीसवें
(*c*) उन्तीसवें (*d*) सताइसवें

**6.** 41 छात्रों की एक कक्षा में महेश और सुरेश योग्यता-क्रम में ऊपर से क्रमश: 11 वें और 12 वें स्थान पर हैं। योग्यता-क्रम में नीचे से इनका क्रम-स्थान क्या है?

(*a*) 32 वां और 33 वां (*b*) 29 वां और 30 वां
(*c*) 30 वां और 31 वां (*d*) 31 वां और 30 वां

**7.** किसी कक्षा में उमा योग्यता-क्रम में ऊपर से 8 वें और नीचे से 37 वें स्थान पर है। इस कक्षा में कुल कितने छात्र हैं?

(*a*) 47 (*b*) 46
(*c*) 45 (*d*) 44

**8.** एक पंक्ति में सादिक सामने से 14 वें स्थान पर और जोसफ अंत से 17 वें स्थान पर खड़ा है जबकि जेन, सादिक और जोसफ के बीच खड़ा है। यदि सादिक, जोसफ से आगे खड़ा है और पंक्ति में कुल 48 व्यक्ति खड़ें हो, तो सादिक और जेन के बीच पंक्ति में कितने व्यक्ति खड़े हैं?

(*a*) 5 (*b*) 6
(*c*) 7 (*d*) 8

**9.** किसी कक्षा में वार्षिक परीक्षा में उत्तीर्ण हुए छात्रों में योग्यता-क्रम में रोहन नीचे से सताइसवें स्थान पर और ऊपर से ग्यारहवें स्थान पर आया। यदि वार्षिक परीक्षा में इस कक्षा के 12 छात्र अनुत्तीर्ण घोषित किए गए हों तो परीक्षा में इस कक्षा के कितने छात्र शामिल हुए थे?

(*a*) 48 (*b*) 49
(*c*) 50 (*d*) कहा नहीं जा सकता

**10.** कुछ लड़के एक पंक्ति में बैठे हैं। P पंक्ति में बाएं से चौदहवें स्थान पर और Q दाहिने से सातवें स्थान पर बैठा है। यदि P और Q के बीच चार लड़के बैठे हों, तो इस पंक्ति में कुल कितने लड़के हैं?

(*a*) 19 (*b*) 21
(*c*) 25 (*d*) 23

**11.** एक पंक्ति में A, B, C, D और E कुल पांच मकान बने हैं। A, B की दाहिनी ओर, E, C की बायीं ओर और A की दाहिनी ओर अवस्थित है तथा B, D की दाहिनी ओर अवस्थित है। इनमें से कौन-सा मकान बीच में है?

(*a*) B (*b*) A
(*c*) D (*d*) E

**12.** इकतीस छात्रों की एक कक्षा में योग्यता-क्रम में माधव का स्थान सतरहवां है। योग्यता-क्रम में नीचे से उसका स्थान कितना है?

(*a*) 13 (*b*) 14
(*c*) 15 (*d*) 16

## व्याख्यात्मक उत्तर

**1. (*d*):**

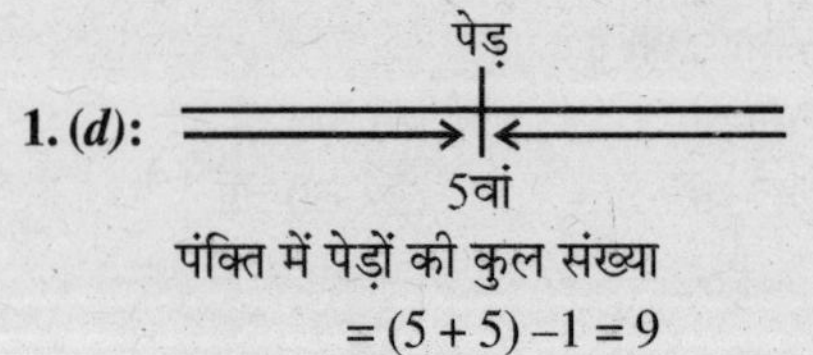


पंक्ति में पेड़ों की कुल संख्या
= (5 + 5) – 1 = 9

**2. (*a*) :**

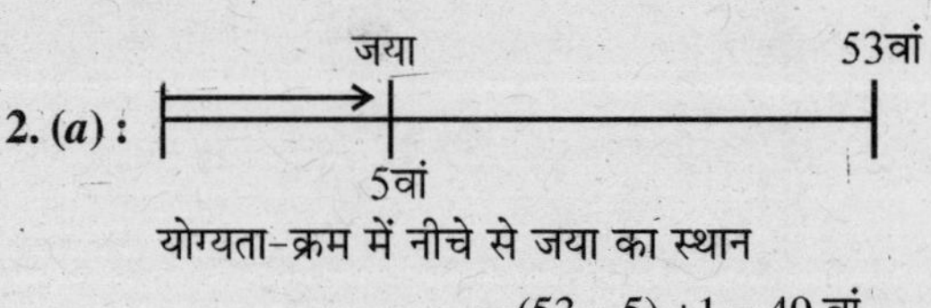


योग्यता-क्रम में नीचे से जया का स्थान
= (53 – 5) +1 = 49 वां

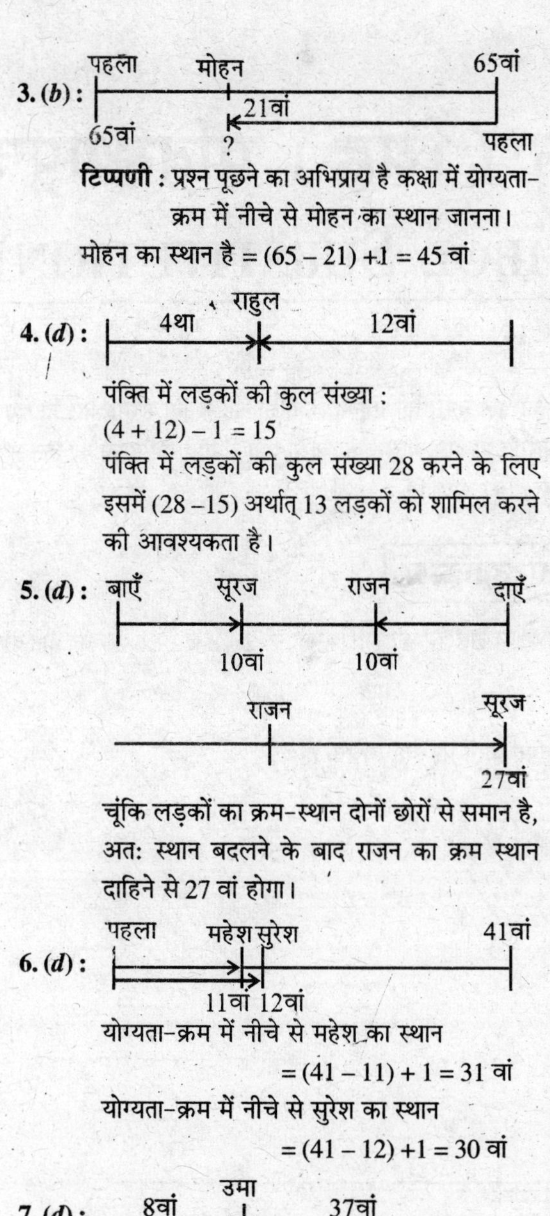

**3. (*b*) :**


**टिप्पणी :** प्रश्न पूछने का अभिप्राय है कक्षा में योग्यता-क्रम में नीचे से मोहन का स्थान जानना।

मोहन का स्थान है = (65 – 21) +1 = 45 वां

**4. (*d*) :**


पंक्ति में लड़कों की कुल संख्या :
(4 + 12) – 1 = 15

पंक्ति में लड़कों की कुल संख्या 28 करने के लिए इसमें (28 –15) अर्थात् 13 लड़कों को शामिल करने की आवश्यकता है।

**5. (*d*) :**


चूंकि लड़कों का क्रम-स्थान दोनों छोरों से समान है, अत: स्थान बदलने के बाद राजन का क्रम स्थान दाहिने से 27 वां होगा।

**6. (*d*) :**


योग्यता-क्रम में नीचे से महेश का स्थान
= (41 – 11) + 1 = 31 वां

योग्यता-क्रम में नीचे से सुरेश का स्थान
= (41 – 12) +1 = 30 वां

**7. (*d*) :**


कक्षा में छात्रों की कुल संख्या
= (8 + 37) – 1 = 44

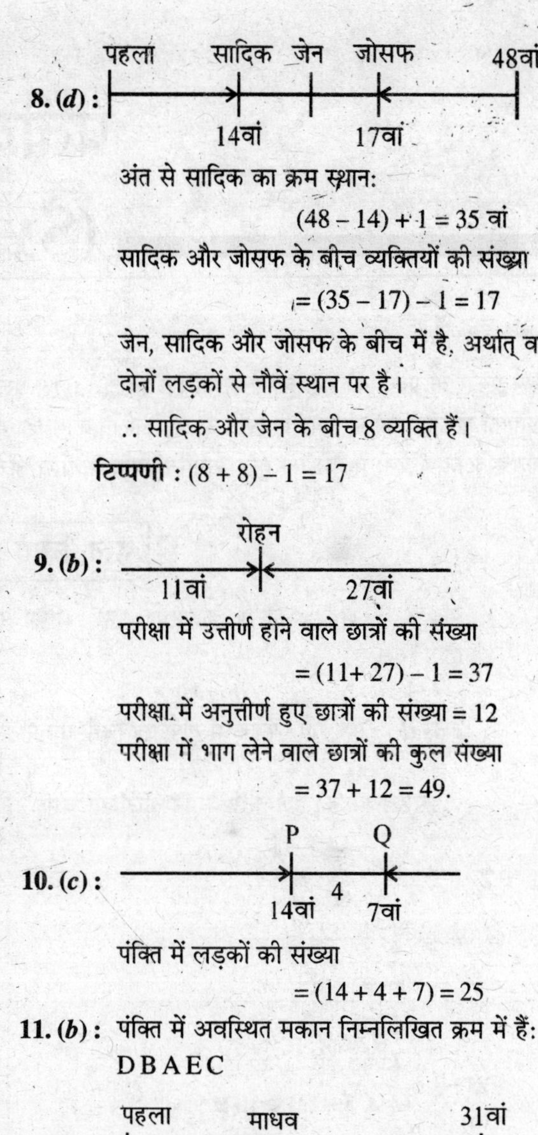

**8. (*d*) :**


अंत से सादिक का क्रम स्थान:
(48 – 14) + 1 = 35 वां

सादिक और जोसफ के बीच व्यक्तियों की संख्या
= (35 – 17) – 1 = 17

जेन, सादिक और जोसफ के बीच में है, अर्थात् वह दोनों लड़कों से नौवें स्थान पर है।

∴ सादिक और जेन के बीच 8 व्यक्ति हैं।

**टिप्पणी :** (8 + 8) – 1 = 17

**9. (*b*) :**


परीक्षा में उत्तीर्ण होने वाले छात्रों की संख्या
= (11+ 27) – 1 = 37

परीक्षा में अनुत्तीर्ण हुए छात्रों की संख्या = 12

परीक्षा में भाग लेने वाले छात्रों की कुल संख्या
= 37 + 12 = 49.

**10. (*c*) :**


पंक्ति में लड़कों की संख्या
= (14 + 4 + 7) = 25

**11. (*b*) :** पंक्ति में अवस्थित मकान निम्नलिखित क्रम में हैं:
D B A E C

**12. (*c*) :**


योग्यता-क्रम में नीचे से माधव का स्थान है:
(31 – 17) + 1 = 15 वां

# प्रतीक ( चिह्न ) प्रतिस्थापन
# (SYMBOL SUBSTITUTION)

इस प्रकार के प्रश्नों को हल करना अत्यधिक सरल है। ऐसे प्रश्नों को हल करने की एकमात्र अपेक्षा यह है कि उम्मीदवार दिए गए प्रतीकों या चिह्नों को प्रतिस्थापित करने और परिकलन की विद्या में पारंगत हों और अत्यधिक त्वरित गति से दिए गए प्रश्नों का हल ज्ञात कर सके। इस श्रेणी में पूछे गए कुछ सामान्य प्रकार के प्रश्न नीचे हल किए गए हैं।

## हल किए गए उदाहरण

**1.** यदि '+' का अर्थ '×' हो, '×' का अर्थ '÷' हो, '÷' का अर्थ '–' हो और '–' का अर्थ '+' हो, तो $2 - 8 \times 2 + 6 \div 7$ का मान क्या होगा?

(*a*) 32 (*b*) 19 (*c*) 23 (*d*) 9

**उत्तर (*b*) :** दिए गए व्यंजक में गणितीय चिह्नों को प्रतिस्थापित करने पर नया व्यंजक होगा :

$2 + 8 \div 2 \times 6 - 7$

इस व्यंजक को हल करने के निम्नलिखित चरण होंगे :

$2 + 4 \times 6 - 7$

$2 + 24 - 7$

$26 - 7 = 19$

**2.** यदि '▲' का अर्थ '+' हो,

'■' का अर्थ '–' हो,

'●' का अर्थ '÷' हो,

'∗' का अर्थ '×' हो, तो

13 ▲ 5 ∗ 20 ● 10 ■ 9 = ?

(*a*) 26 (*b*) 37 (*c*) 14 (*d*) 55

**उत्तर (*c*) :** चिह्नों को प्रतिस्थापित करने पर प्राप्त हुआ नया व्यंजक है :

$13 + 5 \times 20 \div 10 - 9$

इस व्यंजक को हल करने के चरण होंगे :

$13 + 5 \times 2 - 9$

$13 + 10 - 9$

$23 - 9 = 14$

## अभ्यास

1. यदि "+" का अर्थ "–" हो; "–" का अर्थ "×" हो; "×" का अर्थ "÷" हो और "÷" का अर्थ "+" हो, तो
$15 \times 5 \div 10 + 5 - 3 = ?$
(*a*) 9.5 (*b*) 0
(*c*) – 2 (*d*) 24

2. यदि "+" का अर्थ "–" हो; "–" का अर्थ "×" हो; "×" का अर्थ "÷" हो; और "÷" का अर्थ "+" हो, तो
$15 \times 3 \div 15 + 5 - 2 = ?$
(*a*) 0 (*b*) 10
(*c*) 20 (*d*) 6

3. यदि "+" का अर्थ "÷" हो; "×" का अर्थ "–" हो; "÷" का अर्थ "+" हो और "–" का अर्थ "×" हो, तो
$16 \div 8 \times 6 - 2 + 12 = ?$
(*a*) 22 (*b*) 24
(*c*) 23 (*d*) 20

4. यदि "+" का अर्थ "×" हो; "–" का अर्थ "÷" हो; "×" का अर्थ "–" हो और "÷" का अर्थ "+" हो, तो
$5 + 8 - 4 \times 2 \div 9 = ?$
(*a*) 15 (*b*) 13
(*c*) 17 (*d*) 11

5. यदि × का आशय जोड़ की संक्रिया से हो, ÷ का आशय घटाव की संक्रिया से हो, + का आशय गुणा की संक्रिया से हो और – का आशय भाग की संक्रिया से हो तो $(20 \times 6 \div 6 \times 4)$ निम्नलिखित में से किसके बराबर है ?
(*a*) 5 (*b*) 24
(*c*) 25 (*d*) 80

6. यदि $A + B > C + D$, $B + E = 2C$ और $C + D > B + E$ हो, तो इसका निश्चित अर्थ यह है कि :
(*a*) $A > C$ (*b*) $A + B > 2D$
(*c*) $A + B > 2C$ (*d*) $A + B > 2E$

7. यदि $A + D > C + E$, $C + D = 2B$ और $B + E > C + D$ हो, तो इसका निश्चित अर्थ यह है कि :
(*a*) $A + D > B + E$ (*b*) $A + D > B + C$
(*c*) $A + B > 2D$ (*d*) $B + D > C + E$

8. यदि "+" का अर्थ "÷" हो; "÷" का अर्थ "–" हो; "–" का अर्थ "×" हो और "×" का अर्थ "+" हो, तो
$10 \div 2 - 15 + 3 \times 5 = ?$
(*a*) 10 (*b*) 15
(*c*) 25 (*d*) 5

9. यदि "+" का अर्थ "÷" हो; "×" का अर्थ "–" हो; "÷" का अर्थ "×" हो और "–" का अर्थ "+" हो, तो निम्नलिखित व्यंजक का मान क्या होगा ?
$9 + 3 \div 4 - 8 \times 2 = ?$
(*a*) $6\frac{3}{4}$ (*b*) $-1\frac{3}{4}$
(*c*) $-6\frac{1}{4}$ (*d*) 18

10. यदि 'a' का आशय '÷' हो, 'b' का आशय '×' हो, 'c' का आशय '+' है और 'd' का आशय '–', हो, तो
5 c 20 a 4 b 2 d 10 = ?
(*a*) 5 (*b*) 10
(*c*) 15 (*d*) 20

## व्याख्यात्मक उत्तर

**1. (*c*) :** $15 \div 5 + 10 - 5 \times 3$
$3 + 10 - 15 = -2$

**2. (*b*) :** $15 \div 3 + 15 - 5 \times 2$
$5 + 15 - 10 = 10$

**3. (*c*) :** $16 + 8 - 6 \times 2 \div 12$
$16 + 8 - 1 = 23$

**4. (*c*) :** $5 \times 8 \div 4 - 2 + 9$
$10 - 2 + 9 = 17$

**5. (*b*) :** $20 + 6 - 6 + 4 = 24$

**6. (*c*) :** $A + B > C + D > B + E$ or $2C$
$\therefore A + B > 2C$

**7. (*b*) :** 1. $A + D > C + E$
2. $B + E > C + D$ or $2B$
चूँकि 1 और 2 के बीच संबंध स्पष्ट नहीं है, तथापि यह निश्चित है कि $A + D > B + C$.

**8. (*d*) :** $10 - 2 \times 15 \div 3 + 5$
$10 - 10 + 5 = 5$

**9. (*d*) :** $9 \div 3 \times 4 + 8 - 2$
$12 + 8 - 2 = 18$

**10. (*a*) :** $5 + 20 \div 4 \times 2 - 10$
$5 + 10 - 10 = 5$

# कृत्रिम मान और लुप्त संख्याएँ

# (ARTIFICIAL VALUES AND MISSING NUMBERS)

इस प्रकार के प्रश्नों को हल करने के लिए संख्या संबंधी प्रश्नों को हल करने में निपुणता और गणितीय कौशल का होना अपेक्षित है। उत्तर प्राप्त करने के लिए अभ्यर्थियों के लिए यह अपेक्षित है कि वे अंकगणितीय चिह्नों या प्रतीकों के सही संयोजन का चयन करें जिसे दिए गए प्रश्नों में प्रश्न चिह्न के स्थान पर प्रतिस्थापित किया जा सके।

## हल किए गए उदाहरण

**1.** यहाँ प्रश्न में दिए गए प्रश्न चिह्न ( ?) के स्थान पर प्रतिस्थापित करने के लिए सही विकल्प का चयन करें :

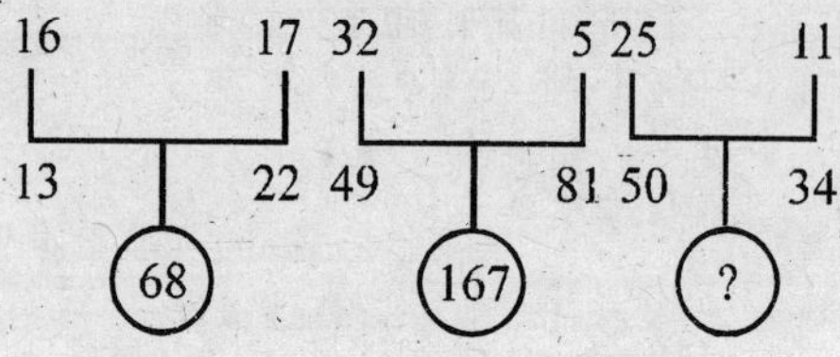


(*a*) 65 (*b*) 120 (*c*) 116 (*d*) 192

**उत्तर (*b*) :** गोल घेरे के भीतर दी गई संख्या शेष चार संख्याओं का योग है, अर्थात्

16 + 17 + 13 + 22 = 68

32 + 5 + 49 + 81 = 167, इसी प्रकार

25 + 11 + 50 + 34 = 120

**2.** यहाँ प्रश्न चिह्न के स्थान पर विकल्पों में दी गई कौन-सी संख्या आएगी?

(*a*) 6 (*b*) 8 (*c*) 7 (*d*) 3

**उत्तर (*a*) :** दो सम्मुख संख्याओं का अंतर 4 है, अर्थात्

23 – 19 = 4 और 16 – 12 = 4

14 – 10 = 4 और 12 – 8 = 4, इसी प्रकार

9 – 5 = 4 और 6 – 2 = 4.

***इस प्रकार के प्रश्नों में सही उत्तर ज्ञात करने का कोई निश्चित नियम नहीं है। सही उत्तर प्राप्त करने के विभिन्न तरीकों के बारे में जानने के लिए नीचे दिए गए अभ्यास में निहित प्रश्नों का हल ज्ञात करने का प्रयास करें।***

## अभ्यास

**निर्देश ( प्र.सं. 1–10 ):** *नीचे दिए गए प्रत्येक प्रश्न में बताएँ कि प्रश्न चिह्न ( ?) के स्थान पर कौन-सी संख्या रखी जा सकती है?*

**1.** 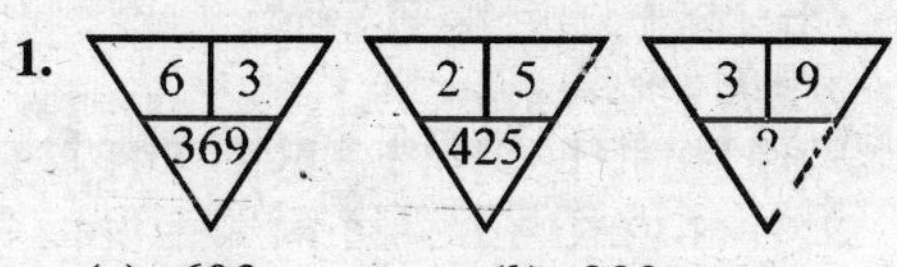


(*a*) 693 (*b*) 939
(*c*) 981 (*d*) 993

**2.** 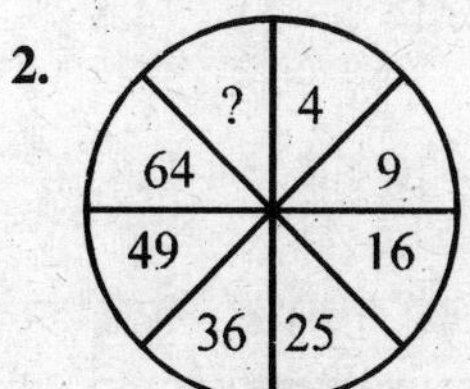


(*a*) 68 (*b*) 100
(*c*) 72 (*d*) 81

**3.** 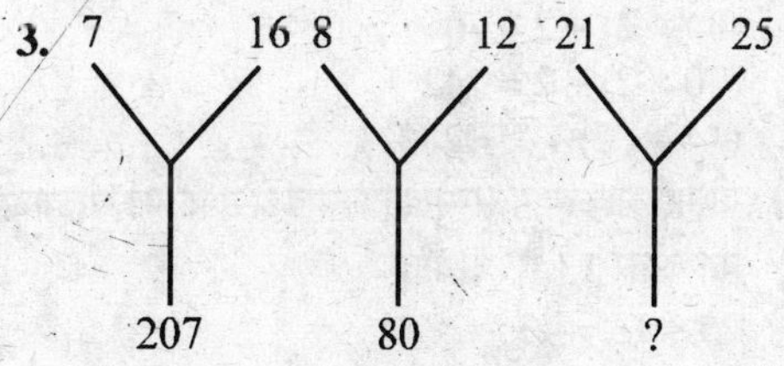


(*a*) 425 (*b*) 184
(*c*) 241 (*d*) 210

**4.** 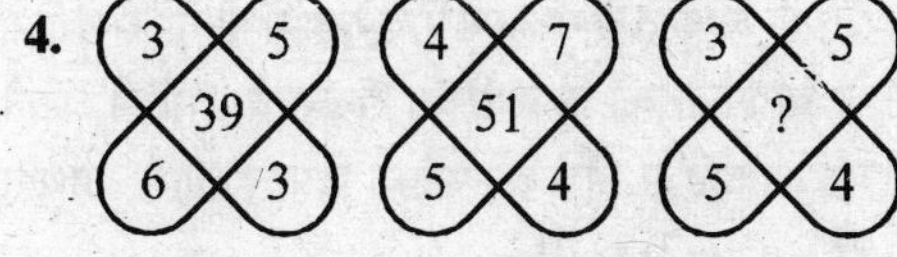


(*a*) 35 (*b*) 37
(*c*) 45 (*d*) 48

**5.** 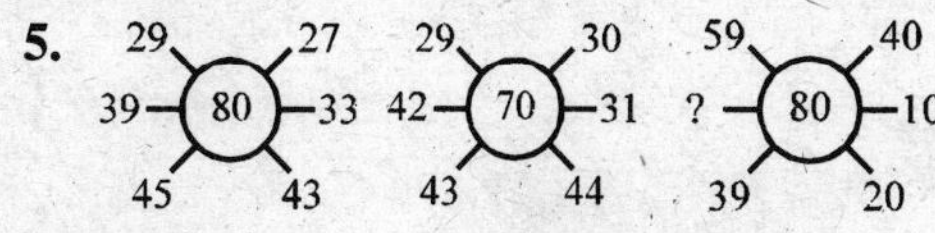


(*a*) 69 (*b*) 49
(*c*) 50 (*d*) 60

**6.** 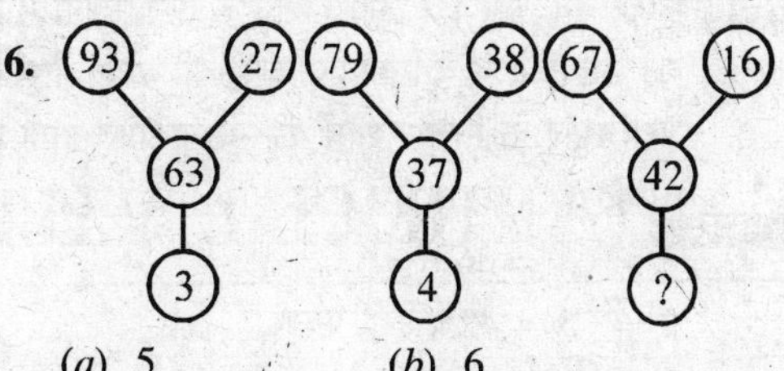


(*a*) 5 (*b*) 6
(*c*) 8 (*d*) 9

**7.** 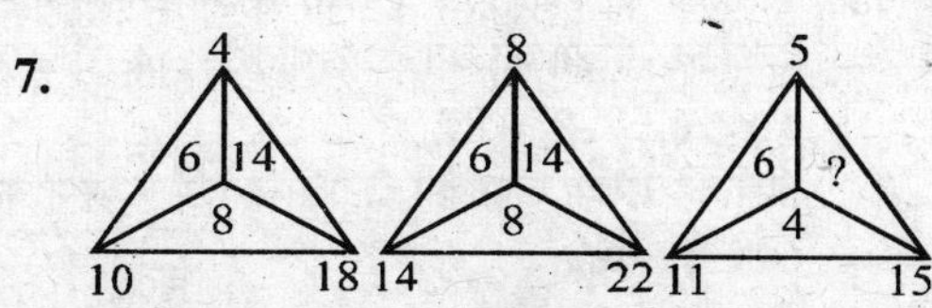


(*a*) 8 (*b*) 14
(*c*) 10 (*d*) 6

**8.** 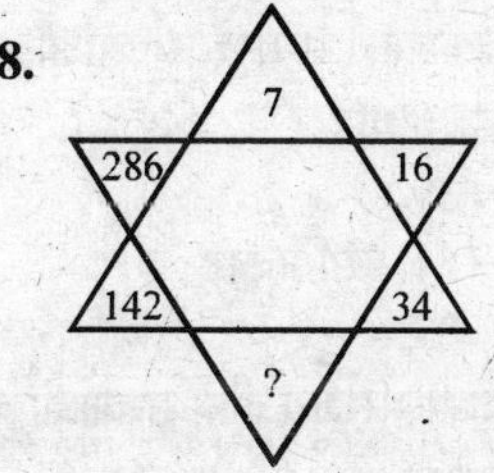


(*a*) 70 (*b*) 68
(*c*) 56 (*d*) 92

**9.** 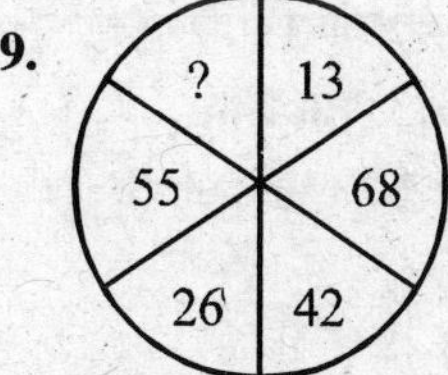


(*a*) 41 (*b*) 37
(*c*) 29 (*d*) 25

**10.** 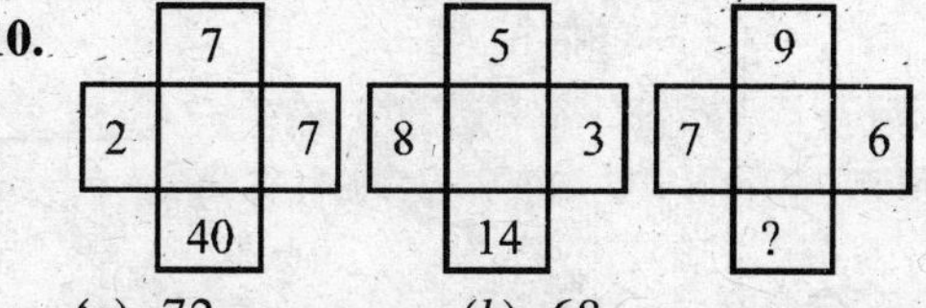


(*a*) 72 (*b*) 68
(*c*) 82 (*d*) 96

## व्याख्यात्मक उत्तर

**1. (*c*) :** उलटे बने त्रिभुज के ऊपरी भाग के दोनों खानों में दी गई संख्याओं के वर्ग को एक दूसरे की बगल में रखने पर त्रिभुज के निचले शीर्ष की संख्या प्राप्त होती है, अर्थात्

$6^2$ और $3^2 = 369$

$2^2$ और $5^2 = 425$, इसी प्रकार

$3^2$ और $9^2 = 981$.

**2. (*d*) :** 4 से आरंभ करके प्रत्येक अनुवर्ती संख्या क्रमागत प्राकृतिक संख्या का वर्ग है। अर्थात् $2^2 = 4, 3^2 = 9, 4^2 = 16, \ldots 9^2 = 81$

**3. (*b*) :** नीचे की संख्या ऊपर की दोनों संख्याओं के वर्गों का अंतर है, अर्थात्

$16^2 - 7^2 = 256 - 49 = 207$

$12^2 - 8^2 = 144 - 64 = 80$, इसी प्रकार

$25^2 - 21^2 = 625 - 441 = 184$

**4. (*b*) :** बीच की संख्या विकर्णतः सम्मुख संख्याओं के गुणनफलों का योग है, अर्थात्

$(3 \times 3) + (5 \times 6) = 39$

$(4 \times 4) + (7 \times 5) = 51$, इसी प्रकार

$(3 \times 4) + (5 \times 5) = 37$

**5. (*a*) :** किसी भी एक आकृति में सरेखीय तीनों संख्याओं का योगफल समान है, अर्थात्

$29 + 80 + 43$ या $39 + 80 + 33$

या $45 + 80 + 27 = 152$

$29 + 70 + 44$ या $42 + 70 + 31$

या $43 + 70 + 30 = 143$, इसी प्रकार

$59 + 80 + 20$ या $39 + 80 + 40 = 159$.

अतः लुप्त संख्या है :

$$159 - (80 + 10) = 69$$

**6. (*d*) :** प्रत्येक आकृति में दाहिने और बीच के घेरों की संख्याओं के योगफल को बायीं ओर के घेरे की संख्या से घटाने पर आकृति में सबसे नीचे के घेरे की संख्या प्राप्त होती है, अर्थात्

$93 - (27 + 63) = 3$

$79 - (38 + 37) = 4$, इसी प्रकार

$67 - (16 + 42) = 9$

**7. (*c*) :** प्रत्येक त्रिभुजाकार आकृति के भीतर बने प्रत्येक त्रिभुज में आधार पर स्थित संख्याओं का अंतर त्रिभुज के भीतर स्थित संख्या के बराबर है, अर्थात्

$10 - 4 = 6, 18 - 4 = 14$ और $18 - 10 = 8$

$14 - 8 = 6, 22 - 8 = 14$ और $22 - 14 = 8$, इसी प्रकार

$11 - 5 = 6, 15 - 5 = 10$ और $15 - 11 = 4$.

**8. (*a*) :** दी गई आकृति में 7 की संख्या से आरंभ करके दक्षिणावर्त अगली संख्या पहली संख्या के दोगुने से 2 अधिक है, अर्थात्

$(7 \times 2) + 2 = 16$

$(16 \times 2) + 2 = 34 \ldots$, इसी प्रकार

$(34 \times 2) + 2 = 70$

$(70 \times 2) + 2 = 142$

$(142 \times 2) + 2 = 286$

**9. (*c*) :** दी गई आकृति में सम्मुख त्रिज्यखंडों में दी गई संख्याओं का अंतर 13 है, अर्थात्

$26 - 13 = 13$

$68 - 55 = 13$, इसी प्रकार

अतः लुप्त संख्या है : $42 - 13 = 29$

($42 + 13 = 55$ विकल्पों में नहीं दिया गया है)

**10. (*b*) :** प्रत्येक आकृति में मध्यस्थ ग्रिड रेखा में दी गई संख्याओं के योगफल को ऊपर स्थित संख्या के वर्ग से घटाने पर आकृति में नीचे की संख्या प्राप्त होती है, अर्थात्

$7^2 - (2 + 7) = 40$

$5^2 - (8 + 3) = 14$, इसी प्रकार

$9^2 - (7 + 6) = 68$

# अक्षर–अंक व्यवस्थापक मशीन संबंधी प्रश्न

# (PROBLEMS BASED ON ENGLISH ALPHABET)

अंग्रेजी वर्णमाला पर आधारित प्रश्नों को हल करना अत्यधिक सरल है। इस प्रकार के प्रश्न वर्णमाला के सीधे क्रम में और साथ ही उलटे क्रम में भी दी गई शृंखलाओं पर आधारित होते हैं।

**अंग्रेजी वर्णमाला का सीधा क्रम (Natural Order)**

A B C D E F G H I J K L M N O P Q R S T U V W X Y Z

**अंग्रेजी वर्णमाला का उलटा क्रम (Reverse Order)**

Z Y X W V U T S R Q P O N M L K J I H G F E D C B A

शृंखला Z पर पहुँचने के बाद A से पुन: आरंभ होती है और उलटे क्रम में A पर पहुँचने के बाद Z से पुन: आरंभ होती है। इस शृंखला में A E I O U स्वर और शेष अक्षर व्यंजन कहलाते हैं।

## हल किए गए उदाहरण

**1.** यदि वर्णमाला के पहले दस अक्षरों को उलटे क्रम में लिखा जाए तो निम्नलिखित में से कौन–सा अक्षर उस शृंखला के दाहिने छोर से बारहवें अक्षर की बायीं ओर का सातवाँ अक्षर होगा?

A B C D E F G H I J K L M N O P Q R S T U V W X Y Z

(*a*) H (*b*) C (*c*) I (*d*) B

**उत्तर (*b*) :** वर्णमाला के सीधे क्रम में दी गई शृंखला में पहले दस अक्षरों को उलटे क्रम में लिखने पर निम्नलिखित शृंखला प्राप्त होगी :

JIHGFEDCBAKLMNOPQRSTUVW

7th ← ← 12th

'Z' से गिनना आरंभ करने पर दाहिने छोर से बारहवाँ अक्षर 'O' है और 'O' की बायीं ओर का 7वाँ अक्षर 'C' है।

## अभ्यास

**निर्देश (प्र.सं. 1–10):** *निम्नलिखित प्रश्न वर्णमाला के सीधे या उलटे क्रम में लिखी गई शृंखला पर तथा दिए गए शब्द में अक्षरों के स्थान परिवर्तन पर आधारित हैं।*

**1.** वर्णमाला के सीधे क्रम में लिखी गई शृंखला में बाएँ छोर से छठे अक्षर के ठीक पहले कौन–सा अक्षर होता है?

(*a*) U (*b*) E

(*c*) F (*d*) V

**2.** वर्णमाला में G और S के ठीक बीच में कौन–सा अक्षर है?

(*a*) L (*b*) N

(*c*) M (*d*) कोई अक्षर नहीं

**3.** यदि अंग्रेजी वर्णमाला में प्रथम अर्द्धांश के अक्षरों को उलटे क्रम में लिखा जाए तो दायीं ओर से नौवें अक्षर की बायीं ओर का नौवाँ अक्षर कौन-सा होगा?

(*a*) I (*b*) D
(*c*) F (*d*) E

**4.** यदि अंग्रेजी वर्णमाला को उलटे क्रम में लिखा जाए, तो दायीं ओर से सातवें अक्षर की बायीं ओर का आठवाँ अक्षर कौन-सा होगा?

(*a*) O (*b*) P
(*c*) N (*d*) Q

**5.** वर्णमाला में दाहिने छोर से तेरहवें अक्षर की दायीं ओर का पाँचवाँ अक्षर क्या होगा?

(*a*) R (*b*) S
(*c*) I (*d*) O

**6.** यदि अंग्रेजी वर्णमाला को उलटे क्रम में लिखा जाए तो P के दाएँ से छठा अक्षर कौन-सा होगा?

(*a*) J (*b*) W
(*c*) K (*d*) V

**7.** यदि अंग्रेजी वर्णमाला को दो बराबर हिस्सों में बाँट दिया जाए जिनमें पहले अर्द्धांश में A से M तक के और दूसरे अर्द्धांश में N से Z तक के अक्षर निहित हों, तो बाद वाले अर्द्धांश का कौन-सा अक्षर पहले वाले अर्द्धांश के J अक्षर के संगत होगा?

(*a*) W (*b*) Q
(*c*) V (*d*) R

**8.** यदि अंग्रेजी वर्णमाला को उलटे क्रम में लिखा जाए तो प्राप्त शृंखला में आपके बाएँ से सोलहवें अक्षर की बायीं ओर का बारहवाँ अक्षर कौन-सा होगा?

(*a*) X (*b*) W
(*c*) D (*d*) V

**9.** अंग्रेजी वर्णमाला में बाएँ से पाँचवें अक्षर से आरंभ करके यदि बारह अक्षरों को उलटे (विपरीत) क्रम में लिखा जाए तो प्राप्त शृंखला में दाएँ से चौदहवें अक्षर की बायीं ओर का सातवाँ अक्षर कौन-सा होगा?

(*a*) N (*b*) H
(*c*) L (*d*) O

**10.** यदि वर्णमाला में B से आरंभ करके सभी एकांतर स्थानों पर आने वाले अक्षरों को छोटे अक्षरों में और शेष अक्षरों को बड़े अक्षरों में लिखा जाए तो प्राप्त शृंखला के अक्षरों का प्रयोग करके 'September' माह को किस प्रकार लिखा जाएगा?

(*a*) SEptEMbEr (*b*) sePTemBeR
(*c*) SEptembER (*d*) SEpteMbeR

## व्याख्यात्मक उत्तर

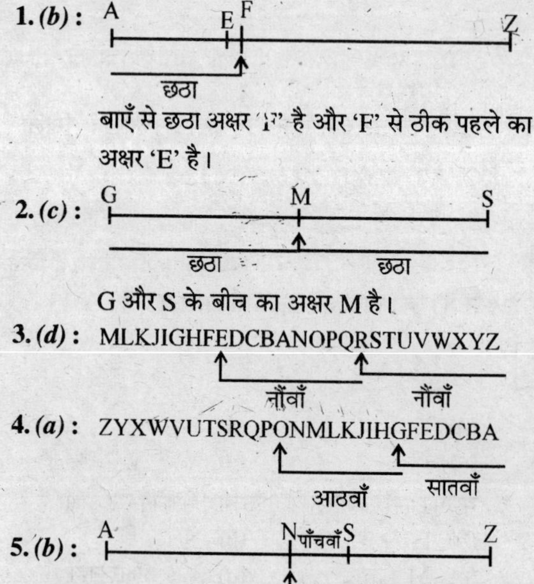


दाहिने छोर से तेरहवाँ अक्षर 'N' है और 'N' की दायीं ओर का पाँचवाँ अक्षर 'S' है।

**6.** (*a*) : Z P J A (छठा)

अंग्रेजी वर्णमाला के उलटे क्रम में 'P' के दाएँ से छठा अक्षर 'J' है।

**7.** (*a*) : A B C D E F G H I J K L M
N O P Q R S T U V W X Y Z

**8.** (*b*) : Z W बारहवाँ K A (सोलहवाँ)

वर्णमाला के उलटे क्रम में बाएँ से सोलहवाँ अक्षर 'K' है और 'K' की बायीं ओर का बारहवाँ अक्षर 'W' है।

**9.** (*d*) : ABCDPONMLKJIHGFEQRSTUVWXYZ
(सातवाँ, चौदहवाँ)

**10.** (*a*) : AbCdEfGhIjKlMnOpQrStUvW xYz

# कथन एवं वेन आरेख

# (LOGICAL DIAGRAMS)

इस प्रकार के प्रश्नों में विकल्प के रूप में पाँच भिन्न–भिन्न आकृतियों का समुच्चय दिया जाता है। प्रत्येक आकृति संबंधित शब्दों के कुछ समूहों का एक तार्किक पैटर्न निरूपित करती है जिनमें प्रत्येक शब्द एक वर्ग को निरूपित करता है। अभ्यर्थी को दिए गए शब्दों के समुच्चय के लिए सर्वाधिक उपयुक्त तार्किक आकृति की पहचान करनी है। नीचे इन आरेखों द्वारा निरूपित कुछ संबंध दर्शाए गए हैं। संबंधित पैटर्नों को समझें और तत्पश्चात् दिए गए प्रश्नों के उत्तर दें।

## हल किए गए उदाहरण

**1.** दिए गए वर्गों में कोई सदस्य समान (common) नहीं है।

उदाहरण : दूध, अंडे

दूध अंडे

**2.** दिया गया आरेख यह दर्शाता है कि दोनों वर्गों में कुछ समान सदस्य हैं किंतु कोई भी वर्ग एक–दूसरे में पूर्णतः समाहित नहीं है।

उदाहरण : रंग, लाल

रंग लाल

**3.** दिया गया आरेख यह दर्शाता है कि एक वर्ग दूसरे में पूर्णतः समाहित है किंतु दूसरा वर्ग पहले वर्ग में समाहित नहीं है अर्थात् ये दोनों वर्ग आपस में मिले–जुले नहीं हैं।

उदाहरण : फल, सेब

फल सेब

**4.** आकृति 2 के समान ही यह आकृति भी दर्शाती है कि तीनों वर्गों में कुछ समान (common) सदस्य हैं किंतु इनमें से कोई भी वर्ग एक–दूसरे में पूर्णतः समाहित नहीं है।

उदाहरण : लंबा, आदमी, शिक्षित

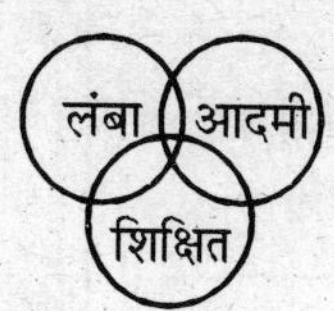

## अभ्यास

**निर्देश ( प्र.सं. 1–5 ):** *नीचे दिए गए पाँच तर्क आरेखों में से उस आरेख (आकृति) का चयन करें जो प्रश्न में दिए गए तीनों वर्गों के बीच संबंध को सर्वाधिक सुस्पष्ट रूप में प्रदर्शित करता है।*

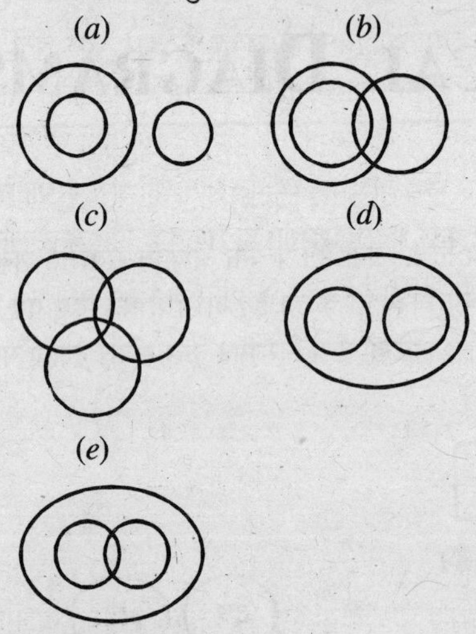


**1.** पक्षी, फल, आम

**2.** अपराधी, वकील, डकैत

**3.** तैराक, कुँआरा, पुरुष

**4.** स्मार्ट, इंजीनियर, महिला

**5.** सब्जियाँ, आलू, बैंगन

**निर्देश ( प्र.सं. 6–10 ):** *नीचे दिए गए पाँच तर्क आरेखों में से उस आरेख (आकृति) का चयन करें जो प्रश्न में दिए गए तीनों वर्गों के बीच संबंध को सर्वाधिक सुस्पष्ट रूप में व्यक्त करता है।*

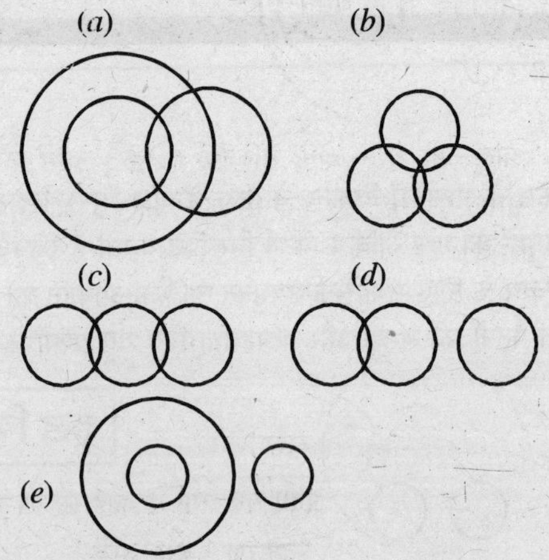


**6.** बहन, चचेरी-ममेरी-फुफेरी बहन, महिलाएँ

**7.** तारा, ग्रह, शनि

**8.** लोग, बुद्धिमान, धनी

**9.** पालतू पशु, बिल्लियाँ, कुत्ते

**10.** अभिनेता, मंच, फिल्म

## व्याख्यात्मक उत्तर

**1. (*a*) :**

फल
आम
पक्षी

सभी आम फल हैं किंतु फल और आम में से कोई भी पक्षी नहीं है।

**2. (*a*) :**

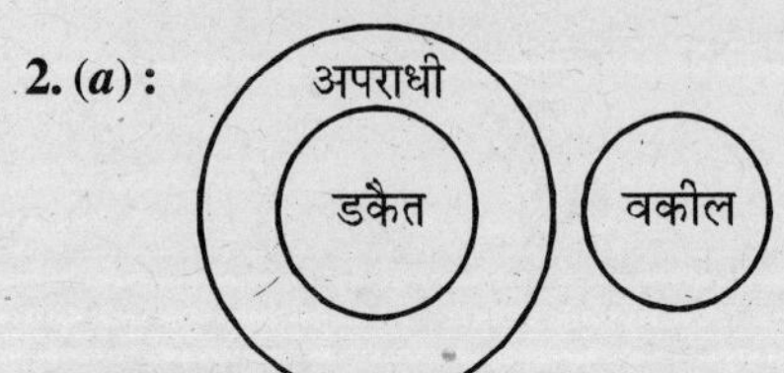


सभी डकैत अपराधी हैं किंतु अपराधी और डकैत में से कोई भी वकील नहीं हो सकता।

**3. (*b*) :**

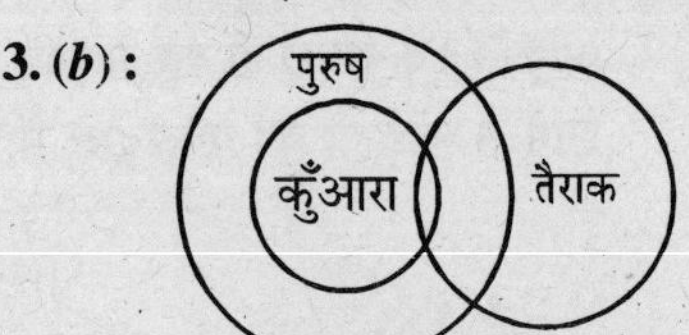


सभी कुँआरे पुरुष होते हैं तथा कुछ पुरुष और कुँआरे तैराक हो सकते हैं।

**4. (*c*) :**

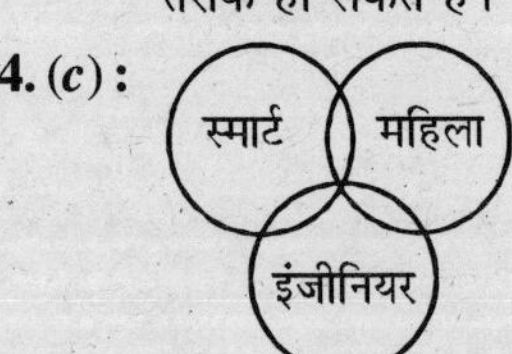

कुछ महिलाएँ स्मार्ट हो सकती हैं और कुछ महिलाएँ इंजीनियर हो सकती हैं तथा कुछ इंजीनियर स्मार्ट भी हो सकते हैं और महिला भी।

**5. (*d*) :**

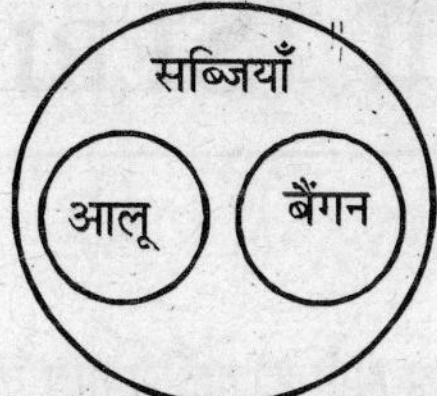


आलू और बैंगन दोनों सब्जियाँ हैं किंतु उनमें कोई समान गुण नहीं है। कुछ सब्जियाँ आलू हैं और कुछ बैंगन।

**6. (*a*) :**

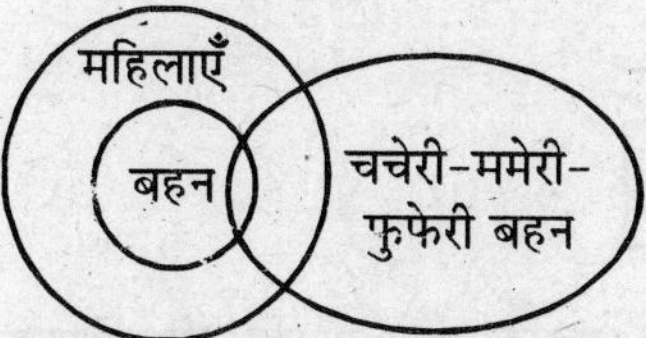


सभी बहनें महिलाएँ होती हैं। कुछ महिलाएँ जो बहनें हैं, चचेरी-ममेरी-फुफेरी बहनें हो सकती हैं या सभी चचेरी-ममेरी-फुफेरी बहनें कुछ महिलाएँ हैं।

**7. (*e*) :**

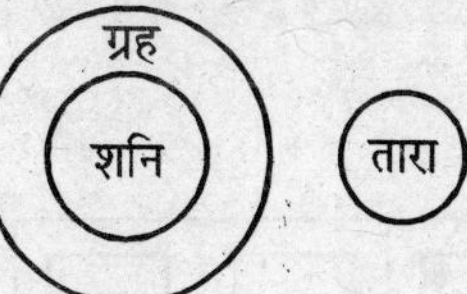


शनि एक ग्रह है। सौरमंडल के ग्रहों में एक ग्रह शनि है। तारा एक भिन्न वर्ग है।

**8. (*b*) :**

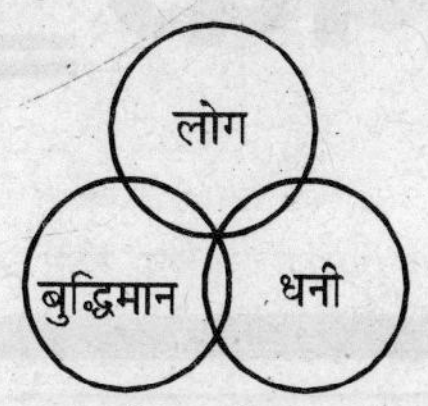


कुछ लोग बुद्धिमान हो सकते हैं और कुछ धनी हो सकते हैं तथा कुछ बुद्धिमान और धनी व्यक्ति लोगों की श्रेणी में शामिल हैं। कुछ बुद्धिमान धनी हो सकते हैं और कुछ बुद्धिमान व्यक्ति लोगों की श्रेणी में शामिल है या कुछ धनी बुद्धिमान हो सकते हैं और कुछ लोगों को बुद्धिमान कहा जा सकता है।

**9. (*c*) :**

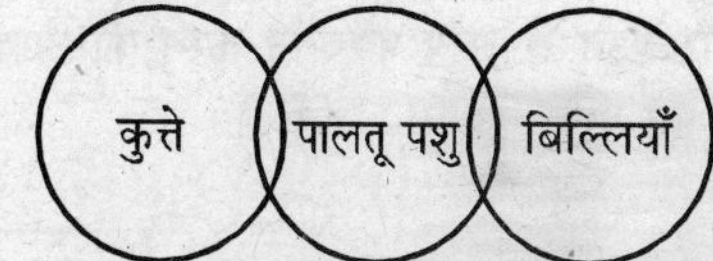


पालतू पशुओं में कुछ कुत्ते और कुछ बिल्लियाँ हो सकती हैं। कुछ कुत्ते और बिल्लियों को पालतू बनाया जा सकता है। किंतु कुत्ते और बिल्लियों का अलग-अलग वर्ग है।

**10. (*b*) :**

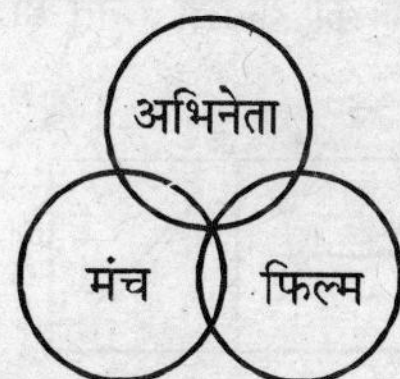


कुछ अभिनेता मंच से जुड़े होते हैं और कुछ फिल्मों से तथा मंच से जुड़े कुछ कलाकार और फिल्म से जुड़े कुछ कलाकार अभिनेता की श्रेणी में आते हैं।

# अभाषिक श्रृंखला (SERIES)

इस प्रकार की अभाषिक श्रृंखला (Non-Verbal Series) में, जो सर्वाधिक सामान्य प्रकार की श्रृंखला होती है, चार या पांच आनुक्रमिक प्रश्न आकृतियां एक निश्चित अनुक्रम निर्मित करते हैं और अभ्यर्थियों को दी गई उत्तर आकृतियों के सेट से उस एक आकृति का चयन करना होता है जिससे प्रश्न आकृतियों के समुच्चय की श्रृंखला सतत् हो जाए।

अभ्यर्थियों को प्रश्न आकृतियों के समुच्चय की श्रृंखला सतत् बनाने के लिए विभिन्न क्रियाएं, परिवर्तन, विस्थापन, क्रमावर्तन, पुनरावर्तन और बहुत से अन्य परिवर्तन करने की आवश्यकता होती है। निरंतर अभ्यास द्वारा श्रृंखला विषयक समस्याओं को हल करने में निपुणता प्राप्त की जा सकती है।

## हल किए गए उदाहरण

नीचे पूछे गए प्रत्येक प्रश्न में उत्तर आकृतियों के समुच्चय से उस एक आकृति का चयन करें जिसे प्रश्न आकृतियों के बाद में रखने पर प्रश्न आकृतियों के समुच्चय की श्रृंखला सतत् हो जाए।

**1. प्रश्न आकृतियां**

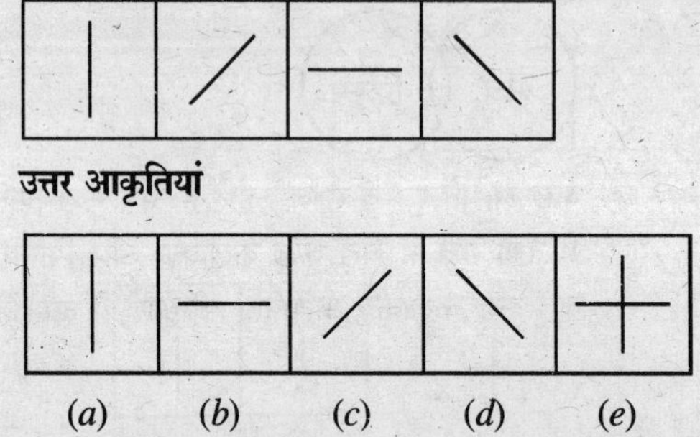

**उत्तर आकृतियां**

(*a*) (*b*) (*c*) (*d*) (*e*)

**उत्तर (*a*):** सभी आकृतियों में समान आकार की सीधी सरल रेखाएं दी गई हैं। उनकी दिशाएं और स्थिति परिवर्तित होती हैं। पहली आकृति में रेखा ऊर्ध्वाधर स्थिति में है। दूसरी आकृति में रेखा दक्षिणावर्त 45° के कोण से मुड़ जाती है और तीसरी आकृति में रेखा दक्षिणावर्त और 45° के कोण से मुड़ जाती है तथा चौथी आकृति में रेखा दक्षिणावर्त और 45° के कोण से मुड़ जाती है। अतः दो बातें स्पष्ट होती हैं: (i) रेखा दक्षिणावर्त घूमती है, और (ii) रेखा प्रत्येक चरण पर 45° के कोण से मुड़ती है।

अब चौथी आकृति (प्रश्न आकृति) भी दक्षिणावर्त 45° के कोण से मुड़नी चाहिए। अतः पांचवीं आकृति एक ऊर्ध्वाधर (उदग्र) रेखा होगी। इस प्रकार हमें ज्ञात होता है कि श्रृंखला को सतत् बनाने के लिए अगली आकृति एक ऊर्ध्वाधर या उदग्र सरल रेखा होगी।

**2. प्रश्न आकृतियां**

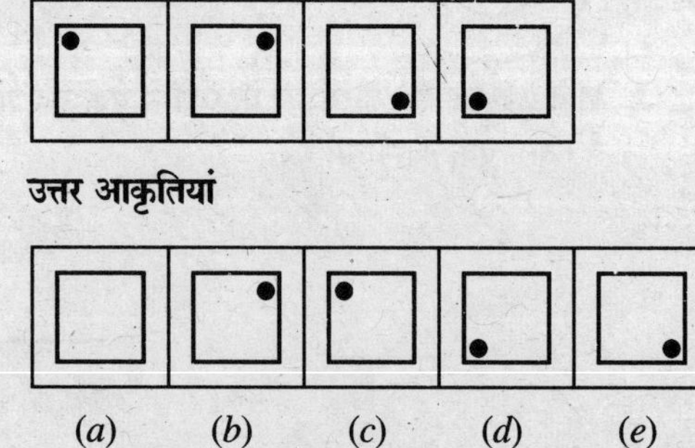

**उत्तर आकृतियां**

(*a*) (*b*) (*c*) (*d*) (*e*)

**उत्तर (*c*):** सभी चारों आकृतियां वर्ग हैं। जिनमें से प्रत्येक के भीतर एक काला बिंदु है। आकृतियों में वर्ग की अवस्थिति में परिवर्तन नहीं होता है बल्कि बिंदु की स्थिति परिवर्तित होती है। पहली आकृति में बिन्दु वर्ग के भीतर ऊपरी बाएं कोने पर अवस्थित है और दूसरी आकृति में बिन्दु वर्ग के भीतर ऊपरी दाएं

कोने पर पहुंच जाती है। तीसरी आकृति में बिन्दु निचले दाहिने कोने पर और चौथी आकृति में निचले बाएं कोने पर पहुंच जाती है। अतः दो तथ्यों का पता चलता हैः (i) बिन्दु की अवस्थिति बाएं से दाएं अर्थात् दक्षिणावर्त परिवर्तित होती है, और (ii) यह प्रत्येक चरण पर वर्ग के एक कोने से दूसरे कोने पर पहुंच जाती है।

चौथी आकृति (प्रश्न आकृति) में बिन्दु निचले बाएं कोने पर अवस्थित है। अगले चरण में यह दक्षिणावर्त अगले कोने पर अर्थात् ऊपरी बाएं कोने पर पहुंच जाएगी। अतः प्रश्न आकृति में दी गई शृंखला को सतत् बनाने के लिए शृंखला की अगली अर्थात् पांचवीं आकृति में एक वर्ग होगा जिसके ऊपरी बाएं कोने पर एक बिन्दु अवस्थित होगा।

## अभ्यास

**निर्देश ( प्र.सं. 1–30 ):** *नीचे के प्रत्येक प्रश्न में आकृतियों के दो समुच्चय दिए गए हैं जिनमें से एक समुच्चय को* **प्रश्न आकृतियों** *का समुच्चय और दूसरे समुच्चय को* **उत्तर आकृतियों** *का समुच्चय कहा गया है। प्रश्न आकृतियों के समुच्चय से किसी न किसी प्रकार से एक शृंखला बनती है। उत्तर आकृतियों के समुच्चय से उस एक आकृति का चयन करें जिससे प्रश्न आकृतियों के समुच्चय की शृंखला संतत हो जाए।*

**1. प्रश्न आकृतियां**

**उत्तर आकृतियां**

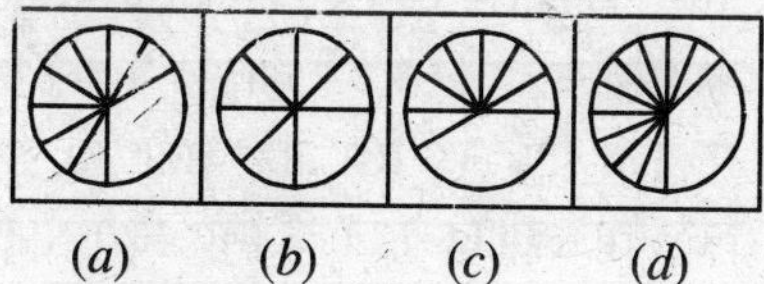

(a) (b) (c) (d)

**2. प्रश्न आकृतियां**

**उत्तर आकृतियां**

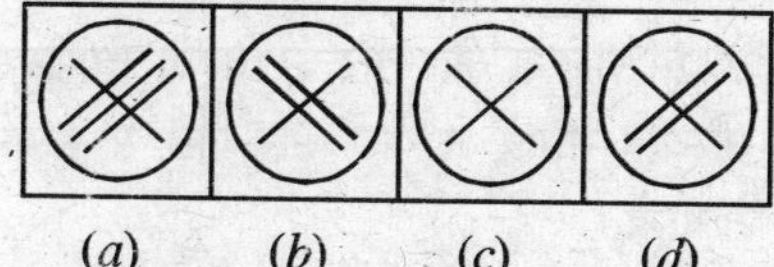

(a) (b) (c) (d)

**3. प्रश्न आकृतियां**

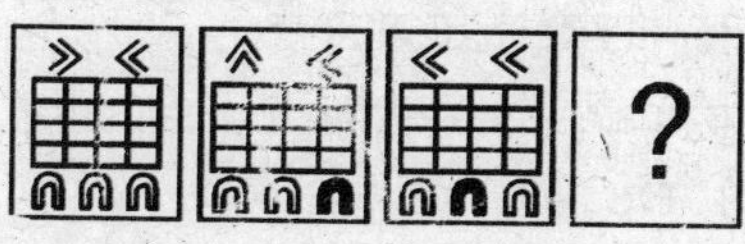

**उत्तर आकृतियां**

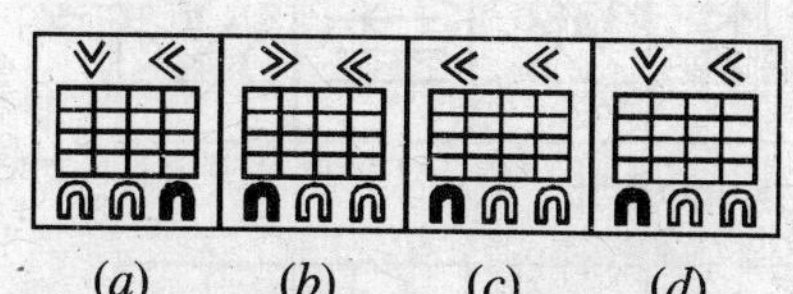

(a) (b) (c) (d)

**4. प्रश्न आकृतियां**

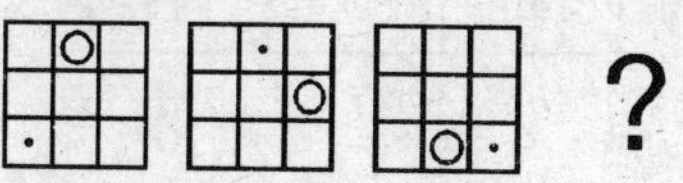

**उत्तर आकृतियां**

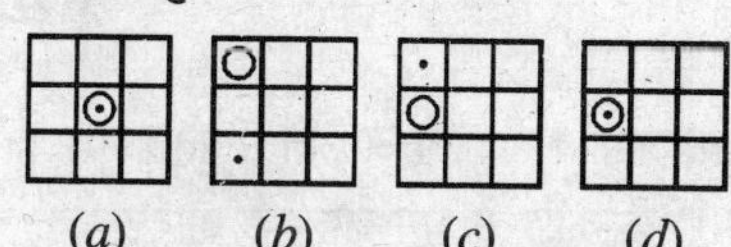

(a) (b) (c) (d)

**5. प्रश्न आकृतियां**

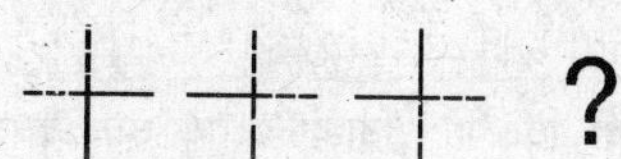

**उत्तर आकृतियां**

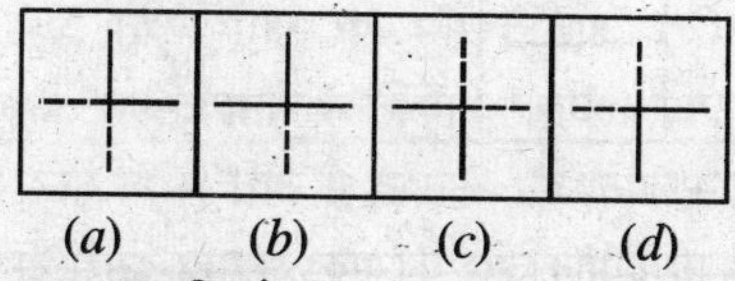

(a) (b) (c) (d)

**6. प्रश्न आकृतियां**

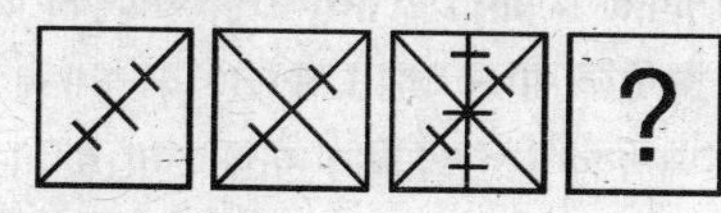

**उत्तर आकृतियां**

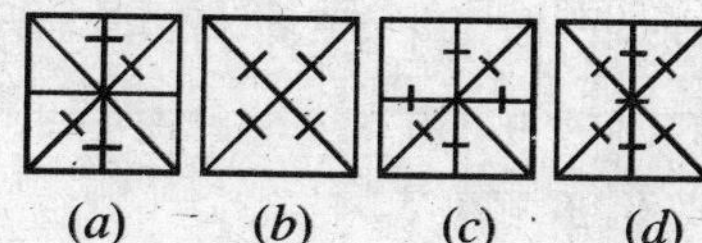

(a) (b) (c) (d)

**7. प्रश्न आकृतियां**

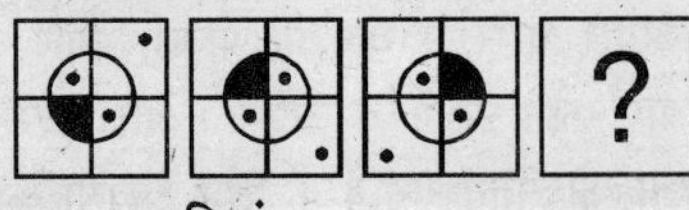


**उत्तर आकृतियां**

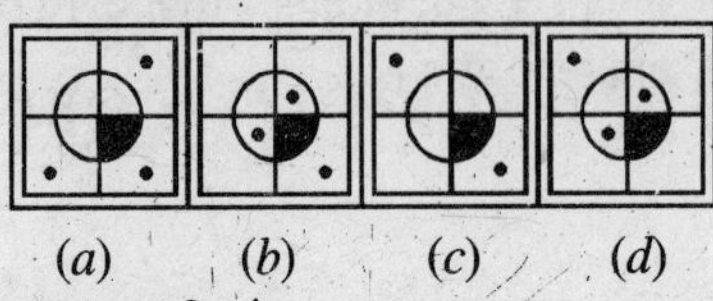


**8. प्रश्न आकृतियां**

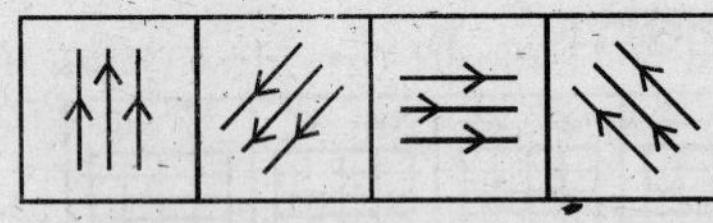

**उत्तर आकृतियां**

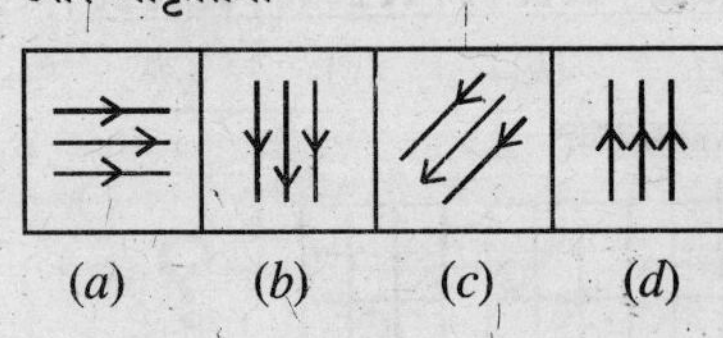


**9. प्रश्न आकृतियां**

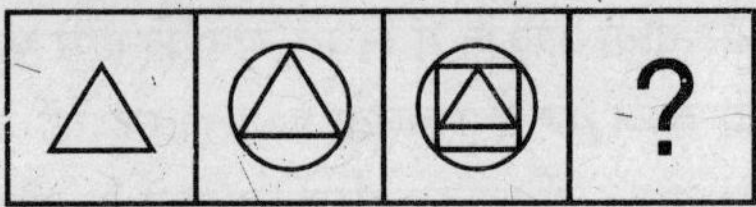


**उत्तर आकृतियां**

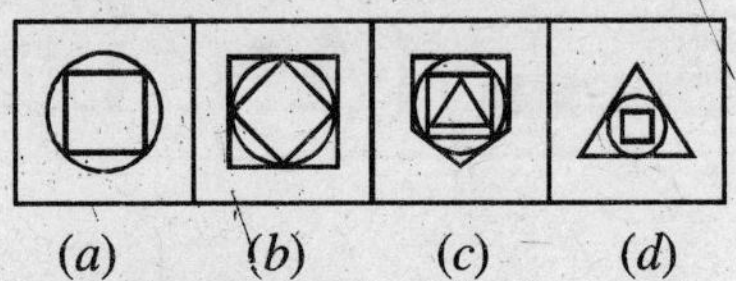


**10. प्रश्न आकृतियां**

?

**उत्तर आकृतियां**

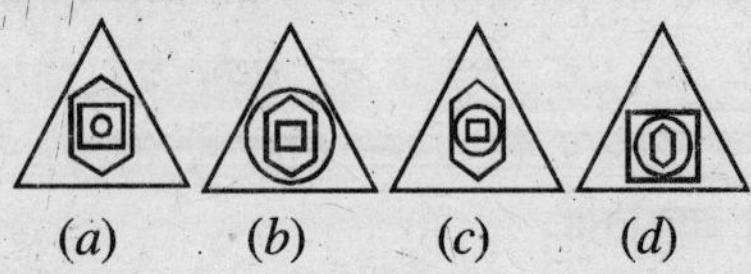


## व्याख्यात्मक उत्तर

**1. (*c*) :** एक आकृति से दूसरी आकृति में वृत्त क्रमशः दक्षिणावर्त 30° के कोण से घूम जाता है और प्रत्येक चरण में वृत्त के भीतर स्थित एक त्रिज्यीय रेखाखण्ड लुप्त होता जाता है।

**2. (*d*) :** तिरछे या विकर्णी रेखाखण्ड एक-एक करके एक निश्चित क्रम में लुप्त होते जाते हैं।

**3. (*d*) :** पहली आकृति में ऊपर बाएं स्थित >> अवयव क्रमशः अगली आकृति में वामावर्त 90° के कोण से घूम जाता है। आकृति में नीचे स्थित तीन अवयवों में से दाहिने ओर का एक अवयव दूसरी आकृति में छायांकित हो जाता है तथा उसके बाद की आकृति में इन तीनों में से दाहिने से बाएं के क्रम में केवल एक अवयव ही छायांकित होता जाता है।

**4. (*d*) :** वृत्त (गोल घेरा) और बिंदु अगली आकृति में दक्षिणावर्त क्रमशः दो और तीन खंड आगे खिसक जाते हैं।

**5. (*a*) :** प्रत्येक चरण में क्रॉस का चिह्न दक्षिणावर्त 90° के कोण से घूम जाता है।

**6. (*a*) :** पहली आकृति में विकर्ण पर बीच में स्थित रेखाखण्ड दूसरी आकृति में आगे बढ़कर वर्ग के सम्मुख कोनों को स्पर्श करता है। अगली आकृति में तीन रेखाखण्डों से युक्त एक नई रेखा जुड़ जाती है। शृंखला में निरंतरता स्थापित करने के लिए मध्यस्थ रेखाखण्ड को आगे बढ़ाकर वर्ग की भुजाओं से स्पर्श कराया जाना चाहिए।

**7. (*d*) :** प्रत्येक चरण पर संपूर्ण आकृति दक्षिणावर्त 90° के कोण से घूम जाती है।

**8. (*b*) :** एकांतर आकृतियों में तीर दक्षिणावर्त 90° के कोण से घूम जाते हैं और तीर के चिह्नों (वाणमुखों) की संस्थिति सामने से पीछे और पीछे से सामने होती जाती है।

**9. (*c*) :** प्रत्येक चरण पर पूर्ववर्ती आकृति-समुच्चय में एक नई आकृति जुड़ती जाती है।

**10. (*a*) :** पहली आकृति में सबसे बाहरी संरचना अगली आकृति में सबसे भीतर चली जाती है।

# सादृश्य या संबंध

# (ANALOGIES OR RELATIONSHIPS)

अभाषिक सादृश्य के प्रश्नों में दो प्रकार की आकृतियां दी जाती हैं जो (i) प्रश्न आकृतियां और (ii) उत्तर आकृतियां कहलाती हैं। प्रश्न आकृतियां दो भागों में विभाजित होती हैं। प्रश्न आकृतियों के नीचे उत्तर आकृतियां दी जाती है।

## हल किए गए उदाहरण

**1. प्रश्न आकृतियां**

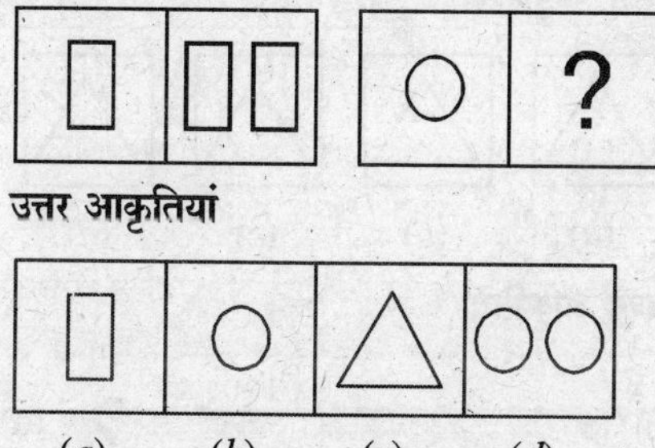


**उत्तर** (*d*)**:** ऊपर दी गई प्रश्न आकृतियों के दो भाग हैं। पहले भाग में दो आकृतियां हैं जबकि दूसरे भाग में एक आकृति दी गई है जिसके बाद एक प्रश्न चिह्न (?) है। पहले भाग की आकृतियों के बीच एक विशेष संबंध है जिसके आधार पर दूसरे भाग की आकृतियों के बीच संबंध स्थापित किया जाना है।

प्रश्न आकृतियों के पहले भाग की दो आकृतियों में क्रमशः एक और दो आयत निहित हैं। पहली आकृति में एक आयत है जबकि दूसरी आकृति में दो आयत हैं। इसका अर्थ है कि उनके बीच संबंध यह है कि दूसरी आकृति में पहली आकृति में निहित आयत की संख्या की दोगुनी संख्या में आयत हैं।

दूसरे भाग की दोनों प्रश्न आकृतियों के बीच भी ठीक उसी प्रकार का संबंध होना आवश्यक है जैसा संबंध पहले भाग की दो प्रश्न आकृतियों के बीच है अर्थात् इस सादृश्य के आधार पर जबकि दूसरे भाग में पहली प्रश्न आकृति एक वृत्त है तो दूसरी प्रश्न आकृति में वृत्तों की संख्या दोगुनी अर्थात् 2 होगी।

**2. प्रश्न आकृतियां**

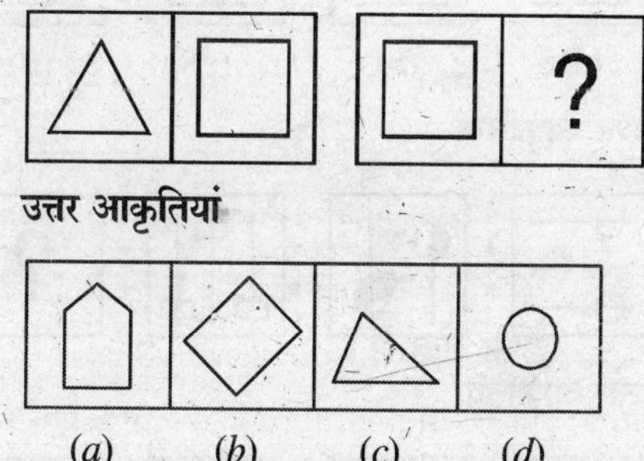


**उत्तर** (*a*)**:** प्रश्न आकृतियों के पहले भाग में दी गई दोनों आकृतियों को देखें। पहली आकृति में एक त्रिभुज और दूसरी आकृति में एक वर्ग है। पहली आकृति (त्रिभुज) में तीन भुजाएं और तीन कोण हैं जबकि दूसरी आकृति (वर्ग) में चार भुजाएं और चार कोण हैं। इन दोनों आकृतियों के बीच संबंध यह है कि दूसरी आकृति में पहली आकृति की तुलना में एक भुजा और एक कोण अधिक है।

इस सादृश्य संबंध के आधार पर प्रश्न चिह्न (?) के स्थान पर रखी जाने वाली आकृति पाँच भुजाओं और पाँच कोणों वाली आकृति होनी चाहिए (जिसमें प्रश्न आकृतियों के दूसरे भाग की पहली आकृति से एक भुजा और एक कोण अधिक हो)।

# अभ्यास

**निर्देश ( प्र.सं. 1–20 ):** *प्रश्न आकृतियों में :: चिह्न के बाएं दी गई दो आकृतियों में से दूसरी आकृति का पहली आकृति के साथ एक विशेष संबंध है। :: चिह्न की दाईं ओर की दो आकृतियों के बीच भी ऐसा ही संबंध है। दिए गए विकल्पों से उस आकृति का चयन करें जिसे प्रश्न आकृतियों में प्रश्न चिह्न के स्थान पर रखा जा सकता है और जिसका :: चिह्न की दाईं ओर की पहली आकृति के साथ ठीक वैसा ही संबंध है जैसा कि :: चिह्न की बाईं ओर की दो आकृतियों के बीच है।*

**1. प्रश्न आकृतियां**

**उत्तर आकृतियां**

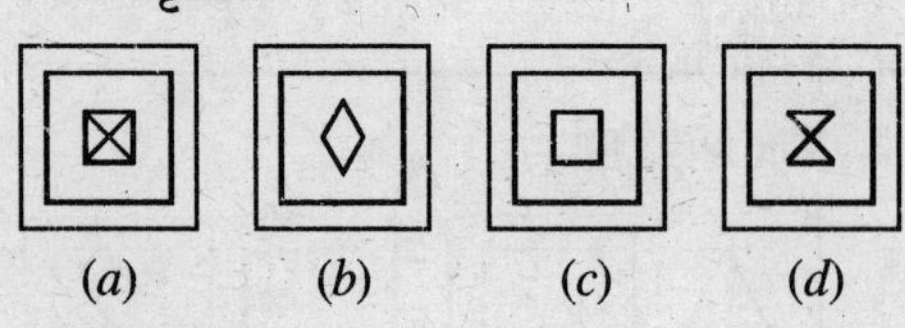

(*a*) (*b*) (*c*) (*d*)

**2. प्रश्न आकृतियां**

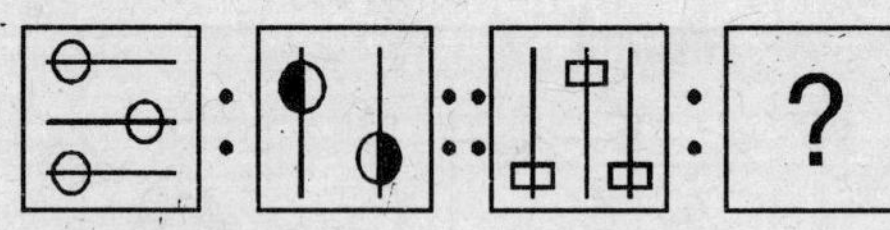

**उत्तर आकृतियां**

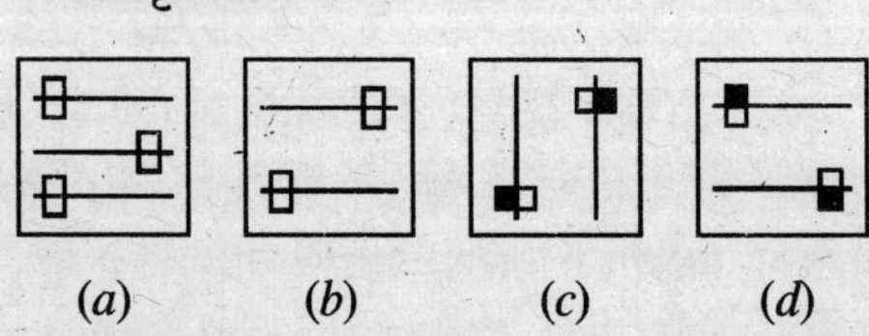

(*a*) (*b*) (*c*) (*d*)

**3. प्रश्न आकृतियां**

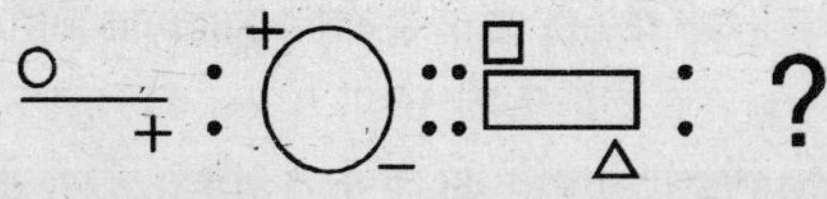

**उत्तर आकृतियां**

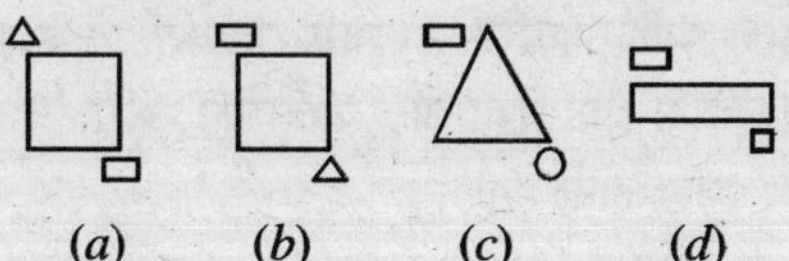

(*a*) (*b*) (*c*) (*d*)

**4. प्रश्न आकृतियां**

**उत्तर आकृतियां**

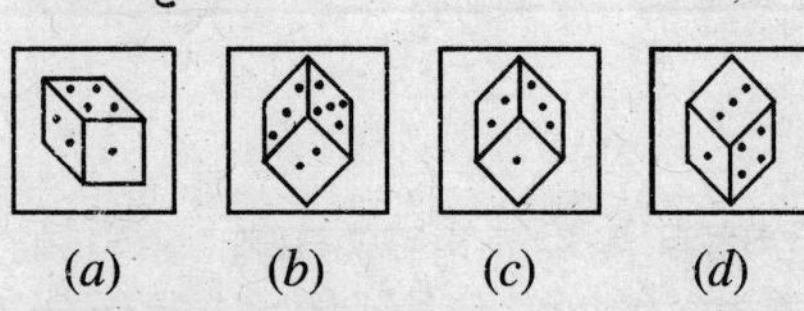

(*a*) (*b*) (*c*) (*d*)

**5. प्रश्न आकृतियां**

**उत्तर आकृतियां**

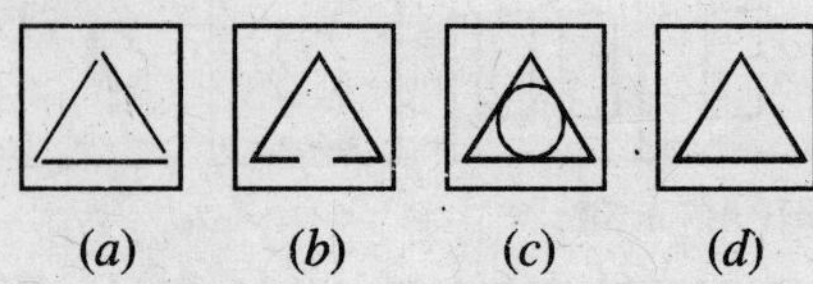

(*a*) (*b*) (*c*) (*d*)

**6. प्रश्न आकृतियां**

**उत्तर आकृतियां**

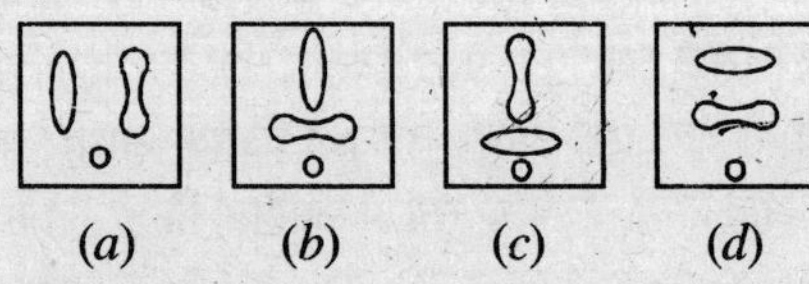

(*a*) (*b*) (*c*) (*d*)

**7. प्रश्न आकृतियां**

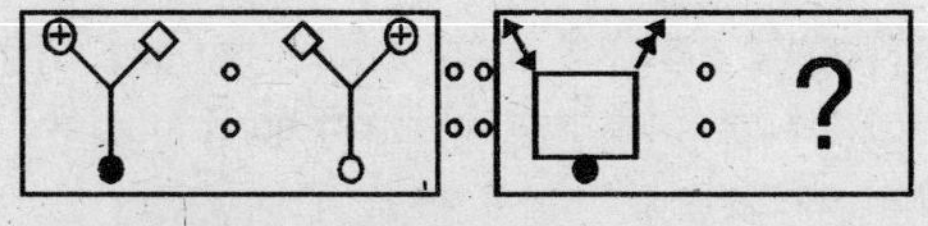

**उत्तर आकृतियां**

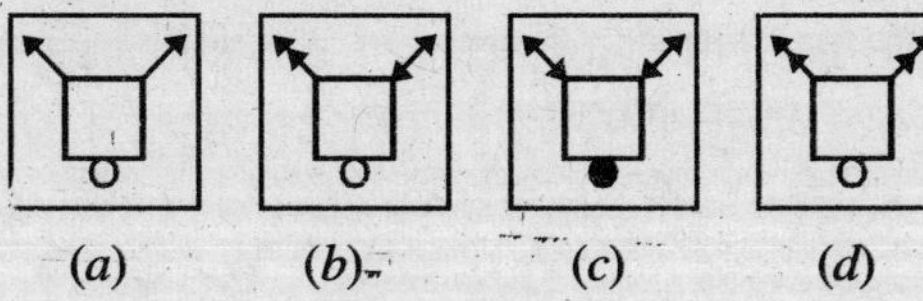

(*a*) (*b*) (*c*) (*d*)

**8. प्रश्न आकृतियां**

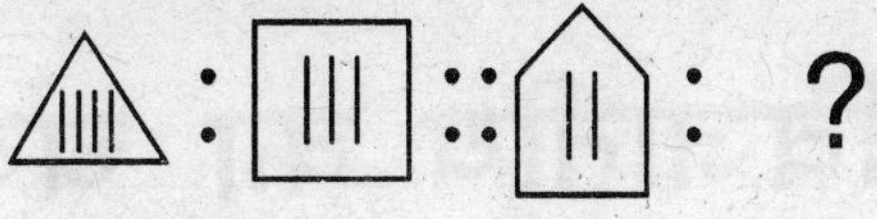

**उत्तर आकृतियां**

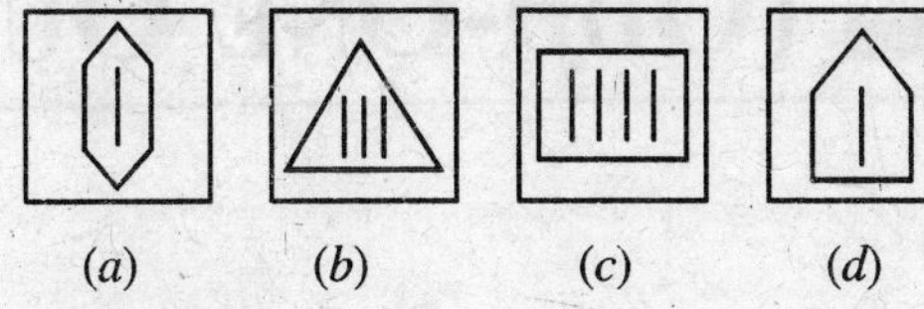

(*a*) (*b*) (*c*) (*d*)

**9. प्रश्न आकृतियां**

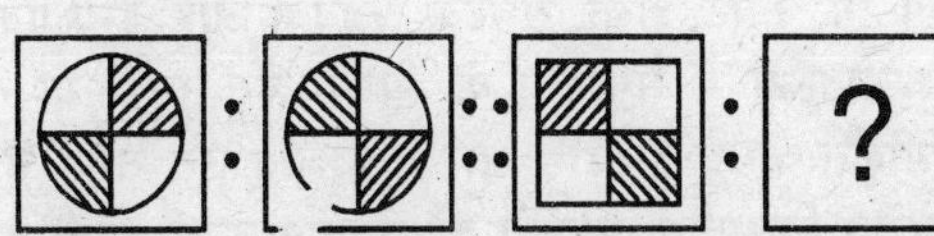

**उत्तर आकृतियां**

(*a*) (*b*) (*c*) (*d*)

**10. प्रश्न आकृतियां**

**उत्तर आकृतियां**

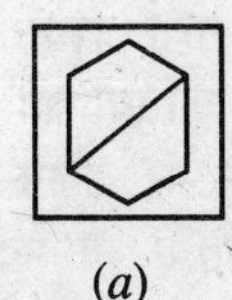
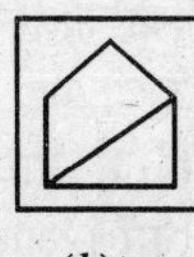
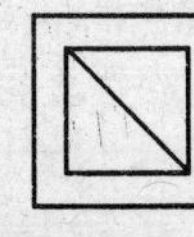
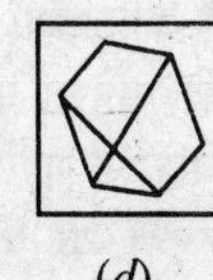

(*a*) (*b*) (*c*) (*d*)

## व्याख्यात्मक उत्तर

**1. (*d*) :** पहली आकृति का त्रिभुज दूसरी आकृति में बीच में आ जाता है। इसी प्रकार शीर्ष पर जुड़े दो त्रिभुज भी उत्तर आकृति में बीच में आ जाते हैं।

**2. (*d*) :** पहली आकृति का संपूर्ण डिजाइन दूसरी आकृति में दक्षिणावर्त 90° के कोण से घूम जाता है और उसका एक अवयव लुप्त हो जाता है तथा रेखिका से जुड़े अवयव के परस्पर विपरीत दिशा वाले हिस्से छायांकित हो जाते हैं।

**3. (*a*) :** पहली आकृति से दूसरी आकृति में दाईं ओर नीचे का अवयव विकर्णतः सम्मुख कोने पर चला जाता है, बाईं ओर ऊपर का अवयव बड़ा हो जाता है और बीच में आ जाता है तथा बीच का अवयव छोटा होकर नीचे दाएँ कोने पर आ जाता है।

**4. (*c*) :** पहली आकृति से दूसरी आकृति में पाशे के फलक पर अंकित आकृति ऊपर से नीचे आ जाती है। दाहिनी ओर का डिजाइन अपरिवर्तित रहता है। जबकि बाईं ओर का डिजाइन बदल जाता है।

**5. (*d*) :** पहली आकृति में भीतर का अवयव दूसरी आकृति में लुप्त हो जाता है।

**6. (*b*) :** पहली आकृति के दो आधे अवयव दूसरी आकृति में ऊर्ध्वाधरतः पलट कर आपस में जुड जाते हैं और इस प्रकार निर्मित नया अवयव ऊपर शीर्ष पर पहुँच जाता है। पहली आकृति के दो क्षैतिजतः अवस्थित वक्र परस्पर जुड़कर एक नया अवयव निर्मित करते हैं और दूसरी आकृति में बीच में आ जाते हैं। पहली आकृति में दाएँ और बाएँ छोरों के दो सदृश अवयवों में से एक अवयव दूसरी आकृति में नीचे आ जाता है।

**7. (*b*) :** दूसरी आकृति में ऊपर के दो अवयव अपना स्थान बदल कर एक दूसरे के स्थान पर आ जाते हैं और वृत्त के भीतर का छायांकित भाग छायारहित हो जाता है।

**8. (*a*) :** पहली आकृति से दूसरी आकृति में एक ऊर्ध्वाधरतः रेखा कम हो जाती है और आकृति को निर्मित करने वाली रेखाओं की संख्या में एक की वृद्धि होती है।

**9. (*a*) :** पहली आकृति को वामावर्त 90° के कोण से घुमाने पर दूसरी आकृति प्राप्त होती है।

**10. (*a*) :** पहली आकृति से दूसरी आकृति में आकृति को निर्मित करने वाली रेखाओं की संख्या में एक की वृद्धि होती है।

# विजातीय का चयन
# (ODD-ONE OUT)

अभाषिक वर्गीकरण संबंधी तर्कबुद्धि परीक्षण विषयक प्रश्नों में आकृतियों का एक समूह दिया जाता है तथा अभ्यर्थियों से यह अपेक्षा की जाती है कि वे दी गई आकृतियों को उनके विशिष्ट गुणों या विशेषताओं के आधार पर अलग-अलग समूहों या वर्गों में वर्गीकृत करें। आकृतियों या मदों को उनकी बनावट, आकार, प्रतिरूप, संरचना, प्रकार, क्रम, रूप-रंग, कोटि, शैली, संघटक अवयवों और अन्य प्रकार की विशेषताओं में समानता के आधार पर समूहों या वर्गों में वर्गीकृत करना होता है और तत्पश्चात् उस समूह से भिन्न अर्थात् विजातीय आकृति की पहचान करनी होती है।

## भाग–I

अभाषिक वर्गीकरण के इस प्रकार के प्रश्नों में प्रश्न आकृतियों और उत्तर आकृतियों के रूप में आकृतियों के दो समुच्चय नहीं दिए जाते बल्कि इनमें चार या पाँच आकृतियों का केवल एक ही समुच्चय दिया जाता है जिन्हें प्रश्न आकृतियाँ कहते हैं। इन प्रश्न आकृतियों में से एक आकृति शेष चार आकृतियों के समान या उनके सदृश नहीं होती। दूसरे शब्दों में तीन या चार आकृतियाँ किसी न किसी रूप में आपस में संबंधित होते हुए एक समूह बनाती हैं जबकि शेष केवल एक आकृति ही अन्यों से भिन्न अथवा विजातीय होता है जिसकी पहचान की जानी होती है।

## हल किए गए उदाहरण

**1.** 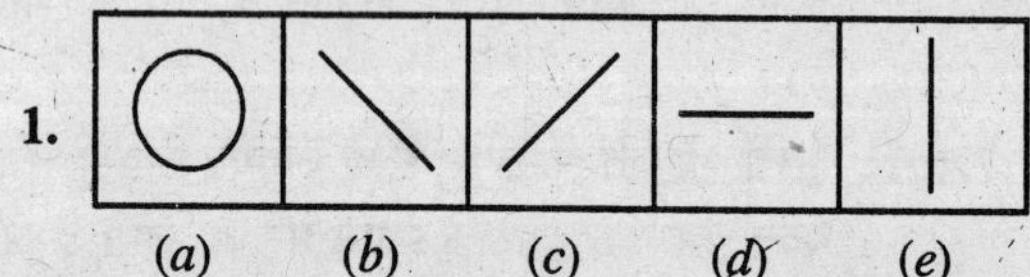

(*a*) (*b*) (*c*) (*d*) (*e*)

**उत्तर** (*a*)**:** दी गई आकृतियों में (*a*) एक वृत्त है जबकि (*b*), (*c*), (*d*) और (*e*) भिन्न-भिन्न दिशाओं को इंगित करने वाली सरल रेखाएं हैं। यहाँ ध्यान दें कि दी गई पाँच आकृतियों में से चार आकृतियों (*b*), (*c*), (*d*) और (*e*) में से प्रत्येक में एक सामान्य (सर्वनिष्ठ) विशेषता यह है कि ये सभी सरल रेखाएं हैं जो भिन्न-भिन्न दिशाओं को इंगित करती हैं, अतः ये चारों आकृतियां एक समूह या वर्ग निर्मित करती हैं। इन आकृतियों के विपरीत (*a*) एक वृत्त है जो अन्य आकृतियों से भिन्न अथवा विजातीय है।

अतः आकृति (*a*) समूह में शामिल न होने वाली आकृति अर्थात् एक विजातीय आकृति है।

**2.** 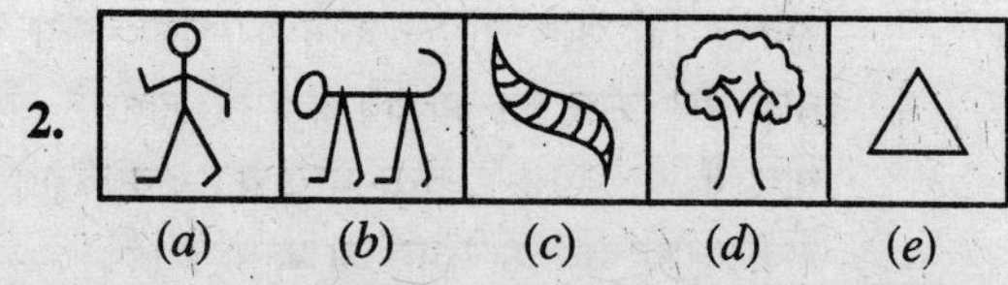

(*a*) (*b*) (*c*) (*d*) (*e*)

**उत्तर** (*e*)**:** आकृति (*a*) एक मानव आकृति है, (*b*) एक चौपाया पशु की आकृति है, (*c*) एक कीट, (*d*) एक पेड़ और (*e*) एक त्रिभुज है। इन पाँच अवयवों में से चार में एक सर्वनिष्ठ विशेषता है और वह यह है कि (*a*), (*b*), (*c*) और (*d*) (मानव, पशु, कीट और पेड़) सजीव जगत् से संबंधित हैं।

आकृति (*e*) एक त्रिभुज है और यह सजीव जगत् से संबंधित नहीं है। अतः आकृति (*e*) इस समूह में शामिल नहीं है।

## अभ्यास

**निर्देश ( प्र.सं. 1–20 ):** *नीचे के प्रत्येक प्रश्न में एक आकृति को छोड़कर अन्य सभी आकृतियाँ किसी-न-किसी रूप में आपस में संबंधित हैं और इस कारण वे एक समूह बनाती हैं। प्रत्येक प्रश्न में उस एक भिन्न आकृति का चयन करें जो अन्यों से संबंधित नहीं है अर्थात् जो भिन्न अथवा विजातीय है।*

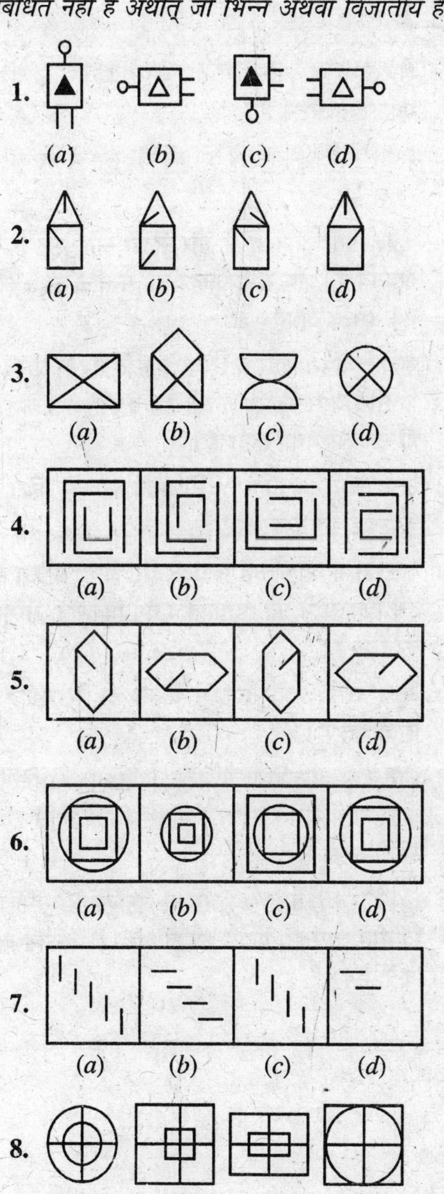


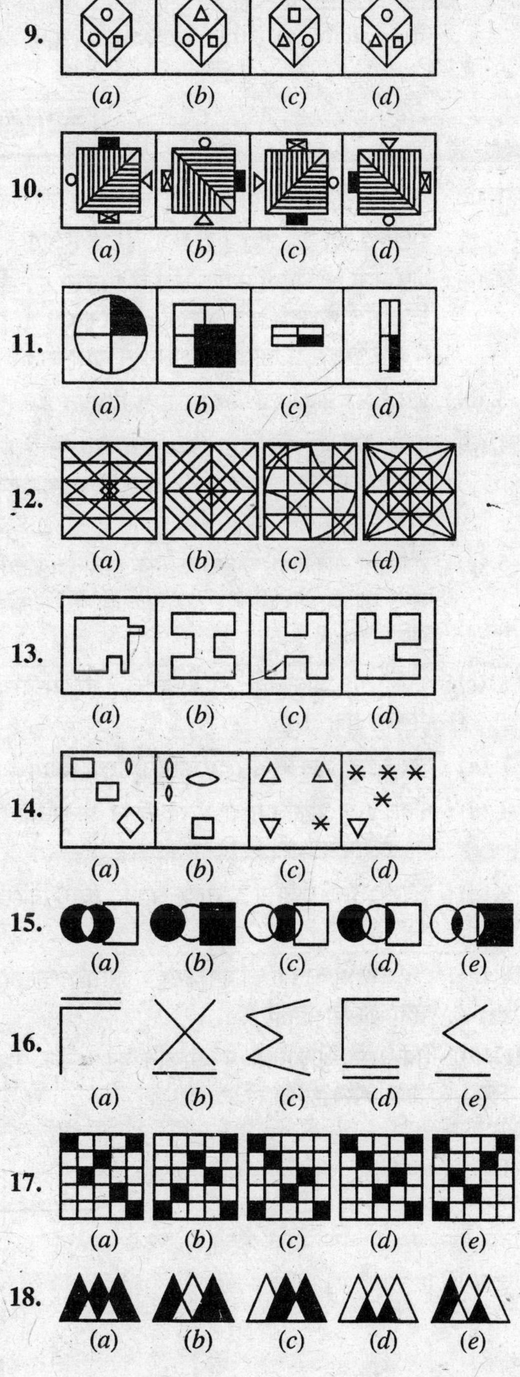

19. 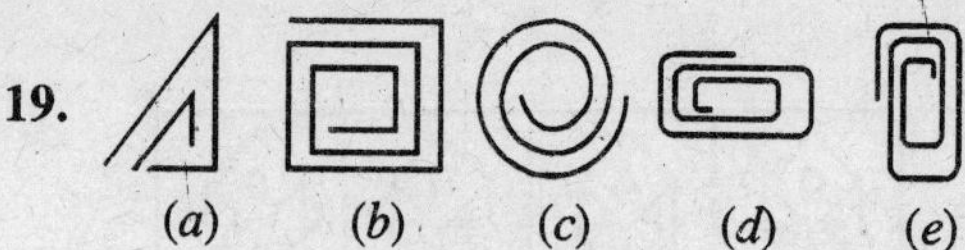

(a) (b) (c) (d) (e)

20. 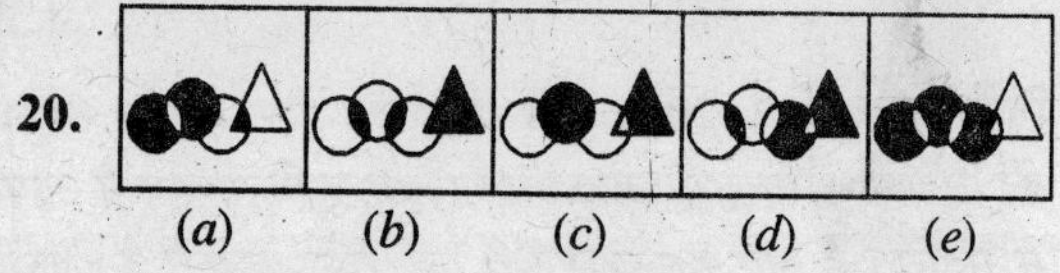

(a) (b) (c) (d) (e)

## व्याख्यात्मक उत्तर

**1. (*c*) :** अन्य सभी आकृतियों में वृत्त युक्त रेखा और दो रेखाखंड वर्ग की सम्मुख भुजाओं पर अवस्थित हैं।

**2. (*c*) :** शेष सभी आकृतियों में एक रेखा के सिरों से एक ही दिशा में दो रेखाखंड खींचे जाते हैं। इस आकृति '(*c*)' में दो रेखाखंड दो विपरीत दिशाओं में खींचे जाते हैं।

**3. (*c*) :** शेष सभी आकृतियाँ चार भागों में विभक्त हैं।

**4. (*d*) :** केवल इसी आकृति में ही आकृति के मध्य में स्थित अवयव और दो अवयवों के बीच में स्थित अवयव परस्पर विपरीत दिशाओं में हैं।

**5. (*c*) :** शेष सभी आकृतियों को घुमा कर एक दूसरी आकृतियाँ प्राप्त की जा सकती हैं। इस आकृति में रेखाखंड गलत दिशा में है।

**6. (*c*) :** शेष सभी आकृतियों में बीच का और मध्यस्थ अवयव एक से हैं।

**7. (*a*) :** केवल इसी आकृति में रेखाखंडों की संख्या विषम है।

**8. (*d*) :** केवल इसी आकृति में दो अलग-अलग आकृतियाँ हैं जो दो समान भागों में विभाजित हैं।

**9. (*a*) :** केवल इसी आकृति में दो सदृश अवयव (वृत्त) निहित हैं।

**10. (*c*) :** शेष सभी आकृतियों को घुमाकर एक-दूसरी आकृतियाँ प्राप्त की जा सकती हैं।

**11. (*b*) :** शेष सभी आकृतियों में आकृति का केवल एक चौथाई भाग ही छायांकित है।

**12. (*c*) :** शेष सभी आकृतियों में वर्ग के सभी चारों खण्डों में एक जैसा पैटर्न है।

**13. (*a*) :** शेष सभी आकृतियों में वर्ग की दो भुजाओं पर कटान सदृश हैं।

**14. (*d*) :** केवल इसी आकृति में चार सदृश और एक भिन्न अवयव हैं। शेष सभी आकृतियों में तीन सदृश और एक भिन्न अवयव हैं।

**15. (*d*) :** आकृतियाँ (*a*) और (*e*) तथा आकृतियाँ (*b*) और (*c*) विपरीत युग्म निर्मित करती हैं। केवल आकृति (*d*) ही अकेला बचा रहता है।

**16. (*c*) :** अन्य सभी आकृतियाँ दक्षिणावर्त 90° के कोण से घूमी हुई रोमन संख्याएं हैं।

**17. (*d*) :** अन्य सभी आकृतियों में सदृश वर्ग ही छायांकित है। इस विकल्प में एक छायांकित वर्ग विकर्णतः सम्मुख कोने में है।

**18. (*a*) :** अन्य सभी आकृतियों में केवल दो रेखाखंड ही छायांकित हैं।

**19. (*d*) :** शेष सभी आकृतियों में पैटर्न (प्रतिरूप) को निर्मित करने वाली रेखाएं बाहर से भीतर की ओर दक्षिणावर्त खीची जाती हैं।

**20. (*c*) :** (*a*) और (*d*) तथा (*b*) और (*e*) आकृतियाँ सुमेलित विपरीत युग्म हैं। केवल आकृति (*c*) ही अकेली बच जाती है।

# गणित

# 1

# संख्या प्रणाली
# (NUMBER SYSTEM)

किसी व्यंजक को हल करते समय अंग्रेजी अक्षर 'BODMAS' का ध्यान रखा जाता है:

B = Bracket (कोष्ठक)

O = Of (का)

D = Division (भाग)

M = Multiplication (गुणा)

A = Addition (जोड़)

S = Subtraction (घटाव)

अर्थात् किसी व्यंजक में बहुत-सी क्रियाएँ एक साथ करनी हो तो इस नियम के अनुसार पहले कोष्ठक, फिर 'का', फिर भाग, फिर गुणा, फिर जोड़, घटाव की जाती है।

कोष्ठक को हल करते समय सर्वप्रथम रेखा कोष्ठक (–) फिर छोटा कोष्ठक, फिर मंझला कोष्ठक, फिर बड़ा कोष्ठक हल किया जाता है।

कुछ महत्त्वपूर्ण सूत्र

(1) $(a + b)^2 = a^2 + 2ab + b^2$

(2) $(a - b)^2 = a^2 - 2ab + b^2$

(3) $a^2 - b^2 = (a + b)(a - b)$

(4) $a^2 + b^2 = (a + b)^2 - 2ab = (a - b)^2 + 2ab$

(5) $a^3 + b^3 = (a + b)(a^2 - ab + b^2)$

(6) $a^3 - b^3 = (a - b)(a^2 + ab + b^2)$

(7) $(a + b)^3 = a^3 + 3ab(a + b) + b^3$

(8) $(a - b)^3 = a^3 - 3ab(a - b) - b^3$

(9) $a^3 + b^3 + c^3 - 3abc = (a + b + c)(a^2 + b^2 + c^2 - ab - bc - ca)$

(10) $(a + b)^2 = (a - b)^2 + 4ab$

(11) $(a - b)^2 = (a + b)^2 - 4ab$

## संख्याएँ, जोड़, घटाव, गुणा और भाग

जिन संख्याओं में वस्तुओं की गणना की जाती है, उन्हें प्राकृतिक संख्याएँ कहते हैं। जैसे: 1, 2, 3 आदि । शून्य को प्राकृतिक संख्या नहीं माना जाता है।

जो संख्या 2 से पूर्णतः विभाजित हो जाती हैं, **सम संख्याएँ** कहलाती हैं और जो 2 से विभाजित नहीं होती हैं उनको **विषम संख्या** कहते हैं।

**अभाज्य संख्याएँ:** वे संख्याएँ जिनके केवल दो ही गुणनखण्ड हो सकें पहला तो 1 और दूसरी वह संख्या स्वयं, **अभाज्य संख्याएँ** कहलाती हैं। जैसे 2, 3, 5, 7 आदि अभाज्य संख्याएँ हैं। परन्तु 1 अभाज्य संख्या नहीं है।

**भाज्य संख्याएँ:** वे संख्याएँ जिनमें 1 और स्वयं के अतिरिक्त कम-से-कम किसी एक अन्य संख्या का भाग पूरा–पूरा चला जाए, **भाज्य संख्याएँ** कहलाती हैं। जैसे: 4, 6, 8, 9 आदि भाज्य संख्याएं हैं परन्तु 1 भाज्य संख्या नहीं है।

**परिमेय संख्याएँ:** यदि किसी संख्या को $\frac{a}{b}$ के रूप में दर्शाया जा सके जहाँ $a$ और $b$ पूर्णांक हैं तथा $b$ का मान शून्य नहीं है, तो वह संख्या **परिमेय संख्या** कहलाती है। जैसे $\frac{2}{3}, \frac{4}{1}$, आदि ।

**अपरिमेय संख्याएँ:** यदि किसी संख्या को $\frac{a}{b}$ के रूप में न रखा जा सके जबकि $a$ और $b$ पूर्णांक हैं तथा $b$ का

मान शून्य नहीं है, तो वह संख्या **अपरिमेय संख्या** कहलाती है। चूंकि $\sqrt{2}$ का मान 1.414... होता है इसलिए इसको $\frac{a}{b}$ के रूप में नहीं लिखा जा सकता है। अतः $\sqrt{2}$ अपरिमेय संख्या है।

## अभ्यास

**निर्देशः** *निम्नलिखित प्रत्येक प्रश्न के चार संभावित उत्तर दिये हुए हैं। उनमें से एक उत्तर सही है, उसी उत्तर को ज्ञात करो।*

**1.** $207 \times 781 \times 39 \times 94$ को सरल करने पर गुणनफल में इकाई का अंक क्या होगा?

A. 9 B. 2 C. 1 D. 7

**2.** 305, 211, 702 तथा 13 का गुणनफल निकाला जाए, तो गुणनफल में इकाई का अंक क्या होगा?

A. 5 B. 0 C. 1 D. 2

**3.** जब किसी संख्या को 296 से भाग दिया जाता है, तो 75 शेष बचता है। यदि उसी संख्या में 37 से भाग दें तो क्या शेष बचेगा?

A. 3 B. 5 C. 1 D. 6

**4.** 1 से 32 तक सभी विषम संख्याओं का योग क्या होगा?

A. 256 B. 128 C. 25 D. 16

**5.** प्रथम 25 सम संख्याओं का योग क्या होगा?

A. 156 B. 204 C. 650 D. 448

**6.** निम्नलिखित में कौनसी संख्या इकाई के स्थान पर न होगी जबकि किसी संख्या का वर्ग किया जाए?

A. 0 B. 4 C. 1 D. 2

**7.** यदि किसी संख्या का घन किया जाए तो इकाई के स्थान पर कौनसा अंक होगा?

A. 5
B. 7
C. 0 से 9 तक कोई भी अंक
D. 4

**8.** 1 से 100 तक संख्या लिखने में कितने अंकों की आवश्यकता होती है?

A. 100 B. 192 C. 99 D. 198

**9.** तीन अंकों तक की ऐसी कितनी संख्याएँ हो सकती हैं जो 19 से पूर्णतः विभाजित हों?

A. 52 B. 47 C. 25 D. 31

**10.** चार अंकों की ऐसी छोटी से छोटी संख्या ज्ञात करो जो 13 से पूर्णतः विभाजित हो?

A. 1014 B. 9984 C. 988 D. 1001

**11.** 3901 में 9 के स्थानीय मान तथा जातीय मान में क्या अंतर है?

A. 900 B. 9 C. 891 D. 40

**12.** निम्नलिखित में से कौनसी संख्या अभाज्य है?

A. 15 B. 33 C. 21 D. 3

**13.** 0, 2, 3, 6 और 7 अंकों से बनने वाली 5 अंकों की बड़ी से बड़ी और छोटी से छोटी संख्या का अन्तर क्या है?

A. 50953 B. 35905 C. 55953 D. 95821

**14.** 3289200000 को वैज्ञानिक पद्धति में किस प्रकार से लिख सकते हैं?

A. $32.892 \times 10^8$ B. $3.2892 \times 10^9$ C. $328.92 \times 10^7$ D. इनमें से कोई नहीं

**15.** निम्नलिखित संख्या श्रेणी में लुप्त पद के स्थान पर कौनसी संख्या आएगी?

2, 6, 11, 17, .........., 32

A. 24 B. 26 C. 25 D. 28

**16.** .02040 में कितने सार्थक अंक हैं?

A. 2 B. 3 C. 4 D. 5

**17.** निम्नलिखित भिन्नों में से सबसे बड़ी भिन्न कौन-सी है?

$$\frac{2}{3}, \frac{3}{5}, \frac{8}{11}, \frac{11}{17}$$

A. $\frac{2}{3}$ B. $\frac{8}{11}$

C. $\frac{3}{5}$ D. $\frac{11}{17}$

**18.** दी गई भिन्नों $\frac{5}{8}, \frac{21}{35}, \frac{9}{16}, \frac{6}{7}$ में सबसे बड़ी और सबसे छोटी भिन्न के मध्य क्या अन्तर है?

A. $\frac{33}{112}$ B. $\frac{11}{37}$

C. $\frac{13}{15}$ D. $\frac{9}{35}$

**19.** यदि किसी संख्या तथा उसके $\frac{1}{5}$ भाग में अन्तर 20 है, तो वह संख्या क्या है?

A. 20 B. 40

C. 100 D. 25

**20.** $\frac{3}{5}$ तथा $\frac{7}{3}$ के व्युत्क्रमों (Reciprocals) के योग का व्युत्क्रम क्या होगा?

A. $\frac{4}{5}$ B. $\frac{36}{5}$

C. $\frac{21}{44}$ D. $\frac{1}{4}$

**21.** मनमोहन अपनी आय का $\frac{1}{5}$ भाग जेब खर्च में व्यय करता है तथा शेष का $\frac{4}{5}$ भाग अन्य खर्चों में। यदि उसके पास ₹ 48 प्रति माह बचे रहते हैं तो उसकी मासिक आय क्या है?

A. ₹ 360 B. ₹ 400

C. ₹ 320 D. ₹ 300

**22.** यदि किसी संख्या के $\frac{4}{5}$ और $\frac{3}{4}$ भाग का अन्तर 4 हो, तो वह संख्या क्या है?

A. 60 B. 100

C. 80 D. 40

**23.** निम्नलिखित में से कौनसा भिन्न समूह अवरोही क्रम में है?

A. $\frac{7}{12}, \frac{9}{17}, \frac{13}{24}$ B. $\frac{7}{12}, \frac{13}{24}, \frac{9}{17}$

C. $\frac{9}{17}, \frac{13}{24}, \frac{7}{12}$ D. $\frac{9}{17}, \frac{7}{12}, \frac{13}{24}$

**24.** 0.36 को सरलतम भिन्न में लिखने पर अंश और हर का योग कितना होगा?

A. 15 B. 34

C. 45 D. 75

**25.** $5\frac{1}{3} \times 4\frac{1}{8} + 13\frac{1}{5} \div 8\frac{1}{4} - \frac{3}{5}$ का मान क्या है?

A. $2\frac{1}{3}$ B. $11\frac{1}{5}$

C. 23 D. 10

**26.** $2 - \left\{3 - \left(4 - \overline{2-3}\right)\right\}$ का मान ज्ञात करो।

A. 3 B. 2

C. 4 D. 6

**27.** $75 \times (3 + 4 \div 2)$ का मान निम्नलिखित में से कौनसा है?

A. 155 B. 227

C. $262\frac{1}{2}$ D. 375

**28.** $\frac{1}{1-\frac{7}{12}}$ का मान निम्नलिखित में से किसके बराबर है?

A. $\frac{5}{12}$ C. $\frac{7}{12}$

C. $2\frac{2}{5}$ D. $\frac{11}{12}$

**29.** $\frac{3}{7}$ का $\left(2\frac{1}{9}\right.$ का $\left.2\frac{4}{19}\right)$ का मान क्या होगा?

A. 5 B. 2

C. 1 D. $\frac{1}{19}$

**30.** $\frac{8.73 \times 8.73 \times 8.73 + 4.27 \times 4.27 \times 4.27}{8.73 \times 8.73 - 8.73 \times 4.27 + 4.27 \times 4.27}$

A. 11 B. $1\frac{4}{7}$

C. 13 D. $9\frac{1}{11}$

**31.** 225 मीटर लम्बे तार में से 4.5 मीटर लम्बे कितने टुकड़े कटेंगे?

A. 45 B. 50
C. 90 D. 25

**32.** 1.234 को 0.007 से गुणा कीजिए।

A. .8638 B. .008638
C. .08638 D. 1.241

**33.** .002 को .01 से विभाजित कीजिए।

A. .02 B. 2
C. .2 D. .0002

**34.** $\frac{7}{25}$ इस भिन्नांश को दशमलव में ज्ञात कीजिए।

A. .28 B. .25
C. .8 D. 2.8

**35.** किसी संख्या को 221 से भाग देने पर 64 शेष बचता है। यदि उसी संख्या को 13 से विभाजित करें तो शेष क्या बचेगा?

A. 0 B. 1
C. 11 D. 12

**36.** एक संख्या को 28 से विभाजित करने पर शेष 20 रहता है। यदि इस संख्या को 7 से विभाजित करें तो शेष क्या रहेगा?

A. 2 B. 6
C. 3 D. 5

**37.** ऐसी संख्या ज्ञात कीजिए जिसे 13 से गुणा करने पर उसमें 180 की वृद्धि होती है?

A. 13 B. 12
C. 15 D. 14

**38.** 0, 1, 2 के व्यवहार के तीन अंक विशिष्ट वृहत्तम संख्या और न्यूनतम संख्या में अन्तर कितना है?

A. 198 B. 108
C. 90 D. 100

**39.** तीन अंक विशिष्ट वृहत्तम संख्या तीन अंक विशिष्ट न्यूनतम संख्या से कितना अधिक है?

A. 1 B. 99
C. 899 D. 999

**40.** छः अंक विशिष्ट वृहत्तम संख्या, सात अंक विशिष्ट न्यूनतम संख्या से कितना कम है?

A. 1 B. 99
C. 999 D. 9999

## उत्तरमाला

| 1 | 2 | 3 | 4 | 5 | 6 | 7 | 8 | 9 | 10 |
|---|---|---|---|---|---|---|---|---|---|
| B | B | C | A | C | D | C | B | A | D |
| **11** | **12** | **13** | **14** | **15** | **16** | **17** | **18** | **19** | **20** |
| C | D | C | B | A | C | B | A | D | C |
| **21** | **22** | **23** | **24** | **25** | **26** | **27** | **28** | **29** | **30** |
| D | C | B | B | C | C | D | C | B | C |
| **31** | **32** | **33** | **34** | **35** | **36** | **37** | **38** | **39** | **40** |
| B | B | C | A | D | B | C | B | C | A |

## कुछ चुने हुए प्रश्नों के व्याख्यात्मक उत्तर

**1.** 207, 781, 39 तथा 94 के इकाई के अंक क्रमशः 7, 1, 9 और 4 हैं तथा $7 \times 1 \times 9 \times 4 = 252$

चूंकि 252 में इकाई का अंक 2 है।

अतः $207 \times 781 \times 39 \times 94$ में भी इकाई का अंक **2** होगा।

**3.** चूंकि 296 को 37 से भाग देने पर पूरा-पूरा विभाजित हो जाता है। अतः उस संख्या में से 75 घटाने पर जो संख्या प्राप्त होगी वह भी 37 से पूरी-पूरी विभाजित हो जाएगी। अतः 75 को यदि 37 से भाग दें तो जो शेष बचेगा वही शेष, पूरी संख्या को 37 से भाग देने पर बचेगा। चूंकि 75 को 37 से भाग देने पर 1 शेष बचता है। अतः पूरी संख्या को 37 से भाग देने पर भी 1 ही शेष बचेगा।

**4.** 1 से 32 के बीच सभी विषम संख्याएँ निम्नलिखित हैं:

1, 3, 5, 7, 9, 11, 13, 15, 17, 19, 21, 23, 25, 27, 29 और 31

इनका योग = $(16)^2$ = **256**

**नोटः** विषम संख्याओं की गिनती ज्ञात करने के लिए अंतिम सम संख्या का आधा कर देते हैं।

यथा 1 से 32 के बीच सभी विषम संख्याओं की गिनती

$$= \frac{1}{2} \times 32 = 16$$

इन विषम संख्याओं का योग ज्ञात करने के लिए प्राप्त गिनती का वर्ग कर देते हैं।

यथाः 1 से 32 तक की विषम संख्याओं का योग = $(16)^2$ = **256.**

**5.** प्रथम 25 सम संख्याओं का योग = $25 \times 26 =$ **650**

**नोटः** $n$ सम संख्याओं का योग ज्ञात करने के लिए सम संख्याओं की गिनती $n$ और उससे अगली गिनती $(n + 1)$ का गुणा कर लेते हैं। अतः $n$ सम संख्याओं का योग = $n(n + 1)$

**6.** किसी संख्या का वर्ग करते हैं तो इकाई के स्थान पर केवल 0, 1, 4, 5, 6 और 9 हो सकती हैं। अतः 2 ऐसा अंक है जो इकाई के स्थान पर नहीं होगा।

**7.** चूंकि

| | |
|---|---|
| $0^3 = 0$ | $5^3 = 125$ |
| $1^3 = 1$ | $6^3 = 216$ |
| $2^3 = 8$ | $7^3 = 343$ |
| $3^3 = 27$ | $8^3 = 512$ |
| $4^3 = 64$ | $9^3 = 729$ |

अतः किसी संख्या के घन में 0 से लेकर 9 तक कोई भी अंक हो सकता है।

**8.** 1 से 9 तक के लिए = 9 अंक

10 से 99 तक के लिए $90 \times 2 =$ 180 अंक

100 के लिए = 3 अंक

1 से 100 तक के लिए = 9 + 180 + 3 = 192 अंक

**9.** 1 अंक की कोई भी संख्या ऐसी नहीं है जो 19 से पूर्णतः विभाजित हो केवल 2 अंक की संख्याएँ जो 19 से पूर्णतः विभाजित हों = 5

तीन अंकों की संख्याएँ 100 से 999 तक होती हैं इनमें 114, 133, 152 .... 988 संख्याएँ 19 से पूर्णतः विभाजित होती हैं इसकी संख्या यदि $n$ हो, तो

$T_n = a + (n - 1)\ 19$

या $988 = 114 + (n - 1) \times 19$

$$\Rightarrow (n-1) = \frac{988-144}{19} = \frac{874}{19} = 46$$

$$n = 47$$

∴ तीन अंकों तक उन संख्याओं की गिनती जो 19 से पूर्णतः विभाजित हों = 5 + 47 = **52**

**10.** चार अंकों तक की छोटी से छोटी संख्या = 1000

1000 को 13 से भाग देने पर 76 बार भाग जाता है और 12 शेष बचते हैं। अब 1000 से बड़ी संख्याओं 1001, 1002 आदि पर विचार करने से पता लगता है कि 1001, 13 से पूर्णतः विभाजित है। अतः अभीष्ट संख्या 1001 है।

**11.** 3901 में 9 का स्थानीय मान = 900

तथा 3901 में 9 का जातीय मान = 9

∴ अभीष्ट अन्तर = 900 − 9 = **891**

**13.** 0, 2, 3, 6 और 7 अंकों से बनने वाली पांच अंकों की बड़ी से बड़ी संख्या = 76320

तथा 0, 2, 3, 6 और 7 अंकों से बनने वाली पांच अंकों की छोटी से छोटी संख्या = 20367

∴ अन्तर = 76320 − 20367 = **55953**

(**नोटः** अंकों में 0 भी होता है तो छोटी से छोटी संख्या लिखने के लिए 0 को अगली बड़ी संख्या के बाद लिखा जाता है।)

**14.** किसी संख्या को 10 की घात के रूप में लिखने को वैज्ञानिक पद्धति से लिखना कहा जाता है। अतः $3289200000 = 3.2892 \times 10^9$

**15.** दो लगातार पदों के अंतर क्रमशः 4, 5, 6, 7 व 8 हैं।

**16.** किसी दशमलव बिन्दु के दायीं ओर परन्तु अशून्य अंक के बायीं ओर जितने भी शून्य होते हैं, वे सार्थक अंक नहीं होते हैं। अतः .02040 में केवल चार सार्थक अंक हैं।

**17.** 3, 5, 11 और 17 का लघुत्तम = 2805

$$\therefore \frac{2}{3} = \frac{2 \times 935}{3 \times 935} = \frac{1870}{2805}$$

$$\frac{3}{5} = \frac{3 \times 561}{5 \times 561} = \frac{1863}{2805}$$

$$\frac{8}{11} = \frac{8 \times 225}{11 \times 225} = \frac{2040}{2805}$$

तथा $\frac{11}{17} = \frac{11 \times 165}{17 \times 165} = \frac{1715}{2805}$

चूंकि इन सभी भिन्नों के हर एक समान हैं परन्तु अंश 2040 सबसे बड़ा है।

$\therefore$ सबसे बड़ी भिन्न $\frac{8}{11}$ है।

**19.** माना संख्या $x$ है

तो $x-\frac{x}{5}=20$ या, $\frac{4x}{5}=20$

$\therefore \quad x=\frac{5\times20}{4}=25$

**20.** $\frac{3}{5}$ का व्युत्क्रम $=\frac{5}{3}$ तथा $\frac{7}{3}$ का व्युत्क्रम $=\frac{3}{7}$

$\therefore \quad \frac{3}{5}$ और $\frac{7}{3}$ के व्युत्क्रमों का योग $=$ $\frac{5}{3}+\frac{3}{7}=\frac{35+9}{21}=\frac{44}{21}$

$\therefore$ योग का व्युत्क्रम $=\frac{21}{44}$

**21.** माना उसकी मासिक आय ₹ 1 है।

$\therefore$ जेब खर्च $=$ ₹ 1 का $\frac{1}{5}=\frac{1}{5}$

तथा शेष $=1-\frac{1}{5}=\frac{4}{5}$

अन्य खर्च $=\frac{4}{5}$ का $\frac{4}{5}=\frac{16}{25}$

$\therefore$ बचत $=\frac{4}{5}-\frac{16}{25}=\frac{4}{25}$

$\therefore$ मासिक आय $=48\div\frac{4}{25}=$ ₹ 300

**22.** माना संख्या 1 है।

1 का $\frac{4}{5}=\frac{4}{5}$ तथा 1 का $\frac{3}{4}=\frac{3}{4}$

$\therefore$ अन्तर $=\frac{4}{5}-\frac{3}{4}=\frac{1}{20}$

$\therefore$ संख्या $=4\div\frac{1}{20}=80$

**24.** $0.36=\frac{36}{100}=\frac{9}{25}$

$\therefore$ अंश और हर का योग $= 9 + 25 =$ **34**

**25.** $5\frac{1}{3}\times4\frac{1}{8}+13\frac{1}{5}\div8\frac{1}{4}-\frac{3}{5}$

$=\frac{16}{3}\times\frac{33}{8}+\frac{66}{5}\div\frac{33}{4}-\frac{3}{5}$

$=\frac{16}{3}\times\frac{33}{8}+\frac{66}{5}\times\frac{4}{33}-\frac{3}{5}$

$=\frac{22}{1}+\frac{8}{5}-\frac{3}{5}$

$=\frac{110+8-3}{5}=\frac{115}{5}=23$

**27.** $75\times(3+4\div2)=75\times(3+2)=75\times5=375$

**29.** $\frac{3}{7}$ का $\left(2\frac{1}{9}\text{ का } 2\frac{4}{19}\right)$

$=\frac{3}{7}$ का $\left(\frac{19}{9}\text{का }\frac{42}{19}\right)$

$=\frac{3}{7}$ का $\frac{14}{3}=\frac{3}{7}\times\frac{14}{3}=2$

**30.** $\frac{8.73\times8.73\times8.73+4.27\times4.27\times4.27}{8.73\times8.73-8.73\times4.27+4.27\times4.27}$

$=\frac{(8.73)^3+(4.27)^3}{(8.73)^2-8.73\times4.27+(4.27)^2}$

$=\frac{(8.73+4.27)\left[(8.73)^2-8.73\times4.27+(4.27)^2\right]}{(8.73)^2-8.73\times4.27+(4.27)^2}$

क्योंकि $a^3+b^3=(a+b)\,(a^2-ab+b^2)$

$=8.73+4.27=$ **13**

**35.** संख्या $221k+64$

$=13\times17\times k+13\times4+12$

$=13(17k+4)+12$

$\therefore$ 13 से भाग देने पर 12 शेष बचेगा।

**36.** संख्या $=28k+20$

$=7\times4k+7\times2+6$

$=7\,(4k+2)+6$

$\therefore$ अभीष्ट शेषफल $=6$

**37.** माना संख्या $x$ है

$\therefore \; 13x-x=180$ या, $12x=180$

$\therefore \; x=\frac{180}{12}=$ **15**

**38.** अंकों 0, 1 व 2 से बनी वृहत्तम संख्या $=210$

तथा अंकों 0, 1 व 2 से बनी न्यूनतम संख्या $=102$

$\therefore$ अभीष्ट अन्तर $=210-102=108$

# 2

# महत्तम समापवर्तक एवं लघुत्तम समापवर्त्य (HCF & LCM)

म॰स॰प॰, महत्तम समापवर्तक का संक्षिप्त रूप है।

किन्हीं दो या दो से अधिक संख्याओं का म॰स॰प॰ वह बड़ी से बड़ी संख्या है जिससे वे संख्याएँ पूरी-पूरी विभाजित हो जाएँ।

ल॰स॰प॰, लघुत्तम समापवर्त्य का संक्षिप्त रूप है।

किन्हीं दो या दो से अधिक संख्याओं का ल॰स॰प॰ वह छोटी से छोटी संख्या है जिसमें दी हुई संख्याओं का पूरा-पूरा भाग चला जाए।

**प्रमुख सूत्रः**

1. दो संख्याओं का ल॰स॰प॰ तथा म॰स॰प॰ का गुणनफल = दोनों संख्याओं का गुणनफल

2. भिन्नों का ल॰स॰प॰ $= \dfrac{\text{अंशों का ल.स.प.}}{\text{हरों का म.स.प.}}$

3. भिन्नों का म॰स॰प॰ $= \dfrac{\text{अंशों का म.स.प.}}{\text{हरों का ल.स.प.}}$

## अभ्यास

**निर्देशः** निम्नलिखित प्रत्येक प्रश्न में चार संभावित उत्तर दिए हुए हैं जिनमें से एक उत्तर सही है, उसी सही उत्तर को ज्ञात कीजिए।

**1.** 12, 36, 6 और 9 का ल॰स॰प॰ है:

A. 108 B. 144
C. 72 D. 36

**2.** 70 और 245 का महत्तम समापवर्तक है:

A. 35 B. 55
C. 45 D. 30

**3.** वह छोटी से छोटी संख्या जिसमें 3 जोड़ दिया जाए, तो वह 21, 25, 27 और 35 से पूर्णतया भाज्य हो जाती है, होगी:

A. 4735 B. 4635
C. 4725 D. 4722

**4.** 15, 30, 45, 60 और 75 का महत्तम समापवर्तक है:

A. 15 B. 30
C. 45 D. 40

**5.** 4, 8, 12 और 16 का ल॰स॰प॰ होगा:

A. 8 B. 12
C. 16 D. 48

**6.** दो संख्याओं का लघुत्तम समापवर्त्य एवं महत्तम समापवर्तक क्रमशः 48 एवं 8 है। यदि उनमें से एक संख्या 16 है, तो दूसरी संख्या होगी:

A. 12 B. 18
C. 24 D. 36

**7.** चार घंटे 3, 4, 5 तथा 8 सेकण्डों के अन्तर से बजते हैं। कितने मिनटों के बाद वे एक साथ पुनः बजेंगे?

A. 2 मिनट B. 120 मिनट
C. 5 मिनट D. 4 मिनट

**8.** किन्हीं दो संख्याओं का गुणनफल 1000 है। यदि उनका म.स.प. 5 हो, तो ल.स.प. ज्ञात कीजिए:

A. 200 B. 300
C. 400 (5) 5000

**9.** दो संख्याओं का गुणफल 1400 है तथा उन्हीं संख्याओं का महत्तम समापवर्तक 5 है, तो लघुत्तम समापवर्त्य होगा:

A. 260 B. 7000
C. 5/1400 D. 280

**10.** एक आयताकार मैदान की लम्बाई 90 मीटर और चौड़ाई 60 मीटर है। बड़ी से बड़ी कितने मीटर लम्बी रस्सी मंगाई जाए कि मैदान की लम्बाई व चौड़ाई को उससे पूरा-पूरा नापा जा सके?

A. 180 मीटर B. 15 मीटर
C. 30 मीटर D. 45 मीटर

**11.** तीन अंकों की ऐसी दो संख्याएँ ज्ञात करो जिनका महत्तम समापवर्तक 80 व लघुत्तम समापवर्त्य 5760 हो?

A. 540, 960 B. 720, 640
C. 630, 540 D. 580, 800

**12.** वह छोटी से छोटी संख्या जो 8, 9, 12, 15 तथा 18 से पूर्णतया विभाजित हो तथा पूर्ण वर्ग हो, होगी:

A. 3600 B. 2500
C. 1800 D. 900

**13.** 5 अंकों की वह छोटी से छोटी संख्या, जिसे 52, 56, 78 तथा 91 से भाग देने पर शेष कुछ न बचे, होगी:

A. 10,000 B. 11,264
C. 10,920 D. 12.188

**14.** 5 अंकों की वह छोटी से छोटी संख्या, जिसे 52, 56, 78 तथा 91 से भाग देने पर शेषफल क्रमशः 28, 32, 54 तथा 67 बचे, होगी:

A. 10,896 B. 11,264
C. 10,920 D. 110,018

**15.** वह बड़ी से बड़ी संख्या जिससे 590, 908 तथा 1014 को भाग देने पर प्रत्येक दशा में समान शेष बचे, होगी:

A. 104 B. 105
C. 108 D. 106

**16.** चार अंकों की बड़ी से बड़ी संख्या जो 12, 15, 18 और 27 से पूर्णतया विभाज्य हो, होगी:

A. 9720 B. 9840
C. 9460 D. 9802

**17.** 7 का छोटे से छोटा गुणज, जब 6, 9, 15 तथा 18 से विभाजित किया जाता है, तो प्रत्येक अवस्था में 4 शेष रहता है, वह है:

A. 74 B. 94
C. 184 D. 364

**18.** $\frac{2}{3}, \frac{3}{5}, \frac{4}{7}, \frac{9}{13}$ का ल.स.प. है:

A. 36 B. $\frac{1}{36}$
C. $\frac{1}{1365}$ D. $\frac{12}{455}$

**19.** वह छोटी से छोटी संख्या ज्ञात कीजिए जो 6, 10, 15 तथा 18 से पूर्णतया विभाजित हो तथा एक पूर्ण वर्ग भी हो:

A. 900 B. 90
C. 600 D. 360

**20.** एक फल विक्रेता के पास 20 केले तथा 70 आम हैं। वह इन्हें अलग-अलग समान संख्या में पेटियों में रखना चाहता है, बताओ उसे कम से कम कितनी पेटियाँ चाहिए?.

A. 14 B. 9
C. 5 D. 6

**21.** दो व्यंजकों का म.स.प. H है तथा ल.स.प. L है। यदि उनमें से एक व्यंजक K हो, तो दूसरे का मान होगा:

A. $\frac{H \times L}{K}$ B. $\frac{H \times K}{L}$
C. $\frac{L}{H \times K}$ D. $\frac{H}{L \times K}$

**22.** दो संख्याओं का म.स.प. 25 है तथा ल.स.प. 1050 है। यदि एक संख्या 150 हो, दूसरी संख्या है:

A. 200 B. 125
C. 150 D. 175

**23.** दो संख्याओं का अनुपात 3 : 4 है व ल.स.प. 180 है, तो पहली संख्या है:

A. 15 B. 20
C. 45 D. 60

**24.** दो संख्याओं का ल०स०प० 72 तथा म०स०प० 12 है। यदि पहली संख्या 24 है, तो दूसरी संख्या होगी:

A. 18 B. 36
C. 48 D. 30

**25.** 3 संख्याओं का म०स०प० 12 है। यदि उनका अनुपात 1 : 2 : 3 है, तो संख्याएँ हैं:

A. 12, 24, 36 B. 10, 20, 30
C. 5, 10, 15 D. 4, 8, 12

## उत्तरमाला

| 1 | 2 | 3 | 4 | 5 | 6 | 7 | 8 | 9 | 10 |
|---|---|---|---|---|---|---|---|---|---|
| D | A | D | A | D | C | A | A | D | C |
| **11** | **12** | **13** | **14** | **15** | **16** | **17** | **18** | **19** | **20** |
| B | A | C | A | D | A | D | A | A | B |
| **21** | **22** | **23** | **24** | **25** | | | | | |
| A | D | C | B | A | | | | | |

## कुछ चुने हुए प्रश्नों के व्याख्यात्मक उत्तर

**3.** 21, 25, 27, 35 से पूर्णतया भाज्य संख्या इनका ल०स०प० होगा जो कि **4725** आता है।

$\because$ इसमें 3 जोड़ा गया है, अतः अभीष्ट संख्या 4722 होगी।

**6.** दूसरी संख्या $= \frac{48 \times 8}{16} = \mathbf{24}$

**7.** 3, 4, 5 और 8 का लघुत्तम = 120 सेकण्ड = **2 मिनट**

**8.** संख्या का ल०स०प० $= \frac{1000}{5} = \mathbf{200}$

**9.** ल०स० × म०स० = संख्याओं का गुणनफल

ल०स० × 5 = 1400

या ल०स० $= \frac{1400}{5} = \mathbf{280}$

**10.** लम्बाई और चौड़ाई को पूरा-पूरा नापने के लिए इनके म०स०प० के बराबर लम्बाई की रस्सी चाहिए।

$\because$ 60, 90 का म०स०प० = 30। अतः 30 मीटर रस्सी मंगाई जाएगी।

**13.** $\because$ 5 अंकों की सबसे छोटी संख्या 10000 है।

52, 56, 78, 91 का ल०स०प० = 2184

इन चारों संख्याओं से पूर्णतः भाज्य संख्या 2184 या इसका गुणज 10000 को 2184 से भाग देने पर 4 बार भाग जाता है और 1264 शेष बचता है।

2184 की गुणज संख्या जो 10000 से बड़ी व सबसे छोटी हो, $2184 \times 5 = 10920$ होगा।

**17.** 6, 9, 15, 18 का लघुत्तम समापवर्त्य = 90

माना अभीष्ट संख्या $(90K + 4)$ है जो 7 का गुणज है।

K का न्यूनतम मान, जिससे $90K + 4$, 7 से भाज्य हो, $K = 4$ होगा।

अतः वह संख्या $90 \times 4 + 4 = \mathbf{364}$

**23.** अनुपात 3 : 4

अतः संख्याएँ $3x$ तथा $4x$ तथा इसका मान म०स०प० $x$ होगा।

माना $3x \times 4x = 180 \times x$

$x = \frac{180}{12} = 15$

अतः पहली संख्या $= 3x = 3 \times 15 = 45$

# 3

# वर्गमूल एवं घनमूल (SQUARE ROOT AND CUBE ROOT)

किसी संख्या को उसी संख्या से गुणा करने पर जो गुणनफल प्राप्त होता है, उस गुणनफल की वह संख्या **वर्गमूल** कहलाती है। किसी संख्या के वर्गमूल को $(\sqrt{\ })$ चिह्न द्वारा प्रदर्शित करते हैं। जैसे: $5 \times 5 = 25$ होता है। अतः 25 का वर्गमूल 5 है।

किसी भिन्न का वर्गमूल, भिन्न के अंश के वर्गमूल को हर के वर्गमूल से भाग देने से प्राप्त होता है।

## वर्गमूल के संबंध में कुछ ध्यान देने योग्य बातें

1. जिस संख्या के अंत में शून्यों की संख्या विषम होती है वह संख्या पूर्ण वर्ग नहीं होती है।
2. जिस संख्या के अन्त में 2, 3, 7 या 8 आए, तो वह संख्या पूर्ण वर्ग नहीं होती है।
3. किसी सम संख्या का वर्गमूल सदैव सम संख्या होता है।
4. किसी विषम संख्या का वर्गमूल सदैव विषम संख्या होता है।

किसी संख्या को यदि परस्पर तीन बार गुणा किया जाए तो जो गुणनफल प्राप्त होता है, उस गुणनफल की वह संख्या, **घनमूल** कहलाती है। जैसे $6 \times 6 \times 6 = 216$ होता है। अतः 216 का घनमूल 6 है।

## अभ्यास

**निर्देशः** निम्नलिखित प्रत्येक प्रश्न के चार संभावित उत्तर दिए हुए हैं जिनमें से एक उत्तर सही है, उस सही उत्तर को ज्ञात करो।

**1.** 1681 का वर्गमूल क्या है?
A. 51 B. 61
C. 49 D. 41

**2.** 564001 का वर्गमूल है:
A. 731 B. 781
C. 751 D. 701

**3.** 1.3924 का वर्गमूल है:
A. 1.38 B. 1.18
C. 1.48 D. 1.08

**4.** 20.25 का वर्गमूल है:
A. 4.50 B. 0.45
C. 0.045 D. 45.0

**5.** 0.6241 का वर्गमूल है:
A. 7.90 B. 0.79
C. .079 D. 0.71

**6.** यदि $\frac{2592}{\sqrt{?}} = 324$ हो, तो ? के स्थान पर कौनसी संख्या होगी?
A. 16 B. 8
C. 144 D. 64

**7.** $\frac{\sqrt{121}}{11} \times \frac{45}{\sqrt{169}} \times \frac{13}{\sqrt{225}}$ का मान है:

A. 3 B. 35.96
C. 10.83 D. 5.36

**8.** $\sqrt{128+\sqrt{260-\sqrt{16}}}$ का मान है:

A. 16 B. 12
C. 32 D. 24

**9.** यदि $\sqrt{0.00000676}$ = 0.0026 हो, तो 6760000 का वर्गमूल कितना होगा?

A. 2600 B. 260
C. 26 D. $\frac{1}{26}$

**10.** एक कुएँ को बनवाने के लिए लोगों ने तय किया कि प्रत्येक व्यक्ति उतने ही रुपए चन्दे में देगा जितने कि व्यक्तियों की कुल संख्या है। यदि कुल चन्दा ₹ 34969 प्राप्त हुआ, तो प्रत्येक व्यक्ति ने कितने रुपये दिए?

A. 183 B. 58
C. 583 D. 187

**11.** $256 \times 10^{50}$ का वर्गमूल होगा:

A. $1.15 \times 10^{25}$ B. $16 \times 10^{25}$
C. $0.16 \times 10^{25}$ D. $1.6 \times 10^{24}$

**12.** एक वर्ग का विकर्ण 130 सेमी॰ है, वर्ग की भुजा की लम्बाई दशमलव के दो स्थानों तक होगी:

A. 91.79 सेमी॰ B. 65 सेमी॰
C. 91.97 सेमी॰ D. 97.19 सेमी॰

**13.** $\frac{\sqrt{.9}}{\sqrt{9}}$ का मान होगा:

A. $\sqrt{0.1}$ B. 0.3
C. 3.16 D. 0.316

**14.** एक कमरा जो वर्गाकार है, उसका क्षेत्रफल 73.96 वर्गमीटर है। उसकी भुजा की लम्बाई होगी:

A. 36.98 मीटर B. 8.6 मीटर
C. 6.8 मीटर D. 8.48 मीटर

**15.** वह सबसे छोटी संख्या जिसे 438867 से घटाने पर एक पूर्ण वर्ग संख्या शेष रहती है?

A. 511 B. 533
C. 621 D. 623

**16.** $\sqrt[3]{9261}$ का मान होगा:

A. 9258 B. 21
C. 378 D. 7

**17.** 0.000729 का घनमूल बराबर है:

A. 0.027 B. 0.009
C. 0.09 D. 0.729

**18.** 85184000 का घनमूल बराबर है:

A. 660 B. 4400
C. 440 D. 2800

**19.** यदि $3^3 + 4^3 = x^3 - 5^3$, तो $x$ का मान होगा:

A. 12 B. 2
C. 9 D. 6

**20.** 8 के वर्ग के घनमूल का वर्गमूल होगा:

A. 2 B. 4
C. 8 D. 6

**21.** $\sqrt[3]{25+\sqrt[3]{8}}$ का मान होगा:

A. 2 B. 3
C. 7 D. 9

**22.** यदि $\sqrt[3]{19683}$ = 27 हो, तो

$\sqrt[3]{19.683}+\sqrt[3]{.019683}+\sqrt[3]{19683}$ का मान होगा:

A. 27.97
B. 29.79
C. 29.97
D. 27.54

**23.** एक संदूक में सेब इस प्रकार रखे हैं कि प्रत्येक तह की हर पंक्ति में उतने ही सेब हैं, जितनी उस तह में कुल पंक्तियां हैं। यदि कुल तहों की संख्या भी पंक्तियों की संख्या के बराबर हो और संदूक में 1728 सेब हों, तो हर पंक्ति में सेबों की संख्या होगी:

A. 12 B. 18
C. 21 D. 26

**24.** $\sqrt[3]{\sqrt{4096}}$ का मान होगा:

A. 4
B. 8
C. 12
D. 6

**25.** 675 को किस छोटी से छोटी संख्या से गुणा किया जाए कि गुणनफल पूर्ण घन हो जाए?

A. 5 B. 6
C. 7 D. 8

## उत्तरमाला

| 1 | 2 | 3 | 4 | 5 | 6 | 7 | 8 | 9 | 10 |
|---|---|---|---|---|---|---|---|---|---|
| D | C | B | A | B | D | A | B | A | D |
| **11** | **12** | **13** | **14** | **15** | **16** | **17** | **18** | **19** | **20** |
| B | C | A | B | D | B | C | C | D | A |
| **21** | **22** | **23** | **24** | **25** | | | | | |
| B | C | A | A | A | | | | | |

## कुछ चुने हुए प्रश्नों के व्याख्यात्मक उत्तर

**1.**

| | 41 |
|---|---|
| 4 | 1681 |
| | 16 |
| 81 | 81 |
| | 81 |
| | × |

$\therefore$ 1681 का वर्गमूल = 41

**4.**

| | 4.5 |
|---|---|
| 4 | 20.25 |
| | 16 |
| 85 | 425 |
| | 425 |
| | × |

**6.** $\dfrac{2592}{\sqrt{?}} = 324$

$\therefore \sqrt{?} = \dfrac{2592}{324} = 8 \qquad \therefore ? = 64$

**7.** $\dfrac{\sqrt{121}}{11} \times \dfrac{45}{\sqrt{169}} \times \dfrac{13}{\sqrt{225}} = \dfrac{11}{11} \times \dfrac{45}{13} \times \dfrac{13}{15} = 3$

**8.** $\sqrt{128+\sqrt{260-\sqrt{16}}} = \sqrt{128+\sqrt{260-4}}$

$= \sqrt{128+\sqrt{256}} = \sqrt{128+16} = \sqrt{144} = \mathbf{12}$

**10.** प्रत्येक व्यक्ति द्वारा दिए गए रुपए

$= \sqrt{34969} = \mathbf{187}$

**12.** माना वर्ग की भुजा = $x$ सेमी।

पाइथागोरस प्रमेय से,

$x^2 + x^2 = (130)^2$

या $2x^2 = 16900$

या $x^2 = 8450$

$\therefore$ $x = \sqrt{8450} = 91.97$

$\therefore$ भुजा = 91.97 सेमी।

**14.** भुजा = $\sqrt{\text{क्षेत्रफल}} = \sqrt{73.96} = 8.6$ मीटर

**15.**

| | 662 |
|---|---|
| 6 | 438867 |
| 6 | 36 |
| 126 | 788 |
| 6 | 756 |
| 1322 | 3267 |
| | 2644 |
| | 623 |

अत: वह छोटी से छोटी संख्या 623 है।

**16.** $\because 9261 = 3 \times 3 \times 3 \times 7 \times 7 \times 7$

$\therefore \sqrt[3]{9261} = 3 \times 7 = 21$

**18.** $\because 85184 = 2 \times 2 \times 2 \times 11 \times 11 \times 11 \times 2 \times 2 \times 2$

$\therefore \sqrt[3]{85184} = 2 \times 11 \times 2 = 44$

$\therefore \sqrt[3]{85184000} = 440$

[**विशेष टिप्पणी–** पूर्ण घन संख्या के अंत में जितने शून्य होते हैं, घनमूल में उसके एक तिहाई शून्य लिख देते हैं।]

**19.** $3^3 + 4^3 = x^3 - 5^3$

या $27 + 64 = x^3 - 125$

या $27 + 64 + 125 = x^3$

या $216 = x^3$ या $x = \sqrt[3]{216} = 6$

**21.** $\sqrt[3]{25+\sqrt[3]{8}} = \sqrt[3]{25+2} = \sqrt[3]{27} = 3$

**25.** $\because 675 = 3 \times 3 \times 3 \times 5 \times 5$

$\because$ यहाँ $5 \times 5$ का तीन समान गुणनखण्डों का समूह पूर्ण नहीं है।

$\therefore$ इसे पूर्ण घन बनाने लिए 5 से गुणा किया जाएगा।

# 4

# प्रतिशत
# (PERCENTAGE)

प्रतिशत से तात्पर्य है कि प्रत्येक 100 पर 1 अर्थात् प्रतिशत एक विशेष प्रकार की भिन्न है जिसका हर 100 होता है और अंश प्रतिशत को दर्शाता है।

## प्रतिशत के नियम

*(i)* किसी प्रतिशत को भिन्न में परिवर्तित करने हेतु 100 का भाग दिया जाता है।

*(ii)* किसी भिन्न को प्रतिशत में परिवर्तित करने हेतु 100 से गुणा किया जाता है।

*(iii)* किसी राशि $x$ को अन्य राशि $y$ के प्रतिशत के रूप में प्राप्त करने हेतु $\frac{x}{y} \times 100$ का मान ज्ञात किया जाता है।

**नोटः** प्रतिशत की कोई इकाई नहीं होती।

## अभ्यास

**1.** रमेश अपनी आय का 3/4 भाग व्यय करता है, तो उसकी बचत कितने प्रतिशत होगी?

A. 20% B. 25%
C. 30% D. 35%

**2.** 25 सेमी॰ 1 मीटर का कितने प्रतिशत है?

A. 20% B. 25%
C. 30% D. 50%

**3.** 150 ग्राम एक किलोग्राम का कितने प्रतिशत है?

A. 12% B. 15%
C. 20% D. 25%

**4.** एक व्यापारी को अपने धन का 125% लाभ हुआ। अब उसका धन ₹ 27000 हो गया। उसके पास आरम्भ में धन थाः

A. ₹ 10000 B. ₹ 11000
C. ₹ 12000 D. ₹ 13000

**5.** एक गांव की जनसंख्या 1500 है। उसमें 40% पुरुष, 30% स्त्रियां तथा शेष बच्चे हैं। बच्चों की संख्या होगीः

A. 450 B. 600
C. 480 D. 520

**6.** एक व्यापारी 1 किलोग्राम की जगह 800 ग्राम तौलता है। वह कितने प्रतिशत की गलती करता है?

A. 20% B. 25%
C. 40% D. 80%

**7.** A की तनख्वाह B से 50% ज्यादा है। B की तनख्वाह A से कितना प्रतिशत कम है?

A. 50% B. 150%
C. $33\frac{1}{3}$% D. 100%

**8.** किसी वस्तु पर 15% कम कर दिया गया। इससे उसकी खपत 10% बढ़ जाती है। प्राप्त राजस्व पर क्या प्रभाव पड़ेगा?

A. $6\frac{1}{2}$% बढ़ोतरी B. $6\frac{1}{2}$% कमी
C. 5% बढ़ोतरी D. कोई परिवर्तन नहीं

**9.** एक कक्षा में 15 लड़के और 10 लड़कियां हैं। लड़कियों का प्रतिशत कितना है?

A. 25% B. 40%

C. 80% D. $55\frac{1}{2}\%$

**10.** ₹ 16 का 125% बराबर है:

A. ₹ 20 B. ₹ 30

C. ₹ 25 D. ₹ 141

**11.** 24, 64 का कितना प्रतिशत है?

A. $37\frac{1}{4}\%$ B. 37.75%

C. $37\frac{1}{2}\%$ D. 44%

**12.** एक परीक्षा में 70% परीक्षार्थी अंग्रेजी में पास हुये, 65% गणित में और 27% दोनों में फेल हुये। पास विद्यार्थियों का प्रतिशत है:

A. 73% B. 38%

C. 62% D. 80%

**13.** एक विद्यार्थी को पास होने के लिए 33% अंकों की आवश्यकता होती है। वह 220 अंक प्राप्त करने पर 11 अंकों से फेल हो जाता है, तो अधिकतम अंक का मान है:

A. 500 B. 689

C. 700 D. 711

**14.** अगर चाय की कीमत 20% बढ़ा दी जाये, तो एक गृहणी को इसकी खपत कितने प्रतिशत कम कर देनी चाहिये ताकि उसका खर्च न बढ़े?

A. 20% B. 25%

C. $16\frac{2}{3}\%$ D. 40%

**15.** एक कोयला खान में 24% बर्बादी के बाद अगर कुल उत्पादन 60800 टन है, तो खान का सकल उत्पादन कितना है?

A. 80000 टन B. 75322 टन

C. 800000 टन D. 8000 टन

**16.** एक परीक्षा में 80% छात्र गणित में और 70% छात्र विज्ञान में सफल हुये परन्तु 10% छात्र दोनों विषयों में फेल थे। यदि 144 छात्र दोनों विषयों में सफल हुये, तो कुल छात्र संख्या कितनी थी?

A. 200 B. 250

C. 230 D. 240

**17.** A को B से 35% कम धन प्राप्त होता है, तो B को A से कितना प्रतिशत अधिक धन प्राप्त होगा?

A. $53\frac{13}{11}\%$ B. $53\frac{11}{13}\%$

C. $43\frac{11}{13}\%$ D. $43\frac{13}{11}\%$

**18.** एक विद्यालय $7\frac{1}{2}\%$ छात्रों को छात्रवृत्ति देता है। यदि 18 छात्र छात्रवृत्ति पाते हैं, तो विद्यालय में कुल छात्र हैं:

A. 200 छात्र B. 240 छात्र

C. 225 छात्र D. 230 छात्र

**19.** एक व्यक्ति अपने पैसों का $12\frac{1}{2}\%$ खर्च कर देता है। बाकी बचे पैसों का 75% खर्च करने के बाद उसके पास ₹ 175 बचे थे। शुरू में उसके पास कितने पैसे थे?

A. ₹ 2800 B. ₹ 1750

C. ₹ 800 D. ₹ 700

**20.** एक आयत की लम्बाई तीन गुनी और चौड़ाई दूनी कर दी जाये, तो क्षेत्रफल कितना बढ़ जायेगा?

A. 500% B. 600%

C. 300% D. 900%

**21.** 30%, 20% व 10% के समतुल्य एकल छूट का मान है?

A. 40% B. 46%

C. 49.6% D. 46.9%

**22.** किसी वर्ग की एक भुजा को 50% कम कर दिया जाय, तो परिमिति कितना % कम हो जायेगी?

A. 100% B. 50%

C. 25% D. 30%

**23.** नाथूमल ने अपने कुल धन का 10% अपने लड़के को दिया और शेष का 60% अपनी पत्नी को दिया। अब यदि उसके पास ₹ 360 शेष हों, तो प्रारम्भ में उसका धन था:

A. ₹ 1200 B. ₹ 1100

C. ₹ 1150 D. ₹ 1000

**24.** संजीव को विवेक से 10% अधिक लाभ और विवेक को महेश से 15% अधिक लाभ मिला। बताओ संजीव को महेश से कितना प्रतिशत धन अधिक मिला?

A. 26%		B. 27.5%
C. 27%		D. 26.5%

**25.** रमेश अपने वेतन का 25% बचाता है। यदि उसका व्यय महंगाई के कारण 16% बढ़ जाये, तो केवल ₹ 260 मासिक बचत होगी। उसका मासिक वेतन कितना है?

A. ₹ 2000		B. ₹ 2200
C. ₹ 2500		D. ₹ 1800

**26.** एक परीक्षा में अजय ने नवीन से 50% कम, नवीन ने भूपेन्द्र से 20% अधिक तथा भूपेन्द्र ने महावीर से 15% कम अंक प्राप्त किये। यदि अजय ने 510 अंक प्राप्त किये हों, तो महावीर ने कितने अंक प्राप्त किये?

A. 750 अंक		B. 1000 अंक
C. 800 अंक		D. 900 अंक

**27.** ₹ 2500 के माल पर $1\frac{1}{2}\%$ कमीशन देना पड़ा, तो प्राप्त आय होगी:

A. ₹ 2460		B. ₹ 2462.50
C. ₹ 2458.60		D. ₹ 2461.75

**28.** सुभाष अपने धन का 50% अपनी पत्नी को देता है। शेष का 50% अपने बड़े लड़के को देता है तथा शेष भाग अपने छोटे लड़के को दे देता है, तो छोटे लड़के का प्रतिशत है:

A. 25%		B. $12\frac{1}{2}\%$
C. 20%		D. $22\frac{1}{2}\%$

**29.** एक विद्यालय में 700 छात्र में से 27% द्वितीय श्रेणी में, 30% तृतीय श्रेणी में उत्तीर्ण हुये। द्वितीय श्रेणी में उत्तीर्ण छात्रों की संख्या है:

A. 189		B. 188
C. 178		D. 162

**30.** लोकेश अपने मासिक वेतन का 20% खाने पर, शेष का 40% धन किराये पर और शेष धनराशि अन्य रुटीन कामों पर खर्च करता है। उसकी वार्षिक आमदनी क्या होगी, अगर वह हर माह ₹ 8760 अन्य रुटीन कामों पर खर्च करता है?

A. ₹ 122000		B. ₹ 219000
C. ₹ 200000		D. ₹ 188000

**31.** एक आयत की लम्बाई 10% बढ़ा दी जाये व चौड़ाई 10% घटा दी जाये, तो उसके क्षेत्रफल में प्रतिशत कमी अथवा वृद्धि होगी?

A. 1% वृद्धि		B. 1% कमी
C. 2% वृद्धि		D. 2% कमी

**32.** एक गाँव की जनसंख्या 176400 है। इसमें 5% वार्षिक दर से वृद्धि हो, तो 2 वर्ष पूर्व इस कस्बे की जनसंख्या थी?

A. 170000		B. 194481
C. 160000		D. 150000

**33.** एक छात्र 20% अंक लाने पर 30 अंकों से अनुत्तीर्ण रहता है। दूसरा छात्र 39% अंक लाता है। उसे आवश्यक अंकों से 46 अंक अधिक प्राप्त होते हैं। परीक्षा के कुल अंक कितने हैं?

A. 500		B. 550
C. 400		D. 650

**34.** चुनाव में एक उम्मीदवार जिसको 30% मत मिले, 15000 मतों से हार गया। जीतने वाले प्रत्याशी को मिलने वाले मतों की संख्या होगी?

A. 26000		B. 26500
C. 26250		D. 27000

**35.** एक नगर की जनसंख्या प्रतिवर्ष 20% की दर से घट रही है। यदि 2 वर्ष पूर्व में इसकी जनसंख्या 10,000 हो, तो वर्तमान जनसंख्या क्या होगी?

A. 6000		B. 6600
C. 6400		D. 6500

**36.** शराब और पानी के 70 लीटर मिश्रण में 10% पानी है। इसमें कितना पानी मिलाया जाए कि पानी $12\frac{1}{2}\%$ हो जाये?

A. 2 लीटर		B. 5 लीटर
C. 10 लीटर		D. 12 लीटर

**37.** केले के भाव में 25% कमी होने से एक व्यक्ति ₹ 120 में 5 किलो केले अधिक खरीद सकता है। कमी आने से पहले केले का भाव था:

A. ₹ 5 प्रति किलो		B. ₹ 8 प्रति किलो
C. ₹ 10 प्रति किलो		D. ₹ 7 प्रति किलो

**38.** एक नगर की जनसंख्या 35000 है। पुरुषों की संख्या में 6% तथा स्त्रियों की संख्या में 4% वृद्धि होने से जनसंख्या 36760 हो जाती है। प्रारम्भ में पुरुषों की संख्या होगी?

A. 17000
B. 18000
C. 19000
D. 20000

**39.** एक गाँव की आबादी का 60% निरक्षर है। साक्षर आबादी की 28% महिलाएँ हैं। यदि साक्षर पुरुषों की संख्या 4320 हो, तो गाँव की कुल आबादी है?

A. 14000 B. 14550
C. 15000 D. 15500

**40.** 850 लड़कियों के एक स्कूल में 44% मुसलमान हैं, 28% हिन्दू हैं, 10% सिख और बाकी दूसरे समुदायों के हैं। दूसरे समुदायों की कितनी लड़कियाँ हैं?

A. 143 B. 153
C. 163 D. 157

## उत्तरमाला

| 1 | 2 | 3 | 4 | 5 | 6 | 7 | 8 | 9 | 10 |
|---|---|---|---|---|---|---|---|---|---|
| B | B | B | C | A | A | C | B | B | A |
| **11** | **12** | **13** | **14** | **15** | **16** | **17** | **18** | **19** | **20** |
| C | C | C | C | A | D | B | B | C | A |
| **21** | **22** | **23** | **24** | **25** | **26** | **27** | **28** | **29** | **30** |
| C | B | D | D | A | B | B | A | A | B |
| **31** | **32** | **33** | **34** | **35** | **36** | **37** | **38** | **39** | **40** |
| B | C | C | C | C | A | B | B | C | B |

## कुछ चुने हुए प्रश्नों के व्याख्यात्मक उत्तर

**12.** अंग्रेजी में फेल होने वाले छात्रों का प्रतिशत $= 30\%$

गणित में फेल होने वाले छात्रों का प्रतिशत $= (100 - 65) = 35\%$

दोनों विषयों में फेल होने वाले छात्रों का प्रतिशत $= 27\%$

एक या दोनों विषयों में फेल होने वाले छात्रों का प्रतिशत $= (35 + 30 - 27)\% = 38\%$

पास $\% = (100 - 38) = 62\%$

**17.** माना B का धन = ₹ 100

$\therefore$ A का धन $= 100 - 35 =$ ₹ 65

$\therefore$ A का धन ₹ 65 तो B का धन = ₹ 100

$\therefore$ A का धन ₹ 100 तो B का धन

$$= \frac{100}{65} \times 100 = 153\frac{11}{13}$$

अर्थात् B का धन

$\left(153\frac{11}{13} - 100\right) = 53\frac{11}{13}\%$ अधिक है।

**22.** माना वर्ग की भुजा $= x$ मीटर

वर्ग की परिमिति $= 4x$ मीटर

प्रश्नानुसार अन्तिम भुजा $= \frac{x}{2}$

वर्ग की परिमिति $= 4 \times \frac{x}{2} = 2x$ मीटर

परिमिति में कमी $= 4x - 2x = 2x$ मीटर

प्रतिशत कमी $= \frac{2x}{4x} \times 100 = 50\%$ कमी

**24.** माना महेश का भाग = ₹ 100

प्रश्नानुसार विवेक का हिस्सा = ₹ 115

संजीव का हिस्सा

$= 115 \times \frac{110}{100} = \frac{1265}{10} =$ ₹ 126.5

अतः संजीव का महेश से अधिक लाभ

$= (126.5 - 100) = 26.5\%$

**25.** माना मासिक वेतन ₹ 100

25% बचत से उसका व्यय = ₹ 75

व्यय 16% बढ़ने पर उसका व्यय

$= 75 \times \frac{116}{100} =$ ₹ 87

उसकी बचत = ₹ 13

∴ बचत ₹ 13 तो मासिक वेतन = ₹ 100

∴ बचत ₹ 260 तो मासिक वेतन

$= \frac{100}{13} \times 260 =$ ₹ 2000

**31.** माना आयत की प्राथमिक लम्बाई व चौड़ाई क्रमशः $x$ व $y$ मीटर है।

आयत का प्राथमिक क्षेत्रफल = $x \times y$ वर्ग मीटर

प्रश्नानुसार आयत की अन्तिम लम्बाई

$= \frac{x \times 110}{100} = 1.1x$ व चौड़ाई $\frac{y \times 90}{100} = .9y$ होगी

अन्तिम क्षेत्रफल = $1.1x \times .9y = .99xy$ वर्ग मीटर

प्रतिशत कमी

$= \frac{xy - .99xy}{xy} \times 100 = .01 \times 100 = 1\%$ कमी

**35.** नगर की वर्तमान जनसंख्या

$$= 10000\left(1 - \frac{20}{100}\right)^2 = 10000 \times \left(\frac{4}{5}\right)^2$$

$$= 10000 \times \frac{16}{25} = 6400$$

**37.** माना पहले केले का भाव था = ₹ $x$ प्रति किलो

पहले केले की मात्रा = $\frac{120}{x}$ किलो

केले का नया नूल्य

$= \frac{x \times 75}{100} =$ ₹ $.75x$ प्रति किलो

प्रश्नानुसार $\frac{120}{.75x} = \frac{120}{x} + 5$

$$\frac{120}{.75x} = \frac{120 + 5x}{x}$$

$$120 = .75(120 + 5x)$$

$$120 = 90 + 3.75x$$

$$3.75x = 30$$

$x = \frac{30}{3.75} =$ ₹ 8 प्रति किलो

**38.** माना प्रारम्भ में पुरुषों की संख्या = $x$

प्रारम्भ में स्त्रियों की संख्या = $(35000 - x)$

प्रश्नानुसार

$$x \times \frac{106}{100} + (35000 - x) \times \frac{104}{100} = 36760$$

$$106x + 35000 \times 104 - 104x = 3676000$$

$$2x = 3676000 - 3640000$$

$$2x = 36000$$

$$x = 18000$$

**39.** माना आबादी $x$

प्रश्नानुसार,

$$x \times \left(\frac{100 - 60}{100}\right) \times \left(\frac{100 - 28}{100}\right) = 4320$$

$$x \times \frac{40}{100} \times \frac{72}{100} = 4320$$

$$x = \frac{4320 \times 100 \times 100}{40 \times 72}$$

$$x = 15000$$

# 6

# लाभ तथा हानि
# (PROFIT & LOSS)

**क्रय मूल्य (C.P.):** जिस मूल्य पर वस्तु को खरीदा जाता है। वह उस वस्तु का क्रय मूल्य (Cost Price) कहलाता है।

**विंक्रय मूल्य (S.P.):** जिस मूल्य पर वस्तु बेची जाती है। वह उस वस्तु का विक्रय मूल्य (Selling Price) कहलाता है।

**अंकित मूल्य (M.P.):** दुकानदार वस्तुओं पर मूल्य को कुछ बढ़ाकर अंकित करता है तथा बट्टा काटकर फिर ग्राहक को किसी मूल्य पर बेचता है। वह बढ़ा हुआ मूल्य ही अंकित मूल्य (Marked Price) कहलाता है।

**बट्टा (Discount):** अंकित मूल्य पर दुकानदार द्वारा दिया जाने वाला कमीशन ही बट्टा कहलाता है। बट्टा अंकित मूल्य पर कुछ प्रतिशत के रूप में प्रदर्शित किया जाता है।

## कुछ प्रमुख सूत्रः

*(i)* लाभ = विक्रय मूल्य – क्रय मूल्य

*(ii)* हानि = क्रय मूल्य – विक्रय मूल्य

*(iii)* लाभ प्रतिशत $= \dfrac{\text{वास्तविक लाभ} \times 100}{\text{क्रय मूल्य}}$

*(iv)* हानि प्रतिशत $= \dfrac{\text{वास्तविक हानि} \times 100}{\text{क्रय मूल्य}}$

**नोटः** लाभ प्रतिशत अथवा हानि प्रतिशत हमेशा क्रयमूल्य पर ही ज्ञात किये जाते हैं।

*(v)* लाभ प्रतिशत में ज्ञात होने पर विक्रय मूल्य

$$= \frac{\text{क्रय मूल्य} \times (100 + \text{लाभ\%})}{100}$$

*(vi)* हानि प्रतिशत में ज्ञात होने पर विक्रय मूल्य

$$= \frac{\text{क्रय मूल्य} \times (100 - \text{हानि\%})}{100}$$

*(vii)* लाभ प्रतिशत ज्ञात होने पर क्रय मूल्य

$$= \frac{\text{विक्रय मूल्य} \times 100}{(100 + \text{लाभ\%})}$$

*(viii)* हानि प्रतिशत ज्ञात होने पर क्रय मूल्य

$$= \frac{\text{विक्रय मूल्य} \times 100}{(100 - \text{हानि\%})}$$

*(ix)* बट्टा = अंकित मूल्य – विक्रय मूल्य

*(x)* विक्रय मूल्य = अंकित मूल्य – बट्टा

*(xi)* *(a)* यदि दो क्रमागत बट्टे दिये हों, तो इनके तुल्य एक बट्टा

$$= 100 - \frac{(100 - r_1)(100 - r_2)}{100}$$

जहाँ $r_1, r_2$ बट्टों की दरें है।

*(b)* क्रमागत बट्टों की संख्या तीन होने पर तुल्य बट्टा

$$= 100 - \frac{(100 - r_1)(100 - r_2)(100 - r_3)}{10000}$$

## अभ्यास

**1.** एक किताब ₹ 80 में खरीदा गया और 20% लाभ पर बेची गयी। किताब का विक्रय मूल्य होगा:

A. ₹ 90 B. ₹ 94
C. ₹ 96 D. ₹ 100

**2.** अगर 8 वस्तुओं का क्रयमूल्य 10 वस्तुओं के विक्रय मूल्य के बराबर हो, तो लाभ अथवा हानि प्रतिशत होगी:

A. 10% लाभ B. 10% हानि
C. 20% लाभ D. 20% हानि

**3.** एक व्यापारी नगद भुगतान पर 5% छूट देता है। उसे 14% लाभ कमाने के लिये अपने सामानों का मूल्य कितने प्रतिशत ज्यादा लिखना होगा?

A. 15% B. 20%
C. 25% D. 30%

**4.** राहुल को एक छाता ₹ 75 में बेचने पर उसको उसके क्रय मूल्य के बराबर प्रतिशत लाभ हुआ। घड़ी का क्रयमूल्य क्या है?

A. ₹ 40 B. ₹ 45
C. ₹ 50 D. ₹ 60

**5.** रामस्वरुप ने दो भैंसें कुल ₹ 5200 में खरीदी। उसने एक भैंस को 15% हानि पर और दूसरी को 36% लाभ पर बेचा, तो इस प्रकार दोनों का विक्रय मूल्य समान था। प्रत्येक भैंस का मूल्य होगा:

A. ₹ 1400; ₹ 2400
B. ₹ 2000; ₹ 3200
C. ₹ 3500; ₹ 1400
D. ₹ 3200; ₹ 2000

**6.** यदि किसी वस्तु की कीमत 25% कम कर दी जाये तथा उसकी बिक्री 20% बढ़ा दी जाये, तो बताओ प्राप्त धन पर क्या प्रभाव पड़ेगा?

A. 5% कम B. समान रहेगा
C. 10% कम D. 5% वृद्धि

**7.** यदि एक आदमी एक साइकिल 12% छूट के बाद ₹ 330 में खरीदता है, तो साइकिल का लिखित मूल्य ज्ञात कीजिए:

A. ₹ 375 B. ₹ 380
C. ₹ 369.60 D. ₹ 342

**8.** एक दुकानदार ₹ 250 प्रति किग्रा॰ की दर से काजू खरीदता है और ₹ 10 प्रति 50 ग्राम की दर से बेचता है, तो उसको कितने प्रतिशत लाभ या हानि होगी?

A. 20% लाभ B. 20% हानि
C. 25% लाभ D. 25% हानि

**9.** एक दुकानदार ₹ 6.60 में चाय बेचकर 10% लाभ प्राप्त करता है। यदि वह उसे ₹ 9 में बेचे, तो उसको कितना प्रतिशत लाभ मिलेगा?

A. 30% B. 40%
C. 50% D. 60%

**10.** केले ₹ 6 प्रति दर्जन के भाव से खरीदकर 60 पैसे प्रति नग के हिसाब से बेचे जायें, तो लाभ % होगा:

A. 20% B. 22%
C. 10% D. 8%

**11.** 30 किताबों का क्रय मूल्य 25 किताबों के विक्रय मूल्य के समान हो, तो % लाभ होगा:

A. 25% B. 23%
C. 22% D. 20%

**12.** एक गाय को ₹ 560 में बेचने पर क्रय मूल्य का $\frac{1}{6}$ की हानि होती है। गाय का क्रय मूल्य है:

A. ₹ 672 B. ₹ 650
C. ₹ 682 D. ₹ 670

**13.** एक दुकानदार मशीन के अंकित मूल्य पर 5% कमीशन देता है। यदि कमीशन 7% कर देता है, तो ₹ 15 कम लाभ होता है। मशीन का अंकित मूल्य क्या है?

A. ₹ 735 B. ₹ 750
C. ₹ 785 D. ₹ 705

**14.** दुकानदार एक टी.वी. ₹ 6000 में खरीदता है तथा इसको 15% हानि पर बेचता है, तो टी.वी. का विक्रय मूल्य होगा:

A. ₹ 5100 B. ₹ 5600
C. ₹ 5900 D. ₹ 5910

**15.** किसी वस्तु को ₹ 19 में बेचने पर उतनी ही हानि होती है जितना कि 5% लाभ पर बेचने पर लाभ होता है। वस्तु को 5% लाभ पर बेचने पर वस्तु का विक्रय मूल्य क्या होगा?

A. ₹ 20 B. ₹ 20.50
C. ₹ 19.95 D. इनमें से कोई नहीं

**16.** एक व्यापारी अंकित मूल्य पर 15% कमीशन काटता है। वह क्रय मूल्य से कितने अधिक प्रतिशत मूल्य अंकित करे कि उसे 19% लाभ हो?

A. 20% B. 35%
C. 45% D. 40%

**17.** एक गाय को ₹ 510 में बेचने से 15% हानि होती है। यदि उसे ₹ 575 में बेचा जाय, तो कितने % लाभ अथवा हानि होगी?

A. $6\frac{1}{4}$% हानि B. $4\frac{1}{6}$% लाभ
C. $6\frac{1}{4}$% लाभ D. $4\frac{1}{6}$% हानि

**18.** वाजपेयी किसी वस्तु पर सूची मूल्य लागत से 40% अधिक रखता है। वह सूची मूल्य पर 10% व्यापारिक बट्टा काटता है, तो लाभ % होगाः

A. 26% B. 36%
C. 14% D. 10%

**19.** यदि एक फल विक्रेता ₹ 8 के 24 केले की दर से खरीदता है तथा उसको ₹ 5 प्रति दर्जन की दर से बेचता है, तो उसको प्रतिशत लाभ होगाः

A. 20% B. 25%
C. 30% D. 35%

**20.** आलू बेचने पर किसी व्यापारी को $7\frac{1}{2}$% क्षति पहुँची। यदि वह इस विक्रय मूल्य से ₹ 24 अधिक में विक्रय करता, तो उसको $12\frac{1}{2}$% लाभ हुआ होता। आलू का क्रय मूल्य ज्ञात कीजिए।

A. ₹ 120 B. ₹ 96
C. ₹ 90 D. ₹ 88

**21.** A 20% लाभ पर एक साइकिल B को बेचता है और B इसे 25% लाभ पर C को बेच देता है। अगर C ने इसके लिए ₹ 225 दिये हों, तो A ने कितने रुपये दिये थे?

A. ₹ 100 B. ₹ 125
C. ₹ 150 D. ₹ 175

**22.** एक राशन विक्रेता 2 रुपये किलो की 26 किलो चीनी ₹ 3.60 की 30 किलो चीनी में मिला देता है। मिश्रण को वह ₹ 3.00 किलो के भाव से बेच देता है। उसे कितने प्रतिशत का लाभ होता है?

A. 5% B. 8%
C. 10% D. 12%

**23.** एक व्यक्ति अपनी कार ₹ 5000 में बेच देता है और कुछ नुकसान उठाता है। अगर वह इसे ₹ 5600 में बेचता, तो उसे पिछले नुकसान का दुगुना लाभ होता। कार का क्रय मूल्य कितना है?

A. ₹ 5000 B. ₹ 5200
C. ₹ 5300 D. ₹ 5500

**24.** एक रुपये में 12 के भाव संतरे बेचने पर किसी व्यक्ति को 4% की हानि हुई। 44% लाभ कमाने के लिये वह एक रुपये में कितने संतरे बेचे?

A. 7 B. 8
C. 10 D. 9

**25.** एक लिखे हुए मूल्य पर 20% की छूट दी जाये, तो लाभ 60% होता है। अगर छूट बढ़ाकर 25% कर दी जाये, तो लाभ का प्रतिशत क्या होगा?

A. 40% B. 50%
C. 25% D. 30%

**26.** एक शराब व्यापारी शराब के 10 पीपे खरीदता है। अगर वह इस शराब को ₹ 5 लीटर के भाव से बेचे तो उसे ₹ 200 का नुकसान होता है जबकि ₹ 6 लीटर बेचने से उसे पूरे पर ₹ 150 का लाभ होता है। प्रत्येक पीपे में कितनी शराब है?

A. 40 लीटर B. 35 लीटर
C. 45 लीटर D. 30 लीटर

**27.** किसी सामान को 77 पैसे में बेचने से एक व्यक्ति को अपने पूरे धंधे का $\frac{1}{10}$ लाभ हुआ। अगर वह इसे 68 पैसे में बेचता, तो उसे क्या लाभ या हानि होती?

A. 20% लाभ B. 10% लाभ
C. 20% हानि D. 10% हानि

**28.** एक व्यापारी चाय की एक किस्म में 4% नुकसान उठाने का दावा करता है। पर वास्तव में एक किलो की जगह 840 ग्राम तोलता है। उसे कितना प्रतिशत वास्तविक लाभ होता है?

A. $14\frac{2}{7}$% लाभ B. $14\frac{2}{7}$% हानि
C. 15% हानि D. 14% लाभ

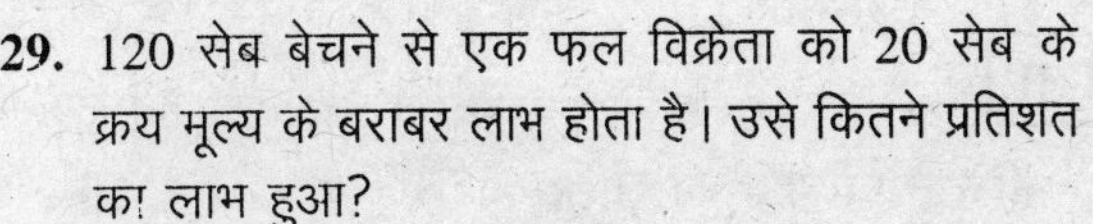

**29.** 120 सेब बेचने से एक फल विक्रेता को 20 सेब के क्रय मूल्य के बराबर लाभ होता है। उसे कितने प्रतिशत का लाभ हुआ?

A. 8% B. 15%
C. 20% D. $16\frac{2}{3}$%

**30.** चीनी के मूल्य में 10% की कमी होने पर आरती ₹ 225 में 25 किग्रा॰ चीनी अधिक खरीद सकती है। चीनी का घटा मूल्य प्रति किग्रा॰ में है:

A. 30 पैसे B. 90 पैसे
C. 95 पैसे D. 97 पैसे

**31.** कोई वस्तु यदि 10% हानि की जगह 10% लाभ पर बेची जाती है, तो ₹ 10 अधिक मिलते हैं। वस्तु का क्रय मूल्य है:

A. ₹ 55 B. ₹ 50
C. ₹ 45 D. ₹ 60

**32.** चुन्नू ने ₹ 20 में 21 पेन खरीदे तथा उन्हें ₹ 21 में 20 की दर से बेच दिया। लाभ % है:

A. $10\frac{2}{4}$% B. $10\frac{2}{3}$%
D. $10\frac{1}{4}$% D. $10\frac{3}{4}$%

**33.** एक व्यापारी ने ₹ 500 का गेहूँ खरीदकर आधा 20% लाभ पर और शेष 10% हानि पर बेच दिया। बताओ कुल कितने प्रतिशत लाभ हुआ?

A. 4% B. 6%
C. 5% D. 7%

**34.** मुकेश एक वस्तु को 25% हानि पर बेचता है, यदि वह उसे 60 रुपये अधिक में बेचता, तो 5% लाभ होता। वस्तु का क्रय मूल्य होगा:

A. ₹ 200 B. ₹ 120
C. ₹ 220 D. ₹ 150

**35.** किसी वस्तु के मूल्य में 10% कमी कर दी गयी है। उस वस्तु का मूल्य पहले जितना लाने के लिये कितने प्रतिशत की बढ़ोत्तरी करनी होगी?

A. $9\frac{1}{11}$% B. 9%
C. $11\frac{1}{9}$% D. 10%

**36.** मोहनदास 10 किग्रा॰ तेल ₹ 15 प्रति किलो दर से तथा 5 किग्रा॰ तेल ₹ 10 प्रति किग्रा॰ की दर से खरीदकर दोनों को मिलाता है। यदि वह मिश्रण पर 12.5% लाभ उठाये, तो मिश्रण का विक्रय मूल्य प्रति किग्रा॰ कितना होगा?

A. ₹ 14 B. ₹ 15
C. ₹ 11.50 D. ₹ 15.75

**37.** एक व्यक्ति ने अपने दो मकानों में से प्रत्येक को ₹ 467 व ₹ 958 का बेचा। एक पर उसे 12% लाभ तथा दूसरे पर 12% हानि हुई। पूरे लेनदेन में उसे कुल कितने प्रतिशत लाभ या हानि हुई?

A. 1.04% लाभ
B. 1.04% हानि
C. 1.44% लाभ
D. 1.44% हानि

**38.** एक दुकानदार ने ₹ 60 में 1 क्विन्टल नमक ख़रीदा। इसे वह प्रति किलो किस भाव से बेचे कि 20% लाभ हो?

A. ₹ 72 B. 72 पैसे
C. ₹ 7.20 D. ₹ 36

**39.** एक रुपये में 9 की दर से खरीदी गयी नारंगी और एक रुपये में 7 की दर से खरीदी गयी इतनी ही नारंगी को मिलाकर एक रुपये में 8 के भाव से बेचने से % लाभ या हानि होगी:

A. न लाभ न हानि
B. लाभ $1\frac{9}{16}$%
C. हानि $1\frac{9}{16}$%
D. इनमें से कोई नहीं

**40.** एक व्यापारी ग्राहक को चीनी बेचने में खराब बाट का इस्तेमाल करता है और इससे $11\frac{1}{9}$% लाभ कमाता है। वह एक किलो की जगह कितना तोलता है?

A. 800 ग्राम
B. 900 ग्राम
C. 850 ग्राम
D. 950 ग्राम

## उत्तरमाला

| 1 | 2 | 3 | 4 | 5 | 6 | 7 | 8 | 9 | 10 |
|---|---|---|---|---|---|---|---|---|---|
| C | D | B | C | D | C | A | B | C | A |
| **11** | **12** | **13** | **14** | **15** | **16** | **17** | **18** | **19** | **20** |
| D | A | B | A | D | D | D | A | B | A |
| **21** | **22** | **23** | **24** | **25** | **26** | **27** | **28** | **29** | **30** |
| C | A | B | B | B | B | D | A | D | B |
| **31** | **32** | **33** | **34** | **35** | **36** | **37** | **38** | **39** | **40** |
| B | C | C | A | C | B | D | B | C | B |

## कुछ चुने हुए प्रश्नों के व्याख्यात्मक उत्तर

**2.** माना 8 वस्तुओं का क्रय मूल्य = ₹ 100

प्रश्नानुसार $\because$ 10 वस्तुओं का विक्रय मूल्य = ₹ 100

$\therefore$ 8 वस्तुओं का विक्रय मूल्य = $\frac{100 \times 8}{10}$ = ₹ 80

हानि = 100 − 80 = ₹ 20

प्रतिशत हानि = $\frac{\text{हानि} \times 100}{\text{क्रय मूल्य}}$

$= \frac{20 \times 100}{100} = 20\%$ हानि

**4.** माना क्रयमूल्य = ₹ $x$

प्रश्नानुसार $x + x$ का $x\% = 75$

[क्रयमूल्य + लाभ = विक्रय मूल्य]

$$x + \frac{x \times x}{100} = 75$$
$$100x + x^2 = 7500$$
$$x^2 + 100x - 7500 = 0$$
$$x^2 + 150x - 50x - 7500 = 0$$
$$x(x + 150) - 50(x + 150) = 0$$
$$(x + 150)(x - 50) = 0$$
$(x - 50) = 0$ से $x = 50$

**5.** माना प्रथम भैंस का क्रय मूल्य = ₹ $x$

प्रश्नानुसार द्वितीय भैंस का क्रय मूल्य = $(5200 - x)$

15% हानि पर प्रथम भैंस का विक्रय मूल्य

$$= \frac{x \times (100 - 15)}{100} = \frac{85x}{100}$$

36% लाभ से द्वितीय भैंस का विक्रय मूल्य

$$= (5200 - x) \times \frac{136}{100}$$

प्रश्नानुसार, $(5200 - x) \times \frac{136}{100} = \frac{85x}{100}$

$$(5200 - x) \times 136 = 85x$$
$$5200 \times 136 - 136x = 85x$$
$$5200 \times 136 = 136x + 85x$$
$$221x = 5200 \times 136$$
$$x = \frac{5200 \times 136}{221}$$
$$x = \frac{707200}{221}$$
$$= ₹\ 3200$$

द्वितीय भैंस का क्रय मूल्य = 5200 − 3200

= ₹ 2000

**9.** 6.60 रुपये विक्रय मूल्य तथा 10% लाभ वाली वस्तु का क्रयमूल्य

$$= \frac{\text{विक्रय मूल्य} \times 100}{(100 + \text{लाभ}\%)}$$

$$= \frac{6.60 \times 100}{(100 + 10)} = \frac{6.60 \times 100}{110} = ₹\ 6$$

वस्तु को ₹ 9 में बेचने पर लाभ = 9 − 6 = ₹ 3

% लाभ = $\frac{3}{6} \times 100$ = 50% लाभ

**13.** माना मशीन का अंकित मूल्य = ₹ 100

कमीशन = 5% = ₹ 5

विक्रय मूल्य = ₹ 95

अब नया कमीशन = 7% = ₹ 7

विक्रय मूल्य = ₹ 93

विक्रय मूल्य का अन्तर = 95 – 93 = ₹ 2

∴ जब ₹ 2 अन्तर तो अंकित मूल्य = ₹ 100

∴ जब ₹ 15 अन्तर तो अंकित मूल्य

$$= \frac{100}{2} \times 15 = ₹\ 750$$

**15.** माना वस्तु का क्रय मूल्य = ₹ $x$ है।

∴ यथार्थ हानि = $x - 19$

तथा 5% लाभ पर लाभ = $\frac{5 \times x}{100} - \frac{5x}{100}$

प्रश्नानुसार $\frac{5x}{100} = x - 19$

$$5x = 100x - 1900$$

$$95x = 1900$$

$$x = \frac{1900}{95} = ₹\ 20$$

∴ 20% क्रय मूल्य वाली वस्तु पर 5% लाभ के पश्चात् विक्रय मूल्य

$$= 20 \times \frac{105}{100} = ₹\ 21$$

**20.** $12\frac{1}{2}\% - \left(7\frac{1}{2}\%\right) = 20\%$

∵ 20% = ₹ 24

$$\therefore 100\% = \frac{24 \times 100}{20} = ₹\ 120$$

∴ आलू का क्रय मूल्य = ₹ 120 होगा।

**26.** माना एक पीपे में $x$ लीटर शराब है, तो 10 पीपे में शराब की मात्रा होगी = $10x$ लीटर

प्रश्नानुसार,

दोनो विक्रय मूल्यों का अन्तर = (150 + 200)

$$= 10x \times 6 - 10x \times 5 = 350$$

$$= 10x = 350 \Rightarrow x = 35 \text{ लीटर}$$

**28.** माना एक किलो चाय का क्रय मूल्य = ₹ 100

प्रश्नानुसार दुकानदार के लिये 1 किलो चाय का विक्रय मूल्य 4% हानि पर = ₹ 96

परन्तु 1 किलो = 1000 ग्राम पर वह 840 ग्राम तोलता है।

∵ 1000 ग्राम का क्रय मूल्य = ₹ 100

∴ 840 ग्राम का क्रय मूल्य $= \frac{100}{1000} \times 840$

$= ₹\ 84$

अर्थात् वह ₹ 84 के माल को ₹ 96 में बेचता है, तो उसका प्रतिशत लाभ

$$= \frac{96 - 84}{84} \times 100$$

$$= \frac{12 \times 100}{84} = \frac{100}{7} = 14\frac{2}{7}\% \text{ लाभ}$$

**37.** ऐसे प्रश्नों में हमेशा हानि होती है

$$\text{हानि\%} = \left(\frac{\text{उभय निष्ठ लाभ अथवा हानि\%}}{10}\right)^2\%$$

$$= \left(\frac{12}{10}\right)^2 \%$$

$$= \frac{144}{100}\%$$

$$= 1.44\%$$

# 7

# मिश्रण
# (ALLIGATION)

जब दो या दो से अधिक वस्तुएँ किसी विशेष अनुपात में मिलायी जायें तो बनने वाले पदार्थ को मिश्रण कहते हैं।

मिश्रण पर आधारित सूत्रः

यदि ₹ *a* प्रति किग्रा० वाली महंगी वस्तु की मात्रा A को ₹ *b* प्रति किग्रा० वाली सस्ती वस्तु की मात्रा B के साथ मिलाया जाये और प्राप्त मिश्रण C, ₹ c प्रति किग्रा० वाली वस्तु बने तो

$$\frac{\text{महंगी वस्तु की मात्रा}}{\text{सस्ती वस्तु की मात्रा}} = \frac{\text{मिश्रण का मूल्य} - \text{सस्ती वस्तु का मूल्य}}{\text{महंगी वस्तु का मूल्य} - \text{मिश्रण का मूल्य}}$$

अर्थात् $\frac{A}{B} = \frac{c-b}{a-c}$

## अभ्यास

1. ₹ 3.50 प्रति किग्रा वाले बाजरे में ₹ 2.25 प्रति किग्रा वाले बाजरे को मिलाकर मिश्रित बाजरे को एक दुकानदार ₹ 2.75 प्रति किग्रा में बेचता है, तो मिश्रण में पहले तथा दूसरे बाजरे का अनुपात होगाः
   A. 2 : 3 B. 3 : 2
   C. 1 : 2 D. 2 : 1
2. ₹ 10 प्रति किलो की 15 किलो चाय में ₹ 4 प्रति किलो की कितनी चाय मिलायी जाये कि चाय ₹ 6.50 प्रति किलो की हो जाये?
   A. 21 किग्रा B. 16 किग्रा
   C. 4 किग्रा D. 14 किग्रा
3. दूध और पानी के 20 किग्रा मिश्रण में 10% पानी है। इसमें कितना पानी और मिलाया जाये कि मिश्रण में पानी की मात्रा 25% हो जाये?
   A. 5 किग्रा B. 4 किग्रा
   C. 7 किग्रा D. 8 किग्रा
4. ₹ 11 प्रति लीटर की शराब को ₹ 6 प्रति लीटर की शराब के साथ किस अनुपात में मिलाया जाये कि वह ₹ 8 प्रति लीटर की हो जाये?
   A. 2 : 3 B. 8 : 2
   C. 5 : 7 D. 1 : 3
5. 54 पैसे लीटर के 14 लीटर दूध में कितना पानी मिलाया जाये कि मिश्रण का भाव 42 पैसा लीटर हो जाये?
   A. 4 लीटर B. 7 लीटर
   C. 5 लीटर D. 3 लीटर
6. 80 किग्रा मिश्रण में दूध और पानी का अनुपात 3 : 2 है। इसमें कितना पानी मिलाया जाये कि नये मिश्रण में दूध और पानी का अनुपात 2 : 3 हो जाये?
   A. 40 किग्रा B. 25 किग्रा
   C. 35 किग्रा D. 20 किग्रा

**7.** एक पीपे में 3 हिस्सा दूध और 1 हिस्सा पानी है। इसमें से कितना मिश्रण निकालकर पानी डाल दिया जाये कि मिश्रण में आधा पानी और आधा दूध हो जाये?

A. $\frac{1}{2}$ B. $\frac{1}{3}$
C. $\frac{2}{3}$ D. $\frac{1}{4}$

**8.** ₹ 16 प्रति लीटर की लागत से मिलने वाले दूध को ₹ 18 प्रति लीटर में बेचा जाना हो, तो उसमें किस अनुपात में पानी मिलाया जाय कि 25 प्रतिशत का लाभ हो?

A. 9 : 2 B. 9 : 1
C. 1 : 9 D. 2 : 9

**9.** सुहास ने 20 किग्रा चावल ₹ 7.50 प्रति किग्रा की दर से और 30 किग्रा चावल ₹ 7.75 प्रति किग्रा की दर से खरीदकर मिश्रण तैयार किया। उसको 45% लाभ अर्जित करने हेतु प्रति किग्रा चावल को आसन्नतः किस दर से बेचना चाहिये?

A. ₹ 10 प्रति किग्रा B. ₹ 11 प्रति किग्रा
C. ₹ 12 प्रति किग्रा D. ₹ 12.50 प्रति किग्रा

**10.** एक चिड़ियाघर में कुछ कबूतर व खरगोश हैं। यदि सिरों की संख्या 200 तथा पैरों की संख्या 580 हो, तो वहाँ पर कितने कबूतर हैं?

A. 100 B. 95
C. 105 D. 110

**11.** किसी बर्तन में 90 लीटर मदिरा है। उस बर्तन में से प्रतिदिन 30 लीटर मदिरा निकाली जाती है और उतनी ही मात्रा में पानी मिलाया जाता है। 3 दिन के अन्त में बर्तन में मदिरा की मात्रा लगभग होगी?

A. 26 लीटर B. 60 लीटर
C. 42 लीटर D. 30 लीटर

**12.** शराब और पानी के 125 गैलन मिश्रण में 20% पानी है। इसमें कितना प्रतिशत पानी मिलाया जाये कि नये मिश्रण में पानी 25% हो जाये?

A. 8 गैलन B. 7 गैलन
C. $8\frac{1}{3}$ गैलन D. 5 गैलन

**13.** ₹ 56 प्रति किग्रा की चाय ₹ 82 प्रति किग्रा की चाय के साथ किस अनुपात में मिलायी जाये कि मिश्रण का क्रय मूल्य ₹ 67 प्रति किग्रा हो जाये?

A. 15 : 11 B. 11 : 15
C. 12 : 13 D. 13 : 12

**14.** तीन बराबर के बर्तन में शराब और पानी का अनुपात क्रमशः 3 : 4, 4 : 5 व 5 : 6 है। तीनों बर्तनों के पानी को एक बड़े बर्तन में उड़ेल देने पर नये मिश्रण में शराब व पानी का अनुपात होगाः

A. 900 : 1159 B. 920 : 1159
C. 1152 : 920 D. 1159 : 900

**15.** सोने और ताँबे की मिश्रधातुओं में क्रमशः सोने और ताँबे का अनुपात 7 : 2 व 7 : 11 है। दोनों धातुओं की समान मात्रा मिलाने पर मिश्रित धातु में सोने और ताँबे का अनुपात होगाः

A. 7 : 6 B. 6 : 7
C. 7 : 5 D. 5 : 7

**16.** एक खेत में मुर्गी व भेड़ हैं। यदि उनके सिरों व पैरों की कुल संख्या क्रमशः 38 व 100 हो, तो मुर्गियों व भेड़ों की संख्या का अनुपात होगा?

A. 13 : 6 B. 6 : 13
C. 7 : 9 D. 9 : 7

**17.** चांदी व स्टील की दो मिश्रधातुओं को क्रमशः 5 : 3 और 8 : 5 के अनुपात में मिलाकर बनाया गया। दोनों मिश्रधातुओं की समान मात्रा मिलाने पर मिश्रित मिश्रधातु में चांदी व स्टील का अनुपात होगाः

A. 120 : 35 B. 35 : 120
C. 129 : 79 D. 79 : 129

**18.** एक मिश्रण में 3 भाग शराब तथा एक भाग पानी से बना है। 12 लीटर पानी और डालने पर मिश्रण में शराब पानी की दोगुनी हो जाती है। मिश्रण में शराब की मात्रा कितनी है?

A. 65 लीटर B. 70 लीटर
C. 72 लीटर D. 80 लीटर

**19.** 150 बच्चों के बीच ₹ 67.50 इस तरह बांटे गये कि हर लड़के को 50 पैसे और हर लड़की को 35 पैसे मिले। तो इनमें लड़कों की संख्या होगीः

A. 80 B. 100
C. 90 D. इनमें से कोई नहीं

**20.** शराब और पानी के दो मिश्रण में शराब व पानी का अनुपात क्रमशः 1 : 3 व 3 : 1 है। अगर पहले का

2 गैलन व दूसरे का 3 गैलन मिला दिया, जाय तो मिश्रण में पानी व शराब का अनुपात होगाः

A. 2 : 7 B. 11 : 9
C. 9 : 11 D. 7 : 2

**21.** एक बर्तन में स्पिरिट और पानी का मिश्रण भरा है। इसमें 18% स्पिरिट है। इसमें से 8 लीटर मिश्रण निकालकर पानी भर दिया जाता है। अब अगर मिश्रण में 15 प्रतिशत स्पिरिट है, तो बर्तन में कितना मिश्रण है?

A. 30 लीटर B. 48 लीटर
C. 35 लीटर D. 40 लीटर

**22.** दूध और पानी के मिश्रण में दूध और पानी 3 : 2 के अनुपात में है। यदि मिश्रण में 4 लीटर पानी और मिला दिया जाय, तो दूध और पानी समान मात्रा में हो जाते हैं तो मिश्रण में दूध की मात्रा हैः

A. 10 लीटर B. 12 लीटर
C. 15 लीटर D. 20 लीटर

**23.** 15 किग्रा चीनी ₹ 10 प्रति किग्रा की दर से तथा 10 किग्रा चीनी ₹ 14 प्रति किग्रा के भाव से खरीदकर मिश्रण को ₹ 16 प्रति किग्रा की दर से बेचने पर कितना लाभ होगा?

A. ₹ 100 B. ₹ 90
C. ₹ 110 D. ₹ 120

**24.** 30 किलो चीनी ₹ 20 प्रति किग्रा के भाव से तथा 20 किग्रा चीनी ₹ 15 प्रति किग्रा से खरीदकर मिश्रण को ₹ 21.60 प्रति किग्रा से बेचने पर कितने प्रतिशत लाभ होगा?

A. 10% B. 12%
C. 15% D. 20%

**25.** 549 लीटर दूध और पानी के मिश्रण में दूध और पानी का अनुपात 7 : 2 है। इसमें कितना पानी और डाला जाये कि दूध और पानी का अनुपात 7 : 3 हो जाये?

A. 60 लीटर B. 61 लीटर
C. 62 लीटर D. 63 लीटर

## उत्तरमाला

| **1** | **2** | **3** | **4** | **5** | **6** | **7** | **8** | **9** | **10** |
|---|---|---|---|---|---|---|---|---|---|
| A | A | B | A | A | A | B | B | B | D |
| **11** | **12** | **13** | **14** | **15** | **16** | **17** | **18** | **19** | **20** |
| A | C | A | B | C | A | C | C | B | C |
| **21** | **22** | **23** | **24** | **25** | | | | | |
| B | B | C | D | B | | | | | |

## कुछ चुने हुए प्रश्नों के व्याख्यात्मक उत्तर

**5.** 14 लीटर दूध का मूल्य = $54 \times 14 = 756$ पैसे

∵ पानी का मूल्य शून्य माना जाता है। अतः 756 पैसे में 42 पैसा प्रति लीटर के दूध की मात्रा होगी = $\frac{756}{42}$

= 18 लीटर

अतः पानी की मात्रा = $18 - 14 = 4$ लीटर

**7.** माना पीपे में 1 लीटर दूध है, तो

प्रश्नानुसार दूध की मात्रा 3/4 लीटर और पानी की मात्रा 1/4 लीटर होगी

माना मिश्रण में से $x$ लीटर भाग निकाला, तो

प्रश्नानुसार,

$$\frac{\frac{3}{4}-\frac{3}{4}\times x}{\left(\frac{1}{4}-\frac{1}{4}\times x\right)+x}=\frac{1}{1}$$

$$\frac{3-3x}{1+3x}=\frac{1}{1}$$

$$3 - 3x = 1 + 3x$$

$$2 = 6x \Rightarrow x = \frac{1}{3}$$

**10.** माना कबूतर व खरगोश की संख्या क्रमशः $x$ व $y$ है।

प्रश्नानुसार, $x + y = 200$ ...(i)

$2x + 4y = 580$

या $x + 2y = 290$ ...(ii)

(ii) – (i) $y = 90$

(i) में मान रखने पर $x = 110$

**11.** प्रत्येक $x$ लीटर द्रव में से $y$ लीटर द्रव निकालकर उसमें $y$ लीटर पानी मिलाने पर तथा यह क्रिया $n$ बार दोहराने पर मिश्रण में शुद्ध द्रव की मात्रा शेष

$$= x\left(1-\frac{y}{x}\right)^n \text{ लीटर}$$

$$= 90\left(1-\frac{30}{90}\right)^3$$

$$= \frac{90\times 60\times 60\times 60}{90\times 90\times 90} = 26 \text{ लीटर}$$

**12.** अभीष्ट अनुपात $= \dfrac{\frac{3}{3+4}+\frac{4}{4+5}+\frac{5}{5+6}}{\frac{4}{7}+\frac{5}{9}+\frac{6}{11}} = \dfrac{\frac{3}{7}+\frac{4}{9}+\frac{5}{11}}{\frac{4}{7}+\frac{5}{9}+\frac{6}{11}}$

$$= \frac{920}{1159} = 920 : 1159$$

**18.** माना मिश्रण की मात्रा = $x$ लीटर

प्रश्नानुसार,

$$\frac{x\times\frac{3}{3+1}}{\left(x\times\frac{1}{4}+12\right)} = \frac{2}{1}$$

$$\frac{3x}{4} = \frac{x}{2}+24 \Rightarrow \frac{x}{4} = 24 \Rightarrow x = 24\times 4$$

शराब की मात्रा $= \dfrac{3x}{4} = \dfrac{3\times 24\times 4}{4} = 72$ लीटर

**20.** मिश्रण में, $\dfrac{\text{पानी}}{\text{शराब}} = \dfrac{2\times\frac{3}{4}+3\times\frac{1}{4}}{2\times\frac{1}{4}+3\times\frac{3}{4}}$

$$= \frac{6+3}{2+9} = \frac{9}{11} = 9 : 11$$

**21.** माना मिश्रण $x$ लीटर है

प्रश्नानुसार, $x\times\dfrac{18}{100}-\dfrac{8\times 18}{100} = x\times\dfrac{15}{100}$

$\Rightarrow$ $18x - 144 = 15x$

$\Rightarrow$ $3x = 144 \Rightarrow x = 48$ लीटर

**22.** माना मिश्रण की मात्रा = $x$ लीटर

प्रश्नानुसार, $\dfrac{x\times\frac{3}{3+2}}{x\times\frac{2}{5}+4} = \dfrac{1}{1} \Rightarrow \dfrac{3x}{5} = \dfrac{2x}{5}+4$

$\Rightarrow$ $\dfrac{x}{5} = 4 \Rightarrow x = 20$

मिश्रण में शराब की मात्रा $= \dfrac{3x}{5} = \dfrac{3\times 20}{5}$

= 12 लीटर

**24.** चीनी का कुल क्रय मूल्य $= 30\times 20 + 20\times 15$

$= 600 + 300 =$ ₹ 900

चीनी का प्रति किग्रा क्रय मूल्य $= \dfrac{900}{30+20} = \dfrac{900}{50}$

= ₹ 18 प्रति किग्रा

प्रति किग्रा लाभ $= 21.60 - 18 =$ ₹ 3.60

प्रतिशत लाभ $= \dfrac{3.60}{18}\times 100 = 20\%$

**25.** 549 लीटर में दूध की मात्रा $= 549\times\dfrac{7}{9} = 61\times 7$

= 427 लीटर

पानी का भाग $= 549 - 427$

= 122 लीटर

माना $x$ लीटर पानी मिलाया गया

प्रश्नानुसार, $\dfrac{427}{122+x} = \dfrac{7}{3}$

$427\times 3 = 122\times 7 + 7x$

$7x = 1281 - 854$

$7x = 427$

$x = \dfrac{427}{7} = 61$ लीटर

# 8

# साधारण और चक्रवृद्धि ब्याज
# (SIMPLE AND COMPOUND INTEREST)

**साधारण ब्याजः** जब कोई व्यक्ति किसी अन्य व्यक्ति अथवा बैंक से कोई राशि उधार लेकर प्रयोग में लेता है और उस राशि को लौटाते समय दूसरे व्यक्ति द्वारा उस राशि के ऊपर अतिरिक्त धन मांगा जाता है जिसे ब्याज कहा जाता है। उधार ली गयी राशि मूलधन कहलाती है। जब मूलधन आगे के प्रत्येक वर्ष के लिये समान हो तथा ब्याज की राशि भी आगे के प्रत्येक वर्ष के लिये समान हो, तो उसे साधारण ब्याज कहते हैं। मूलधन व ब्याज का योग मिश्रधन कहलाता है।

## साधारण ब्याज से संबंधित कुछ सूत्र

(1) $\text{साधारण ब्याज} = \dfrac{\text{मूलधन} \times \text{दर} \times \text{समय}}{100}$

(2) $\text{दर} = \dfrac{\text{साधारण ब्याज} \times 100}{\text{मूलधन} \times \text{समय}}$

(3) $\text{समय} = \dfrac{\text{साधारण ब्याज} \times 100}{\text{मूलधन} \times \text{दर}}$

(4) $\text{मूलधन} = \dfrac{\text{साधारण ब्याज} \times 100}{\text{दर} \times \text{समय}}$

(5) मिश्रधन = मूलधन + साधारण ब्याज

**नोट :** सूत्र में दर % वार्षिक व समय वर्ष में होना चाहिए।

**चक्रवृद्धि ब्याजः** यदि प्रत्येक वर्ष का ब्याज उसके प्रारम्भिक मूलधन में जोड़ दिया जाय, तो प्रत्येक वर्ष के अंत का मिश्रधन दूसरे वर्ष के लिये मूलधन के समान होगा और इस प्रकार इस नये मूलधन पर अगले वर्ष का ब्याज दिया जाता है। ब्याज गणना की यह पद्धति चक्रवृद्धि ब्याज कहलाती है। चक्रवृद्धि ब्याज की गणना में प्रत्येक वर्ष का मूलधन व ब्याज परिवर्तित होता रहता है। अतः समान दर व समय मूलधन पर चक्रवृद्धि ब्याज साधारण ब्याज से अधिक होता है।

## चक्रवृद्धि ब्याज से संबंधित सूत्र

(1) $\text{चक्रवृद्धि ब्याज} = \text{मूलधन}\left[\left(1+\dfrac{\text{दर}}{100}\right)^{\text{समय}} - 1\right]$

(2) $\text{चक्रवृद्धि मिश्रधन} = \text{मूलधन}\left(1+\dfrac{\text{दर}}{100}\right)^{\text{समय}}$

## महत्त्वपूर्ण टिप्पणियाँ

(a) यदि ब्याज प्रति छमाही जोड़ा जाता है। अर्थात् वर्ष में दो बार ब्याज की गणना होने की अवस्था में दर को आधा व समय को दुगुना कर दिया जाता है:
सूत्र के रूप में:

$$\text{मिश्रधन} = \text{मूलधन}\left(1+\frac{\text{दर}/2}{100}\right)^{2\times n}$$

$n$ = समय वर्ष में

(b) यदि ब्याज प्रति तिमाही जोड़ा जाता है। अर्थात् वर्ष में चार बार ब्याज की गणना होने की अवस्था में दर को चौथाई व समय को चौगुना कर दिया जाता है
सूत्र के रूप में:

$$\text{मिश्रधन} = \text{मूलधन}\left(1+\frac{\text{दर}/4}{100}\right)^{4\times n}$$

(*c*) यदि दर समान न होकर प्रतिवर्ष परिवर्तित होती है। माना प्रथम, द्वितीय व तृतीय वर्ष दर क्रमशः $R_1, R_2$ व $R_3$ है, तो

अन्तिम मूल्य = प्रारम्भिक मूल्य

$$\left(1+\frac{R_1}{100}\right)\left(1+\frac{R_2}{100}\right)\left(1+\frac{R_3}{100}\right)$$

जहाँ $R_1, R_2$ व $R_3$ का चिह्न + अथवा – हो सकता है। वृद्धि दर पर + चिह्न व ह्रास दर होने पर $R_1, R_2, R_3$ क्रमशः (–) में होंगे।

## अभ्यास

**1.** कितने % दर से ₹ 1500 का ब्याज, 5 वर्ष में ₹ 300 होगा?

A. 5% B. $5\frac{1}{2}$%

C. $4\frac{1}{2}$% D. 4%

**2.** किस धन का 4% वार्षिक ब्याज की दर से 5 वर्ष में ब्याज ₹ 120 हो जायेगा?

A. ₹ 600 B. ₹ 620

C. ₹ 610 D. ₹ 650

**3.** अगर कोई राशि 7 वर्षों में दुगुनी हो जाती है तो 5 गुनी कितने वर्षों में हो जायेगी?

A. 24 वर्ष B. 28 वर्ष

C. 32 वर्ष D. 35 वर्ष

**4.** A ने B के 2 वर्षों के लिए ₹ 600 और C को ₹ 150 4 वर्षों के लिये दिये। A ने B व C से कुल ₹ 90 बतौर ब्याज प्राप्त किये हों, तो दर प्रतिशत क्या होगा?

A. 5% B. 7%

C. 8% D. 10%

**5.** 10% प्रतिवर्ष के साधारण ब्याज पर कोई राशि कितने वर्षों में दूनी हो जायेगी?

A. 5 वर्ष B. 10 वर्ष

C. 20 वर्ष D. 40 वर्ष

**6.** 2 पैसे प्रतिमाह दर से ₹ 471 पर 7 माह का साधारण ब्याज क्या होगा?

A. 6500 पैसे B. 6594 पैसे

C. 7000 पैसे D. 7200 पैसे

**7.** किसी धन का $6\frac{1}{2}$% वार्षिक ब्याज की दर से 6 वर्ष का मिश्रधन ₹ 5560 है, तो उस धन का 7% वार्षिक ब्याज की दर से $5\frac{1}{2}$ वर्ष का मिश्रधन क्या होगा?

A. ₹ 5540 B. ₹ 5440

C. ₹ 5600 D. ₹ 5500

**8.** कितने समय में किसी धन का साधारण ब्याज उस धन का 2/3 गुना हो जायेगा जबकि दर 5% वार्षिक हो।

A. $13\frac{1}{3}$ वर्ष B. $14\frac{1}{3}$ वर्ष

C. 15 वर्ष D. $13\frac{2}{3}$ वर्ष

**9.** ₹ 600 का 5% वार्षिक सरल ब्याज की दर से 5 वर्ष का मिश्रधन होगा:

A. ₹ 720 B. ₹ 750

C. ₹ 770 D. ₹ 780

**10.** एक व्यक्ति ₹ 5000 4% वार्षिक ब्याज पर डाकखाने में तथा ₹ 3000 6% ब्याज वार्षिक दर से बैंक में जमा कराता है। बताओ उसे कुल जमा राशि पर कितने प्रतिशत ब्याज मिलता है?

A. $4\frac{1}{2}$% B. $4\frac{2}{3}$%

C. $4\frac{2}{5}$% D. $4\frac{3}{4}$%

**11.** किसी धन राशि पर 6% वार्षिक ब्याज की दर से दूसरे और चौथे वर्षों के अन्त में प्राप्त होने वाले साधारण ब्याजों का अन्तर ₹ 600 है। वह धनराशि कितनी है?

A. ₹ 3000 B. ₹ 4000

C. ₹ 5000 D. ₹ 6000

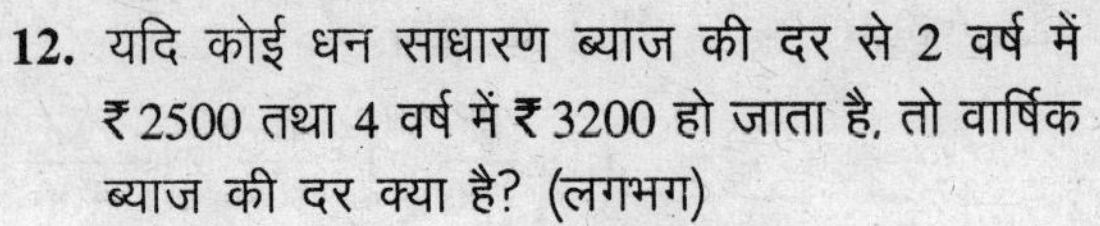

**12.** यदि कोई धन साधारण ब्याज की दर से 2 वर्ष में ₹2500 तथा 4 वर्ष में ₹3200 हो जाता है, तो वार्षिक ब्याज की दर क्या है? (लगभग)

A. 16% B. 19%
C. 20% D. 21%

**13.** ₹850 का, $4\frac{1}{3}$ वर्ष में, 6% वार्षिक की दर से साधारण ब्याज होगाः

A. ₹250 B. ₹221
C. ₹315 D. ₹360

**14.** कितने समय में 12.5% वार्षिक साधारण ब्याज की दर से कोई धन अपने से दुगुना हो जायेगा?

A. 6 वर्ष
B. 8 वर्ष
C. 10 वर्ष
D. ज्ञात नहीं किया जा सकता।

**15.** ₹150 का कितने समय में 8% वार्षिक ब्याज की दर से वही ब्याज होगा जो ₹800 का 3 वर्ष का $4\frac{1}{2}$% की दर से मिलता है?

A. 9 वर्ष B. 8 वर्ष
C. 12 वर्ष D. 6 वर्ष

**16.** राम ₹8000 धन का कुछ भाग 4% वार्षिक तथा शेष 5% वार्षिक की दर से ब्याज पर उठाता है। यदि उसकी कुल ₹350 वार्षिक ब्याज की आय हो, तो दोनों भागों का अनुपात होगाः

A. 4 : 5 B. 5 : 4
C. 3 : 5 D. 5 : 3

**17.** कोई धन 4 वर्ष में $11\frac{1}{2}$% ब्याज की दर से ₹1460 हो जाये, तो वह धन ज्ञात कीजिएः

A. ₹564 B. ₹790
C. ₹1000 D. ₹1200

**18.** किस दर से ₹2000 की राशि 3 वर्ष में ₹2240 होगी?

A. 3% B. 4%
C. $5\frac{3}{4}$% D. 6%

**19.** ₹5000 का 5 वर्ष का मिश्रधन ₹6375 हो जाता है तो वार्षिक ब्याज की दर है।

A. 5% B. $5\frac{1}{2}$%
C. 2% D. 5%

**20.** कितना धन 3 वर्ष में 4% साधारण ब्याज की दर से ₹560 हो जायेगा?

A. ₹490 B. ₹500
C. ₹510 D. ₹501

**21.** कोई राशि 5% वार्षिक ब्याज की दर से कितने समय में अपने से $\frac{5}{4}$ गुना हो जायेगी?

A. 3 वर्ष B. 5 वर्ष
C. $5\frac{1}{2}$ वर्ष D. 6 वर्ष

**22.** कोई धन साधारण ब्याज की दर से 2 वर्ष में ₹4000 तथा 3 वर्ष में ₹4500 हो जाता है। ब्याज की दर होगीः

A. 16% B. $16\frac{1}{3}$%
C. $16\frac{2}{3}$% D. $16\frac{3}{4}$%

**23.** ₹1550 की राशि में से कुछ हिस्सा 5% पर कर्ज दिया गया और कुछ 8% पर। 3 साल का साधारण ब्याज ₹300 प्राप्त किये, तो 8% पर कितने रुपये दिये गये थे?

A. ₹900 B. ₹600
C. ₹800 D. ₹750

**24.** एक राशि पर साधारण ब्याज मूलधन का 4/9 है और वर्षों की संख्या दर प्रतिशत के बराबर है। दर प्रतिशत क्या है?

A. 5% B. 6%
C. $6\frac{1}{3}$% D. $6\frac{2}{3}$%

**25.** किसी राशि पर 5% की दर से 2 वर्ष में चक्रवृद्धि ब्याज ₹328 है। इसी दर पर इतने ही समय में साधारण ब्याज क्या होगा?

A. ₹300 B. ₹350
C. ₹320 D. ₹315

**26.** एक व्यक्ति ने घर बनाने के लिए ₹1000 का कर्ज लिया। वह 5% की दर से साधारण ब्याज देता है। वह घर को किराये पर चढ़ा देता है। जिससे उसे ₹12.50

प्रतिमाह किराये के प्राप्त होते है। कितने वर्षों में वह कर्ज चुका सकता है?

A. 7 वर्ष B. 15 वर्ष
C. 10 वर्ष D. 8 वर्ष

**27.** साधारण ब्याज की दर पर अगर ₹ 900 चार वर्ष में ₹ 1080 हो जाये, तो इसी दर पर कितने रुपये 5 वर्ष में ₹ 1275 हो जायेंगे?

A. ₹ 610 B. ₹ 1200
C. ₹ 1020 D. ₹ 1250

**28.** ₹ 1200 कितने समय में $5\frac{1}{2}\%$ वार्षिक ब्याज की दर से ₹ 1464 हो जायेंगे?

A. 4 वर्ष B. $4\frac{1}{2}$ वर्ष
C. $4\frac{2}{3}$ D. 3 वर्ष

**29.** कोई धन सरल ब्याज से 2 वर्ष में ₹ 450 और 5 वर्ष में ₹ 750 हो जाता है। बताइये वही धन 7 वर्ष में कितना हो जायेगा?

A. ₹ 925 B. ₹ 975
C. ₹ 945 D. ₹ 950

**30.** चन्दू ने कुछ राशि जमा की जो कि 20 वर्ष में दुगुनी हो जाती है। कितने वर्षों में वह तिगुनी हो जायेगी?

A. 40 वर्ष B. 15 वर्ष
C. 35 वर्ष D. 42 वर्ष

**31.** 10% सालाना चक्रवृद्धि ब्याज पर ₹ 2000 कितने समय में ₹ 2420 हो जायेंगे?

A. 4 वर्ष B. 2 वर्ष
C. 8 वर्ष D. 3 वर्ष

**32.** चक्रवृद्धि ब्याज दर पर कोई राशि अगर 2 वर्ष में तीन गुनी हो जाती है, तो वह 27 गुणा कितने समय में होगी?

A. 18 साल B. 6 साल
C. 12 साल D. 15 साल

**33.** कोई राशि 4 वर्ष के साधारण ब्याज के योग से ₹ 1300 हो जाती है और सात वर्ष बाद ₹ 1525 हो जाती है। दर प्रतिशत क्या है?

A. 7% B. 7.5%
C. 5% D. 10%

**34.** किस राशि का छह महीने का ब्याज $3\frac{1}{2}\%$ की दर से, $2\frac{3}{4}\%$ ब्याज दर के मुकाबले ₹ 25.50 ज्यादा होगा?

A. ₹ 680 B. ₹ 6800
C. ₹ 6880 D. ₹ 6850

**35.** 10% वार्षिक चक्रवृद्धि ब्याज पर ₹ 2000 कितने समय में ₹ 2420 हो जायेगा?

A. 4 वर्ष B. 2 वर्ष
C. 8 वर्ष D. 3 वर्ष

**36.** ₹ 3903 में A का हिस्सा कितना है। यदि 7 वर्ष बाद A का हिस्सा B के 9 वर्ष बाद के हिस्से के समान है तथा चक्रवृद्धि ब्याज दर 4% है?

A. ₹ 1928 B. ₹ 2018
C. ₹ 2028 D. ₹ 1875

**37.** किस वार्षिक चक्रवृद्धि ब्याज की दर से ₹ 625 2 वर्ष में ₹ 676 हो जायेंगे?

A. 4% B. 5%
C. 10% D. 6%

**38.** किसी राशि का 4 वर्ष का 4% वार्षिक ब्याज दर से ब्याज उसी राशि पर 5% वार्षिक चक्रवृद्धि ब्याज दर से 3 वर्ष के ब्याज से ₹ 57 ज्यादा है, तो राशि क्या है?

A. ₹ 24000 B. ₹ 25000
C. ₹ 2400 D. ₹ 240000

**39.** ₹ 6000 का 5% वार्षिक ब्याज की दर से 3 वर्ष के चक्रवृद्धि ब्याज व साधारण ब्याज में अन्तर है:

A. ₹ 41 B. ₹ 44
C. ₹ 45.75 D. ₹ 43.25

**40.** ₹ 1000 का 3 वर्ष का 16% वार्षिक ब्याज की दर से चक्रवृद्धि ब्याज क्या होगा जबकि ब्याज चुकाने की अवधि वार्षिक हो?

A. ₹ 578.88 B. ₹ 547
C. ₹ 582.90 D. ₹ 560.90

**41.** घनश्याम ने ₹ 200 बैंक में जमा कराये। यदि चक्रवृद्धि ब्याज की दर 4% हो तथा ब्याज प्रति छमाही जोड़ा जाता है तो वर्ष के अन्त में उसके खाते की रकम होगी:

A. ₹ 210 B. ₹ 209
C. ₹ 208.08 D. ₹ 218

**42.** ₹ 10000 का 4% वार्षिक ब्याज की दर से $2\frac{1}{4}$ वर्ष का ब्याज क्या होगा जबकि ब्याज प्रत्येक 9 माह में लगाया जाता हो?

A. ₹ 937.27 B. ₹ 950
C. ₹ 927.27 D. ₹ 926

**43.** एक मनुष्य ने 10% चक्रवृद्धि ब्याज की दर से कुछ धन उधार लिया और उसे तीन बराबर किश्तों में अदा किया। यदि प्रत्येक किश्त ₹ 1331 की हो, तो उसने कितना धन उधार लिया था?

A. ₹ 3010 B. ₹ 3100
C. ₹ 3310 D. ₹ 3400

**44.** यदि किसी वस्तु का मूल्य 10% प्रतिवर्ष घट रहा हो तथा 3 वर्ष बाद उसका मूल्य ₹ 18225 रह गया तो प्रारम्भ में उसका मूल्य था:

A. ₹ 22000 B. ₹ 24000
C. ₹ 25000 D. ₹ 27000

**45.** एक धन पर 4% की दर से प्रथम वर्ष का चक्रवृद्धि ब्याज ₹ 25 है। उसी धन पर उसी दर से 2 वर्षों का चक्रवृद्धि ब्याज होगा:

A. ₹ 50 B. ₹ 51
C. ₹ 52 D. ₹ 54

**46.** ₹ 1600 का 10% वार्षिक चक्रवृद्धि ब्याज की दर से कितने वर्ष में मिश्रधन ₹ 1852.20 हो जायेगा जबकि ब्याज प्रति छमाही जोड़ा जाता हो?

A. 1 वर्ष B. $1\frac{1}{2}$ वर्ष
C. $1\frac{3}{4}$ वर्ष D. 2 वर्ष

**47.** किसी धन पर 3 वर्ष में किसी निश्चित दर से साधारण ब्याज ₹ 78 है तथा 2 वर्ष में चक्रवृद्धि ब्याज ₹ 53.04 है। दर ज्ञात करो:

A. 5% B. 3%
C. 6% D. इनमें से कोई नहीं

**48.** एक गाँव की जनसंख्या प्रतिवर्ष 20% की दर से घट जाती है। यदि 2 वर्ष पूर्व इसकी जनसंख्या 10,000 हो, तो वर्तमान जनसंख्या क्या होगी?

A. 6000 B. $\frac{10000}{144}$
C. 6400 D. 7600

**49.** यदि कोई धन चक्रवृद्धि ब्याज से 2 वर्ष में ₹ 1,460 तथा 3 वर्ष में ₹ 1606 हो जाता है, तो ब्याज की वार्षिक दर क्या होगी?

A. 9% B. 10%
C. 11% D. 12%

**50.** यदि किसी धन का 2 वर्ष में 10% वार्षिक ब्याज की दर से साधारण ब्याज और चक्रवृद्धि ब्याज का अन्तर ₹ 1.50 हो तो वह धन ज्ञात करो:

A. ₹ 150 B. ₹ 750
C. ₹ 1500 D. ₹ 7500

**51.** यदि एक धन चक्रवृद्धि ब्याज की दर से 3 वर्ष में दोगुना हो जाता है, तो उसी चक्रवृद्धि ब्याज की दर से वह कितने वर्षों में सोलह गुना हो जायेगा?

A. 6 वर्ष में
B. 12 वर्ष में
C. 8 वर्ष में
D. 24 वर्ष में

**52.** एक व्यापारी कुछ पूँजी के साथ काम शुरू करता है और प्रतिवर्ष 25% की दर पर लाभ कमाता है। 3 वर्षों के बाद उसके पास ₹ 10000 हो, तो मूल पूंजी क्या है?

A. ₹ 5120 B. ₹ 5520
C. ₹ 4120 D. ₹ 5000

**53.** ₹ 2210 का 10% चक्रवृद्धि ब्याज पर दो हिस्सों में कर्ज पर दिये गये कि 3 वर्ष बाद का पहला हिस्सा 5 वर्ष बाद के दूसरे हिस्से के बराबर हो। पहला हिस्सा होगा:

A. ₹ 1210 B. ₹ 1000
C. ₹ 1205 D. ₹ 1105

**54.** कोई राशि उधार ली गयी और ₹ 882 की दो बराबर किस्तों से लौटा दी गयी। इसमें अगर 5% वार्षिक चक्रवृद्धि ब्याज भी शामिल हो, तो उधार ली गयी राशि कितनी है?

A. ₹ 1724 B. ₹ 1600
C. ₹ 1620 D. ₹ 1640

**55.** एक घर की कीमत ₹ 10,000 है। दूसरे खर्च व करों को मिलाकर साल भर का खर्चा ₹ 360 बैठता है।

मालिक को अपने निवेश का 6% ब्याज मिले इसके लिये उसे हर माह कितना किराया मिलना चाहिये?

A. ₹ 60 B. ₹ 65
C. ₹ 80 D. ₹ 85

**56.** राजेश व मीरा ने ₹ 450 उधार लिये। एक वर्ष बाद दोनों ने समान ब्याज चुकाया। राजेश की ब्याज दर 5% तथा मीरा की 10% थी तो मीरा ने कितना धन उधार लिया?

A. ₹ 150 B. ₹ 300
C. ₹ 200 D. ₹ 250

**57.** $2\frac{1}{2}$ वर्ष में वार्षिक कितने प्रतिशत साधारण ब्याज की दर से ₹ 120 ₹ 130 हो जायेगा?

A. $2\frac{1}{2}$ B. 4
C. $3\frac{1}{3}$ D. 5

## उत्तरमाला

| 1 | 2 | 3 | 4 | 5 | 6 | 7 | 8 | 9 | 10 |
|---|---|---|---|---|---|---|---|---|---|
| D | A | B | A | B | B | A | A | B | D |
| **11** | **12** | **13** | **14** | **15** | **16** | **17** | **18** | **19** | **20** |
| C | C | B | B | A | D | C | B | B | B |
| **21** | **22** | **23** | **24** | **25** | **26** | **27** | **28** | **29** | **30** |
| B | C | D | D | C | C | C | A | D | A |
| **31** | **32** | **33** | **34** | **35** | **36** | **37** | **38** | **39** | **40** |
| B | B | B | B | B | C | A | A | C | D |
| **41** | **42** | **43** | **44** | **45** | **46** | **47** | **48** | **49** | **50** |
| C | C | C | C | B | B | D | C | B | A |
| **51** | **52** | **53** | **54** | **55** | **56** | **57** | | | |
| B | A | A | D | C | A | C | | | |

## कुछ चुने हुए प्रश्नों के व्याख्यात्मक उत्तर

**3.** माना मूलधन = ₹ P, ब्याज की दर = R%

प्रश्नानुसार ब्याज = ₹ P; समय = 7 वर्ष

$$P = \frac{P \times R \times 7}{100} \Rightarrow R = \frac{100}{7}\%$$

$R = \frac{100}{7}\%$, मूलधन = ₹ P; मिश्रधन = 5P

ब्याज = 5P − P = 4P

$$4P = \frac{P \times 100 \times T}{7 \times 100}$$

T = 28 वर्ष

**10.** डाकखाने में एक वर्ष का ब्याज $= \frac{5000 \times 4 \times 1}{100}$ = ₹ 200

बैंक में ब्याज $= \frac{3000 \times 6 \times 1}{100}$ = ₹ 180

कुल 1 वर्ष का ब्याज = 200 + 180 = ₹ 380

मूलधन = 5000 + 3000 = 8000;

समय = 1 वर्ष, ब्याज = ₹ 380

$$\text{दर} = \frac{\text{ब्याज} \times 100}{\text{मूलधन} \times \text{समय}}$$

$$= \frac{380 \times 100}{8000 \times 1}$$

$$= 4\frac{6}{8}\% = 4\frac{3}{4}\%$$

**16.** मानाप्रथम भाग = ₹ $x$

द्वितीय भाग = $(8000 - x)$

प्रश्नानुसार $\frac{x \times 4 \times 1}{100} + \frac{(8000 - x) \times 5 \times 1}{100} = 350$

$4x + 40000 - 5x = 35000$

$x = 5000$

द्वितीय भाग = $8000 - 5000 = 3000$

दोनों भागों का अनुपात = $5000 : 3000 = 5 : 3$

**26.** माना T वर्ष में वह धनराशि ब्याज सहित चुका देता है, तो

प्रश्नानुसार, $1000 + \frac{1000 \times 5 \times T}{100} = 12.50 \times 12 \times T$

$1000 + 50\,T = 150\,T$

$100\,T = 1000$

$T = 10$ वर्ष

**34.** माना राशि = P; छः महीने = $\frac{1}{2}$ वर्ष

प्रश्नानुसार $P \times \frac{1}{2} \times \frac{7}{2 \times 100} = \frac{P \times 1 \times 11}{2 \times 4 \times 100} + 25.50$

$\frac{7P}{400} = \frac{11P}{800} + 25.50$

$\frac{7P}{400} = \frac{11P + 20400}{800}$

$7P = \frac{11P + 20400}{2}$

$14P - 11P = 20400$

$P = \frac{20400}{3} =$ ₹ 6800

**36.** माना A का हिस्सा = ₹ $x$ अतः B का हिस्सा = $(3903 - x)$

प्रश्नानुसार

$x \times \left\{1 + \frac{4}{100}\right\}^7 = (3903 - x)\left(1 + \frac{4}{100}\right)^9$

$x = (3903 - x)\left(\frac{104}{100}\right)^2$

$(3903 - x) = \frac{x \times 25 \times 25}{26 \times 26}$

$(3903 - x) = \frac{625}{676}x$

$3903 \times 676 - 676x = 625x$

$3903 \times 676 = 1301x$

$x = \frac{3903 \times 676}{1301} =$ ₹ 2028

**42.** 4% वार्षिक अथवा $4 \times \frac{3}{4}$% प्रति 9 माह = 3% प्रति 9 माह

$2\frac{1}{4}$ वर्ष = $\left(12 \times 2 + \frac{12}{4}\right)$ माह

= 27 माह = $3 \times 9$ माह

चक्रवृद्धि ब्याज = $\left[\left(1 + \frac{\text{दर}}{100}\right)^n - 1\right]$

$= 10000\left\{\left(1 - \frac{3}{100}\right)^3 - 1\right\}$

$= 10000\left\{\frac{103 \times 103 \times 103}{100 \times 100 \times 100} - 1\right\}$

$= 10000\left\{\frac{1092727 - 1000000}{1000000}\right\}$

$= \frac{10000 \times 92727}{1000000} =$ ₹ 927.27

**43.** वार्षिक किश्त ₹ 1331 है

∴ वह मूलधन जिसका 1 वर्ष का मिश्रधन ₹ 1331 है

$= \frac{1331}{\left(1 + \frac{10}{100}\right)} = \frac{1331}{\frac{110}{100}} = 1331 \times \left(\frac{10}{11}\right) =$ ₹ 1210

∴ वह मूलधन जिसका 2 वर्ष बाद मिश्रधन ₹ 1331 है

$= 1331 \times \frac{10}{11} \times \frac{10}{11} =$ ₹ 1100

∴ वह मूलधन जिसका तीन वर्ष का मिश्रधन ₹ 1331 है

$= 1331 \times \frac{10}{11} \times \frac{10}{11} \times \frac{10}{11} =$ ₹ 1000

अतः कुल मूलधन = 1210 + 1100 + 1000

= ₹ 3310

**45.** चक्रवृद्धि ब्याज = मूलधन $\left[\left(1+\frac{\text{दर}}{100}\right)^{\text{समय}}-1\right]$

$$25 = \text{मूलधन}\left[\left(1+\frac{4}{100}\right)-1\right]$$

$\therefore$ मूलधन $= \frac{25\times 100}{4} =$ ₹ 625

$\therefore$ ₹ 625 का 2 वर्षों का 4% वार्षिक दर से चक्रवृद्धि ब्याज

$$= 625\left[\left(1+\frac{4}{100}\right)^2-1\right]$$

$$= 625\left[\frac{26}{25}\times\frac{26}{25}-1\right]$$

$$= 625\left[\frac{676-625}{625}\right] = ₹\ 51$$

**53.** माना पहला हिस्सा = ₹ $x$; द्वितीय हिस्सा $= (2210 - x)$

प्रश्नानुसार $x\left(1+\frac{10}{100}\right)^3 = (2210-x)\left(1+\frac{10}{100}\right)^5$

$$x = (2210-x)\frac{11}{10}\times\frac{11}{10}$$

$$100x = 2210\times 121 - 121x$$

$$221x = 2210\times 121;$$

$$x = ₹\ 1210$$

**55.** निवेश का वार्षिक ब्याज $= \frac{10000\times 6\times 1}{100} =$ ₹ 600

कुल वार्षिक व्यय = 600 + 360 = ₹ 960

प्रति माह किराया $= \frac{960}{12} =$ ₹ 80

# 9

# अनुपात, समानुपात एवं समानुपाती भाग
# (RATIO, PROPORTION AND PROPORTIONAL DIVISION)

**अनुपातः** एक राशि में दूसरी सजातीय राशि का विभाजन अनुपात कहलाता है।

जैसेः 20 ग्राम व 100 ग्राम का अनुपात 20 : 100 अथवा 1 : 5

अर्थात् अनुपात एक भिन्न है जिसकी पहली राशि अंश व दूसरी राशि हर होगी।

**समानुपातः** जब दो अनुपात समान हों, तो समानुपात कहलाते हैं।

जैसेः $\frac{a}{b} = \frac{c}{d}$

अर्थात् $\frac{a}{b}$ और $\frac{c}{d}$ दो भिन्न-भिन्न अनुपात समानुपात में हैं

समानुपात को इस प्रकार भी लिखा जाता हैः

$a : b : : c : d$

**समानुपात के लिये महत्त्वपूर्ण सूत्रः**

यदि $a : b$ व $c : d$ समानुपात में हैं, तो

बाह्य राशियों का गुणनफल = आन्तरिक राशियों का गुणनफल

$$a \times b = b \times c$$

**वितानुपात अथवा मध्यानुपातः**

यदि तीन राशियाँ $a, b, c$ वितानुपात में हों, तो

$$a : b : : b : c$$

या $b \times b = a \times c$ [समानुपात के नियम में]

$$b^2 = ac$$

$$b = \sqrt{ac}$$

**प्रतिलोमानुपात अथवा व्युत्क्रमानुपातः**

जब दो अनुपात इस प्रकार हों कि प्रथम अनुपात की राशि को बढ़ाने पर द्वितीय अनुपात की राशि घटती हो, तो अनुपात व्युत्क्रमानुपात कहलाते हैं।

जैसे : एक दीवार को 9 कारीगर 16 दिन में बनाते हैं, तो 12 कारीगर इसको 12 दिन में ही बना लेते हैं।

यहाँ कारीगर व दिनों की संख्या में व्युत्क्रमानुपात है।

**समानुपाती भागः** किसी राशि को दिये अनुपात में बाँटने की प्रक्रिया समानुपाती विभाजन कहलाती है।

**उदाहरण स्वरूपः** यदि किसी $y$ राशि को $a : b : c$ में बाँटना है, तो

पहला भाग = $\frac{a}{a+b+c} \times y$

दूसरा भाग = $\frac{b}{a+b+c} \times y$

तीसरा भाग = $\frac{c}{a+b+c} \times y$

## अभ्यास

**1.** 10 ग्राम व 1 किलो का अनुपात होगाः

A. 1 : 50 B. 1 : 10
C. 1 : 100 D. 1 : 1000

**2.** 16 तथा 36 का मध्यानुपाती क्या होगा?

A. 20 B. 24
C. 30 D. 32

**3.** 12 मनुष्य किसी काम को 48 दिन में करते हैं, तो 36 आदमी उसी काम को कितने दिनों में करेंगे?

A. 12 दिन B. 16 दिन
C. 24 दिन D. 48 दिन

**4.** यदि A : B = 3 : 4; B : C = 5 : 6; C : D = 8 : 9 हो, तो A : B : C : D ज्ञात कीजिये।

A. 15 : 20 : 24 : 27 B. 15 : 24
C. 15 : 20 : 27 : 36 D. 20 : 24 : 27 : 36

**5.** 8, 12, 18 का चतुर्थानुपाती है:

A. 24 B. 27
C. 30 D. 32

**6.** 8, 21, 13 और 31 में क्या जोड़ा जाये कि जोड़ने पर राशियाँ समानुपाती हों?

A. 2 B. 3
C. 5 D. 4

**7.** A : B = 7 : 8; B : C = 16 : 17 हो, तो A : C होगा:

A. 14 : 17 B. 17 : 14
C. 4 : 7 D. 8 : 16

**8.** 6 और 18 का तृतीयानुपाती होगा:

A. 324 B. 10
C. 54 D. 36

**9.** श्याग की मासिक आय ₹ 900 है। वह प्रतिमाह ₹ 600 रु० खर्च कर देता है। श्याम की मासिक बचत और व्यय का अनुपात है:

A. 1 : 2 B. 2 : 1
C. 3 : 1 D. 1 : 3

**10.** एक थेले में 25 पैसे, 10 पैसे तथा 5 पैसे के सिक्के 1 : 2 : 3 के अनुपात में हैं। यदि थैले में ₹ 30 हों तो 5 पैसे के सिक्कों की संख्या ज्ञात कीजिए:

A. 50 B. 100
C. 125 D. 150

**11.** यदि 13 मीटर लम्बी लोहे की छड़ का भार 24 किग्रा० हो, तो 5 मीटर लम्बी उसी छड़ का भार कितना होगा?

A. 9 किग्रा० B. 10 किग्रा०
C. 4.68 किग्रा० D. 6.5 किग्रा०

**12.** दो भाइयों की वर्तमान आयु का योग 36 वर्ष है। यदि चार वर्ष बाद उनकी आयु 5 : 6 के अनुपात में हो जाये तो, बड़े भाई की आयु ज्ञात करो।

A. 12 वर्ष B. 16 वर्ष
C. 20 वर्ष D. 30 वर्ष

**13.** दो संख्याओं में 1 : 2 का अनुपात है। यदि प्रत्येक संख्या में 8 जोड़ दें, तो 3 : 4 का अनुपात हो जाता है। उन सँख्याओं का योग क्या होगा?

A. 10 B. 12
C. 14 D. 16

**14.** अगर 8 आदमी 80 हेक्टेयर की फसल 24 दिन में काट सकते है, तो 36 लोग 36 दिन में कितनी फसल काट सकते हैं?

A. 100 हेक्टेयर B. 400 हेक्टेयर
C. 540 हेक्टेयर D. 600 हेक्टेयर

**15.** 750 लोगों की सैनिक छावनी में 20 हफ्ते का भोजन उपलब्ध है। अगर 4 सप्ताह के बाद सेना में 450 आदमी और आ जायें तो इंतजाम कितने दिन चलेगा?

A. 8 सप्ताह B. 9 सप्ताह
C. 10 सप्ताह D. 12 सप्ताह

**16.** यदि $\frac{3}{5} : x :: \frac{1}{5} : \frac{2}{3}$ हो, तो $x$ का मान होगा:

A. 2 B. 1
C. 4 D. 3

**17.** 10 वर्ष पहले गीता और सीता की आयु में 3 : 5 का अनुपात था। यदि उनकी वर्तमान आयु में 2 : 3 का अनुपात हो, तो 20 वर्ष बाद उनकी आयु का अनुपात होगा?

A. 1 : 2 B. 4 : 5
C. 3 : 2 D. 3 : 4

**18.** तीन संख्याओं का योग 116 है। यदि दूसरी और तीसरी संख्या का अनुपात 9 : 16 तथा पहली और तीसरी का अनुपात 1 : 4 हो, तो दूसरी संख्या क्या है?

A. 36 B. 16
C. 14 D. इनमें से कोई नहीं

**19.** एक फार्म में मुर्गियों, सुअरों व घोड़ों का अनुपात 10 : 2 : 3 है। यदि फार्म में 120 मुर्गियाँ हों, तो फार्म में घोड़ों की संख्या होगी:

A. 25 B. 36
C. 40 D. 24

**20.** ₹ 680 को अ, ब तथा स में इस प्रकार बाँटा गया कि अ को ब का 2/3 भाग तथा ब को स का 1/4 भाग मिलता है। अ का भाग होगा:

A. ₹ 120 B. ₹ 480
C. ₹ 500 D. ₹ 80

**21.** ₹470 को तीन व्यक्तियों में इस प्रकार बांटों कि पहले व्यक्ति का 3 गुना दूसरे व्यक्ति का 5 गुना तथा तीसरे व्यक्ति का 4 गुना बराबर हो। दूसरे व्यक्ति का हिस्सा होगा:

A. ₹ 1200 B. ₹ 120
C. ₹ 200 D. ₹ 150

**22.** ₹581 को तीन हिस्सों में इस तरह विभाजित करो कि पहले भाग का चौगुणा दूसरे का पांच गुणा और तीसरे का सात गुणा बराबर हो। तो पहला हिस्सा होगा:

A. ₹ 245 B. ₹ 260
D. ₹ 270 D. ₹ 280

**23.** स्पिरिट तथा पानी के एक मिश्रण में स्पिरिट तथा पानी का अनुपात 5 : 1 है। 5 लीटर पानी और डालने पर यह अनुपात 5 : 2 हो जाता है। पुराने मिश्रण में स्पिरिट की मात्रा है:

A. 25 लीटर B. 24.5 लीटर
D. 24 लीटर D. 26 लीटर

**24.** ₹340 को A, B तथा C में इस प्रकार बाँटो कि A तथा B का अनुपात 1 : 2 हो तथा B व C का अनुपात 3 : 4 हो:

A. 60, 120, 160 B. 50, 100, 190
C. 65, 130, 145 D. 55, 110, 225

**25.** रमेश व सुरेश की आज की उम्र 9 : 4 के अनुपात में है। सात वर्ष बाद यही अनुपात 5 : 3 होगा। आज की रमेश की उम्र होगी:

A. 25 वर्ष B. 18 वर्ष
C. 30 वर्ष D. 48 वर्ष

**26.** ₹2600 को 11 : 18 : 23 के अनुपात में बांटने पर 18 अनुपात वाले व्यक्ति का हिस्सा होगा:

A. ₹ 600 B. ₹ 900
C. ₹ 1100 D. ₹ 1500

**27.** 3 वर्ष, 6 वर्ष तथा 10 वर्ष की आयु वाले तीन लड़के अपनी आयु के अनुपात में पैतृक सम्पत्ति पाते हैं। यदि सबसे छोटे लड़के को ₹ 75000 मिलते हैं, तो कुल सम्पत्ति कितनी थी?

A. ₹ 225000 B. ₹ 475000
C. ₹ 250000 D. ₹ 700000

**29.** प्रेम, सपना व हीरा के बीच एक राशि क्रमशः 2 : 3 : 5 के अनुपात में बाँटी जानी है। यदि सपना को ₹ 1200 मिले, तो प्रेम को कितने रुपये मिले?

A. ₹ 800 B. ₹ 1000
C. ₹ 700 D. ₹ 500

**30.** A तथा B की वार्षिक आय का अनुपात 3 : 2 तथा खर्च का अनुपात 5 : 3 है। यदि वर्ष के अन्त में प्रत्येक की बचत ₹ 1000 हो, तो A की वार्षिक आय कितनी है?

A. ₹ 4000 B. ₹ 5000
C. ₹ 6000 D. ₹ 6500

**31.** एक विद्यालय में अध्ययनरत लड़कों और लड़कियों का अनुपात क्रमशः 17 : 18 है। यदि लड़कों की संख्या लड़कियों की संख्या से 150 कम है, तो कुल लड़कियाँ कितनी हैं?

A. 2500 B. 2600
C. 2700 D. 2800

**32.** तीन आदमी A, B और C एक निश्चित दूरी 5 घण्टे, 8 घण्टे तथा 10 घण्टे में तय करते हैं। उनकी शारीरिक क्षमता का अनुपात क्या है?

A. 8 : 5 : 4 B. 4 : 5 : 8
D. 5 : 8 : 10 D. 10 : 8 : 5

**33.** एक किले में 250 लोगों के लिये 28 दिन के भोजन की व्यवस्था है। अगर 12 दिनों के बाद 150 लोग और आ जायें, तो व्यवस्था कितने दिनों तक चलेगी?

A. 4 दिन B. 10 दिन
C. 8 दिन D. 6 दिन

**34.** 12 आदमी रोज 10 घंटे काम करके एक खाई 36 दिनों में खोद सकते हैं। तो 36 लोगों को 30 दिन में काम समाप्त करने के लिये रोज कितने घंटे काम करना होगा?

A. 3 घंटे B. 4 घंटे
C. 6 घंटे D. 8 घंटे

**35.** अगर ₹ 160 में 8 लोगों का परिवार 80 दिन तक चलता है तो ₹ 210 में 12 लोगों का परिवार कितने दिनों तक चलेगा?

A. 70 दिन B. 50 दिन
C. 60 दिन D. 80 दिन

**36.** अगर 8 आदमी किसी काम को 75 दिन में पूरा करते हैं, तो इस काम को कितने आदमी 40 दिन में पूरा कर सकेंगे?

A. 20 आदमी B. 10 आदमी
C. 30 आदमी D. 15 आदमी

**37.** अगर 5 लोगों की 12 दिन की मजदूरी ₹ 60 है, तो 6 लोगों की 20 दिन की मजदूरी क्या होगी?

A. ₹ 150 B. ₹ 100

D. ₹ 80 D. ₹ 120

**38.** एक थैले में एक रुपये 50 पैसे और 25 पैसे के सिक्के 2 : 3 : 10 के अनुपात में हैं। इनका कुल मूल्य ₹ 72 है, तो सिक्कों की कुल संख्या का योग क्या होगा?

A. 170 B. 200

C. 180 D. 150

**39.** ₹ 351 को $\frac{1}{2}:\frac{1}{3}:\frac{1}{4}$ के अनुपात में बांटने पर तीसरा हिस्सा होगाः

A. ₹ 81 B. ₹ 162

C. ₹ 108 D. इनमें से कोई नहीं

**40.** ₹ 81 को तीन हिस्सों में इस तरह बाँटा गया कि पहले हिस्से का आधा, दूसरे हिस्से का तिहाई तथा तीसरे का चौथाई बराबर हो। पहला हिस्सा होगाः

A. ₹ 18 B. ₹ 27

C. ₹ 36 D. इनमें से कोई नहीं

## उत्तरमाला

| 1 | 2 | 3 | 4 | 5 | 6 | 7 | 8 | 9 | 10 |
|---|---|---|---|---|---|---|---|---|---|
| C | B | B | A | B | C | A | C | A | D |
| **11** | **12** | **13** | **14** | **15** | **16** | **17** | **18** | **19** | **20** |
| A | C | B | C | C | A | D | A | B | D |
| **21** | **22** | **23** | **24** | **25** | **26** | **27** | **28** | **29** | **30** |
| B | A | A | A | B | B | B | A | A | C |
| **31** | **32** | **33** | **34** | **35** | **36** | **37** | **38** | **39** | **40** |
| C | A | B | B | A | D | D | C | A | A |

## कुछ चुने हुए प्रश्नों के व्याख्यात्मक उत्तर

**6.** माना $x$ जोड़ा गया है।

प्रश्नानुसार $(8+x):(21+x)::(13+x):(31+x)$

समानुपात के लिये

$$(8+x)(31+x) = (21+x)(13+x)$$
$$248 + 31x + 8x + x^2 = 273 + 13x + 21x + x^2$$
$$248 + 39x = 273 + 34x$$
$$5x = 25;\; x = 5$$

**10.** माना 25 पैसे व 10 पैसे तथा 5 पैसे के क्रमशः $x, 2x$ व $3x$ सिक्के हों, तो

प्रश्नानुसार $.25 \times x + .10 \times 2x + .05 \times 3x = 30$

$$.25x + .20x + .15x = 30$$
$$.60x = 30$$
$$x = \frac{30}{.60} = \frac{30\times100}{60} = \frac{3000}{60}$$
$$x = 50$$

5 पैसों के सिक्कों की संख्या $= 3x = 3 \times 50 = 150$

**13.** $\frac{x}{y} = \frac{1}{2};\; 2x = y$ ...(*i*)

$$\frac{x+8}{y+8} = \frac{3}{4}$$
$$4x + 32 = 3y + 24$$

$4x - 3y = -8$ ...(*ii*)

समी० (*i*) से मान रखने पर

$$2y - 3y = -8;\; y = 8$$

समी० (*i*) में मान रखने पर $2x = 8;\; x = 4$

प्रश्नानुसार $x + y = 4 + 8 = 12$

**14.** $\left.\begin{array}{l}\text{आदमी } 8:36 \\ \text{दिन } 24:36\end{array}\right\} ::$ हेक्टेयर $80 : x$

आदमी और दिन का हेक्टेयर के साथ समानुपात का संबंध है क्योंकि अधिक हेक्टेयर होने पर अधिक आदमी व दिन की आवश्यकता होगी।

समानुपात के नियम से

$$8 \times 24 \times x = 36 \times 36 \times 80$$

$$x = \frac{36 \times 36 \times 80}{8 \times 24}$$

$= 540$ हेक्टेयर

**15.** 4 सप्ताह बाद

750 लोगों के लिये 16 सप्ताह का भोजन उपलब्ध है। माना $(750 + 450) = 1200$ लोगों के लिये ये भोजन $x$ सप्ताह के लिये पर्याप्त है।

| लोग | भोजन (सप्ताह) |
|---|---|
| 750 | 16 |
| 1200 | $x$ |

लोग और सप्ताह में व्युत्क्रमानुपात है।

समानुपात के लिये

$$750 : 1200 :: x : 16$$

$$750 \times 16 = 1200 \times x$$

$$x = \frac{750 \times 16}{1200} = 10 \text{ सप्ताह}$$

**18.** माना तीन संख्याएं क्रमशः $x, y$ व $z$ हैं

प्रश्नानुसार $x + y + z = 116$ ...(i)

$$\frac{y}{z} = \frac{9}{16} \Rightarrow z = \frac{16y}{9}$$

(i) से $\frac{4y}{9} + y + \frac{16y}{9} = 116$

$$4y + 9y + 16y = 116 \times 9$$

$$29y = 116 \times 9; \quad y = 36$$

**21.** प्रश्नानुसार $3x = 5y = 4z$

$$\frac{x}{y} = \frac{5}{3}; \quad \frac{y}{z} = \frac{4}{5}$$

$$x : y = 5 : 3; \quad y : z = 4 : 5$$

$$x : y = 20 : 12 \quad y : z = 12 : 15$$

$$\therefore \quad x : y : z = 20 : 12 : 15$$

द्वितीय भाग $= \frac{12}{20+12+15} \times 470$

$$= \frac{12 \times 470}{47} = ₹\ 120$$

**29.** माना कि प्रेम, सपना तथा हीरा को ₹ $2x$, ₹ $3x$ तथा ₹ $5x$ मिले

प्रश्नानुसार,

$$3x = 1200$$

$$x = 400$$

$$2x = 2 \times 400 = ₹\ 800$$

अतः प्रेम को ₹ 800 मिला।

**30.** माना A तथा B की आय क्रमशः $3x$ व $2x$ तथा उनके खर्च क्रमशः $xy$ तथा $8y$ हैं। तब

$$3x - 5y = 1000$$

$$2x - 3y = 1000$$

हल करने पर

$$x = ₹\ 2000$$

$\therefore$ A की आय $= 3x = ₹\ 6000$

**34.** आदमी $12 : 36$ } $::$ घंटे

दिन $36 : 30$ $\quad x : 10$

आदमी व दिन का घंटे के साथ व्युत्क्रमानुपात है क्योंकि कम घंटे काम करने से अधिक दिन व आदमी की आवश्यकता होगी।

समानुपात के लिए

$$12 \times 36 \times 10 = 36 \times 30 \times x$$

$$x = \frac{12 \times 36 \times 10}{36 \times 30} = 4 \text{ घंटे}$$

**40.** माना तीन हिस्से क्रमशः $x, y, z$ हैं

प्रश्नानुसार $\frac{x}{2} = \frac{y}{3} = \frac{z}{4}$

$$x : y = 2 : 3 \quad y : z = 3 : 4$$

$$\therefore \quad x : y : z = 2 : 3 : 4$$

पहला हिस्सा होगा $\frac{2}{2+3+4} \times 81$

$$\frac{2}{9} \times 81 = ₹\ 18$$

# 10

# साझा
# (PARTNERSHIP)

जब दो या दो से अधिक व्यक्ति अपनी-अपनी पूँजी लगाकर सम्मिलित रूप से कोई व्यापार करते हैं, तो यह साझा कहलाता है। व्यापार में प्राप्त लाभ को साझेदारों में उनके द्वारा लगायी गयी पूँजी तथा पूँजी जितनी अवधि के लिये लगायी जाती है, के अनुसार विभाजित किया जाता है:

**लाभ का बंटवारा निम्नानुसार हो सकता है :**

(1) **जब साझीदारों ने समान समय के लिये अलग-अलग पूँजी लगायी हो:** ऐसी अवस्था में लाभ का बँटवारा पूँजी के अनुपात में होता है।

(2) **जब साझीदार समान पूँजी अलग-अलग समय के लिए लगाते हैं:** लाभ का बँटवारा समय के अनुपात में होगा।

(3) **जब साझीदार अलग-अलग पूँजी अलग-अलग समय के लिये लगायें:** ऐसी अवस्था में लाभ का बँटवारा पूँजी व समय के गुणकों के अनुपात में होगा।

**सक्रिय व निष्क्रिय साझेदार:** जब कोई साझीदार व्यापार में पूंजी लगाने के अलावा व्यापार की देखरेख भी करता है, तो उसे सक्रिय साझेदार कहते हैं। जबकि साझीदार व्यापार में पूंजी तो लगाता है परन्तु व्यापार की कोई देखरेख नहीं करता तो उसे निष्क्रिय साझेदार कहा जाता है।

## अभ्यास

**1.** A ने ₹ 8000 लगाकर एक व्यापार आरम्भ किया। चार माह बाद B ₹ 12000 लगाकर A के साथ शामिल हो गया। वर्ष के अन्त में लाभ ₹ 6000 हो, तो लाभ में B का हिस्सा होगा:

A. ₹ 2000 B. ₹ 2500
C. ₹ 3000 D. ₹ 3500

**2.** किसी व्यापार में A व B की पूंजियों का अनुपात 3 : 2 है। जबकि A व C की पूंजियों का अनुपात 2 : 1 है। यदि उनको ₹ 1,57,300 का लाभ होता है, तो B को कितने रुपये लाभ के रूप में मिलेंगे?

A. ₹ 45000 B. ₹ 48,400
C. ₹ 49,400 D. ₹ 50,000

**3.** A, B व C के क्रमशः 2 : 5 : 9 के अनुपात में पूंजी निवेश किया। यदि कुल अर्जित लाभ 40% था तथा इसमें B का हिस्सा ₹ 10,800 था, तो उन तीनों द्वारा निवेश की गयी कुल राशि कितनी थी?

A. ₹ 86,400 B. ₹ 85000
C. ₹ 83,400 D. ₹ 87,400

**4.** किसी व्यापार में सुनीता व रामपाल ने क्रमशः ₹ 1700 व ₹ 2000 लगाये। यदि वर्ष के अन्त में लाभ ₹ 1850 हो तो बताओ सुनीता का क्या लाभ है?

A. ₹ 850 B. ₹ 1000
C. ₹ 950 D. ₹ 800

**5.** राम, रहीम व रमेश ने व्यापार में क्रमशः ₹ 4000, ₹ 5000 और ₹ 3000 एक वर्ष के लिये लगाया। यदि वर्ष के अन्त में ₹ 1320 लाभ हुआ, तो लाभ में राम का हिस्सा कितना होगा:

A. ₹ 410 B. ₹ 420
C. ₹ 430 D. ₹ 440

6. रमेश, महेश व दिनेश ने किसी व्यापार में क्रमशः ₹ 5000, ₹ 7000 तथा ₹ 8000 लगाये। वर्ष के अन्त में महेश को ₹ 3500 का लाभ हुआ, तो रमेश का लाभ होगा :
A. ₹ 4000 B. ₹ 3500
C. ₹ 3000 D. ₹ 2500

7. A और B व्यापार शुरू करते है। A, ₹ 3000 4 माह के लिये तथा B ₹ 2000 6 माह के लिये लगाता हैं। कुल ₹ 500 के लाभ में A को कितना दिया जाना चाहिये?
A. ₹ 200 B. ₹ 300
C. ₹ 250 D. ₹ 350

8. A और B, ₹ 300 से व्यापार आरम्भ करते हैं। 4 माह बाद C भी इसमें शामिल हो जाता है। उसे व्यापार में कितनी पूँजी लगानी चाहिये ताकि साल के अंत में तीनों को लाभ का 1/3 मिले।
A. ₹ 150 B. ₹ 300
C. ₹ 250 D. ₹ 225

9. A और B व्यापार शुरू करते हैं। शुरू में दोनों ₹ 5000 लगाते हैं, परन्तु 8 माह बाद B अपने निवेश का 2/5 भाग निकाल लेता है, तो उन्हें लाभ का बंटवारा किस अनुपात में करना चाहिये?
A. 15 : 13 B. 2 : 5
C. 5 : 2 D. 5 : 4

10. A, B व C मिलकर व्यापार शुरू करते हैं। A, 3 माह के लिये ₹ 500 लगाता है। B, 8 माह के लिये ₹ 650 और C, 11 माह के लिये ₹ 300। उन्हें ₹ 420 का लाभ होता है, तो C का हिस्सा मालूम कीजिये।
A. ₹ 138.60 B. ₹ 218.40
C. ₹ 100 D. ₹ 238.60

11. A और B, ₹ 30 किराये पर एक मैदान लेते हैं। इसमें A, 10 गाय 9 महीने के लिये रखता है और B, 20 गाय $7\frac{1}{2}$ महीने के लिये रखता है। A को कितना किराया देना चाहिये?
A. ₹ 17.25 B. ₹ 15
C. ₹ 18.75 D. ₹ 11.25

12. नवीन ने ₹ 4000 पूंजी लगाकर एक व्यापार आरम्भ किया। 5 माह बाद प्रवीण कुछ पूंजी लगाकर नवीन के साथ साझेदार हो गया। यदि वर्ष के अन्त में लाभ 10 : 7 के अनुपात में बांटा गया, तो बताओ प्रवीण ने कितनी पूंजी लगायी थी?
A. ₹ 4200 B. ₹ 4000
C. ₹ 6000 D. ₹ 4800

13. गीता, सीता व नीता ने एक चरागाह किराये पर लिया। गीता की 250 गायें, सीता की 300 गायें व नीता की 150 गायें वर्ष भर चरती रहीं। सीता ने किराये के रूप में ₹ 120.60 दिये, तो चरागाह का कुल किराया कितना था?
A. ₹ 241.00 B. ₹ 240
C. ₹ 281.40 D. ₹ 280

14. रामबाबू अपने खेत में 3 महीने तक 10 घंटे व संजय अपने खेत में 3 महीने तक 12 घंटे पानी देता है। यदि पानी का बिल ₹ 16.50 हो, तो रामबाबू का बिल होगा:
A. ₹ 9.00 B. ₹ 11
C. ₹ 7.50 D. ₹ 4.50

15. A, B तथा C मिलकर एक व्यापार आरम्भ करते हैं। A पूरी पूंजी का $\frac{1}{3}$ भाग लगाता है। B, A तथा C की पूंजी के योग के बराबर पूंजी लगाता है। यदि वर्ष के अन्त में कुल लाभ ₹ 840 हो, तो B का लाभ ज्ञात कीजिये:
A. ₹ 140 B. ₹ 420
C. ₹ 280 D. ₹ 200

16. A, B व C ने एक कार किराये पर ली तथा किराया ₹ 1040 तय किया गया यदि A ने इसे 7 घण्टे, B ने 8 घण्टे व C ने 11 घण्टे काम में लिया हो, तो बताओ B कितना किराया देगा?
A. ₹ 280 B. ₹ 320
C. ₹ 440 D. ₹ 300

17. A, B तथा C, ₹ 610 किराये पर चरागाह साझे में लेते हैं। A, 20 गायें $3\frac{1}{2}$ माह तक; B, 25 गायें 4 माह तक

और C, 30 गायें $4\frac{1}{2}$ माह तक चराते हैं। C का किराया होगा:

A. ₹ 270 B. ₹ 200
C. ₹ 140 D. ₹ 250

**18.** A, B व C ने ₹ 30000 लगाकर एक व्यापार आरम्भ किया। यदि ₹ 7,200 के लाभ में से A को, ₹ 1,920 तथा C को ₹ 2,880 तो B द्वारा लगायी गयी पूंजी क्या होगी?

A. ₹ 9000 B. ₹ 15000
C. ₹ 12000 D. ₹ 10000

**19.** A, B व C ने मिलकर व्यापार प्रारम्भ किया तथा $\frac{1}{3}:\frac{1}{4}:\frac{1}{5}$ के अनुपात में पूंजी लगायी। चार माह बाद A अपनी आधी पूंजी वापस ले लेता है। कुल ₹ 847 के वार्षिक लाभ में A का भाग है?

A. ₹ 312 B. ₹ 260
C. ₹ 280 D. ₹ 342

**20.** सूरज, नीरज व धीरज ने मिलकर एक व्यापार में ₹ 5100 लगाये। सूरज ने नीरज से ₹ 900 अधिक तथा धीरज ने नीरज से ₹ 300 कम लगाये। यदि व्यापार में ₹ 1360 का लाभ हुआ, तो नीरज का लाभ होगा:

A. ₹ 640 B. ₹ 400
C. ₹ 300 D. ₹ 700

**21.** A, B व C ने मिलकर एक व्यापार आरम्भ किया। यदि A ने कुल पूंजी का 1/3, B ने कुल पूंजी का 1/4 तथा शेष राशि C ने लगायी हो, तो ₹ 840 के कुल लाभ में A का हिस्सा होगा:

A. ₹ 200 B. ₹ 220
C. ₹ 242 D. ₹ 280

**22.** A, B तथा C प्रत्येक ₹ 400 लगाकर व्यापार आरम्भ करते हैं। A, 2 वर्ष के अन्त में अपना धन निकाल लेता है। B भी A के 2 वर्ष बाद अपना धन निकाल लेता है। यदि 6 वर्ष के अन्त में लाभ ₹ 1200 हुआ हो, तो B का लाभ होगा:

A. ₹ 200 B. ₹ 600
C. ₹ 800 D. ₹ 400

**23.** दो व्यक्ति एक मैदान किराये पर लेते हैं। A इसमें 12 घोड़े 5 माह तक चराता है और B, 3 घोड़े व 5 गायें 6 माह तक चराता है। अगर एक दिन में 3 घोड़े 5 गायों के बराबर खाते हैं, तो A को किराये का कौनसा हिस्सा देना होगा?

A. $\frac{5}{8}$ B. $\frac{3}{8}$
C. $\frac{3}{5}$ D. $\frac{2}{3}$

**24.** P व Q ने क्रमशः ₹ 4,500 तथा ₹ 5500 लगाकर साझे में व्यापार आरम्भ किया। P को कार्यवाहक के रूप में लाभ का 12% मिलता है। ₹ 8000 के लाभ में P का कुल लाभ कितना होगा?

A. ₹ 4120 B. ₹ 4128
C. ₹ 4512 D. ₹ 4720

**25.** दो साझीदार एक व्यापार में क्रमशः ₹ 12500 तथा ₹ 8500 लगाते हैं तथा तय करते हैं कि लाभ के 60% को बराबर बांट लेंगे तथा शेष लाभ को लगायी गयी पूंजी के अनुपात में बांट लेंगे। यदि एक सांझीदार को दूसरे की अपेक्षा ₹ 300 अधिक मिलते हैं, तो कुल लाभ होगा:

A. ₹ 3937.50 B. ₹ 3397.50
C. ₹ 3739.50 D. ₹ 3000

## उत्तरमाला

| 1 | 2 | 3 | 4 | 5 | 6 | 7 | 8 | 9 | 10 |
|---|---|---|---|---|---|---|---|---|---|
| C | B | A | A | D | D | C | D | A | A |
| **11** | **12** | **13** | **14** | **15** | **16** | **17** | **18** | **19** | **20** |
| D | D | C | C | B | B | A | D | C | B |
| **21** | **22** | **23** | **24** | **25** | | | | | |
| D | D | A | B | A | | | | | |

## कुछ चुने हुए प्रश्नों के व्याख्यात्मक उत्तर

**3.** माना इन तीनों के द्वारा निवेशित कुल राशि = ₹ $x$

$\therefore$ कुल लाभ = $x$ का 40% = $\frac{x \times 40}{100} = 2/5x$

इसीलिए अर्जित लाभ में B का हिस्सा

$$= \frac{5}{(2+5+9)} \times \frac{2}{5}x$$

$$10800 = \frac{5}{16} \times \frac{2}{5}x$$

$$\therefore \quad x = 10800 \times \frac{16}{5} \times \frac{5}{2} = ₹\ 86{,}400$$

**10.**

| A | : | B | : | C |
|---|---|---|---|---|
| 3 × 500 | : | 8 × 650 | : | 11 × 300 |
| 1500 | : | 5200 | : | 3300 |
| 30 | : | 104 | : | 66 |
| 15 | : | 52 | : | 33 |

C का हिस्सा $= \frac{33}{15+52+33} \times 420 = \frac{33 \times 420}{100}$

$= ₹\ 138.60$

**13.**

| गीता | : | सीता | : | नीता |
|---|---|---|---|---|
| 250 | : | 300 | : | 150 |
| 5 | : | 6 | : | 3 |

कुल किराया $= \frac{\text{कुल अनुपात}}{\text{सीता का अनुपात}} \times$ सीता का किराया

$$= \frac{5+6+3}{6} \times 120.60$$

$$= \frac{14}{6} \times 120.60 = ₹\ 281.40$$

**15.** माना तीनों की पूँजी क्रमशः A, B व C है, तो

प्रश्नानुसार A की पूंजी $= \frac{A+B+C}{3}$

B की पूँजी $= A + C = B$

प्रश्नानुसार A की पूंजी : B की पूंजी

$$\frac{A+B+C}{3} : (A+C) = B$$

B का मान रखने पर $\frac{2(A+C)}{3} : A+C = \frac{2}{3} : 1$

$\because$ A की पूंजी कुल पूंजी का 1/3 है अतः लाभ भी कुल लाभ का 1/3 होगा

A का लाभ $= \frac{840}{3} = ₹\ 280$

$$\frac{\text{A का लाभ}}{\text{B का लाभ}} = \frac{\text{A की पूंजी}}{\text{B की पूंजी}}$$

$$\frac{280}{\text{B का लाभ}} = \frac{2/3}{1}$$

B का लाभ $= \frac{280}{2/3} = \frac{280 \times 3}{2} = ₹\ 420$

**19.**

| A | : | B | : | C |
|---|---|---|---|---|
| $\frac{1}{3}$ | : | $\frac{1}{4}$ | : | $\frac{1}{5}$ |

= 20 : 15 : 12

माना A, B व C ने क्रमशः $20x$, $15x$ व $12x$ पूंजी लगायी

प्रश्नानुसार A ने आधी पूंजी 4 महीने बाद वापस ली अतः तीनों द्वारा 1 महीने तक लगायी गयी पूंजी का अनुपात =

$$A : B : C = 20x \times 4 + 10x \times 8 : 15x \times 12 : 12x \times 12$$
$$= 160x : 180x : 144x$$
$$= 80 : 90 : 72$$

लाभ में A का हिस्सा $= \frac{80}{80+90+72} \times 847$

$$= \frac{80}{242} \times 847 = ₹\ 280$$

**23.** $\because$ 3 घोड़े = 5 गायें

$\therefore$ 3 घोड़े + 5 गायें = 6 घोड़े

A व B का किराये में अनुपात

$$A : B = 12 \times 5 : 6 \times 6$$
$$= 60 : 36$$
$$= 10 : 6 = 5 : 3$$

A का कुल किराये का भाग होगा $= \frac{5}{5+3} = \frac{5}{8}$ भाग

**24.** कार्यवाहक के रूप में P का हिस्सा $= 8000 \times \frac{12}{100}$

$= ₹ 960$

शेष लाभ = ₹ 7040

$P : Q = 4500 : 5500 = 9 : 11$

P का हिस्सा $= \frac{9}{9+11} \times 7040 = ₹ 3168$

P का कुल हिस्सा $= 3168 + 960 = ₹ 4128$

**25.** साझीदारों की पूंजी का अनुपात $= 12500 : 8500$

$= 25 : 17$

माना कुल लाभ = ₹ $x$

$x$ का 60% $= x \times \frac{60}{100} = \frac{3x}{5}$

$\frac{3x}{5}$ का आधा अर्थात् $\frac{3x}{10}$ प्रत्येक साझीदार को मिलेगा।

शेष लाभ $= x - \frac{3x}{5} = \frac{2x}{5}$

शेष लाभ में A का हिस्सा $= \frac{25}{25+17} \times \frac{2x}{5}$

$= \frac{25}{42} \times \frac{2x}{5}$

B का हिस्सा $= \frac{17}{42} \times \frac{2x}{5}$

प्रश्नानुसार $\frac{25}{42} \times \frac{2x}{5} - \frac{17}{42} \times \frac{2x}{5} = 300$

$$\frac{2x}{5 \times 42}\{25 - 17\} = 300$$

$$\frac{2x}{5 \times 42} \times 8 = 300$$

$$x = \frac{300 \times 5 \times 42}{16}$$

$$x = 3937.50$$

# 11

# औसत
# (AVERAGE)

एक ही प्रकार की विभिन्न संख्याओं के योग में, संख्याओं की संख्या का भाग देने पर भागफल औसत कहलाता है। इस प्रकार,

$$\text{औसत} = \frac{\text{दिये गये परिणामों का योग}}{\text{परिणामों की संख्या}}$$ अथवा

(i) $$\text{औसत} = \frac{\text{कुल राशियों का योग}}{\text{उनकी संख्या}}$$

(ii) कुल राशियों का योग = औसत × राशियों की संख्या

(iii) $$\text{राशियों की संख्या} = \frac{\text{समस्त राशियों का योग}}{\text{औसत}}$$

**महत्वपूर्ण सूत्र**

$$\text{औसत चाल} = \frac{\text{चली गयी कुल दूरी}}{\text{लगा कुल समय}}$$

अथवा

$$\text{औसत चाल} = \frac{2 \times \text{पहली चाल} \times \text{दूसरी चाल}}{\text{पहली चाल} + \text{दूसरी चाल}}$$

## अभ्यास

**1.** 24 लड़कों में से 6 की लम्बाई 1 मीटर 15 सेमी॰, 8 की 1 मीटर 5 सेमी॰ और बाकी की 1 मीटर 11 सेमी॰ है। लड़कों की औसत लम्बाई क्या है?
A. 1 मीटर 10 सेमी॰ B. 1 मीटर 20 सेमी॰
C. 1 मीटर 15 सेमी॰ D. 1 मीटर 8 सेमी॰

**2.** एक व्यक्ति का पहले 5 महीनों का औसत खर्च ₹ 120 है और अगले सात महीनों तक ₹ 130 है। अगर वह वर्ष भर में ₹ 290 बचाता है, तो उसकी औसत मासिक आय मालूम कीजिये।
A. ₹ 290 B. ₹ 200
C. ₹ 210 D. ₹ 150

**3.** एक स्कूल में 12 वर्ष के 15 लड़के, 15 वर्ष के 16 और 14 वर्ष के 18 लड़कों की औसत उम्र क्या है?
A. $14\frac{6}{7}$ वर्ष B. $12\frac{6}{7}$ वर्ष
C. $13\frac{6}{7}$ वर्ष D. $13\frac{5}{7}$ वर्ष

**4.** 11 परिणामों का औसत 30 है, पहले पांच का 25 और अंतिम पांच का 28 है, तो छठे परिणाम का मान होगा:
A. 55 B. 65
C. 45 D. 75

**5.** 10 पैसे और 5 पैसे के 80 सिक्कों का योग अगर ₹ 6.25 हो, तो दोनों सिक्कों की संख्या अलग अलग ज्ञात करो।
A. 45, 35 B. 42, 38
C. 39, 41 D. 37, 43

**6.** तीन संख्याओं का औसत 77 है। पहली संख्या दूसरी संख्या की दोगुनी है तथा दूसरी संख्या, तीसरी संख्या की दोगुनी है, वह संख्याएँ ज्ञात करो:

A. 22, 44, 48 B. 24, 48, 96
C. 33, 66, 132 D. 35, 70, 140

**7.** A, B और C की औसत आयु 7 वर्ष है। A और B की औसत आयु 6 वर्ष तथा B और C की औसत आयु 8 वर्ष है। B की आयु बताइये:

A. 6 वर्ष B. 7 वर्ष
C. 8 वर्ष D. 9 वर्ष

**8.** किसी हफ्ते सोमवार, मंगलवार और बुधवार का औसत तापमान 45° था और मंगलवार, बुधवार और गुरूवार का औसत तापमान 46° था। यदि गुरूवार का तापमान 47° था, तो सोमवार का तापमान कितना था?

A. 44° B. 45°
C. 46° D. 47°

**9.** किसी कक्षा के 30 लड़कों की औसत आयु 10 वर्ष है। यदि उनके अध्यापक की आयु और जोड़ दी जाये, तो औसत आयु 1 वर्ष बढ़ जाती है। अध्यापक की आयु ज्ञात करो:

A. 38 वर्ष B. 40 वर्ष
C. 30 वर्ष D. 41 वर्ष

**10.** एक वाहन A से B तक की दूरी 60 किमी/घंटा की चाल से तय करता है। परन्तु B से A तक की यात्रा 90 किमी/घण्टा की चाल से तय करता है। पूरी यात्रा की औसत चाल क्या है?

A. 60 किमी/घंटा B. 72 किमी/घंटा
C. 94 किमी/घंटा D. 80 किमी/घंटा

**11.** 6 व्यक्तियों के औसत भार में, एक 80 किग्रा॰ वाले व्यक्ति के स्थान पर नया व्यक्ति आने पर 3 किग्रा की कमी हो जाती है, तो नये व्यक्ति का भार क्या है?

A. 58 किग्रा॰ B. 60 किग्रा॰
C. 62 किग्रा॰ D. 70 किग्रा॰

**12.** 30 विद्यार्थियों की औसत आयु 9 वर्ष है। यदि उनके अध्यापक की आयु भी सम्मिलित कर ली जाये, तो औसत आयु 10 वर्ष है। अध्यापक की आयु होगी:

A. 30 वर्ष B. 35 वर्ष
C. 40 वर्ष D. 45 वर्ष

**13.** चार संख्याओं में से पहली तीन का औसत 16 तथा अन्तिम तीन का 15 है। यदि अन्तिम संख्या 18 है, तो प्रथम संख्या क्या होगी?

A. 20 B. 21
C. 18 D. 22

**14.** किसी परीक्षा में 60 विद्यार्थियों का औसत अंक 25 है। उत्तीर्ण होने वाले विद्यार्थियों का औसत अंक 27 है और अनुत्तीर्ण होने वालों के औसत अंक 15 हैं। उत्तीर्ण होने वाले छात्रों की संख्या ज्ञात कीजिये।

A. 40 B. 50
C. 45 D. 35

**15.** 11 संख्याओं का औसत 30 है। प्रथम 6 संख्याओं का औसत 35 है तथा आखिरी 6 संख्याओं का औसत 28 होने पर छठी संख्या होगी:

A. 38 B. 48
C. 32 D. 36

**16.** राजू, शशि और महेश का औसत वेतन ₹ 800 है। शशि, प्रमोद व महेश का औसत वेतन ₹ 900 है। यदि प्रमोद का वेतन ₹ 900 है, तो राजू का वेतन क्या होगा?

A. ₹ 600
B. ₹ 300
C. ₹ 1700
D. ज्ञात नहीं किया जा सकता।

**17.** तीन व्यक्तियों की औसत आयु 45 वर्ष है। उनकी उम्रों का अनुपात 2 : 3 : 4 है। सबसे बड़े व सबसे छोटे की आयु का अन्तर कितना होगा?

A. 15 वर्ष B. 20 वर्ष
C. 30 वर्ष D. 45 वर्ष

**18.** एक कक्षा के पाँच विद्यार्थियों का कुल वजन क्रमशः 49.6 किग्रा॰, 39.8 किग्रा॰, 40.8 किग्रा॰, 45.2 किग्रा॰ तथा 24.6 किग्रा है, तो उनका औसत वजन है:

A. 38 किग्रा॰ B. 40 किग्रा॰
C. 42 किग्रा॰ D. 45 किग्रा॰

**19.** यदि 10 विद्यार्थियों के समूह की औसत आयु 15 वर्ष है। जब 5 विद्यार्थी और आ गये, तो समूह की औसत आयु 1 वर्ष बढ़ जाती है। नए विद्यार्थियों की औसत आयु कितनी होगी?

A. 17 वर्ष B. 18 वर्ष
C. 19 वर्ष D. 20 वर्ष

**20.** 7 के प्रथम पांच गुणकों का औसत क्या होगा?
A. 20 B. 21
C. 22 D. 23

**21.** किसी स्टोर में काम करने वाले 5 कर्मचारियों की औसत आयु 36 वर्ष है। एक नये कर्मचारी के आने से औसत आयु 37 वर्ष हो जाती है, तो नये कर्मचारी की आयु होगी:
A. 40 वर्ष B. 41 वर्ष
C. 42 वर्ष D. 43 वर्ष

**22.** 8 व्यक्तियों में से दो जिनकी उम्र 20 और 24 वर्ष है, की जगह दो महिलाएँ आ जाएँ, तो पुरुषों की औसत आयु 2 वर्ष बढ़ जाती है। महिलाओं की औसत आयु क्या है?
A. 28 वर्ष B. 30 वर्ष
C. 32 वर्ष D. 34 वर्ष

**23.** एक बल्लेबाज ने 17वीं पारी में 85 का स्कोर बनाया और इसमें अपना औसत 3 बढ़ा लिया। 17वीं पारी से पहले उसका औसत क्या था?
A. 34 B. 37
C. 38 D. 47

**24.** एक पिता और उसके छः बच्चों की औसत आयु 12 वर्ष है। अगर पिता को छोड़ दिया जाय, तो औसत आयु 5 वर्ष कम हो जाती है। पिता की आयु कितनी है?
A. 42 वर्ष B. 40 वर्ष
C. 48 वर्ष D. 50 वर्ष

**25.** 40 लड़कों की एक कक्षा में औसत आयु 16.95 वर्ष है, पर एक नये लड़के के दाखिले से औसत आयु 17 वर्ष हो जाती है। नये लड़के की आयु होगी?
A. 15 वर्ष B. 19 वर्ष
C. 18 वर्ष D. 17.5 वर्ष

**26.** तीन साल पहले 5 सदस्यों के एक परिवार की औसत आयु 17 वर्ष थी। एक बच्चा होने पर भी परिवार की औसत आयु वही है। बच्चे की आयु कितनी है?
A. 1 वर्ष B. 2 वर्ष
C. 6 माह D. 9 माह

**27.** रमेश स्थान A से 40 किमी॰/घंटा की चाल से चलकर 2 घंटे में आधी दूरी तय करता है। B स्थान पर जाने के लिये अब वह किस चाल से चले कि अगले चार घण्टे में B स्थान पर पहुँच जाये?
A. 15 किमी॰/घण्टा B. 20 किमी॰/घंटा
C. 25 किमी॰/घंटा D. 30 किमी॰/घंटा

**28.** चार क्रमिक सम संख्याओं का औसत 29 है। यदि पहले की चार संख्याओं में उसके तुरन्त की दो और क्रमिक संख्याओं को जोड़ दिया जाये, तो नया औसत कितना बढ़ जायेगा?
A. 1 B. 2
C. 3 D. 4

**29.** किसी कारखाने के कुल 660 कारीगरों व अधिकारियों के वेतन का औसत मान प्रतिमाह ₹ 380 हो तथा अधिकारियों के वेतन का औसत मान प्रतिमाह ₹ 2100 तथा कारीगरों का औसत मान ₹ 340 हो तो कारीगरों की संख्या होगी:
A. 600 B. 560
C. 645 D. 625

**30.** यदि दो संख्याओं का औसत 88.5 हो और एक संख्या औसत से 5.5 कम हो, तो दूसरी संख्या क्या होगी?
A. 94 B. 96
C. 98 D. 100

## उत्तरमाला

| 1 | 2 | 3 | 4 | 5 | 6 | 7 | 8 | 9 | 10 |
|---|---|---|---|---|---|---|---|---|---|
| A | D | D | B | A | C | B | A | D | B |
| **11** | **12** | **13** | **14** | **15** | **16** | **17** | **18** | **19** | **20** |
| C | C | B | B | B | A | C | B | B | B |
| **21** | **22** | **23** | **24** | **25** | **26** | **27** | **28** | **29** | **30** |
| C | B | A | A | B | B | B | B | C | A |

## कुछ चुने हुए प्रश्नों के व्याख्यात्मक उत्तर

**23.** माना 17वीं पारी से पहले का औसत $x$ था

प्रश्नानुसार $$\frac{16\times x+85}{17}=(x+3)$$

$$16x+85=17x+51$$

$$x=85-51=34$$

**24.** माना पिता की आयु = $x$ वर्ष

प्रश्नानुसार $$\frac{7\times 12-x}{6}=(12-5)$$

$$84-x=42$$

$x=84-42=42$ वर्ष

**26.** तीन वर्ष बाद परिवार के सभी सदस्यों की आयु

$=17\times 5+5\times 3$

$=85+15=100$ वर्ष

माना बच्चे की आयु = $x$ वर्ष

प्रश्नानुसार $$\frac{100+x}{6}=17$$

$\Rightarrow\quad x=102-100=2$ वर्ष

**27.** माना A से B की आधी दूरी $x$ किमी॰

प्रश्नानुसार $\frac{x}{40}=2\Rightarrow x=80$ किमी॰

शेष आधी 80 किमी॰ दूरी 4 घंटे में तय करती है, तो औसत चाल

$=\frac{80}{4}=20$ किमी॰/घंटा

**28.** $$\frac{(x)+(x+2)+(x+4)+(x+6)}{4}=29$$

$4x+12=29\times 4$

$4x=116-12$ या, $x=\frac{116-12}{4}$ या, $x=26$

प्रश्नानुसार छ क्रमिक सम संख्या का औसत

$$\frac{26+28+30+32+34+36}{6}=31$$

अतः अभीष्ट अन्तर $31-29=2$

**29.** माना कारीगरों की संख्या = $x$

प्रश्नानुसार

$$\frac{(660-x)\times 2100+340x}{660}=380$$

$$660\times 2100-2100x+340x=250800$$

$$1386000-250800=1760x$$

$$x=\frac{1135200}{1760}=645$$

# 12

# आयु
# (AGES)

आयु संबंधी प्रश्नों को हल करने हेतु पहले समीकरण बनाये जाते हैं फिर समीकरण में अज्ञात राशियों को ज्ञात किया जाता है।

## अभ्यास

**1.** 10 बच्चों के एक समूह की औसत आयु 14 वर्ष है। इस समूह में पांच बच्चे और सम्मिलित कर लिये जाते हैं, तो औसत आयु में 1 वर्ष की वृद्धि होती है, तो नये बच्चों की औसत आयु क्या होगी?

A. 15 वर्ष B. 16 वर्ष
C. 17 वर्ष D. 18 वर्ष

**2.** A तथा B की आयु का अन्तर 25 वर्ष है तथा दोनों की आयु का अनुपात 9 : 4 है, तो C की आयु क्या होगी यदि वह B से 15 वर्ष बड़ा है?

A. 35 वर्ष B. 40 वर्ष
B. 45 वर्ष D. 50 वर्ष

**3.** रंजन तथा शुभ की आयु का अनुपात क्रमशः 4 : 5 है। अब से चार वर्षों में उनकी आयु का अनुपात 5 : 6 हो जाता है, शुभ की वर्तमान आयु क्या है?

A. 18 वर्ष B. 20 वर्ष
C. 22 वर्ष D. 25 वर्ष

**4.** तरुण तथा उसकी माता की आयु का योग 49 वर्ष है। 7 वर्ष पूर्व माता की आयु वरुण की आयु से चार गुनी थी। वरुण की माता की वर्तमान आयु ज्ञात कीजिये।

A. 35 वर्ष B. 38 वर्ष
C. 39 वर्ष D. 40 वर्ष

**5.** पिता तथा उसके पुत्र की आयु का वर्तमान योग 50 वर्ष है, 5 वर्ष पूर्व पिता की आयु पुत्र की आयु की 7 गुनी थी। पिता तथा पुत्र की वर्तमान आयु क्या है?

A. 10, 40 B. 15, 35
C. 20, 30 D. 12, 38

**6.** पिता की आयु पुत्र से पांच गुनी है। 15 साल में वह अपने बेटे की आयु का $2\frac{1}{2}$ गुणा हो जायेगा। पिता की अभी की आयु निकालिये।

A. 40 वर्ष B. 42 वर्ष
C. 45 वर्ष D. 50 वर्ष

**7.** पिता अपने पुत्र से तीन गुना बड़ा है। 8 वर्ष पूर्व वह अपने पुत्र से चार गुनी उम्र का था। पिता की वर्तमान आयु क्या है?

A. 70 वर्ष B. 72 वर्ष
C. 78 वर्ष D. 80 वर्ष

**8.** पिता तथा पुत्र की आयु मिलाकर 46 वर्ष है। 5 वर्ष पूर्व पिता की आयु पुत्र की आयु से 11 गुनी थी। 5 वर्ष बाद पुत्र की आयु कितनी होगी?

A. 12 वर्ष B. $12\frac{1}{2}$ वर्ष
C. 13 वर्ष D. $13\frac{1}{2}$ वर्ष

**9.** यदि 15 वर्ष बाद किसी आदमी की आयु 15 वर्ष पूर्व की आयु की चार गुनी हो, तो उसकी वर्तमान आयु कितनी है?

A. 25 वर्ष B. 27 वर्ष
C. 28 वर्ष D. 30 वर्ष

**10.** जयेश अनिल से उतना छोटा है जितना वह प्रशान्त से बड़ा है। यदि अनिल तथा प्रशान्त की आयु का योग 48 वर्ष हो, तो जयेश की आयु क्या है?

A. 22 वर्ष B. 23 वर्ष
C. 24 वर्ष D. 25 वर्ष

**11.** 5 वर्ष पूर्व विनय की आयु विकास की आयु का एक-तिहाई थी तथा अब विनय की आयु 17 वर्ष है। विकास की वर्तमान आयु क्या है?

A. 40 वर्ष B. 41 वर्ष
C. 42 वर्ष D. 44 वर्ष

**12.** एक व्यक्ति के दो बच्चे हैं। इन बच्चों की उम्र के योग के तिगुनी उस व्यक्ति की उम्र है। पांच वर्ष बाद बच्चों की उम्र के योग से दोगुनी उसकी उम्र होगी। यह बताइये कि उस व्यक्ति की वर्तमान उम्र क्या है?

A. 45 वर्ष B. 55 वर्ष
C. 60 वर्ष D. 65 वर्ष

**13.** सुरेश की उम्र किरण की उम्र की दो गुनी है। यदि दोनों की उम्र का जोड़ 24 वर्ष हो, तो सुरेश की उम्र क्या होगी?

A. 15 वर्ष B. 16 वर्ष
C. 18 वर्ष D. 20 वर्ष

**14.** 10 वर्ष पहले गीता और नीता की आयु में 3 : 5 का अनुपात था। यदि उनकी वर्तमान आयु में 2 : 3 का अनुपात है, तो 20 वर्ष बाद उनकी आयु का अनुपात क्या होगा?

A. 3 : 4 B. 4 : 5
C. 5 : 6 D. 2 : 3

**15.** पंद्रह वर्ष बाद एक आदमी उससे चार गुना बड़ा हो जायेगा जितना वह 15 वर्ष पूर्व था। वर्तमान आयु ज्ञात कीजिये।

A. 20 वर्ष B. 25 वर्ष
C. 30 वर्ष D. 40 वर्ष

## उत्तरमाला

| 1 | 2 | 3 | 4 | 5 | 6 | 7 | 8 | 9 | 10 |
|---|---|---|---|---|---|---|---|---|---|
| C | A | B | A | A | C | B | C | A | C |
| **11** | **12** | **13** | **14** | **15** | | | | | |
| B | A | B | A | B | | | | | |

## कुछ चुने हुए प्रश्नों के व्याख्यात्मक उत्तर

**6.** बेटे की मौजूदा आयु = $x$ वर्ष

पिता की मौजूदा आयु = $5x$ वर्ष

15 साल बाद बेटे की आयु = $(x + 15)$ वर्ष

पिता की आयु = $(5x + 15)$ वर्ष

प्रश्नानुसार $5x + 15 = 2\frac{1}{2}(x + 15)$

$5x + 15 = \frac{5}{2}(x + 15)$

$10x + 30 = 5x + 75$

$5x = 45;\ x = 9$ वर्ष

पिता की आयु = $5x = 9 \times 5 = 45$ वर्ष

**10.** प्रश्नानुसार

$A - J = J - P$ $A + P = 2J$

$A + P = 48$ $2J = 48$

$J = \frac{48}{2} = 24$ वर्ष

**12.** माना उसकी उम्र $x$ वर्ष और उसके दोनों बच्चों की उम्र क्रमशः $p$ व $q$ वर्ष है।

प्रश्नानुसार $x = 3(p + q)$

$p + q = \frac{x}{3}$ ...(1)

प्रश्नानुसार $x + 5 = 2\{(p + 5) + (q + 5)\}$

$= 2(p + q + 10)$

समीकरण (1) से मान रखने पर

$(x + 5) = 2\left(\frac{x}{3} + 10\right)$

$x + 5 = 2\left(\frac{x + 30}{3}\right)$

$3x + 15 = 2x + 60$

$x = 45$ वर्ष

# 13

# कार्य तथा समय (टंकी पर आधारित प्रश्न)
# (WORK & TIME [CISTERN BASED QUESTION])

कार्य करने की क्षमता सभी व्यक्तियों की समान नहीं होती। कोई आदमी कार्य को जल्दी समाप्त कर लेता है तो कोई कार्य को धीमी गति से करता है। ऐसे प्रश्नों को हल करने के लिये सभी व्यक्तियों द्वारा एक दिन में किया गया कार्य अलग-अलग ज्ञात किया जाता है। फिर कुल एक दिन का कार्य ज्ञात किया जाता है। उसका व्युत्क्रम ही काम में लगा समय दिनों में प्रदान करता है।

जैसेः यदि लतेश एक कार्य को 10 दिन में समाप्त करता है, तो उसका प्रत्येक दिन का कार्य = $\frac{1}{10}$ भाग होगा।

## अभ्यास

**1.** यदि तीन आदमी या चार औरतें एक काम को 9 दिन में कर सकते हैं, तो उसी काम को 6 आदमी और 4 औरतें मिलकर कितने दिन में समाप्त करेंगे?

A. 2 दिन B. 3 दिन

C. $3\frac{1}{2}$ दिन D. 4 दिन

**2.** 8 पुरुष या 12 लड़के किसी कार्य को 25 दिन में पूरा करते हैं, तो उसी कार्य को 6 पुरुष तथा 11 लड़के कितने दिनों में पूरा करेंगे?

A. 12 दिन में B. 14 दिन में

C. 15 दिन में D. 16 दिन में

**3.** यदि 3 आदमी या 5 औरतें या 8 लड़के एक काम को 38 दिन में कर सकते हैं, तो 6 आदमी, 10 औरतें तथा 6 लड़के उस काम को कितने दिन में करेंगे?

A. 6 दिन B. 8 दिन

C. 10 दिन D. 12 दिन

**4.** A अकेला किसी कार्य को 15 दिन में समाप्त कर सकता है तथा B अकेला उस कार्य को 12 दिन में समाप्त कर सकता है। दोनों मिलकर इस कार्य को समाप्त कितने दिनों में करेंगे?

A. $6\frac{1}{3}$ दिन B. $6\frac{2}{3}$ दिन

C. $6\frac{3}{4}$ दिन D. $6\frac{4}{5}$ दिन

**5.** A एक काम को 2 दिन में, B 4 दिन में और C 8 दिन में कर सकता है। यदि तीनों मिलकर उस काम को करें, तो कितने दिन में पूरा कर लेंगे?

A. 7/8 दिन B. 8/7 दिन

C. $1\frac{3}{4}$ दिन D. $1\frac{1}{2}$ दिन

**6.** A एक काम को 24 दिन में कर सकता है तथा B उसी का 2/3 भाग 12 दिन में कर सकता है। यदि दोनों मिलकर उससे दो गुना काम करें, तो कितने दिन में कर लेंगे?

A. $5\frac{1}{7}$ दिन B. $10\frac{2}{7}$ दिन

C. $17\frac{2}{7}$ दिन D. $20\frac{4}{7}$ दिन

**7.** X किसी काम को 12 दिन में तथा Y उसी काम को 18 दिन में कर सकते हैं। यदि वे दोनों मिलकर उसी काम को करें, तो काम कितने दिनों में पूरा हो जायेगा?

A. 30 दिन  B. 15 दिन

C. $7\frac{1}{2}$ दिन  D. $7\frac{1}{5}$ दिन

**8.** राम और मोहन मिलकर एक काम को 6 दिन में कर सकते हैं। पहले राम ने 4 दिन तक अकेले काम किया। फिर वह चला गया। तब मोहन ने बचे काम को 9 दिन में समाप्त कर लिया। राम अकेला उस काम को कितने दिन में समाप्त कर सकता था?

A. 10 दिन  B. 16 दिन

C. 14 दिन  D. 15 दिन

**9.** A और B दोनों मिलकर 10 घंटों में एक खेत जोतते हैं, किन्तु A अकेला 15 घंटों में उसे जोत सकता है। B अकेला उसी खेत को जोतने में कितना समय लेगा?

A. 10 घंटे  B. 20 घंटे

C. 30 घंटे  D. 40 घंटे

**10.** आनन्द व संजीव मिलकर कोई कार्य 8 दिन में समाप्त करते हैं। आनन्द अकेला कार्य करे तो 12 दिन लेता है। संजीव अकेला कार्य करे तो कितने दिन लेगा?

A. 16 दिन  B. 24 दिन

C. 4 दिन  D. 8 दिन

**11.** A और B कोई काम 18 दिन में कर सकते हैं। B और C, 24 दिन में। A और C, 36 दिन में। सब एक साथ मिलकर इस काम को कितने दिन में समाप्त करेंगे?

A. 16 दिन  B. 14 दिन

C. 15 दिन  D. 12 दिन

**12.** A, B और C कोई काम क्रमशः 24, 30 और 40 दिन में कर सकते हैं। तीनों ने काम एक साथ शुरू किया पर C कार्य पूरा होने के चार दिन पहले काम छोड़ देता है। काम कितने दिन में पूरा हुआ?

A. 10 दिन  B. 11 दिन

C. 12 दिन  D. 13 दिन

**13.** A कोई काम 40 दिन में कर सकता है। उसने 5 दिन तक काम किया फिर B ने उसे 21 दिन में पूरा किया। A और B मिलकर इस काम को कितने दिन में पूरा करेंगे?

A. 15 दिन  B. 20 दिन

C. 21 दिन  D. 24 दिन

**14.** A कोई काम 15 दिन में तथा B 20 दिनों में कर सकता है। वे C की मदद से ये काम 5 दिन में पूरा कर लेते हैं। C अकेला इस काम को कितने दिन में पूरा करेगा?

A. 10 दिन,  B. 12 दिन

C. 15 दिन  D. 20 दिन

**15.** A एक काम को 18 दिन में और B उसी काम को 24 दिन में समाप्त कर सकता है। उन्होंने एक साथ मिलकर 8 दिन तक काम किया और तब A काम छोड़कर चला गया। शेष काम को B कितने दिन में पूरा करेगा?

A. 5 दिन  B. $5\frac{1}{3}$ दिन

D. 8 दिन  D. 10 दिन

**16.** A, B व C मिलकर एक काम को $5\frac{7}{13}$ दिन में कर सकते हैं। A अकेले उस काम को 12 दिन में और B अकेले उस काम को 18 दिन में करता है। बताइये C अकेला उस काम को कितने दिन में करेगा?

A. 20 दिन  B. 22 दिन

C. 24 दिन  D. 30 दिन

**17.** रमेश एक काम को 25 दिन में कर सकता है। 14 दिन काम करने के बाद उसने श्याम को भी साथ ले लिया और दोनों ने मिलकर शेष काम 6 दिन में समाप्त किया। बताइये कि श्याम अकेला उस काम को कितने दिन में समाप्त कर सकता है?

A. 20 दिन  B. 25 दिन

C. 30 दिन  D. 35 दिन

**18.** A अकेला कोई काम 10 दिन में कर सकता है। B अकेला उसी काम को 15 दिन में कर सकता है। अगर A व B समान दिन कार्य करके कार्य को खत्म करते हैं, तो ₹ 50 में से A की मजदूरी होगी:

A. ₹ 20  B. ₹ 30

C. ₹ 35  D. ₹ 25

**19.** ₹ 200 की मजदूरी पर A व B कोई कार्य करना कबूल करते हैं। A अकेला उसे 6 दिन में व B अकेला इसे

8 दिन में कर सकता है। C की मदद से वे इस कार्य को 3 दिन में समाप्त कर लेते हैं। C को कितने पैसे दिये गये?

A. ₹ 25 B. ₹ 50
C. ₹ 60 D. ₹ 75

**20.** अशोक एक काम को करने में अरुण से दुगुना और आलोक से तिगुना समय लेता है। वे तीनों मिलकर एक दिन में काम समाप्त कर लेते हैं। आलोक उस काम को अकले कितने दिन में समाप्त कर लेगा?

A. 1 दिन B. 2 दिन
C. 3 दिन D. 4 दिन

**21.** यदि किसी कार्य को राम, श्याम तथा मोहन क्रमशः अकेले, अकेले 2, 4, 8 दिन में समाप्त कर सकते हैं तथा वे एक कार्य कुल ₹ 6335 के ठेके पर लेते हैं, तो श्याम को कितनी मजदूरी मिलेगी?

A. ₹ 1810 B. ₹ 2810
C. ₹ 2850 D. ₹ 1850

**22.** 2 व्यक्ति और 3 लड़के कोई काम 8 दिन में कर सकते हैं और 3 व्यक्ति व 2 लड़के इसे 7 दिनों में समाप्त कर सकते हैं। अगर एक लड़के को ₹ 3 दिये जाते हैं, तो एक व्यक्ति को क्या मिलेगा?

A. ₹ 6 B. ₹ 7
C. ₹ 5 D. ₹ 7.50

**23.** A अकेला किसी कार्य को 24 दिनों में कर सकता है। और B अकेला उसी काम को 30 दिनों में। एक लड़के की मदद से वे इसे 12 दिन में पूरा कर लेते हैं। कुल ₹ 200 मजदूरी में लड़के को क्या मिलेगा?

A. ₹ 40 B. ₹ 50
C. ₹ 75 D. ₹ 20

**24.** A काम करने में B से दूना अच्छा है। दोनों मिलकर कोई काम 14 दिन में पूरा करते हैं। A अकेला इसे कितने दिनों में पूरा कर सकता हैं?

A. 16 दिन B. 32 दिन
C. 21 दिन D. 42 दिन

**25.** दो पाइप A और B किसी हौज को कितने मिनट में भर सकते हैं यदि A व B क्रमशः उसे अलग-अलग 30 व 60 मिनट में भर सकते हैं?

A. 10 मिनट B. 20 मिनट
C. 15 मिनट D. 12 मिनट

**26.** एक हौज दो पाइपों द्वारा क्रमशः 10 और 15 घंटों में भर दिया जाता है। एक तीसरा पाइप इसको 8 घंटे में खाली कर देता है। यदि तीनों नल एक साथ खोल दिये जायें, तो हौज कितने घंटे में भर जायेगा?

A. 13 घंटे B. 24 घंटे
C. 33 घंटे D. कभी नहीं भरेगा

**27.** एक हौज 9 घंटे में भरता है और दूसरे पाइप से 7 घंटे में खाली हो जाता है। जब दोनों पाइप खोल दिये जायें, तो पता कीजिये कि हौज कब भर जायेगा?

A. 63 घंटे B. 16 घंटे
C. 2 घंटे D. कभी नहीं भर सकता

**28.** अगर 3 नल एक साथ खोल दिये जायें, तो एक हौज 12 घंटे में भर सकता है। तीन नलों में से, एक हौज को 10 घंटे में भर सकता है और दूसरा 15 घंटे में। तीसरा नल किस तरह काम करता है?

A. यह हौज को 5 घंटे में भर देगा।
B. यह हौज को 12 घंटे में खाली कर देगा।
C. यह हौज को 5 घंटे में खाली कर देगा।
D. यह हौज को $12\frac{1}{2}$ घंटे में भर देगा।

**29.** एक हौज 9 घंटे में भरता है, किन्तु इसकी तली में छेद होने के कारण यह 1 घंटा अधिक समय लेता है। यदि हौज भरा हो, तो यह कितनी देर में खाली हो जायेगा?

A. 30 घंटे B. 40 घंटे
C. 45 घंटे D. 90 घंटे

**30.** एक नल किसी टंकी को 60 मिनट में भर सकता है। दूसरा नल उस भरी टंकी को 50 मिनट में खाली कर सकता है। यदि टंकी भरी हो और दोनों नल खुले हों, तो टंकी खाली होने में कितने मिनट लगेंगे?

A. 60 मिनट B. 180 मिनट
C. 300 मिनट D. 170 मिनट

**31.** दो नल किसी हौज को क्रमशः 10 और 12 मिनट में भर सकते हैं। हौंज के पेंदे में लगा निकास नल 5 लीटर प्रति मिनट पानी बाहर निकालता है। यदि हौज खाली हो और तीनों नल खोल दिये जायें, तो यह $7\frac{1}{2}$ मिनट में भर जाता है। हौज में कितने लीटर पानी आता है?

A. 90 लीटर B. 80 लीटर
C. 100 लीटर D. 120 लीटर

**32.** एक हौज में तीन पाइप A, B व C लगे हैं। पाइप A और B हौज को क्रमशः 4 और 5 घंटे में भर सकते हैं और C इसे 2 घंटे में खाली कर सकता है। अगर ये पाइप क्रमशः 1, 2 व 3 बजे क्रमशः सुबह खोले जायें, तो हौज कितने बजे खाली हो जायेगा?

A. 5 बजे सवेरे B. 5 बजे शाम
C. कभी नहीं D. 6 बजे सवेरे

**33.** P और Q दो पाइप एक हौज को 24 घंटे में व 32 घंटे में भर सकते हैं। दोनों पाइप खोल दिये जायें तो पता कीजिये कि पहले पाइप को कब बंद कर देना चाहिये ताकि हौज 16 घंटे में पूरा भर जाये।

A. 12 घंटे बाद B. 8 घंटे बाद
C. 28 घंटे बाद D. कोई नहीं

**34.** दो नल एक हौज को क्रमशः 8 घंटे व 12 घंटे में भर सकते हैं। एक तीसरा नल इसको 3 घंटे में खाली कर सकता है। अगर तीनों नल एक साथ खोल दिये जायें, तो हौज को खाली होने में कितना समय लगेगा?

A. 7 घंटे B. 5 घंटे
C. 6 घंटे D. 8 घंटे

**35.** एक मजदूर 30 दिन के लिये इस शर्त पर रखा गया कि जिस दिन वह काम करेगा उस दिन उसको ₹ 15 मजदूरी मिलेगी और जिस दिन वह काम नहीं करेगा उस दिन उसे दैनिक मजदूरी का 40% का जुर्माना भरना होगा। यदि अन्त में उसे ₹ 345 मिले, तो बताइये वह कितने दिन उपस्थित रहा?

A. 20 दिन B. 25 दिन
C. 30 दिन D. 35 दिन

**36.** दो पाइप A व B एक टंकी को भरने में क्रमशः 24 और 30 मिनट लेते हैं। दोनों नल खुले हुए हैं, परन्तु 8 मिनट बाद पहला नल बन्द कर दिया जाता है। टंकी को भरने में दूसरा पाइप कितना समय लेगा?

A. 10 मिनट B. 12 मिनट
C. 15 मिनट D. 20 मिनट

**37.** दो नल एक हौज को क्रमशः 6 व 7 मिनट में भरते हैं। यदि दोनों नल बारी-बारी से एक-एक मिनट के लिये खोले जायें, तो हौज को भरने में कितना समय लगेगा?

A. $6\frac{3}{7}$ मिनट B. $6\frac{4}{7}$ मिनट
C. $6\frac{5}{7}$ मिनट D. $6\frac{6}{7}$ मिनट

**38.** दो नल A और B एक हौज को क्रमशः 30 मिनट व 40 मिनट में भर सकते हैं। तीसरा नल C हौज से 15 लीटर प्रति मिनट की दर से पानी बाहर निकालता है। यदि तीनों नल एक साथ खोले जायें और हौज 30 मिनट में भर जाये, तो बताइये कि हौज में कितना पानी आता है?

A. 400 लीटर B. 500 लीटर
C. 600 लीटर D. 1000 लीटर

**39.** तीन नल A, B व C एक हौज को क्रमशः 20 मिनट, 30 मिनट और 40 मिनट में भर सकते हैं। तीनों नल एक साथ खोल दिये जायें, तो बताइये दूसरा नल कितने समय बाद बन्द कर दिया जाये कि हौज 10 मिनट में पूरा भर जाये?

A. 7 मिनट B. $7\frac{1}{2}$ मिनट
C. 8 मिनट D. 9 मिनट

**40.** एक टंकी एक बहाव के कारण 8 घंटे में खाली होती है। एक नल को खोलने पर प्रति मिनट 6 लीटर पानी भरता है और टंकी तब 12 घंटे में खाली होती है। टंकी में पानी की क्षमता ज्ञात करो?

A. 8500 लीटर B. 8640 लीटर
C. 7540 लीटर D. 7960 लीटर

## उत्तरमाला

| 1 | 2 | 3 | 4 | 5 | 6 | 7 | 8 | 9 | 10 |
|---|---|---|---|---|---|---|---|---|---|
| B | C | B | B | B | D | D | A | C | B |
| **11** | **12** | **13** | **14** | **15** | **16** | **17** | **18** | **19** | **20** |
| A | B | A | B | B | C | C | B | A | B |
| **21** | **22** | **23** | **24** | **25** | **26** | **27** | **28** | **29** | **30** |
| A | A | D | C | B | B | D | B | D | C |
| **31** | **32** | **33** | **34** | **35** | **36** | **37** | **38** | **39** | **40** |
| C | B | A | D | B | B | A | C | B | B |

## कुछ चुने हुए प्रश्नों के व्याख्यात्मक उत्तर

**3.** 1 आदमी का प्रतिदिन का कार्य $= \frac{1}{38\times 3}$

1 औरत का प्रतिदिन का कार्य $= \frac{1}{38\times 5}$

1 लड़के का प्रतिदिन का कार्य $= \frac{1}{38\times 8}$

(6 आदमियों + 10 औरतें + 6 लड़कों) का प्रतिदिन का कार्य

$= \left[6\times\frac{1}{38\times 3}+10\times\frac{1}{38\times 5}+6\times\frac{1}{38\times 8}\right]$

$= \frac{1}{38}\left[2+2+\frac{3}{4}\right] = \frac{1}{38}\times\frac{19}{4} = \frac{1}{8}$ भाग

अर्थात सभी को कार्य समाप्त करने में समय लगेगा = 8 दिन

**15.** दोनों का एक दिन का कार्य $= \frac{1}{18}+\frac{1}{24} = \frac{4+3}{72} = \frac{7}{72}$

दोनों का 8 दिन का काम $= 8\times\frac{7}{72} = \frac{7}{9}$ भाग

$\therefore$ शेष काम $= \left(1-\frac{7}{9}\right) = \frac{2}{9}$ भाग

$\because$ B 1 काम करता है = 24 दिन में

$\therefore$ B 2/9 काम करता है $= 24\times\frac{2}{9} = \frac{16}{3} = 5\frac{1}{3}$ दिन

**19.** A का प्रतिदिन का कार्य $= \frac{1}{6}$

B का प्रतिदिन का कार्य $= \frac{1}{8}$

माना C का प्रतिदिन का कार्य $= \frac{1}{C}$

प्रश्नानुसार $\left(\frac{1}{6}+\frac{1}{8}+\frac{1}{C}\right)\times 3 = 1$

$$\frac{1}{C} = \frac{1}{3}-\left(\frac{1}{6}+\frac{1}{8}\right)$$

$$\frac{1}{C} = \frac{8-4-3}{24} = \frac{1}{24}$$

$\because$ तीनों ही तीन दिन कार्य करते हैं अतः मजदूरी उनको प्रतिदिन के कार्य के अनुपात में बांटी जायेगी।

$\therefore A : B : C = \frac{1}{6}:\frac{1}{8}:\frac{1}{24} = 4 : 3 : 1$

C का हिस्सा $= \frac{1}{(4+3+1)}\times 200 = \frac{200}{8} =$ ₹ 25

**22.** माना व्यक्ति का प्रतिदिन का कार्य M व एक लड़के का प्रतिदिन का कार्य B है, तो

प्रश्नानुसार $2M + 3B = \frac{1}{8}$ ...(*i*)

$3M + 2B = \frac{1}{7}$ ...(*ii*)

(*i*) × 3 $6M + 9B = \frac{3}{8}$ ...(*iii*)

(*ii*) × 2 $6M + 4B = \frac{2}{7}$ ...(*iv*)

(*iii*) में से (*iv*) घटाने पर

$$5B = \frac{3}{8}-\frac{2}{7} = \frac{21-16}{56} = \frac{5}{56}$$

$$B = \frac{1}{56}$$

B का मान (*i*) में रखने पर $2M+3\times\frac{1}{56} = \frac{1}{8}$

$$2M = \frac{1}{8}-\frac{3}{56} = \frac{4}{56}$$

$$M = \frac{2}{56} = \frac{1}{28}$$

प्रश्नानुसार $M : B = \frac{1}{28}:\frac{1}{56} = 2 : 1$

अर्थात् एक व्यक्ति को एक लड़के से दुगुनी मजदूरी मिलेगी। एक लड़के को ₹ 3 मिलने पर एक व्यक्ति को ₹ 6 मिलेगा।

**31.** माना तीसरा नल हौज को C मिनट में खाली कर सकता है, तो

प्रश्नानुसार $\left(\frac{1}{10}+\frac{1}{12}\right)-\frac{1}{C} = \frac{1}{15/2}$

$$\frac{1}{C}=\frac{1}{10}+\frac{1}{12}-\frac{2}{15}$$

$$\frac{12+10-16}{120}=\frac{6}{120}=\frac{1}{20}$$

$$C = 20$$

अर्थात् तीसरा नल भरे हौज को 20 मिनट में खाली करेगा।

$\because$ 1 मिनट में पानी बाहर निकलता है = 5 लीटर

$\therefore$ 20 मिनट में पानी बाहर निकलता है = $5 \times 20$

= 100 लीटर

अर्थात् हौज की क्षमता 100 लीटर है।

**32.** A के हौज भरने की प्रति घण्टा क्षमता = $\frac{1}{4}$ भाग

B के हौज भरने की प्रति घण्टा क्षमता = $\frac{1}{5}$ भाग

C के हौज खाली करने की प्रति घण्टा क्षमता = $\frac{1}{2}$ भाग

1 से दो बजे तक पाइप A द्वारा हौज भरेगा = $\frac{1}{4}$ भाग

2 से 3 बजे तक पाइप (A+ B) द्वारा हौज भरेगा

$$= \frac{1}{4}+\frac{1}{5}=\frac{5+4}{20}=\frac{9}{20} \text{ भाग}$$

कुल हौज भरा = $\frac{1}{4}+\frac{9}{20}=\frac{5+9}{20}=\frac{14}{20}=\frac{7}{10}$ भाग

3 बजे के बाद तीनों नल खुले हैं।

$\therefore$ तीनों नल द्वारा प्रति घंटे में हौज भरेगा

$$= \frac{1}{4}+\frac{1}{5}-\frac{1}{2}=\frac{5+4-10}{20}=-\frac{1}{20} \text{ भरेगा}$$

अर्थात् 1 घंटे में हौज का $\frac{1}{20}$ भाग खाली रहेगा।

$\because \frac{1}{20}$ भाग खाली होता है = 1 घंटे में

$\therefore \frac{7}{10}$ भाग खाली होता है = $\frac{1}{1/20}\times\frac{7}{10}$

= 14 घंटे में

सुबह 3 बजे + 14 घंटे

(सुबह 3 बजे + 12 घंटे) + 2 घंटे

शाम 3 बजे + 2 घंटे

शाम 5 बजे

**33.** माना पाइप P को T घंटे बाद बन्द किया जा रहा है, तो प्रश्नानुसार

$$\left(\frac{1}{32}+\frac{1}{24}\right)\times T+\frac{1}{32}(16-T)=1$$

$$\frac{T}{32}+\frac{T}{24}+\frac{1}{2}-\frac{T}{32}=1 \text{ या } \frac{T}{24}=1-\frac{1}{2}=\frac{1}{2}$$

$$\frac{T}{24}=\frac{1}{2} \Rightarrow T = 12 \text{ घंटे}$$

**35.** माना वह $x$ दिन उपस्थित रहा, तो

प्रश्नानुसार, $15 \times x - (30 - x) \times 15 \times \frac{40}{100} = 345$

$$15x - 180 + 6x = 345$$

$$21x = 345 + 180$$

$$x = \frac{525}{21} = 25 \text{ दिन}$$

**37.** दो मिनट में दोनों नल द्वारा टंकी भरी जायेगी

$$= \left(\frac{1}{6}+\frac{1}{7}\right) \text{ भाग} = \frac{7+6}{42}=\frac{13}{42} \text{ भाग}$$

पहले 6 मिनट में दोनों नल द्वारा टंकी भरी जायेगी

$$= \frac{13}{42}\times 3=\frac{39}{42} \text{ भाग}$$

शेष भाग = $1-\frac{39}{42}=\frac{3}{42}=\frac{1}{14}$ भाग

अब टंकी पहले नल द्वारा भरी जायेगी।

$\because \frac{1}{6}$ भाग भरने में लगा समय = 1 मिनट

$\therefore \frac{1}{14}$ भाग भरने में लगा समय = $\frac{1}{1/6}\times\frac{1}{14}=\frac{3}{7}$ मिनट

अतः कुल लगा समय = $6+\frac{3}{7}=6\frac{3}{7}$ मिनट

**40.** टंकी बहाव द्वारा प्रति घंटे खाली होती है = $\frac{1}{8}$ भाग

जब दूसरा नल खुला हो, तो टंकी प्रति घण्टे खाली होती है = $\frac{1}{12}$ भाग

अर्थात् भरने वाले नल से टंकी प्रति घंटे भरी जाती है

$$= \frac{1}{8}-\frac{1}{12} = \frac{1}{24} \text{ भाग}$$

$\therefore$ नल द्वारा पूरी टंकी को भरने में लगा समय = 24 घंटे

$\because$ 1 मिनट में टंकी में पानी आता है = 6 लीटर

$\therefore$ 24 घण्टे = $24 \times 60$ मिनट में पानी आता है

$= 6 \times 24 \times 60 = 8640$ लीटर

# 14

# समय, चाल और दूरी
# (TIME, SPEED AND DISTANCE)

**नियम एवं प्रमुख सूत्र**

समय, चाल और दूरी से संबंधित प्रश्नों को हल करते समय निम्नलिखित सूत्र ध्यान में रखने चाहिए:

1. चाल = कुल दूरी ÷ समय
2. समय = कुल दूरी ÷ चाल
3. कुल दूरी = समय × चाल
4. यदि दो गाड़ियाँ एक ही दिशा में चल रही हों, तो उनकी सापेक्ष चाल, दोनों गाड़ियों की चाल के अन्तर के बराबर होती है।
5. यदि दो गाड़ियाँ विपरीत दिशा में चल रही हों, तो उनकी सापेक्ष गति, दोनों गाड़ियों की गतियों के योग के बराबर होती है।
6. धारा के बहने की दिशा में किसी नाव की चाल = नाव की स्थिर जल में चाल + नदी की चाल
7. धारा के बहने की विपरीत दिशा में किसी नाव की चाल = नाव की स्थिर जल में चाल − नदी की चाल।

## अभ्यास

1. यदि 100 मीटर लम्बी एक रेलगाड़ी जो 50 किमी प्रति घंटे की गति से चल रही है, एक दूसरी रेलगाड़ी को जो 120 मीटर लम्बी है तथा विपरीत दिशा में चल रही है, 6 सेकंड में पार कर जाती है, तो दूसरी रेलगाड़ी की गति क्या है?

   A. 40 किमी/घंटा  B. 82 किमी/घंटा
   C. 120 किमी/घंटा  D. 60 किमी/घंटा

2. यदि एक रेलगाड़ी 40 किमी॰ प्रति घंटा की चाल से चल रही है। एक आदमी भी उसी ओर रेल की पटरी के समान्तर 25 किमी/घंटा की चाल से जा रहा है। यदि रेलगाड़ी उस आदमी को 48 सेकंड में पार कर ले, तो रेलगाड़ी की लम्बाई क्या है?

   A. 200 मीटर  B. 50 मीटर
   C. 100 मीटर  D. 150 मीटर

3. एक रेलगाड़ी और एक मोटर एक स्थान से एक साथ रवाना हुईं। मोटर की रफ्तार 40 किमी/घंटा तथा रेलगाड़ी की रफ्तार 50 किमी/घंटा है। यदि अगला स्टेशन 100 किमी दूरी पर है, तो रेलगाड़ी मोटर से कितनी जल्दी पहुँचेगी?

   A. 33 मिनट  B. 50 मिनट
   C. 40 मिनट  D. 30 मिनट

4. यदि एक रेलगाड़ी की लम्बाई 150 मीटर है तथा वह एक खम्भे को 12 सेकेंड में पार कर जाती है, तो रेलगाड़ी की चाल किमी/घंटा में क्या है?

   A. 60 किमी/घंटा  B. 50 किमी/घंटा
   C. 45 किमी/घंटा  D. 75 किमी/घंटा

5. एक रेलगाड़ी आगरा से मथुरा के लिए 60 किमी॰/घंटा से चलती है और 45 मिनट में पहुँच जाती है। यदि लौटते समय उसकी चाल 10% कम हो जाती है, तो वह मथुरा से आगरा आने में कितना समय लेगी?

   A. 1 घंटा 10 मिनट  B. 50 मिनट
   C. 1 घंटा  D. 1 घंटा 20 मिनट

**6.** दो घुड़सवार दो अलग-अलग स्थानों पर से जो एक दूसरे से 30 किमी की दूरी पर हैं, एक-दूसरे की ओर चलते हैं। यदि उनकी गतियाँ क्रमशः 15 किमी/घण्टा और 12 किमी/घंटा हों, तो वे कितने समय के बाद मिलेंगे?

A. 2 घंटा 40 मिनट B. 1 घंटा

C. 45 मिनट D. 1 घंटा 6 मिनट 40 सेकंड

**7.** यदि 600 मीटर लम्बे एक प्लेटफार्म को पार करने में 30 मी./सेकंड से चलने वाली कोई रेलगाड़ी 30 सेकंड लेती है, तो गाड़ी की लम्बाई क्या है?

A. 120 मीटर B. 200 मीटर

C. 300 मीटर D. 150 मीटर

**8.** यदि 150 मीटर लंबी एक रेलगाड़ी जो 30 मी./सेकंड की चाल से चल रही है, किसी आदमी को जो विपरीत दिशा में 5 मी./सेकंड की चाल से चल रहा है, पार कर जाती है, तो पार करने में कितने सेकंड लगेंगे?

A. 3 B. $4\frac{2}{7}$

C. 4 D. 6

**9.** किसी गाड़ी का पहिया 1 सेकंड में 4 चक्कर लगाता है। यदि पहिए का व्यास 84 सेमी. हो, तो पहिए की चाल किमी/घंटा में क्या होगी? $\left(\pi = \frac{22}{7}\right)$

A. 38.016 B. 38.00

C. 31.16 D. 39

**10.** दो स्टेशन P व Q के बीच की दूरी 220 किमी. है। एक रेलगाड़ी P स्टेशन से Q की तरफ 80 किमी./घंटा की चाल से चलती है। यदि उसके आधा घण्टा बाद दूसरी रेलगाड़ी Q स्टेशन से P की ओर 100 किमी./घंटा की चाल से चलती है, तो दोनों रेलगाड़ी P स्टेशन से कितनी दूरी पर मिलेंगी?

A. 110 किमी. B. 80 किमी.

C. 120 किमी. D. 100 किमी.

**11.** 10 किमी./घण्टा की चाल से चलने वाला कोई साइकिल चालक 100 मीटर कितने सेकंड में चलेगा?

A. 25 B. 36

C. 40 D. 42

**12.** यदि 100 मीटर लम्बी एक रेलगाड़ी प्लेटफार्म पर खड़े एक आदमी को 10 सेकंड में पार कर लेती है, तो गाड़ी की चाल क्या है?

A. 38 किमी/घंटा B. 72 किमी/घंटा

C. 75 किमी/घंटा D. 36 किमी/घंटा

**13.** 1.2 किमी. लम्बी एक रेलगाड़ी 72 किमी./घण्टा की चाल से एक पुल के ऊपर से जा रही है। यदि पुल की लम्बाई 1.2 किमी. हो, तो पुल पार करने में कितना समय लगेगा?

A. 30 सेकंड B. 1 मिनट

C. 1 मिनट 30 सेकंड D. 2 मिनट

**14.** एक आदमी स्थिर जल में 3 किमी./घंटा की चाल से तैर सकता है। यदि धारा की चाल 2 किमी./घंटा हो, तो वह आदमी 6 किमी. धारा के विपरीत जाने और वापस आने में कितना समय लेगा?

A. 4 घंटे 12 मिनट B. 7 घंटे 12 मिनट

C. 6 घंटे 48 मिनट D. 6 घंटे

**15.** 4 किमी. प्रति घंटा की चाल से चलकर एक क्लर्क अपने दफ्तर 5 मिनट देर से पहुँचता है। यदि वह 5 किमी. प्रति घंटा की चाल से चलने लगे, तो 2.5 मिनट जल्दी पहुँचता है। घर से दफ्तर की दूरी क्या है?

A. 2 किमी. B. 3 किमी.

C. 4 किमी. D. 2.5 किमी.

**16.** एक मनुष्य अपनी वास्तविक चाल की तीन-चौथाई चाल से चलने पर अपने कार्यालय पहुंचने में वास्तविक समय से 20 मिनट अधिक लेता है। वह वास्तविक समय कितना लेता है?

A. 30 मिनट B. 60 मिनट

C. 75 मिनट D. 90 मिनट

**17.** एक रेलगाड़ी 86.4 किमी. प्रति घंटा की चाल से जा रही है। 10 मिनट में उसके द्वारा तय की गई दूरी होगी:

A. .014 किमी. B. 144 किमी.

C. 1.44 किमी. D. 14.4 किमी.

**18.** एक मनुष्य किसी स्थान तक 16 किमी. प्रति घंटे की चाल से जाता है और वह 28 किमी. प्रति घंटे की चाल से लौटता है। उसकी औसत चाल, किमी. प्रति घंटा होगी:

A. 32　　B. 56

C. $20\frac{4}{11}$　　D. 21

**19.** दो स्थान A और B एक-दूसरे से 22 किमी॰ दूर हैं। एक साइकिल चालक A से B की ओर 8 किमी॰ प्रति घंटे की चाल से रवाना होता है और दूसरा B से A की ओर 10 किमी/घंटे की चाल से आधा घण्टे बाद रवाना होता है। वे दोनों जिस स्थान पर मिलेंगे, वह स्थान A से दूर होगाः

A. 12 किमी॰　　B. 14 किमी॰

C. 16 किमी॰　　D. 18 किमी॰

**20.** तमिलनाडु एक्सप्रेस नई दिल्ली से चेन्नई तक के 33 घंटे लेती है और 12 घंटे वहीं रुकने के बाद उसी दिन वापस चलती है। यदि वह नई दिल्ली से सोमवार की रात को 11 बजे चलती है, तो वापस नई दिल्ली पहुँचने का दिन और समय होगाः

A. शुक्रवार, सायं 5 बजे

B. शुक्रवार, प्रातः 5 बजे

C. शुक्रवार, दोपहर 11 बजे

D. गुरुवार, सायं 5 बजे

**21.** एक व्यक्ति शहर A से शहर B तक 360 किमी॰ की दूरी इस प्रकार तय करता है कि यात्रा का एक तिहाई भाग 2 घंटे में तथा शेष यात्रा 40 किमी प्रति घंटे की चाल से पूरी करता है। सम्पूर्ण यात्रा में औसत चाल थीः

A. 45 किमी/घंटा　　B. 50 किमी॰/घंटा

C. 60 किमी॰/घंटा　　D. 40 किमी॰/घंटा

**22.** 36 किमी॰ प्रति घंटे की चाल से गतिशील 100 मीटर लंबी रेलगाड़ी कितने सेकंड में एक निश्चित टेलीग्राफ पोस्ट को पार कर लेगी?

A. 50　　B. 10

C. 20　　D. 15

**23.** दो रेलगाड़ियाँ कानपुर और दिल्ली से एक साथ रवाना होती हैं और एक-दूसरे की ओर चलती हैं। उनकी गति क्रमशः 16 किमी॰/घंटा तथा 21 किमी॰/घंटा है। जब वे मिलती हैं तब पता चलता है कि एक ने दूसरे से 60 किमी॰ अधिक दूरी तय की है। दोनों स्टेशनों के बीच की दूरी हैः

A. 445 किमी॰　　B. 444 किमी॰

C. 440 किमी॰　　D. 450 किमी॰

**24.** एक गाड़ी का पहिया एक सेकण्ड में 4 चक्कर लगाता है। यदि पहिये की व्यास 84 सेमी॰ हो, तो उसकी गति हैः

A. 39 किमी/घंटा　　B. 38.016 किमी॰/घंटा

C. 84 किमी॰/घण्टा　　D. 38.16 किमी॰/घंटा

**25.** एक रेलगाड़ी 60 किमी॰ की दूरी 45 मिनट में तय करती है। यदि इसकी गति 5 किमी॰/घंटा कम कर दी जाए, तो उसी दूरी को वह कितने समय में तय करेगी?

A. 50 मिनट　　B. 55 मिनट

C. 48 मिनट　　D. 52 मिनट

## उत्तरमाला

| 1 | 2 | 3 | 4 | 5 | 6 | 7 | 8 | 9 | 10 |
|---|---|---|---|---|---|---|---|---|---|
| B | A | D | C | B | D | C | B | A | C |
| **11** | **12** | **13** | **14** | **15** | **16** | **17** | **18** | **19** | **20** |
| B | D | D | B | D | B | D | C | A | B |
| **21** | **22** | **23** | **24** | **25** | | | | | |
| A | B | B | B | C | | | | | |

## कुछ चुने हुए प्रश्नों के व्याख्यात्मक उत्तर

**1.** माना दूसरी गाड़ी की गति $x$ किमी/घंटा है।

चूंकि दोनों गाड़ियां एक-दूसरे की विपरीत दिशा में चल रही हैं

$\therefore$ सापेक्ष चाल $= (50 + x)$ किमी॰/घंटा

दोनों गाड़ियों की लम्बाई $= 100 + 120 = 220$ मीटर

$= \frac{220}{1000}$ किमी॰

तथा पार करने में लगा समय 6 सेकंड $= \frac{6}{3600}$ घंटे

$$\therefore 50 + x = \frac{\frac{220}{1000}}{\frac{6}{3600}} = \frac{220 \times 3600}{6 \times 1000} = 132$$

$\therefore x = 132 - 50 = 82$ किमी॰/घंटा

**2.** चूंकि रेलगाड़ी और आदमी एक ही ओर जा रहे हैं।

$\therefore$ सापेक्ष चाल $= 40 - 25 = 15$ किमी॰/घंटा

$$\therefore \quad 15 = \frac{\text{गाड़ी की लम्बाई}}{\frac{48}{3600}\text{ घण्टे}}$$

$\therefore$ गाड़ी की लम्बाई $= 15 \times \frac{48}{3600}$ किमी॰

$= \frac{15 \times 48 \times 1000}{3600}$ मीटर

$= 200$ मीटर

**5.** लौटते समय गाड़ी की चाल $= \frac{90}{100} \times 60$

$= 54$ किमी॰/घंटा

60 किमी॰/घंटा से समय लगता है $\frac{3}{4}$ घंटा

$\therefore$ 1 किमी॰/घंटा से समय लगता है $= \frac{3}{4} \times 60$

$\therefore$ 54 किमी॰/घंटा से समय लगता है

$= \frac{3}{4} \times \frac{60}{54} = \frac{5}{6}$ घंटा $= 50$ मिनट

**7.** चाल = कुल दूरी / समय

$\therefore$ 30 = कुल दूरी / 30

$\therefore$ कुल दूरी $= 30 \times 30 = 900$ मीटर

**8.** सापेक्ष चाल $= 30 + 5 = 35$ मी॰/से॰

$\therefore$ पार करने में लगा समय $= \frac{150}{35} = 4\frac{2}{7}$ सेकंड

**9.** पहिए की परिधि $= \frac{22}{7} \times 84 = 264$ सेमी॰

$\therefore$ 1 सेकंड में चली हुई दूरी $= 4 \times 264 = 1056$ सेमी॰

$\therefore$ चाल किमी॰/घंटा में $= \frac{1056}{100 \times 1000} \times \frac{60 \times 60}{1}$

$= 38.016$

**16.** नई चाल = वास्तविक चाल का $\frac{3}{4}$

$\therefore$ नया समय जो लिया गया = वास्तविक समय का $\frac{4}{3}$

वास्तविक समय का $\frac{4}{3}$ − वास्तविक समय = 20 मिनट

$\therefore$ वास्तविक समय $\left(\frac{4}{3} - 1\right) = 20$

$\therefore$ वास्तविक समय $= 20 \times \frac{3}{1} = 60$ मिनट

**19.** प्रथम साइकिल द्वारा A स्थान से आधा घण्टे में तय की गई दूरी $= \frac{1}{2} \times 8 = 4$ किमी॰

$\therefore$ A और B के मध्य बची दूरी $= 22 - 4 = 18$ किमी॰

दोनों की सापेक्ष चाल $= 8 + 10 = 18$ किमी॰/घंटा

समय = दूरी / चाल $= \frac{18}{18} = 1$ घंटा

**23.** माना कानपुर से चलने वाली गाड़ी ने $x$ किमी॰ व दिल्ली से चलने वाली गाड़ी ने $(x + 60)$ किमी॰ की दूरी तय की।

दोनों ने क्रमशः समय लिया $\frac{x}{16}$ घंटा और $\frac{x+60}{21}$ घंटा

प्रश्नानुसार, $\frac{x}{16} = \frac{x+60}{21}$

या $21x = 16x + 960$ या $x = 192$

अतः कुल दूरी $192 + 192 + 60 = 444$ किमी॰

**25.** दूरी = 60 किमी॰, समय 45 मिनट $= \frac{3}{4}$ घंटा

$\therefore$ चाल $= \frac{60 \times 4}{3} = 80$ किमी॰/प्रति घंटा

5 किमी॰/घंटा, कम होने पर चाल = 75 किमी॰/घंटा

$\therefore$ समय $= \frac{60}{75} = \frac{4}{5}$ घंटा $= 48$ मिनट

# 15

# क्षेत्रफल
# (AREA)

## वर्ग, आयत, त्रिभुज, चतुर्भुज, वृत्त

किसी द्विविमीय आवृत्ति द्वारा जितना स्थान घेरा जाता है वह उसका क्षेत्रफल कहलाता है। क्षेत्रफल की इकाई वर्ग इकाई है।

**क्षेत्रफल से संबंधित प्रमुख सूत्र**

1. आयत का क्षेत्रफल = लम्बाई × चौड़ाई
2. वर्ग का क्षेत्रफल = $(\text{भुजा})^2 = \frac{1}{2}(\text{विकर्ण})^2$
3. आयत का परिमाप = 2(लम्बाई + चौड़ाई)
4. वर्ग का परिमाप = 4 × भुजा
5. त्रिभुज का क्षेत्रफल = $\frac{1}{2}$ × आधार × ऊँचाई
6. कमरे की चारदीवारी का क्षेत्रफल = 2 × ऊँचाई (लम्बाई + चौड़ाई)
7. समबाहु त्रिभुज का क्षेत्रफल = $\frac{\sqrt{3}}{4}(\text{भुजा})^2$
8. त्रिभुज का क्षेत्रफल जिसकी तीनों भुजाएं क्रमशः $a, b, c$ हों
   $= \sqrt{s(s-a)(s-b)(s-c)}$
   जहाँ $s = \frac{a+b+c}{2}$
9. समान्तर चतुर्भुज का क्षेत्रफल = आधार × ऊँचाई
10. समचतुर्भुज का क्षेत्रफल = $\frac{1}{2}$ × विकर्णों का गुणनफल
11. समलम्ब चतुर्भुज का क्षेत्रफल = $\frac{1}{2}$ × समान्तर भुजाओं का योग × समान्तर भुजाओं के बीच लम्बवत् दूरी
12. वृत्त का क्षेत्रफल = $\pi r^2$ जहाँ $r$ वृत्त की त्रिज्या है
13. त्रिज्या खण्ड का क्षेत्रफल = $\frac{\theta \times \pi r^2}{360^\circ}$
    जहाँ $\theta$ त्रिज्या खण्ड द्वारा केन्द्र पर आन्तरिक कोण (डिग्री में) है।
14. वृत्त की परिधि = $2\pi r$
15. किसी समकोण त्रिभुज में पाइथोगोरस प्रमेय से
    $(\text{कर्ण})^2 = (\text{लम्ब})^2 + (\text{आधार})^2$
    जहाँ कर्ण समकोण के सामने की भुजा व लम्ब व आधार समकोण की आसन्न भुजाएं हैं।
    अथवा
    $(\text{लम्ब})^2 = (\text{कर्ण})^2 - (\text{आधार})^2$

## अभ्यास

**1.** एक समकोण त्रिभुज की समकोण वाली भुजाओं का अनुपात 1 : 2 है, और त्रिभुज का क्षेत्रफल 36 वर्ग इकाई है। त्रिभुज के कर्ण की लम्बाई है:

A. 3 इकाई B. $\sqrt{3}$ इकाई

C. $\sqrt{5}$ इकाई D. $6\sqrt{5}$ इकाई

**2.** यदि एक वृत्त का क्षेत्रफल पूर्ण संख्या (Whole Number) है, तो निम्न में से उसकी त्रिज्या है:

A. 4 B. $4\pi$

C. $\frac{2}{\pi}$ D. $\frac{2}{\sqrt{\pi}}$

**3.** साथ में दिए गए वृत्त की त्रिज्या 5 सेमी॰ है। छायांकित भाग का क्षेत्रफल कितने वर्ग सेमी॰ है?

40° 30°

A. $\frac{37}{36}\pi^2$ B. $\frac{175}{36}\pi$

C. $\frac{125}{28}\pi$ D. $\frac{75}{18}\pi^2$

**4.** यदि किसी समबाहु त्रिभुज की एक भुजा पूर्ण संख्या (Whole Number) है, तो निम्नलिखित में से कौनसा क्षेत्रफल हो सकता है?

A. 6 B. $\frac{25\sqrt{3}}{4}$

C. $2\sqrt{2}$ D. $8\sqrt{3}$

**5.** 5.3 सेमी॰ भुजा वाले वर्ग का क्षेत्रफल कितना कम हो जाएगा, यदि उसकी भुजा 3 सेमी छोटी हो जाए?

A. 2.3 वर्ग मीटर B. 12.8 वर्ग मीटर

C. 22.8 वर्ग मीटर D. 2.28 वर्ग मीटर

**6.** एक वर्ग का विकर्ण 6 इंच लंबा है। उसका क्षेत्रफल कितने वर्ग इंच होगा?

A. 9 B. 12

C. 18 D. 36

**7.** यदि किसी वृत्त की त्रिज्या दुगुनी कर दी जाए, तो उसके क्षेत्रफल में परिवर्तन होगा:

A. आठ गुना बड़ा B. चार गुना बड़ा

C. दुगुना बड़ा D. उतना ही रहेगा

**8.** यदि एक समद्विबाहु त्रिभुज का आधार '$a$' है और उसकी समान भुजाएँ प्रत्येक $b$ है, तो उसका क्षेत्रफल होगा:

A. $\frac{a}{4}\sqrt{4b^2-a^2}$ B. $\frac{a}{4}\sqrt{4b^2+a^2}$

C. $\frac{a}{4}\div\sqrt{4b^2+a^2}$ D. $\frac{a}{4}\sqrt{b^2-4a^2}$

**9.** 7 सेमी॰ त्रिज्या वाले वृत्त की परिधि है:

A. 96 सेमी॰ B. 48 सेमी॰

C. 140 सेमी॰ D. 44 सेमी॰

**10.** एक समान्तर चतुर्भुज का आधार और ऊँचाई क्रमश: 12 सेमी व 8 सेमी है। इसका क्षेत्रफल है:

A. 96 वर्ग सेमी B. 48 वर्ग सेमी॰

C. 140 वर्ग सेमी॰ D. 192 वर्ग सेमी

**11.** एक 10 मीटर लम्बे व 5 मीटर चौड़े बरामदे में 10 सेमी॰ भुजा वाली कितनी टाइलें लगेंगी?

A. 10,000 B. 1

C. 2,500 D. 5,000

**12.** 21 मीटर त्रिज्या के वृत्ताकार बगीचे के चारों ओर 2 किमी/घंटे की चाल से एक चक्कर लगाने में कितना समय लगेगा?

A. 132 घंटे B. .132 घंटे

C. 500/33 घंटे D. .066 घंटे

**13.** 10 सेमी॰ भुजा वाले दो वर्गों का कुल क्षेत्रफल एक बड़े वर्ग के क्षेत्रफल के बराबर है। बड़े वर्ग की भुजा होगी:

A. $10\sqrt{2}$ सेमी॰ B. 10 सेमी॰

C. 20 सेमी॰ D. 50 सेमी॰

**14.** एक कमरे की लम्बाई, चौड़ाई की डेढ़ गुनी है। यदि कमरे का क्षेत्रफल 121.5 वर्ग फुट है। कमरे की लम्बाई है :

A. 9 फुट B. 13.5 फुट

C. 11.5 फुट D. 11.25 फुट

**15.** एक कमरे की चारों दीवारों का क्षेत्रफल 200 वर्गमीटर है। यदि कमरे की लम्बाई 12 मीटर और चौड़ाई 8 मीटर हो, तो उसकी ऊँचाई होगी:

A. 5 मीटर B. 10 मीटर

C. 7.5 मीटर D. 20 मीटर

**16.** 12 मीटर × 10 मीटर नाप के एक बगीचे में लम्बाई के समान्तर 3 मीटर चौड़ा और चौड़ाई के समान्तर 2 मीटर चौड़ा मार्ग बना हुआ है। मार्गों का कुल क्षेत्रफल है:

A. 56 वर्ग मीटर B. 50 वर्ग मीटर

C. 51 वर्ग मीटर D. 48 वर्ग मीटर

**17.** एक त्रिभुज की तीनों भुजाएँ क्रमशः 6 सेमी., 8 सेमी. व 10 सेमी. हैं। त्रिभुज का क्षेत्रफल वर्ग सेमी. में होगा:

A. 36 वर्ग सेमी. B. 24 वर्ग सेमी.

C. 48 वर्ग सेमी. D. 72 वर्ग सेमी.

**18.** एक वृत्त के अन्दर बड़े से बड़े आकार का एक वर्ग खींचा गया है। यदि वर्ग का क्षेत्रफल 98 वर्ग सेमी. हो, तो वृत्त का क्षेत्रफल होगा:

A. 98 वर्ग सेमी. B. 196 वर्ग सेमी.

C. 154 वर्ग सेमी. D. 88 वर्ग सेमी.

**19.** एक समलम्ब चतुर्भुज की समान्तर भुजाएँ क्रमशः 12 डेसीमीटर व 10 डेसीमीटर हैं तथा उनके बीच की दूरी 6 डेसीमीटर है। उनका क्षेत्रफल होगा:

A. 66 वर्ग सेमी.

B. 66 वर्ग डेसीमीटर

C. 132 वर्ग डेसीमीटर

D. 66 वर्ग मीटर

**20.** दो वृत्तों के व्यास क्रमशः 10 सेमी. और 8 सेमी. हैं; उनके क्षेत्रफलों का अनुपात होगा:

A. 5 : 4 B. 25 : 16

C. 4 : 5 D. 16 : 25

**21.** एक ही केंद्र से दो वृत्त खींचे गए हैं, जिनकी त्रिज्याएं क्रमशः 4 सेमी. व 3 सेमी. हैं। दोनों वृत्तों के बीच के भाग का क्षेत्रफल होगा:

A. $\frac{550}{7}$ वर्ग सेमी B. 44 वर्ग सेमी.

C. $\frac{22}{7}$ वर्ग सेमी D. 22 वर्ग सेमी.

**22.** एक वृक्ष का तना इस प्रकार टूटा कि यह बिल्कुल अलग नहीं हुआ। यदि उसका ऊपरी सिरा वृक्ष के तल से 8 मीटर दूर जमीन को स्पर्श कर रहा है और टूटे हुए उस भाग की लम्बाई 10 मीटर हो, तो वृक्ष की पूरी ऊँचाई है:

A. 14 मीटर B. 18 मीटर

C. 16 मीटर D. 24 मीटर

**23.** एक समान्तर चतुर्भुज का क्षेत्रफल 75 वर्ग सेमी. तथा ऊँचाई 5 सेमी. है। इसी आधार पर स्थित दुगुने क्षेत्रफल वाले आयत का परिमाप होगा:

A. 15 सेमी. B. 50 सेमी.

C. 25 सेमी. D. 30 सेमी.

**24.** 20 मीटर लम्बा और 15 मीटर चौड़ा एक हॉल है। इसके फर्श पर 75 सेमी. चौड़ाई की दरी पट्टी बिछाई गई है। दरी पट्टी की लम्बाई होगी:

A. 4 मीटर B. 40,000 मीटर

C. 400 मीटर D. 4,000 मीटर

**25.** एक विद्यालय के सभा भवन में 80 सेमी. भुजा के वर्गाकार 100 चौके लगे हैं। सभा भवन की लम्बाई 10 मीटर हो, तो चौड़ाई होगी:

A. 64 मीटर B. 80 मीटर

C. 640 मीटर D. 6.4 मीटर

## उत्तरमाला

| 1 | 2 | 3 | 4 | 5 | 6 | 7 | 8 | 9 | 10 |
|---|---|---|---|---|---|---|---|---|---|
| D | D | B | B | C | C | B | A | D | B |
| **11** | **12** | **13** | **14** | **15** | **16** | **17** | **18** | **19** | **20** |
| D | D | A | B | A | B | B | C | B | B |
| **21** | **22** | **23** | **24** | **25** | | | | | |
| D | C | B | C | D | | | | | |

## कुछ चुने हुए प्रश्नों के व्याख्यात्मक उत्तर

**1.** माना दो भुजाएँ $x$ व $2x$ हैं।

$\frac{1}{2} \times x \times 2x = 36$ या $x^2 = 36$ या $x = 6$

$\therefore$ दो भुजाएँ 6 व 12 हैं।

कर्ण $= \sqrt{6^2 + 12^2} = \sqrt{36 + 144} = \sqrt{180} = 6\sqrt{5}$

**4.** माना भुजा $= x$

$\therefore$ समबाहु त्रिभुज का क्षेत्रफल $= \frac{\sqrt{3}}{4}x^2 = \frac{25\sqrt{3}}{4}$

$\therefore \quad x = \sqrt{25} = 5$ अर्थात् भुजा $= 5$

यहाँ विकल्प B से ही भुजा पूर्ण संख्या आती है।

**8.** त्रिभुज की तीनों भुजाएं $a, b, c$ हैं।

$\therefore s = \frac{a+b+c}{2} = \frac{a+2b}{2}$, यहाँ $b = c$ है।

त्रिभुज का क्षेत्रफल $= \sqrt{s(s-a)(s-b)(s-c)}$

$$= \sqrt{\frac{a+2b}{2}\left(\frac{a+2b}{2} - a\right)\left(\frac{a+2b}{2} - b\right)\left(\frac{a+2b}{2} - b\right)}$$

$$= \sqrt{\frac{a+2b}{2}\left(\frac{2b-a}{2}\right)\left(\frac{a}{2}\right)\left(\frac{a}{2}\right)}$$

$$= \sqrt{\frac{a^2}{16}\left(4b^2 - a^2\right)}$$

$$= \frac{a}{4}\sqrt{4b^2 - a^2}$$

**12.** परिधि $= 2\pi r = 2 \times \frac{22}{7} \times 21$

$= 132$ मीटर $= 0.132$ किमी॰

चाल $= 2$ किमी॰/घंटा

समय $= \frac{\text{दूरी}}{\text{चाल}} = \frac{0.132}{2} = 0.066$ घंटे

**15.** कमरे की ऊँचाई $= \frac{\text{चारों दीवारों का क्षेत्रफल}}{2(\text{लम्बाई} + \text{चौड़ाई})}$

$= \frac{200}{2(12+8)} = 5$ मीटर

**18.** $\because$ वर्ग का क्षेत्रफल $= \frac{1}{2} \times (\text{विकर्ण})^2 = 98$

$\therefore \quad (\text{विकर्ण})^2 = 98 \times 2 = 196$

$\therefore \quad$ विकर्ण $= \sqrt{196}$

$= 14$ सेमी॰

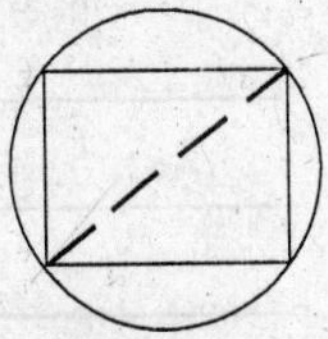

$\therefore \quad$ वृत्त का व्यास $= 14$ सेमी॰

त्रिज्या $= 7$ सेमी॰

वृत्त का क्षेत्रफल $= \frac{22}{7} \times (7)^2$

$= 154$ वर्ग सेमी॰

**23.** समान्तर चतुर्भुज का आधार $= \frac{\text{क्षेत्रफल}}{\text{ऊंचाई}}$

$= \frac{75}{5} = 15$ सेमी॰

आयत का क्षेत्रफल $= 2 \times 75 = 150$ वर्ग सेमी॰

$\therefore$ आयत की ऊँचाई $= \frac{150}{15} = 10$ सेमी॰

आयत का परिमाप $= 2(15 + 10)$

$= 2 \times 25 = 50$ सेमी॰

**25.** एक चौके का क्षेत्रफल $= .80 \times .80 = .64$ वर्ग मीटर

$\therefore$ 100 चौकों का क्षेत्रफल $= .64 \times 100$

$= 64$ वर्गमीटर

अर्थात् सभा भवन का क्षेत्रफल $= 64$ वर्गमीटर

लम्बाई $= 10$ मीटर

$\therefore$ चौड़ाई $= \frac{64}{10} = 6.4$ मीटर

YOUR SPACE

# ENGLISH LANGUAGE

# 1. Comprehension Passages

## ENGLISH LANGUAGE COMPREHENSION

The objective of language comprehension test is to ascertain the ability of the candidates to understand the passage properly. Therefore candidates are required to take notice of the following points:

1. Read the full passage very attentively and intelligently.
2. Try to comprehend the gist of it.
3. Make a mental note of all the important details and points given in the passage.
4. Read the passage for the second time in case you have not been able to understand it satisfactorily.
5. Divide the time proportionately for all the passages.
6. Answer the questions on the basis of facts, as given in the paragraph.
7. Don't waste much time in answering the questions of any one passage.
8. Check all the answers once again, very carefully, to see whether any question is left unanswered by mistake.

## MODEL QUESTIONS (FOR PRACTICE)

**Directions:** *Each of the following passages is followed by five questions. Read the passage carefully and then answer the questions that follow each. For each question, four probable answers A, B, C and D are given. Only one out of these is correct. Choose the correct answer.*

### PASSAGE-1

The use of words like 'welcome', 'thank you', 'please', etc., at the right moment reflects a polite nature. The civic sense also lies within the scope of good manners. We should not shout or talk loudly in public places like hospitals and libraries and create disturbance. We should not cheat people or make fun of them. Cleanliness is also necessary. We must not throw the waste on roads and make use of dustbins. We should not harm the public property as it belongs to all of us. While in a queue, discipline should be maintained. We must give fair chance to others.

1. Expressions like 'welcome' 'thank you' and 'please' reflect
   A. happiness B. discipline
   C. civic sense D. polite nature
2. While in a library, we should
   A. respect others B. avoid arguments
   C. talk in low tone D. be courteous
3. A public property belongs to
   A. nobody
   B. all of us
   C. government
   D. one who maintains it

4. Discipline is
   A. the rule of proper conduct or action
   B. the rule of road sense
   C. making use of dustbins
   D. forming a queue
5. The most appropriate title for this passage would be
   A. Polite Nature
   B. Courtesy
   C. Good Manners
   D. Civic Sense

## PASSAGE-2

There is an old proverb 'Early to bed and early to rise makes a man healthy and wise.' I am in the habit of getting up early in the morning and have formed the habit of taking long morning walks in the past two years. It is a light exercise and best for physical fitness. The morning air which is fresh and pure is beneficial for the lungs. The early rays of the rising sun are good for healthy skin. 'Health is wealth' and doctors also recommend morning walk to their patients for gaining sound health and freshness of energy.

1. What is good for lungs?
   A. Sunrays B. Fresh air
   C. Sound sleep D. Light exercise
2. What is a light exercise?
   A. Early to bed
   B. Early to rise
   C. Morning walk
   D. Gaining sound health
3. What is good for skin?
   A. Fresh air
   B. Morning air
   C. Morning walk
   D. Rising sun's rays
4. What is best for physical fitness?
   A. Light exercise
   B. Long morning walk
   C. Early to rise
   D. Fresh and pure air
5. Long morning walk
   A. bring sound sleep
   B. ensures physical fitness
   C. ensures healthy skin
   D. keeps healthy, wealthy and wise

## PASSAGE-3

Mahatma Gandhi lived a splendid long life and has set great moral standards before us. He showed to the world the true way to peace. He wished to see India prosper but he became a martyr for the noble cause of Hindu-Muslim unity at the time of partition when a religious fanatic, Nathuram Godse, shot him dead on January 30, 1948. His last words were 'Hey Ram'. He lived and died for his country and countryman.

1. Mahatma Gandhi showed the world the true way to
   A. prosperity B. love
   C. truth D. peace
2. Mahatma Gandhi became a martyr for the noble cause of
   A. truth
   B. non-violence
   C. freedom of India
   D. Hindu-Muslim unity
3. Mahatma Gandhi was shot dead
   A. before India achieved independence
   B. by a mad man
   C. by an intolerant religious person
   D. by a non-religious person
4. Mahatma Gandhi set great moral standards. It means
   A. he was a great religious teacher
   B. he was a great moralist
   C. he made India morally stronger
   D. moral was everything to him
5. Gandhiji lived and died for his country and countryman. It means
   A. he was born in India and died in India
   B. he was a patriot
   C. he was a great moralist
   D. he sacrified his life for India and her people

## PASSAGE-4

On one hot day a crow felt very thirsty. He flew from one place to another in search of water. After long hours of labour he found a pitcher. Eagerly, he perched on the mouth of the pitcher. He found that the water was at the bottom of the vessel. He tried his best to dip his beak but did not succeed. He did not know what to do. Suddenly some pebbles lying nearby gave him an idea. One by one he dropped the pebbles with his beak into the pitcher. The level of water slowly came up to the mouth of the pitcher. The crow then drank the water and quenched his thirst.

**1.** The crow found a pitcher
A. as it flew
B. after many hours of labour
C. full of water
D. which was empty

**2.** What is the moral of the passage?
A. No pains, no gains
B. God helps those who help themselves
C. Necessity is the mother of invention
D. Try and try again, you will succeed at last

**3.** The crow flew from place to place
A. in search of pitcher
B. in search of pebbles
C. in search of water
D. in search of a vessel

**4.** The pitcher, the crow found
A. was full of water
B. was dry
C. had little water in the bottom
D. had water up to its mouth

**5.** As the crow dropped pebbles into the pitcher, what happend?
A. The pitcher broke down
B. The water leaked one of the pitcher
C. The level of water into the pitcher rose up slowly
D. Water level immediately rose to the mouth of the pitcher

## PASSAGE-5

Once upon a time a crane and a fox lived in a forest. They were good friend. One day the fox invited the crane to a feast. He made a tasty food and served it before the crane on a plate. The crane could not eat anything because of the long beak. But the fox licked all his food. The crane felt insulted. He decided to teach the fox a lesson. Next day he invited the fox. He prepared the same tasty food and placed it in front of the fox inside a narrow glass. The crane ate easily while the fox looked on. Now, it was the fox's turn to remain hungry.

**1.** What is the moral of the passage?
A. Beware of the wicked
B. One good turn deserves another
C. Be contented with what you have
D. Tit for tat

**2.** The crane could not eat tasty food because the
A. food was served in a shallow plate
B. food was very hot
C. food was served in a long jar
D. crane was not hungry

**3.** The fox had to remain hungry because
A. the food served was not enough in quantity
B. the food was served inside a narrow glass
C. the food served was not tasty
D. the food was all liquid

**4.** Why did the crane feel insulted?
A. Because he was invited to feast but he could not eat anything
B. Because the food was served in a shallow plate and he could not eat
C. Because the food was too hot
D. Because the fox gulped all the food quickly

**5.** The crane successfully taught a lesson to the fox when he invited the fox to a feast and served the food
A. in a narrow glass
B. in a large plate
C. in a broken plate
D. in a long jar

## PASSAGE-6

The family set down at the table and began to talk about the summer holidays. They had to decide a place to visit during the vacation. Should they go to their village or to a hill station? The parents preferred the village while the children wished to go the hill station. After few moments of discussion the elders decided to visit both the places. First they shall go to the village for a week and then stay at the hill station for the remaining days. For the first time the family shall be together during the holidays. The children were happy with the holiday plan.

**1.** The purpose for which the family set down at the table was
A. to decide a place to visit during the vacation
B. to educate the children how to carry articles during a visit to a hill station
C. to decide the date when they should start their journey
D. to tell the children that they will visit a hill station during this vacation

**2.** The final plan was to visit
A. their village
B. a hill station
C. their village as well as a hill station
D. their home town

**3.** The final decision was made by
A. the boys B. the girls
C. the women D. the elders

**4.** They decided first to go to their village and stay there for
A. a day B. a week
C. ten days D. a fortnight

**5.** Why were children happy?
A. Because a hill station was included in their holiday plan
B. Because a visit to their village was excluded from their holiday plan
C. Because their choice prevailed
D. Because they were going all alone to the hill station

## PASSAGE-7

Once Govind intended to go on pilgrimage with his family. He asked Mirind to accompany. But for his trade's reason, he did not go with him. So Govind thought it safe to leave the box of his jewellery with him, as it was dangerous to leave it in a lone house or take it on the journey. So he went to him with the box. He took him to a lonely place under a tree and handed it over to him. He told Mirind, "Keep it safe with you. I shall return from the journey after six month then I shall take it back from you." Mirind said, "Don't worry, I shall keep it as safe as own."

**1.** Govind intended to go
A. for a business trip
B. to a hill station
C. on a long journey to a sacred place
D. to his home town for a long period

**2.** Why did Govind leave his box of jewellery with Mirind?
A. Because it was not safe to take the box with him on a long journey
B. Because Mirind was his fast friend
C. Because the box was very heavy
D. Because his house was unsafe

**3.** Why did Govind take Mirind to a lonely place?
A. To tell him that the box contained valuable jewellery
B. So that no third person could see box
C. To show him what was within the box
D. To tell him that the box will remain with him

**4.** Where did Govind hand over the box of jewellery to Mirind?
A. At Mirind's house
B. At his own house
C. In a lonely place
D. In a lonely place under a tree

**5.** It was not safe to leave the box in a lone house. Here the word 'lone house' means
A. a house in a deserted place
B. a house where none lives
C. a house without door and lock
D. a house near the forest

## PASSAGE-8

Zahir-ud-din Babar was the first Mughal emperor of India. A descendent of Timur on father's side and Changez Khan on his mother's side, Babar was a brave warrior. After defeating Ibrahim Lodhi in the First Battle of Panipat in 1526 he entered Delhi and soon gained control over Agra. After many more battles with Rajputs he extended his empire over Punjab, Uttar Pradesh and north Bihar. He died at a young age of 48 years in 1530 at his capital Agra without getting much time to consolidate his victories.

1. Zahir-ud-din Babar was the first
   A. Muslim ruler of India
   B. Mughal ruler of India
   C. Afghan ruler of India
   D. Turk ruler of India
2. Babar was born in the years
   A. 1480  B. 1482
   C. 1492  D. 1962
3. Babar first occupied
   A. Punjab  B. Agra
   C. Delhi  D. Panipat
4. Babar was a brave warrior. Here brave warrior means
   A. courageous soldier
   B. a kind hearted soldier
   C. a clever fighter
   D. a victorious general
5. Babar extended his empire over Punjab and Uttar Pradesh after many more battles with the
   A. Afghans  B. Rajputs
   C. Mughals  D. Lodhies

## PASSAGE-9

Our National Flag is tricolour. It has three equal horizontal strips. The strip at the top is saffron, in the middle is white and at the bottom is green. The ratio of width to length of the flag is 2 : 3. In the centre of the white strip is a wheel in navy blue. The wheel represents the *chakra.* Its design is similar to the wheel which appears on the abacus of the Sarnath Lion Capital of Ashoka. Its diameter approximates to the width of the white strip. The wheel has 24 spokes. It was adopted by Constituent Assembly on July 22, 1947. We love our national flag. We respect it. We are ready to sacrifice our life to protect its honour. It represents the nation. So it is a symbol of national honour.

1. In our national flag the wheel is located in the centre of
   A. saffron strip  B. white strip
   C. green strip  D. blue strip
2. In our national flag which of the strips is at the bottom in our national flag
   A. blue  C. saffron
   B. white  D. green
3. Why do we love our national flag?
   A. Because it is tricolour
   B. Because it has three strips
   C. Because it has a wheel at the centre
   D. Because it is a symbol of national honour
4. Our national flag was approved by
   A. President
   B. Lok Sabha
   C. Parliament
   D. Constituent Assembly
5. The diameter approximates to the width of the white strip. Here the word 'approximates' means
   A. is more or less equal
   B. is exactly equal
   C. is not equal
   D. is related

## PASSAGE-10

Distance in large cities are long. All the people do not have their own means of transport. They have to depend upon the state or private buses. The number of bus users is very large. Every bus stop is, therefore, crowded. The number of buses is not adequate. Thus people suffer the torture of long wait at the bus stop. Some bus stops are quite orderly. People form queues and get into the buses turn by turn. However, often this order is forgotten and confusion spreads when the bus comes and the law of jungle prevails.

1. Why are the bus stops crowded?
   A. Because they are small is size
   B. Because the number of passengers is very large
   C. Because they are situated at some busy centre
   D. Because people do not form queues
2. Long wait at the bus stop is the result of
   A. over-crowding in the buses
   B. late running of buses
   C. shortage of buses
   D. slow speed of buses
3. Some bus stops are quite orderly where
   A. there is no crowd
   B. the number of buses is adequate

C. people do not have to wait for long
D. people form queues and enter the buses one by one

**4.** Most of the people who travel by buses are
A. non-working
B. do not have their own vehicles
C. have to go a long distance
D. live in large cities

**5.** What happens when people do not have their own transport?
A. They have to wait for a bus at a bus stop
B. They have to depend upon the state or private buses
C. They have to travel long distances
D. They form queues and get into buses one by one

## PASSAGE-11

A certain king once fell ill and doctors said that only a sudden fright would restore his health but the king was not a man for anyone to play tricks on, except his fool. One day, when the fool was with him in his boat he cleverly pushed the king into water but he was rescued and put to bed. The fright, the bath and bed cured the diseased king, but he was so angry with the fool that he turned him out of the country.

**1.** What did the doctor say about the king?
A. Only a sudden fright would restore the king's health
B. Only fool would cure the king
C. Only a boat trick could cure the king
D. The king had suffered a sudden fright

**2.** He cleverly pushed the king into water but *he* was rescued and put to bed. In this sentence *he* refers to
A. the king B. the fool
C. the doctor D. the river

**3.** When the fool pushed the king into water they were
A. in the palace B. in the bed
C. in the garden D. in a boat

**4.** Who played the trick on the king?
A. The doctor B. The boatman
C. The fool D. The fright

**5.** The fool who cured the king was
A. rewarded
B. thrown into water
C. turned out of the country
D. put into jail

## ANSWERS

| | 1 | 2 | 3 | 4 | 5 |
|---|---|---|---|---|---|
| **Passage 1.** | D | C | B | A | C |
| **Passage 2.** | B | C | D | B | B |
| **Passage 3.** | D | D | C | B | D |
| **Passage 4.** | B | C | C | C | C |
| **Passage 5.** | D | A | B | B | A |
| **Passage 6.** | A | C | D | B | A |
| **Passage 7.** | C | A | B | D | B |
| **Passage 8.** | B | B | C | A | B |
| **Passage 9.** | B | D | D | D | A |
| **Passage 10.** | B | C | D | B | B |
| **Passage 11.** | A | A | D | C | C |

# 2. English Grammar

## PARTS OF SPEECH

| Part of speech | Definition or Function | Examples |
|---|---|---|
| Noun | Name of a person, place, animal, quality or thing | Ram, boy, dog pen, sun, Delhi, truth, honesty |
| Pronoun | Used in place of a noun | I, you, he she, they |
| Articles & Determiners | Points out indefinite and definite nouns | a, an, the, few, some |
| Adjective | Describes a noun or pronoun | big, honest, wooden valuable, quiet, deep, soft, narrow |
| Adverb | Describes a verb, an adjective or another adverb | silently, widely, softly, quietly, very, carefully |
| Verb | Tells about action or state of something or someone | is, am, was, have, do, like, walk, work, make, throw, tell |
| Conjuction | Joins words, clauses or sentences | and, but, when, yet, while, else |
| Preposition | Links a noun or pronoun to another word | at, to, after, on for, under, over, with |
| Interjection | Expresses sudden feelings or emotions | Ah!, Alas!, oh!, ouch!, hi!, well!, Hurrah! |

## NOUNS

A word which denotes a person, a thing, an animal or a place is said to be a noun.

There are two noun numbers in English — the *Singular* and the *Plural*.

**Singular Numbers :** A noun that denotes one person or one thing, is said to be in the Singular number. For example — book, pencil, bird, dog, hen etc. are in singular number.

**Plural Number :** A noun that denotes more than one person or one thing is said to be in plural number. For example — boys, pens, lions, girls, men etc. are in plural number.

**REMEMBER**

| *Singular* | *Plural* |
|---|---|
| Cat | Cats |
| Book | Books |
| Pen | Pens |
| Room | Rooms |
| Tree | Trees |
| Bus | Buses |
| Bush | Bushes |
| Box | Boxes |
| Glass | Glasses |
| Dish | Dishes |
| Judge | Judges |
| Tax | Taxes |
| Watch | Watches |
| Calf | Calves |
| Thief | Thieves |
| Knife | Knives |

| *Singular* | *Plural* |
|---|---|
| Scarf | Scarves |
| Wife | Wives |
| Leaf | Leaves |
| Wolf | Wolves |
| Half | Halves |
| Monarch | Monarchs |
| Roof | Roofs |
| Hoof | Hoofs |
| Gulf | Gulfs |
| Staff | Staffs |
| Radio | Radios |
| Bamboo | Bamboos |
| Folio | Folios |
| Hero | Heroes |
| Volcano | Volcanoes |
| Mango | Mangoes |
| Potato | Potatoes |
| Photo | Photos |
| Piano | Pianos |
| Baby | Babies |
| Fly | Flies |
| Country | Countries |
| Lady | Ladies |
| Boy | Boys |
| Monkey | Monkeys |
| Ox | Oxen |
| Child | Children |
| Man | Men |
| Woman | Women |
| Tooth | Teeth |
| Axis | Axes |
| Basis | Bases |
| Foot | Feet |
| Goose | Geese |
| Englishman | Englishmen |
| Radius | Radii |
| Vertex | Vertices |
| Stimulus | Stimuli |

**1.** Note the plurals of the following nouns:

| *Singular* | *Plural* | *Singular* | *Plural* |
|---|---|---|---|
| copy | copies | cry | cries |
| baby | babies | duty | duties |
| body | bodies | country | countries |
| family | families | diary | diaries |
| fly | flies | fairy | fairies |
| city | cities | spy | spies |
| army | armies | storey | storeys |
| bay | bays | monkey | monkeys |

**2.** The following nouns do not undergo any change in plural form, in general.

| *Singular* | *Plural* | *Singular* | *Plural* |
|---|---|---|---|
| deer | deer | sheep | sheep |
| thousand | thousand | pair | pair |
| hundred | hundred | score | score |
| dozen | dozen | gross | gross |

**Note:** We can write—

(*a*) thousands of men; (*b*) two pairs of shoes; (*c*) dozens of mangoes; (*d*) scores of people etc.

But—

(*a*) two thousand rupees; (*b*) three hundred men; (*c*) five dozen eggs, etc.

**3.** The following nouns are usually used in plural forms. They take a plural verb after them—

| | | |
|---|---|---|
| eatables | fetters | surroundings |
| riches | alms | spectacles |
| trousers | pants | scissors |
| premises | thanks | annals |
| congratulations | goods | shorts |
| tongs | pains | arms |
| breeches | (for troubles) | |

**4.** The following are the nouns which are plural in appearance but are usually used in singular number. They are followed by a singular verb—

| | | |
|---|---|---|
| news | politics | physics |
| mathematics | economics | ethics |
| politics | classics | gallows |
| statistics | athletics | innings |
| mechanics | summons | mumps |

**5.** Collective nouns often used as plurals—

| | | |
|---|---|---|
| public | police | cattle |
| audience | clergy | folk |
| people | poultry | nation |
| elite | gentry | glitterati |

**6.** The nouns that are usually used in singular forms—

| | | |
|---|---|---|
| advice | hair | rice |
| fuel | alphabet | machinery |
| offspring | issue | furniture |
| mischief | stationery | luggage |
| bedding | information | abuse |

7. Material nouns are always used in singular number—

| | | |
|---|---|---|
| gold | copper | milk |
| water | silk | wool |

**Note:** They may be used in plural with a different meaning.

copper coins (coppers), chains or fetters (irons), cans made of tin (tins).

## GENDERS

The difference in sex is denoted by Gender in grammar. The various genders are as follows :

1. **Masculine Gender :** A noun that denotes a male is said to be of the masculine gender, as man, uncle, ox, boy etc.
2. **Feminine Gender :** A noun that denotes a female is said to be of feminine gender, as woman, aunt, princess, cow etc.
3. **Common Gender :** Nouns which denote both males and females are said to be of the common gender, as friend, cousin, person, parent, baby etc.
4. **Neuter Gender :** A noun that denotes the name of object without life is said to be of neuter gender, as file, table, pencil.

**REMEMBER**

| *Masculine* | *Feminine* |
|---|---|
| Boy | Girl |
| Son | Daughter |
| Brother | Sister |
| Murderer | Murderess |
| Sorcerer | Sorceress |
| Son-in-law | Daughter-in-law |
| Father-in-law | Mother-in-law |
| Man-servant | Maid-servant |
| Land-lord | Land-lady |
| Bachelor | Maid |
| Gentleman | Lady |
| Monk | Nun |
| Earl | Countess |
| Lad | Lass |
| Sir | Madam |
| Duke | Dutchess |
| Emperor | Empress |
| Milk-man | Milk-maid |
| Pea-cock | Pea-hen |

| *Masculine* | *Feminine* |
|---|---|
| Step-father | Step-mother |
| Hero | Heroine |
| Viceroy | Vicerine |
| Mr. | Mrs. |
| Governor | Governess |
| Master | Mistress |
| Wizard | Witch |
| Heir | Heiress |
| Host | Hostess |
| Lion | Lioness |
| Mayor | Mayoress |
| Actor | Actress |
| Buck | Doe |
| Colt | Filly |
| Dog | Bitch |
| Horse | Mare |
| Count | Countess |
| Hunter | Huntress |
| Prince | Princess |
| Abbot | Abbess |
| God | Goddess |
| Author | Authoress |
| Ox | Cow |
| Widower | Widow |
| Grand-father | Grand-mother |
| He-goat | She-goat |
| Milk-man | Milk-woman |
| Bridegroom | Bride |
| Tiger | Tigress |
| Priest | Priestess |
| Poet | Poetess |
| Shepherd | Shepherdess |
| Nephew | Niece |
| Stag | Hind |

## PRONOUNS

The repetition of a noun in a sentence or a set of sentences is really boring. So, instead of repeating the noun, we can use a word (for that noun) called the pronoun.

"A pronoun is a word that we use instead of a noun".

**Example:**

This is *Sachin*. *He* plays cricket.

**Note:** *He* is the pronoun used in place of *Sachin*.

## Kinds of Pronouns

1. **Personal pronouns :** A pronoun which is used instead of the name of a person is known as a 'Personal Pronoun'. A list of the 'Personal pronouns' is listed below :

   I, my, mine, me, we (First Person)
   You, your, yours (Second Person)
   He, his, him, she, her, hers, it,
   its, they, their, theirs, them (Third Person)

2. **Demonstrative, Indefinite and Distributive Pronouns :**

   **(a) Demonstrative Pronouns :** Pronouns used to point out the objects to which they refer are called Demonstrative Pronouns.

   **Examples :**
   (i) *This* is a present from my uncle.
   (ii) *These* are merely excuses.
   (iii) Bembay mangoes are better than *those* of Bangaluru.

   **(b) Indefinite Pronouns :** All pronouns which refer to persons or things in a general way and do not refer to any particular person or thing are called Indefinite Pronouns.

   **Examples :**
   (i) *Somebody* has stolen my watch.
   (ii) *Few* escaped unhurt.
   (iii) Did you ask *anybody* to come?

   **(c) Distributive Pronouns :** Each, either, neither are called distributive pronouns because they refer to persons or things one at a time. For this reason they are always singular and followed by the verb in singular.

   **Examples :**
   (i) *Each* of the men received a reward.
   (ii) *These* men received *each* a reward.
   (iii) *Either* of you can go.

3. **Relative Pronouns :** A relative pronoun refers or relates to some noun going before, which is called its Antecedent.

   **Examples :**
   (i) I met Hari *who* used to live here.
   (ii) I have found the pen *which* I had lost.
   (iii) Here is the book *that* you lent me.

4. **Interrogative Pronouns :** These pronouns, are used for asking questions.

   **Examples :**
   (i) *Whose* book is this?
   (ii) *What* will all the neighbours say?
   (iii) *Which* do you prefer, tea or coffee?

**Note :** Interrogative pronouns can also be used in asking indirect questions, Consider the following examples :

(i) I asked *who* was speaking.
(ii) Tell me *what* you have done.
(iii) Say *which* you would like best.

## Behaviour of the Pronouns

1. If three pronouns are used together in the same sentence they are arranged in the following order :

   2 + 3 + 1
   ↓ ↓ ↓
   Second Person, Third Person, First Person

   **Examples :**
   I, you and he must help *that* poor man. (Incorrect)
   You, he and I must help *that* poor man. (Correct)

2. When two or more singular nouns are joined by and, the pronoun used for them should be plural.

   **Examples :**
   Mohan and Sohan are friends. *They* play football. *They* live at Lajpat Nagar.

3. But if these nouns joined by and refer to the same person or thing, the pronoun used should be singular.

   **Examples :**
   (i) Delhi, the beautiful city and the capital of India, is famous for *its* historical monuments.
   (ii) The manager and owner of the firm expressed *his* views on the demands of the workers.

4. When two nouns are used with as well as, the pronoun agrees with the first subject.

**Examples :**

(a) Mohan as well as his friends is doing *his* work.

(b) The students as well as their teachers are doing *their* work.

5. When two singular nouns joined by 'and' are preceded by *each* or *every,* the pronoun used must be singular and should agree in gender with the second noun.

**Examples :**

(a) Every man and every woman will do *her* best for the nation.

(b) Each boy and each girl went to *her* house.

6. When two nouns are joined by using 'with', the pronoun agrees with the noun coming before 'with'.

**Examples :**

(a) The boy with *his* parents has gone to see a movie.

(b) The children with *their* parents have gone to picnic.

7. When two different nouns are joined by either.......... or; neither .......... nor, the pronoun is used according to the number and gender of the second noun.

**Examples :**

(a) Either your sister or you have done *your* work.

(b) Neither the students nor the teacher was in *his* class.

8. The pronoun coming after '*than*' must be in the same case as that coming before '*than*'.

**Examples :**

(a) She plays better than *me*. (Incorrect)
She plays better than *I*. (Correct)

(b) His elder brother is more intelligent than *him*. (Incorrect)
His elder brother is more intelligent than *he*. (Correct)

9. 'Many a' always takes a singular pronoun and singular verb.

**Example :**

Many a soldier has met *his* death in the battle field.

10. 'Who', 'Whose', 'Whom' are used only for persons.

**Examples :**

(a) *Who* is knocking at the door?

(b) *Whose* pen is this?

(c) *What* do you want?

11. 'Which' is used for things.

**Example :**

*Which* game do you like?

## MULTIPLE CHOICE QUESTIONS

**Directions:** *In the following questions choose the correct options to fill the blanks.*

**1.** The place was so dirty that ..... wished to run away from there.
A. everybody B. anybody
C. few D. some

**2.** ..... was there to help me.
A. Somebody B. Anything
C. Anybody D. Nobody

**3.** Is there ....... to eat?
A. some B. something
C. any D. few

**4.** ..... of the students were making a great noise.
A. Anyone B. Somebody
C. Many D. Nobody

**5.** ..... of the students can solve this sum.
A. Someone B. Anybody
C. Somebody D. None

**6.** ...... of us should try our best to make India a heaven.
A. Any B. Somebody
C. Anybody D. All

**7.** ...... of us do not know the real meaning of our lives.
A. Any B. Something
C. Several D. Many

**8.** My .......... black.
A. hairs are B. hair is
C. hairs shall D. hair will

**9.** She saw two .......... on the last Sunday.
A. thiefs B. theifs
C. thieves D. theives

**10.** My sister is a .......... .
A. bacheloress B. bachelor
C. unmaried D. spinster

**11.** One is supposed to do .......... .
A. our duty B. their duty
C. one's duty D. his duty

**12.** Take anything .......... you want.
A. that B. which
C. than D. then

**13.** I cannot tolerate .......... .
A. separated you
B. your separation
C. separation from you
D. you separated

**14.** He is .......... faithful partner.
A. Yours B. You
C. Your D. Your's

**15.** Ajay is more smart than .......... .
A. her B. hers
C. herself D. she

**16.** Vivek works harder than .......... .
A. me B. I
C. her D. his

**17.** They should help .......... .
A. the poor people B. the poor
C. the poor persons D. the poor peoples

**18.** .......... are mad.
A. All his sons B. His all sons
C. Sons all his D. All sons his

**19.** The poor fellow .......... to fate.
A. resigned
B. resigned himself
C. resigned itself
D. resigned themselves

**20.** Nobody will help you but .......... .
A. I B. me
C. ours D. his

**21.** It is a good chance, You must avail .......... this opportunity.
A. of B. yourself of
C. for D. from

**22.** The person who is elected .......... my relative.
A. is B. he is
C. his D. him

**23.** He made .......... .
A. yours mention B. mention of you
C. mention for you D. mention about you

**24.** .......... I know, he is quite faithful.
A. As far as B. So far as
C. So far this D. So far so

**25.** It is a duty of a person to take .......... for his family.
A. pain B. pains
C. pain-killers D. pained

**26.** She does not love .......... husband.
A. his B. her
C. its D. their

**27.** Let .......... work together.
A. him and me B. he and I
C. he and him D. I and me

**28.** Copper, Silver and Gold .......... .
A. each will do B. either will do
C. any one will do D. any will do

**29.** Jessica and Roma are very irregular .......... habits.
A. in her B. in their
C. in its D. in every

**30.** One likes to enjoy .......... who was a great poet.
A. The sonnets of Shakespeare
B. Shakespeare's sonnets
C. Sonnets
D. Shakespeare

**31.** That is the boy .......... everybody loves.
A. whom B. who
C. that D. whose

**32.** That is the girl .......... won the first prize.
A. whom B. who
C. whose D. which

**33.** That is the man .......... purse was lost.
A. who B. whom
C. whose D. their

## ANSWERS

| 1 | 2 | 3 | 4 | 5 | 6 | 7 | 8 | 9 | 10 |
|---|---|---|---|---|---|---|---|---|---|
| A | D | B | C | D | D | D | B | C | D |
| **11** | **12** | **13** | **14** | **15** | **16** | **17** | **18** | **19** | **20** |
| C | A | C | C | D | B | B | A | B | B |
| **21** | **22** | **23** | **24** | **25** | **26** | **27** | **28** | **29** | **30** |
| B | A | B | A | B | B | A | C | B | A |
| **31** | **32** | **33** | | | | | | | |
| A | B | C | | | | | | | |

## ARTICLES

The family of the articles has only three members. They are : A, An and The. However, they fall under two groups :

*(a)* Definite Article *(b)* Indefinite Article

'The' is known as definite article whereas 'a' and 'an' are known as indefinite articles.

### Use of the Definite Article 'The'

### 'The' is used before

1. The superlative degree :
   He is the ablest man of the town.
   (ablest is a superlative degree)
2. The name of states, countries etc. having a descriptive name :
   (i) The J & K is a small state. (J & K is a descriptive name)
   (ii) He lives in the U.S.A. (U.S.A. is a descriptive name)
   (But the Delhi and the America are wrong because neither Delhi nor America is a descriptive name)
3. The names of the scriptures :
   The Gita is a holy book. (Gita is a scripture)
4. Name of newspapers :
   The Tribune is published from Chandigarh.
5. Name of rivers, canals, seas, oceans, bays, gulfs, groups of islands etc. :
   (i) The Ganga is a holy river.
   (ii) The Indian Ocean is the deepest ocean.
   (iii) The Persian Gulf is a narrow gulf.
6. The name of famous buildings :
   The Taj is one of the best buildings in India.
7. The names of nationals, sects and communities:
   (i) The English defeated the Germans in the World War.
   (ii) The rich should help the poor.
   (iii) The Hindus believe in the caste system.
8. Proper nouns used as common nouns :
   (i) Kalidas is the Shakespeare of India.
   (ii) Delhi is the London of India.
9. Famous historical events :
   The Industrial Revolution changed the face of England.
10. The directions and the celestial bodies:
    The sun rises in the east.
11. Titles :
    Akbar, the Great was loved by his subjects.

### Do not use 'the'

1. Before languages :
   The English is an international language. (Incorrect)
   English is an international language. (Correct)
2. Before the names of games :
   The hockey is a popular game. (Incorrect)
   Hockey is a popular game. (Correct)

### Use of the Indefinite Articles 'A' and 'An'

### 'A' is used before :

1. All singular common nouns beginning with a consonant :
   (i) A boy sings a song.

(ii) A black and a white cow were grazing in the field.

2. If a word begins with a vowel but gives the sound of a consonant, 'a' should be used before it :
   (i) He was helped in his work by a European.
   (ii) He is a one-eyed man.
   (iii) It is a useful work.

## 'An' is used as follows :

1. All singular common nouns beginning with a vowel (*i.e.*, a, e, i, o, u) :
   (i) He is an artist.
   (ii) He is an old man.
   (iii) I intend to buy an umbrella.
2. If a word starts with a consonant but gives the sound of a vowel, "an" should be used before it :
   (i) Brutus is an honourable man.
   (ii) He is an honour to his profession.
   (iii) He is an L.L.B.
   (iv) He is an M.A.
   (v) You will reach there in an hour.

## Demonstratives, that, these and those

1. The demonstrative adjectives and pronouns are for objects nearby the speaker:
   this (singular) those (plural)
   and for objects far away from the speaker.
   That (singular) those (plural)
2. Demonstratives are the only adjectives that agree in number with their nouns.
   That hat is nice.
   Those hats are nice.
3. When there is the idea of selection; the pronoun "one" (or "ones") often follows the demonstrative.
   I want a book. I'll get this (one).
   If the demonstrative is followed by an adjective, "one"(or "ones") must be used.
   I want a book. I'll get this big one.

## MULTIPLE CHOICE QUESTIONS

**Directions:** *In the following questions choose the correct options to fill the blanks.*

**1.** ......... will have to be paid for this material.
A. Half rupee B. Half a rupee
C. A half rupee D. An half rupee

**2.** .......... is taking keen interest in India.
A. The USA B. USA
C. An USA D. A USA

**3.** Only .......... can save our country.
A. the Hitler B. a Hitler
C. Hitler D. an Hitler

**4.** I can run for .......... .
A. hundred miles B. the hundred miles
C. a hundred miles D. an hundred miles.

**5.** .......... man-eater has been killed.
A. The B. A
C. An D. Either A or B

**6.** What .......... fine idea!
A. the B. an
C. a D. No article

**7.** .......... earth is moving around the sun.
A. An B. A
C. The D. No article

**8.** This is .......... first example while I got.
A. the B. a
C. an D. No article

**9.** This is .......... house which was built during earthquake.
A. a B. an
C. the D. No article

**10.** .......... America is a rich country.
A. The B. An
C. A D. No article

**11.** .......... U.S.A. is a developed country.
A. A B. An
C. The D. No article

**12.** .......... Bible is a holy book.
A. A B. The
C. An D. No article

**13.** .......... rich should help the poor.
A. The B. A
C. An D. No article

**14.** ......... Gold is a costly metal.
A. The B. A
C. An D. No article

**15.** Kalidas is .......... Shakespeare of India.
A. a B. an
C. the D. No article

**16.** I cannot do .......... difficult work.
A. a such B. the such
C. such the D. such a

**17.** How foolish .......... plan it is!
A. a B. an
C. the D. No article

**18.** An ink is .......... useful article.
A. an B. a
C. the D. No article

**19.** There are .......... husband and wife.
A. a B. an
C. the D. No article

**20.** He is learning .......... French
A. the B. a
C. an D. No article

## ANSWERS

| 1 | 2 | 3 | 4 | 5 | 6 | 7 | 8 | 9 | 10 |
|---|---|---|---|---|---|---|---|---|---|
| B | A | B | C | D | C | C | A | C | D |
| **11** | **12** | **13** | **14** | **15** | **16** | **17** | **18** | **19** | **20** |
| C | B | A | D | C | D | A | B | D | D |

## ADJECTIVES & ADVERBS

An Adjective is a word which adds something to the meaning of a noun or a pronoun.

Mridula is an *intelligent* girl.

He has a *black* goat.

He is a *brilliant* student.

She is a *clever* girl.

It is a *beautiful* picture.

In the sentences given above, the words in italics are adjectives.

An Adverb is a word which qualifies the meaning of a Verb, an Adjective or another Adverb.

(*i*) He talks *slowly*.

(*ii*) He is a *very* good student.

(*iii*) He talks *very* slowly.

In sentence (*i*), *slowly* qualifies the verb *talks*.

In sentence (*ii*), *very* qualifies the adjective *good*.

In sentence (*iii*), *very* qualifies the adverb *slowly*.

Adjectives have three degrees of comparison :

1. **Positive Degree :** It expresses the common form of an adjective.

   **Example :**

   Ram is a *tall* boy.

   In the above sentence *tall* is an adjective and expresses the common form.

2. **Comparative Degree :** It expresses the more of the same form.

   **Example :**

   Ram is *taller* than Mahesh.

   In the above sentence *taller* is an adjective that expresses the more of the common form of the adjective *tall*.

**"When and How to Use" Comparative Degree?**

(a) Comparative Degree is used when two persons or two groups of persons or things are compared.

**Examples :**

(a) He is *wiser* than his younger brother.

(b) This glass is *cleaner* than the other.

(b) When two different qualities in the same person are compared, more is used instead of 'er' to form the comparative. The formula used in this case should be :

**More + Positive Degree**

She is *fairer* than polite. (Incorrect)

She is *more fair* than polite. (Correct)

(c) When selection of one out of two persons or things is meant, the degree of comparison is followed by of and *the* is used before it.

**Example :**

Zia is abler of *the* two sisters.

(d) If two comparatives are used in the same sentence to impress upon an idea, both should be preceded by the definite article.

**Examples :**

(i) The higher you go, the cooler it is.

(ii) The more we get, the more we desire.

(e) When one person or thing is compared with another of the same kind, other is used after the comparative degree. In such sentences other is normally preceded by any or all.

**Examples :**

(i) Kalidas is greater than any dramatist. (Incorrect)

Kalidas is greater than any other dramatist. (Correct)

(ii) Lead is heavier than all metals. (Incorrect)

Lead is heavier than all other metals. (Correct)

(f) Senior, junior, superior, inferior, prior, anterior (earlier than) and posterior (later than) are always followed by 'to'.

**Examples :**

(i) Ram is senior *to* Mohan by three years.

(ii) That pen is inferior *to* that.

(iii) He is junior *to* me in rank.

(iv) This event was posterior *to* that.

**Note:** Never use *than* after the above mentioned adjectives.

## Important Information

(a) 'Preferable' is also used as an adjective of the comparative degree. As such, it is always followed by *to* and not *a*.

Death is preferable than dishonour. (Incorrect)

Death is preferable *to* dishonour. (Correct)

(b) To intensify the Degree of comparison, we use *far* or *much* before the comparative.

**Examples :**

(i) This book is *far* better than that.

(ii) His performance was *much* better than Mohan's.

**Warning :** Always avoid the use of double comparatives.

**Don't say :** Ram is more cleverer than his younger brother.

**Say:** Ram is cleverer than his younger brother.

3. **Superlative Degree :** It expresses the most of the common form of an adjective.

**Example :**

He is the ablest man of the town.

## How and when to use the Superlative Degree?

(a) The Superlative Degree is used when more than two persons or things are compared.

(b) The Superlative Degree is generally preceded by 'the' and followed by 'of' in most of the cases or otherwise.

(c) When an adjective of the superlative degree is preceded by a Possessive Adjective or a Noun in the Possessive case, 'the' should not be used before it.

**Example :**

Which is Kalidas' best play?

It will be a blunder to use 'the' before the Superlative Degree in such cases.

**Don't say :** Which is Kalidas' the best play.

(d) To intensify the degree of comparison, *by far* is used before the superlative degree.

**Example :**

India is *by far* the most beautiful country of the world.

**Note:** Always avoid the use of double superlatives.

**Don't say :** He is the most strongest boy in the class.

**Say** : He is the strongest boy in the class.

## Use of some Important Adjectives

1. (a) **'Some'** is used as follows :

(i) With countable nouns where it means—a little, a small quantity.

(ii) In a question which shows some request.

**Examples :**

(i) There is some water in the bottle.

(ii) Some of the students were absent yesterday.

(iii) Will you have some milk?

(iv) Will you buy some fruit for me?

(b) **'Any'** is used as follows :

(i) In negative sentences.

(ii) In interrogative sentences.

(iii) After 'Hardly', 'Scarcely' and 'Barely'.
(iv) After 'If'.

**Examples :**

(i) There is not any sugar in the pot.
(ii) We haven't any rice in the house.
(iii) I have hardly any money.
(iv) There are scarcely any plants in this field.
(v) If there is any danger, blow the whistle.

2. (a) **Older :** Older (and oldest) are used for persons animals and things. But 'Older' and 'Oldest' refer to the persons who do not belong to the same family.

**Examples :**

(i) Radha is older than Shyama.
(ii) John is the oldest member of the staff. 'Older' and 'Oldest' refer to the persons who do not belong to the same family.

(b) **Elder** (and **eldest**) are used in respect of the members of the same family like sons, daughters, brothers, sisters.

**Examples :**

(i) My elder sister is a lecturer.
(ii) Meenakshi is the eldest of the three sisters.

**Note :**

(i) 'Elder' is not followed by 'than'.
(ii) 'Elder' and 'Eldest' cannot be used for things.

3. (a) **'Few'** is negative and is the opposite of 'Many'. It means 'not many'.
(b) **'A few'** is positive and means 'some at least'. It is the opposite of 'None'.
(c) **'The few'** means 'minority' and suggests 'whether there is'.

**Examples :**

(i) We have few holidays in school.
(ii) Only a few boys will fail in the examination.
(iii) The few poems that he wrote are very popular.

4. (a) **Further** means 'something additional'.
(b) **Farther** means 'a greater distance'.

**Examples :**

(i) Further discussion will be held in the office of the principal.
(ii) Amritsar is farther from Delhi than Ambala.

5. (a) **Little** is negative. It means, 'not much', or 'hardly any'.
(b) **A little** is positive. It means 'some quantity'.
(c) **The little** denotes quantity. It means, 'not much but all that is, or whatever quantity there is'.

**Examples :**

(i) There is little hope of his success.
(ii) He knows a little of everything.
(iii) I have spent the little money I had.
(iv) The little knowledge of shoe-making proved very useful to me.

6. (a) **'Much'** expresses 'quantity'.
(b) **'Many'** expresses 'number'.
(c) **'Many a'**—'Singular noun' and 'Singular verb' are used with 'many a'.

**Examples :**

(i) There is not *much* water in the jug.
(ii) *Many* boys are absent today.
(iii) *Many* a battle has been fought on the soil of India.

7. (a) **'Less'** denotes 'in a small degree'.
(b) **'Fewer'** denotes 'number'.

**Examples :**

(i) He devotes less time to his studies.
(ii) There are no fewer than ten chairs in this room.

8. (a) **'Each'** is used for a single number of 'two persons' or 'things'.
(b) **'Every'** is used for a single number of 'many persons' or 'things'.

**Examples :**

(i) Each boy must take part in games.
(ii) There are only two poets. Each poet recited his poem.
(iii) Every man dies in this world.
(iv) Every man is expected to do his duty.

9. (a) **'Either'** means one of the two or both.
(b) **'Neither'** is negative of the either.

**Examples :**

(i) You may buy either of these two chairs.
(ii) Neither of them could speak on the stage.

10. (a) '**Later**' expresses 'late in time'.

(b) '**Latter**' means 'second in position or order'.

**Examples :**

(i) My father reached later than I expected.

(ii) The latter position was better than the former.

## Use of some Important Adverbs

1. (a) Also, too, enough:

(i) He taught English. Also, he edited the school magazine

(ii) He is a writer and also he is a painter.

(iii) He is too obstinate to listen to any reason.

(iv) This is too difficult a piece for the junior students.

(v) Sarla was kind enough to help the poor.

(vi) He is brave enough to help the truth.

**Note:** 'Too' is used in a negative sense, but enough is used in a positive sense.

(b) Fairly and rather: Both suggest the meaning 'moderately'. But, mainly 'fairly' is used with the words that denote a positive meaning and rather is used with the words that denote a negative meaning:

(i) Rita did fairly well in that competition, but her performance was rather poor in sports.

(ii) Mona is fairly rich, but she is rather stingy.

**Note:** 'Rather' can also be used in a positive sense.

(i) This is a rather interesting job.

(ii) That boy is rather smart.

(c) Hardly, barely, scarcely: These words mostly convey the negative suggestions and are almost similar.

(i) I have hardly any strength now.

(ii) There was barely any supply to the township,

(iii) There were scarcely a hundred guests present.

**Note:** With slight variance in the meaning, the words given above convey the idea of 'very little', 'not enough', 'lack of quantity and number'.

(d) Yet, Still: These adverbs can often be used to connect the sentence units:

(i) He has been defeated many times in the contest; still he wants to be a competitor.

(ii) Mona was sick; yet she went on doing her work.

(e) Alone:

(i) He alone (none else) is capable of handling that fire,

(ii) He hunted all alone in the forest. (not in any company)

**Special Note:**

(a) Apart from their conventional positions the adverbs might be used in different positions with different meanings and angles.

(i) He had only four books.

(ii) John only contacted his friend in need.

(iii) He greeted me only.

(iv) Only he greeted me there.

(b) Inversion: Some adverbs can be inverted *i.e.* placed in the beginning of the sentence and then be followed by an interrogative form. The most common of these adverb are: so, seldom, never, nowhere, under no circumstances, hardly, scarcely etc.

(i) So big was the bus that it could not enter the narrow lane.

(ii) Hardly had he reached the station when he received the message.

## MULTIPLE CHOICE QUESTIONS

**Directions:** *In the following questions choose the correct options to fill the blanks.*

**1.** The girl whom you met is the .......... sister of Ravi.

A. eldest B. elder

C. older D. oldest

**2.** The historical place is .......... .

A. seeing worth

B. worthy of seeing
C. worth seeing
D. worthy seeing

**3.** These flowers smell .......... .
A. sweet B. sweetly
C. more sweetly D. sweetest

**4.** .......... aspirant cannot pass the entrance examination.
A. Each B. Every
C. All D. No

**5.** Harivansh Rai .......... second Shakespeare.
A. is a B. is
C. is the D. is an

**6.** .......... student in the class got prizes.
A. Each and every B. Every and each
C. Every D. Never

**7.** It is .......... picture than the one we saw last Monday.
A. interesting B. much interesting
C. more interesting D. most interesting

**8.** She is clever .......... .
A. that her mother is
B. as her mother is
C. to her mother is
D. than her mother is

**9.** They will get .......... .
A. Red, green and black paper
B. Red, green black paper
C. Red and green and black paper
D. Red green black paper

**10.** Health is .......... wealth.
A. preferable to
B. more preferable than
C. more preferable to
D. most preferable then

**11.** .......... water that was in the jug evaporated.
A. Little B. The little
C. Small D. A small

**12.** He has not sung .......... songs.
A. much B. most
C. more D. many

**13.** Srishti has searched .......... office.
A. whole the B. the whole
C. a whole D. some whole

**14.** Premchand was ....... best and ....... famous writer.
A. a, the most B. the, a most
C. the, more D. the, the most

**15.** William Shakespeare is famous as .......... .
A. a poet and a dramatist
B. a poet and dramatist
C. the poet and the dramatist
D. a poet and the dramatist

**16.** What does .......... leader suggest?
A. other B. another
C. others D. anothers

**17.** He .......... money.
A. has few B. have few
C. has little D. have little

**18.** The .......... boys are rewarded.
A. first two B. two first
C. firsts two D. two's first

**19.** He is .......... brave.
A. stronger than
B. stronger then
C. more strong then
D. more strong than

**20.** No sooner said .......... .
A. so done B. and done
C. then done D. but done

**21.** She returned .......... than I had thought.
A. quickly B. more quicker
C. more quickly D. quicker

**22.** He is .......... foolish person.
A. rather the B. a rather
C. rather a D. rather

**23.** This pen .......... rupees.
A. costs twenty
B. twenty costs only
C. costs only twenty
D. only costs twenty

**24.** It is .......... pride.
A. nothing else but
B. nothing else than
C. else nothing than
D. but

**25.** This tea is .......... to drink.
A. too hot B. very hot
C. enough hot D. much hot

## ANSWERS

| 1 | 2 | 3 | 4 | 5 | 6 | 7 | 8 | 9 | 10 |
|---|---|---|---|---|---|---|---|---|---|
| A | C | A | B | A | C | C | C | A | A |
| **11** | **12** | **13** | **14** | **15** | **16** | **17** | **18** | **19** | **20** |
| B | D | B | D | B | B | C | A | D | C |
| **21** | **22** | **23** | **24** | **25** | | | | | |
| C | C | C | A | A | | | | | |

## DETERMINERS

Determiners are actually Adjectives. They are always followed by nouns.

Determiners are of the following kinds:

1. **Demonstrative Determiners**
   this, that, these, those
2. **Possessive Determiners**
   my, our, your, his, her, its, their
3. **Quantitative Determiners**
   some, any, much, enough, sufficient, whole, a little, the little, little, all, both
4. **Numerical Determiners**
   a few, some, few, the few, any, several, many, no, etc.
   One, two, three ... (Cardinals)
   First, second, third ... (Ordinals)
5. **Distributive Determiners**
   either, neither
6. **Articles**
   **Indefinite:** a, an
   **Definite:** the

## MULTIPLE CHOICE QUESTIONS

**Directions:** *In the following questions choose the correct options to fill the blanks.*

1. Give me ......... rice.
   A. some B. few
   C. a few D. any
2. ......... sheep grazing on the slope of the hill had gone away.
   A. Any B. The few
   C. This D. Much
3. Have you got ......... magazines to read?
   A. all B. much
   C. some D. little
4. I have ....... money that I want to spend on shares.
   A. any B. much
   C. less D. some
5. There is ......... owl on the branch of the tree.
   A. a B. the
   C. an D. some
6. My brother is ......... MBA.
   A. a B. an
   C. the D. any
7. Have you got ......... cheese?
   A. some B. many
   C. a few D. few
8. No, I have not got ......... cheese.
   A. many B. few
   C. any D. some
9. There is only ......... milk left in the bottle.
   A. enough B. few
   C. much D. a little
10. There is ......... hope of his recovery.
    A. any B. little
    C. many D. few
11. ......... dogs were barking at the strangers.
    A. Some B. Any
    C. Much D. Less

**12.** The girl bought her father ......... juice.
A. few B. some
C. any D. many

**13.** You should take ......... honey everyday.
A. any B. many
C. a little D. a few

**14.** ......... boy was punished by the teacher.
A. Either B. All
C. Any D. Many

**15.** ......... girl was asked to join the army.
A. None B. Neither
C. All D. Any

**16.** ......... water in the jug has been drunk by Mohan.
A. The little B. The few
C. A few D. Few

**17.** I shall play ......... piano at the party.
A. some B. any
C. the D. few

**18.** ......... labourers were found dead in the mine.
A. Any B. Fewer
C. Many D. Less

**19.** Could I borrow ......... umbrella?
A. our B. your
C. yours D. my

**20.** My brother is standing in the ......... row.
A. any B. many
C. some D. first

## ANSWERS

| 1 | 2 | 3 | 4 | 5 | 6 | 7 | 8 | 9 | 10 |
|---|---|---|---|---|---|---|---|---|---|
| A | B | C | D | C | B | A | C | D | B |
| **11** | **12** | **13** | **14** | **15** | **16** | **17** | **18** | **19** | **20** |
| A | B | C | A | B | A | C | C | B | D |

## THE VERB

A Verb is a word that tells something about the action or state of or happening to a person or thing.

A Verb tells the following:

**1.** What a person or thing does.
Sachin goes to school daily.
The bell *rang* loudly.
Many birds fly in the sky.
She *sang* a song.

**2.** What a person or thing is.
India *is* the biggest democracy in the world.
Ram Mehar *is* very rich.
They *are* happy.

**3.** What is done to a person or thing.
You *are liked* by all.
Two thieves *were arrested.*
Four students *were punished* by the teacher.

**4.** What happens to a person or thing.
His maternal uncle *died* last week.
Two ships *sank* yesterday.
Leaves *turn* yellow in autumn.

**5.** What a person or thing has, had, and so on.
I *have* a new car.
He *had* a scooter last year.
He *has* several cows and goats.

It goes without saying that a verb is the most important part of a sentence. No sentence is complete without a Verb.

### Important Information

1. If two or more singular nouns are joined by 'and' the verb used will be plural.

**Example:**
(i) He and I were going to the market.
(ii) Ram and Mohan are friends.

2. If two singular nouns joined by 'and' points out to the same thing or person, the verb used must be singular.

**Example:**
(i) Rice and curry is the favourite food of the Punjabis.
(ii) The Collector and District Magistrate is away.

3. In case two subjects are joined by 'as well as' the verb agrees with the first subject.

**Example :**
(i) Kanta as well as her children is playing.
(ii) Children as well as their mother are playing.

In the case of first sentence the verb (is) agrees with Kanta and in the case of second sentence the verb (are) agrees with the children.

4. 'Neither', 'Either', 'Every', 'Each', 'Everyone', and 'Many a' are followed by a singular verb.
**Example :**
(i) Either of the plans is to be adopted.
(ii) Neither of the two brothers is sure to pass.
(iii) Every student is expected to be obedient.
(iv) Everyone of them desires this.
(v) Many a person is drowned in the sea.

5. If two subjects are joined by 'Either ....... or' / 'Neither .......... nor', the verb agrees with the subject near to it.
**Example :**
(i) Either my brother or I am to do this work.
(ii) Neither he nor they are prepared to do this work.

6. 'A great many' is always followed by a 'plural noun' and a 'plural verb'. For example :
A great many students have been declared successful.

7. Similarly if two subjects are joined by 'with', 'together with', 'no less than', in addition to 'and not', etc. the verb agrees with the first subject.
**Example :**
(i) The boy with his parents has arrived.
(ii) He, no less than I, is to blame.

8. Nouns, plural in form, but singular in meaning, take a singular verb.
**Example :**
This news was broadcast from television yesterday.

## MULTIPLE CHOICE QUESTIONS

**Directions:** *In the following questions choose the correct options to fill the blanks.*

**1.** The bus with all its passengers .......... lost.
A. were B. was
C. are D. would

**2.** You as well as I .......... responsible for this work.
A. am B. are
C. was D. is

**3.** Raghava like all his companions .......... a spoiled child.
A. are B. were
C. is D. will be

**4.** Pen and ink .......... required for me.
A. are B. were
C. is D. has required

**5.** Every girl and every boy .......... attended the seminar.
A. have B. has
C. is D. are

**6.** Not only she but all her sisters ...... been married.
A. has B. have
C. is D. are

**7.** There .......... nothing but miseries in life.
A. is B. are
C. were D. will be

**8.** Neither prose nor poem .......... given.
A. were B. was
C. has D. have

**9.** Either he or I .......... wrong.
A. is B. are
C. am D. were

**10.** Either Sulekha or Rekha .......... coming here.
A. are B. is
C. were D. have

**11.** .......... the child or his parents to blame?
A. Is B. Are
C. Were D. Has

**12.** You and I .......... neighbours.
A. am B. are
C. was D. has

**13.** The house with all its belongings ..... sold away.
A. were B. are
C. was D. must

**14.** Either water or juice .......... required.
A. is B. are
C. were D. has

**15.** There were not as many tables as .......... required.
A. was B. were
C. is D. are

**16.** They each .......... a book.

A. have  B. are
C. has  D. is

**17.** He and I .......... class friends.

A. is  B. am
C. was  D. are

**18.** She as well as I .......... guilty.

A. is  B. are
C. am  D. must be

**19.** Purushottam ....... not read more on this chapter.

A. needs  B. has been need
C. need  D. had been need

**20.** He came .......... to his aunt.

A. run  B. running
C. to run  D. in run

**21.** She dislikes .......... meat.

A. eat to  B. to eat
C. eating  D. to eating

**22.** He likes ........... .

A. sing to  B. singing
C. to sing  D. to singing

**23.** We are ready .......... the match.

A. play to  B. to playing
C. playing  D. to play

**24.** .......... is injurious to health.

A. Smoking  B. To smoke
C. To smoking  D. Smoke to

**25.** He loves ........... raw vegetables.

A. eaten  B. eating
C. to eating  D. eat to

**26.** He seemed .......... finished his homework.

A. have to  B. to have
C. having  D. to having

## ANSWERS

| 1 | 2 | 3 | 4 | 5 | 6 | 7 | 8 | 9 | 10 |
|---|---|---|---|---|---|---|---|---|---|
| B | B | C | C | B | B | A | B | C | B |
| **11** | **12** | **13** | **14** | **15** | **16** | **17** | **18** | **19** | **20** |
| A | B | C | A | B | A | D | A | C | B |
| **21** | **22** | **23** | **24** | **25** | **26** | | | | |
| C | B | D | A | B | B | | | | |

## CONJUNCTIONS

A conjunction is a word which connects words, clauses or sentences.

Look at the following sentences.

(i) He bought apples *and* mangoes.
(ii) God made the country *and* man made the town.
(iii) The door was open *but* there was no one in the house.
(iv) He knows that I am here *and* that I want to see him.

In the sentence (i), *and* connects two words—*apples* and *mangoes.*

In the sentence (ii), *and* connects two sentences—*God made the country* and *man made the town.*

In the sentence (iii), *but* connects two sentences—*The door was open* and *there was no one in the house.*

In the sentence (iv), *and* connects two clauses—*that I am here* and *that I want to see him.*

The main coordinating conjunctions are:

and, but, for, or, nor, also, either ..... or, neither ..... nor.

There are some conjunctions which are used in pairs. They are:

either .... or, .... neither .... nor, both .... and, though .... yet, whether .... or, not only .... but also.

**Example:** *Either* take it *or* leave it.

It is *neither* useful *nor* ornamental.

They *both* like *and* respect me.

*Though* he is suffering from high fever, *yet* he does not cry.

He does not care *whether* you go *or* stay.

He is *not only* doltish, *but also* obstinate.

The conjunctions which are used in pairs in this way, are called correlative conjunctions, or merely correlatives.

## Use of Important Conjunctions

1. **As soon as :** As soon as denotes simultaneous time.
   **Example :** As soon as he saw his enemy, he took to his heels.
2. **No sooner .......... than :**
   (a) 'No sooner' is always followed by 'than'.
   (b) Please remember that 'No sooner' is always followed by do/does/did. As such only first form of the verb should be used after the subject.
   **Example :**
   No sooner did he see his enemy than he took to his heels.
3. **Hardly :** Hardly is followed by when.
   **Examples :**
   (i) Hardly had I left the house when it started raining.
   (ii) We had hardly come into the room when his father began chastising him.
   **Note :**
   A. Hardly is never followed by than.
   B. 'Scarcely' can also be used in the sense and manner of 'Hardly'.
4. **Lest :** Lest is used in the sense of so that .......... not. It is always followed by should. Lest is negative in sense. Hence 'not' should never be used with it.
   **Example :**
   Work hard lest you should fail.
   **Note :** 'Lest' is always followed by 'should' and not 'may'.
5. **Unless :** Unless expresses condition. It is also used in the negative sense. Use of 'not' is not allowed with unless because unless is already in the negative sense.
   **Example :**
   Unless you labour hard you will not pass.
6. **Until :** 'Until' expresses time. It means 'till not'.
   **Example :**
   Wait here until I return.
   **Note :** Until is in the negative sense. So 'not' should not be used with it. Example :
   Wait here until I do not return. (Incorrect)
   Wait here until I return. (Correct)
7. **As well as :** When two subjects are joined by 'as well as', the verb always agrees with the first subject.
   **Examples :**
   (i) The teacher as well as students is playing.
   (ii) Students as well as the teacher are playing.
   **Note :** 'Both' and 'as well as' cannot be used together in the same sentence.
   **Examples :**
   Both Sita as well as Kanta are beautiful. (Incorrect)
   Sita as well as Kanta is beautiful. (Correct)
   Both Sita and Kanta are beautiful. (Correct)
8. **As if :** 'As if' is used in the sense of pretension. While using 'as if' in a sentence, we should see that even the third person singular subject gets 'were'.
   **Example :**
   He talks as if he were mad.
9. **Till :** Till expresses time. Till is always used in the affirmative.
   **Example :**
   We did not come back till sunset.
10. **Rather than :** 'Rather than' is used in the sense of 'preference'. 'Rather' is always followed by 'than'.
    **Example :**
    I would rather die than submit.
11. **As long as/so long as :** Both express time during which an action or event takes place.
    **Example :**
    As long as there is life, there is hope.
12. **However :** It is both a subordinate and co-ordinate clause.
    **Examples :**
    (a) Mala worked hard, she however, failed.
    (b) However hard he may work, he cannot pass.
13. **Such as :** 'Such as' gives us the sense of 'like'. Such is always followed by 'as'.
    **Example :**
    Life is such a puzzle as cannot be solved.

## MULTIPLE CHOICE QUESTIONS

**Directions:** *In the following questions choose the correct options to fill the blanks.*

**1.** Neither he .......... his friend is good.
A. or B. and
C. but D. nor

**2.** The officer asked the peon .......... why he was late.
A. that B. if
C. but D. No word needed

**3.** Both Ajay .......... Vijay are intelligent.
A. or B. nor
C. and D. No word needed

**4.** No Sooner did the thief see the public .......... he ran away.
A. then B. and
C. but D. than

**5.** Abhinav .......... his brothers was going to Mumbai.
A. but B. yet
C. No word needed D. together with

**6.** He behaves .......... he were the captain of the team.
A. as if B. as
C. No word needed D. that

**7.** Either Rupali .......... Sonali is going to attend the meeting.
A. and B. but
C. nor D. or

**8.** Neither Nirmal .......... Ashwinee is going to listen the speech.
A. and B. but
C. nor D. or

**9.** Ravi .......... Prakash are going to Kolkata.
A. or B. nor
C. but D. and

**10.** Rice .......... curry is my usual breakfast.
A. and B. but
C. then D. than

**11.** Hardly had he left .......... his brother came.
A. then B. than
C. when D. that

**12.** I would rather have a copy .......... a book.
A. then B. than
C. when D. that

**13.** He is no other .......... my friend.
A. then B. than
C. when D. but

**14.** He saw a snake ..........he awoke.
A. then B. when
C. than D. No word needed

**15.** Ten years have passed .......... my grandmother died.
A. since B. when
C. then D. than

**16.** She is .......... good .......... bad.
A. either, not B. neither, or
C. neither, nor D. neither, than

**17.** The cellphone is both cheap .......... best.
A. than B. and
C. then D. or

**18.** No sooner did the rogue see the police .......... he disappeared.
A. then B. than
C. so D. because

**19.** Srishti will go .......... Sanju goes.
A. if B. than
C. then D. although

**20.** She is wise .......... timid.
A. and B. yet
C. but D. however

**21.** Make hay ......... the sun shines.
A. though B. while
C. after D. before

**22.** He is so weak .......... he cannot walk.
A. but B. that
C. then D. so

**23.** Although he is rich, ......... he is unhappy.
A. but B. yet
C. so D. still

**24.** Wait here ....... I come back.
A. till B. until
C. before D. after

**25.** He is my friend ........... I shall help him.

A. so
B. hence
C. that is why
D. therefore

**26.** He must go away .................. he will be beaten.

A. otherwise B. and
C. or D. else

**27.** God loves good men .......... good men love God.

A. and B. or
C. that D. those

**28.** He was late ............ he was not punished.

A. but B. yet
C. still D. therefore

**29.** Walk slowly ............., you may fall.

A. and B. or
C. so D. otherwise

**30.** Work hard, ............ you will fail.

A. and B. or
C. otherwise D. else

## ANSWERS

| 1 | 2 | 3 | 4 | 5 | 6 | 7 | 8 | 9 | 10 |
|---|---|---|---|---|---|---|---|---|---|
| D | D | C | D | D | A | D | C | D | A |
| **11** | **12** | **13** | **14** | **15** | **16** | **17** | **18** | **19** | **20** |
| C | B | B | B | A | C | B | B | A | C |
| **21** | **22** | **23** | **24** | **25** | **26** | **27** | **28** | **29** | **30** |
| B | B | B | A | B | C | A | C | D | D |

## PREPOSITIONS

A *Preposition* is a word which is placed before a noun or a pronoun to show its relation to some other word in the sentence.

1. I saw a goat *in* the field.
2. I am fond *of* hot coffee.

In sentence 1, the word *in* shows the relation between two things—*goat* and *field.*

In sentence 2, the word *of* shows the relation between the attribute expressed by the adjective *found* and *tea.*

The words *in* and *of* are here used as prepositions.

The noun or pronoun which is used with a preposition is called its object. The noun or pronoun is in the objective case. It is governed by the preposition. Now it is absolutely clear that in sentence 1, the noun *field* is in the objective case. The word *field* is governed by the preposition *in.*

A preposition may have two or more objects.

The road runs over *hill* and *plain.*

Here, the words *hill* and *plain* are used as objects.

### Use of Important Prepositions

**1. Among, Between**

'**Among**' is used for more than two persons or things; '**Between**' is used only for two.

**Examples :**

(i) Distribute these sweets *among* the poor students of the class.

(ii) Distribute these books *between* Ram and Shyam.

**2. Among, In**

'**Among**' is used before collective plural nouns. '**In**' is used before collective singular nouns.

**Examples :**

(i) I found him standing *among* the crowd.

(ii) I saw him in the crowd.

**3. Beside, Besides**

'**Beside**' means 'by the side of'. '**Besides**' means 'in addition to'.

**Examples :**

(i) The daughter was sitting *beside* her mother.

(ii) *Besides* his relatives, he invited his friends also.

**4. In, Within**

'**In**' means at the expiry of a period of time in future, '**Within**' means before the expiry of a period of time in any tense.

**Examples :**

(i) She will return *in* a week.

(ii) I shall finish my work *within* a weak.

**5. On, Upon**

'**On**' is used for things at rest; '**Upon**' is used for things in motion.

**Examples :**

(i) He is sitting *on* the floor.

(ii) The dog sprang *upon* the table.

**6. By, With**

'**By**' denotes the agent or doer, '**With**' denotes the instrument with which anything is done.

**Examples :**

(i) The bird was killed *by* the hunter with an arrow.

(ii) He beat the dog *with* a stick.

(iii) I shall reach here *by* five o'clock.

**7. After, In**

'**After**' means at the end of a period of time in the past. '**In**' means at the end of a period of time in future.

**Examples :**

(i) I shall return your book *in* a week.

(ii) He returned the book *after* a week.

**8. For, From, Since**

'**For**' is used before a noun denoting a period of time with all the tenses. '**From**' is used before a noun or phrase denoting a point of time, it is used in all the tenses. '**Since**' is used before a noun or phrase denoting some point of time and is always produced by a verb in the perfect continuous tense or third form of a verb.

**Examples :**

(i) We have been playing cards *for* two hours.

(ii) She stayed with her uncle *from* the 15th of March to the 15th of May.

(iii) I have been reading this book *since* morning.

**9. Above, Over**

**'Above'** means 'higher from', **Over** is used in the following four senses :

(i) In the sense of 'above' :
At noon, the sun is *over* our heads.

(ii) In the sense of 'beyond' :
I cannot get *over* my disappointment.

(iii) In the sense of 'Superiority' :
God *over* all blesses for ever more.

(iv) In the sense of 'Conclusion' :
It is all *over* with me.

**10. At, Towards**

'**At**' denotes the idea of aim, '**Towards**' denotes the idea of destination.

**Examples :**

(i) He threw the stone *at* the cat.

(ii) He went *towards* the house.

**11. At, In, On**

'At' is used as follows :

(i) **'At'** is used with small towns and villages.

**Examples :**

(a) He was born *at* Sonepat.

(b) He lives *at* village Bangra. (Bangra is a village)

(ii) **'At'** is used before a noun denoting a definite point of time.

**Example :**

He called on me *at* 9 p.m. yesterday.

'In' is used as follows :

(iii) '**In**' is used with the names of big cities, provinces and countries.

**Examples :**

(a) His father lives *in* England.

(b) His younger brother lives *in* Calcutta.

(iv) '**In**' is used before the names of months and years.

**Example :**

His elder sister was born *in* 1972 *in* the month of May.

**'On'** is used with dates and names of days.

**Examples :**

(a) I joined college *on* the 26th April.

(b) He will leave for Kolkata *on* Wednesday next.

## Important Information

1. '**In**' is also used in the following phrases :
In the morning; In the evening, In winter, In summer.

2. **'In'** also denotes a place inside anything. He travelled *in* a crowded bus.
3. **'At'** is used in the following phrases : *At* home, *At* the station, *At* work, *At* play.

**12. Below, Beneath**

*Below* means 'of lower level in position, dignity and expectation' etc. *Beneath* means 'under'.

**Examples :**

(i) It is *below* my dignity to talk to her.
(ii) They rested *beneath* the shade of a tree.

**13. In, Into, To**

**'In'** expresses Rest or Motion inside anything. **'Into'** expresses Motion towards the inside of anything or change from one medium to another. **'To'** denotes motion from one place to another.

**Examples :**

(i) The boys are *in* the room.
(ii) Translate this passage from English *into* Hindi.
(iii) Every morning he goes *to* the temple.

**14. Till, By, Of, Off**

- 'Till' means upto or not earlier than.
- 'By' means not later than.
- 'Of' shows cause, source, separation, quality, contents, possession, apposition, point of reference, space in time etc.
- 'Off' shows separation at a near distance, and detached condition.

**Consider the following examples:**

(i) I shall work *till* 5 a.m.
(ii) Madhu died *of* cancer.
(iii) The nib *of* the pen is made *of* gold.
(iv) He presented me a bottle *of* perfume.
(v) Our principal is a man *of* principle.
(vi) He lived in the house *of* his friend.
(vii) *By* this time tomorrow, I'll have finished my job.
(viii) My house is *off* the road.
(ix) The book fell *off* the table.

## MULTIPLE CHOICE QUESTIONS

**Directions:** *Tick the correct preposition for the blank in each of the following sentences.*

**1.** He applied ...... the manager.
A. for B. to
C. with D. by

**2.** Trust ...... God and do the right.
A. in B. for
C. to D. with

**3.** She is worthy ...... a prize.
A. with B. for
C. to D. of

**4.** Mr. Gomes has no taste ...... music.
A. of B. for
C. with D. to

**5.** You are hard ...... hearing.
A. at B. of
C. with D. for

**6.** He is sure ...... his success
A. for B. with
C. on D. of

**7.** Preeti was warned ...... the danger ahead.
A. for B. at
C. of D. about

**8.** I am thankful ...... you for a good advice.
A. for B. with
C. to D. of

**9.** Deepak would not surrender ...... the police.
A. with B. to
C. for D. on

**10.** The small plant in your lawn is very sensitive ...... touch.
A. on B. with
C. to D. about

**11.** Divya was sure to succeed ..... the examination.
A. for B. in
C. to D. with

**12.** Geeta was jealous ...... Ravina's beauty.
A. to B. with
C. for D. of

**13.** He was ignorant ..... what was happening there.
A. for B. of
C. to D. with

**14.** Your pen is inferior ...... mine.
A. than B. with
C. from D. to

**15.** Reenu is no match ...... Meenu.
A. to B. for
C. with D. upon

**16.** It is necessary ...... you to apply for this job.
A. on B. with
C. for D. to

**17.** Be loyal ...... your country.
A. for B. to
C. on D. with

**18.** Mukesh is junior ...... me.
A. than B. to
C. from D. of

**19.** Deepika was innocent ...... the crime.
A. of B. with
C. from D. to

**20.** I am desirous.... joining the Indian cricket team.
A. for B. of
C. to D. on

## ANSWERS

| 1 | 2 | 3 | 4 | 5 | 6 | 7 | 8 | 9 | 10 |
|---|---|---|---|---|---|---|---|---|---|
| B | A | D | B | B | D | D | D | B | D |
| **11** | **12** | **13** | **14** | **15** | **16** | **17** | **18** | **19** | **20** |
| B | D | B | D | B | D | B | B | A | B |

## SYNONYMS

A synonym is a word which conveys a meaning similar to the given word.

**REMEMBER**

| *Words* | *Synonyms* |
|---|---|
| Add | Increase |
| Adequate | Enough |
| Adjust | Adapt |
| All | Aggregate |
| Allow | Permit |
| Abode | Dwelling |
| Apt | Proper |
| Assess | Appraise |
| Accuse | Calumniate |
| Abashed | Timid |
| Annoy | Displease |
| Ample | Enough, Sufficient |
| Amplify | Increase |
| Apathetic | Unenthusiastic |
| Accost | Address |
| Authentic | True |
| Adjust | Fit |
| Approve | Assent, Allow, Accept |
| Adapt | Conform |
| Adversary | Opponent, Rival, Competitor |
| Beat | Whack |
| Benign | Kind |
| Breeze | Zephyr |
| Baffle | Puzzle |
| Booty | Spoil |
| Beauty | Charm |
| Beast | Animal |
| Bandit | Robber |
| Blaze | Shine |
| Bond | Tie |
| Bend | Twist |
| Bate | Diminish |
| Beg | Plead |
| Barbaric | Wild, Savage |
| Bashful | Shy, Reserved |

| Words | Synonyms |
|---|---|
| Begin | Start |
| Blend | Mix, Mingle |
| Bizarre | Funny |
| Below | Under |
| Bedevil | Confuse |
| Bemoan | Lament |
| Babble | Nonsense |
| Blame | Fault |
| Behaviour | Demeanour |
| Call | Accost |
| Copy | Imitate |
| Close | Shut |
| Caress | Love |
| Camp | Stay |
| Connect | Attach |
| Cut | Injure, Curtail |
| Cling | Stick |
| Conical | Funny |
| Convey | Carry |
| Conspicuous | Prominent |
| Cheerful | Happy, Pleasant |
| Curtail | Decrease |
| Cheerless | Sad, Dejected |
| Curious | Strange |
| Circumstance | Factor, Situation, Condition |
| Competent | Capable |
| Congruent | Overlapping |
| Cope | Deal, Endure |
| Confident | Sure |
| Complex | Intricate |
| Cajole | Coax, Flatter |
| Cunning | Crafty |
| Delectable | Joyful, Delightful |
| Devilish | Diabolical |
| Delicate | Soft |
| Devil | Fiend |
| Delay | Postpone |
| Dislike | Repugnance |
| Destroy | Ruin |

| Words | Synonyms |
|---|---|
| Dwell | Live, Dilate |
| Declare | Pronounce |
| Drunk | Flushed |
| Deficient | Lacking |
| Damn | Condemn, Curse |
| Decrease | Diminish |
| Destruction | Devastation |
| Efficient | Competent |
| Ethnic | Racial |
| Enthral | Enslave |
| Earnest | Serious |
| Envious | Jealous |
| Ending | Final |
| Egg | Incite |
| Extempore | At once |
| Extensive | Far-ranging |
| Extra | Surplus |
| Existence | Life |
| Exceed | Overstep |
| Enormous | Vast |
| Excessive | Superfluous |
| Free | Unhindered |
| Frigid | Cold |
| Feed | Cater |
| Fame | Reputation |
| Frame | Make |
| First | Initial |
| Frighten | Terrorise, Intimidate |
| Fervent | Fervid |
| Fall | Decline |
| Feeble | Frail |
| Fickle | Changeable |
| Finish | Conclude |
| Fraud | Deception |
| Forgiving | Placable |
| Grow | Develop |
| Greed | Avidity |
| Greet | Welcome |
| Grave | Serious |
| Group | Constellation |

| Words | Synonyms |
|---|---|
| Given | Bestowed |
| Gratitude | Thankfulness |
| Have | Possess |
| Hire | Rent |
| Hit | Strike |
| Handsome | Beautiful |
| Hinder | Prevent |
| Heap | Pile |
| Hope | Expect |
| Hard | Harsh |
| Help | Aid |
| Hymn | Song |
| Henpecked | Enslaved |
| Hoodwink | Mystify, Cheat |
| Humble | Polite, Urbane, Modest |
| Harass | Vex, Trouble |
| Impart | Instil |
| Intact | Untouched |
| Instal | Establish |
| Indict | Impeach |
| Imitate | Ape |
| Instigate | Incite |
| Initiate | Start, Introduce |
| Inimical | Unfriendly |
| Insufferable | Intolerable |
| Impartiality | Justice |
| Jolly | Merry |
| Joyful | Delectable |
| Join | Conjoin |
| Kind | Benign |
| Kill | Murder |
| Kindred | Similar |
| Kinship | Relationship |
| Keen | Sharp |
| Knowledge | Scholarship |
| Lazy | Slothful |
| Large | Substantial, Gargantuan |
| Listless | Careless, Lackadaisical |
| Lax | Loose |
| Little | Small |
| Lifelike | Realistic |

| Words | Synonyms |
|---|---|
| Lofty | High |
| Lenient | Soft, Gentle |
| Lacking | Deficient, Wanting |
| Lessen | Decrease |
| Middleclass | Bourgeois |
| Mitigate | Lessen, Abate |
| Modesty | Humility, Lowliness |
| Mix | Mingle, Blend |
| Mixture | Mingling |
| Mixed | Assorted |
| Modify | Decrease |
| Mean | Imply |
| Multifarious | Varied |
| Miscarry | Abort |
| Note | Notice |
| Noble | Stately |
| Native | Indigenous |
| Needful | Necessary |
| Notify | Declare |
| Nervous | Shaky, Tremulous, Timid |
| Natural | Spontaneous |
| Near | Close |
| Normal | Natural |
| Offend | Displease |
| Oppress | Persecute, Tyrannize |
| Opponent | Adversary |
| Obstruct | Hinder, Check |
| Offence | Fault |
| Offender | Villain |
| Overstep | Exceed |
| Overlapping | Congruent |
| Occult | Mystic |
| Profane | Unholy |
| Patience | Forbearance |
| Pornographic | Obscene |
| Plenitude | Abundance |
| Prominent | Important |
| Prodigal | Spender |
| Procrastinate | Postpone |
| Promote | Develop, Honour |
| Persecute | Tyrannise |

| Words | Synonyms |
|---|---|
| Profess | Claim |
| Pliant | Flexible |
| Plebian | Common |
| Polished | Sophisticated |
| Quake | Shake |
| Quit | Leave |
| Queer | Eccentric |
| Quell | Suppress |
| Quantify | Allot |
| Reply | Answer |
| Relinquish | Retire |
| Read | Peruse |
| Relation | Reference |
| Render | Do |
| Remainder | Residuals |
| Repeat | Reiterate |
| Repentant | Contrite |
| Retaliative | Retaliatory |
| Rumour | Hearsay |
| Reveal | Divulge |
| Ritualistic | Ceremonious |
| Soft | Delicate |
| Sort | Kind, Choose, Select |
| Selfish | Egoistic |
| Sensual | Earthly |
| Suppress | Quell, Check |
| Stimulate | Provoke |
| Tasteless | Insipid |
| Travel | Journey |
| True | Authentic, Faithful, Truthful |
| Turbulence | Turmoil |
| Tragedy | Calamity |
| Tasteful | Tasty, Delicious |
| Touching | Painful |
| Thankful | Grateful |
| Tremendous | Great, Huge |
| Tough | Strong |
| Terminate | Conclude, End |
| Theory | Doctrine |
| Tell | Relate |
| Tremble | Shake, Shiver |
| Urge | Spur |

| Words | Synonyms |
|---|---|
| Unbeaten | Unsubdued |
| Use | Utilize, Practise |
| Underhand | Unfair, Undue |
| Unfair | Unjust |
| Unravel | Reveal, Divulge |
| Unimportant | Common |
| Unconcerned | Apathetic |
| Unimitated | Inimitable |
| Unfortunate | Unlucky |
| Understand | Perceive, Comprehend |
| Vain | Proud, Haughty, Conceited, Shameless |
| Vale | Valley, Dale, Dell |
| Vice | Fault |
| Virtue | Quality |
| Veracity | Reality |
| Value | Price, Prize |
| Vex | Tease |
| Vibrate | Quiver, Shake |
| Violent | Excessive |
| Vivid | Clear, Lucid |
| Victory | Triumph |
| Vulgar | Indecent |
| Virtuous | Honest |
| Variegated | Varied, Multifarious |
| Well | Good |
| Yell | Cry, Shout |
| Yonder | There |
| Yearn | Wish, Desire |
| Yoke | Slavery |
| Zest | Earnestness, Enthusiasm |
| Zealous | Earnest |

## ANTONYMS

A antonym is a word which conveys a meaning opposite to the given word.

**REMEMBER**

| Words | Antonyms |
|---|---|
| Abhor | Love |
| Abnormal | Normal |
| Able | Unable |
| Acceptable | Unacceptable |
| Adequate | Inadequate |
| Amusing | Boring |

| *Words* | *Antonyms* | *Words* | *Antonyms* |
|---|---|---|---|
| Angry | Calm | Hard | Soft |
| Apex | Bottom | Hate | Love |
| Attract | Repel | Honest | Dishonest |
| Bad | Good | Idle | Busy |
| Barren | Fertile | Immoral | Moral |
| Beautiful | Ugly | Include | Exclude |
| Bitter | Sweet | Incorrect | Correct |
| Brave | Cowardly | Intelligent | Unintelligent |
| Brief | Lengthy | Kind | Cruel |
| Bright | Dull | Like | Dislike |
| Calm | Violent | Long | Short |
| Careful | Careless | Lucid | Vague |
| Clear | Vague, Cloudy | Major | Minor |
| Cold | Hot | Naive | Experienced |
| Cruel | Kind | Nadir | Apex |
| Dear | Cheap | Neat | Clumsy |
| Deep | Shallow | Obedient | Disobedient |
| Difficult | Easy | Obscure | Clear |
| Direct | Indirect | Oppose | Support |
| Dishonest | Honest | Optimistic | Pessimistic |
| Disobey | Obey | Out | In |
| Encourage | Discourage | Patience | Impatience |
| Enormous | Tiny | Peaceful | Belligerent |
| Excellent | Bad | Pious | Impious |
| Expensive | Cheap | Polite | Impolite |
| Eat | Fast | Potent | Impotent |
| Fair | Unfair | Prominent | Unimportant |
| Fake | Authentic | Proper | Improper |
| False | True | Pure | Impure |
| Famous | Notorious | Quick | Slow |
| Fool | Genius | Quiet | Disturbance |
| Generous | Miserly | Real | False, Unreal |
| Genius | Fool | Reject | Select, Choose |
| Genuine | Unauthentic | Reliable | Unreliable |
| Gigantic | Tiny | Respect | Disrespect |
| Glad | Depressed | Right | Wrong |
| Good | Bad | Robust | Feeble, Weak |
| Great | Little | Sad | Happy |
| Happy | Sad | | |

| Words | Antonyms |
|---|---|
| Secret | Open |
| Sensible | Insensible |
| Severe | Mild |
| Sharp | Blunt |
| Simple | Complex |
| Sociable | Unsociable |
| Tall | Short |
| Tidy | Untidy |
| Uncanny | Canny |
| Violent | Calm |
| Vivid | Vague |

| Words | Antonyms |
|---|---|
| Strong | Weak |
| Big | Small |
| Easy | Difficult |
| Fast | Slow |
| High | Low |
| Catchy | Unattractive |
| Ugly | Handsome, Beautiful, Tidy |
| Tasty | Insipid |
| Sonorous | Harsh |

## MULTIPLE CHOICE QUESTIONS

**Directions (Qs. 1 to 20):** *In the following questions choose the word which best expresses the meaning of the given word.*

1. ABSURD
   A. Foolish B. Simple
   C. Courageous D. Silly
2. ABANDON
   A. Lose B. Profit
   C. Vacate D. Foil
3. CAJOLE
   A. Pause B. Lenient
   C. Blast D. Lure
4. COMBAT
   A. Fight B. Conflict
   C. Shoot D. Quarrel
5. LAMENT
   A. Condone B. Console
   C. Complain D. Contribution
6. DEBACLE
   A. Disgrace B. Defeat
   C. Collapse D. Decline
7. SHIVER
   A. Fear B. Tremble
   C. Shake D. Ache
8. TORTURE
   A. Terror B. Harassment
   C. Torment D. Tranquility
9. LAUDABLE
   A. Lovable B. Commendable
   C. Profitable D. Oblivious
10. FIXED
   A. Sterile B. Static
   C. Stubborn D. Parennial
11. QUEER
   A. Unfamiliar B. Cute
   C. Curious D. Strange
12. SUFFICIENT
   A. Fit B. Proper
   C. Adequate D. Vast
13. GLOSS
   A. Brightness B. Soothing
   C. Rubbing D. Miracle
14. LONGING
   A. Prune B. Apathy
   C. Curtail D. Craving
15. JEER
   A. Applaud B. Magnanimity
   C. Avoid D. Scoff
16. ZENITH
   A. Minimum B. Nadir
   C. Plant D. Peak
17. GARB
   A. Distort B. Dress
   C. Trivial D. Rage

**18.** ABHOR
A. Rude B. Reconcile
C. Crave D. Detest

**19.** YIELD
A. Shum B. Incisive
C. Retain D. Surrender

**20.** YOKE
A. Twist B. Release
C. Link D. Extra

**Directions (Qs. 21 to 38):** *In the following questions choose the word which best expresses the opposite of the given word.*

**21.** TRAGIC
A. Dramatic B. Strong
C. Gentle D. Comic

**22.** ORAL
A. Verbal B. Sane
C. Minor D. Written

**23.** ADMIRE
A. Hate B. Unlike
C. Dislike D. Enough

**24.** VIOLENT
A. Gentle B. Savage
C. Haughty D. Decline

**25.** ADVERSITY
A. Windfall B. Inprosperity
C. Prosperity D. Slave

**26.** GENUINE
A. Spurious B. Obscure
C. Countless D. Apathetic

**27.** GRUDGE
A. Essence B. Guile
C. Goodwill D. Ill-will

**28.** STIFF
A. Soft B. Courteous
C. Lively D. Flexible

**29.** VANITY
A. Conceit B. Pride
C. Ostentious D. Humility

**30.** FRONT
A. Upper B. Unusual
C. Back D. Rear

**31.** ATTRACT
A. Lured B. Longing
C. Repel D. Disguise

**32.** COMFORT
A. Discomfort B. Discontent
C. Uncomfort D. Miscomfort

**33.** WELCOME
A. Repel B. Accept
C. Resist D. Fight

**34.** TACTFUL
A. Naive B. Loose
C. Strict D. Uncivilized

**35.** DUTIFUL
A. Harmful B. Watchful
C. Forgetful D. Remiss

**36.** RIGID
A. Flux B. Adoptable
C. Yielding D. Adaptable

**37.** RARE
A. Petty B. Poor
C. Small D. Common

**38.** ZEAL
A. Despair B. Calmness
C. Passiveness D. Indifference

## ANSWERS

| **1** | **2** | **3** | **4** | **5** | **6** | **7** | **8** | **9** | **10** |
|---|---|---|---|---|---|---|---|---|---|
| D | C | D | A | C | C | B | C | B | B |
| **11** | **12** | **13** | **14** | **15** | **16** | **17** | **18** | **19** | **20** |
| D | C | A | D | D | D | B | D | D | C |
| **21** | **22** | **23** | **24** | **25** | **26** | **27** | **28** | **29** | **30** |
| D | D | C | A | C | A | C | D | D | D |
| **31** | **32** | **33** | **34** | **35** | **36** | **37** | **38** | | |
| C | A | C | A | D | D | D | D | | |

# 3. Sentence Completion

It is such an exercise which starts with the primary schools and continues in the highest level of competitive examinations. One must practise it regularly to score well.

**Directions (Qs. 1 to 15):** *Pick out the most effective word(s) from the given words to fill in the blanks to make the sentence meaningfully complete.*

**1.** The student ...... that book from the library to study at home.
A. issued B. borrowed
C. hired D. lent

**2.** I wish I ...... a king.
A. was B. am
C. should be D. were

**3.** He ...... to listen to my arguments and walked away.
A. denied B. disliked
C. objected D. refused

**4.** The flow of blood was so ...... that the patient died.
A. intense B. adequate
C. profuse D. extensive

**5.** When I met her yesterday, it was the first time I ...... her since Christmas.
A. saw B. have seen
C. had seen D. have been seing

**6.** Can you pay ...... all these articles?
A. for B. of
C. off D. out

**7.** I ...... you to be at the party this evening.
A. expect B. hope
C. look forward to D. desire

**8.** ...... being a handicapped person, he is very cooperative and self-reliant.
A. Because B. Although
C. Since D. Despite

**9.** The child broke ...... from his mother and ran towards the painting.
A. away B. after
C. down D. with

**10.** With his ...... income, he finds it difficult to live a comfortable life.
A. brief B. sufficient
C. meagre D. huge

**11.** He could ...... a lot of money in such a short time by using his intelligence and working hard.
A. spend B. spoil
C. exchange D. accumulate

**12.** Though the brothers are twins, they look ...... .
A. alike B. handsome
C. indifferent D. different

**13.** Unfavourable weather conditions can ..... illness.
A. cure B. detect
C. treat D. enhance

**14.** No sooner did the bell ring, ...... the actor started singing.
A. when B. than
C. after D. before

**15.** If I ...... realised it, I would not have acted on his advice.
A. was B. had
C. were D. have

**Directions (Qs. 16 to 25):** *In each question, an incomplete statement (Stem) followed by four fillers* *is given. Pick out the best one which can complete the incomplete stem correctly and meaningfully.*

**16.** Unless you work harder you will fail, means .....
A. if you fail you will work harder.
B. you must at least plan well than you will not fail.
C. hardly you will fail if you do not desire so.
D. if you do not put more efforts, then you will fail.

**17.** Even if it rains I shall come, means .....
A. if I come it will not rain.
B. if it rains I shall not come.
C. I will certainly come whether it rains or not.
D. whenever there is rain I shall come.

**18.** Dinesh is as stupid as he is lazy means .....
A. Dinesh is stupid because he is lazy.
B. Dinesh is lazy because he is stupid.
C. Dinesh is either stupid or lazy.
D. Dinesh is equally stupid and lazy.

**19.** He is so lazy that he .....
A. cannot depend on others for getting his work done.
B. cannot delay the schedule of completing the work.
C. can seldom complete his work on time.
D. dislike to postpone the work that he undertakes to do.

**20.** He always stammers in public meetings, but his today's speech .....
A. was fairly audible to everyone present in the hall.
B. was not received satisfactorily.
C. could not be understood properly.
D. was free from that defect.

**21.** In order to raise the company's profit, the employees .....
A. demanded two additional increments.
B. decided to go on paid holidays.
C. requested the management to implement new welfare schemes.
D. offered to work overtime without any compensation.

**22.** Although, he is reputed for making very candid statements, .....
A. his today's speech was not fairly audible.
B. his promises had always been realistic.
C. his speech was very interesting.
D. his today's statements were very ambiguous.

**23.** I felt somewhat more relaxed .....
A. but tense as compared to earlier.
B. and tense as compared to earlier.
C. as there was already no tension at all.
D. and tension-free as compared to earlier.

**24.** With great efforts his son succeeded in convincing him not to donate his entire wealth to an orphanage .....
A. and lead the life of a wealthy merchant.
B. but to a home for the forsaken children.
C. and make an orphan of himself.
D. as the orphanage needed a lot of donations.

**25.** Even though it is a very large house, .....
A. there is a lot of space available in it for children.
B. there is hardly any space available for children.
C. there is no dearth of space for children.
D. the servants take a long time to clean it.

## ANSWERS

| 1 | 2 | 3 | 4 | 5 | 6 | 7 | 8 | 9 | 10 |
|---|---|---|---|---|---|---|---|---|---|
| B | D | D | C | C | A | A | D | A | C |
| **11** | **12** | **13** | **14** | **15** | **16** | **17** | **18** | **19** | **20** |
| D | D | D | B | B | D | C | D | C | D |
| **21** | **22** | **23** | **24** | **25** | | | | | |
| D | D | D | C | B | | | | | |

# 4. Spotting Errors

The most common errors in English are of spellings, grammar and usage of words. By regular practice, the errors can be easily spotted and minimised.

## MULTIPLE CHOICE QUESTIONS

**Directions:** *In the following questions some of the sentences have errors and some are correct. Find out which part of a sentence has an error, the number of that part is your answer. If a sentence is free from errors, then your answer is D i.e., No error.*

**1.** (A) Either Ram or/(B) you is responsible/(C) for this action./(D) No error.

**2.** (A) The student flatly denied/(B) that he had copied/(C) in the examination hall./(D) No error.

**3.** (A) By the time you arrive tomorrow/(B) I have finished/(C) my work./(D) No error.

**4.** (A) The captain with the members of his team/(B) are returning/(C) after a fortnight./(D) No error.

**5.** (A) After returning from/(B) an all-India tour/(C) I had to describe about it./(D) No error.

**6.** (A) The teacher asked his students/(B) if they had gone through/(C) either of the three chapters included in the prescribed text./(D) No error.

**7.** (A) Do you know/(B) how old were you/(C) when you came here?/(D) No error.

**8.** (A) Beware of/(B) a fair-weather friend/(C) who is neither a friend in need nor a friend indeed./(D) No error.

**9.** (A) Copernicus proved/(B) that Earth/(C) moves round the Sun./(D) No error.

**10.** (A) The property/(B) was divided/(C) among the two brothers./(D) No error.

**11.** (A) I am quite certain/(B) that the lady is not only greedy/(C) but miserly./(D) No error.

**12.** (A) The brilliant success in the examination/(B) as well as his record in sports/(C) deserves high praise./(D) No error.

**13.** (A) I cannot find/(B) where has he gone/(C) though I have tried may best./(D) No error.

**14.** (A) If I was/(B) the Prime Minister of India/(C) I would work wonders/(D) No error.

**15.** (A) If it weren't/(B) for you,/(C) I wouldn't be alive today./(D) No error.

**16.** (A) He looked like a lion/(B) baulked from/(C) its prey./(D) No error.

**17.** (A) Widespread flooding/(B) is affecting/(C) large areas of the villages./(D) No error.

**18.** (A) If we really set to/(B) we can get the whole house/(C) cleaned in an afternoon./(D) No error.

**19.** (A) It's arrogant for you/(B) to assume you'll/(C)win every time./(D) No error.

**20.** (A) The two books are the same/(B) except for the fact that this/(C) has an answer in the back./(D) No error.

**21.** (A) Your husband doesn't/(B) believe that you are older/(C) than I./(D) No error.

**22.** (A) I could not/(B) answer to/(C) the question./ (D) No error.

**23.** (A) Two years passed/(B) since/(C) my cousin died./(D) No error.

**24.** (A) I am learning English/(B) for ten years/(C) without much effect./(D) No error.

**25.** (A) Ramesh has agreed/(B) to marry with the girl/(C) of his parent's choice./ (D) No error.

**26.** (A) When he was arriving./(B) the party was/ (C) in full swing./(D) No error.

**27.** (A) The most studious boy/(B) in the class/ (C) was made as the captain./(D) No error.

**28.** (A) I am participating/(B) in the two-miles race/(C) tomorrow morning./(D) No error.

**29.** (A) When the boy committed a mistake/(B) the teacher made him to do/(C) the sum again./ (D) No error.

**30.** (A) Whenever a person lost anything/(B) the poor folk around/(C) are suspected./(D) No error.

## ANSWERS

| 1 | 2 | 3 | 4 | 5 | 6 | 7 | 8 | 9 | 10 |
|---|---|---|---|---|---|---|---|---|---|
| B | D | B | B | C | C | D | D | B | C |
| **11** | **12** | **13** | **14** | **15** | **16** | **17** | **18** | **19** | **20** |
| C | D | B | A | C | C | C | A | A | C |
| **21** | **22** | **23** | **24** | **25** | **26** | **27** | **28** | **29** | **30** |
| C | B | A | A | B | A | C | B | B | A |

## EXPLANATORY ANSWERS

**1.** Replace 'is' by 'are'.
**2.** No error.
**3.** Replace 'have' by 'would have'.
**4.** Replace 'are' by 'is'.
**5.** Replace 'had to describe' by 'described'.
**6.** Replace 'either' by 'any'.
**7.** No error.
**8.** No error.
**9.** Omit 'that'.
**10.** Replace 'among' by 'between'.
**11.** Add 'also'.
**12.** No error.
**13.** Replace 'has he' by 'he has'.
**14.** Replace 'was' by 'were'.
**15.** Replace 'wouldn't be' by 'would not have been'.
**16.** Replace 'its' by 'his'.
**17.** Replace 'areas' by 'area'.
**18.** Replace 'set to' by 'set on'.
**19.** Replace 'for' by 'of'.
**20.** Replace 'in' by 'on'.
**21.** Replace 'I' by 'me'.
**22.** Omit 'to'.
**23.** Replace 'passed' by 'have passed'.
**24.** Replace 'am' by 'have been'.
**25.** Omit 'with'.
**26.** Replace 'was arriving' by 'arrived'.
**27.** Omit 'as'.
**28.** Replace 'in' by 'at'.
**29.** Omit 'to'.
**30.** Replace 'lost' by 'loses'.

# 5. One Word Substitution

There are many single words in English language which can be perfectly used for a number of words. These words help in expressing ideas in a short and correct manner for the right occasion. Such words not only increase the vocabulary but also enable you to economise in the use of words to a great extent.

| *Multiple Word Expression* | *Substitution* |
|---|---|
| One who always looks towards the bright side of things | Optimist |
| One who always looks towards the dark side of things | Pessimist |
| The time when one develops from a child into an adult | Adolescence |
| The process of growing more plants in order to form a forest. | Afforestation |
| The science which deals with farming | Agriculture |
| From some other country or place etc. | Alien |
| A term, etc. giving more than one meaning | Ambiguous |
| A vehicle which is used to carry sick persons | Ambulance |
| An animal which can live both in water and on land | Amphibian |
| A lawless situation when there is no government | Anarchy |
| Belonging to the history of thousands of years old | Ancient |
| Once a year | Annual |
| A very old object but still valuable | Antique |
| Words of opposite meanings | Antonyms |
| Words of similar meanings | Synonyms |
| Signatures of a famous person | Autograph |
| A government led by one person with absolute authority | Autocracy |
| A written work of one's own life history | Autobiography |
| A person who has never been married | Bachelor |
| A person usually having no hair on his head | Bald |
| A place where one can deposit money and get interest | Bank |
| A person who cuts our hair | Barber |
| A building/group of buildings where soldiers live | Barracks |
| A person who makes buns and biscuits | Baker |
| A person who lives by asking people for food and money without doing any useful job | Beggar |
| The crime of having married to two persons at the same time | Bigamy |
| The branch of science which deals with the study of plants | Botany |
| Able to speak two languages | Bilingual |

| *Multiple Word Expression* | *Substitution* |
|---|---|
| Able to speak more than two languages | Polyglot |
| The branch of science which deals with the living organisms | Biology |
| A powerful snow storm | Blizzard |
| A great successful book or movie | Blockbuster |
| A short news on the radio or TV | Bulletin |
| A system in which the most important works are organised by the government officials | Bureaucracy |
| A person who has no vision in his eyes | Blind |
| A page or a series of pages on which the information of days, weeks, months, etc. is given | Calendar |
| A person who eats human flesh | Cannibal |
| A complete list of items often arranged alphabetically | Catalogue |
| A sudden disaster | Catastrophe |
| A period of 100 years | Century |
| A branch of science which deals with chemicals | Chemistry |
| A printed leaf usually issued by banks that we sign to carry certain financial deal | Cheque |
| A person who makes or mends shoes | Cobbler |
| A group of people who has been chosen by others to make decisions on their own | Committee |
| A building in which nuns live | Convent |
| An animal which feeds on other animals | Carnivorous |
| A person who does criticism | Critic |
| A person who cannot hear | Deaf |
| A condition in which one loses a lot of water from one's body because of vomiting, etc. | Dehydration |
| A system of government in which the people cast their votes to elect their leaders | Democracy |
| The study of skin problems | Dermatology |
| A long piece of land covered with sand | Desert |
| The art of managing relationships between countries | Diplomacy |
| A piece of information about the words in a book form | Dictionary |
| A piece of information about the telephone numbers of the people in a book from | Directory |
| A person in charge of a newspapers, magazine etc. | Editor |
| A person who thinks he is better than the others | Egoist |
| To leave your country and settle in some other country | Emigrate |
| A book or series of books giving almost all knowledge about an area or some persons etc. | Encyclopaedia |
| Study of insects | Entomology |
| Time when day and night are of the same duration | Equinox |
| To sell things out of the country | Export |
| To purchase things from some other country | Import |
| A plant or animal no longer in existence | Extinct |
| A situation when there is a shortage of food for a long period of time | Famine |
| An amount of money that we pay for some action or services | Fee |
| Related to women | Feminine |
| An animal strong and aggressive | Ferocious |

| *Multiple Word Expression* | *Substitution* |
|---|---|
| A piece of land where plants grow easily from the soil that is favourable to them | Fertile |
| A work of literature having some imaginary events | Fiction |
| A large amount of water covering certain area | Flood |
| A person who sells flowers | Florist |
| A religious ceremony for burying or cremating a dead person | Funeral |
| A substance which kills fungus | Fungicide |
| A person studying or having studied the diseases and the related things of female reproductory system | Gynaecologist |
| The murder of the person of the same group race or country | Genocide |
| A substance which kills germs | Germicide |
| A situation in which many people die because of fire during war | Holocaust |
| The act of killing a person deliberately | Homicide |
| A word having the pronunciation as the other one does but it differs in meaning | Homophone |
| A word having the same spelling as the other one does but it is pronounced in some other way | Homonym |
| A person who is attracted towards the person of the same sex | Homosexual |
| Go across and parallel to the ground | Horizontal |
| A substance which kills the insects | Insecticide |
| That cannot be corrected | Incorrigible |
| That cannot be defeated | Invincible |
| That cannot be eaten | Inedible |
| That cannot be seen | Invisible |
| A place in a school or college where books are kept for the benefit of students, teachers etc. | Library |
| A place in a school or college where scientific experiments are performed | Laboratory |
| An official who is a judge in the lowest court | Magistrate |
| A piece of music or a book before it is printed | Manuscript |
| Related to men | Masculine |
| One who believes in the existence of God | A theist |
| One who does not believe in the existence of good | An atheist |
| That can be believed | Credible |
| That cannot be believed | Incredible |
| That which dissolves in a solvent | Soluble |
| That which does not dissolves in a solvent | Insoluble |
| Hard writing that can be read | Legible |
| Hard writing that cannot be read | Illegible |
| A person who does jobs beneficial to mankind | Philanthropist |
| A person who goes on foot | Pedestrian |
| A person who fights for his own country | Patriot |
| An act of killing oneself | Suicide |
| A woman whose husband is dead | Widow |
| A man whose wife is dead | Widower |
| A person who eats vegetarian and non-vegetarian diets | Omnivorous |

| *Multiple Word Expression* | *Substitution* |
|---|---|
| Something which is everywhere at the same time | Omnipresent |
| One who knows everything | Omniscient |
| A child who does not have parents | Orphan |
| An award etc. given after the death of the person | Posthumous |
| The place where animals are kept for amusement and to increase the knowledge of the public | Zoo |
| The science which deals with the study of animals | Zoology |

## MULTIPLE CHOICE QUESTIONS

**Directions:** *In questions given below, out of the four alternatives, choose the one which can be substituted for the given words/sentences.*

**1.** Something that relates to everyone in the world
A. General B. Common
C. Usual D. Universal

**2.** An expression of mild disapproval
A. Warning B. Denigration
C. Impertinence D. Reproof

**3.** One who is not easily pleased by anything
A. Maiden B. Medieval
C. Precarious D. Fastidious

**4.** Murder of a king
A. Infanticide B. Matricide
C. Genocide D. Regicide

**5.** A remedy for all diseases
A. Stoic B. Marvel
C. Panacea D. Recompense

**6.** A dramatic performance
A. Mask B. Mosque
C. Masque D. Mascot

**7.** Study of birds
A. Orology B. Optology
C. Ophthalmology D. Ornithology

**8.** Ready to believe
A. Credulous B. Credible
C. Creditable D. Incredible

**9.** Incapable of being seen through
A. Ductile B. Opaque
C. Obsolete D. Potable

**10.** One who eats everything
A. Omnivorous B. Omniscient
C. Irresistible D. Insolvent

**11.** A place where bees are kept is called
A. An apiary B. A mole
C. A hive D. A sanctuary

**12.** One who cannot be corrected
A. Incurable B. Incorrigible
C. Hardened D. Invulnerable

**13.** One who is in charge of a museum
A. Curator B. Supervisor
C. Caretaker D. Warden

**14.** Continuing fight between parties, families, clans, etc.
A. Enmity B. Feud
C. Quarrel D. Skirmish

**15.** A voice loud enough to be heard
A. Audible B. Applaudable
C. Laudable D. Oral

**16.** A paper written by hand
A. Handicraft B. Manuscript
C. Handiwork D. Thesis

**17.** Habitually silent or talking little
A. Serville B. Unequivocal
C. Taciturn D. Synoptic

**18.** To slap with a flat object
A. Chop B. Hew
C. Gnaw D. Swat

**19.** A person who speaks many languages
A. Linguist B. Monolingual
C. Polyglot D. Bilingual

**20.** A light sailing-boat built specially for racing
A. Canoe B. Yacht
C. Frigate D. Dinghy

**21.** A fixed orbit in space in relation to earth
A. Geological B. Geo-synchronous
C. Geo-centric D. Geo-stationary

**22.** A style in which a writer makes a display of his knowledge
A. Pedantic B. Verbose
C. Pompous D. Ornate

**23.** A religious discourse
A. Preach B. Stanza
C. Sanctorum D. Sermon

**24.** A place that provides refuge
A. Asylum B. Sanatorium
C. Shelter D. Orphanage

**25.** Detailed plan of a journey
A. Travelogue B. Travelkit
C. Schedule D. Itinerary

**26.** A person who insists on something
A. Disciplinarian B. Stickler
C. Instantaneous D. Boaster

**27.** A drawing on transparent paper
A. Red print B. Blue print
C. Negative D. Transparency

**28.** One who believes that all things and events in life are predetermined is a
A. Fatalist B. Puritan
C. Egoist D. Tyrant

**29.** A school boy who cuts classes frequently is a
A. Defeatist B. Sycophant
C. Truant D. Martinet

**30.** The act of violating the sanctity of the church is
A. Blasphemy B. Heresy
C. Sacrilege D. Desecration

**31.** A place where monks live as a secluded community
A. Cathedral B. Diocese
C. Convent D. Monastery

**32.** One who is fond of fighting
A. Bellicose B. Aggressive
C. Belligerent D. Militant

**33.** Tending to move away from the centre or axis
A. Centrifugal B. Centripetal
C. Axiomatic D. Awry

**34.** Words inscribed on tomb
A. Epitome B. Epistle
C. Epilogue D. Epitaph

**35.** Leave or remove from a place considered dangerous
A. Evade B. Evacuate
C. Avoid D. Exterminate

**36.** Original inhabitants of a country
A. Abroge B. Aborger
C. Aborgory D. Aborigins

**37.** Government by the officials
A. Theocracy B. Plutocracy
C. Bureaucracy D. Democracy

**38.** Incapable of being exhausted
A. Inexhaustible B. Inaexhaustible
C. Exhaustable D. Nôn-tired

**39.** A person of good understanding, knowledge and reasoning power
A. Expert B. Intellectual
C. Snob D. Literate

**40.** One absorbed in his own thoughts and feelings rather than in things outside
A. Scholar B. Recluse
C. Introvert D. Intellectual

## ANSWERS

| 1 | 2 | 3 | 4 | 5 | 6 | 7 | 8 | 9 | 10 |
|---|---|---|---|---|---|---|---|---|---|
| D | D | D | D | C | C | D | A | B | A |
| **11** | **12** | **13** | **14** | **15** | **16** | **17** | **18** | **19** | **20** |
| A | B | A | B | A | B | C | D | A | B |
| **21** | **22** | **23** | **24** | **25** | **26** | **27** | **28** | **29** | **30** |
| D | A | D | A | D | B | D | A | C | C |
| **31** | **32** | **33** | **34** | **35** | **36** | **37** | **38** | **39** | **40** |
| D | A | A | D | B | B | C | A | B | C |

# 6. Spelling Errors

There are thousands of words in English language. It is difficult to remember the spellings and meanings of all at once. Try to learn as many as you can. Use a dictionary regularly.

**Directions:** *Find the correctly spelt words.*

**1.** A. Damage B. Dammage
C. Damaige D. Dammege

**2.** A. Efficiant B. Effecient
C. Efficient D. Eficient

**3.** A. Schedule B. Schdule
C. Schedale D. Schedeule

**4.** A. Occurad B. Occurred
C. Ocurred D. Occured

**5.** A. Grieff B. Grief
C. Grieef D. Grrief

**6.** A. Guarantee B. Garuntee
C. Guaruntee D. Gaurantee

**7.** A. Meddicine B. Medicine
C. Medicene D. Medicinne

**8.** A. Benefeted B. Benefitted
C. Benifited D. Benefited

**9.** A. Acommodation B. Acomodation
C. Accomodation D. Accommodation

**10.** A. Querrelsome B. Quarrelsame
C. Quarrelsome D. Querralsome

**11.** A. Sympathetic B. Smypathetic
C. Sympothetic D. Sympethetic

**12.** A. Prograssive B. Progressive
C. Progresive D. Prograsive

**13.** A. Uncivilized B. Uncevilized
C. Uncivillized D. Uncevelized

**14.** A. Extravagant B. Extreragent
C. Extreregant D. Extravegent

**15.** A. Missunderstood B. Miesunderstood
C. Misunderstood D. Misunderstod

**16.** A. Belligerent B. Beligirent
C. Belligarant D. Belligerrent

**17.** A. Astonished B. Astronished
C. Astoneshed D. Asstonished

**18.** A. Sincerely B. Sencerely
C. Sincerelly D. Sincerrely

**19.** A. Rigourous B. Rigerous
C. Rigorous D. Regerous

**20.** A. Satellite B. Sattellite
C. Satelite D. Sattelite

**21.** A. Pesanger B. Passenger
C. Pessenger D. Pasanger

**22.** A. Humurous B. Humorous
C. Humoreus D. Humorrous

**23.** A. Exeggerate B. Exaggerate
C. Exadgerate D. Exagerate

**24.** A. Fariegn B. Forein
C. Foriegn D. Foreign

**25.** A. Excesive B. Excessive
C. Exccessive D. Exccesive

**26.** A. Forcaust B. Forcast
C. Forecast D. Forecaste

**27.** A. Paralleted B. Paralelled
C. Parralleled D. Parallelled

**28.** A. Ocasion B. Occassion
C. Occasion D. Ocassion

**29.** A. Boquet B. Bouquet
C. Bouquete D. Bouquette

**30.** A. Chettering B. Chaterring
C. Chattering D. Chatering

**31.** A. Discourage B. Disscourage
C. Discourege D. Discaurage

**32.** A. Curageous B. Courageous
C. Courrageous D. Couregeous

**33.** A. Abandon B. Abanddon
C. Abendon D. Abbandon

**34.** A. Embarassment
B. Emberrassement
C. Embarrassment
D. Embbaresment

**35.** A. Eccintric B. Eccentrie
C. Eccentric D. Eccintrie

**36.** A. Occasional B. Occassional
C. Occesional D. Occessional

**37.** A. Querrel B. Querral
C. Quarrel D. Quarel

**38.** A. Contrebution B. Contribution
C. Contributtion D. Conterbution

**39.** A. Desgrace B. Disgrece
C. Disgrice D. Disgrace

**40.** A. Harassment B. Herassment
C. Harasment D. Harassmient

**41.** A. Imaginative B. Imeginative
C. Imagenative D. Imaginetive

**42.** A. Suficient B. Suficiant
C. Sufficient D. Sufficiant

**43.** A. Adequate B. Edequate
C. Adaquete D. Edaquete

**44.** A. Exparienced B. Experianced
C. Experienced D. Experrienced

**45.** A. Flatering B. Fletering
C. Flattering D. Fletaring

**46.** A. Cuttiveted B. Culltrivated
C. Cultivated D. Caltivated

**47.** A. Praiceworthy B. Peiseworthy
C. Praiseworthy D. Praisaworthy

**48.** A. Profesional B. Professionel
C. Professional D. Profissional

**49.** A. Ameteur B. Amateur
C. Amataur D. Amateor

**50.** A. Unfevourable B. Unfevaurable
C. Unfavourable D. Unfivourable

## ANSWERS

| 1 | 2 | 3 | 4 | 5 | 6 | 7 | 8 | 9 | 10 |
|---|---|---|---|---|---|---|---|---|---|
| A | C | A | B | B | A | B | B | D | C |
| **11** | **12** | **13** | **14** | **15** | **16** | **17** | **18** | **19** | **20** |
| A | B | A | A | C | A | A | A | C | A |
| **21** | **22** | **23** | **24** | **25** | **26** | **27** | **28** | **29** | **30** |
| B | B | B | D | B | C | A | C | B | C |
| **31** | **32** | **33** | **34** | **35** | **36** | **37** | **38** | **39** | **40** |
| A | B | A | C | C | A | C | B | D | A |
| **41** | **42** | **43** | **44** | **45** | **46** | **47** | **48** | **49** | **50** |
| A | C | A | C | A | C | C | C | B | C |

# सामान्य हिंदी

# व्याकरण

व्याकरण वह शास्त्र है जिसके द्वारा किसी भी भाषा के शब्दों और वाक्यों के शुद्ध स्वरूपों एवं शुद्ध प्रयोगों का ज्ञान कराया जाता है।

व्याकरण के चार अंग हैं : (i) वर्ण विचार (ii) शब्द विचार (iii) पद विचार और (iv) वाक्य विचार

**भाषा** : भाषा अभिव्यक्ति का एक ऐसा साधन है जिसके द्वारा मनुष्य अपने विचारों को दूसरों पर प्रकट कर सकता है और दूसरों के विचार जान सकता है। भाषा के दो रूप हैं–(i) मौखिक और (ii) लिखित।

**बोली** : भाषा का क्षेत्रीय रूप बोली कहलाता है।

**लिपि** : किसी भी भाषा के लिखने की विधि को लिपि कहते हैं।

**वर्ण** : हिन्दी भाषा में प्रयुक्त सबसे छोटी ध्वनि वर्ण कहलाती है। जैसे–अ, आ, ई, क्, ख्, आदि

**वर्णमाला** : वर्णों के समुदाय को वर्णमाला कहते हैं। हिन्दी वर्णमाला में 44 वर्ण हैं। जिनमें 11 स्वर तथा 33 व्यंजन हैं।

**स्वरवर्ण** : उन वर्णों को कहते हैं, जिनका उच्चारण बिना किसी दूसरे वर्ण की सहायता से होता है। हिन्दी में 11 स्वर हैं–अ, आ, इ, ई, उ, ऊ, ए, ऐ, ओ, औ, ऋ।

**व्यंजन वर्ण** : उन वर्णों को कहते हैं, जिनका उच्चारण स्वर वर्णों की सहायता के बिना नहीं हो सकता है। इनकी संख्या 33 है–

क ख ग घ ङ् च
छ ज झ ञ ट् ठ
ड ढ़ ण त थ द
ध न प फ ब भ
म य र ल व श
ष स ह।

**वर्ण** : एक या अधिक वर्णों से बनी हुई स्वतन्त्र सार्थक ध्वनि शब्द कहलाती है।

शब्दों को तत्सम, तद्भव, देशज और विदेशी भागों में बाँटा जाता है।

**तत्सम** : जो शब्द संस्कृत भाषा से हिन्दी में बिना किसी परिवर्तन के लिए जाते हैं वे तत्सम कहलाते हैं, जैसे– अग्नि, क्षेत्र, मित्र, नासिका आदि।

**तद्भव** : उन शब्दों को कहते हैं, जो संस्कृत से ही लिए गए हैं, परन्तु हिन्दी में आने पर जिनका रूप बदल गया है। जैसे–आग, खेत, रात आदि।

**देशज** : उन शब्दों को कहते हैं, जो बोलचाल तथा देश की अन्य भाषाओं से लिए गए हैं। जैसे–कटोरा, झंझत, डिबिया, लोटा आदि।

**विदेशज या विदेशी** : उन शब्दों को कहते हैं, जो किसी विदेशी भाषा से आए हैं।

जैसे–स्कूल, कार, कमरा, खुदा, जोश, सरकार आदि।

## शब्द सम्पदा

तत्सम शब्दों के तद्भव रूप

| तत्सम | तद्भव | तत्सम | तद्भव | तत्सम | तद्भव | तत्सम | तद्भव |
|---|---|---|---|---|---|---|---|
| अग्नि | आग | अद्य | आज | ग्राम | गाँव | गर्दभ | गधा |
| अष्ट | आठ | अक्षि | आँख | गृघ्र | गीध | गौर | गोरा |
| अर्ध | आधा | अस्थि | हड्डी | गृह | घर | घट | घड़ा |
| अश्रु | आँसू | आम्र | आम | धातु | धात | धृत | घी |

| तत्सम | तद्भव | तत्सम | तद्भव |
|---|---|---|---|
| लक्ष | लाख | सप्त | सात |
| त्वम् | तुम | दुग्ध | दूध |
| रत्न | रतन | वर्ष | बरस |
| भक्त | भगत | मर्कट | बन्दर |
| रात्रि | रात | उलूक | उल्लू |
| अन्धकार | अन्धेरा | क्षीर | खीर |
| निद्रा | नींद | पृष्ठ | पीठ |
| ज्येष्ठ | जेठ | स्वर्ण | सोना |
| श्वास | साँस | काक | काग |
| कार्य | काज | कर्ण | कान |
| पाद | पाँव | हस्त | हाथ |
| नासिका | नाक | कंटक | काँटा |
| दश | दस | दधि | दही |
| दीप | दीया | निद्रा | नींद |
| नव | नौ | पत्र | पत्ता |

| तत्सम | तद्भव | तत्सम | तद्भव |
|---|---|---|---|
| प्रस्तर | पत्थर | जिह्वा | जीभ |
| हस्ती | हाथी | दन्त | दाँत |
| क्षेत्र | खेत | नृत्य | नाच |
| सूचिका | सूई | स्वर्णकार | सुनार |
| लोक | लोग | पर्यड्क | पलंग |
| स्वप्न | सपना | कातर | कायर |
| पुत्र | पूत | मानव | मनुष्य |
| शत | सौ | पुष्प | फूल |
| पक्व | पक्का | कृषक | किसान |
| कर्म | कार्य | आम्र | आम |
| कर्ण | कान | अष्ट | आठ |
| घंटिका | घंटी | चन्द्र | चन्द |
| यव | जौ | धूम्र | धुआँ |
| भ्रमर | भँवर | | |

**विराम चिह्न**

विराम का अर्थ रुकना। अपने विचारों को ठीक ढंग से प्रकट करने के पढ़ते अथवा लिखते समय हमें कुछ रुकना पड़ता है। इस प्रकार के रुकने को विराम कहते हैं। प्रत्येक-विराम के लिए अलग-अलग चिह्न हैं–

| | |
|---|---|
| पूर्ण विराम | [ । ] |
| अल्प विराम | [ , ] |
| अर्ध विराम | [ ; ] |
| प्रश्न बोधक् | [ ? ] |
| विस्मयादि बोधक | [ ! ] |
| योजक | [ – ] |
| उद्धरण | [" " ] |

**कारक**

कारक शब्द उस रूप को कहते हैं, जिससे संज्ञा या सर्वनाम वाक्य के साथ सम्बन्ध जाना जाता है।

जैसे–शीला कलम **से** लिखती है।

यह सीमा **की** पुस्तक है।

कारक के भेद विभक्ति चिह्नों सहित

| **कारक** | **विभक्ति** |
|---|---|
| कर्त्ता | ने |
| कर्म | को |
| करण | से |
| सम्प्रदान | के लिए |
| अपादान | से |
| सम्बन्ध | का, के, की |
| अधिकरण | में, पर |
| सम्बोधन | हे, अरे! |

## पर्यायवाची शब्द

जिन शब्दों से एक समान अर्थ का बोध होता है, उन्हें पर्यायवाची या समानार्थी शब्द कहते हैं।

कुछ पर्यायवाची शब्दों के उदाहरण निम्नलिखित हैं–

**आग** – अग्नि, अनल, पावक, हुताशन, ज्वाला।

**आकाश** – नभ, आसमान, गगन, लोभ।

**असुर** – राक्षस, दानव, निशाचर, दैत्य।

**अमृत** – अभिय, पीयूष, सुधा, सोम।

**अन्धकार** – अन्धेरा, तिमिर, तम, तमिस्त्र।

**आँख** – नेत्र, नयन, लोचन, चक्षु, दृग।

**कमल** – जलज, पंकज, नीरज, राजीव।

इन्द्र – सुरपति, देवेन्द्र, सुरेन्द्र, देवेश।
ईश्वर – प्रभु, भगवान, जगदीश, दीनबन्धु।
पक्षी – खग, विहग, चिड़िया, नभचर।
बादल – घन, जलधर, वारिद, नीरद।
गंगा – सुरसरि, जाह्नवी, त्रिपथगा, देवनदी, विष्णुपदी।
चन्द्रमा – शशि, मयंक, निशाकर, सुधाकर, सुधांशु, सोम हिमांशु, राकेश।
जल – पानी, नीर, लोभ, अम्बु, सलिल, क्षीर, वारि।
फूल – पुष्प, कुसुम, सुमन, प्रसून, सारंग।
पृथ्वी – भू, भूमि, धरा, वसुन्धरा, वसुधा, धरती क्षमा, लोक।
कपड़ा – पट, वस्त्र, चीर, अम्बर, दुकूल।
घर – गृह, गेह, निकेतन, आलय, निलय, भवन, शाला, धाम, सदन।
जंगल – वन, कानन, अरण्य, विपिन।
तालाब – सरोवर, ताल, जलाशय, तड़ाग।
दिन – दिवस, वासर, वार।
पहाड़ – गिरि, पर्वत, गूधर, नग, महीधर, मेरू।
पत्थर – पहाड़, प्रस्तर, पाहन।
पवन – वायु, समीर, हवा, मारुत, अनिल।
पुत्र – सुत, तनय, पूत, आत्मज।
बिजली – तड़ित, चपला, दामिनी।
वृक्ष – तरू, रूख, विटप, पेड़।
मनुष्य – नर, मानव, मनुज, आदमी।
हाथी – करि, हस्ती, गज।
मित्र – सखा, मीत, सहचर, दोस्त।
राजा – नरेश, नृप, महीप, भूप।
समुद्र – सागर, सिन्धु, जलधि, नीरधि।
सरस्वती – शारदा, वागेश्वरी, भारती, महाश्वेता।
साँप – पन्नग, सर्प, विषधर, अहि, व्याल।

सूर्य – दिनकर, दिवाकर, रवि, भानु, भास्कर।
स्त्री – नारी, महिला, दारा, वामा।
शरीर – देह, तन, काया, गात, बदन।
गणेश – गजानन, गणपति, विनायक, एकदन्त, गजवदन लम्बोदर, विघ्न नाशक।
घोड़ा – तुरंग, बाजि, हय, अश्व, घोटक।
युद्ध – समर, रण, संग्राम।
सिंह – केसरी, मृगराज, केहरी।
शत्रु – अरि, रिपु, बैरी।
विष्णु – हरि, कमलेश, रमापति, चक्रपाणि, केशव, माधव, पीताम्बर।
कोष – खजाना, भण्डार, निधि।
धन – दौलत, द्रव्य, मुद्रा।
तलवार – कृपाण, असि, खड्ग।
अंग – भाग, हिस्सा, अवयव।
चोर – तस्कर, दस्यु, रजनीचर।
पत्नी – भार्या, दारा, गृहिणी।
पुत्र – तनय, सुत, लड़का, बेटा।
पुत्री – तनया, सुता, लड़की, बेटी।
माता – जननी, अम्बा, अम्बिका, अम्मा, माँ, धात्री।
मोर – शिखी, नीलकण्ठ, मयूर।
मृत्यु – मौत, काल, देहान्त।
रक्त – रुधिर, शोणित, खून, लहू।
विष – जहर, हलाहल, गरल।
सोना – कंचन, स्वर्ण, कनक।
हृदय – उर, छाती, वक्ष, वक्षस्थल, हिय, हिया।
सभा – अधिवेशन, परिषद्, बैठक, महासभा, समागम, समिति, सम्मेलन।
यमुना – कालिन्दी, कृष्णा, जमुना, रविसुता तरणि-तनुजा।

## विलोम-शब्द

शब्दों के अपने निश्चित अर्थ होते हैं। उन अर्थों के विपरीत अर्थ देने वाले शब्द को विलोम-शब्द कहते हैं।

| शब्द | विलोम | शब्द | विलोम | शब्द | विलोम | शब्द | विलोम |
|---|---|---|---|---|---|---|---|
| अमृत | विष | उदार | संकीर्ण | आदि | अन्त | उत्थान | पतन |
| अनुकूल | प्रतिकूल | अनुराग | विराग | इच्छा | अनिच्छा | उचित | अनुचित |

| शब्द | विलोम | शब्द | विलोम | शब्द | विलोम | शब्द | विलोम |
|---|---|---|---|---|---|---|---|
| अल्पायु | दीर्घायु | अनुज | अग्रज | धर्म | अधर्म | गहरा | उथला |
| उन्नति | अवनति | आकाश | पाताल | गुरु | शिष्य | पक्ष | विपक्ष |
| अधिक | न्यून | आयात | निर्यात | जन्म | मृत्यु | बन्धन | मुक्ति |
| एक | अनेक | अन्धकार | प्रकाश | यश | अपयश | ज्ञान | अज्ञान |
| अर्थ | अनर्थ | उदय | अस्त | आदर | अनादर | पूर्ण | अपूर्ण |
| परकीया | स्वकीया | जड़ | चेतन | सफल | असफल | शान्त | अशान्त |
| जय | पराजय | अनिवार्य | वैकल्पिक | कीर्ति | अपकीर्ति | वादी | प्रतिवादी |
| नकद | उधार | अपेक्षा | उपेक्षा | आस्तिक | नास्तिक | स्वदेश | परदेश |
| उपस्थित | अनुपस्थित | आदर | अनादर | सज्जन | दुर्जन | राग | द्वेष |
| अन्धेरा | उजाला | अपना | पराया | ऊसर | उर्वर | उदार | कृपण |
| उत्तम | अधम | आय | व्यय | अगला | पिछला | अगम | सुगम |
| सुपुत्र | कुपुत्र | स्वाधीन | पराधीन | अग्नि | जल | अति | अल्प |
| आहार | निराहार | कठोर | कोमल | अर्थ | अनर्थ | अतल | वितल |
| दाता | याचक | दोषी | निर्दोषि | अत्यधिक | स्वल्प | अधः | उपरि |
| खेद | प्रसन्नता | धनी | निर्धन | अधिकतम | न्यूनतम | अतिवृष्टि | अनावृष्टि |
| निकट | दूर | चर | अचर | अनाथ | सनाथ | ईश्वर | जीव |
| देव | दानव | खरा | खोटा | अनुलोम | विलोम | अर्पण | ग्रहण |
| गरीब | अमीर | प्रेम | घृणा | अवनि | अम्बर | अस्त | उदय |
| जीवन | मृत्यु | बुरा | भला | आकर्षण | विकर्षण | आगे | पीछे |
| सजीव | निर्जीव | मित्र | शत्रु | आजाद | गुलाम | आदान | प्रदान |
| सुगन्ध | दुर्गन्ध | मौखिक | लिखित | आधुनिक | प्राचीन | आना | जाना |
| संक्षेप | विस्तार | कटु | ाधुर | आय | व्यय | आयात | निर्यात |
| आरम्भ | अन्त | कड़वा | मीठा | आवश्यक | अनावश्यक | आशा | निराशा |
| कृतज्ञ | कृतघ्न | दिन | रात | आस्था | अनास्था | इहलोक | परलोक |
| साक्षर | निरक्षर | पवित्र | अपवित्र | उच्च | निम्न | उत्थान | पतन |
| पाप | पुण्य | जल | थल | उपकार | अपकार | उपयोग | दुरुपयोग |
| धीर | अधीर | निर्मल | मलिन | एकता | अनेकता | कल | आज |
| गुण | अवगुण | नश्वर | अनश्वर | कृत्रिम | प्राकृत | कृष्ण | शुक्ल |
| निन्दा | स्तुति | भारी | हल्का | कपूत | सपूत | कोमल | कठोर |
| मनुष्यता | पशुता | सरस | नीरस | गगन | धरा | ज्ञान | अज्ञान |
| मान | अपमान | क्रय | विक्रय | झूठ | सच | | |

## लिंग

लिंग का अर्थ है 'चिह्न'। लिंग शब्द उस चिह्न को कहते हैं जिससे वस्तु के पुरुष या स्त्री होने की कल्पना हो। लिंग दो प्रकार के होते हैं—(1) पुल्लिंग (2) स्त्रीलिंग

**पुल्लिंग**—पुल्लिंग संज्ञा के उस रूप को कहते हैं जिससे उसके पुरुष होने का ज्ञान होता है। जैसे—राम, श्याम, घोड़ा, हाथी, कुत्ता आदि। **स्त्रीलिंग**—स्त्रीलिंग संज्ञा के उस रूप को

कहते हैं जिससे उसके स्त्री होने का ज्ञान हो। जैसे–भैंस, गाय, बकरी, सीता, रमा इत्यादि।

| पुल्लिंग | स्त्रीलिंग | पुल्लिंग | स्त्रीलिंग |
|---|---|---|---|
| इन्द्र | इन्द्राणी | मेहतर | मेहतरानी |
| नौकर | नौकरानी | जेठ | जेठानी |
| देवर | देवरानी | सेठ | सेठानी |
| पण्डित | पण्डिताइन | ओझा | ओझाइन |
| बनिया | बनियाइन | दुबे | दुबाइन |
| हलवाई | हलवाइन | चौबे | चौबाइन |
| गुरु | गुरुआइन | लड़का | लड़की |
| दास | दासी | कबूतर | कबूतरी |
| हिरण | हिरणी | क्षत्रिय | क्षत्राणी |
| मुगल | मुगलानी | हिन्दू | हिन्दुआनी |
| चौधरी | चौधरानी | भव | भवानी |
| लाला | ललाइन | पण्डा | पण्डाइन |
| ठाकुर | ठकुराइन | बाबू | बबुआइन |
| घोड़ा | घोड़ी | गूँगा | गूँगी |
| बच्चा | बच्ची | चाचा | चाची |
| बकरा | बकरी | मामा | मामी |
| मुर्गा | मुर्गी | साला | साली |
| चींटा | चींटी | रस्सा | रस्सी |
| देव | देवी | ब्राह्मण | ब्राह्मणी |
| बेटा | बेटी | बूढ़ा | बुढ़िया |
| चूहा | चुहिया | डिब्बा | डिबिया |
| गुड्डा | गुड़िया | कुम्हार | कुम्हारिन |
| सुनार | सुनारिन | नाती | नातिन |
| जुलाहा | जुलाहिन | दर्जी | दर्जिन |
| पापी | पापिन | हाथी | हथिनी |
| पिता | माता | बैल | गाय |
| कवि | कवयित्री | विधुर | विधवा |
| बाप | माँ | बादशाह | बेगम |

| पुल्लिंग | स्त्रीलिंग | पुल्लिंग | स्त्रीलिंग |
|---|---|---|---|
| नर | मादा | मर्द | औरत |
| युवक | युवती | वर | वधू |
| सम्राट् | सम्राज्ञी | साढू | साली |
| फूफा | बुआ | पुत्र | पुत्री |
| पहाड़ | पहाड़ी | गोप | गोपी |
| गधा | गधी | तरुण | तरुणी |
| नर्तक | नर्तकी | बेटा | बिटिया |
| बछड़ा | बछिया | चिड़ा | चिड़िया |
| बन्दर | बन्दरिया | कुत्ता | कुतिया |
| नाई | नाइन | धोबी | धोबिन |
| ग्वाला | ग्वालिन | भंगी | भंगिन |
| स्वामी | स्वामिनी | विद्वान् | विदुषी |
| साधु | साध्वी | पुरुष | स्त्री |
| पति | पत्नी | वीर | वीरांगना |
| साहब | मेम | सास | ससुर |
| मियाँ | बीबी | राजा | रानी |
| बिलाड़ | बिल्ली | अनुज | अनुजा |
| छात्र | छात्रा | महोदय | महोदया |
| प्रिय | प्रिया | मामा | मामी |
| लोटा | लुटिया | मोर | मोरनी |
| शेर | शेरनी | जाट | जाटिन |
| डाक्टर | डाक्टरनी | मालिक | मालकिन |
| माली | मालिन | बाघ | बाघिन |
| हाथी | हथिनी | स्वामी | स्वामिनी |
| बालक | बालिका | धनवान | धनवती |
| धावक | धाविका | नेता | नेत्री |
| गुणवान | गुणवती | नर | मादा |
| अभिनेता | अभिनेत्री | प्राचार्य | प्राचार्या |
| प्रबन्धकर्ता | प्रबन्धकर्ती | दाता | दात्री |
| ननदोई | ननद | अध्यापक | अध्यापिका |

## वचन

शब्द के जिस रूप से उसके एक अथवा अनेक होने का बोध हो, उसे वचन कहते हैं।

हिन्दी में दो वचन होते हैं–

(1) एकवचन और (2) बहुवचन

**एकवचन**–शब्द के जिस रूप से एक ही वस्तु का बोध हो, उसे एकवचन कहते हैं। जैसे–लड़का, गाय, बकरी, घोड़ा, राम, सीता आदि।

**बहुवचन**–शब्द के जिस रूप से अनेकता का बोध हो उसे बहुवचन कहते हैं। जैसे–लड़के, कपड़े, गायें आदि।

| एकवचन | बहुवचन | एकवचन | बहुवचन |
|---|---|---|---|
| लड़का | लड़के | कौवा | कौवे |
| बेटा | बेटे | कमरा | कमरे |
| कपड़ा | कपड़े | बहन | बहनें |
| चीज | चीजें | गधा | गधे |
| रुपया | रुपये | घोड़ा | घोड़े |
| नहर | नहरें | रात | रातें |
| बात | बातें | सड़क | सड़कें |
| दाना | दाने | लोटा | लोटे |
| पैसा | पैसे | पुस्तक | पुस्तकें |
| कन्या | कन्याएँ | वधू | वधुएँ |
| नारी | नारियाँ | लड़की | लड़कियाँ |
| मुर्गा | मुर्गे | घण्टा | घण्टे |
| गद्दा | गद्दे | हीरा | हीरे |
| बच्चा | बच्चे | प्याला | प्याले |
| छाता | छाते | गाय | गायें |
| कथा | कथाएँ | कविता | कविताएँ |
| बहू | बहुएँ | टोपी | टोपियाँ |
| नाली | नालियाँ | बेटा | बेटे |
| ताला | ताले | जूता | जूते |

| एकवचन | बहुवचन | एकवचन | बहुवचन |
|---|---|---|---|
| डिबिया | डिबियाँ | नाक | नाकें |
| पूँछ | पूँछें | मूँछ | मूँछें |
| चिड़िया | चिड़ियाँ | सरिता | सरिताएँ |
| बालिका | बालिकाएँ | चाभी | चाभियाँ |
| कहानी | कहानियाँ | दरवाजा | दरवाजे |
| कलम | कलमें | कुटिया | कुटियाँ |
| रानी | रानियाँ | नाई | नाइयों |
| माता | माताएँ | बाल | बालों |
| हाथ | हाथों | मुख | मुख |
| कोट | कोट | दाँत | दाँतों |
| नाखून | नाखूनों | पैर | पैरों |
| बैल | बैलों | माली | मालियों |
| राजा | राजाओं | पिता | पिता |
| चन्द्रमा | चन्द्रमा | कवि | कवियों |
| मुनि | मुनियों | कौआ | कौए |
| छात्रा | छात्राएँ | सेना | सेनाएँ |
| दिशा | दिशाएँ | गुड़िया | गुड़ियाँ |
| मेज | मेजें | भैंस | भैंसें |
| अंगूर | अंगूरों | समुद्र | समुद्र |
| केला | केले | पत्ता | पत्ते |

## अनेक शब्दों के लिए एक शब्द

जिसकी कोई उपमा न हो : **अनुपम**
तेज बुद्धि वाला : **कुशाग्रबुद्धि**
कल्पना से परे हो : **कल्पनातीत**
जो उपकार नहीं मानता है : **कृतघ्न**
जो उपकार मानता है : **कृतज्ञ**
किसी की हँसी उड़ाना : **उपहास**
ऊपर कहा हुआ : **उपर्युक्त**
ऊपर लिखा हुआ : **उपरलिखित**
जिस पर उपकार किया गया हो : **उपकृत**
इतिहास का ज्ञाता : **इतिहासज्ञ**
आलोचना करने वाला : **आलोचक**
ईश्वर में आस्था रखने वाला : **आस्तिक**
बिना वेतन का : **अवैतनिक**
जो कहा न जा सके : **अकथनीय**
जो गिना न जा सके : **अगणित**

जिसका कोई शत्रु ही न जन्मा हो : **अजातशत्रु**
जिसके समान कोई दूसरा न हो : **अद्वितीय**
जो परिचित न हो : **अपरिचित**
आकाश में उड़ने वाला : **नभचर**
जो टुकड़े-टुकड़े हो गया हो : **खण्डित**
मछली की तरह आँखों वाली : **मीनाक्षी**
मयूर की तरह आँखों वाली : **मयूराक्षी**
बच्चों के लिए काम की वस्तु : **बालोपयोगी**
जिसकी बहुत अधिक चर्चा हो : **बहुचर्चित**
जिस स्त्री को कभी सन्तान न हुई हो : **बन्ध्या (बाँझ)**
फेन से भरा हुआ : **फेनिल**
प्रिय बोलने वाली स्त्री : **प्रियम्वदा**
जिसकी उपमा न हो : **निरुपम**
जो थोड़ी देर पहले पैदा हुआ हो : **नवजात**
जिसका कोई आधार न हो : **निराधार**

नगर में वास करने वाला : **नागरिक**
रात में घूमने वाला : **निशाचर**
ईश्वर में विश्वास न रखने वाला : **नास्तिक**
माँस न खाने वाला : **निरामिष**
बिल्कुल बर्बाद हो गया : **ध्वस्त**
जिसकी धर्म में निष्ठा हो : **धर्मनिष्ठ**
देखने योग्य : **दर्शनीय**
बहुत तेज चलने वाला : **द्रुतगामी**
जो किसी पक्ष में न रहे : **तटस्थ**
तत्त्व को जानने वाला : **तत्त्वज्ञ**
तप करने वाला : **तपस्वी**
जिसे देखकर डर लगे : **डरावना**
जो जन्म से अन्ध हो : **जन्मान्ध**
जीने की प्रबल इच्छा : **जिजीविषा**
जिसने इन्द्रियों को जीत लिया हो : **जितेन्द्रिय**
चिन्ता में डूबा हुआ : **चिन्तित**
जो बहुत समय तक ठहरे : **चिरस्थायी**
जिसकी चार भुजाएँ हों : **चतुर्भुज**
जिसके हाथ में चक्र हों : **चक्रपाणि**
जिससे घृणा की जाए : **घृणित**
जिसे गुप्त रखा जाए : **गोपनीय**
गणित ज्ञाता : **गणितज्ञ**
आकाश को चूमने वाला : **गगनचुम्बी**
जिसका आदि न हो : **अनादि**
जो कुछ न जानता हो : **अज्ञ**
जो अनुकरण करने योग्य हो : **अनुकरणीय**
जिसका अन्त न हो : **अनन्त**
जो कभी न मरे : **अमर**
जो कम बोलता हो : **अल्पभाषी**
जिसका इलाज न हो : **लाइलाज**
जिसका कोई नाथ न हो : **अनाथ**
कम जानने वाला : **अल्पज्ञ**
जहाँ जाना सम्भव न हो : **अगम**
बड़ा भाई : **अग्रज**
कम खाने वाला : **अल्पाहारी**
जो बात पहले कभी न हुई हो : **अभूतपूर्व**
दूसरों के पीछे चलने वाला : **अनुचर**
जो पहले न पढ़ा हो : **अपठित**

जिसके आर-पार दिखाई देता हो : **पारदर्शी**
आज्ञा पालन करने वाला : **आज्ञाकारी**
काम से जी चुराने वाला : **कामचोर**
प्रतिदिन होने वाला : **दैनिक**
जिसका कोई अर्थ न हो : **निरर्थक**
हाथ से लिखा हुआ : **हस्तलिखित**
आँखों के सामने होने वाला : **प्रत्यक्ष**
जिसका आचरण अच्छा हो : **सदाचारी**
वह पुरुष जिसकी पत्नी मर गई हो : **विधुर**
वह स्त्री जिसका पति मर गया हो : **विधवा**
जिसका रूप अच्छा न हो : **कुरूप**
सदा सत्य बोलने वाला : **सत्यवादी**
बड़ी इमारत के टूटे-फूटे भाग : **खण्डहर**
प्रशंसा के योग्य : **प्रशंसनीय**
जहाँ अनाथ रहते हों : **अनाथालय**
प्रत्येक मास होने वाला : **मासिक**
जहाँ पानी के जहाज आकर रुकते हैं : **बन्दरगाह**
प्रत्येक सप्ताह होने वाला : **साप्ताहिक**
प्रत्येक वर्ष होने वाला : **वार्षिक**
जो कठिनाई से मिले : **दुर्लभ**
जिसका आकार हो : **साकार**
जिसका आकार न हो : **निराकार**
जो कभी बूढ़ा न हो : **अजर**
बहुत बोलने वाला : **वाचाल**
पृथ्वी पर रहने वाला : **थलचर**
जल में रहने वाला : **जलचर**
नभ में विचरण करने वाला : **नभचर**
जल-थल दोनों में रहने वाला : **उभयचर**
जिसमें रस न हो : **नीरस**
पढ़ने वाला : **पाठक**
जो भाषण देता हो : **वक्ता**
जो साथ में पढ़ता हो : **सहपाठी**
जिसके नीचे रेखा खींची हो : **रेखांकित**
जानने की इच्छा रखने वाला : **जिज्ञासु**
जिसकी कोई सन्तान न हो : **निःसन्तान**
जिसका कोई मूल्य न हो : **अमूल्य**
जो वन में घूमता हो : **वनचर**
जो इस लोक के बाहर की बात हो : **अलौकिक**

| | | | | |
|---|---|---|---|---|
| जो इस लोक की बात हो | : **लौकिक** | | सब कुछ जानने वाला | : **सर्वज्ञ** |
| जिसका सम्बन्ध पश्चिम से हो | : **पाश्चात्य** | | जो स्वयं पैदा हुआ हो | : **स्वयंभू** |
| जो स्थिर रहे | : **स्थावर** | | जो शरण में आया हो | : **शरणागत** |
| दुःखान्त नाटक | : **त्रासदी** | | जिसका वर्णन न किया जा सके | : **वर्णनातीत** |
| ज्ञान देने वाली | : **ज्ञानदा** | | व्याकरण जानने वाला | : **वैयाकरण** |
| भूत, वर्तमान भविष्य को देखने वाला | : **त्रिकालदर्शी** | | रचना करने वाला | : **रचयिता** |
| जो क्षमा के योग्य हो | : **क्षम्य** | | खून से रंगा हुआ | : **रक्तरंजित** |
| हिंसा करने वाला | : **हिंसक** | | अत्यन्त सुन्दर स्त्री | : **रूपसी** |
| हित चाहने वाला | : **हितैषी** | | कीर्तिमान पुरुष | : **यशस्वी** |

## महत्त्वपूर्ण शब्दों की भाववाचक संज्ञा

| शब्द | भाववाचक संज्ञा | शब्द | भाववाचक संज्ञा | शब्द | भाववाचक संज्ञा | शब्द | भाववाचक संज्ञा |
|---|---|---|---|---|---|---|---|
| दास | दासता | क्षत्रिय | क्षत्रियत्व | अहं | अहंकार | अपना | अपनापन |
| पशु | पशुता | बालक | बालकपन | व्यक्ति | व्यक्तित्व | मीठा | मिठास |
| बन्धु | बन्धुत्व | मित्र | मित्रता | गरीब | गरीबी | सफल | सफलता |
| बूढ़ा | बुढ़ापा | सती | सतीत्व | बुरा | बुराई | स्वस्थ | स्वास्थ्य |
| सेवक | सेवा | शिशु | शैशव | सरल | सरलता | कंजुस | कंजुसी |
| अपना | अपनत्व | पराया | परायापन | कमजोर | कमजोरी | हरा | हरियाली |
| सर्व | सर्वस्व | मम | ममत्व | गर्म | गर्मी | मोटा | मोटाई |
| पण्डित | पाण्डित्य | पुरुष | पुरुषत्व | चालाक | चालाकी | गम्भीर | गम्भीरता |
| ब्राह्मण | ब्राह्मणत्व | बच्चा | बचपन | पढ़ना | पढ़ाई | लिखना | लिखाई |
| प्रभु | प्रभुता | नारी | नारीत्व | थकना | थकावट | लिखना | लिखावट |
| देव | देवत्व | लड़का | लड़कपन | लूटना | लूट | लड़ना | लड़ाई |
| मनुष्य | मनुष्यता | दानव | दानवता | हँसना | हँसी | आप | अपनत्व |
| निज | निजता | स्व | स्वत्व | | | | |

## महत्त्वपूर्ण शब्दों के विशेषण

| शब्द | विशेषण | शब्द | विशेषण | शब्द | विशेषण | शब्द | विशेषण |
|---|---|---|---|---|---|---|---|
| अंक | अंकित | अर्थ | आर्थिक | तीन | तीसरा | झगड़ा | झगड़ालू |
| इतिहास | ऐतिहासिक | उदासी | उदास | ठण्ड | ठण्डा | जाति | जातीय |
| कलंक | कलंकित | कुसुम | कुसुमित | काँटा | कँटीला | विदेश | विदेशी |
| जटा | जटिल | भार | भारी | रोज | रोजाना | भूगोल | भौगोलिक |
| बनारस | बनारसी | बाजार | बाजारू | पीड़ा | पीड़ित | पुत्र | पुत्रवान |
| प्यास | प्यासा | पुराण | पौराणिक | आलस्य | आलसी | अंतर | आंतरिक |
| पंक | पंकित | पक्ष | पाक्षिक | ईर्ष्या | ईर्ष्यालु | कर्म | कर्मठ |
| धन | धनी | दो | दूसरा | करुणा | कारुणिक | कृपा | कृपालु |

| शब्द | विशेषण | शब्द | विशेषण | शब्द | विशेषण | शब्द | विशेषण |
|---|---|---|---|---|---|---|---|
| गुण | गुणी | जल | जलमय | फ्रांस | फ्रांसीसी | बाहर | बाहरी |
| जीव | जैविक | तट | तटस्थ | भय | भयभीत | मधु | मधुर |
| तर्क | तार्किक | धर्म | धार्मिक | मौन | मौनी | मन | मानसिक |
| नमक | नमकीन | पत्थर | पथरीला | मानव | मानवीय | रक्षा | रक्षक |
| पल्लव | पल्लवित | पान | पनवाड़ी | रघु | राघव | रोग | रोगी |
| मुख | मुखर | मिठास | मीठा | वर्ष | वार्षिक | शक्ति | शक्तिशाली |
| मास | मासिक | मद | मादक | श्रम | श्रमिक | अंत | अंतिम |
| रक्त | रक्तिम | रस | रसीला | कागज | कागजी | मर्म | मार्मिक |
| वन | वन्य | विष्णु | वैष्णव | शब्द | शाब्दिक | अज्ञान | अज्ञानी |
| शहर | शहरी | तप | तपस्वी | गुलाब | गुलाबी | प्रकृति | प्राकृतिक |
| जापान | जापानी | तेज | तेजस्वी | परिचय | परिचित | पूजा | पुजारी |
| तत्त्व | तात्त्विक | दया | दयालु | रोग | रोगी | ग्राम | ग्रामीण |
| देव | दैविक | निंदा | निंदक | सुगंध | सुगंधित | मैं | मेरा |
| नव | नवीन | पोषण | पोषक | जो | जैसा | आप | आप-सा |
| पेट | पेटू | पाप | पापी | तुम | तुम्हारा | कौन | कैसा |
| पूजा | पूज्य | भूख | भूखा | वह | वैसा | पढ़ना | पढ़ाकू |
| फेन | फेनिल | भारत | भारतीय | गाना | गायक | बेचना | बिकाऊ |
| माया | मायावी | रंग | रंगीन | भागना | भगोड़ा | वन्द | वन्दनीय |
| विष | विषैला | श्री | श्रीमान | चलना | चलती | घूमना | घुमक्कड़ |
| सुर | सुरीला | विवाह | वैवाहिक | चलना | चालू | मरना | मरियल |
| आदर | आदरणीय | ऋण | ऋणी | भूलना | भुलक्कड़ | पीछे | पिछला |
| किताब | किताबी | क्रम | क्रमिक | भीतर | भीतरी | नीचे | निम्न |
| ग्राम | ग्रामीण | घर | घरेलू | अणु | आणविक | अधिकार | आधिकारिक |
| चतुर | चतुरता | जहर | जहरीला | अनुभव | अनुभवी | अन्याय | अन्यायी |
| सप्ताह | साप्ताहिक | अनुभव | अनुभवी | अपमान | अपमानित | अभ्यास | अभ्यासी |
| ओज | ओजस्वी | कल्पना | काल्पनिक | अवश्य | आवश्यक | आदि | आदिम |
| कुल | कुलीन | गाँव | गँवार | आयु | आयुष्मान् | उदय | उदित |
| चमक | चमकीला | चाचा | चचेरा | उपज | उपजाऊ | एकता | एक |
| दीन | दीनता | नगर | नागरिक | अंत | अंतिम | कुल | कुलीन |
| नागपुर | नागपुरी | परिवार | पारिवारिक | खर्च | खर्चीला | खून | खूनी |
| पुष्प | पुष्पित | पिता | पैतृक | गुण | गुणी | | |

## श्रुतिसम भिन्नार्थक शब्द

| शब्द | अर्थ | शब्द | अर्थ | शब्द | अर्थ | शब्द | अर्थ |
|---|---|---|---|---|---|---|---|
| आदि | आरम्भ | आदी | अभ्यस्त | अरि | शत्रु | अरी | सम्बोधन |
| कुल | वंश | कूल | किनारा | अगम | दुर्गम | आगम | शास्त्र |

| शब्द | अर्थ | शब्द | अर्थ | शब्द | अर्थ | शब्द | अर्थ |
|---|---|---|---|---|---|---|---|
| अयश | अपकीर्ति | अयस्क | लोहा | पुर | नगर | पूर | बाढ़ |
| अपेक्षा | चाहना, तुलना में | उपेक्षा | निरादर | भवन | महल | भुवन | संसार |
| अनिल | हवा | अनल | आग | लक्ष्य | उद्देश्य | लक्ष | लाख |
| अवधि | काल, समय | अवधी | अवध की भाषा | सर | तालाब | शर | बाण |
| आयात | बाहर से आना | आयत | एक आकृति | सर्ग | अध्याय | स्वर्ग | एक लोक |
| चिर | पुराना | चीर | कपड़ा | कर्म | कार्य | क्रम | सिलसिला |
| तनु | पतला | तनू | पुत्र, गाय | चिता | शव जलाने के लिए लकड़ियों का ढेर | चीता | बाघ |
| तरंग | लहर | तुरंग | घोड़ा | शव | लाश | शब | रात |
| दारा | स्त्री | द्वार | दरवाजा | शस्त्र | हथियार | शास्त्र | ग्रन्थ |
| दूत | संदेशवाहक | द्यूत | जुआ | श्रवण | सुनना | श्रमण | बौद्ध संन्यासी |
| जलद | बादल | जलज | कमल | मत | विचार | मत्त | मस्त |
| प्रदीप | दीपक | प्रतीप | उल्टा | शोक | दुःख | शौक | चाव |
| प्रसाद | कृपा | प्रासाद | महल | ग्रह | नक्षत्र | गृह | घर |
| पास | निकट | पाश | बन्धन | कपट | धोखा | कपाट | दरवाजा |
| द्विप | हाथी | द्वीप | टापू | उपयुक्त | ठीक | उपर्युक्त | ऊपर कहा गया |
| देव | देवता | दैव | भाग्य | सुत | बेटा | सूत | धागा |
| नीर | जल | नीड़ | घोंसला | शूर | वीर | सूर | अंधा |
| पवन | वायु | पावन | पवित्र | श्याम | कृष्ण | शाम | संध्या |
| बन्द | खुला नहीं | बद | बुरा | दिन | वार | दीन | गरीब |
| पथ | रास्ता | पथ्य | रोगी का भोजन | कटिबद्ध | तैयार रहना | करबद्ध | हाथ जोड़ना |

## अनेकार्थक शब्द

| शब्द | विभिन्न अर्थ | शब्द | विभिन्न अर्थ |
|---|---|---|---|
| अंक | संख्या, गोद | जड़ | मूर्ख, मूल |
| अक्षर | वर्ण, ईश्वर | कल | मशीन, आनेवाला कल, चैन |
| पानी | जल, प्रतिष्ठा | सुर | देवता, स्वर |
| अचल | पवर्त, स्थिर | द्विज | पक्षी, ब्राह्मण |
| आम | फल, सामान्य | तीर | किनारा, बाण |
| अंबर | वस्त्र, आकाश | प्रकृति | स्वभाव, कुदरत |
| अवस्था | आयु, दशा | पत्र | चिट्ठी, पत्र |
| उत्तर | दिशा, जबाव | पद | पैर, उपाधि |
| विधि | तरीका, भाग्य | फल | परिणाम, फल |
| कर | हाथ, टैक्स | तनु | पतला, कोमल |
| कनक | सोना, धतुरा | वर्ण | रंग, जाति |
| गुरु | श्रेष्ठ, शिक्षक | हल | समाधान, खेत जोतने का साधन |
| हान | भारी हथौड़ा, बादल | अशोक | राजा, वृक्ष |

| शब्द | विभिन्न अर्थ | शब्द | विभिन्न अर्थ |
|---|---|---|---|
| आभीर | अहीर, एक राग | घट | घड़ा, हृदय |
| एकाक्ष | काना, कौआ | जलज | कमल, मछली |
| खल | दुष्ट, खलिहान | हेम | सोना, जल |

## सामान्य अशुद्धियाँ

| अशुद्ध | शुद्ध | अशुद्ध | शुद्ध | अशुद्ध | शुद्ध | अशुद्ध | शुद्ध |
|---|---|---|---|---|---|---|---|
| दुनियां | दुनिया | श्रीमति | श्रीमती | शताब्दि | शताब्दी | लड़ायी | लड़ाई |
| सामिग्री | सामग्री | वापिस | वापस | स्थाई | स्थायी | लिखायी | लिखाई |
| प्रदर्शिनी | प्रदर्शनी | द्वारिका | द्वारका | अलोकिक | अलौकिक | कृप्या | कृपया |
| ऊत्थान | उत्थान | दुसरा | दूसरा | गंवार | गँवार | असोक | अशोक |
| प्रशाद | प्रसाद | अमावश्या | अमावस्या | दुस्कर | दुष्कर | मूल्यावान | मूल्यवान् |
| बसंत | वसंत | बर्ष | वर्ष | नवम् | नवम | क्षात्र | छात्र |
| विना | बिना | बन | वन | छमा | क्षमा | प्रन्तु | परन्तु |
| दाइत्व | दायित्व | सम्वाद | संवाद | प्रीक्षा | परीक्षा | मरयादा | मर्यादा |
| कुन्डली | कुण्डली | मॉसिक | मानसिक | दुदर्शा | दुर्दशा | विषेश | विशेष |
| कन्ठ | कण्ठ | अगामी | आगामी | उज्वल | उज्ज्वल | आल्हाद | आहलाद् |
| सप्ताहिक | साप्ताहिक | संसारिक | सांसारिक | महत्व | महत्त्व | उपलक्ष | उपलक्ष्य |
| आधीन | अधीन | हस्ताक्षेप | हस्तक्षेप | लीये | लिये | पिओ | पियो |
| बरात | बारात | क्षत्रीय | क्षत्रिय | हुये | हुए | कवित्री | कवयित्री |
| तिथी | तिथि | कालीदास | कालिदास | प्रमात्मा | परमात्मा | घनिष्ट | घनिष्ठ |
| पुर्ती | पूर्ति | अतिथी | अतिथि | यथेष्ठ | यथेष्ट | पियास | प्यास |
| नीती | नीति | ग्रहणी | गृहिणी | व्यस्क | वयस्क | त्यौहार | त्योहार |
| क्यूँ | क्यों | साधू | साधु | मुसलिम | मुस्लिम | ऐनक | ऐनक |
| वधु | वधू | रेणू | रेणु | नोकरी | नौकरी | कल्यान | कल्याण |
| नुपुर | नूपुर | निर्वान | निर्वाण | पाणी | पानी | आसा | आशा |
| जादु | जादू | द्रश्य | दृश्य | हुदय | हृदय | घ्रणा | घृणा |
| अनुग्रहीत | अनुगृहीत | बृज | ब्रज | श्रंगार | शृंगार | हिन्दुस्थान | हिन्दुस्तान |
| बनस्पति | वनस्पति | श्राप | शाप | प्रशन | प्रश्न | ग्यान | ज्ञान |
| सैना | सेना | सेनिक | सैनिक | अन्धेरा | अँधेरा | पेड | पेड़ |
| इतिहासिक | ऐतिहासिक | प्रथक | पृथक | महयान्ह्न | मध्यान्ह | मेंहदी | मेहंदी |
| सम्पति | सम्पत्ति | कृतघन | कृतघ्न | शमशान | श्मशान | चिन्ह | चिह्न |
| बिमारी | बीमारी | व्यक्तिक | वैयक्तिक | कुंज | कुञ्ज | ग्रहस्थ | गृहस्थ |
| वितीत | व्यतीत | निस्वार्थ | निःस्वार्थ | अजोध्या | अयोध्या | अनधिकार | अनाधिकार |
| परिस्थित | परिस्थिति | रचियता | रचयिता | अनिष्ठा | अनिष्ट | अनुकुल | अनुकूल |
| मैथिलिशरण | मैथिलीशरण | आर्शिवाद | आशीर्वाद | अनुसंगिक | आनुषंगिक | अनुशरण | अनुसरण |
| निरिक्षण | निरीक्षण | पत्नि | पत्नी | अभिसेक | अभिषेक | अरमाण | अरमान |

| अशुद्ध | शुद्ध | अशुद्ध | शुद्ध | अशुद्ध | शुद्ध | अशुद्ध | शुद्ध |
|---|---|---|---|---|---|---|---|
| अहिल्या | अहल्या | आदरनीय | आदरणीय | सम्राज | साम्राज्य | सविनयपूर्वक | सविनय |
| आविस्कार | आविष्कार | उँचाई | ऊँचाई | सिंदुर | सिंदूर | स्त्रवण | श्रवण |
| उत्तरदाई | उत्तरदायी | उपर | ऊपर | हरीश्चन्द्र | हरिश्चन्द्र | हिन्दु | हिन्दू |
| उपरोक्त | उपर्युक्त | उश्रृंखल | उच्छृंखल | हिन्दूस्तान | हिन्दुस्तान | बुद्धिवान | बुद्धिमान् |
| कलस | कलश | कल्यान | कल्याण | भाग्यमान | भाग्यवान | विद्धान | विद्धान् |
| गनित | गणित | जबाब | जवाब | श्रीमान | श्रीमान् | आंख | आँख |
| तत्व | तत्त्व | तलाब | तालाब | ऊंट | ऊँट | कंगना | कँगना |
| तिरष्कार | तिरस्कार | त्रिवार्षिक | त्रैवार्षिक | गँगा | गंगा | गांधी | गाँधी |
| दिपिका | दीपिका | देहिक | दैहिक | जांच | जाँच | तांगा | ताँगा |
| द्वन्द | द्वन्द्व | नरायन | नारायण | दांत | दाँत | मंहगा | महँगा |
| निरव | नीरव | निरोग | नीरोग | मांस | माँस | मुंह | मुँह |
| पुष्टी | पुष्टि | पुस्प | पुष्प | सांप | साँप | सांस | साँस |
| पेत्रिक | पैतृक | प्रनय | प्रणय | हुँकार | हुंकार | निर्पेक्ष | निरपेक्ष |
| प्रनाम | प्रणाम | प्रयाप्त | पर्याप्त | भाष्कर | भास्कर | सन्मुख | सम्मुख |
| प्रसंशा | प्रशंसा | प्रांगन | प्रांगण | माताहीन | मातृहीन | विद्यार्थि | विद्यार्थी |
| प्रान | प्राण | पृष्ट | पृष्ठ | गुणि | गुणी | द्वैवाषिक | द्विवार्षिक |
| ब्रत | व्रत | भगीरथी | भागीरथी | पूज्यनीय | पूजनीय | अकाश | आकाश |
| भरथ | भरत | भष्म | भस्म | इद | ईद | इसलाम | इस्लामं |
| मंत्रीमंडल | मंत्रिमण्डल | रसायण | रसायन | ऍसा | ऐसा | दोसरा | दूसरा |
| राज्यमहल | राजमहल | रामायन | रामायण | पुत्रि | पुत्री | प्रस्तूत | प्रस्तुत |
| वनोबास | वनवास | वानी | वाणी | हरयाली | हरियाली | दिवाली | दीवाली |
| वाल्मीकी | वाल्मीकि | वास्प | वाष्प | राष्ट्रिय | राष्ट्रीय | एकहरा | इकहरा |
| व्योहार | व्यवहार | सन्यासी | संन्यासी | एतबार | इतबार | | |

## वाक्यगत अशुद्धियाँ

| अशुद्ध | शुद्ध | अशुद्ध | शुद्ध |
|---|---|---|---|
| हम अच्छी भाषण दिए थे। | हमने अच्छा भाषण दिया था। | राम और सीता आयी थी। | राम और सीता आए थे। |
| आप खाए कि नहीं? | आपने खाया कि नहीं? | भाई-बहन जा रही हैं। | भाई-बहन जा रहे हैं। |
| वह मुझे देखा तो घ्बरा गया। | उसने मुझे देखा तो घबरा गया। | वह लड़की को बुलाओ। | उस लड़की को बुलाओ। |
| मैं किताब पढ़ा हूँ। | मैंने किताब पढ़ी है। | मेरे लिए पढ़ता हूँ। | अपने लिए पढ़ता हूँ। |
| मैं सारी पुस्तक पढ़ डाली। | मैंने सारी पुस्तक पढ़ डाली। | सीता राम की आज्ञाकारी पत्नी थी। | सीता राम की आज्ञाकारिणी पत्नी थीं। |
| सीता भात खायी। | सीता ने भात खाया। | देरी न करना। | देर न करना। |
| राम रोटी खाया। | राम ने रोटी खायी। | उसे मृत्युदण्ड की सजा मिली। | उसे मृत्युदण्ड मिला। |
| लड़की ने दही गिरा दी। | लड़की ने दही गिरा दिया। | हमारे शिक्षक प्रश्न पूछते हैं। | हमारे शिक्षक प्रश्न करते हैं। |
| शुद्ध गाय की घी दो। | गाय का शुद्ध घी दो। | के बजे? तीन बजा। | कितना बजा? तीन बजे। |
| तुम, मैं और वह चलेगा। | तुम, वह और मैं चलूँगा। | | |

| अशुद्ध | शुद्ध |
|---|---|
| उसका प्राण उड़ गया। | उसके प्राण उड़ गये। |
| मैंने आँख से देखा। | मैंने आँखों से देखा। |
| अपन को पढ़ना है। | मुझे पढ़ना है। |
| पुस्तक फट गया। | पुस्तक फट गई है। |
| घोड़ी तेज दौड़ता है। | घोड़ी तेज दौड़ती है। |
| मेरा प्रणम स्वीकार करो। | मेरा प्रणाम स्वीकार करो। |
| दो बालक खेलता है। | दो बालक खेलते हैं। |
| ये सब मेरा पुस्तक है। | ये सब मेरी पुस्तकें हैं। |
| सूरज पूरब में उगते हैं। | सूरज पूर्व में उगता है। |
| वह लौट आए। | वे लौट आए। |
| वहाँ अनेकों लोग थे। | वहाँ अनेक लोग थे। |

| अशुद्ध | शुद्ध |
|---|---|
| मेरे को मत मारो। | मुझे मत मारो। |
| मोहन ने पत्र को पढ़ा। | मोहन ने पत्र पढ़ा। |
| पुस्तक पर नहीं लिखो। | पुस्तक पर मत लिखो। |
| वह सज्जन पुरुष है। | वह सज्जन है। |
| आप हमारे घर आओ। | आप हमारे घर आइए। |
| हम आपसे कुछ कहे थे। | हमने आपसे कुछ कहा था। |
| मकान की दायीं ओर सड़क है। | मकान के दायीं ओर सड़क है। |
| पिताजी घर नहीं हैं। | पिताजी घर पर नहीं हैं। |
| घर पर सब कुशल हैं। | घर में सब कुशल हैं। |
| उसे भारी दुःख हुआ। | उसे बहुत दुःख हुआ। |
| सड़क में मत खेलो। | सड़क पर मत खेलो। |

## मुहावरे तथा लोकोक्तियाँ

- अँगूठी का नगीना–अत्यन्त महत्त्वपूर्ण।
- अंधा दरबार–न्यायहीन स्थान।
- अंधेर नगरी–न्याय का अभाव।
- अक्ल का दुश्मन–मूर्ख।
- अक्ल का दुम–मूर्ख।
- आँख का तारा–अतिप्रिय।
- ईद का चाँद–बहुत दिनों के बाद दिखाई देना।
- कछुआ चाल–धीमी गति।
- काला नाग–दुष्ट आदमी।
- किताबी कीड़ा–सदैव कुछ-न-कुछ पढ़ना।
- किस्मत का मारा–भाग्य का मन्द।
- कोल्हू का बैल–बहुत कठिन परिश्रम करनेवाला।
- कोड़ी का तीन–तुच्छ।
- खाली हाथ–पैसे का अभाव।
- गाजर-मूली–अशक्त।
- गुलर का फूल–दुर्लभ वस्तु।
- गोबर-गणेश–निरामूर्ख।
- घर का उजाला–कुल-दीपक।
- घड़ियाली आँसू–बनावटी शोक।
- चलता-पुरजा–चालाक।
- चाँद का टुकड़ा–परम सुन्दर वस्तु या व्यक्ति।
- चाँदी का जूता–रिश्वत।
- चार दिन की चाँदनी–थोड़े समय का सुख।
- जलती आँख–क्रोधाभिभूत।
- जीभ का पतला–लालची।
- टेढ़ी खीर–विकट काम।
- ठिकाने की बात–न्यायसंगत बात।
- अढ़ाई दिन की हुकूमत–थोड़े समय का ऐश्वर्य।
- तकदीर का सिकन्दर–भाग्य का बलवान्।
- थाली का बैंगन–मत बदलते रहना।
- दाँत कटी रोटी–घनिष्ठता।
- दाहिना हाथ–सहायक।
- दिल का बादशाह–बहुत बड़ा उदार।
- दूध का दूध और पानी का पानी–उचित न्याय।
- दूध का धोआ–निर्दोष।
- दो दिन का मेहमान–बहुत थोड़े समय ठहरने वाला।
- धरती का फूल–ऐसा व्यक्ति जो हाल में अमीर हुआ है।
- धोबी का कुत्ता–निकम्मा।
- नसीब का मारा–बुरे दिन देखनेवाला।
- निन्यानबे का फेरा–धन बढ़ाने की चिन्ता।
- पत्थर का कलेजा–हर दुःख सहने की शक्ति।
- पत्थर की लकीर–चिरस्थायी सदा सत्य।
- फूलों की सेज–आनन्ददायक कार्य।
- बगुला-भगत–कपटी व्यक्ति।
- बच्चों का खेल–साधारण काम।
- बलि का बकरा–निःसहाय व्यक्ति।

- बरसाती बादल–अस्थायी।
- बात का पक्का–सत्यवादी।
- बायें हाथ का खेल–सरल काम।
- बिन बादल बरसात–असमय लाभ।
- बे-पेंदी का लोटा–बे ठिकाने का आदमी।
- भागीरथ प्रयत्न–अत्यधिक परिश्रम।
- भीष्म प्रतिज्ञा–दृढ़ संकल्प।
- मक्खी चूस–कंजूस।
- मिट्टी के मोल–बहुत सस्ता।
- मोटा असामी–मूर्ख मालदार।
- राम कहानी–आत्मवृतान्त।
- लँगोटिया यार– बचपन का मित्र।
- हवाई महल–कोरी कल्पना।
- आँख लगना–नींद आना।
- आँख खुलना–होश में आना।
- आँखें दिखाना–क्रोध से घूरना।
- आँसू पोंछना–धैर्य बँधाना।
- अन्धे की लकड़ी–एकमात्र सहारा।
- कान भरना–चुगली करना।
- कान पर जूँ न रेंगना–कोई असर न होना।
- नाक कटना–प्रतिष्ठा खत्म होना।
- नाक रगड़ना–दीनता दिखाना।
- नाकों चने चबवाना–खूब सताना।
- मुँह की खाना–बुरी तरह हारना।
- आस्तीन का साँप–विश्वासघाती मित्र।
- कन्धे से कन्धा मिलाना–पूरा सहयोग करना।
- ईंट से ईंट बजाना–पूरी तरह नष्ट कर देना।
- नौ दो ग्यारह होना–भाग जाना।
- दाँत खट्टे करना–बुरी तरह हराना।
- हाथ मलना–पछताना।
- खून का प्यासा–जानी दुश्मन।
- घी के दिए जलाना–खुशी मनाना।
- चार चाँद लगाना–प्रतिष्ठा बढ़ाना।
- तीन तेरह होना–अलग-अलग होना।
- पानी फेर देना–नाश कर देना।
- गाल बजाना–डींगे मारना।
- जान से हाथ धो बैठना–मारा जाना।
- पानी-पानी होना–बहुत लज्जित होना।
- फूला न समाना–बहुत प्रसन्न होना।
- अपना उल्लू सीधा करना–अपना मतलब निकालना।
- आँखें चुरा लेना–अनदेखा कर देना।
- अन्धे की लाठी–एकमात्र सहारा।
- आसमान पर चढ़ना–बहुत अभिमान करना।
- आँखें खुलना–होश आना।
- चोरी और सीना जोरी–दोषी होकर धमकाना।
- आग में घी डालना–क्रोध को भड़काना।
- अँगुली पर नचाना– अच्छी तरह वश में करना।
- एक आँख से देखना–समान दृष्टि से देखना।
- एक ही थैले के चट्टे-बट्टे–एक जैसे।
- ओखली में सिर देना–जान-बूझकर आपत्ति मोल लेना।
- कलेजा मुँह को आना–बहुत दुःखी होना।
- कफन बाँधकर चलना–मौत से न घबराना।
- काँटे बिछाना–बाधा डालना।
- कलेजा ठण्डा होना–सन्तोष होना।
- कमर कसना–तैयार होना।
- खून खौलना–जोश में आना।
- खाक छानना–मारे-मारे फिरना।
- गागर में सागर भरना–थोड़े शब्दों में बहुत कुछ कह देना।
- घाव पर नमक छिड़कना–दुखी को अधिक दुखी करना।
- घी के दिए जलाना–खुशी मनाना।
- घोड़े बेचकर सोना–गहरी नींद में सोना।
- चल बसना–परलोक सिधारना।
- छठी का दूध याद आना–भारी संकट में पड़ना।
- छाती पर साँप लोटना–बहुत ईर्ष्या होना।
- जमीन पर पैर न रखना–अधिक घमण्ड होना।
- झक मारना–व्यर्थ समय खोना।
- टेढ़ी खीर–कठिन काम।
- डींग मारना–अपनी झूठी प्रशंसा करना।
- डूब मरना–बहुत लज्जित होना।
- तलवे चाटना–चापलूसी करना।
- ताक में रहना–मौका ढूँढ़ते रहना।
- दंग रह जाना–आश्चर्य में पड़ जाना।
- दाल न गलना–वश न चलना।
- दाल में काला होना–संदेह होना।
- पीठ दिखाना–हारकर भागना।
- मुँह तोड़ उत्तर देना–खरा उत्तर देना।

# वस्तुनिष्ठ प्रश्न

## अभ्यास-1

**निर्देशः** *नीचे प्रत्येक शुद्ध शब्द की वर्तनी के लिए चार विकल्प दिए गए हैं। आपको सही विकल्प का चयन करना है।*

**1.** A. ऋषि B. ऋषी C. रिषी D. ऋसि

**2.** A. विषेसन B. विशेषण C. विसेशन D. विशेशन

**3.** A. दुशासन B. दुसाशन C. दूशाषण D. दुःशासन

**4.** A. संस्कृति B. संसकृति C. संष्कृति D. संस्कृती

**5.** A. दूनियां B. दुनियां C. दुनिया D. दूनिआ

**6.** A. टिपनी B. टिप्पणि C. टिप्पणी D. टिप्पनी

**7.** A. शाषण B. साशन C. शासन D. शाशन

**8.** A. किसमस B. किरसमस C. क्रिसम्स D. कृसमस

**9.** A. अनुग्रहित B. अनुग्रहीत C. अनुगृहीत D. अनुग्रहित

**10.** A. पराकम B. प्राक्रम C. पराक्रम D. प्राकर्म

**11.** A. नायका B. नाइका C. नाइक D. नायिका

**12.** A. समरिधी B. समद्धी C. समृद्धि D. समरिद्धि

**13.** A. युधिष्ठर B. यूधिष्ठर C. युधिष्ठिर D. युधिष्टर

**14.** A. वाल्मीकि B. बाल्मीकि C. बालमीकि D. बाल्मिक

**15.** A. परलोकिक B. प्रलौकिक C. पारलौकिक D. परलौकिक

**16.** A. त्रितीय B. तर्तीय C. तृतीय D. तिरतीय

**17.** A. व्योहार B. व्यौहार C. व्यवहार D. ब्यवहार

**18.** A. अहिल्या B. अहल्या C. अहिलया D. अहीलया

**19.** A. आदरनीय B. आदरणीय C. आदरनीया D. आदरणीया

**20.** A. आर्द B. आद्र C. आर्द्र D. आर्दृ

**21.** A. आधीन B. अधिन C. अधीन D. अधीम

**22.** A. आविस्कार B. आविष्कार C. आवीस्कार D. आविश्कार

**23.** A. आसा B. आषा C. आशा D. अशा

**24.** A. उज्वल B. उजज्वल C. उजज्वल D. उज्ज्वल

**25.** A. उन्नती B. उन्नित C. उन्नति D. उन्नाती

**26.** A. कलस B. कलष C. कलश D. कलशा

**27.** A. गनीत B. गनित C. गणीत D. गणित

**28.** A. तलाव B. तालाव C. तलाब D. तालाब

**29.** A. दुष्ट B. दूष्ट C. दुस्त D. दुश्त

**30.** A. निरोग B. निररोग C. नीरोग D. नीरोगी

## उत्तरमाला

| | | | | |
|---|---|---|---|---|
| 1. A | 2. B | 3. D | 4. A | 5. C |
| 6. C | 7. C | 8. C | 9. C | 10. C |
| 11. D | 12. C | 13. C | 14. A | 15. C |
| 16. C | 17. C | 18. B | 19. B | 20. C |
| 21. C | 22. B | 23. C | 24. D | 25. C |
| 26. C | 27. D | 28. D | 29. A | 30. C |

## अभ्यास-2

**निर्देशः** *नीचे कुछ शब्द दिए गए हैं। प्रत्येक के पर्यायवाची के चार विकल्प दिए गए हैं। इनमें से एक विकल्प सही पर्यायवाची है, उसका चयन कीजिए :*

**1. अग्नि**
A. अनिल B. अनल
C. गर्म D. ताप

**2. अमृत**
A. पीयूष B. गरल
C. सरस D. जीवनदायनी

**3. आँख**
A. लोचन B. आस्थि
C. वदन D. जलज

**4. आकाश**
A. अनन्त B. पाताल
C. वितल D. तल

**5. कपड़ा**
A. परिधान B. पटिका
C. पीताम्बर D. लँहगा

**6. कमल**
A. सरोज B. सरोवर
C. पंक D. पुष्प

**7. गंगा**
A. पाताल नदी B. हिमनदी
C. भागीरथ D. त्रिपथगा

**8. चाँद**
A. मयंक B. भानु
C. दिनकर D. रवि

**9. नदी**
A. सरिता B. प्रवाह
C. धारा D. जलधर

**10. पर्वत**
A. पत्थर B. चट्टान
C. शिखर D. मेरू

**11. पवन**
A. अनिल B. अनल
C. अग D. विहग

**12. पति**
A. साजन B. प्रिया
C. भार्या D. दारा

**13. पानी**
A. मही B. मेदिनी
C. अम्वु D. तरणी

**14. पुत्र**
A. आत्मज B. तनया
C. सुता D. आत्मजा

**15. पुत्री**
A. सुता B. सुत
C. आत्मज D. नन्दन

**16. फूल**
A. बहार B. मधु
C. माधव D. सुमन

**17. वृक्ष**
A. विटप B. अभ्र
C. प्रसून D. रसा

**18. बादल**
A. अज B. व्यामोह
C. नीरद D. मधुप

**19. बिजली**
A. चंचला B. खटका
C. त्रास D. संत्रास

**20. माता**
A. धात्री B. धरणी
C. धरित्री D. श्यामा

**21. घोषणा**
A. आवाज B. पुकारना
C. ऐलान D. ललकारना

**22. उत्कर्ष**
A. आकर्षण B. विकर्षण
C. उन्नति D. निष्कर्ष

**23. उदय**
A. अन्त B. विकास
C. प्रगट D. व्यस्त

**24. दक्ष**
A. निपुण B. समर्थ
C. कर्मठ D. मेहनती

**25. संवाद**
A. विवाद B. झगड़ा
C. सम्बोधन D. वार्तालाप

## उत्तरमाला

| | | | | |
|---|---|---|---|---|
| 1. B | 2. A | 3. A | 4. A | 5. A |
| 6. A | 7. D | 8. A | 9. A | 10. D |
| 11. A | 12. A | 13. C | 14. A | 15. A |
| 16. D | 17. A | 18. C | 19. A | 20. A |
| 21. C | 22. C | 23. C | 24. A | 25. D |

## अभ्यास-3

**निर्देशः** *नीचे चार-चार शब्दों के समूह दिए गए हैं। प्रत्येक समूह में एक शब्द बेमेल है तथा शेष तीन शब्द पर्यायवाची हैं, आपको उस शब्द का चयन करना है, जो बेमेल है :*

**1.** A. तम B. अंधकार
C. तिमिर D. अंश

**2.** A. अनल B. आग
C. दहन D. तमिस्त्रा

**3.** A. अतुल B. अद्वितीय
C. अनुपम D. शुष्मा

**4.** A. अहं B. अहंकार
C. दर्प D. निराला

**5.** A. पता B. खोज
C. जाँच D. शोध

**6.** A. गरल B. पीयूष
C. सुधा D. सोम

**7.** A. कानन B. जंगल
C. पादप D. वन

**8.** A. अश्व B. गज
C. घोड़ा D. तुरंग

**9.** A. दानव B. मानव
C. दैत्य D. राक्षस

**10.** A. आँख B. चक्षु
C. नयन D. मुख

**11.** A. अन्तरिक्ष B. वसुन्धरा
C. आसमान D. गगन

**12.** A. इच्छा B. अभिलाषा
C. कामना D. प्रयोजन

**13.** A. कपड़ा B. चीर
C. वसन D. पोशाक

**14.** A. अब्ज B. कमल
C. राजीव D. आम्र

**15.** A. कोयल B. पिक
C. काग D. वनप्रिय

**16.** A. गंगा B. देवनदी
C. गोदावरी D. भागीरथी

**17.** A. गणेश B. एकदन्त
C. देवराज D. गणपति

**18.** A. घर B. निलय
C. निकेतन D. झोपड़ी

**19.** A. चाँद B. हिमांशु
C. विनायक D. सुधांशु

**20.** A. नदी B. तरणी
C. तटिनी D. सरिता

**21.** A. पक्षी B. चिड़िया
C. सुमन D. विहग

**22.** A. पवन B. अचला
C. वात D. वायु

**23.** A. समीर B. पृथ्वी
C. भू D. भूमि

**24.** A. पानी B. समीर
C. अम्बु D. जल

**25.** A. पुत्र B. तनया
C. तनय D. सुत

**26.** A. पुत्र B. तनया
C. सुता D. कन्या

**27.** A. गृहिणी B. आदमी
C. पुरुष D. नर

**28.** A. मधु B. फूल
C. पुष्प D. सुमन

**29.** A. माधव B. तरु
C. पेड़ D. वृक्ष

**30.** A. माता B. अम्बु
C. अम्मा D. जननी

## उत्तरमाला

| | | | | |
|---|---|---|---|---|
| **1.** D | **2.** D | **3.** D | **4.** D | **5.** A |
| **6.** A | **7.** C | **8.** B | **9.** B | **10.** D |
| **11.** B | **12.** D | **13.** D | **14.** D | **15.** C |
| **16.** C | **17.** C | **18.** D | **19.** C | **20.** B |
| **21.** C | **22.** B | **23.** A | **24.** B | **25.** B |
| **26.** A | **27.** A | **28.** A | **29.** A | **30.** B |

## अभ्यास-4

**निर्देशः** *गहरे काले शब्द के विलोम शब्द का चयन कीजिए:*

**1.** उसे हर काम में **सफलता** मिल रही है।
A. असफलता B. सफल
C. कुशलता D. निपुणता

**2.** कभी किसी की **निन्दा** नहीं करनी चाहिए।
A. गुणगान B. स्तुति
C. प्रशंसा D. यशोगान

**3.** आलस्य व्यक्ति का सबसे बड़ा **दुश्मन** है।
A. शत्रु B. घातक
C. मित्र D. सहायक

**4.** वे बुढ़ापे से **दुखी** हैं।
A. अप्रसन्न B. सुखी
C. खुश D. नाराज

**5.** यहाँ उसकी **चतुराई** नहीं चली।
A. चालाकी B. बहादुरी
C. निपुणता D. मूर्खता

**6.** शहद की **मिठास** कम नहीं होती।
A. मीठा B. तीखा
C. कडुवा D. खट्टा

**7.** साहसी के **साहस** को देखकर मैं चकित रह गया।
A. हिम्मत B. बहादुरी
C. निडर D. भय

**8.** फिल्मोत्सव में सर्वश्रेष्ठ **अभिनेता** को पुरस्कार प्रदान किया गया।
A. हीरोइन B. नेत्री
C. मीनाक्षी D. अभिनेत्री

**9.** नाटक में नायक और **नायिका** की भूमिका महत्वपूर्ण होती है:
A. हीरो B. नायक
C. नेत्र D. नेता

**10.** कवि-सम्मेलन में एक कवि और एक **कवयित्री** को आमंत्रित किया गया था।
A. लेखक B. सम्पादक
C. नेता D. कवि

**11.** विद्यालय के वार्षिकोत्सव के लिए नेता और एक **नेत्री** को आमंत्रित किया गया।
A. अभिनेता B. विद्वान्
C. विदुषी D. नेता

**12.** मोहन बहुत **चतुर** है।
A. निपुण B. तेज
C. सुस्त D. मूर्ख

**13.** सोहन अब पूर्ण **स्वस्थ** है।
A. प्रसन्न B. खुश
C. अस्वस्थ D. अप्रसन्न

**14.** पक्षी **आकाश** में उड़ते हैं :
A. गगन B. नभ
C. धरती D. पाताल

**15.** वह विद्यालय में देर से आया और **अनुपस्थित** हो गया।
A. पूर्व B. उपस्थित
C. प्रवेश D. समयपूर्व

**16.** **बालक** चाँद की ओर देख रहा है।
A. बालिका B. लड़का
C. बच्चा D. बच्ची

**17.** मैं उसके विचार से बिल्कुल **सहमत** नहीं हूँ।
A. समर्थन B. सहमति
C. असहमत D. प्रशंसक

**18.** उसकी हालत **अधिक** खराब है।
A. बहुत B. कम
C. ठीक D. कुशल

**19.** **धर्म** की सर्वत्र विजय होती है:
A. अधर्म B. ज्ञान
C. भक्ति D. ईमानदारी

**20.** अच्छे चरित्र के बिना जीवन **निरर्थक** है:
A. व्यर्थ B. अर्थपूर्ण
C. सार्थक D. कुशल

**21.** **ईमानदारी** बड़ी दुर्लभ वस्तु है:

A. सच्चाई B. भलाई
C. बेइमानी D. परोपकारी

**22.** एवरेस्ट संसार का सबसे **ऊँचा** पर्वत है:

A. नीचा B. वितल
C. पाताल D. मध्यम

**23.** वह विश्वास के **योग्य** नहीं है:

A. काबिल B. विश्वासी
C. अयोग्य D. बेकार

**24.** क्या वह इतना **मूर्ख** है?

A. चालाक B. विद्वान्
C. बुद्धिमान D. धूर्त

**25.** कितना सुहावना **दृश्य** है!

A. अदृश्य B. दर्शनीय
C. सुन्दर D. व्यर्थ

## उत्तरमाला

| | | | | |
|---|---|---|---|---|
| **1.** A | **2.** C | **3.** C | **4.** B | **5.** D |
| **6.** C | **7.** D | **8.** D | **9.** B | **10.** D |
| **11.** D | **12.** D | **13.** C | **14.** D | **15.** B |
| **16.** A | **17.** C | **18.** B | **19.** A | **20.** C |
| **21.** C | **22.** A | **23.** C | **24.** C | **25.** A |

## अभ्यास-5

**निर्देश:** नीचे प्रत्येक **काले गहरे शब्द** के चार विलोम दिए गए हैं। इनमें सही विलोम का चयन कीजिए :

**1. अग्नि**

A. आग B. अनल
C. दहन D. जल

**2. अग्रज**

A. अनुज B. भ्राता
C. भाई D. अम्बा

**3. अच्छा**

A. बुरा B. खराब
C. गंदा D. भ्रष्ट

**4. अंत**

A. प्रारम्भ B. समाप्त
C. शेष D. अल्प

**5. अचल**

A. विचल B. वितल
C. सजल D. चल

**6. अति**

A. अधिक B. बहुत
C. अल्प D. कम

**7. अत्यधिक**

A. अल्प B. अधिक
C. स्वल्प D. न्यूनतम

**8. अंधकार**

A. अंधेरा B. प्रकाश
C. रात्रि D. दिन

**9. अतिवृष्टि**

A. अनावृष्टि B. वृष्टि
C. वर्षा D. वर्षण

**10. अनाथ**

A. नाथ B. स्वामी
C. मासिक D. सनाथ

**11. अनुकूल**

A. मनोकूल B. प्रतिकूल
C. अनुकरण D. मनस्वी

**12. अनुराग**

A. राग B. विराग
C. विग्रह D. स्नेह

**13. अन्त**

A. श्री गणेश B. आदि
C. शुरुआत D. समाप्त

**14. अपना**

A. अपनत्व B. पराया
C. मित्र D. शत्रु

**15. अपमान**

A. मान B. सम्मान
C. वर्तमान D. स्वाभिमान

**16. अपेक्षा**

A. इच्छा B. स्वेच्छा
C. प्रविच्छा D. उपेक्षा

**17. अमर**

A. मर्त्य B. मृत्यु
C. सुधा D. गरल

18. अल्पायु
A. चिरायु B. उमरदराज
C. नश्वर D. सनातन

19. अस्त
A. उदय B. विकास
C. निर्माण D. सृष्टि

20. आकर्षण
A. प्रतिकर्षण B. विकर्षण
C. सम्मोहन D. विरत

21. आकाश
A. गगन B. नभ
C. वसुन्धरा D. पाताल

22. आगे
A. पीछे B. पूर्व
C. पृष्ट D. पृष्ठ

23. आजाद
A. स्वतंत्र B. स्वतंत्रतता
C. परतंत्र D. गुलाम

24. आदान
A. आयात B. निर्यात
C. प्रदान D. निदान

25. आधुनिक
A. अर्वाचीन B. नूतन
C. प्राचीन D. वर्तमान

## उत्तरमाला

| | | | | |
|---|---|---|---|---|
| 1. D | 2. A | 3. A | 4. A | 5. D |
| 6. D | 7. C | 8. B | 9. A | 10. D |
| 11. B | 12. B | 13. A | 14. B | 15. B |
| 16. D | 17. A | 18. A | 19. A | 20. B |
| 21. D | 22. A | 23. D | 24. C | 25. C |

## अभ्यास-6

निर्देशः *नीचे कुछ शब्द दिए गए हैं प्रत्येक शब्द के चार वैकल्पिक अर्थ दिए गए हैं। सही अर्थ का चयन कीजिए :*

1. सुरक्षित
A. कुशल B. घटना
C. दुर्घटना D. बचाव

2. प्रतिभाशाली
A. सज्जन B. कुशाग्र
C. विद्वान् D. वैभवशाली

3. आत्मसमर्पण
A. अपने आप को सौंपना B. समर्पण
C. अर्पण D. त्यागज

4. सिद्धहस्त
A. निपुण B. कर्मठ
C. मेहनती D. परिश्रमी

5. सुशोभित
A. मजेदार B. सुस्वागतम्
C. अच्छा D. शोभा पाना

6. स्वादिष्ट
A. मजेदार B. बेकार
C. मीठा D. तीखा

7. स्वावलम्बी
A. निर्भर B. परालंबी
C. आत्मनिर्भर D. अतिथि

8. उपकरण
A. साधन B. युक्ति
C. यंत्र D. मशीन

9. कीमत
A. क्रय B. विक्रय
C. मूल्य D. बिक्री

10. संगठन
A. एकता B. अनेकता
C. समूह D. संस्था

11. विपत्ति
A. दुख B. विपदा
C. मुसीबत D. सुख

12. तृण
A. तिनका B. धूल
C. धूप D. लकड़ी

13. आश्चर्य
A. निरीक्षण B. दृष्टिगोचर
C. हैरानी D. थकावट

14. हार्दिक
A. हृदय से B. शरीर से
C. मन से D. मस्तिष्क से

15. **नियति**
A. भाग्य　B. किनारा
C. समय　D. पवित्र

16. **सुगन्धित**
A. दुर्गन्ध　B. खुशबू वाला
C. फूल　D. कमल

17. **उत्साह**
A. होश　B. हवास
C. जोश　D. हिम्मत

18. **सहयोग**
A. मिलन सार　B. मेहनती
C. परोपकारी　D. आपसी सहायता

19. **मुसीबत**
A. विपत्ति　B. सुशोभित
C. सहायता　D. मदद

20. **निरक्षर**
A. साक्षर　B. दर्शनीय
C. पठनीय　D. अनपढ़

21. **उपवन**
A. वन　B. तीर
C. जंगल　D. बाग

22. **मेघ**
A. बादल　B. पंकज
C. राजीव　D. मेघनाद

23. **आधुनिक**
A. प्राचीन　B. पुरातन
C. भूतकाल　D. आज का

24. **तीर**
A. वाण　B. धनुष
C. किनारा　D. नदी

25. **परीक्षण**
A. जाँच　B. पड़ताल
C. परीक्षा　D. इम्तहान

26. **अभिवादन**
A. नमस्ते　B. प्रणाम
C. बधाई　D. शुभकामना

27. **सर्वत्र**
A. नश्वर　B. सजीव
C. ईश्वर　D. सभी जगह

28. **हलवाहा**
A. चरवाहा　B. किसान
C. मजदूर　D. हल चलाने वाला

29. **शिखर**
A. पर्वत　B. पहाड़
C. टीला　D. चोटी

30. **भयानक**
A. डरावना　B. भयभीत
C. डरना　D. खूँखार

## उत्तरमाला

| | | | | |
|---|---|---|---|---|
| **1.** D | **2.** B | **3.** A | **4.** A | **5.** D |
| **6.** A | **7.** C | **8.** C | **9.** C | **10.** A |
| **11.** C | **12.** A | **13.** C | **14.** A | **15.** A |
| **16.** B | **17.** C | **18.** D | **19.** A | **20.** D |
| **21.** D | **22.** A | **23.** D | **24.** A | **25.** A |
| **26.** B | **27.** D | **28.** D | **29.** D | **30.** A |

## अभ्यास-7

**निर्देशः** *नीचे कुछ शब्द दिए जा रहे हैं। प्रत्येक शब्द के* **उपसर्ग** *के सन्दर्भ में चार विकल्प दिए गए हैं। आपको सही विकल्प का चयन करना है :*

1. अलबत्ता
A. अ　B. अल
C. लब　D. त्ता

2. अलगरज
A. अल　B. लग
C. गर　D. रज

3. कमसिन
A. क　B. कम
C. सि　D. सिन

4. अनमोल
A. अ　B. अन
C. मो　D. मोल

5. अनजान
A. अ　B. अन
C. जा　D. जान

6. अनपढ़
A. अ　B. पढ़
C. प　D. अन

**7.** अधखिला
A. अ B. अध
C. ला D. खिला

**8.** अधजला
A. अ B. ज
C. अध D. ला

**9.** अधपका
A. अ B. अध
C. पका D. का

**10.** अघखिला
A. अ B. अघ
C. खिला D. ला

**11.** उन्नीस
A. उन B. उन्
C. नीस D. स

**12.** उनसठ
A. उ B. उन
C. सठ D. ठ

**13.** दुकाल
A. द B. दुक
C. दु D. काल

**14.** दुबला
A. दब B. दुब
C. ला D. दु

**15.** निकम्मा
A. नि B. निक
C. कम्मा D. मा

**16.** निर्लज्ज
A. निर B. निल
C. नि D. लज्ज

**17.** बिनब्याहा
A. बि B. बिन
C. ब्याहा D. हा

**18.** भरपेट
A. भर B. पेट
C. पे D. ट

**19.** भरपाई
A. भ B. र
C. पा D. भर

**20.** कुपात्र
A. कु B. कुप
C. पा D. पात्र

**21.** सुजान
A. सु B. सुज
C. सुजा D. जान

**22.** गैर कानूनी
A. गै B. गैर
C. कानु D. नुनी

**23.** गैरसरकारी
A. गैर B. सर
C. का D. कारी

**24.** अपमान
A. अ B. अप
C. मा D. मान

**25.** अनुशासन
A. अं B. शासन
C. सन D. अनु

**26.** अविनीत
A. अवि B. अ
C. नी D. नीत

**27.** अभिमान
A. अभि B. अ
C. मा D. मान

**28.** अभियान
A. अ B. मान
C. यान D. अभि

**29.** अध्ययन
A. अध् B. अधि
C. यन D. न

**30.** निश्चल
A. नि B. निर
C. निस D. चल

**उत्तरमाला**

| | | | | |
|---|---|---|---|---|
| **1.** B | **2.** A | **3.** B | **4.** B | **5.** B |
| **6.** D | **7.** B | **8.** C | **9.** B | **10.** B |
| **11.** A | **12.** B | **13.** C | **14.** D | **15.** B |
| **16.** A | **17.** B | **18.** A | **19.** D | **20.** A |

21. A 22. B 23. A 24. B 25. D
26. B 27. A 28. D 29. B 30. A

## अभ्यास-8

**निर्देशः** *निम्नलिखित शब्दों में प्रयुक्त प्रत्यय सम्बन्धी चार विकल्प दिए गए हैं, सही विकल्प का चयन कीजिए :*

1. भलाई
A. ई B. लाई
C. आई D. भला

2. चतुराई
A. चतु B. रा
C. ई D. आई

3. भूखा
A. भू B. भूख
C. खा D. आ

4. भिड़न्त
A. भिड़् B. भि
C. न्त D. अन्त

5. प्यासा
A. आस B. सा
C. आसा D. सा

6. बिकाऊ
A. बिक B. काऊ
C. आऊ D. ऊ

7. तैराक
A. तै B. तैर
C. राक D. आक

8. सन्नाटा
A. सन् B. सन्ना
C. नाटा D. आटा

9. लोहार
A. लोह B. आरा
C. आरी D. आर

10. मिलान
A. आना B. आने
C. आनी D. आन

11. चढ़ाव
A. चढ़ B. चढ़ा
C. आव D. व

12. लगाव
A. लग B. अव
C. आव D. गाव

13. लिखावट
A. लिख B. लिखा
C. वट D. आवट

14. मिलावट
A. मिल B. वट
C. आवट D. ट

15. मिठास
A. मिठ B. ठास
C. आस D. स

16. चिकनाहट
A. चिक B. नाट्ट
C. हट D. आहट

17. सड़ियल
A. सड़ B. यल
C. ड़ियल D. इयल

18. मरियल
A. मर B. यल
C. मरि D. इयल

19. गड़रिया
A. गड़ B. इया
C. रिया D. या

20. सजीला
A. ईला B. इला
C. ला D. स

21. लुटेरा
A. लुट B. एरा
C. ऐरा D. रा

22. लठैत
A. ए B. ऐ
C. ऐत D. त

23. भगोड़ा
A. ओ B. ओड़ा
C. ड़ा D. भगो

24. खपत
A. ख B. प
C. त D. पत

25. जीवट
A. व　　B. अट
C. जीव　　D. जी

## उत्तरमाला

| | | | | |
|---|---|---|---|---|
| 1. C | 2. D | 3. D | 4. D | 5. D |
| 6. C | 7. D | 8. D | 9. D | 10. D |
| 11. C | 12. C | 13. D | 14. C | 15. C |
| 16. D | 17. D | 18. D | 19. B | 20. A |
| 21. B | 22. C | 23. B | 24. C | 25. B |

## अभ्यास-9

**निर्देशः** *नीचे कुछ मुहावरे दिए गए हैं। प्रत्येक के अर्थ के लिए चार विकल्प दिए गए हैं। आपको सही विकल्प का चयन करना है :*

**1. अक्ल पर पत्थर पड़ना**
A. बुद्धि काम न करना　B. दुविधा होना
C. संकट में होना　D. परेशान होना

**2. अपना उल्लू सीधा करना**
A. अवसर देखना　B. काम निकालना
C. मतलब साधना　D. मूर्ख बनाना

**3. अपने मुँह मियाँ-मिट्ठू बनना**
A. मिठाई खाना
B. प्रशंसा करना
C. निंदा करना
D. अपनी प्रशंसा स्वयं करना

**4. अपने पाँव पर आप कुल्हाड़ी मारना**
A. हानि पहुँचाना　B. खेद होना
C. अपना पैर काटना　D. अपनी हानि स्वयं करना

**5. आँखें चुरा लेना**
A. भाग जाना　B. छिप जाना
C. अनदेखा करना　D. मिल जाना

**6. अक्ल का दुश्मन**
A. मित्र होना　B. शत्रु होना
C. महामूर्ख　D. महाविद्वान्

**7. अंधे की लाठी**
A. एक मात्र सहारा　B. मित्र होना
C. शत्रु होना　D. दुख पहुँचाना

**8. आकाश-पाताल एक करना**
A. भाग-दौड़ करना　B. परेशान होना
C. थक जाना　D. कठिन परिश्रम करना

**9. घड़ों पानी पड़ना**
A. लज्जित होना　B. तुच्छ समझना
C. लाभ होना　D. थकावट

**10. अगर-मगर करना**
A. नुकसान करना　B. बहाने बनाना
C. बदनाम करना　D. कपट करना

**11. मुँह की खाना**
A. गिर जाना　B. हार जाना
C. भाग जाना　D. व्यर्थ होना

**12. आस्तीन का साँप होना**
A. शत्रु　B. मित्र
C. कपटी मित्र　D. दयालु

**13. एक आँख से देखना**
A. बुरा व्यवहार　B. समान व्यवहार
C. कपट करना　D. लज्जित होना

**14. बाल-बाँका न होना**
A. घायल होना　B. साफ बच जाना
C. क्रोधित होना　D. स्वस्थ होना

**15. दाँतों तले उँगली दबाना**
A. उँगली काटना　B. चिंतित हो जाना
C. चकित रह जाना　D. प्रसन्न हो जाना

**16. जान के लाले पड़ना**
A. मरने का खतरा होना　B. भाग जाना
C. हार जाना　D. मुश्किल में पड़ना

**17. बोली मारना**
A. ताना देना　B. सताना
C. मजाक करना　D. याद दिलाना

**18. अंधों में काना राजा**
A. मूर्खों में अल्पज्ञ को विद्वान् माना जाना
B. सबको मूर्ख समझना
C. अत्यधिक महत्त्वपूर्ण
D. काना राजा

**19. अक्ल के घोड़े दौड़ाना**
A. बुद्धि लड़ाना
B. कल्पना करना
C. तरह-तरह के उपाय सोचना
D. ज्ञान-प्राप्त करना

**20. पानी उतर जाना**

A. शर्म करना　B. लज्जित न होना

C. भाग जाना　D. इज्जत करना

**21. तीन-पाँच करना**

A. तितर-बितर करना

B. वचन देकर फिर जाना

C. घुमा-फिरा कर बातें करना

D. परेशान करना

**22. हथियार डाल देना**

A. हार जाना　B. जीत जाना

C. धोखा देना　D. विजय होना

**23. आँख खुलना**

A. होश में आना　B. अत्यन्त प्यार होना

C. उल्टा काम करना　D. क्रोध करना

**24. कमर सीधी करना**

A. थक जाना　B. थकावट दूर करना

C. काम करना　D. परिश्रम करना

**25. पगड़ी रखना**

A. चैन की सांस लेना

B. अपमान करना

C. दया की भीख माँगना

D. अपगान होना

**26. लोहा मानना**

A. संघर्ष करना

B. विजय होना

C. श्रेष्ठता स्वीकार करना

D. खुशामद करना

**27. काठ मार जाना**

A. दुःखी होना　B. चुप होना

C. सफल होना　D. मर जाना

**28. चाँद पर थूकना**

A. अपमान करना

B. बढ़कर बातें करना

C. महान पुरुष पर लांछन लगाना

D. महत्त्वाकांक्षी होना

**29. उगल देना**

A. अपराध स्वीकार कर लेना

B. सच बोलना

C. उल्टी करना

D. अनपच होना

**30. हाथ मलना**

A. पश्चाताप करना　B. सर्दी मिटाना

C. दुख करना　D. तैयार होना

## उत्तरमाला

| | | | | |
|---|---|---|---|---|
| **1.** A | **2.** C | **3.** D | **4.** D | **5.** C |
| **6.** C | **7.** A | **8.** D | **9.** A | **10.** B |
| **11.** B | **12.** C | **13.** B | **14.** B | **15.** C |
| **16.** D | **17.** A | **18.** A | **19.** A | **20.** B |
| **21.** C | **22.** A | **23.** A | **24.** B | **25.** C |
| **26.** C | **27.** B | **28.** C | **29.** A | **30.** A |

## अभ्यास-10

**निर्देशः** *नीचे कुछ वाक्य खण्ड दिए गए हैं, पूरे वाक्य खण्ड के लिए एक शब्द का चयन कीजिए।*

**1.** जिसका आदि न हो

A. अनंत　B. अमर

C. शाश्वत　D. अनादि

**2.** जो कुछ न जानता हो

A. मूर्ख　B. महामूर्ख

C. ज्ञानी　D. अज्ञ

**3.** जो अनुकरण करने योग्य हो

A. अनुकरणीय　B. अद्वितीय

C. आदरणीय　D. अगम

**4.** जिसका अंत न हो

A. अनंत　B. अनादि

C. आदि　D. परलोक

**5.** जो कभी न मरे

A. मर्त्य　B. मुर्त्त

C. अर्मुत्त　D. अमर

**6.** जिसके समान दूसरा न हो

A. अनुकूल　B. प्रतिकूल

C. कृतज्ञ　D. अद्वितीय

**7.** जो कम बोलता हो

A. मृदुभाषी　B. वाचाल

C. अल्पभाषी　D. अल्पज्ञ

**8.** जिसका इलाज न हो
A. मरणशील B. अमरत्व
C. बिमारी D. लाइलाज

**9.** जिस का विश्वास न किया जा सके
A. विश्वसनीय B. अविश्वसनीय
C. विश्वासी D. धूर्त्त

**10.** जिसका कोई नाथ न हो
A. सनाथ B. स्वामी
C. नाथ D. अनाथ

**11.** कम जानने वाला
A. अल्पज्ञ B. अज्ञ
C. विद् D. विद्वान

**12.** जहाँ जाना संभव न हो
A. दुर्गम B. अगम
C. तल D. वितल

**13.** कम खाने वाला
A. बहुभोजी B. पेटु
C. कंजूस D. अल्पाहारी

**14.** जो बात पहले कभी न हुई हो
A. भूतपूर्व B. अभूतपूर्व
C. प्राचीन D. अर्वाचीन

**15.** जिस स्त्री के सन्तान न हों
A. बाँझ B. कुलटा
C. पतिता D. विधवा

**16.** जो कहा न जा सके
A. अकथनीय B. अकथ्य
C. करणीय D. सम्भव

**17.** एहसान न मानने वाला
A. कृतज्ञ B. कृतघ्न
C. आस्तिक D. विश्वासी

**18.** जिसने देश के साथ विश्वासघात किया हो
A. विश्वासघाती B. द्रोही
C. आतंकवादी D. देश द्रोही

**19.** जिसने राष्ट्र के हित में अपना जीवन बलिदान कर दिया हो
A. देशभक्त B. शहीद
C. राष्ट्रभूत D. भारतपुत्र

**20.** वह जमीन जिसमें कुछ भी पैदा न हो
A. ऊसर B. बंजर
C. उर्वर D. पथरीला

**21.** वह वस्तु जिसकी चाह हो
A. श्रेष्ठ B. आवश्यक
C. इच्छित D. अभीष्ट

**22.** दूसरों के पीछे चलने वाला
A. अनुयायी B. अनुज
C. अनुचर D. अनुकरणीय

**23.** जो पहले न पढ़ा हो
A. पठित B. अपठित
C. पठनीय D. अपठनीय

**24.** जिसके आर-पार दिखाई देता हो
A. अपारदर्शी B. गम्य
C. अगम्य D. पारदर्शी

**25.** आज्ञा पालन करने वाला
A. शिष्य B. शिष्या
C. अनुचर D. आज्ञाकारी

**26.** काम से जी चुराने वाला
A. कामचोर B. आलसी
C. कर्मठ D. परिश्रमी

**27.** प्रतिदिन होने वाला
A. दैनिक B. शाश्वत
C. सनातन D. अमर

**28.** जिसका कोई अर्थ न हो
A. सार्थक B. निरर्थक
C. आर्थिक D. अनार्थिक

**29.** उपकार मानने वाला
A. कृतज्ञ B. कृतघ्न
C. विश्वासी D. अनुयायी

**30.** हाथ से लिखा हुआ
A. पठनीय B. अपठनीय
C. स्पष्ट D. हस्तलिखित

## उत्तरमाला

| | | | | |
|---|---|---|---|---|
| **1.** D | **2.** D | **3.** A | **4.** A | **5.** D |
| **6.** D | **7.** C | **8.** D | **9.** B | **10.** D |
| **11.** A | **12.** A | **13.** D | **14.** B | **15.** A |
| **16.** A | **17.** B | **18.** D | **19.** B | **20.** A |
| **21.** C | **22.** C | **23.** B | **24.** D | **25.** D |
| **26.** A | **27.** A | **28.** B | **29.** A | **30.** D |

## अभ्यास-11

**निर्देशः** *नीचे कुछ संज्ञा शब्द दिए जा रहे हैं। प्रत्येक के संज्ञा-भेद के लिए चार विकल्प दिए गये है। सही विकल्प का चयन कीजिए :*

**1.** तुलसीदास
A. जातिवाचक B. भाववाचक
C. व्यक्तिवाचक D. समूहवाचक

**2.** यमुना
A. व्यक्तिवाचक B. जातिवाचक
C. समूहवाचक D. भाववाचक

**3.** बच्चा
A. जातिवाचक B. समूहवाचक
C. भाववाचक D. व्यक्तिवाचक

**4.** मानवता
A. भाववाचक B. जातिवाचक
C. द्रव्यवाचक D. समूहवाचक

**5.** हिमालय
A. व्यक्तिवाचक B. जातिवाचक
C. भाववाचक D. समूहवाचक

**6.** भारत
A. जातिवाचक B. भाववाचक
C. व्यक्तिवाचक D. समूहवाचक

**7.** एशिया
A. व्यक्तिवाचक B. भाववाचक
C. द्रव्यवाचक D. समूहवाचक

**8.** महाराष्ट्र
A. जातिवाचक B. व्यक्तिवाचक
C. समूहवाचक D. द्रव्यवाचक

**9.** सूर सागर
A. व्यक्तिवाचक B. भाववाचक
C. द्रव्यवाचक D. समूहवाचक

**10.** सोमवार
A. जातिवाचक B. व्यक्तिवाचक
C. द्रव्यवाचक D. समूहवाचक

**11.** खटमल
A. जातिवाचक B. व्यक्तिवाचक
C. द्रव्यवाचक D. समूहवाचक

**12.** मैना
A. जातिवाचक B. व्यक्तिवाचक
C. द्रव्यवाचक D. समूहवाचक

**13.** चाँदी
A. द्रव्यवाचक B. समूहवाचक
C. भाववाचक D. व्यक्तिवाचक

**14.** अच्छाई
A. भाववाचक B. समूहवाचक
C. जातिवाचक D. व्यक्तिवाचक

**15.** पीतल
A. द्रव्यवाचक B. भाववाचक
C. व्यक्तिवाचक D. जातिवाचक

**16.** वीरता
A. भाववाचक B. जातिवाचक
C. द्रव्यवाचक D. समूहवाचक

**17.** रूस
A. जातिवाचक B. व्यक्तिवाचक
C. भाववाचक D. द्रव्यवाचक

**18.** लम्बाई
A. भाववाचक B. समूहवाचक
C. द्रव्यवाचक D. व्यक्तिवाचक

**19.** दल
A. जातिवाचक B. व्यक्तिवाचक
C. समूहवाचक D. द्रव्यवाचक

**20.** मार्च
A. समूहवाचक B. व्यक्तिवाचक
C. द्रव्यवाचक D. जातिवाचक

**21.** झुण्ड
A. समूहवाचक B. जातिवाचक
C. व्यक्तिवाचक D. द्रव्यवाचक

**22.** टोली
A. जातिवाचक B. व्यक्तिवाचक
C. समूहवाचक D. द्रव्यवाचक

**23.** सुभाष चौक
A. जातिवाचक B. समूहवाचक
C. व्यक्तिवाचक D. भाववाचक

**24.** संघ
A. जातिवाचक B. द्रव्यवाचक
C. समूहवाचक D. भाववाचक

**25.** गिरोह
A. समूहवाचक B. द्रव्यवाचक
C. जातिवाचक D. भाववाचक

### उत्तरमाला

| | | | | |
|---|---|---|---|---|
| **1.** C | **2.** A | **3.** A | **4.** A | **5.** A |
| **6.** C | **7.** A | **8.** B | **9.** A | **10.** B |
| **11.** A | **12.** A | **13.** A | **14.** A | **15.** A |
| **16.** A | **17.** B | **18.** A | **19.** C | **20.** B |
| **21.** A | **22.** C | **23.** C | **24.** C | **25.** A |

### अभ्यास-12

**निर्देशः** *नीचे दिए गए वाक्य में रिक्त स्थान है। प्रत्येक वाक्य के नीचे कारक चिह्न दिए गए हैं। रिक्त स्थान की पूर्ति के लिए उपयुक्त कारक चिह्न का चयन कीजिए :*

**1.** निम्नलिखित शब्दों........अर्थ बताइए
A. का B. के
C. से D. पर

**2.** सरकार मुझे नौकरी........मत निकालिए
A. पर B. में
C. से D. को

**3.** इस कथन........पुष्टि कीजिए
A. को B. से
C. की D. ने

**4.** छात्र-छात्राएँ राष्ट्र........सम्पत्ति और उसके भावी कर्णधार होते हैं
A. के B. की
C. को D. में

**5.** प्रत्येक प्रश्न........चार सम्भावित उत्तर दिए गए हैं
A. के लिए B. में
C. के D. से

**6.** माता बच्चे........पढ़ाती है
A. को B. के
C. की D. से

**7.** गुरुजी........सबसे छोटे लड़के को एक नारंगी दी
A. ने B. को
C. से D. के लिए

**8.** मोहन सोहन से मिलने........गया है
A. से B. के
C. को D. के लिए

**9.** उसने कलम........लिखा
A. के B. में
C. पर D. से

**10.** मैं ड्राइवर........गाड़ी चलवाता हूँ
A. के B. पर
C. में D. से

**11.** शिक्षक छात्रों........पुस्तक पढ़वाते हैं
A. के लिए B. मैं
C. पर D. से

**12.** मैंने दाढ़ी........उसे मुसलमान समझ लिया
A. से B. के
C. को D. के लिए

**13.** श्याम अपने भाई हरि........आम लाया है
A. के B. के लिए
C. का D. पर

**14.** मोहन घर........आता है
A. में B. पर
C. से D. का

**15.** उसे पाँच दिनों........मूर्च्छा आया करती हैं
A. पर B. से
C. के D. को

**16.** मेधावी छात्र परीक्षा........चोरी नहीं करते
A. में B. पर
C. से D. के लिए

**17.** अच्छे आदमी........पहचान क्या है?
A. के B. का
C. की D. के लिए

**18.** परिश्रम........सफलता निश्चित है
A. से B. के
C. को D. के लिए

**19.** शूर्पणखा........नाक और कान काटे गए
A. का B. की
C. के D. से

**20.** युद ने राधा........तीन संतरे दिए
A. से B. के
C. के लिए D. को

### उत्तरमाला

| | | | | |
|---|---|---|---|---|
| **1.** A | **2.** C | **3.** C | **4.** B | **5.** C |
| **6.** A | **7.** A | **8.** D | **9.** D | **10.** D |
| **11.** D | **12.** A | **13.** B | **14.** C | **15.** B |
| **16.** D | **17.** C | **18.** A | **19.** B | **20.** D |

# गद्यांश (अपठित-बोध)

## गद्यांश 1

यदि हम निरन्तर प्रयत्न करेंगे तो निश्चय ही अपने सभी लक्ष्यों को प्राप्त कर लेंगे, किन्तु प्रायः देखा जाता है कि अधिक आशावादी लोग थोड़ा सा प्रयत्न करके अधिक फल की कामना करने लगते हैं और मनोवांछित फल प्राप्त न होने पर निराश हो जाते हैं। अतः जीवन में सफलता प्राप्त करने के लिए परिस्थितियों के समक्ष घुटने न टेकें, बल्कि दृढ़ता से उनका मुकाबला करें। याद रखें, जितना कठोर हमारा परिश्रम होगा उसका फल भी उतना ही मीठा होगा।

*उपर्युक्त गद्यांश को ध्यानपूर्वक पढ़ें और निम्न प्रश्नों के उत्तर के लिए सही विकल्प को चुनें:*

**1.** फल न मिलने पर कौन निराश हो जाते हैं?

A. आशावादी लोग B. कम आशावादी लोग
C. अधिक आशावादी लोग D. निराशावादी लोग

**2.** लक्ष्य प्राप्ति के लिए क्या किया जाना चाहिए?

A. फल की कामना
B. हिम्मत से मुकाबला
C. निरन्तर प्रयत्न
D. परिस्थितियों से मुकाबला

**3.** आशावादी शब्द का विलोम शब्द है:

A. निराश B. निराशावादी
B. दुखी D. अप्रसन्न

**4.** मनोवांछित शब्द का क्या अर्थ है?

A. इच्छित B. परीक्षित
C. लाभदायक D. मन को खुश करने वाले

**5.** परिश्रम शब्द का अर्थ है:

A. साहस B. हिम्मत
C. काम D. कठिन मेहनत

## गद्यांश 2

पन्द्रह अगस्त 1947 को हमारा देश स्वतंत्र हुआ। स्वतन्त्रता प्राप्ति के बाद विश्व के दूसरे देशों के साथ भारत के राजनयिक एवं सांस्कृतिक सम्बन्ध जुड़े। पर्यटकों के साथ-साथ राजनीतिज्ञों और साहित्यकारों को भी विदेश यात्रा के पर्याप्त अवसर मिले। विभिन्न प्रकार की छात्रवृत्तियों के माध्यम से बहुत से लोग विदेशों में पढ़ने गए। बहुत से लोगों ने विदेशों में उपलब्ध आजीविका के अवसरों का लाभ उठाया। इन सबके परिणामस्वरूप प्रचुर मात्रा में यात्रावृत्तांत लिखे गए। विदेश-विषयक यात्रावृतांत्तों में रूस और स्वदेश-विषयक यात्रावृतांत्तों में लेखकों की दृष्टि कश्मीर से कन्याकुमारी तक व्याप्त हुई।

*उपर्युक्त गद्यांश को ध्यानपूर्वक पढ़ें और निम्नलिखित प्रश्नों के उत्तर के लिए सही विकल्प को चुनें:*

**1.** भारत कब स्वतंत्र हुआ?

A. 15 अगस्त 1947
B. 15 अगस्त 1946
C. 15 अगस्त 1948
D. 15 अगस्त 1949

**2.** स्वतंत्र भारत के अन्य देशों के साथ किस प्रकार के संबंध जुड़े?

A. राजनीतिक
B. राजनयिक
C. धार्मिक
D. राजनयिक एवं सांस्कृतिक

**3.** आजीविका का क्या अर्थ है?

A. उपार्जन B. वेतन
C. मेहनत D. रोजगार

**4.** यात्रा-वृत्तांत का क्या अर्थ है?

A. भ्रमण B. पर्यटन
C. सफरनामा D. विदेशभ्रमण

**5.** स्वतंत्र का विलोम शब्द है:

A. परतंत्र B. आजाद
C. गुलामी D. मुक्ति

## गद्यांश 3

युवा वर्ग का मस्तिष्क नई-नई बातों की ओर ज्यादा तेज दौड़ता है। उसमें अन्य वर्ग के व्यक्तियों से अधिक आवेश और शक्ति होती है। इस अवस्था में यदि सही शिक्षा औ

उचित मार्ग-दर्शन न मिले तो यही शक्ति प्रेरणा और निर्माण के स्थान पर विनाश की ओर ले जाती है। बिगड़ने और बनने की यही आयु होती है। दुर्भाग्य से हमारे देश में शिक्षा पद्धति केवल उपाधि बाँटने का काम ही करती है। एक सम्पूर्ण व्यक्तित्वपूर्ण मनुष्य बनाना आज की शिक्षा पद्धति के लिए मुश्किल है।

*उपर्युक्त गद्यांश को ध्यानपूर्वक पढ़ें और निम्नलिखित प्रश्नों के उत्तर के लिए सही विकल्प को चुनें।*

**1.** निर्माण का विलोम शब्द क्या हैं?

A. रचना B. बनावट

C. विनाश D. सृजन

**2.** मार्ग-दर्शन का क्या अर्थ है?

A. उपाधि B. रास्ता

C. उद्देश्य D. रास्ता दिखलाना

**3.** शक्ति विनाश की ओर कब अग्रसर होती है?

A. अधिक आवेश और शक्ति के अभाव में

B. सही शिक्षा और उचित मार्ग दर्शन के अभाव में

C. दुर्भाग्यपूर्ण शिक्षा पद्धति के कारण

D. इनमें से कोई नहीं

**4.** हमारे देश की शिक्षा पद्धति क्या कार्य करती है?

A. मार्ग-दर्शन B. शक्ति प्रेरणा

C. उपाधि देना D. उपर्युक्त सभी

**5.** दुर्भाग्य का विपरीत शब्द है:

A. भाग्य B. सौभाग्य

C. भाग्यशाली D. भाग्यवान

## गद्यांश 4

भिखारी की भाँति गिड़गिड़ाना प्रेम की भाषा नहीं है। यहाँ तक कि मुक्ति के लिए भगवान् की उपासना करना भी अधम उपासना में गिना जाता है। प्रेम कोई पुरस्कार नहीं चाहता। प्रेम सर्वथा प्रेम के लिए ही होता है। भक्त इसलिए प्रेम करता है कि बिना प्रेम किए वह रह ही नहीं सकता। जब तुम किसी मनोहर प्राकृतिक दृश्य को देखकर उस पर मोहित हो जाते हो तो तुम किसी फल की याचना नहीं करते और न वह दृश्य ही तुमसे कुछ माँगता है। फिर भी उस दृश्य का दर्शन तुम्हारे मन को आनंद से भर देता है।

*उपर्युक्त गद्यांश को ध्यानपूर्वक पढ़ें और निम्नलिखित प्रश्नों के उत्तर के लिए सही विकल्प का चयन करें:*

**1.** प्रेम का उद्देश्य क्या होता है?

A. मुक्ति B. उपासना

C. भक्ति D. प्रेम

**2.** मुक्ति का अर्थ है:

A. आजादी B. स्वतंत्रता

C. परतंत्र D. निर्वाण

**3.** कैसी उपासना अधम मानी गई है?

A. प्रेम की उपासना

B. भगवान की उपासना

C. मुक्ति की उपासना

D. भक्ति की उपासना

**4.** मनोहर शब्द हैं:

A. विशेषण B. संज्ञा

C. सर्वनाम D. अव्यव

**5.** प्राकृतिक शब्द का अर्थ है:

A. ईश्वरीय B. मानव संबंधी

C. प्रकृति संबंधी D. प्रेम संबंधी

## गद्यांश 5

कुछ लोग भाग्यवादी होते हैं और सब-कुछ भाग्य के सहारे छोड़कर कर्म से विरत हो जाते हैं। ऐसे लोग समाज के लिए बोझ हैं। वे कभी कोई बड़ा काम नहीं कर पाते। बड़ी-बड़ी खोज, बड़े-बड़े आविष्कार और बड़े-बड़े निर्माण कार्य कर्मशील लोगों के द्वारा ही संभव हो सके हैं। हम अपनी बुद्धि और प्रतिभा तथा कार्य-क्षमता के बल पर सही मार्ग पर चल सकते हैं, किन्तु बिना कठिन श्रम के अपने लक्ष्य तक नहीं पहुँच सकते। कठिन परिश्रम करने के बाद पाई गई सफलता हमारे मन को अलौकिक आनंद से भर देती है। यदि हम अपने कार्य में अपेक्षित श्रम नहीं करते तो हमारा मन ग्लानि का अनुभव करता है।

*उपर्युक्त गद्यांश को ध्यानपूर्वक पढ़ें और निम्नलिखित प्रश्नों के उत्तर के लिए सही विकल्प चुनें:*

**1.** "आविष्कार" शब्द का अर्थ है :

A. अनुसंधान B. खोज

C. निर्माण D. विनाश

2. **अलौकिक** शब्द का क्या अर्थ है?

A. संसारिक B. भौतिक

C. अमानुषी D. प्राकृतिक

3. सफलता का विलोम क्या है?

A. सफल B. असफल

C. सफलतापूर्वक D. असफलता

4. परिश्रम करने और न करने से हमारे जीवन पर क्या प्रभाव पड़ता है?

A. लोग भाग्यवादी बन जाते हैं

B. कर्म से विरत हो जाते हैं

C. मन में ग्लानि का अनुभव होता है

D. इनमें से कोई नहीं

5. किस प्रकार के लोग समाज के लिए बोझ हैं?

A. भाग्यवादी B. कर्मठ

C. परिश्रमी D. प्रतिभाशाली

## गद्यांश 6

वैदिक काल से हिमालय के पहाड़ बहुत पवित्र माने जाते हैं। इसमें कोई सन्देह नहीं कि हिमालय के पहाड़ों का दृश्य अति सुन्दर है। उसकी विशालता को देखकर मन में आनन्द और कृतज्ञता की लहर उठती है। ऐसा लगता है कि यह विशाल सृष्टि प्रभु की अनुपम देन है। सारी सृष्टि के प्रति समभाव जाग्रत होता है। वस्तुतः यह दृष्टि कोरी कल्पनात्मक या आध्यात्मिक नहीं है। देखा जाए तो सारे भारत की जलवायु का समतोल करने वाले यह हिमालय के पहाड़ हैं, विशेषकर उत्तरी भारत को वर्षा और पानी देने वाले ये ही हैं। गंगोत्री, यमुनोत्री, बद्री, केदार को तीर्थ माना जाता है, जो व्यर्थ कल्पना नहीं है। उन स्थानों से निकलने वाली पवित्र नदियाँ ही वास्तव में हमारी प्राणदात्री रही हैं।

*उपर्युक्त गद्यांश को ध्यानपूर्वक पढ़ें और निम्नलिखित प्रश्नों के उत्तर के लिए सही विकल्प चुनें :*

1. हिमालय के पर्वत बहुत पवित्र कब से माने जाते हैं?

A. पाषाण काल से B. वैदिक काल से

C. प्राचीन काल से D. आधुनिक काल से

2. विशालता शब्द है :

A. जातिवाचक B. भाववाचक

C. विशेषण D. सर्वनाम

3. भारत की जलवायु को समतोल कौन करता है?

A. गंगोत्री B. यमुनोत्री

C. केदार D. हिमालय

4. सृष्टि का समानार्थक शब्द है :

A. सृजन B. रचना

C. प्रकृति D. संसार

5. प्राणदात्री का क्या अर्थ है?

A. गंगोत्री

B. यमुनोत्री

C. प्राणसंचार करने वाली

D. समभाव जाग्रत करने वाली

## गद्यांश 7

सच्चा मित्र एक शिक्षक की भाँति होता है। जिस प्रकार शिक्षक अपने छात्र को सन्मार्ग की ही ओर अग्रसर करता है, उसी प्रकार एक सच्चा मित्र अपने मित्र को पाप के गर्त में गिरने से बचाता है। मानव-जीवन अधिक रहस्यपूर्ण है। कभी-कभी जीवन में ऐसे अवसर उपस्थित हो जाते हैं, जब मनुष्य की धर्मबुद्धि नष्ट हो जाती है और उसका मन द्रुत गति से पाप की ओर दौड़ता है। ऐसे समय में मित्र का ही उपदेश अधिक कल्याणकारी सिद्ध होता है। मित्र के उपदेश का जितना प्रभाव हृदय पर पड़ता है, उतना और किसी का नहीं पड़ता है।

*उपर्युक्त गद्यांश को ध्यानपूर्वक पढ़ें और निम्नलिखित प्रश्नों के उत्तर के लिए सही विकल्प चुनें :*

1. सच्चा मित्र किस प्रकार का होता है?

A. विपत्ति में सहायता देने वाला

B. गलत मार्ग पर चलने से रोकने वाला

C. शिक्षक के भाँति

D. धार्मिक गुरु की तरह

2. सन्मार्ग शब्द का विपरीत शब्द है :

A. अग्रसर B. कुमार्ग

C. सुमार्ग D. मार्गदर्शक

3. व्यक्ति को पाप के गर्त्त में गिरने से कौन बचाता है?

A. शिक्षक B. भाई

C. पिता D. सच्चा मित्र

4. मानव पाप की ओर कब दौड़ता है?
   A. जब स्वार्थी बन जाता है
   B. जब धर्म-बुद्धि नष्ट हो जाती है
   C. जब सच्चामित्र साथ छोड़ देता है
   D. जब धनवान बन जाता है
5. उपदेश में कौन-सा उपसर्ग है?
   A. उ B. उप
   C. दे D. देश

## गद्यांश 8

सब तरह के भावों को प्रकट करने की योग्यता रखने वाली और निर्दोष होने पर भी यदि कोई भाषा अपना निज का साहित्य नहीं रखती, तो वह रूपवती भिखारिन की तरह कदापि आदरणीय नहीं हो सकती। उनकी शोभा, उसकी बड़ी सम्पन्नता, उसकी मान-मर्यादा उसके साहित्य पर ही अवलम्बित रहती है। उसके विचारों और राजनैतिक स्थितियों का प्रतिबिम्ब देखने को यदि कहीं मिल सकता है, तो उसके ग्रन्थ साहित्य में मिल सकता है। सामाजिक शक्ति या सजीवता, सामाजिक अशक्ति या निर्जीवता और सामाजिक सभ्यता तथा असभ्यता का निर्णायक एकमात्र साहित्य है।

*उपर्युक्त गद्यांश को ध्यानपूर्वक पढ़ें और निम्नलिखित प्रश्नों के उत्तर के लिए सही विकल्प चुनें :*

1. साहित्य विहीन भाषा किस प्रकार की होती है?
   A. आदरणीय B. भिखारिन
   C. रूपवती D. रूपवती भिखारिन
2. रूपवती का पुल्लिंग रूप है:
   A. रूपवान B. सुन्दर
   C. सुन्दरी D. रूपवत
3. भाषा की मान मर्यादा किस पर निर्भर करती है?
   A. लिपि पर B. साहित्यकार पर
   C. भक्ति पर D. साहित्य पर
4. "सम्पन्नता" शब्द का विपरीत शब्द है:
   A. गरीबी B. विपन्न
   C. अमीर D. विपन्नता
5. राजनैतिक, सामाजिक शक्ति का दर्शन हमें किसमें मिलता है?
   A. समाज B. राज्य
   C. नेता D. साहित्य

## गद्यांश 9

स्वतंत्र भारत का सम्पूर्ण दायित्व आज विद्यार्थियों के ही ऊपर है, क्योंकि आज जो विद्यार्थी हैं, वे ही कल स्वतंत्र भारत के नागरिक होंगे। भारत की उन्नति, उसका उत्थान उन्हीं की उन्नति और उत्थान पर निर्भर करता है। अतः विद्यार्थियों को चाहिए कि वे अपने भावी जीवन का निर्माण बड़ी सतर्कता और सावधानी के साथ करें। उन्हें प्रत्येक क्षण अपने राष्ट्र, अपने समाज, अपने धर्म, अपनी संस्कृति को अपनी आँखों के सामने रखना चाहिए, जिससे उनके जीवन से राष्ट्र को कुछ बल प्राप्त हो सके। जो विद्यार्थी राष्ट्रीय दृष्टिकोण से अपने जीवन का निर्माण नहीं करते, वे राष्ट्र और समाज के लिए भार-स्वरूप हैं।

*उपर्युक्त गद्यांश को ध्यानपूर्वक पढ़ें और निम्नलिखित प्रश्नों के उत्तर के लिए सही विकल्प चुनें :*

1. भारत की उन्नति किस पर निर्भर करती है?
   A. युवाओं पर B. नेताओं पर
   C. साहित्यकारों पर D. विद्यार्थियों पर
2. **उन्नति** का समानार्थक शब्द है :
   A. पतन B. उत्थान
   C. विकास D. उदय
3. **उत्थान** का विपरीत शब्द है :
   A. उदय B. पतन
   C. पराजय D. हार
4. किसे अपने जीवन का निर्माण सतर्कता और सावधानी से करना चाहिए?
   A. युवाओं को B. नेताओं को
   C. बच्चों को D. विद्यार्थियों को
5. धर्म, संस्कृति तथा समाज का रक्षक कौन है?
   A. नागरिक B. ग्रामीण
   C. विद्यार्थी D. युवा

## गद्यांश 10

हास्य एक ऐसा माध्यम है, जो नीरस-जीवन को भी सुखद बना देता है। हास्य का जादू इतना प्रभावशाली होता है कि वह छूत के रोग की तरह चारों ओर फैल जाता है। जिसने कभी हँसना नहीं सीखा, सचमुच उसने जीना नहीं सीखा। सामान्यतः मनुष्य को जीवन में इतनी मुसीबतें झेलनी

पड़ती हैं कि वह अपने जीवन को पहाड़ समझने लगता है। ऐसे दूभर जीवन को यदि जीने योग्य बनाना हो तो उसके लिए आवश्यक है कि जीवन में हँसने की गुंजाइश हो। हँसी के सहारे मनुष्य अपने कष्टों को भुलाने का प्रयत्न करता है। संघर्ष, तनाव, व्यस्तता, घुटन यदि आज के जीवन की सहज देन हैं, तो इनसे बचने के लिए यह आवश्यक है कि हम हँसना सीखें।

*उपर्युक्त गद्यांश को ध्यानपूर्वक पढ़ें और निम्नलिखित प्रश्नों के उत्तर के लिए सही विकल्प चुनें :*

**1.** नीरस जीवन को कौन सुखद बना देता है?

A. संगीत B. गीत
C. आमोद प्रमोद D. हास्य

**2.** **नीरस** का संधि विच्छेद है :

A. नी + रस B. नि + रस
C. निः + रस D. नीः + रस

**3.** किसका जीवन व्यर्थ है?

A. जिसने रोना नहीं सीखा
B. जिसने हँसना नहीं सीखा
C. जिसने गाना नहीं सीखा
D. इनमें से कोई नहीं

**4.** **हँसना** शब्द है :

A. संज्ञा B. विशेषण
C. क्रिया विशेषण D. क्रिया

**5.** तनाव और घुटन से बचने के लिए क्या करना चाहिए?

A. रोना चाहिए B. गाना चाहिए
C. हँसना चाहिए D. काम करना चाहिए

## गद्यांश 11

किसी पुस्तक को पढ़ने में जल्दी नहीं करनी चाहिए, जो कुछ लेखक कहता है, उसे समझने की चेष्टा करनी चाहिए। प्रत्येक शब्द का अर्थ समझने की चेष्टा करनी चाहिए। यदि लेखक योग्य है, तो दूसरी बार वह पुस्तक और अधिक आनन्द देगी और तीसरी बार और अधिक। प्रत्येक बार अध्ययन करने पर आपको नवीन सुन्दर और नए विचार मिलेंगे और उसे आप जितना ही पढ़ेंगे, उतना ही स्नेह करने लगेंगे। सहस्त्रों व्यक्तियों ने गीता और रामायण तथा कुरान और बाइबिल को बार-बार पढ़ा है। उनका अनुभव है कि प्रत्येक बार उन्हें नई सूझ और नए विचार मिलते गए। कुछ लोग तो इस बात पर गर्व करते हैं कि उन्होंने अमुक पुस्तक को अनेक बार पढ़ा है, उन्हें कंठस्थ हो गई है।

*उपर्युक्त गद्यांश को ध्यानपूर्वक पढ़ें और निम्नलिखित प्रश्नों के उत्तर के लिए सही विकल्प चुनें :*

**1.** किसे समझने की चेष्टा करनी चाहिए?

A. पुस्तक B. रामायण
C. महाभारत D. गीता

**2.** पुस्तक की सजीवता किस पर निर्भर करती है?

A. लेखक B. प्रकाशक
C. पाठक D. चिन्तक

**3.** **आनन्द** का विपरीत शब्द है :

A. शोक B. दुख
C. संताप D. खुशी

**4.** नवीन, सुन्दर और नए विचार हमें कहाँ से प्राप्त होता हैं?

A. पुस्तक को बार-बार पढ़कर
B. सुनकर
C. भाषण से
D. अच्छे व्यक्तियों से मिलने पर

**5.** **कंठस्थ** शब्द का शब्दार्थ है :

A. कंठ में स्थित B. सुंदर कंठ
C. जबानी याद D. पंडित जी

## गद्यांश 12

अहिंसा परम धर्म है और हिंसा आपद् धर्म। मनुष्य बराबर अहिंसा की ओर चलना चाहता है, किन्तु परिस्थितियाँ उससे हिंसा कराती है, अर्थात् परमधर्म की रक्षा के लिए आदमी बराबर आपद्धर्म से काम लेता रहा है। भारत अपनी सेनाओं को विघटित कर दे, तब भी उसका अपमान उससे अधिक होने वाला नहीं, जितना नेफा में हुआ। किन्तु परमधर्म पर टिकने की सामर्थ्य अगर भारत में नहीं है, तो आपद्धर्म पर उसे आना चाहिए। व्यवहारतः आपद्धर्म परमधर्म का विरोधी नहीं, उसका रक्षक है।

*उपर्युक्त गद्यांश को ध्यानपूर्वक पढ़ें और निम्नलिखित प्रश्नों के उत्तर के लिए सही विकल्प चुनें :*

1. **परमधर्म** का विपरीत शब्द है :
   A. महान धर्म   B. आपद्धर्म
   C. सच्चाधर्म   D. इनमें से कोई नहीं
2. आपद्धर्म किसे कहा जाता है?
   A. अहिंसा   B. सत्याग्रह
   C. विपत्ति   D. हिंसा
3. मानव से हिंसा कौन करवाती है?
   A. लोभ   B. स्वार्थ
   C. द्वेष   D. परिस्थितियाँ
4. **सामर्थ्य** का शब्दार्थ है :
   A. संघर्ष   B. परिश्रम
   C. शक्ति   D. पराक्रम
5. **परमधर्म** की रक्षा कौन करता है?
   A. अहिंसा   B. हिंसा
   C. आपदधर्म   D. युद्ध

## गद्यांश 13

वर्तमान काल विज्ञापन का युग माना जाता है। समाचार-पत्रों के अतिरिक्त रेडियो और टेलीविजन भी विज्ञापन के सफल साधन हैं। विज्ञापन का मूल उद्देश्य उत्पादक और भोक्ता में सीधा सम्पर्क स्थापित करना होता है। जितना अधिक विज्ञापन किसी पदार्थ का होगा, उतनी ही उसकी लोकप्रियता बढ़ेगी। इन विज्ञापनों पर धन तो अधिक व्यय होता है, पर इनसे बिक्री बढ़ जाती है। ग्राहक जब इन आकर्षक विज्ञापनों को देखता है तो वह उस वस्तु-विशेष के प्रति आकृष्ट होकर उसे खरीदने को बाध्य हो जाता है।

*उपर्युक्त गद्यांश को ध्यानपूर्वक पढ़ें और निम्नलिखित प्रश्नों के उत्तर के लिए सही विकल्प चुनें :*

1. वर्तमान को किसका युग माना जाता है?
   A. फैशन   B. विज्ञापन
   C. संगीत   D. धन
2. उत्पादक तथा भोक्ता के बीच कौन संबंध स्थापित करता है?
   A. टेलीविजन   B. समाचार-पत्र
   C. रेडियो   D. विज्ञापन
3. **वर्तमान** शब्द का विपरीत शब्द है :
   A. अर्वाचीन   B. आधुनिक
   C. आजकल   D. प्राचीन
4. **आकर्षक** का शब्दार्थ है :
   A. विकर्षक   B. सुन्दर
   C. मनमोहक   D. आश्चर्यजनक
5. भोक्ता किस कारण वस्तुओं को खरीदने के लिए बाध्य हो जाता है?
   A. विज्ञापन
   B. आकर्षक विज्ञापन
   C. लोकप्रियता के कारण
   D. आसानी से उपलब्ध होना

## गद्यांश 14

लगभग दो सौ वर्ष की गुलामी ने भारत के राष्ट्रीय स्वाभिमान को पैरों से रौंद डाला, हमारी संस्कृति को समाप्त कर दिया, हमारे विश्वासों को हिला दिया और हमारे आत्मविश्वास को चकनाचूर कर दिया, किन्तु अपने इस बूढ़े देश से प्यार करने वाले, इसके एक सामान्य संकेत पर प्राण न्यौछावर करने वाले दीवानों का अभाव न था। एक आवाज उठी और देखते ही देखते राष्ट्र का दबा हुआ आत्माभिमान उन्मत्त हो उठा। इतिहास साक्षी है जाने और अनजाने सहस्त्रों देशभक्त स्वतंत्रता की अनमोल निधि को पाने के लिए शहीद हो गए।

*उपर्युक्त गद्यांश को ध्यानपूर्वक पढ़ें और निम्नलिखित प्रश्नों के उत्तर के लिए सही विकल्प चुनें :*

1. **स्वाभिमान** का संधि विच्छेद है:
   A. स्वा + भिमान   B. स्वः + अभिमान
   C. स्व + अभिमान   D. स्वा + अभिमान
2. भारत का राष्ट्रीय स्वाभिमान किस कारण समाप्त हो गया था?
   A. लम्बे गुलामी से   B. निरंकुश शासक से
   C. स्वार्थी मानव से   D. धर्म के विनाश से
3. **आत्मविश्वास** का शब्दार्थ है
   A. घमण्ड   B. गर्व
   C. अपने पर विश्वास   D. अभिमान
4. भारत की अनमोल निधि को पाने के लिए कौन शहीद हो गए?
   A. देशभक्त   B. नेता
   C. युवा   D. युवती

5. **अनमोल निधि** का शब्दार्थ है:

A. अनन्त खजाना B. अमूल्य खजाना
C. बहुमूल्य D. स्वतंत्रता

## गद्यांश 15

दुनिया के विभिन्न देशों के विकास पर विहंगम दृष्टि डालने से यह स्पष्ट हो जाता है कि आज जिस देश ने वैज्ञानिक उपलब्धियों के सहारे अपना औद्योगीकरण कर लिया, उसी को उन्नत देश कहा जाता है। जिस देश में औद्योगीकरण का स्तर नीचा है, वह पिछड़ा हुआ देश कहा जाता है। वैज्ञानिक आविष्कारों और औद्योगीकरण के आधार पर ही किसी देश की प्रगति को आँका जाता रहा है। विज्ञान ने मानव को पूरी तरह बदल दिया है।

*उपर्युक्त गद्यांश को ध्यानपूर्वक पढ़ें और निम्नलिखित प्रश्नों के उत्तर के लिए सही विकल्प चुनें :*

1. **विहंगम दृष्टि** का क्या अर्थ है?

A. एक झलक B. गहन दृष्टि
C. गहन चिन्तन D. इनमें से कोई नहीं

2. **विकास** का विपरीत शब्द है :

A. उत्थान B. उदय
C. पतन D. विनाश

3. **वैज्ञानिक** शब्द में कौन-सा प्रत्यय हैं?

A. निक B. वै
C. ईक D. इक

4. मानव जीवन को किसने बदल दिया है :

A. विकास B. वैज्ञानिक
C. विज्ञान D. उद्योग

5. किसी भी देश की स्तर को किससे नापा जाता है?

A. उपलब्धियों पर
B. औद्योगीकरण से
C. वैज्ञानिकों से
D. आविष्कारों से

## गद्यांश 16

विश्व का वर्तमान उन्नत रूप मानव-श्रम की ही कहानी कह रहा है। गगन चुंबी अट्टालिकाएँ, लंबी-चौड़ी सड़कें, बड़े-बड़े विशाल नगर आकाश में उड़ते वायुयान तथा मानव-जीवन को सुखी और समृद्ध बनाने में योगदान करने वाले ज्ञान-विज्ञान के अनन्त रूप-ये सभी मनुष्य के श्रम का जयघोष करते हैं। स्पष्ट है कि मनुष्य और उसका शरीर विधाता की अनुपम रचना है जो निश्चय ही महान उद्देश्यों की संपूर्ति के लिए दिया गया है। इस दुर्लभ तन को यदि हम आलस्य, प्रसाद अथवा घटिया कामों में गँवा देते हैं तो उस विधाता के प्रति अन्याय करते हैं।

*उपर्युक्त गद्यांश को ध्यानपूर्वक पढ़ें और निम्नलिखित प्रश्नों के उत्तर के लिए सही विकल्प चुनें :*

1. विश्व का वर्तमान रूप किसका उद्‌योतक है?

A. चिन्तक का B. नेता का
C. वैज्ञानिक का D. मानव श्रम

2. **गगन चुंबी अट्टालिकाएँ** का अर्थ है :

A. आकाश में उड़ने वाला
B. आकाश को छूने वाला
C. बहुमंजिली इमारत
D. इनमें से कोई नहीं

3. आकाश का समानार्थक शब्द है :

A. वसुन्धरा B. धरा
C. पयोद D. गगन

4. **सुखी** का विपरीत शब्द है :

A. प्रसन्न B. अप्रसन्न
C. दुखी D. उदासी

5. विधाता की अनुपम रचना क्या है?

A. मानव शरीर B. समुद्र
C. वन D. पृथ्वी

## गद्यांश 17

हमारे देश में एक ऐसा भी युग था जब नैतिक और आध्यात्मिक विकास ही जीवन का वास्तविक लक्ष्य माना जाता था। अहिंसा की भावना सर्वोपरि थी। आज पूरा जीवन दर्शन ही बदल गया है। सर्वत्र पैसे की हाय-हाय तथा धन का उपार्जन ही मुख्य ध्येय हो गया है, भले ही धन-उपार्जन के तरीके गलत ही क्यों न हों? इन सबका असर मनुष्य के प्रतिदिन के जीवन पर पड़ रहा है। समाज का वातावरण दूषित हो गया है-

बाह्य वातावरण तो दूषित है ही, आज सब जानते हैं पर्यावरण की समस्याएँ कितनी चिन्तनीय हो उठी है। इन

सबके कारण मानसिक और शारीरिक तनाव-खिंचाव और व्याधियाँ पैदा हो रही हैं।

*उपर्युक्त गद्यांश को ध्यानपूर्वक पढ़ें और निम्नलिखित प्रश्नों के उत्तर के लिए सही विकल्प चुनें :*

**1.** भारत का प्राचीन आदर्श था :
A. सत्य और अहिंसा
B. नैतिक और आध्यात्मिक विकास
C. धन उपार्जन
D. इनमें से कोई नहीं

**2.** **अहिंसा** का विपरीत शब्द है :
A. हिंसा B. सत्याग्रह
C. विनम्रता D. नैतिकता

**3.** जीवन दर्शन क्यों बदल गया है?
A. हिंसा के कारण
B. अहिंसा के कारण
C. धन लिप्सा के कारण
D. आध्यात्मिक विकास के कारण

**4.** समाज का वातावरण दूषित क्यों हो गया है?
A. शारीरिक तनाव
B. मानसिक व्याधियाँ
C. पर्यावरण की समस्याएँ
D. धन उपार्जन के गलत तरीके

**5.** **पर्यावरण** का शब्दार्थ है:
A. जलमंडल B. स्थलमंडल
C. वायुमंडल D. वातावरण

## गद्यांश 18

राजा राम मोहन राय में "होनहार बिरवान के होत चीकने पांत" वाली कहावत पूरी तरह चरितार्थ हुई। बाल्यकाल में उनकी बुद्धि कितनी कुशाग्र थी, इसकी अनेक कहानियाँ सुनी जाती हैं। उनके पिता ने उनकी पढ़ाई का समुचित प्रबन्ध किया। गाँव की पाठशाला में उन्होंने बंगला सीखी। उन दिनों कचहरियों में फारसी का बोलबाला था। अतः उन्होंने घर पर ही मौलवी से फारसी पढ़ी। नौ वर्ष की उम्र में वे अरबी की उच्च शिक्षा के लिए पटना भेजे गये। पटना उस समय भारतवर्ष में इस्लामी संस्कृति का केन्द्र था। पटना में वे तीन वर्ष तक रहे। उन्होंने कुरान का मूल अरबी में अध्ययन किया। चार वर्ष तक काशी में संस्कृत का अध्ययन किया। उपनिषदों के अद्वैतवाद का उनपर पूरा प्रभाव पड़ा। फलतः उन्हें निराकार ईश्वर पर विश्वास हुआ।

*उपर्युक्त गद्यांश को ध्यानपूर्वक पढ़ें और निम्नलिखित प्रश्नों के उत्तर के लिए सही विकल्प चुनें :*

**1.** राजा राममोहन राय ने बंगला कहाँ सीखी?
A. पटना B. काशी
C. कलकत्ता D. गाँव की पाठशाला

**2.** अरबी की शिक्षा उन्होंने कहाँ पाई?
A. काशी B. पटना
C. ईरान D. ईराक

**3.** संस्कृत साहित्य का अध्ययन उन्होंने कहाँ किया?
A. पटना B. काशी
C. इलाहाबाद D. कलकत्ता

**4.** **कुशाग्र** शब्द का अर्थ है :
A. तेज B. बुद्धिमान
C. होनहार D. विद्वान्

**5.** निराकार शब्द का विलोम है :
A. साकार B. आकार
C. विशाल D. मूर्ति

## गद्यांश 19

मोती राजा साहब की सवारी का खास हाथी था। यों तो वह बहुत सीधा और समझदार था, पर कभी-कभी उसका मिजाज गर्म हो जाता था। एक बार पागलपन में उसने अपने महावत को मार डाला। राजा साहब ने यह खबर सुनी, तो उन्हें बहुत क्रोध आया, मोती की पदवी छिन गई। उसे राजा साहब की सवारी से निकाल दिया गया। कुलियों की तरह उसे लकड़ियाँ ढ़ोनी पड़ती, पत्थर लादने पड़ते और शाम को वह पीपल के नीचे मोटी जंजीरों से बाँध दिया जाता।

*उपर्युक्त गद्यांश को ध्यानपूर्वक पढ़ें और निम्नलिखित प्रश्नों के उत्तर के लिए सही विकल्प चुनें :*

**1.** राजा साहब की सवारी के हाथी का क्या नाम था?
A. सोना B. मोती
C. हीरा D. ऐरावत

**2.** किसने महावत को मार डाला था?
A. राजा B. हाथी
C. मोती D. दरबारी

3. **मिजाज** शब्द का शब्दार्थ है :

A. विचार B. ध्यान

C. मन D. दिल

4. किसकी पदवी छिन गई थी?

A. महावत की B. राजा की

C. मोती की D. हाथी की

5. समझदार और सीधा कौन था?

A. राजा साहब B. महावत

C. मोती D. इनमें से कोई नहीं

## गद्यांश 20

मनुष्य का यह दावा है कि वह सक्षम है, समर्थ है। हिमालय की तराई में घने जंगलों के बीच में बना एक छोटा-सा स्टेशन, जो दोपहर के बाद वाली ढ़लती धूप में भी बुरी तरह जल रहा था, मानो मनुष्य के इस दावे का प्रमाण था। प्रकृति इस मनुष्य के वश में है, वह इस प्रकृति को मनचाहा नवीन रूप देता है। वह इस प्रकृति के साथ न जाने कितने खिलवाड़ करता है। तराई का वह जंगल भी तो उसी प्रकृति का एक भाग था।

*उपर्युक्त गद्यांश को ध्यानपूर्वक पढ़ें और निम्नलिखित प्रश्नों के उत्तर के लिए सही विकल्प चुनें :*

1. **सक्षम** शब्द समानार्थक शब्द है :

A. समर्थ B. शक्तिशाली

C. कायर D. निर्माता

2. सक्षम और समर्थ होने का दावा कौन करता है?

A. प्रकृति B. मानव

C. दानव D. पशु

3. छोटा-सा स्टेशन कहाँ स्थित है?

A. घने जंगलों में B. हिमालय की तराई में

C. नदी के किनारे D. नगर में

4. प्रकृति के साथ कौन खिलवाड़ करता है?

A. मानव B. वैज्ञानिक

C. नेता D. युवा

5. **नवीन** का विपरीत शब्द है :

A. पुराना B. नूतन

C. नवनीत D. अतीत

## गद्यांश 21

पता नहीं जंगल में भी प्राण होते हैं या नहीं। वैसे जन्म लेना, मरना, शैशव, युवावस्था और वृद्धावस्था, जीवन के सब चिह्न जंगल में होते हैं। न जाने कितने पशु-पक्षी इन जंगलों की गोद में आश्रय लिए हुए हैं। कभी भयानक रूप से क्रुद्ध और उबलते हुए और कभी निष्प्राण से सुखे हुए नदी-नाले। ये सब जंगल के भाग हैं और जंगल के अन्दर इन अनगिनत प्राणियों में जीवन-मरण का संघर्ष चला करता है। रोज ही जन्म होते हैं, रोज ही मृत्यु के फेरे लगते हैं। जीवन-मरण की सीमाओं में बद्ध जो प्रकृति का क्रम है। वह तो चलता ही रहता है।

*उपर्युक्त गद्यांश को ध्यानपूर्वक पढ़ें और निम्नलिखित प्रश्नों के उत्तर के लिए सही विकल्प चुनें :*

1. जीवन के सब चिह्न किसमें होते है?

A. जंगल में

B. मानव में

C. पशु में

D. पादप में

2. **शैशव** का शब्दार्थ है :

A. युवा B. बुढ़ापा

C. बचपन D. नश्वर

3. जंगलों में कौन आश्रय लेता है :

A. पशु-पक्षी B. जन्तु

C. पादप D. मानव

4. **निष्प्राण** का समानार्थक शब्द है :

A. सजीव B. निर्जीव

C. शाश्वत D. नश्वर

5. **जीवन** का विपरीत शब्द है :

A. मरण B. अमर

C. प्राण D. नश्वर

## गद्यांश 22

यह आदान-प्रदान ही मानव-सभ्यता का मूल स्रोत है; इस आदान-प्रदान के लिए ही मुनष्य ने पहाड़ों को लाँघकर और सागरों को पार करके दुनिया के हर-एक कोने का पता लगाया। इस आदान-प्रदान की क्रिया-प्रतिक्रिया के रूप में न जाने कितने युद्ध लड़े गए, न जाने कितने देश बरबाद किए गए, न जाने कितनी सभ्यताएँ नष्ट की गई और यह आदान-प्रदान चल रहा है।

*उपर्युक्त गद्यांश को ध्यानपूर्वक पढ़ें और निम्नलिखित प्रश्नों के उत्तर के लिए सही विकल्प चुनें :*

**1.** मानव-सभ्यता का मूल स्रोत क्या है?

A. आदान B. प्रदान
C. आदान-प्रदान D. इनमें से कोई नहीं

**2.** **मानव** का विपरीत शब्द है :

A. नर B. मनुष्य
C. दानव D. दुष्ट

**3.** दुनिया के हर एक भाग का पता किसने किया है?

A. मानव B. खोजकर्ता
C. आविष्कारक D. दानव

**4.** युद्ध क्यों लड़े गए थे :

A. क्रिया-प्रतिक्रिया के कारण
B. आदान-प्रदान के कारण
C. स्वार्थ के कारण
D. धन उपार्जन के कारण

**5.** **आदान-प्रदान** शब्द है :

A. विपरीत शब्द
B. क्रिया विशेषण
C. पर्यायवाची शब्द
D. सहचर-शब्द

## उत्तरमाला

**गद्यांश 1**

**1.** C **2.** D **3.** B **4.** A **5.** D

**गद्यांश 2**

**1.** A **2.** D **3.** D **4.** C **5.** A

**गद्यांश 3**

**1.** C **2.** D **3.** B **4.** C **5.** B

**गद्यांश 4**

**1.** D **2.** D **3.** C **4.** A **5.** C

**गद्यांश 5**

**1.** B **2.** D **3.** D **4.** C **5.** A

**गद्यांश 6**

**1.** B **2.** B **3.** D **4.** A **5.** C

**गद्यांश 7**

**1.** C **2.** B **3.** D **4.** B **5.** B

**गद्यांश 8**

**1.** D **2.** A **3.** D **4.** D **5.** D

**गद्यांश 9**

**1.** D **2.** B **3.** B **4.** D **5.** C

**गद्यांश 10**

**1.** D **2.** C **3.** B **4.** D **5.** C

**गद्यांश 11**

**1.** A **2.** A **3.** A **4.** A **5.** C

**गद्यांश 12**

**1.** B **2.** D **3.** D **4.** C **5.** C

**गद्यांश 13**

**1.** B **2.** D **3.** D **4.** C **5.** B

**गद्यांश 14**

**1.** C **2.** A **3.** C **4.** A **5.** B

**गद्यांश 15**

**1.** A **2.** D **3.** C **4.** C **5.** B

**गद्यांश 16**

**1.** D **2.** C **3.** D **4.** C **5.** A

**गद्यांश 17**

**1.** B **2.** A **3.** C **4.** D **5.** D

**गद्यांश 18**

**1.** D **2.** B **3.** B **4.** A **5.** A

**गद्यांश 19**

**1.** B **2.** C **3.** C **4.** C **5.** C

**गद्यांश 20**

**1.** A **2.** B **3.** B **4.** A **5.** A

**गद्यांश 21**

**1.** C **2.** C **3.** A **4.** B **5.** A

**गद्यांश 22**

**1.** C **2.** C **3.** A **4.** B **5.** D

❑❑❑

# कम्प्यूटर जानकारी

## कम्प्यूटर्स (Computers)

कम्प्यूटर शब्द की उत्पत्ति अंग्रेजी भाषा के शब्द 'कम्प्यूट' से हुई जिसका अर्थ है–गणना करना। प्रारम्भ में कम्प्यूटर का उपयोग गणनात्कम कार्यों के लिए ही किया गया परन्तु अब इसका कार्य-क्षेत्र बहुत विकसित हो चुका है।

वैसे तो कम्प्यूटर एक इलेक्ट्रॉनिक मशीन है परन्तु इसमें और अन्य मशीनों में बहुत अंतर है। कम्प्यूटर का उपयोग आधुनिक जीवन में निजी व व्यवसायिक जटिल कार्यों को सरल बनाता है।

विविध कार्यों की आवश्यकताओं के अनुरुप कम्प्यूटर विभिन्न आकार-प्रकारों के बनाए जाते हैं। बड़े कम्प्यूटरों को मेन फ्रेम (main frame) कम्प्यूटर कहा जाता है। ये आकार में बड़े होते हैं और इनकी कार्य करने की गति तथा क्षमता बहुत अधिक होती है। ऐसे कम्प्यूटरों का उपयोग बड़े संस्थानों व मौसम संबंधी जानकारी प्राप्त करने के लिए किया जाता है जहाँ पर बहुत अधिक सूचनाओं का शीघ्रता से विश्लेषण करना होता है।

मध्यम आकार के कम्प्यूटर मिनि कम्प्यूटर (mini computer) कहलाते हैं। ऐसे कम्प्यूटरों का उपयोग बीमा कंपनियों, बैंकों व बड़ी कंपनियों के कार्यालयों में किया जाता है ताकि ग्राहकों को तात्कालिक आवश्यक जानकारी तुरंत दी जा सके। ऐसे कम्प्यूटरों के साथ अनेक छोटे कम्प्यूटर संलग्न किये जा सकते हैं जिनसे इन का उपयोग एक से अधिक व्यक्ति एक साथ कर सकते हैं, और पारस्परिक सहयोग रखते हुए अपने-अपने कार्य कर सकते हैं।

इससे छोटे आकार के कम्प्यूटरों को माइक्रो कम्प्यूटर (micro computer) कहते हैं। ऐसे कम्प्यूटर सामान्यतया एक समय में एक ही व्यक्ति के उपयोग के लिए निर्मित होते हैं और इसलिए उन्हें पर्सनल कम्प्यूटर (personal computer) कहा जाता है। सबसे अधिक संख्या में उपयोग इन्हीं कम्प्यूटरों का होता है। इनका प्रयोग लोग अपने निजी कार्यों या व्यवसायों में करते हैं। छोटी कंपनियाँ ऐसे कम्प्यूटरों को अपने व्यापार के लेखे-जोखे व कर्मचारियों के प्रबंधन के काम में लेती हैं। इन्टरनेट (internet) तथा ई-मेल (e-mail) की सुविधाएँ उपलब्ध होने के पश्चात् पर्सनल कम्प्यूटरों का प्रचलन और भी अधिक हो गया है। इन्टरनेट पर बहुत अधिक जानकारी उपलब्ध होती है जिन्हें पर्सनल कम्प्यूटरों से प्राप्त करके ज्ञान की वृद्धि की जा सकती है।

कम्प्यूटरों ने मनुष्य के जीवन को एक नई दिशा दी है। सन् 1946 में संसार के सर्वप्रथम डिजिटल (digital) अर्थात् सांख्यिकी कम्प्यूटर ने कार्य करना प्रारंभ किया। तब से अब तक समाज में कम्प्यूटर द्वारा लाए गए परिवर्तन वास्तव में अद्भुत हैं।

प्रारंभ में थोड़े से ही डिजिटल कम्प्यूटरों का निर्माण हुआ। ये आकार में बहुत बड़े थे और अत्याधिक मँहगे भी थे। ये कम्प्यूटर केवल संख्याओं की गणना के काम में ही लिए जा सकते थे और इसलिए उनका उपयोग कुछ विशिष्ट गणितज्ञ, वैज्ञानिक व इंजीनियरों तक ही सीमित था। अब कम्प्यूटरों के आकार-प्रकार, क्षमता व कीमतों में बहुत अधिक परिवर्तन आ चुका है। कम्प्यूटरों के सिमटते हुए आकार व बढ़ती हुई क्षमता और गिरती हुई कीमतों के कारण उनका उपयोग बहुत बढ़ गया है। वैज्ञानिक संस्थानों की अपेक्षा बैंक, बीमा, आरक्षण, निर्माण, क्रय-विक्रय जैसे व्यवसायिक क्षेत्रों में अधिक संख्या में कम्प्यूटर उपयोग में लाए जा रहे हैं, और अनेक लोग इन्टरनेट के द्वारा विविध विषयों में ज्ञान प्राप्त कर रहे हैं। कम्प्यूटरों से बिल बनाना, चैक बनाना, रिकार्ड पूरा रखना जैसे बहुत से कार्य बहुत कम समय में किए जा सकते हैं।

## कम्प्यूटर्स का विकास (Development of Computers)

सबसे पहला सांख्यिकी कम्प्यूटर अमेरिका की पेन्सिलवेनिया यूनिवर्सिटी में सन् 1946 में बनाया गया। इसे Electronic Numerical Indicator And Calculator या संक्षेप में ENIAC का नाम दिया गया। इसमें 18,000 इलेक्ट्रॉनिक वॉल्व अर्थात् वेक्यूम ट्यूबें लगी थीं इसे कम्प्यूटरों की **पहली पीढ़ी** (first generation) कहते हैं। इसका भार 30 टन था और यह 50 फीट × 30 फीट के बड़े कमरे में लगा था। इसे चलाने के लिए लगभग 150 किलोवाट विद्युत-ऊर्जा की आवश्यकता होती थी। यह ENIAC एक जोड़ 0.2 मिलीसेकंड (2/10000 सेकंड) में लगा सकता था। गुणा करने में थोड़ा अधिक समय लगता था। गणित की क्रियाओं की यह गति उस समय उपलब्ध कल-पुर्जों वाली मिकेनिकल मशीनों की तुलना में कई हजार गुनी अधिक थी। सन् 1948 में ट्रांज़िस्टर का आविष्कार हुआ जिसने कम्प्यूटरों के विकास को एक नया मोड़ प्रदान किया। एक छोटा सा ट्रांजिस्टर बहुत कम स्थान घेर कर बहुत थोड़ी सी विद्युत-ऊर्जा से ही एक वेक्यूम-ट्यूब के बराबर काम कर सकता था। ट्रांजिस्टरों के उपयोग से कम्प्यूटर

आकार में छोटे एवं सस्ते हो गए। तकनीक में उन्नति के कारण ट्रान्जिस्टरों से बने कम्प्यूटरों की कार्यक्षमता भी बढ़ गई और उनके उपयोग का क्षेत्र बढ़ने लगा। ट्रांजिस्टरों से बने कम्प्यूटरों को **दूसरी पीढ़ी** (second generation) के कम्प्यूटर कहते हैं। तकनीक में प्रगति के फलस्वरूप सिलिकॉन के छोटे से चिप पर सैकड़ों ट्रांजिस्टरों से बने एक समूचे इलेक्ट्रॉनिक सर्किट को बनाना संभव हो गया। इस प्रकार के सर्किटों को इन्टीग्रेटेड सर्किट (integrated circuits) कहा जाता है। ये चिपें आकार में बहुत छोटी होती हैं।

इन्टेग्रेटेड सर्किटों के प्रयोग से कम्प्यूटर और भी छोटे व सस्ते हो गए, और उनकी कार्य क्षमता कई गुनी अधिक बढ़ गई। इन्हें **तीसरी पीढ़ी** (third generation) के कम्प्यूटर कहा गया। प्रगति के साथ सिलिकॉन की एक छोटे से टुकड़े पर हजारों ट्रांजिस्टरों से बने संपूर्ण इलेक्ट्रॉनिक सर्किट का बनाना संभव हो गया। इन चिपों को भी एक बड़े (integrated circuit) के प्रकार के आवरण में रखा जाता है। इन्हें Large Scale Integrated Circuits कहा जाता है। इस प्रकार के कम्प्यूटर **चौथी पीढ़ी** (fourth generation) के कम्प्यूटर कहलाए।

## हार्डवेयर (Hardware)

कम्प्यूटर को सामान्यतः दो भागों में बांटा जा सकता है–

→ हार्डवेयर (Hardware)

→ सॉफ्टवेयर (Software)

कम्प्यूटर के मशीनी तत्वों को हार्डवेयर कहते हैं। कम्प्यूटर के मूल तत्व हैं- सिस्टम यूनिट, कीबोर्ड, मॉनीटर, फ्लापी डिस्क, तथा हार्ड डिस्क।

### ⇨ सिस्टम यूनिट (The System Unit)

कम्प्यूटर सिस्टम में सिस्टम यूनिट ही वास्तविक कम्प्यूटर है। यह एक बक्सा है जिसमें कम्प्यूटर के सारे इलेक्ट्रॉनिक सर्किट व अन्य युक्तियाँ होती हैं। इसके अन्दर एक बड़ा प्रिन्टेड सर्किट बोर्ड होता है जिसे मदर बोर्ड (mother board) कहते हैं। इस बोर्ड पर CPU, RAM, ROM आदि इन्टीग्रेटेड सर्किट लगे होते हैं। हार्ड डिस्क तथा फ्लॉपी डिस्क ड्राइव भी इसी के अन्दर लगी होती हैं। कम्प्यूटर में अनेक युक्तियाँ बाहर से भी जोड़ी जाती हैं। बाहर से जोड़ी जाने वाली युक्तियाँ तारों द्वारा इस बक्से में लगे सॉकेटों में जोड़ी जाती हैं।

### ⇨ कीबोर्ड (Keyboard)

कीबोर्ड, कम्प्यूटर की एक इनपुट युक्ति है। कम्प्यूटर से सम्पर्क करने का यही एक मात्र साधन है। यह आकार में बड़ा होता है और इसमें बहुत सारी कुंजियाँ होती हैं, क्योंकि कम्प्यूटरों में संगणना के समय अंकों, अक्षरों, विराम चिह्न आदि सभी का प्रयोग किया जाता है जिसके लिये ये सभी कुंजियाँ कीबोर्ड पर ही उपलब्ध होती हैं। कुंजीपटल पर टाइप करके डाटा (data) तथा आदेश (commands) व प्रोग्राम (programs) दोनों ही कम्प्यूटर में प्रविष्ट कर सकते हैं। कम्प्यूटर का कीबोर्ड सिस्टम यूनिट से एक लचीले केबल के द्वारा जुड़ा होता है।

### ⇨ मॉनीटर (Monitors)

कम्प्यूटर का मॉनीटर एक टेलीविज़न के समान दिखने वाला उपकरण है। हम जो कुछ भी टाइप करते हैं या कलाकृति बनाते हैं, मॉनीटर उसे दिखाता रहता है, संगणना के समय क्या हो रहा होता है यह भी संदेशों द्वारा मॉनीटर ही दिखाता है, और संगणना के परिणाम भी मॉनीटर के स्क्रीन पर दिखाई देते हैं। इसके अतिरिक्त कोई गलती होने पर त्रुटि संदेश भी इसी स्क्रीन पर दिखाये जाते हैं।

### ⇨ फ्लॉपी तथा हार्ड डिस्क ड्राइवें (Floppy & Hard Disk Drives)

सूचना को स्थाई रूप से संग्रहित रखने के लिए कम्प्यूटरों में चुम्बकीय टेप या डिस्क का प्रयोग किया जाता है। चुम्बकीय विधि के प्रयोग करने से सूचना कभी भी रिकॉर्ड की जा सकती है, अवांछित सूचना मिटाई जा सकती है, और रिक्त स्थान में दूसरी सूचना रिकार्ड की जा सकती है। इस विधि का लाभ यह है कि कम्प्यूटर सूचना को बहुत तीव्र गति से लिख पढ़ सकता है। इस क्रिया को कम्प्यूटर की भाषा में writing व reading कहते हैं।

पर्सनल कम्प्यूटरों में दो प्रकार की चुम्बकीय डिस्कों का प्रयोग होता है—फ्लॉपी तथा हार्ड डिस्क। फ्लॉपी डिस्क को कम्प्यूटर से बाहर निकाला जा सकता है। इस सुविधा से सूचना का स्थानान्तरण करना आसान होता है। हार्ड डिस्कें सिस्टम यूनिट के अंदर स्थायी रूप से लगी होती हैं। इन्हें बाहर नहीं निकाला जा सकता, पर इनकी भंडारण क्षमता और भंडारित सूचना के लिखने व पढ़ने की गति बहुत अधिक होती है जिससे कम्प्यूटर की कार्य करने की गति तेज हो जाती है।

जिन मशीनों द्वारा डिस्क को कम्प्यूटर के साथ सूचना का आदान-प्रदान के लिये चलाया जाता है, उन्हें डिस्क ड्राइव (disk drives) कहते हैं। कम्प्यूटर द्वारा सूचना लिखने या पढ़ने के लिए फ्लॉपी डिस्क को डिस्क ड्राइव में प्रविष्ट कर दिया जाता है। एक डिस्क के भर जाने पर उसे निकाल कर दूसरी डिस्क लगा दी जाती है। हार्ड डिस्क व उसकी डिस्क ड्राइव एक ही इकाई होती है और उसमें से हार्ड डिस्क को निकाला नहीं जा सकता। वे सिस्टम यूनिट में स्थायी तौर पर लगी रहती हैं। इन्हें fixed drives भी कहते हैं।

सूचना के आदान-प्रदान के लिये सभी कम्प्यूटरों में कम से कम एक फ्लॉपी डिस्क ड्राइव अवश्य लगा होना चाहिए।

⇨ **प्रिन्टर (Printer)**

प्रिन्टर एक आउटपुट युक्ति है। कम्प्यूटर के आउटपुट को कागज पर मुद्रण करने वाले यंत्र को प्रिन्टर (Printer) कहते हैं। ऐसी मुद्रित प्रति को हार्ड कॉपी (hard copy), और प्रिन्टर को हार्ड कॉपी प्रिन्टर कहते हैं। हार्ड कॉपी प्रिन्टरों का प्रयोग कम्प्यूटरों के साथ बहुत अधिक होता है जिसके लिये अनेक प्रकार के प्रिन्टर मार्किट में उपलब्ध हैं।

## सॉफ्टवेयर (Software)

कुछ प्रोग्राम कम्प्यूटर में बार-बार प्रयोग होते हैं तथा यह प्रोग्राम कम्प्यूटर में पहले से ही उपलब्ध होते हैं। इन प्रोग्रामों को सॉफ्टवेयर कहते हैं जो कम्प्यूटर के संचालन में उसकी सहायता करते हैं। कम्प्यूटर सॉफ्टवेयर्स को प्रयोगों के आधार पर तीन श्रेणियों में बांटा जा सकता है।

⇨ **सिस्टम सॉफ्टवेयर (System Software)**

कम्प्यूटर के निजी संचालन के लिए निर्मित प्रोग्रामों को सिस्टम सॉफ्टवेयर कहते हैं। इस श्रेणी में ऑपरेटिंग सिस्टम, कम्पाइलर, इन्टरप्रेटर तथा अन्य प्रोग्राम आते हैं जो कम्प्यूटर की मूल कार्यविधि तथा कार्यनीति के अनुसार कार्य करते हैं, तथा कम्प्यूटर के हार्डवेयर व आन्तरिक विभागों का आपस में सम्पर्क बनाए रखते हैं।

⇨ **एप्लीकेशन सॉफ्टवेयर (Application Software)**

विभिन्न प्रकार के कार्यों को करने के लिए उपयोग में आने वाले सॉफ्टवेयर, एप्लीकेशन सॉफ्टवेयर कहलाते हैं। इसके कुछ उदाहरण हैं—वर्ड प्रोसेसिंग, डाटाबेस मैनेजमेंट, स्प्रेडशीट, डेस्क टॉप पब्लिशिंग, चित्रकला आदि।

⇨ **कस्टम सॉफ्टवेयर (Custom Software)**

यह सॉफ्टवेयर प्रयोगकों की आवश्यकताओं तथा सुविधाओं को ध्यान में रखकर बनाए जाते हैं। अधिकतर यह प्रोग्राम विशेष आवश्यकताओं की पूर्ति के लिए बनाए जाते हैं।

## कम्प्यूटर की संरचना (Structure of Computers)

किसी भी यन्त्र का सामान्य कार्य होता है डाटा या इनपुट लेना। उस डाटा पर प्रोसेसिंग करके वह यन्त्र सूचना या आउटपुट प्रदान करता है।

एक कम्प्यूटर को कार्य करने के लिये दो चीजों की आवश्यकता होती है: एक तो डाटा जिस पर संगणना करनी है, और दूसरी वे सूचीबद्ध प्रोग्राम (program) जिनके अनुरूप संगणना की जानी होती है। प्रोग्राम की आवश्यकता इसलिए पड़ती है क्योंकि इलेक्ट्रॉनिक प्रोसेसर तो एक निर्जीव वस्तु है जिसकी अपनी कोई बुद्धि नहीं होती। प्रोग्राम व डाटा, दोनों को ही कम्प्यूटर के कुंजीपटल पर टाइप करके भरा जाता है। इलेक्ट्रॉनिक प्रोसेसर दिये हुए प्रोग्राम के आदेशों को क्रम से पढ़ता जाता है और डाटा पर उन्हीं आदेशों के अनुसार संगणना करता चला जाता है। परिणामों को मॉनीटर के पटल पर प्रदर्शित कर दिया जाता है, या प्रिन्टर द्वारा कागज़ पर छाप दिया जाता है। इस प्रक्रिया को करने के लिये एक अस्थाई स्मृति (RAM) की आवश्यकता होती है। सामान्यतः कम्प्यूटर निम्न पद्धति पर कार्य करता है।

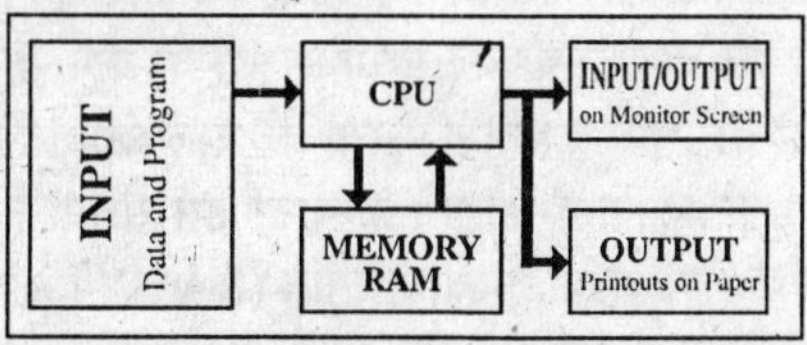


कम्प्यूटर की कार्य प्रणाली

⇨ **डाटा (Data)**

किसी मशीन को गणना या संगणना करने के लिये दी जाने वाली सूचनाओं को डाटा (data) कहते हैं। कम्प्यूटरों में भी जो संख्याएँ, पाठ्य या अन्य सामग्री संगणना के लिये भरी जाती है वह डाटा है। डाटा को मशीन में इनपुट युक्ति कीबोर्ड द्वारा भरा जाता है।

⇨ **कम्प्यूटर प्रोसेसर (Computer Processors)**

कम्प्यूटर में प्रोसेसिंग उसके अंदर लगे एक जटिल इलेक्ट्रॉनिक सर्किट द्वारा की जाती है जिसे सेंट्रल प्रोसेसिंग यूनिट (Central Processing Unit) या सीपीयू (CPU) कहा जाता है। यह सर्किट कम्प्यूटर में मस्तिष्क की तरह से काम करता है।

⇨ **स्मृतियाँ (Memories)**

किसी भी कम्प्यूटर में दो प्रकार की स्मृतियाँ होती हैं— प्राइमरी (Primary) स्मृतियाँ तथा सेकेन्डरी (Secondary) स्मृतियाँ।

**प्राइमरी स्मृतियाँ (Primary Memories)**

प्राइमरी स्मृतियाँ सामान्यतः दो प्रकार की होती हैं—

**रैम (RAM—Random Access Memory) :** इस प्रकार की स्मृतियाँ कम्प्यूटर पर अल्पकालिक, अस्थायी डाटा के संग्रह के लिए प्रयोग की जाती हैं। यह तभी तक डाटा का संग्रह कर सकती हैं जब तक कम्प्यूटर कार्य कर रहा है तथा कम्प्यूटर बन्द करने पर इस पर संग्रह की हुई सूचनाएं समाप्त हो जाती हैं। ये स्मृतियाँ कम्प्यूटर के मदरबोर्ड पर ही लगाई हुई होती हैं। जितनी संग्रह की क्षमता इस स्मृति में होगी उतनी ही आपके कम्प्यूटर की संगणना करने की शक्ति होगी।

**रॉम (ROM—Read Only Memory):** जिस प्रकार इसका नाम दर्शाता है कि इस तरह की स्मृतियाँ कम्प्यूटर केवल पढ़ने के लिए प्रयोग करता है तथा इस पर लिखी गई सूचनाओं को बदला या मिटाया नहीं जा सकता। सामान्यतः इस प्रकार की स्मृतियाँ कम्प्यूटर बनाते समय बनाई जाती हैं जिन पर हार्डवेयर की सूचनाओं को अंकित किया जाता है।

**सेकेण्डरी स्मृतियाँ (Secondary Memories)**

संगणना करते समय कम्प्यूटर को अनेक प्रकार की सूचनाओं की आवश्यकता होती है। उदाहरण के लिये, यदि आप अपने ग्राहकों के नाम व पते वाली सूची को प्रथम अक्षरों के क्रम से जमाना चाहते हैं तो सारे नाम व पतों की सूची को पहले कीबोर्ड के द्वारा कम्प्यूटर में प्रविष्ट करना होगा। कम्प्यूटर इस सूचना को आगे कार्य करने के लिये अपनी अस्थायी स्मृति (RAM) में संचित कर लेता है, परंतु पावर फेल होते ही, या कम्प्यूटर का पावर स्विच बंद करते ही यह सारी सूचना लुप्त हो जाती है। इसलिए कम्प्यूटर के साथ एक ऐसे उपकरण की भी आवश्यकता होती है जिसमें बहुत सारी सूचनाऐं अर्थात् डाटा (data) स्थायी रूप से संचित करके रखा जा सके। इन सूचनाओं के भंडारण की विधि ऐसी होनी चाहिये कि कम्प्यूटर द्वारा उसे शीघ्रता से लिखा जा सके और आवश्यकता अनुसार वांछित सूचना को शीघ्रता से ढूँढा और पढ़ा भी जा सके। इन सूचनाओं के भंडारण के लिये जिस चुंबकीय रिकार्डिंग प्रणाली का उपयोग किया जाता है उसमें फ्लॉपी डिस्क, हार्ड डिस्क, व मैगनेटिक टेप प्रमुख हैं। रिकार्डिंग करने या वांछित सूचना को पढ़ने के लिये जिन मशीनों में इस डिस्क को चलाया जाता है उन्हें डिस्क ड्राइव (disk drive) कहते हैं।

**⇨ ऑपरेटिंग सिस्टम (Operating System)**

कम्प्यूटर के अंदर स्थित स्थाई स्मृति में निर्माताओं द्वारा आदेशों का एक समूह, जिसे कम्प्यूटर की भाषा में प्रोग्राम (program) कहा जाता है, भर दिया जाता है। इस प्रोग्राम के द्वारा कम्प्यूटर के अंदर की समस्त गतिविधियों का संचालन किया जाता है, इसलिए इसे ऑपरेटिंग सिस्टम (Operating System) या OS कहा जाता है। जैसे ही आप कम्प्यूटर को ऑन करते हैं, ऑपरेटिंग सिस्टम अपने आप चालू हो कर सारा नियंत्रण अपने हाथ में ले लेता है।

ऑपरेटिंग सिस्टम पहले अस्थाई स्मृतियों को रिक्त करता है ताकि नई संगणना करते समय पुराने आँकड़े कोई अड़चन उत्पन्न न करें। सारी कुंजियों पर ऑपरेटिंग सिस्टम लगातार निगरानी रखता है, और जैसे ही कोई कुंजी दबती है, उसका प्रभाव मॉनीटर पर दिखाई देने लगता है। कम्प्यूटर पर काम करते समय ऑपरेटिंग सिस्टम आपके और कम्प्यूटर के बीच में दुभाषिये का काम करता है। वह आपके दिये गये आदेशों को मशीन तक पहुंचाता है, और मशीन द्वारा जनित सूचनाएँ आप तक पहुंचाता है। कम्प्यूटरों पर काम करने के लिये उसके ऑपरेटिंग सिस्टमों को ठीक से समझना आवश्यक होता है ताकि आप अपने कम्प्यूटर का श्रेष्ठतम उपयोग कर सकें।

ऑपरेटिंग सिस्टम पारस्परिक रूप से कम्प्यूटर के प्रकार पर भी आधारित होता है और प्रोसेसिंग की जो तकनीक, कम्प्यूटर द्वारा प्रयोग में लायी जा रही है उसका प्रभाव ऑपरेटिंग सिस्टम की संरचना पर पड़ता है। कुछ मुख्य तकनीकें जो कम्प्यूटर के विकास के दौरान प्रयोग में लायी जाती हैं, वे हैं–

(1) बैच (Batch) प्रोसेसिंग तकनीक (2) टाइम शेयरिंग (Time Sharing) तकनीक (3) रियल-टाइम (Real Time) प्रोसेसिंग तकनीक।

**(1) बैच प्रोसेसिंग (Batch Processing) तकनीक :** बैच प्रोसेसिंग का उपयोग मुख्य रूप से तब किया जाता है जब प्रयोगकर्ताओं की संख्या काफी अधिक हो और उन्हें अपने प्रोग्राम का परिणाम तुरन्त न चाहिये हो। इस विधि में प्रयोगकर्ताओं द्वारा दिये गये आंकड़े एवं प्रोग्राम कम्प्यूटर द्वारा एक के बाद एक उपयोग में लाये जाते हैं। एक पूरे प्रोग्राम के समाप्त हो जाने के बाद दूसरा प्रोग्राम या कार्य कम्प्यूटर द्वारा प्रारम्भ किया जाता है। कुछ प्रोग्रामों को क्रियान्वित हो जाने के बाद उनके परिणाम प्रयोगकर्ताओं को लौटा दिये जाते हैं। इस विधि के उपयोग से कार्ड एवं पेपर टेप के प्रयोग में लगने वाला अधिक समय बचाया जा सकता है, क्योंकि प्रोग्राम व आँकड़ों को डिस्क व टेप पर (Off line) एकत्रित किया जा सकता है। हर प्रोग्राम व डाटा इनपुट में लगने वाले समय के दौरान प्रोसेसर खाली नहीं रहता और उसकी क्षमता का पूरा उपयोग किया जा सकता है।

**(2) टाइम शेयरिंग (Time Sharing) तकनीक:** केन्द्रीय प्रोसेसर एक कार्य कुछ समय तक करने के बाद, उसे उसी स्थिति में छोड़कर अन्य कार्य करने लगता है और कुछ समय बाद फिर पहले कार्य को प्रारम्भ करता है। ठीक वहाँ से जहाँ उसे पहले छोड़ा था। इस तरह प्रोसेसर के समय का पूरा उपयोग किया जा सकता है, इसे टाइम शेयरिंग कहते हैं। गतिविधियों का निर्धारण ऑपरेटिंग सिस्टम द्वारा किया जाता है। यदि एक सिस्टम से कई टर्मिनल जुड़े हुये हों और सभी पर कार्य चल रहा हो तो कम्प्यूटर कुछ समय एक प्रयोगकर्ता का कार्य करता है और फिर क्रमानुसार अन्य प्रयोगकर्ताओं का और इस चक्र के पूरा होने के बाद ही वह फिर पहले व्यक्ति का या पहले टर्मिनल का कार्य करता है। किन्तु कम्प्यूटर इतनी तीव्र गति से कार्य करता है कि हर व्यक्ति को यह

प्रतीत होता है कि कम्प्यूटर सिर्फ उसी के लिये कार्य कर रहा है। इस विधि में प्रोग्राम लिखे जाने के बाद, वांछित आंकड़ों को कम्प्यूटर को बताकर समस्या का परिणाम निकालने के लिये कहा जाता है। हालांकि अन्य व्यक्तियों का काम भी कम्प्यूटर साथ ही कर रहा होता है। यह विधि जिसमें आपको इन्तजार नहीं करना पड़ता, आन-लाइन प्रोसेसिंग तकनीक कहलाती है। इस विधि को, जिसमें कम्प्यूटर कई प्रयोगकर्ताओं का कार्य साथ-साथ करता है। अर्थात् अपना समय छोटे-छोटे हिस्सों में अनेक लोगों में बांटता है, टाइम शेयरिंग तकनीक के नाम से जाना जाता है।

**(3) रियल टाइम (Real Time) प्रोसेसिंग तकनीक :** रियल टाइम तकनीक का प्रयोग तब किया जाता है जब कम्प्यूटर के द्वारा किसी कार्य विशेष का नियंत्रण किया जा रहा हो। इस प्रकार के प्रयोग में प्रोग्राम का परिणाम लगभग फौरन प्राप्त हो जाता है और इस परिणाम को अगली गणना में तुरन्त प्रयोग में लाया जाता है। आवश्यकता पड़ने पर नियन्त्रित की जाने वाली प्रक्रिया को सुधारा या बदला भी जा सकता है। रियल टाइम तकनीक में कम्प्यूटर का कार्य लगातार आँकड़े ग्रहण करना, उनकी वांछित गणना करना और उन्हें मेमोरी में रखने की व्यवस्था करना तथा गणना के परिणाम के आधार पर निर्देश देना भी है। कृत्रिम उपग्रह का नियन्त्रण रियल टाइम तकनीक के प्रयोग का उदाहरण है।

## कम्प्यूटर की भाषायें (Computer Languages)

कम्प्यूटर में किसी प्रकार की कोई बुद्धि नहीं होती, उसे प्रोग्रामों के माध्यम से प्रोग्रामर द्वारा बुद्धि प्रदान की जाती है। ये प्रोग्राम कई स्तरों की भाषाओं में लिखे जाते हैं। प्रोग्रामिंग की भाषायें अपने प्रयोग की दृष्टि में कम और सरल शब्दों में ही प्रयोग की क्षमता रखती हैं। कम्प्यूटर सिर्फ 0 व 1 अंक की भाषा ही समझता है, अतः समस्त संवाद इसी 0 व 1 अंक में ही किया जा सकता है। पर हम 0 व 1 में न सोचकर प्राकृतिक भाषाओं में सोचते व बोलते हैं। अतः कम्प्यूटर के लिये भी एक दुभाषिये की आवश्यकता होती है। यह दुभाषिया एक इलैक्ट्रिकल सर्किट (Electrical Circuit) के रूप में होता है। कम्प्यूटर के अविष्कार से लेकर अब तक तीन प्रकार की भाषायें प्रयोग में लायी जाती रही हैं– (1) मशीनी भाषा (Machine Code), (2) असेंबली भाषा (Assembly Code) (3) उच्च स्तरीय भाषायें (High Level Languages)।

**(1) मशीनी भाषा (Machine Code) :** यह सिर्फ 1 व 0 के समूहों (Combinations) से बनी होती है और जिसे कम्प्यूटर सीधे समझ सकता है। मशीनी भाषा में प्रत्येक आदेश (Instruction) के दो भाग होते हैं। एक आदेश कोड (Operation Code) दूसरा स्थिति कोड (Location Code)। आदेश कोड व स्थिति कोड 0 व 1 के क्रमों में ही व्यक्त किये जाते हैं। लेकिन समस्त आदेशों को 0 और 1 में लिखा जाना अत्यधिक कठिन काम है। अतः असेंबली भाषा व उच्चस्तरीय भाषायें इस आवश्यकता की पूर्ति के लिये अविष्कृत हुई। मशीनी भाषा चूंकि मशीन की आतंरिक संरचना से निर्धारित होती है अतः एक कम्प्यूटर की मशीन भाषा दूसरे कम्प्यूटर की मशीन भाषा से भिन्न होती है।

**(2) असेंबली भाषा (Assembly Code) :** असेंबली भाषा, मशीन भाषा में आ रही दिक्कतों को दूर करने के लिये बनाई गई। इसमें मशीन कोड के स्थान पर 'नेमोनिक कोड' (Mnemonic Code) का प्रयोग किया गया जिन्हें मानव मस्तिष्क आसानी से पहचान सकता था। प्रोग्राम इन्हीं संकेतों में लिखा जाने लगा। इनमें से प्रत्येक संकेत के लिये एक मशीन कोड भी निर्धारित किया गया पर असेंबली कोड से मशीन कोड में परिवर्तन का काम, कम्प्यूटर में ही स्थित एक प्रोग्राम के जरिये किया जाने लगा। इस प्रकार के प्रोग्राम को असेंबलर (Assembler) नाम दिया गया। मशीन और असेंबली भाषायें चूंकि कम्प्यूटर की मूल संरचना से सम्बद्ध हैं, एवं अलग-अलग संरचनाओं वाले कम्प्यूटर के लिये सामान नहीं हो सकती, अतः इन्हें निम्न स्तरीय भाषायें कहा गया।

**(3) उच्च स्तरीय भाषायें (High Level Languages) :** निम्न स्तरीय भाषाओं में प्रोग्रामिंग कार्य बहुत लम्बा व कष्टसाध्य था। अतः जब कम्प्यूटर का प्रयोग अधिक बढ़ा तो एक ऐसी भाषा की आवश्यकता महसूस हुई जो प्राकृतिक भाषाओं के और निकट हो ताकि सामान्य व्यक्ति भी कम्प्यूटर का प्रयोग कर सके। ये भाषायें मशीन पर आधारित होने के स्थान पर समस्या के अनुरूप हों ऐसा प्रयास किया गया। इन भाषाओं में प्रोग्राम लिखते समय प्रोग्रामर अंग्रेजी भाषा के कुछ चुने हुए शब्द और गणित के स्वीकृत संकेतों को एक निश्चित रूप में प्रयोग कर सकता है जो भाषा के व्याकरण के अंतर्गत पूर्ण निर्धारित होते हैं। सबसे पहले उच्च स्तर की भाषा के लिये आई.बी.एम. ने 1957 में कोशिश की और उसका परिणाम फोरट्रॅान के रूप में आया। इसके पश्चात् कोबोल, बेसिक, अल्गोल, पास्कल, पी.एल-1, पी.एल-2, लोगो, सी, लिस्प, प्रोलाग आदि सैकड़ों उच्च स्तरीय भाषाओं का आविष्कार हुआ।

## प्रोग्राम व डाटा फाइलें (Program and Data Files)

सामान्यतया फाइलों की प्रकारों को दो भागों में विभक्त किया जा सकता है– प्रोग्राम फाइलें और डाटा फाइलें।

**⇨ प्रोग्राम फाइलें (Program Files)**

इस प्रकार की फाइलों का निर्माण आप स्वयं नहीं करते अपितु उन्हें या तो खरीदते हैं या किसी अन्य स्रोत से प्राप्त करते हैं। इन

फाइलों में किसी काम को करने के लिए आदेश लिखे होते हैं, जैसे कि लेखा-जोखा बनाना या चित्र बनाना। ऐसी फाइलें कम्प्यूटर प्रोग्रामरों द्वारा बनाई जाती हैं। एक उपयोगी प्रोग्राम सामान्यतया अनेक फाइलों का समूह होता है, जैसे कि Word Processor, में विविध उपनामों वाली अनेक प्रोग्राम फाइलें होती हैं। ऑपरेटिंग सिस्टम स्वयं में भी ऐसी ही विविध नामों तथा उपनामों वाली फाइलों का एक समूह है।

*नोट :* प्रोग्राम की फाइलों के उपनाम .COM तथा .EXE होते हैं। इन फाइलों को आप पढ़ नहीं सकते, पर काम में ले सकते हैं। ऐसी फाइलों को उपयोग में लेने के लिये केवल उनका नाम ही टाइप करना पड़ता है, उपनाम को टाइप करने की कोई आवश्यकता नहीं होती।

⇨ **डाटा फाइलें (Data Files)**

ये वे फाइलें हैं जिनका निर्माण आप स्वयं करते हैं। इन्हें आप किसी एप्लीकेशन प्रोग्राम द्वारा, या स्वयं ऑपरेटिंग सिस्टम द्वारा बनाते हैं, और इनमें आपके द्वारा रचित सामग्री (पाठ्यचित्र, हिसाब-किताब का लेखा-जोखा आदि) संचित रहती है। इन फाइलों के नाम सामान्यतया ऐसे रखे जाते हैं जिनसे फाइल के अंदर संचित सामग्री का भान होता रहे। इसी प्रकार इनके उपनाम भी ऐसे रखे जाते हैं जिनसे उन प्रोग्रामों का भान होता रहे जिनमें उन्हें बनाया गया है। उदाहरण के लिए, .DOC (document) उपनाम वाली फाइलें वर्ड प्रोसेसर प्रोग्रामों में बने दस्तावेज होते हैं, .TXT उपनाम वाली फाइलों में केवल ASCII अक्षर होते हैं। चित्रों वाली फाइलों के उपनाम .BMP (bitmap), .PCX (paint program), .TIFF (Tagged Image File) और .EPS (Encapsulated Post Script) आदि होते हैं और .BAK उपनाम वाली फाइलें बैकअप (backup) फाइलें होती हैं। काम में गड़बड़ी न होने देने के लिये सुरक्षा की दृष्टि से अनेक प्रोग्राम बैकअप फाइलें स्वयं बनाते हैं। फाइलों को डिस्क पर अंकित करने का काम ऑपरेटिंग सिस्टम द्वारा किया जाता है।

सूचना अंकित करते समय ऑपरेटिंग सिस्टम उस फाइल के बारे में निम्नलिखित अतिरिक्त जानकारी साथ ही अंकित कर देता है: फाइल के गुण (attributes), जैसे कि H (hidden), A (archives), S (system) या R (read only), फाइल का आकार, बाइटों (bytes) में, फाइल के निर्माण की तिथि (date), फाइल के निर्माण का समय (time) ये सारी सूचनाएँ फाइलों के प्रबधन, ढूँढने, प्रयोग करने में बहुत सहायक होती हैं।

## डायरेक्टरियाँ/फोल्डर्स (Directories /Folders)

डायरेक्टरियों में फाइलों का एक समूह संचित किया होता है। आवश्यक तो नहीं पर सामान्यतया इन फाइलों में पारस्परिक संबंध होता है। डायरेक्टरी का भी एक नाम होता है पर अधिकतर उपनाम नहीं होता। फाइलों के नामकरण के नियम डायरेक्टरियों पर भी लागू होते हैं। नाम ऐसा रखा जाता है जिससे कि यह ज्ञान होता रहे कि उस डायरेक्टरी में संचित फाइलें किस प्रकार की हैं, या किस उपयोग की हैं। डिस्क पर फाइलों और डायरेक्टरियों का संगठन वंशावली की तरह से ही किया जाता है। सबसे पहली डायरेक्टरी को रूट (root) डायरेक्टरी कहा जाता है, और इसे (\) चिह्न द्वारा दर्शाया या संबोधित किया जाता है। अन्य डायरेक्टरियों के लिये भी उनके नाम के पहले ये ही चिह्न लगाया जाता है। किसी भी डायरेक्टरी में फाइलों के अतिरिक्त अनेक डायरेक्टरियाँ भी हो सकती हैं। फ्लॉपी व हार्ड डिस्क पर नई डायरेक्टरियाँ बनाने की और उनमें फाइलों का संगठन करने की सारी सुविधाएँ ऑपरेटिंग सिस्टम प्रदान करता है।

## सूचना प्रौद्योगिकी (Information Technology)

सूचना को एक स्थान से दूसरे स्थान तक शीघ्रातिशीघ्र पहुँचाने की दिशा में मनुष्य ने कड़े प्रयत्न किये हैं। डाक सेवा, टेलीफोन, रेडियो, टेलीविजन व उपग्रह संचार प्रणालियाँ, सब इन्हीं प्रयासों की देन हैं। प्रारम्भ में एक कम्प्यूटर से दूसरे कम्प्यूटर पर सूचना का स्थानान्तरण केवल फ्लॉपी डिस्क द्वारा ही किया जाता था। इस विधि में एक कम्प्यूटर की हार्ड डिस्क में संचित वांछित सूचना की प्रतिलिपि फ्लॉपी डिस्क पर बना कर इसे किसी भी अन्य कम्प्यूटर पर उपयोग में लाया जा जाता था। इस विधि में गति बहुत धीमी होने के कारण कम्प्यूटर से कम्प्यूटर को सीधे ही सूचना भेज सकने की दिशा में प्रयास किये गए और एक ऐसी प्रणाली का विकास हुआ जिसमें दो कम्प्यूटरों में कुछ अतिरिक्त हार्डवेयर व साफ्टवेयर लगा कर और उन्हें एक केबल द्वारा कनेक्ट करके सीधे ही सूचना का आदान-प्रदान किया जा सके। कम्प्यूटरों के केबल द्वारा जुड़े होने के कारण सूचना को भेजना व प्राप्त करना, दोनों ही कार्य तीव्र गति से किये जा सकते थे। इस प्रणाली में दो से अधिक कम्प्यूटरों को केबलों द्वारा इस प्रकार से कनेक्ट किये जाने की विधि का विकास हुआ जिसमें कम्प्यूटर तारों के एक जाल में जुड़े रहते थे और वे आपस में सूचनाओं का आदान-प्रदान तीव्र गति से कर सकते थे। इस जाल को नेटवर्क (network) कहा जाता है।

यह नेटवर्क कई प्रकार का होता है जैसे— स्टार टोपोलॉजी, रिंग टोपोलॉजी, बस टोपोलॉजी तथा ट्री टोपोलॉजी।

केबलों द्वारा कम्प्यूटरों को एक दूसरे से कनेक्ट करने का काम एक सीमित क्षेत्र में ही किया जा सकता है, जैसे कि एक ही कार्यालय के या एक ही भवन में स्थित कम्प्यूटरों को केबलों द्वारा

आसानी से जोड़ा जा सकता है। इस स्थानीय नेटवर्क को लोकल एरिया नेटवर्क (Local Area Network) या लैन (LAN) कहते हैं।

दूर स्थित क्षेत्रों में सूचना का आदान-प्रदान टेलीफोन व अन्य संचार के माध्यमों द्वारा किया जाता है। इसलिये ऐसी व्यवस्थाओं का विकास किया जाने लगा जिसमें कम्प्यूटर व संचार माध्यम आपस में जोड़े जा सकें। इस तकनीक को सूचना प्रौद्योगिकी (Information Technology) कहा जाता है। वांछित सूचना जितनी अधिक शीघ्रता से प्राप्त हो सके उतना ही उसका लाभ उठाया जा सकता है। इन लाभों को ध्यान में रखते हुए ऐसी प्रणाली की खोज प्रारम्भ हुई जिसमें कम्प्यूटरों को टेलीफोन की लाइनों के द्वारा जोड़ा जा सके। इस काम के लिये मोडेम (modem) नामक युक्ति का आविष्कार हुआ जो कि कम्प्यूटर जनित डिजिटल संकेतों को ध्वनि के जैसे विद्युत संकेतों में परिणत करके टेलीफोन लाइन को दे सकती है, और टेलीफोन लाइन से प्राप्त ध्वनि के विद्युत संकेतों को पुनः डिजिटल संकेतों में परिणत करके कम्प्यूटर को दे सकती है।

MODEM शब्द अंग्रेजी के दो शब्दों, (MOdulator और DEModulator) के अंशों को मिलाकर बनाया गया है। यदि दोनों सिरों पर मोडेम लगी हों तो आप का कम्प्यूटर टेलिफोन की लाइन के द्वारा एक सुदूर स्थित कम्प्यूटर से डाटा का आदान-प्रदान कर सकता है। डाटा भेजने वाले सिरे की मोडेम कम्प्यूटर जनित डाटा को ऐसे विद्युत संकेतों में परिवर्तित कर देती है जिन्हें टेलिफोन की लाइनों द्वारा दूर तक भेजा जा सकता है। डाटा प्राप्त करने वाले सिरे पर लगी मोडेम इन आने वाले संकेतों को फिर से डिजिटल डाटा में बदलकर कम्प्यूटर को दे देती है, और कम्प्यूटर उस संदेश को या तो मॉनीटर के पटल पर प्रदर्शित कर देता है, या फिर एक फाइल में संचित करके रख लेता है, जिसे आप जब चाहे देख सकते हैं।

## इंटरनेट (Internet)

इन्टरनेट समस्त पृथ्वी पर फैला हुआ तारों का एक गुच्छा है जिसके द्वारा असंख्य कम्प्यूटर एक दूसरे से जोड़े जा सकते हैं, ओर वे आपस में सूचनाओं का आदान-प्रदान कर सकते हैं। भारत में इन्टरनेट की सुविधा विदेश संचार निगम लिमिटेड (Videsh Sanchar Nigam Limited) या संक्षेप में वी एस एन एल (VSNL) द्वारा दी जाती है, पर अनेक ऐसी कंपनियाँ भी खुल गई हें जो कि आपको अपने शहर में ही इन्टरनेट की सेवा अपने कम्प्यूटरों द्वारा दे सकती हैं। ऐसी कंपनियों को इन्टरनेट सर्विस प्रोवाइडर (internet service provider) कहा जाता है, और उनके उस सेवा प्रदान करने वाले कम्प्यूटर को सर्वर (server) कहा जाता है। ये कंपनियाँ आपसे सेवा-शुल्क लेकर आपको ई-मेल (e-mail) तथा वैबसाइट (web site) बनाने की सुविधाएँ देती हैं। डिशनेट (Dishnet), एचसीएल इनफिनेट (Hclinfinet), मन्त्राऑनलाइन (mantraonline), व सत्यमऑनलाइन (Satyam-online) ऐसी कंपनियों के उदाहरण हैं। इन्टरनेट की विशेष बात यह है कि इसमें पारस्परिक संपर्क करने की भाषा के माप-दण्ड पूरी तरह से स्थापित किये जा चुके हैं, ओर कोई भी कम्प्यूटर जो उस भाषा में संपर्क कर सकता है, इन्टरनेट से जोड़ा जा सकता है। इसलिए विश्वभर में अनेक प्रकार के कम्प्यूटर इन्टरनेट से जुड़े हुए हैं। इन कम्प्यूटरों में प्रचुर मात्रा में अनेक प्रकार की ज्ञान-वर्धक सामग्री भरी पड़ी है जिसको आप अपने कम्प्यूटर द्वारा घर बैठे ही प्राप्त कर सकते हैं, और लाभ उठा सकते हैं।

## वैब साइट (Web Site)

वैब साइट में लोग अपने उत्पादों आदि को बहुत आकर्षक व रोचक ढंग से प्रस्तुत करने का प्रयास करते हैं। सर्वर तो हर समय इन्टरनेट से जुड़ा रहता है, इसलिए किसी भी वैब साइट को कोई भी व्यक्ति इन्टरनेट द्वारा खोल कर देख सकता है। एक वैब साइट में एक से अधिक पृष्ठ हो सकते हैं, परन्तु उसे खोलने पर पहले मुख पृष्ठ ही देखाई देता है। इस पृष्ठ पर अन्य पृष्ठों पर जाने के लिए कड़ियाँ (links) होती हैं जिन पर माउस द्वारा क्लिक करके आप उन जानकारियों को देख सकते हैं। यदि किसी पृष्ठ पर दी हुई जानकारी आपको अच्छी लगती है तो आप उसे अपने कम्प्यूटर पर मनचाहे फोल्डर में एक फाइल की तरह से ही संचित कर सकते हैं, और बाद में अध्ययन कर सकते हैं यह प्रक्रिया 'डाउनलोड' कहलाती है। इन्टरनेट पर असंख्य कम्प्यूटर जुड़े हैं ओर हजारों-लाखों वैब साइटें भी हैं। ये वैब साइटें दुनिया भर में एक मकड़-जाल की तरह फैली हुई हैं, और इस मकड़-जाल को वर्ल्ड वाइड वैब (world wide web) या संक्षेप में www कहा जाता है। सामान्य बोल-चाल की भाषा में इन्टरनेट व वर्ल्ड वाइड वैब को एक दूसरे के पर्यायवाची की तरह से प्रयोग किया जाता है। प्रत्येक वैब साइट का अपना एक अद्वितीय पता (address) होता है जिसे URL (Uniform Resource Locator) कहा जाता है, और जिसके द्वारा उसे ढूँढा जा सकता है। जैसे www.yahoo.com आदि।

## ई-मेल (E-mail)

इन्टरनेट पर जुड़े या जोड़े जा सकने वाले कम्प्यूटरों का पत्र-व्यवहार में उपयोग का प्रचलन बहुत बढ़ गया है। इसे इलेक्ट्रॉनिक मेल (electronic mail), या ई-मेल (e-mail) कहा जाता है। इसका सबसे बड़ा लाभ यह है कि दिया हुआ समाचार तुरंत ही गन्तव्य

स्थान पर पहुँच जाता है। ई-मेल की प्रणाली लगभग डाक सेवा की तरह कार्य करती है। इन्टरनेट सेवा देने वाला आपको एक अद्वितीय ई-मेल पता देता है जिसके द्वारा आप पत्र-व्यवहार कर सकते हैं। इस पते के दो भाग होते हैं और दोनों भागों के बीच में @ अक्षर होता है। नामों के बीच में रिक्त स्थान नहीं होता। इसके लिये _ (underscrore) चिह्न का प्रयोग किया जाता है। इसके अतिरिक्त आपका इन्टरनेट सर्विस देने वाला आपको अपने सर्वर पर पाँच-छः मेगाबाइट का स्थान आपकी ई-मेल के लिये सुरक्षित कर देता है। यह आपके लैटर बॉक्स की तरह काम करता है। आपकी आने वाली मेल इसमें संचित रहती हैं जिसे आप जब चाहें तब देख सकते हैं, और उत्तर देना व अन्य उचित कार्य कर सकते हैं। आपके द्वारा भेजा जाने वाला संदेश आपके सर्वर पर जा कर वहाँ से तुरन्त इन्टरनेट द्वारा गन्तव्य स्थान को भेज दिया जाता है, जहाँ वह प्राप्तकर्ता के ई-मेल के लैटर बॉक्स में जा कर संचित हो जाता है। इस प्रणाली द्वारा आप टेलीफोन के लोकल काल के खर्च पर दुनिया भर में संदेश भेज सकते हैं।

## वस्तुनिष्ठ प्रश्नावली (Computer)

**1.** डाटा बेस प्रबन्ध पद्धति से आशय है:
A. सम्बन्धित जानकारी का स्वचालित विधि से संग्रहण व निकास
B. डाटा का स्वचालित विधि से संसाधन
C. स्वचालित ऑफिस प्रबन्ध
D. उपर्युक्त सभी

**2.** कम्प्यूटर की सहायता से किए जाने वाले कार्य हैं:
A. शब्दों की व्यंजना B. वीडियो गेम्स खेलना
C. तीव्र गति की गणना D. उपर्युक्त सभी

**3.** पांचवीं पीढ़ी के कम्प्यूटरों की विशेषता है:
A. बहुत कम कीमत
B. RAM में वृद्धि
C. कृत्रिम बुद्धि
D. ऑफिस व घर में उपयोगी

**4.** मशीनी भाषा है:
A. जो लिखने में बहुत आसान हो
B. जो अंग्रेजी शब्दों के प्रयोग से बनती है
C. जो कम्प्यूटर द्वारा आसानी से समझी जाती है
D. जो कम्प्यूटर आरम्भ करने में मदद करती है

**5.** डिजीटल कम्प्यूटर की कार्य पद्धति ..... के सिद्धान्त पर आधारित होती है
A. इलैक्ट्रॉनिक परिपथ B. मापन
C. गणना एवं तर्क D. इनमें से कोई नहीं

**6.** हिन्दुस्तान कम्प्यूटर्स लिमिटेड के संस्थापक हैं:
A. शिव नादेर B. अमिताभ बच्चन
C. अज़ीम प्रेमजी D. लक्ष्मी मित्तल

**7.** कम्प्यूटर को दिए गए बहुत से कार्यों का एक-एक करके होना कहलाता है:
A. मल्टी प्रोसेसिंग B. टाइम शेयरिंग
C. बैच प्रोसेसिंग D. इनमें से कोई नहीं

**8.** Cold Boot कहलाता है कम्प्यूटर के:
A. पावर बटन को दबाकर आरम्भ करना
B. Ctrl + Alt + Del बटनों को एक साथ दबाकर पुनः आरम्भ करना
C. Reset बटन को दबाकर पुनः आरम्भ करना
D. इनमें से कोई नहीं

**9.** ऑपरेटिंग सिस्टम है:
A. हार्डवेयर
B. आउटपुट
C. कम्प्यूटर तथा प्रयोगक के बीच की कड़ी
D. इनमें से कोई नहीं

**10.** ऑपरेटिंग सिस्टम नियन्त्रित करता है:
A. प्रोग्रामर B. आंकड़े
C. हार्डवेयर D. उपर्युक्त सभी

**11.** प्रोग्रामिंग निम्न में से कम्प्यूटर की किस भाषा में सरल है?
A. मशीनी भाषा में B. असेम्बली भाषा में
C. उच्चस्तरीय भाषा में D. इनमें से कोई नहीं

**12.** प्रोग्रामिंग कठिन है:
A. उच्चस्तरीय भाषा में B. मशीनी भाषा में
C. असेम्बली भाषा में D. COBOL में

**13.** ANSI है:
A. आल नेशनल सिस्टम इन्फॉरमेशन
B. अमेरिकन नेशनल स्टेन्डर्ड इंस्टीच्यूट
C. अमेरिकन नेशनल सॉफ्टवेयर इंस्टीच्यूट
D. इनमें से कोई नहीं

**14.** MS-DOS है:
A. माइक्रोसॉफ्ट ड्राइवर ऑफ सिस्टम
B. माइक्रोसॉफ्ट डिबग ऑन सिस्टम
C. माइक्रोसॉफ्ट डिस्क ऑपरेटिंग सिस्टम
D. इनमें से कोई नहीं

**15.** उच्चस्तरीय भाषा में लिखित प्रोग्राम है:
A. आब्जेकट प्रोग्राम B. सोर्स प्रोग्राम
C. असेम्बली प्रोग्राम D. उपर्युक्त सभी

**16.** कम्प्यूटर इन्सट्रकशंस हैं:
A. ऑपरेशन कोड B. एड्रेस
C. A तथा B दोनों D. इनमें से कोई नहीं

**17.** कम्प्यूटर फाइल संग्रह है:
A. शब्दों का B. आंकड़ों का
C. रिकॉर्ड्स का D. गणकों का

**18.** निम्न में से किस संख्या पद्धति पर कम्प्यूटर आधारित है:
A. बाइनरी B. डेसीमल
C. ओक्टल D. हैक्साडेसीमल

**19.** रियल टाइम सिस्टम है, कम्प्यूटर द्वारा:
A. काफी समयान्तराल पर सूचना उपलब्ध करना
B. त्वरित सूचना उपलब्ध करना
C. A और B दोनों
D. इनमें से कोई नहीं

**20.** एक निश्चित व्यवस्था के अन्तर्गत निर्देशों का संकलन है:
A. ऑपरेटिंग B. प्रोग्रामिंग
C. प्रोसेसिंग D. इनमें से कोई नहीं

**21.** कम्प्यूटर द्वारा बहुत से कार्यों का एक साथ होते प्रतीत होना कहलाता है:
A. रीयल टाइम प्रोसेस B. बैच प्रोसेस
C. टाइम शेयरिंग D. उपर्युक्त सभी

**22.** ..... असेम्बली भाषा को मशीन कोड में बदलता है।
A. असेम्बलर B. कम्पाइलर
C. हार्डवेयर D. इनमें से कोई नहीं

**23.** ..... उच्च स्तरीय भाषा को निम्न स्तरीय भाषा में बदलता है।
A. ऑपरेटिंग सिस्टम B. असेम्बलर
C. कम्पाइलर D. उपर्युक्त सभी

**24.** LAN है।
A. लाइन अबाउट न्यूज़
B. लोकल एरिया नेटवर्क
C. लोकल एरिया न्यूज़
D. इनमें से कोई नहीं

**25.** इन्टरनेट से सूचनाओं तथा डाटा की चोरी या उसमें बदलाव करने वाले को कहते हैं:
A. प्रोग्रामर B. यूजर
C. हैकर D. इनमें से कोई नहीं

**26.** प्रथम श्रेणी कम्प्यूटरों में कौन-सा हार्डवेयर प्रयोग किया गया?
A. वाल्व तथा वेक्युम ट्यूब्स
B. आई॰सी॰
C. ट्रांजिस्टर
D. एल॰एस॰आई॰सी॰

**27.** कौन-सा शब्द सभी प्रकार की सूचनाओं जैसे ग्राफिक्स, वीडियो या ऑडियो पर आधारित संबंधों का प्रतिनिधित्व करता है?
A. हाइपर कार्ड B. वाइल्ड कार्ड
C. हाइपरटेक्स्ट D. हाइपरमिडिया

**28.** सर्वप्रथम किस कम्पनी ने कम्प्यूटर बेचने के लिए बनाया?
A. रेमिंग्टन रैंड कार्पोरेशन
B. इन्टरनेशनल बिज़नेस मशीन
C. हिन्दुस्तान कम्प्यूटर लिमिटेड
D. इनमें से कोई नहीं

**29.** कम्प्यूटर के पितामह कहलाते हैं:
A. जोसेफ जैक्यूर्ड B. हरमेन होलेरिथ
C. वेल्स पास्कल D. चार्ल्स बेबेज

**30.** किस प्रकार की फाइल को सबसे अधिक मेमोरी की जरूरत होती है:
A. ग्राफिक्स B. साउंड
C. इमेजिंग D. उपर्युक्त सभी को

**31.** किस प्रोग्रामिंग लेंग्वेज का प्रयोग जटिल वैज्ञानिक गणनाओं के लिए किया जाता है?
A. बेसिक B. पास्कल
C. लिस्प D. फोरट्रॉन

**32.** कम्प्यूटर प्रोग्रामिंग के लिए सबसे सरल भाषा है:
A. असेम्बली भाषा B. मशीनी भाषा
C. उच्चस्तरीय भाषा D. इनमें से कोई नहीं

**33.** मशीनी भाषा में लिखे गए प्रोग्राम को कहते हैं:
A. सोर्स कोड B. असेम्बलर
C. ऑब्जेक्ट कोड D. उच्चस्तरीय प्रोग्राम

**34.** इन्ट्रपरेटर है जो:
A. असेम्बली कोड को मशीन कोड में बदलता है
B. जो किसी भी भाषा के प्रोग्राम को मशीनी भाषा में बदलता है
C. जो ऑपरेटिंग सिस्टम की जानकारी प्रदान करता है
D. जो उच्चस्तरीय भाषा के प्रोग्राम को एक-एक लाइन करके मशीनी भाषा में बदलता है

**35.** पहली बार ट्रांजिस्टर का प्रयोग किस कम्प्यूटर में किया गया?

A. डेटामेटिक-1000
B. कॉम्पेक प्रीसेरियो
C. आई॰बी॰एम॰-650
D. आई॰बी॰एम॰-1401

**36.** कम्प्यूटर में प्रयोग होने वाला सिलिकॉन चिप किस पदार्थ से बनाया जाता है?

A. ताँबा
B. सामान्य मिट्टी
C. जर्मेनियम
D. सिल्वर

**37.** कौन-सी मेमोरी का प्रयोग डाटा व प्रोग्रामों के अल्पकालिक संग्रह के लिए होता है?

A. परोम (PROM)
B. रेम (RAM)
C. इपरोम (EPROM)
D. रोम (ROM)

**38.** कम्प्यूटर के प्रोग्रामों व कार्य प्रणाली को नष्ट या खराब करने वाले सॉफ्टवेयर को कहते हैं:

A. वाइरस
B. बग
C. ऑबस्टेकल
D. इनमें से कोई नहीं

**39.** कम्प्यूटर में किसी शब्द की लम्बाई नापने के लिए प्रयोग होता है:

A. मेगावाट
B. मेगा हर्टज़
C. बाइट
D. बिट्स

**40.** भारत द्वारा निर्मित एक सुपर कम्प्यूटर है:

A. अग्नि
B. अर्जुन
C. परम
D. इनमें से कोई नहीं

**41.** डॉक्यूमेन्टेशन तथा प्रोग्रामों का संग्रह कहलाता है:

A. सॉफ्टवेयर
B. ब्रेनवेयर
C. हार्डवेयर
D. ह्यूमनवेयर

**42.** कम्प्यूटर को आरम्भ करने की पद्धति कहलाती है:

A. स्टार्टअप
B. बूटस्ट्रेपलोडर
C. लॉग ऑन
D. इनमें से कोई नहीं

**43.** ऑपरेटिंग सिस्टम प्रोग्राम किसके द्वारा लिखा जाता है?

A. कम्प्यूटर प्रोग्रामर
B. सामान्यतः कम्प्यूटर बनाने वाले
C. सिस्टम एनालिस्ट
D. इनमें से कोई नहीं

**44.** कम्प्यूटर द्वारा टाइम शेयरिंग का उपयोग होता है:

A. कम्प्यूटर को दिए गए कार्य एक के बाद एक करने के लिए
B. कम्प्यूटर द्वारा सूचना उपलब्ध कराने के लिए
C. कम्प्यूटर साधनों को एक-एक करके प्रयोग करने तथा छोटे व सरल कार्यों के लिए
D. इनमें से किसी के लिए नहीं

**45.** किसी विशेष काम को करने के लिए कम्प्यूटर को दिए गए संकेतों का संग्रह कहलाता है:

A. फाइल
B. प्रोसेस
C. प्रोग्राम
D. इनमें से कोई नहीं

**46.** हैंग (Hang) होना है:

A. कम्प्यूटर का पूरी तरह बन्द होना
B. कम्प्यूटर की चालू अवस्था में किसी प्रतिक्रिया का न होना
C. कम्प्यूटर का बार-बार बन्द होना
D. उपर्युक्त सभी

**47.** डाटा प्रोसेसिंग में सूचना का अर्थ है:

A. नियोजित एवं उपयोगी डाटा
B. डाटा का संग्रह
C. कम्प्यूटर फाइलें कॉपी करना
D. इनमें से कोई नहीं

**48.** मोडम (Modem) का प्रयोग होता है:

A. सूचनाओं के संग्रह के लिए
B. कम्प्यूटर प्रारंभ करने के लिए
C. डाटा का एक कम्प्यूटर से दूसरे कम्प्यूटर तक आदान प्रदान करने के लिए
D. इनमें से कोई नहीं

**49.** ऑपरेटिंग सिस्टम में प्रयुक्त होती है:

A. रोम (ROM)
B. रेम (RAM)
C. A तथा B दोनों
D. इनमें से कोई नहीं

**50.** ओरेकल (Oracle) है एक:

A. रिलेशनल डाटा बेस सिस्टम (RDBMS)
B. ऑपरेटिंग सिस्टम (OS)
C. पर्सनल कम्प्यूटर (PC)
D. उपर्युक्त सभी

**51.** एक लैप-टॉप किस प्रकार का कम्प्यूटर है?

A. मेन फ्रेम (Main Frame)
B. पर्सनल कम्प्यूटर (Personal Computer)
C. सुपर कम्प्यूटर (Super Computer)
D. इनमें से कोई नहीं

**52.** एक मैगा बाईट में कितने किलो बाईट होती है?

A. 1000
B. 1048
C. 1024
D. 2024

**53.** किस नैटवर्क में सभी कम्प्यूटर किसी डाटा बस (Data Bus) से बिना किसी रूकावट के सूचना का आदान-प्रदान कर सकते हैं?

A. स्टार (Star) B. रिंग (Ring)

C. बस (Bus) D. उपरोक्त सभी

**54.** इस समय हम कम्प्यूटरों की किस पीढ़ी (Generation) में हैं?

A. द्वितीय B. पंचम

C. सप्तम D. चतुर्थ

**55.** रोबोट का इस्तेमाल किस क्षेत्र में लाभकारी सिद्ध होगा:

A. बच्चों को कम्प्यूटर पढ़ाना

B. खतरनाक रसायनों का मिश्रण करना

C. मानव समाज की नीतियाँ निर्धारित करना

D. अणु बमों के बारे में शोध करना

**56.** किस कम्प्यूटर ने मानव को शतरंज के खेल में पराजित किया था?

A. क्रे–एक्स॰एम॰पी॰–14

B. डीप ओशन

C. डीप ब्लू

D. परम–2000

**57.** निम्नलिखित में उच्चस्तरीय कम्प्यूटर भाषा कौन-सी है?

A. ओरेकल (Oracle) B. सी ++ (C++)

C. फॉक्सप्रो (Foxpro) D. उपरोक्त सभी

**58.** विन्डोज–2000 क्या है?

A. एक ऑपरेटिंग सिस्टम

B. ऑपरेटिंग सिस्टम और कम्प्यूटर उपभोक्ता के मध्य की कड़ी

C. कम्प्यूटर की मशीनरी (Hardware)

D. उपरोक्त में से कोई नहीं

**59.** इंटरनेट पर दूर-दराज के क्षेत्र में बैठे हुए व्यक्ति से क्या कोई बातचीत हो सकती है?

A. असंभव

B. तभी जब दूसरे व्यक्ति के पास भी इंटरनेट का तंत्र और सम्बद्धता (Connectivity) हो

C. हाँ

D. इंटरनेट सेवा के ऊपर निर्भर करता है

**60.** आई॰सी॰ई॰ (ICE) से क्या तात्पर्य है?

A. सूचना, कम्प्यूटर और ऊर्जा

B. सूचना, संचार और मनोरंजन

C. अन्तर्राष्ट्रीय संचार तथा मनोरंजन

D. इनमें से कोई नहीं

**61.** विश्व का सबसे धनी व्यक्ति कम्प्यूटर की दुनिया से सम्बन्धित है। उसका नाम है:

A. माइकेल डैल

B. अज़ीम हाशिम प्रेमजी

C. लक्ष्मी मित्तल

D. इनमें से कोई नहीं

**62.** भूस्थैतिक उपग्रह धरती से कितनी ऊँचाई पर उसके चक्कर लगाते हैं?

A. 18,000 कि॰मी॰ B. 36,000 कि॰मी॰

C. 30,000 कि॰मी॰ D. 40,000 कि॰मी॰

**63.** वर्ष 1999-2000 में भारत का सॉफ्टवेयर निर्यात था:

A. 4 अरब 20 करोड़ डॉलर

B. 6 अरब 20 करोड़ डॉलर

C. 5 अरब 20 करोड़ डॉलर

D. इनमें से कोई नहीं

**64.** इस समय सबसे शक्तिशाली पर्सनल कम्प्यूटर (PC) वह है जिसकी रफ्तार (Processing Speed) है:

A. 400 मेगा हर्ट्ज़ B. 800 मेगा हर्ट्ज़

C. 1000 मेगा हर्ट्ज़ D. 1200 मेगा हर्ट्ज़

**65.** पहली कम्प्यूटर भाषा कौन-सी विकसित की गई थी?

A. कोबोल B. फॉरट्रॉन

C. बेसिक D. जावा

**66.** यदि कम्प्यूटर को गलत डाटा दिया जाता है तो उसके द्वारा:

A. ठीक डाटा निष्पादित होगा

B. गलत डाटा निष्पादित होगा

C. कुछ भी निष्पादित नहीं होगा

D. इनमें से कोई नहीं

**67.** "स्मॉर्ट डॉग" क्या है?

A. एक प्रकार का कम्प्यूटर का पुर्ज़ा

B. वाइरस हटाने वाला प्रोग्राम

C. एक व्यक्ति का नाम जो कम्प्यूटर की दुनिया में प्रसिद्ध है

D. एक कम्पनी का नाम जो सॉफ्टवेयर से सम्बद्ध है

**68.** भारत में इंटरनेट कनैक्शन कम संख्या में है क्योंकि:

A. धन का अभाव है

B. कम्प्यूटरों का अभाव है

C. उचित प्रकार की कम्प्यूटर शिक्षा का अभाव है

D. उपरोक्त सभी ठीक हैं

**69.** एच॰टी॰एम॰एल॰ का पूरा विवरण क्या है?

A. हाईपर टेली मैक्स लॉजिक

B. हाईपर टेक्स्ट मार्क-अप लैंगुएज

C. हाईपर टेंडम मार्क लॉजिक
D. इनमें से कोई नहीं

**70.** इंटरनेट का जाल पूरे देश में फैला है। इसके सर्वर कहाँ पर स्थित हैं?
A. भारत में
B. फ्रांस में
C. अमेरिका में
D. किसी अज्ञात स्थान पर

**71.** इंटरनेट प्रणाली में सूचना और डाटा कैसे हस्तांतरित किये जाते हैं?
A. एनालॉग सिग्नलों के द्वारा
B. 0 और 1 के द्वारा
C. डिजिटल पैकेट्स के द्वारा
D. ई-मेल के द्वारा

**72.** यदि आपके कम्प्यूटर मॉनिटर के प्रकाश बिन्दु (Pixels) बढ़ा दिये जायें तो:
A. मॉनिटर और चमकदार हो जायेगा
B. इसकी तस्वीर और साफ हो जाएगी
C. इसको देख पाना मुश्किल होगा
D. यह चलचित्रों को मुश्किल से दिखा सकेगा

**73.** निम्नलिखित में से कौन-सी भाषा इंटरनेट के लिए उपयुक्त नहीं है?
A. जावा B. एच॰टी॰एम॰एल॰
C. सी ++ D. फॉरट्रॉन

**74.** निम्नलिखित में से कौन-सी कम्पनी इंटरनेट या सॉफ्टवेयरों के व्यापार से सम्बधित नहीं है?
A. विप्रो B. टी॰सी॰एस॰
C. इन्फॉसिस D. टिस्को

**75.** स्मॉर्ट होम क्या है?
A. घर के सभी व्यक्ति अपनी-अपनी जगहों पर बैठे एक दूसरे से वार्तालाप कर सकते हैं
B. कम्प्यूटरों और इंटरनेट प्रणाली के द्वारा व्यक्ति अपने घर के सभी तंत्रों और उपकरणों को नियंत्रित कर सकेगा
C. घरों को सुन्दर और निर्माण की दृष्टि से परिपूर्ण बनाने हेतु कम्प्यूटरों का प्रयोग होगा
D. इनमें से कोई नहीं

**76.** किस प्रिंटर की प्रति-कॉपी प्रिंट करने की लागत कम है?
A. लेज़र प्रिंटर की
B. इंकजेट प्रिंटर की
C. डॉट मैट्रिक्स प्रिंटर की
D. सभी को

**77.** यदि आपका कम्प्यूटर कार्य करते हुए बन्द हो जाए तो निम्नलिखित में से कौन-सी घटना घटेगी?
A. उसकी रैम (RAM) में सूचना यथावत् रहेगी
B. उसकी हार्ड डिस्क में सूचना यथावत् रहेगी
C. उसकी रैम (RAM) की सूचना व डाटा समाप्त हो जायेंगे
D. उसकी हार्ड डिस्क के सूचना व डाटा समाप्त हो जायेंगे

**78.** निम्नलिखित में से कौन-सा ब्रांड एप्पल कम्पनी का है?
A. पेंटियम-800
B. आई-मैक (iMAC)
C. कॉम्पैक
D. ये सभी एप्पल के ब्रांड हैं

**79.** क्या हम सी॰डी॰–रॉम से कम्प्यूटरों को चला सकते हैं अर्थात् Boot कर सकते हैं?
A. हाँ
B. नहीं
C. कम्प्यूटर के हार्डवेयर पर निर्भर है
D. कम्प्यूटर का उपयोग करने वाले पर निर्भर है

**80.** इंटरनेट पर सर्फिंग करने के लिए निम्नलिखित में से क्या आवश्यक नहीं है?
A. मोडम
B. आई॰एस॰पी॰ का खाता
C. प्रिंटर
D. टेलीफोन सम्बद्धता

**81.** कम्प्यूटर निम्नलिखित क्षेत्र में योगदान दे सकते हैं:
A. दूरसंचार B. जीव विज्ञान
C. उत्पादन D. उपरोक्त सभी में

**82.** भारत में इंटरनेट का आगमन किसके ज़रिये हुआ था?
A. एम॰टी॰एन॰एल॰ B. वी॰एस॰एन॰एल॰
C. टी॰सी॰एस॰ D. सत्यम् इन्फॉवे

**83.** श्री देवांग मेहता कौन थे?
A. टी॰सी॰एस॰ के कार्यकारी अध्यक्ष
B. नैसकॉम (NASSCOM) के अध्यक्ष
C. एक सॉफ्टवेयर निर्माता
D. डिपार्टमेंट ऑफ इलेक्ट्रॉनिक्स के निदेशक

**84.** ई॰-कॉम का क्या फायदा है?
A. करोड़ों लोग व कम्पनियाँ इंटरनेट के ज़रिये उन्मुक्त व्यापार कर सकते हैं और सूचनाओं का आदान-प्रदान कर सकते हैं

B. केवल कुछ कम्पनियाँ ही आपस में कारोबार कर सकती हैं
C. केवल सरकारी संस्थाओं को ही फायदा है
D. केवल अमेरिकी और यूरोपीय देशों को ही फायदा है

**85.** निम्नलिखित में से किसका सम्बन्ध कम्प्यूटरों से नहीं है?
A. एडा B. चार्ल्स बैबेज
C. ब्लेस पास्कल D. जोसेफ प्रीस्टले

**86.** "ब्लू टुथ" क्या है?
A. यह एक प्रकार का सॉफ्टवेयर है
B. यह एक तकनीक है जिसके द्वारा कई कम्प्यूटर बिना तारों के आपस में सूचनाओं का आदान-प्रदान कर सकते हैं
C. यह एक अमेरिकी उपग्रह है जिसका प्रयोग दूरसंचार हेतु होगा
D. इनमें से कोई नहीं

**87.** यदि एक व्यक्ति के पास डी॰टी॰एस॰ प्रणाली है तो वह लगभग कितने टी॰वी॰ चैनलों (अधिकतम) का आनन्द ले पायेगा?
A. 400 B. 10
C. 100 D. 175

**88.** सिस्टमस् एनैलिस्ट (Systems Analyst) का मुख्य कार्य क्या है?
A. ग्राहक कम्पनी की कम्प्यूटर प्रणाली को समझना
B. ग्राहक कम्पनी की कार्यप्रणाली को समझ कर अन्य प्रोग्रामों से सॉफ्टवेयर बनवाना
C. केवल सॉफ्टवेयर को टेस्ट करना
D. इनमें से कोई नहीं

**89.** माइक्रोसॉफ्ट ऑफिस 2000 वास्तव में क्या है?
A. एक उच्च स्तरीय भाषा (HLL)
B. एक एप्लीकेशन सॉफ्टवेयर पैकेज
C. हाडवेयर का एक पुर्ज़ा
D. माइक्रोसॉफ्ट का ब्रांड नाम

**90.** एक कम्प्यूटर की रैम (RAM) केवल 32 एम॰बी॰ है। क्या उसमें आटोकैड-14 (AUTOCAD-14) का सॉफ्टवेयर चलाया जा सकता है?
A. कठिनता से, क्योंकि रैम कम है
B. आसानी से, क्योंकि कम रैम से अन्तर नहीं पड़ता
C. बिल्कुल नहीं चलाया जा सकता
D. सॉफ्टवेयर पर निर्भर करता है

**91.** बायोस (BIOS) के चिप में लिखा गया प्रोग्रामः
A. मिटाया जा सकता है
B. कभी मिटाया नहीं जा सकता
C. मिटाया जा सकता है परन्तु उचित तकनीक की आवश्यकता है
D. इनमें से कोई नहीं

**92.** भारत से सॉफ्टवेयर का निर्यात बढ़ रहा है क्योंकिः
A. हमारे देश में कम्प्यूटरों की बहुतायत है
B. हमारे प्रोग्रामर कर्त्तव्यनिष्ठ और परिश्रमी हैं
C. सरकार की नीतियाँ सॉफ्टवेयर निर्यात के अनुकूल हैं
D. केवल (B) और (C)

**93.** एक सी॰पी॰यू॰ (CPU) के कौन-कौन से भाग होते हैं?
A. समानान्तर पोर्ट और सीरियल पोर्ट
B. ए॰एल॰यू॰ और सी॰यू॰
C. प्रिंटर और माऊस
D. हार्डवेयर और निर्देश

**94.** मल्टीमीडिया एप्लीकेशन्स का उपयोग इस क्षेत्र में नहीं हो सकताः
A. बच्चों की शिक्षा
B. उद्योग एवं व्यापार
C. सेल्युलर फोन सेवा
D. सिनेमा और संगीत

**95.** 'एसर' किस कम्पनी का कम्प्यूटर का ब्रांड नाम है?
A. एच॰सी॰एल॰ B. विप्रो
C. आई॰बी॰एम॰ D. यूनीकार्प

**96.** "थिंकपैड" किस कम्पनी का कम्प्यूटर का ब्रांड नाम है?
A. आई॰बी॰एम॰ B. विप्रो
C. डैल कम्प्यूटर्स D. इनमें से कोई नहीं

**97.** हाइब्रिड कम्प्यूटर क्या है?
A. एक प्रकार का डिजिटल कम्प्यूटर
B. एक प्रकार का रोबोट
C. एक प्रकार का कम्प्यूटर जिसमें एनालॉग (Analog) और डिजिटल (Digital) तकनीकों का प्रयोग होता है
D. एक मशीन जो कम्प्यूटरों की सहायता से कार्य करती है

**98.** यदि हम कम्प्यूटर के लिए एक ऑपरेटिंग सिस्टम बनाते हैं तो हमें क्या कहा जायेगा?
A. हार्डवेयर प्रोग्रामर B. हार्डवेयर इंजीनियर
C. सिस्टमस् प्रोग्रामर D. इनमें से कोई नहीं

**99.** ''टाइम शेयरिंग''क्या है?

A. सी॰पी॰यू॰ एक समय पर कई कार्य करता है

B. एक कम्प्यूटर एक समय पर एक ही कार्य करता है

C. हार्डवेयर के किसी पुर्ज़े को अन्य मशीनें, हार्डवेयर या प्रोग्राम कुशलतापूर्वक प्रयोग में लाते हैं

D. इनमें से कोई नहीं

**100.** एक अंक प्रणाली 16 को आधार मानकर चलती है। उसमें 0 से लेकर 9 तक अंक प्रयुक्त होते हैं और A से लेकर F तक अक्षर इस्तेमाल में लाये जाते हैं। इस प्रणाली का नाम है:

A. बाईनरी B. हैक्साडेसिमल

C. ऑक्टेगोनल D. इनमें से कोई नहीं

**101.** गणना हेतु प्रयोग में लाया गया पहला उपकरण था:

A. ENIAC B. ABACUS

C. एनालिटिकल इंजन D. EDSAC

**102.** ABACUS का प्रयोग कब शुरू हुआ था?

A. 250 ई॰ B. 450 ई॰पू॰

C. 1200 ई॰पू॰ D. 1200 ई॰

**103.** 1 बाइट बराबर है:

A. 8 बिट B. 16 बिट

C. 36 बिट D. 64 बिट

**104.** लेज़र प्रिन्टर की गति (स्पीड):

A. DPM में नापी जाती है

B. CPS में नापी जाती है

C. DPS में नापी जाती है

D. PPM में नापी जाती है

**105.** RAM का पूरा नाम है:

A. रेन्डम एक्सेस मेमोरी

B. रीड एक्सेस मेमोरी

C. रीड अरिथमेटिक मेमोरी

D. उपरोक्त में से कोई भी नहीं

**106.** चार्ल्स बैबेज ने जो टेबुलेटिंग मशीन बनाई थी, उसका नाम था:

A. अनालिटिकल कैलेण्डर

B. बैबेज मशीन

C. अनालिटिकल मशीन

D. अनालिटिकल इंजन

**107.** बाइनरी अंक पद्धति में कौनसे अंक इस्तेामल होते हैं?

A. 0, 1 B. 1, 2

C. 1, –1 D. 0, 2

**108.** कम्प्यूटर निम्नलिखित कार्य कर सकता है?

A. जोड़ना, घटाना, गुणा करना और भाग करना

B. दो मूल्यों के बीच तुलना करना

C. सूचना (जानकारी) का संग्रह करना और मांगने पर सूचना (जानकारी) प्रस्तुत करना

D. उपरोक्त सभी

**109.** DOS में 'कॉपी':

A. इन्टरनल कमाण्ड है

B. एक्सटरनल कमाण्ड है

C. बेसिक कमाण्ड है

D. तीनों में से कोई नहीं

**110.** फ्लोचार्ट में प्रोसेस सिम्बल:

A. समचतुर्भुज आकार का होता है

B. आयाताकार होता है

C. वृत्तकार होता है

D. दीर्घ आयताकार होता है

**111.** किसी त्रुटि को शुद्ध (सही) करने के काम को क्या कहा जाता है?

A. इण्टरप्रेटिंग B. डि-बगिंग

C. डि-बंकिंग D. उपरोक्त सभी

**112.** सेन्ट्रल प्रोसेसिंग यूनिट (CPU):

A. कम्प्यूटर का प्राथमिक प्रोसेसिंग हार्डवेयर है जो कार्यक्रम निर्देशों की व्याख्या एवं कार्यान्वित तथा इनपुट, आउटपुट तथा स्टोरेज डिवाइसेज के कार्यों को व्यवस्थित करता है

B. कम्प्यूटर का हृदय माना जाता है

C. कम्प्यूटर के मदरबोर्ड के सिंगल चिप पर रह सकता है, या मदरबोर्ड के स्पेशल स्लॉट के भीतर वृहत कार्ड पर

D. उपरोक्त सभी

**113.** समानान्तर एवं तार्किक इकाई (एएलयू):

A. सी॰पी॰यू॰ का अवयव है

B. समानान्तर एवं तार्किक कार्यों का सम्पादन करता है

C. A तथा B दोनों

D. इनमें से कोई नहीं

**114.** डाटा:

A. एक अव्यवस्थित वस्तुओं का समूह, जिसमें शब्दों, अंकों, संकेतों, प्रतिबिम्बों तथा ध्वनियाँ जो कम्प्यूटर प्रोसेस तथा इन्हें सार्थक सूचना के रूप में व्यवस्थित करता है, सामंजन रह सकता है

B. एक वर्गों का समूह है, जो व्यवसायिक प्रपत्रों की बदलने की प्रक्रिया पर नियंत्रण रखता है, जैसे कि खरीद आदेशों, बीजकों तथा कम्प्यूटरों के बीच में

C. A तथा B दोनों

D. इनमें से कोई नहीं

**115.** E-मेल

A. इलेक्ट्रॉनिक मेल को दर्शाता है

B. खरीद आदेशों तथा बीजकों को एकत्रित करता है, कम्प्यूटरों के मध्य में

C. A तथा B दोनों

D. इनमें से कोई नहीं

**116.** ईडीआई

A. इलेक्ट्रॉनिक डाटा इन्टरचेंज को दर्शाता है

B. एक वर्गों का समूह है, जो व्यवसायिक प्रपत्रों के अदला-बदली पर नियंत्रण रखता है, जैसे खरीद आदेशों तथा बीजकों, कम्प्यूटरों के मध्य में

C. A तथा B दोनों

D. इनमें से कोई नहीं

**117.** हार्डवेयर

A. कम्प्यूटर का भौतिक अवयव है

B. जिसमें शामिल है, प्रोसेसर्स, मेमोरी चिप्स, इनपुट तथा आउटपुट डिवाइसेज, टेप्स, डिस्क्स, केबल्स, माडेम्स

C. A तथा B दोनों

D. इनमें से कोई नहीं

**118.** इनपुटः

A. एक डाटा या निर्देश है, जिससे तुम कम्प्यूटर के मेमोरी के अंदर प्रवेश कर पाते हो

B. हार्डवेयर अवयव है जो डाटा के अदला-बदली का प्रतिफल है

C. A तथा B दोनों

D. इनमें से कोई नहीं

**119.** इनपुट के चार प्रकार हैं:

A. डाटा, प्रोग्राम्स, कमान्ड तथा यूज़र रिसपोन्सेज़

B. हार्डवेयर अवयवों के बीच संचार जो डाटा के अदला-बदली का प्रतिफल है

C. A तथा B दोनों

D. इनमें से कोई नहीं

**120.** इनपुट डिवासेज हैः

A. वह कम्प्यूटर हार्डवेयर, जो डाटा तथा यूज़र के द्वारा दिए गए निर्देशों को ग्रहण करता है

B. हार्डवेयर अवयवों के बीच संचार स्थापित करता है तथा जिसका प्रतिफल डाटा का बदलाव है

C. A तथा B दोनों

D. इनमें से कोई नहीं

**121.** इनपुट/आउटपुट डिवासेजः

A. यूज़र तथा कम्प्यूटर के बीच सम्पर्क कायम रखता है, जो डाटा के अदला-बदली का प्रतिफल है

B. हार्डवेयर अवयवों के बीच सम्पर्क कायम रखता है, जो डाटा के अदला-बदली का प्रतिफल है

C. A तथा B दोनों

D. इनमें से कोई नहीं

**122.** माइक्रोसॉफ्ट ऑफिसः

A. माइक्रोसॉफ्ट प्राइमरी एप्लीकेशन का विन्डो तथा मेकिनटोश के लिए दावा है

B. कुछ शब्दों का संयोजन, एक्सेल, पावर पॉइन्ट, इन्टरनेट तथा अन्य उपयोगी मेज़बान की पहुँच एवं सूची शामिल है

C. A तथा B दोनों

D. इनमें से कोई नहीं

**123.** मोडेमः

A. मोडुलेटर/डीमोडुलेटर का संक्षिप्त रूप है

B. यह एक इनपुट/आउटपुट डिवाइस है, जो कम्प्यूटर को टेलीफोन लाइन्स के द्वारा संवाद स्थापित करने का आदेश प्रदान करती है

C. आउटगोइंग डाटा को एनालोग सिगनलों में बदलती है, जो फोनलाइन पर प्रसारण हो सकती है तथ इनकमिंग आडियो सिग्नलों को डिजीटल डाटा मं बदलती है जो कम्प्यूटर के द्वारा व्यवहृत की जाती है

D. उपरोक्त सभी

**124.** मल्टीमीडियाः

A. मल्टीपल मीडिया के एकीकरण को दर्शाता है, जैसे की विजुअल इमेजिनरी, टेक्स्ट, वीडियो, ध्वनि तथा एनीमेशन

B. अक्सर सुपर हाइवे सूचना या इन्टरेक्टिव टीवी के द्वारा सम्बन्धित रहता है, जो मीडिया (माँग के आधार पर सूचना) या हाइपरमीडिया का उत्पादन कर सकता है

C. सॉफ्टवेयर तथा हार्डवेयर दोनों का एक संयोजन है

D. उपरोक्त सभी

**125.** मल्टीमीडिया:

A. संवाद अवधारणा, सूचना के लिए खोज तथा कॉमन मीडिया की नई अवधारणा के अनुभवों का एक सशक्त तरीका है

B. व्यवसायिक उपक्रमों को वृद्धि प्रदान करता है

C. A तथा B दोनों

D. इनमें से कोई नहीं

**126.** मदरबोर्ड:

A. प्रधान सर्किट बोर्ड है, जिसे सिस्टम बोर्ड भी कहा जा सकता है, एक इलेक्ट्रॉनिक विधि में सॉकेटों को रखता है जो अतिरिक्त बोर्ड ग्रहण करता है

B. संवाद अवधारणा का एक सशक्त माध्यम है

C. नेटवर्क का परस्पर आपसी गुण है

D. इनमें से कोई नहीं

**127.** प्रिन्टर्स:

A. एक आउटपुट विधि है, जो टेक्स्ट का उत्पादन तथा भौतिक माध्यम पर ग्राफिक्स (कागज़ या पारदर्शी फिल्म पर) करता है

B. जिन्हें निम्न प्रकारों में विभाजित किया जा सकता है: इमपेक्ट प्रिन्टर्स तथा नॉनइमपेक्ट प्रिन्टर्स

C. A तथा B दोनों

D. इनमें से कोई नहीं

**128.** एक प्रोग्राम:

A. निर्देशों या क्रियाओं का एक क्रम है

B. निश्चित रूप से यांत्रिक रहता है जो प्रोसेसिंग ऑपरेशन्स (समानान्तर क्रियाओं या चल सूचना आदि) चलाने का एवं इनपुट तथा आउटपुट के संचालन का कार्य करता है

C. A तथा B दोनों

D. इनमें से कोई नहीं

**129.** आउटपुट:

A. वह डाटा, जो उपयोगी तरीके के रूप में व्यवहृत होता है तथा जिसे वीडीयू पर देखा जा सकता है या प्रिन्टर की सहायता से कागज़ पर व्यवस्थित किया जा सकता है या स्पीकर या हेडसेट की सहायता से सुना जा सकता है

B. फ्लॉपी डिस्क पर व्यवस्थित किया जा सकता है या भविष्य में उपयोग के लिए सीडी पर

C. टेक्स्ट, ग्राफिक्स, ऑडियो, वीडियो के रूप में व्यवहृत किया जा सकता है

D. उपरोक्त सभी

**130.** ऑफिस ऑटोमेशन विधि:

A. ऑटोमेट रुटीन ऑफिस टास्क्स

B. निम्न प्रकारों में विभाजित किया जाता है: इमपेक्ट तथा नॉनइमपेक्ट

C. A तथा B दोनों

D. इनमें से कोई नहीं

**131.** डायल-अप इंटरनेट एक्सेस का एक लाभ निम्नलिखित है।

A. यह ब्रोडबैंड टेक्नालॉजी का उपयोग करता है

B. यह विद्यमान टेलीफोन सेवा का उपयोग करता है

C. यह सुरक्षा के लिए राऊटर का उपयोग करता है

D. इनमें से कोई नहीं

**132.** निम्न स्तर की भाषाएं:

A. यंत्र पर निर्भर है; अर्थात् जो एक विशेष कम्प्यूटर पर खाका के रूप में अवस्थित होकर 0 (शून्य) तथा 1 के रूप में व्यवहृत होता है

B. सीखने में भी आसान होती है तथा एक विशेष प्रकार के कम्प्यूटर पर निर्भर नहीं करता है

C. इन्टरप्रेटर या कम्पाइलर की आवश्यकता निम्न स्तर की भाषा को बदलने में होती है जिससे कि कम्प्यूटर को समझा जा सकता है

D. उपरोक्त सभी

**133.** उच्च स्तर की भाषाएं:

A. अंग्रेजी के समान भाषाएं हैं, जिससे एक कथन के द्वारा मशीनी भाषा में अनेकों प्रकार के निर्देशों का व्यवहार किया जाता है तथा जिसे मानव के द्वारा आसानी से समझा जा सकता है

B. सीखने में भी आसानी होती है तथा एक विशेष प्रकार के कम्प्यूटर पर निर्भर नहीं करता है

C. इन्टरप्रेटर या कम्पाइलर की आवश्यकता निम्न स्तर की भाषा को बदलने में होती है, जिससे कि कम्प्यूटर को समझा जा सकता है

D. उपरोक्त सभी

**134.** पाइपलाइनिंग

A. एक तकनीक है, जो प्रोसेसर को एक ही समय में ज्यादा निर्देशों को कार्यान्वित करने की व्यवस्था करता है

B. नियंत्रण इकाई वर्तमान निर्देशों के पूर्ण होने से पहले नई निर्देशों के कार्यान्वयन की शुरूआत करता है

C. A तथा B दोनों
D. इनमें से कोई नहीं

**135.** पोर्ट्सः
A. बाहरी विधियां जैसे कि कीबोर्ड, मॉनीटर, प्रिन्टर, माउस तथा माइक्रोफोन अक्सर सिस्टम यूनिट इन्टरफेस से केबल के द्वारा संयोजित रहता है
B. सिस्टम यूनिट की संयोजन बिन्दु को पोर्ट कहा जाता है। अधिकांश टाइम पोर्ट, सिस्टम यूनिट के पीछे अवस्थित रहता है, लेकिन वह सामने में भी अवस्थित रह सकता है
C. A या B
D. इनमें से कोई भी नहीं

**136.** एप्लीकेशन सॉफ्टवेयरः
A. कोई कम्प्यूटर प्रोग्राम बनाने या प्रोसेस डाटा में व्यंवहृत होता है जैसे कि टेक्स्ट बीजक, स्प्रेड सीट्स, ग्राफिक्स इत्यादि
B. प्रोग्राम सिर्फ माउस फंक्शन्स को संचालित करता है
C. एक प्रकार का प्रोग्राम का खाका बहुत सूक्ष्म निर्देशों के समूहों का संचालन करता है
D. इनमें से कोई भी नहीं

**137.** डेस्कटॉप पब्लिशिंग प्रोग्रामः
A. एप्लीकेशन सॉफ्टवेयर से निर्देशित होता है
B. कम्प्यूटिंग में साक्षरता व्यक्तिगत रूप में व्यवहृत होता है
C. एक प्रकार प्रोग्राम का खाका बहुत सूक्ष्म निर्देशों के समूहों का संचालन करता है
D. इनमें से कोई नहीं

**138.** एएससीआइआइः
A. 7 बिट बाइनरी कोड है
B. अमेरिकन नेशनल स्टेन्डर्ड्स इन्स्टीच्यूट (एएनएसआइ) द्वारा विकसित किया गया है
C. सांकेतिक, आंकिक एवं अलफान्यूमेरिक चरित्रों का प्रतिनिधित्व करता है
D. उपरोक्त सभी

**139.** असेम्बलरः
A. एक कम्प्यूटर प्रोग्राम है, जो एसेम्बली लेन्वेज इन्सट्रक्शनों को मशीनी भाषा में बदलता है
B. अमेरिकन नेशनल स्टेन्डर्ड्स इन्स्टीच्यूट (एएनएसआइ) द्वारा विकसित किया गया है
C. सांकेतिक, आंकिक तथा अल्फान्यूमेरिक चरित्रों, वॉयस का प्रतिनिधित्व करता है
D. उपरोक्त सभी

**140.** एटीएमः
A. एसीनक्रोनस ट्रान्सफर मोड को दर्शाता है
B. एक प्रोटोकॉल डिजाइन्ड नेटवर्क है जिससे ध्वनि, वीडियो तथा सिंगिल नेटवर्क पर डाटा ट्रान्समिशन भेजने का काम करता है।
C. अनेकों प्रकार के संयोजनों, माँग आधारित बैंडविड्ध प्रदान करता है, जो प्रसारित होने वाले डाटा पर निर्भर करता है।
D. उपरोक्त सभी।

**141.** बैकअप का अभिप्राय हैः
A. मूल प्रति के नष्ट होने की स्थिति में, प्रोग्राम या डाटा फाइल्स का द्वितीयक प्रति का निर्माण करना।
B. कम्प्यूटर में अनेकों प्रकार संयोजन एवं बैंडविड्थ प्रदान करना
C. डाटा प्रसारण के प्रकार
D. इनमें से कोई भी नहीं।

**142.** कम्प्यूटर का अब व्यवहार होने लगा हैः
A. रेस्टोरेन्ट्स तथा ऑटोमोबाइल कम्पनियों में
B. दफ्तरों तथा घरों में
C. अनुसंधान के क्षेत्रों में
D. उपरोक्त सभी में

**143.** सूचनाः
A. डाटा का संक्षिप्त विवरण है।
B. डाटा को निर्देशित करता है जो कि संगठित एवं प्राप्त करने वालों के लिए सार्थक है।
C. जो सार्थक, संक्षिप्त, सटीक एवं हमारे ज्ञान तथा निर्णय लेने की प्रक्रिया में सहायता प्रदान कर सकें।
D. उपरोक्त सभी।

**144.** डाटाः
A. सटीक, निरीक्षण, अवधारणा या घटना तथा "डॉटम" की बहुवचन के रूप में व्याख्या की जा सकती है।
B. साधारणतया कई स्त्रोतों से प्राप्त किए गए मिश्रित तथ्य को निर्देशित करता है।
C. कम्प्यूटर के द्वारा प्रोसेस्ड या मेनुपुलेट किया गया कोई या सभी तथ्यों, अंकों, अक्षरों, संकेतों आदि को निर्देशित करता है।
D. उपरोक्त सभी

**145.** डाटा तथा सूचनाः
A. अक्सर परस्पर अदला–बदली के रूप में व्यवहार होता है
B. परस्पर अदला–बदली के रूप में व्यवहार नहीं होता है
C. मानव के द्वारा निर्णय लेने की प्रक्रिया में व्यवहार नहीं होता है
D. इनमें से कोई भी नहीं।

**146.** तार्किक डाटा निर्देशित करता हैः
A. उस तरीके को जिसमें डाटा एकत्रित माध्यम पर उल्लेखित किया जा सकता है
B. साधारणतया विभिन्न स्रोतों के द्वारा प्राप्त किया गया प्रोसेस्ड तथ्यों को निर्देशित करता है
C. तथ्य, निरीक्षण, अवधारणा या घटना तथा "डॉटम" के बहुवचन के रूप में परिभाषित किया जा सकता है।
D. इनमें से कोई भी नहीं।

**147.** डाटा आइटमः
A. डाटा का एक प्राथमिक या व्यक्तिगत तत्व है
B. एक नाम के द्वारा जाना जाता है तथा जिसका एक उपयुक्त मान है
C. कोई चीज है जो किसी क्षेत्र के समान निर्देशित है
D. उपरोक्त सभी

**148.** कम्प्यूटर में सबसे छोटी परिचयात्मक इकाई हैः
A. बाइट–जो आठ बिट का एक विशेष समूह है, जो एक गुण को दर्शाता है।
B. एफएम
C. टीपीएम
D. इनमें से कोई भी नहीं

**149.** फाइलः
A. सम्बन्धित लेखा–जोखा का एक समूह है
B. एक ऑटोमेटेड प्रोसेसिंग सिस्टम है
C. टीडीएम
D. इनमें से कोई भी नहीं

**150.** इलेक्ट्रोनिक रूप में, डाटा निर्देशित करता हैः
A. डाटा फिल्ड्स, लेखा–जोखा, फाइल्स तथा डाटाबेस
B. वर्ड प्रोसेसिंग बीजक, ग्राफिक्स, इमेज्स
C. वॉयस तथा वीडियो का अंकिक कूट है
D. उपरोक्त सभी

**51.** डाटा प्रोसेसिंग हैः
A. डाटा बदलने की विधि है जिसमें भौतिक फॉरमेट को तार्किक फॉरमेट में बदला जाता है
B. वॉयस तथा वीडियो का आंकिक कूट है
C. A तथा B दोनों
D. इसमें कोई भी नहीं

**152.** इलेक्ट्रॉनिक मेल हैः
A. संचार नेटवर्क पर अक्षरों, संवादों तथा यादगारों का प्रसारण है
B. दफ्तर में सभी सूचना संकलनों का वितरण है
C. A तथा B दोनों
D. इनमें से कोई भी नहीं

**153.** E-मेल सिस्टम का संचार नेटवर्क रोढ़ है जो जोड़ता है रिमोट कन्ट्रोल कोः
A. सेन्ट्रल सिस्टम या लोकल एरिया नेटवर्क जो परस्पर व्यक्तिगत कम्प्यूटरों से जुड़ा रहता है
B. वायस तथा वीडियो आंकिक कूट है
C. A तथा B दोनों
D. इनमें से कोई भी नहीं

**154.** फैक्स या फैसिमाइल
A. रिमोट लोकेसन्श के बीच में मुद्रित पृष्ठों का संचार है
B. पेपर फॉर्म का टर्मिनल स्कैन तथा प्राइवेट लाइन्स पर प्रसारण के लिये इस इमेज को एनालोग कोड में बदलता है
C. प्राप्त टर्मिनल को पुनः कोड से इमेज में परिवर्तन कर तथा मूल पृष्ठ पर "फेसिमाइल" मुद्रित करता है।
D. उपरोक्त सभी

**155.** डाटा प्रोसेसिंग चक्र रखता हैः
A. तीन मूल चरण—इनपुट चक्र, प्रोसेसिंग चक्र, आउटपुट चक्र।
B. टर्मिनल्स, जो पेपर फॉर्म का स्कैन करता है तथा प्रसारण के लिए इस इमेज को एनालोग कोड में बदलता है।
C. प्राप्त टर्मिनल को पुनः कोड से इमेज में परिवर्तन कर मूल पृष्ठ पर 'फेसिमाइल' मुद्रित करता है
D. उपरोक्त सभी

**156.** एक आउटपुट ऑपरेशन दो कार्यों का सम्पादन करता है जो हैः
A. यह कारण है एक इनपुट डिवाइस का जो भौतिक रूप से पढ़ने वाला डाटा तथा डाटा को इनपुट डिवाइस से सीपीयू क्षेत्र का एक इनपुट में प्रसारण करता है
B. यह एक इनपुट डिवाइस का कारण है जो कि डाटा का प्रसारण करता है तथा इमेज फॉर्म में बदलता है

C. यह एक इनपुट डिवाइस का कारण है जो भौतिक रूप से पढ़ने वाले डाटा को प्रिन्टर में प्रसारण करता है

D. इनमें से कोई भी नहीं।

**157.** एक ऑउटपुट ऑपरेशन कारण है:

A. सीपीयू के अंदर आउटपुट एरिया से सूचना का प्रसारण एक आउटपुट डिवाइस जैसे कि प्रिन्टर में किया जाता है

B. कुछ माध्यमों पर सीपीयू का लेखा–जोखा/डिस्प्ले की सूचना रहती है

C. A तथा B दोनों

D. इनमें से कोई नहीं

**158.** कम्प्यूटर:

A. आपको बैंकों में एटीएम के रूप में पैसों की जमा एवं निकासी करने में सहायता करता है।

B. उपस्थित रहता है दैनिक जीवन के हरेक क्षेत्र में जैसे कार्यक्षेत्र, घर तथा कक्षा इत्यादि में

C. एक इलेक्ट्रोनिक यंग जो अपनी स्मृति में संग्रहित निर्देशां पर नियंत्रण कर कार्य करता है, जो डाटा (इनपुट) प्राप्त करता है, डाटा को एक विशेष नियम के तहत संचालित करता है, प्रतिफल देता है इस प्रतिफल को एकत्रित कर भविष्य में उपयोग करता है।

D. उपरोक्त सभी

**159.** एक आदमी कम्प्यूटर को संचालित करता है या इसके द्वारा प्राप्त सूचनाओं का उपयोग करता है, को कहते हैं:

A. यूजर

B. प्रोसेसर

C. कॉमेनटेटर

D. इनमें से कोई भी नहीं

**160.** कम्प्यूटर की प्राथमिक स्मृति:

A. सॉफ्टवेयर सिस्टम का अनिवार्य प्रोग्राम को संग्रह करता है

B. आकार तथा प्रोग्राम की संख्या ज्ञात की जाती है जो कि कम्प्यूटर में उसी समय अवस्थित होगी

C. A तथा B दोनों

D. इनमें से कोई भी नहीं

**161.** बैकअप क्या होता है?

A. अपने नेटवर्क को अधिक कंपोनेंट जोड़ना

B. मूल स्रोत से किसी भिन्न डेस्टिनेशनल पर कॉपी कर के डाटा का संरक्षण करना

C. नये डाटा से पुराना डाटा फिल्टर करना

D. टेप पर डाटा को एक्सेस करना

E. इनमें से कोई नहीं

**162.** तकनीकी में व्यापकता एवं कम्प्यूटर के द्वारा दैनिक जीवन में होने वाले व्यापक उपयोग के लिए, यह

A. हरेक आदमियों के लिए सामान्य स्तर तक कम्प्यूटर तकनीक की जानकारी आवश्यक है

B. हरेक आदमियों के लिए सामान्य स्तर तक कम्प्यूटर तकनीक की जानकारी आवश्यक नहीं है

C. समस्या को जन्म दे सकती है

D. इनमें से कोई भी नहीं

**163.** कम्प्यूटर की प्रमुख स्मृति:

A. दो भागों में विभाजित की जा सकती है – रैम तथा रोम

B. कम्प्यूटर के लिए आवश्यक नहीं है

C. एकत्रित मीडिया से वहन किया जा सकता है

D. इनमें से कोई भी नहीं

**164.** रैम:

A. "रैन्डम एक्सेस मेमोरी" को दर्शाता है

B. गतिशील है, जिसका अर्थ होता है रैम में एकत्रित आइटम जो कम्प्यूटर की शक्तिक्षीण होने के कारण नष्ट हो जाती है।

C. A तथा B दोनों

D. इनमें से कोई भी नहीं

**165.** कम्प्यूटर:

A. इनका प्रोसेसिंग समय बढ़ाने के लिए कैच मेमोरी का उपयोग करता है

B. अस्थायी संग्रह के लिए मुख्य स्मृति का व्यवहार करता है

C. द्वितीयक स्मृति का व्यवहार करता है जो अत्यधिक डाटा संग्रह करने में स्थिर रहता है

D. उपरोक्त सभी

**166.** वीडियो कनफरेन्सिंग दो या दो से अधिक भौगालिक रूप से अलग रहने वालों के बीच की सभा है, जो

A. ऑडियो तथा वीडियो डाटा के प्रसारण के लिए नेटवर्क या इन्टरनेट का उपयोग करता है

B. ऑडियो तथा वीडियो डाटा के प्रसारण के लिए उपग्रह का उपयोग करता है

C. A तथा B दोनों

D. इनमें से कोई भी नहीं

**167.** सीडी–रोम:

A. कॉम्पैक्ट डिस्क रीड ऑनली मेमोरी को दर्शाता है

B. एक सिल्वर कलर्ड कॉम्पेक्ट डिस्क है जो लेजर तकनीक का उपयोग करता है

C. A तथा B दोनों

D. इनमें से कोई भी नहीं

**168.** यूनीक्सः

A. एक मल्टीयूज़र, मल्टीआस्किंग ऑपरेटिंग सिस्टम है

B. 1970 के शुरूआत में वैज्ञानिकों के द्वारा बेल–प्रयोगशाला में विकसित किया गया था

C. A तथा B दोनों

D. इनमें से कोई भी नहीं

**169.** वायरसः

A. एक कम्प्यूटर प्रोगाम है, जो दूसरे प्रोग्रामों की अपने आप नकल करता है तथा मल्टीपल कम्प्यूटर के द्वारा विस्तारित होता है

B. अक्सर कम्प्यूटर को जानबूझकर क्षति करने के लिए इसके डाटा को नष्ट या रद्योबदल करने के लिए खाका तैयार किया जाता है

C. A तथा B दोनों

D. इनमें से कोई भी नहीं

**170.** एक टेम्पलेटः

A. एक बीजक है, जो विशिष्ट बीजकों के प्रकार के लिए आवश्यक फॉरमेटिंग रखता है।

B. अक्सर बीजकों जैसे मेमो आदि, फैक्स सीट्स तथा अक्षरों का आवरण बनाये रखता है।

C. A तथा B दोनों

D. इनमें से कोई भी नहीं

## उत्तरमाला

| **1** | **2** | **3** | **4** | **5** | **6** | **7** | **8** | **9** | **10** |
|---|---|---|---|---|---|---|---|---|---|
| A | D | C | C | C | A | C | A | C | D |
| **11** | **12** | **13** | **14** | **15** | **16** | **17** | **18** | **19** | **20** |
| C | B | B | C | B | D | C | A | B | B |
| **21** | **22** | **23** | **24** | **25** | **26** | **27** | **28** | **29** | **30** |
| C | A | C | B | C | A | D | A | D | D |
| **31** | **32** | **33** | **34** | **35** | **36** | **37** | **38** | **39** | **40** |
| D | C | C | D | D | B | B | A | D | C |
| **41** | **42** | **43** | **44** | **45** | **46** | **47** | **48** | **49** | **50** |
| A | B | B | C | C | B | A | C | A | A |
| **51** | **52** | **53** | **54** | **55** | **56** | **57** | **58** | **59** | **60** |
| B | C | C | B | B | C | B | B | B | B |
| **61** | **62** | **63** | **64** | **65** | **66** | **67** | **68** | **69** | **70** |
| D | B | B | B | B | B | B | D | B | C |
| **71** | **72** | **73** | **74** | **75** | **76** | **77** | **78** | **79** | **80** |
| C | B | D | D | B | A | C | B | B | C |
| **81** | **82** | **83** | **84** | **85** | **86** | **87** | **88** | **89** | **90** |
| D | B | B | A | D | B | C | B | B | A |
| **91** | **92** | **93** | **94** | **95** | **96** | **97** | **98** | **99** | **100** |
| B | D | B | C | B | A | C | C | C | B |
| **101** | **102** | **103** | **104** | **105** | **106** | **107** | **108** | **109** | **110** |
| B | A | A | D | A | D | A | D | A | B |
| **111** | **112** | **113** | **114** | **115** | **116** | **117** | **118** | **119** | **120** |
| B | D | C | A | A | A | C | A | A | A |
| **121** | **122** | **123** | **124** | **125** | **126** | **127** | **128** | **129** | **130** |
| C | C | D | D | C | A | C | C | D | A |
| **131** | **132** | **133** | **134** | **135** | **136** | **137** | **138** | **139** | **140** |
| B | C | A | D | C | C | A | A | D | A |
| **141** | **142** | **143** | **144** | **145** | **146** | **147** | **148** | **149** | **150** |
| D | A | D | D | D | A | A | D | A | A |
| **151** | **152** | **153** | **154** | **155** | **156** | **157** | **158** | **159** | **160** |
| D | A | A | A | D | A | A | A | D | A |
| **161** | **162** | **163** | **164** | **165** | **166** | **167** | **168** | **169** | **170** |
| B | A | A | D | D | A | C | C | C | C |

# सामान्य सचेतता
# (General Awareness)

# हमारा भारत

## भारत एक दृष्टि में

**राजधानीः** नई दिल्ली

**क्षेत्रफलः** 32,87,263 वर्ग कि.मी.

**क्षेत्रफल की दृष्टि से विश्व में स्थानः** सातवां

**स्थितः** भूमध्य रेखा के उत्तर में 8°4′ और 37°6′ उत्तरी अक्षांश और 68°7′ तथा 97°25′ पूर्वी देशांतर के मध्य

**विस्तारः** उत्तर से दक्षिण तक 3,214 किमी., पूर्व से पश्चिम तक 2,933 किमी.

**भूमि सीमाः** 15,200 किमी.

**समुद्री तटः** 7,516.6 किमी.

**सीमावर्ती देशः** उत्तर-पश्चिम में पाकिस्तान और अफगानिस्तान, उत्तर में चीन, नेपाल और भूटान, पूर्व में म्यांमार और बंगलादेश, दक्षिण में मन्नार की खाड़ी और पाक-जलडमरूमध्य श्रीलंका से अलग करते हैं।

**प्राकृतिक संरचनाः** मुख्य भूमि चार भागों में विभक्त–विस्तृत पर्वतीय क्षेत्र, सिंधु और गंगा के मैदान, रेगिस्तानी क्षेत्र, दक्षिणी प्रायद्वीप

**प्रमुख नदियाँः** (क) हिमालय समूह : गंगा, यमुना, सिन्धु तथा ब्रह्मपुत्र; (ख) दक्षिणी नदियाँ : कृष्णा, कावेरी, गोदावरी, महानदी, दामोदर, भारत पुष्पा, नर्मदा, ताप्ती, पम्बा, पेरियार, पेण्णार, शरावती, नेत्रवती

**जलवायुः** ऊष्ण कटिबंधीय चार ऋतुएँ–शीत ऋतु, ग्रीष्म ऋतु, वर्षा ऋतु, शरद ऋतु

**जीव-जंतुः** लगभग 89,451 किस्म के

**राष्ट्रीय उद्यानः** 106 (2023)

**वन्य जीव अभ्यारण्यः** 567 (2023)

**राजभाषाः** हिन्दी, **मान्य भाषाएंः** 22

**उच्च न्यायालयों की संख्याः** 25

## भारतीय संघ : राज्य व संघीय प्रदेश

| संघ राज्य एवं संघीय प्रदेश | राजधानी | क्षेत्रफल (वर्ग कि॰मी॰) | भाषा |
|---|---|---|---|
| भारत | नई दिल्ली | 32,87,263 | हिन्दी-राजभाषा |
| | **राज्य** | | |
| आंध्र प्रदेश | अमरावती | 2,75,045 | तेलुगू |
| असम | दिसपुर | 78,438 | असमिया |
| ओडिशा | भुवनेश्वर | 1,55,707 | ओडिया |
| उत्तर प्रदेश | लखनऊ | 2,40,928 | हिन्दी |
| केरल | तिरुवनन्तपुरम् | 38,863 | मलयालम |
| गुजरात | गांधीनगर | 1,96,024 | गुजराती |
| तमिलनाडु | चेन्नई | 1,30,058 | तमिल |
| त्रिपुरा | अगरतला | 10,492 | त्रिपुरी, बंगला |
| नगालैण्ड | कोहिमा | 16,579 | अंग्रेजी, सेमा (सेमांग) |
| पंजाब | चण्डीगढ़ | 50,362 | पंजाबी |
| प. बंगाल | कोलकाता | 88,752 | बांग्ला |
| बिहार | पटना | 94,163 | हिन्दी, मैथिली, भोजपुरी, मगही |
| मध्य प्रदेश | भोपाल | 3,08,000 | हिन्दी |
| महाराष्ट्र | मुम्बई | 3,07,713 | मराठी |
| मेघालय | शिलांग | 22,429 | खासा भारा |

| | | | |
|---|---|---|---|
| मणिपुर | इम्फाल | 22,327 | मणिपुरी, अंग्रेजी |
| राजस्थान | जयपुर | 3,42,239 | हिन्दी, मारवाड़ी |
| हरियाणा | चण्डीगढ़ | 44,212 | हिन्दी |
| हिमाचल प्रदेश | शिमला | 55,673 | हिन्दी, पहाड़ी |
| कर्नाटक | बंगलुरू | 1,91,791 | कन्नड़ |
| सिक्किम | गंगटोक | 7,096 | लेपचा, नेपाली, हिन्दी |
| मिजोरम | आइजल | 20,987 | मिजो, अंग्रेजी |
| अरुणाचल प्रदेश | ईटानगर | 83,743 | बिस्सी, वांची |
| गोवा | पणजी | 3,702 | कोंकणी, मराठी |
| छत्तीसगढ़ | रायपुर | 1,35,191 | हिन्दी |
| झारखण्ड | रांची | 79,714 | हिन्दी, संथाली, बांग्ला तथा ओडिया |
| उत्तराखंड | देहरादून | 53,483 | हिन्दी, गढ़वाली, कुमायुँनी |
| तेलंगाना | हैदराबाद | 1,14,840 | तेलुगू |
| **संघ शासित प्रदेश** | | | |
| अण्डमान निकोबार द्वीप समूह | पोर्टब्लेयर | 8,249 | निकोबारी, हिन्दी |
| चण्डीगढ़ | चण्डीगढ़ | 114 | हिन्दी, पंजाबी |
| दिल्ली | दिल्ली | 1,483 | हिन्दी, पंजाबी |
| दादरा-नगर हवेली एवं दमन-दीव | दमन | 603 | भीली, गुजराती |
| पुडुचेरी | पुडुचेरी | 480 | तमिल, हिन्दी |
| लक्षद्वीप | कावारत्ती | 32 | मलयालम |
| जम्मू-कश्मीर | श्रीनगर | 2,22,236* | कश्मीरी, उर्दू, डोगरी |
| लद्दाख | लेह | — | लद्दाखी |

**केन्द्रशासित प्रदेश लद्दाख का क्षेत्रफल तथा पाकिस्तान और चीन द्वारा अवैध रूप से कब्जा किए गए क्षेत्र सहित।* (marked *)

## भारत की जनगणना 2011

भारत में जनगणना का विधिवत् कार्य 1881 में आरम्भ हुआ। 2011 की जनगणना (अंतिम) के अनुसार भारत की कुल जनसंख्या 121,08,54,977 थी। जबकि 10 वर्ष पूर्व 2001 में कुल जनसंख्या 102,70,15,247 थी। वर्ष 2011 की जनगणना के प्रमुख तथ्य निम्नलिखित हैं:

**कुल जनसंख्याः** 121,08,54,977

**पुरुषः** 62,32,70,258

**महिलाः** 58,75,84,719

**कुल जनसंख्या में पुरुषों का प्रतिशतः** 51.53%

**कुल जनसंख्या में महिलाओं का प्रतिशतः** 48.46%

**भारत की जनसंख्या का विश्व जनसंख्या में भागः** 17.5%

**दशकीय वृद्धि दर (2001-2011):** 17.7%

**सर्वाधिक वृद्धि दरः** मेघालय 27.9%

**न्यूनतम वृद्धि दरः** नगालैंड–0.6%

**सर्वाधिक जनसंख्या वाला राज्यः** उत्तर प्रदेश (19,98,12,341)

**न्यूनतम जनसंख्या वाला राज्यः** सिक्किम (6,10,577)

**स्त्री-पुरुष अनुपातः** 943 : 1000

**सर्वाधिक लिंगानुपातः** केरल, 1084 : 1000

**न्यूनतम लिंगानुपातः** हरियाणा 879 : 1000

**जनसंख्या घनत्वः** 382 व्यक्ति प्रति वर्ग किलोमीटर

**सर्वाधिक घनत्वः** बिहार (1,106)

**न्यूनतम घनत्वः** अरुणाचल प्रदेश (17)

**केन्द्रशासित प्रदेशों में सर्वाधिक घनत्वः** दिल्ली (11,320)

**केन्द्रशासित प्रदेशों में न्यूनतम घनत्वः** अण्डमान निकोबार द्वीप समूह (46)

**साक्षरता प्रतिशतः** 73%

**पुरुष साक्षरताः** 80.9%

**महिला साक्षरताः** 64.6%

**सर्वाधिक साक्षरताः** केरल (94%)

**न्यूनतम साक्षरताः** बिहार (61.8%)

## विभिन्न राज्यों/संघ शासित प्रदेशों में मिलने वाली जनजातियां

| प्रदेश | जनजातियां |
|---|---|
| उत्तर प्रदेश, उत्तराखंड | बुक्सा, थारू, बिड़कोल, भोटिया, खरवार, जौनसारी, राजी |
| पश्चिम बंगाल, बिहार, झारखंड | संथाल, भुइया, कोरबा, उरांव, हो, विरहोर, असुर, मुंडा, कोल |
| राजस्थान | मीणा, भील, गरासिया, सहरिया, सांसी, दमोर, मेव, मेरात, कोली |
| अण्डमान-निकोबार द्वीप समूह | ओंग, सोपन, आरबा, अण्डमानी, निकोबारी |
| हिमाचल प्रदेश, जम्मू एवं कश्मीर, लद्दाख | बकरवाल, गद्दी, गुर्जर, लाहौल लांबा, पंगवाला, किन्नर |
| असम, अरुणाचल प्रदेश, नगालैंड, मेघालय, मणिपुर | गुरूंग, रियांग, चकमा, मिनीपोंग, पासी, ग्लोंग, सिंगपो, रेंगमा, सेंगमा, यांग, नागा, गारो |
| मिजोरम | खासी |
| गुजरात | टोड़िया, भील, डाफर, रैवारी, पटेलिया, डूबला, कथोड़ी, सिद्दीस |
| केरल | कडर, इरुला, मुथुवन, कनिक्कर, मलनकुरावन, मलयारायन, मलावेतन, मलायन, मन्नान, उल्लातन, यूराली, पनियां, पुलायन, मल्लार, कुरुम्बा |
| तमिलनाडु, ओडिशा | जुवांग, खोंड, गोंड, बड़गा, बोंडो, जुआंग, परजा, भूमिज |
| महाराष्ट्र, आन्ध्र प्रदेश, तेलंगाना | भील, गोंड, अगरिया, असुरा, भारिया, कोया, वर्ली, कोली, डुका, बैगा, गडावास, कामर, खडिया, खोंडा, कोल, कोलम, कोरबा, मुन्डा |
| मध्य प्रदेश, छत्तीसगढ़ | कोरकू, भील, बैगा, गोंड, अगरिया, भारिया, कोरबा, कोल, उरांव, प्रधान, नगेशिया, हल्वा, गतरा, माड़िया, सहरिया, कमार, कंवर |
| त्रिपुरा | लुभाई, माग, हलम, खशिया, भूटिया, मुन्डा, संथाल, भील, जमनिया, रियांग, उचाई |
| कर्नाटक | गौडालू, हक्की, पिक्की, इरुगा, जेनु, कुरुव, मलाईकुड, भील, गोंड, टोडा, वर्ली, चेन्चू, कोया, अर्नादन, चेरवा, होलेया, कोरमा |
| पंजाब | गद्दी, स्वांगला, भोट |

## विशेष दर्जा प्राप्त राज्य

| राज्य | विशेष दर्जा प्राप्त करने का वर्ष | राज्य | विशेष दर्जा प्राप्त करने का वर्ष |
|---|---|---|---|
| असम | 1969 | त्रिपुरा | 1972 |
| नगालैंड | 1969 | सिक्किम | 1975-76 |
| हिमाचल प्रदेश | 1971 | मिजोरम | 1986-87 |
| मणिपुर | 1972 | अरुणाचल प्रदेश | 1986-87 |
| मेघालय | 1972 | उत्तराखंड | 2001-02 |

## भारत में प्रथम

नोबेल पुरस्कार प्राप्तकर्ता

1. **साहित्यः** रवीन्द्रनाथ टैगोर (1913)
2. **भौतिकीः** सी॰वी॰ रमन (1930)
3. **शान्तिः** मदर टेरेसा (1979)
4. **अर्थशास्त्रः** अमर्त्य सेन (1998)

| | |
|---|---|
| स्वतंत्र भारत के प्रथम एवं अंतिम भारतीय गवर्नर जनरल | चक्रवर्ती राजगोपालाचारी |
| महिला राष्ट्रपति | प्रतिभा पाटिल |
| महिला राज्यपाल | श्रीमती सरोजिनी नायडू |
| सुप्रीम कोर्ट की महिला न्यायाधीश | श्रीमती मीरा साहिब फातिमा बीबी |
| महिला प्रधानमंत्री | श्रीमती इंदिरा गांधी |
| भारतीय सेनापति | जनरल के॰ एम॰ करियप्पा |
| महिला मुख्यमंत्री | श्रीमती सुचेता कृपलानी |
| संयुक्त राष्ट्र महासभा की महिला अध्यक्ष | श्रीमती विजयालक्ष्मी पंडित (1954) |
| अंतर्राष्ट्रीय न्यायालय के भारतीय अध्यक्ष | डॉ॰ नगेन्द्र सिंह |
| इंगलिश चैनल तैरकर पार करने वाली भारतीय महिला | आरती गुप्ता |
| इंगलिश चैनल तैरकर पार करने वाला भारतीय पुरुष | मिहिर सेन |
| ब्रिटिश पार्लियामेंट के भारतीय सदस्य | दादा भाई नौरोजी |
| फील्ड मार्शल | एस॰एच॰एफ॰जे॰ मानेकशा |
| विक्टोरिया क्रॉस विजेता | खुदादाद खां |
| एवरेस्ट शिखर पर चढ़ने वाला भारतीय | शेरपा तेंजिंग (29 मई, 1953) |
| एवरेस्ट पर चढ़ने वाली भारतीय महिला | कु॰ बचेन्द्रीपाल (23 मई, 1984) |
| एवरेस्ट पर दो बार विजय प्राप्त करने वाली भारतीय महिला | संतोष यादव (10 मई, 1992; 10 मई, 1993) |
| भारतीय अंतरिक्ष यात्री (पुरुष) | राकेश शर्मा (3 अप्रैल, 1984) |
| भारतीय अंतरिक्ष यात्री (महिला) | कल्पना चावला (19 नवम्बर, 1997) |
| भारत रत्न से विभूषित महिला | श्रीमती इंदिरा गांधी |
| संयुक्त राष्ट्र संघ की महासभा में हिन्दी में भाषण देने वाला प्रथम भारतीय | अटल बिहारी वाजपेयी |
| भारतीय महिला मिस यूनिवर्स | कु॰ सुष्मिता सेन |
| भारतीय महिला मिस वर्ल्ड | रीता फारिया |
| समाचार-पत्र | बंगाल गजट (27 जनवरी, 1780) |
| डाक टिकट | 1852 |
| तार लाइन | 1851 (कलकत्ता-डायमंड हार्बर) |
| रेल | 16 अप्रैल, 1853 (बम्बई-थाणे) |
| विद्युत रेल | 1925 (बम्बई-कुर्ला) |
| उपग्रह | आर्यभट्ट (1975) |
| रॉकेट | रोहिणी (1967) |
| आणविक रियेक्टर | अप्सरा (1956) |
| आणविक बिजलीघर | तारापुर आणविक बिजलीघर (1969) |
| भारतीय वायु सेना की महिला पायलट | हरित कौर देओल |
| फास्ट ब्रीडर आणविक रियेक्टर | कलपक्कम |
| बिना ऑक्सीजन एवरेस्ट की चोटी पर पहुंचने वाला भारतीय | फु दोरजी (1987) |
| मेट्रो रेलवे | कोलकाता (1984) |

| | |
|---|---|
| फिल्म (मूक) | राजा हरिश्चन्द्र (1913) |
| फीचर फिल्म (बोलती हुई) | आलम आरा (1931) |
| इंडियन नेशनल कांग्रेस की प्रथम महिला अध्यक्ष | श्रीमती एनी बेसेंट |
| इंडियन नेशनल कांग्रेस के प्रथम अध्यक्ष | व्योमेशचन्द्र बनर्जी (1888) |
| आई॰सी॰एस॰ में सफल होने वाला प्रथम भारतीय | सत्येन्द्र नाथ टैगोर |
| चीफ ऑफ डिफेंस स्टाफ (CDS) | जनरल बिपिन रावत |

## भारत में सबसे बड़ा/लम्बा/ऊँचा आदि

**सबसे ऊंची चोटी***-के-2

**सर्वाधिक आबादी वाला शहर**-मुम्बई

**सबसे लम्बी नदी**-गंगा (2525 कि॰मी॰)

**सबसे बड़ा राज्य (क्षेत्रफल में)**-राजस्थान

**सबसे बड़ा राज्य (आबादी में)**-उत्तर प्रदेश

**सबसे लम्बा पुल (सड़क)**-असम में लोहित नदी पर भूपेन हजारिका सेतु (9.15 कि॰मी॰)

**सर्वाधिक जनसंख्या घनत्व वाला राज्य**-बिहार (1,106 प्रति वर्ग कि॰मी॰)

**सर्वाधिक साक्षर राज्य**-केरल (साक्षरता लगभग 94%)

**सबसे बड़ा अजायबघर**-इण्डिया म्यूजियम, कोलकाता

**सबसे लम्बा बांध**-हीराकुड (ओडिशा)

**सबसे लम्बी सुरंग (सड़क)**-डॉ. श्यामा प्रसाद मुखर्जी सुरंग (जम्मू–कश्मीर 9.28 किमी.)

**सबसे लम्बी सुरंग (रेलवे)**-जम्मू–कश्मीर में बनिहाल और काजीगुंड स्टेशनों के मध्य पीर पंजाल सुरंग (11.21 किमी.)

**सबसे बड़ा चिड़ियाघर**-जुलोजिकल गार्डन्स, कोलकाता

**सबसे लम्बी सड़क**-ग्राण्ड ट्रंक रोड (1500 मील)

**सबसे ऊंची मीनार**-कुतुबमीनार, दिल्ली (72.5 मी॰)

**सबसे बड़ी मस्जिद**-जामा मस्जिद, दिल्ली

**बहादुरी के लिए सबसे बड़ा पुरस्कार**-परमवीर चक्र

**सबसे बड़ा रेगिस्तान**-थार (राजस्थान)

**सबसे बड़ा डेल्टा**-सुन्दरवन डेल्टा, (75,000 वर्ग कि॰मी॰)

**सबसे बड़ा गुम्बज**-गोल गुम्बज (बीजापुर-42 मी॰ व्यास)

**सबसे ऊँचा दरवाजा**-बुलंद दरवाजा (फतेहपुर सीकरी : 176 फीट)

**सबसे बड़ी मीठे पानी की झील**-वुलर झील (जम्मू–कश्मीर)

**सबसे बड़ा प्लेटफार्म**-श्री सिद्धारूढ़ा स्वामी जी रेलवे स्टेशन (हुब्बल्लि, कर्नाटक 1507 मी. लम्बा)

**सर्वाधिक वर्षा (वार्षिक औसत)**-चेरापूंजी के निकट मासिनराम (12,000 मि॰मी॰)

**झरना, सबसे ऊँचा**-कुंचिकल (कर्नाटक : 455 मी.)

**सबसे बड़ा पशुओं का मेला**-सोनपुर (बिहार)

**सबसे बड़ा गुफा मंदिर**-कैलाश मंदिर (एलोरा)

**सबसे अधिक वन क्षेत्रफल वाला राज्य**-मध्य प्रदेश

**सबसे बड़ी कृत्रिम झील**-गोविन्द सागर (भाखड़ा)

* विश्व की सबसे ऊंची चोटी मांउट एवरेस्ट है जो नेपाल में है। के-2 विश्व की दूसरी सबसे ऊँची और भारत की सबसे ऊँची (8611 मी॰) चोटी है।

✧✧✧✧✧

# राष्ट्रीय प्रतीक

## राष्ट्रीय ध्वज

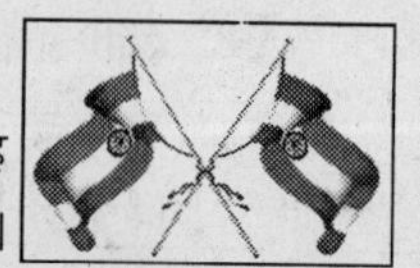

भारत का राष्ट्रीय ध्वज **तिरंगा** है। यह आयताकार तीन पट्टियों से बना है। इसमें सबसे ऊपर केसरिया, मध्य में श्वेत और नीचे हरा रंग है। केसरिया शक्ति, श्वेत शांति और हरा समृद्धि का प्रतीक माना जाता है। झण्डे की लम्बाई-चौड़ाई का अनुपात 3 : 2 है। श्वेत पट्टी के मध्य नीले रंग का एक चक्र है। चक्र में 24 तीलियाँ हैं। झण्डा फहराने के संबंध में भारत सरकार ने कुछ नियम बनाए हैं जिनका पालन करना अति आवश्यक है। संविधान सभा ने इसे 22 जुलाई 1947 को अंगीकार किया था।

## राजचिह्न

भारत का राजचिह्न सारनाथ में अशोक निर्मित सिंह स्तम्भ की अनुकृति है। इस चिह्न में चार सिंह हैं, जो एक दूसरे के विपरीत दिशा में घूम कर बैठे हुए हैं। इन चार में से केवल तीन सिंह दिखाई देते हैं, चौथा पीछे की ओर छिपा हुआ है और दिखाई नहीं देता। नीचे चौरस पट्टी के मध्य में उभरी हुई नक्काशी में एक चक्र है, जिसके दाईं ओर एक सांड़ और बाईं ओर एक घोड़ा है। नीचे मुण्डकोपनिषद से लिया गया सूत्र 'सत्यमेव जयते' देवनागरी लिपि में लिखा गया है। इसका अर्थ है 'सत्य की ही विजय होती है'। सरकार ने राजचिह्न को 26 जनवरी 1950 को स्वीकृत किया।

## राष्ट्र गीत

श्री बंकिम चन्द्र चटर्जी द्वारा रचित गीत 'वन्दे मातरम्' को राष्ट्र गान के समकक्ष स्थान दिया गया है। उनके विख्यात उपन्यास 'आनन्द मठ' से उद्धृत यह गीत राष्ट्रीय आन्दोलन में एक महान प्रेरणा-स्रोत रहा है। इस गीत को सबसे पहले 1896 में भारतीय राष्ट्रीय कांग्रेस के अधिवेशन में गाया गया था।

## राष्ट्र गान

रवीन्द्र नाथ टैगोर के गीत 'जन गण मन' को 24 जनवरी, 1950 को राष्ट्र गान के रूप में स्वीकार किया गया। यह गीत 'भारत-विधाता' शीर्षक से सर्वप्रथम 'तत्व-बोधिनी' पत्रिका के जनवरी 1912 के अंक में प्रकाशित हुआ था। यह गीत पहली बार 27 दिसम्बर 1911 को भारतीय कांग्रेस के कलकत्ता (कोलकाता) अधिवेशन में गाया गया था। पूरे गीत के 5 पद हैं। इसमें से प्रथम पद को राष्ट्र गान स्वीकार किया गया है। इसे गाने का निर्धारित समय लगभग 52 सेकण्ड है।

## राष्ट्रीय पंचांग

सरकारी कार्यों में प्रयोग हेतु राष्ट्रीय पंचांग 22 मार्च, 1957 से अपनाया गया है। यह पंचांग शक संवत् पर आधारित है। 78 ई. में प्रारम्भ हुए शक संवत् का पहला महीना चैत्र है और वर्ष 365 दिन का है। इस पंचांग के दिन स्थायी रूप से ग्रेगेरियन कैलेंडर से सम्बद्ध दिनों के अनुरूप बैठते हैं। इस प्रकार सामान्य वर्षों में इस पंचांग का पहला दिन 22 मार्च के दिन आता है और लौंद (लीप) वर्ष में 21 मार्च के दिन।

राष्ट्रीय पंचांग के माह इस प्रकार हैं: 1. चैत्र, 2. बैशाख, 3.ज्येष्ठ, 4. आषाढ़, 5. श्रावण, 6. भाद्रपद, 7. आश्विन, 8. कार्तिक, 9. मार्गशीर्ष, 10. पौष, 11. माघ, 12. फाल्गुन।

**राष्ट्रीय पशु :** बाघ (पैंथरा टाइग्रिस-लिन्नायस)

**राष्ट्रीय पक्षी :** मोर (पावो क्रिस्टेटस)

**राष्ट्रीय पुष्प :** कमल

✧✧✧✧✧

# हमारी पृथ्वी

पृथ्वी सूर्य के अलावा आठ अन्य ग्रहों बुध, शुक्र, पृथ्वी, मंगल, बृहस्पति, शनि, यूरेनस और नेपच्यून वाले सौर मण्डल का एक सदस्य ग्रह है। ग्रहों के पास अपना स्वयं का प्रकाश नहीं होता और शुक्र और यूरेनस के अलावा सभी ग्रह अपनी धुरी पर पश्चिम से पूर्व की ओर परिक्रमा करते हैं। अनेक उपग्रह संबंधित ग्रह की परिक्रमा करते हैं। अंतरिक्ष में हजारों पुच्छल तारे और करोड़ों उल्काएं भी मौजूद हैं। पृथ्वी का एक ही उपग्रह है 'चन्द्रमा'। बुध और शुक्र का कोई भी उपग्रह नहीं है। सूर्य से पृथ्वी की औसत दूरी $1,496 \times 10^8$ कि.मी. है। पृथ्वी सूर्य का तीसरा सबसे निकट और पांचवाँ सबसे बड़ा ग्रह है।

## पृथ्वी : तथ्य और आँकड़े

| | |
|---|---|
| पृथ्वी का द्रव्यमान | $5.882 \times 10^{21}$ टन |
| पृथ्वी का घनत्व | पानी की अपेक्षा 5.517 गुणा |
| पृथ्वी का आयतन | $1.083 \times 10^{11}$ घन किमी. |
| भूमध्यरेखीय परिधि | $4.007 \times 10^4$ किमी. |
| ध्रुवीय व्यास | 12,714 किमी. |
| विषुवतीय व्यास | 12,756 किमी. |
| ध्रुवीय परिधि | $4.0 \times 10^4$ किमी. |
| अनुमानित आयु | लगभग 4600 करोड़ वर्ष |
| भू-पृष्ठ | 148,951,000 वर्ग किमी. |
| जलीय सतह | 361,150,000 वर्ग किमी. |
| भू-सतह का सबसे उच्च बिन्दु | माउंट एवरेस्ट (8,848 मीटर) |
| भू-सतह का सबसे निम्न बिन्दु | मृत सागर का तट (समुद्र तल से 396 मीटर नीचे) |
| महासागर की सर्वाधिक गहराई | फिलीपींस के पूर्व में प्रशान्त महासागर में मेरियाना ट्रेंच (समुद्र तल से 11,033 मीटर नीचे) |

## सौरमण्डल

| | |
|---|---|
| सबसे बड़ा ग्रह | बृहस्पति (Jupiter) |
| सबसे छोटा ग्रह | बुध (Mercury) |
| पृथ्वी का उपग्रह | चन्द्रमा (Moon) |
| सूर्य के सबसे निकट ग्रह | बुध (Mercury) |
| सूर्य से सबसे दूर स्थित ग्रह | वरुण (Neptune) |
| पृथ्वी के सबसे निकट स्थित ग्रह | शुक्र (Venus) |
| सबसे अधिक चमकीला ग्रह | शुक्र (Venus) |
| सबसे अधिक चमकीला तारा | साइरस (Dog Star) |
| सबसे अधिक ठण्डा ग्रह | वरुण (Neptune) |
| सबसे अधिक गर्म ग्रह | शुक्र (Venus) |
| रात्रि में लाल दिखाई देने वाला ग्रह | मंगल (Mars) |
| सबसे बड़ा उपग्रह | गैनीमेड (Gannymede) |
| सबसे छोटा उपग्रह | डिमोस (Deimos) |
| नीला ग्रह | पृथ्वी (Earth) |
| भोर का तारा | शुक्र (Venus) |
| साँझ का तारा | शुक्र (Venus) |
| पृथ्वी की बहन | शुक्र (Venus) |
| हरा ग्रह | वरुण (Neptune) |
| विशाल लाल धब्बे वाला ग्रह | बृहस्पति (Jupiter) |

**पृथ्वी का आकार :** पृथ्वी का आकार पूर्णरूप से वृत्तीय नहीं है बल्कि अंडाकार है। ऐसा इस वजह से है क्योंकि यह ध्रुवों पर चपटी और विषुवत पर उभरी हुई है। पृथ्वी का ध्रुवीय व्यास विषुवतीय व्यास से 42 किलोमीटर छोटा है। अत: पृथ्वी अंडाकार है।

**पृथ्वी की गतियाँ :** पृथ्वी अपनी धुरी पर किसी लट्टू की भांति घूमती है और 24 घंटे में एक चक्कर पूरा कर लेती है जबकि सूर्य की परिक्रमा करने में उसे 365 दिन, 5 घंटे, 45 मिनट और 46 सेकेंड लगते हैं। पृथ्वी की दैनिक गति के कारण रात और दिन होते हैं जबकि वार्षिक गति (परिक्रमा) के कारण ऋतु परिवर्तन होता है। पृथ्वी गैर-ज्योतिर्मय वृत्त है। पृथ्वी का जो भाग सूर्य के सामने आ जाता है वहाँ दिन होता है और जो भाग सूर्य के सामने नहीं होता वहाँ रात होती है। पृथ्वी का आवर्तन पश्चिम से पूर्व की तरफ होता है। इसी कारणवश हमें यह प्रतीत होता है कि सूर्य, चन्द्रमा और तारे विपरीत दिशा में घूम रहे हैं।

**आवर्तन के प्रभाव :** (क) दिन और रात होते हैं। (ख) देशांतर और समय में अंतर आ जाता है। (ग) वायु और तरंगों की दिशा में परिवर्तन होता है। (घ) दिन में दो बार समुद्र में लहरें उठती हैं।

**परिक्रमा के प्रभाव :** पृथ्वी दीर्घवृत्तीय कक्षा में सूर्य की परिक्रमा करती है। पृथ्वी को एक बार सूर्य का चक्कर लगाने में 365.25 दिन लग जाते हैं। एक सामान्य वर्ष 365 दिन का होता है जबकि चार वर्षों में 5 घंटे 45 मिनट और 46 सेकेंड एक दिन बना देते हैं और हर चौथा वर्ष अधि वर्ष (लीप ईयर) बन जाता है, जिसमें 366 दिन होते हैं। ऋतु में परिवर्तन मुख्यतः परिक्रमण की वजह से ही होता है।

**21 जून :** इस समय उत्तरी गोलार्द्ध में ग्रीष्मकाल होता है जबकि दक्षिणी गोलार्द्ध में शरदकाल होता है। दोपहर में सूर्य की सीधी किरणें कर्क रेखा पर पड़ती हैं।

**22 दिसम्बर :** इस समय उत्तरी गोलार्द्ध में शरदकाल और दक्षिणी गोलार्द्ध में ग्रीष्मकाल होता है। दोपहर में सूर्य की सीधी किरणें मकर रेखा पर पड़ती हैं।

**सम्पात :** 21 मार्च और 23 सितम्बर को पृथ्वी का प्रत्येक भाग सूर्य के सामने आ जाता है और सूर्य ठीक भूमध्य रेखा के ऊपर होता है। इन अवस्थाओं में पृथ्वी के प्रत्येक भाग में रात और दिन बराबर होते हैं। 21 मार्च को वसन्त सम्पात (Vernal equinox) और 23 सितम्बर को शरद सम्पात (Autumnal equinox) कहते हैं।

## चट्टानों का रूपान्तरण

| मूल चट्टान | रूपान्तरित चट्टान |
|---|---|
| शैल | स्लेट |
| चूना पत्थर | संगमरमर |
| चॉक तथा डोलोमाइट | संगमरमर |
| बलुआ पत्थर | क्वार्ट्जाइट |
| ग्रेनाइट | नीस |
| बेसाल्ट | सिस्ट |
| स्लेट | फाइलाइट |
| कांग्लोमरेट | क्वार्ट्जाइट |

## वायुमण्डल की संरचना

| मण्डल | ऊँचाई (किमी) | विशेष तथ्य |
|---|---|---|
| क्षोभमण्डल | 0-18 | मौसमी घटनाएँ होती हैं। |
| समतापमण्डल | 18-50 | वायु परिवहन होता है तथा ओजोन परत पाई जाती है। |
| मध्यमण्डल | 50-80 | ऊँचाई के साथ तापमान में गिरावट होती है। |
| आयनमण्डल | 80-640 | विद्युत आवेशित कण पाए जाते हैं। रेडियो तरंगें इसी मण्डल से वापस पृथ्वी पर लौटती हैं। |
| बाह्यमण्डल | 640 किमी से ऊपर | तापमान 5000°C होता है। |

# विश्व बोध

## विभिन्न देशों के राष्ट्रीय प्रतीक

| देश | प्रतीक |
|---|---|
| ऑस्ट्रेलिया | कंगारू |
| फ्रांस | लिली |
| ईरान | गुलाब |
| जापान | गुलदाउदी |
| यूनाइटेट किंगडम | गुलाब |
| कनाडा | सफेद लिली |
| जर्मनी | कार्न फ्लावर |
| आयरलैंड | तीन पत्ती वाली घास |
| पाकिस्तान | अर्द्धचंद्र |
| यू.एस.ए. | सुनहरी छड़ी |
| डेनमार्क | वुलिन |
| भारत | सिंह स्तम्भ |
| इटली | सफेद लिली |
| स्पेन | बाज |

## शहरों, राज्यों एवं देशों के परिवर्तित नाम

| पुराना नाम | परिवर्तित नाम |
|---|---|
| एबिसीनिया | इथियोपिया |
| अंगोरा | अंकारा |
| औरंगाबाद | संभाजी.नगर |
| बनारस | वाराणसी |
| बड़ौदा | बड़ोदरा |
| बताविया | जकार्ता |
| बसुतोलैण्ड | लिसोथो |
| बेचुआनालैण्ड | बोत्सवाना |
| बॉम्बे | मुम्बई |
| ब्रिटिश गुयाना | गुयाना |
| बर्मा | म्यांमार |
| कालीकट | कोझीकोड |
| कलकत्ता | कोलकाता |
| केप केनवरल | केप केनेडी |
| काउनपुर | कानपुर |
| सेंट्रल प्रोविंसेज | मध्य प्रदेश |
| अपर बोल्टा | बुर्कीना फासो |
| जुबुलपोर | जबलपुर |
| लियोपोलदविले | किन्हास |
| मेडागास्कर | मालागासी |
| मद्रास | चेन्नई |
| मलाया | मलेशिया |
| जुलन्धर | जालंधर |
| मंयुक्यिो | मंचूरिया |
| मैसोपोटामिया | इराक |
| सिलोन | श्रीलंका |
| क्रिस्टिना | ओस्लो |
| कांगो | जायरे |
| कांस्टेटिनपोल | इस्तान्बूल |
| डाका | ढाका |
| डहोमे | बेनिन |
| डच ईस्ट इंडीज | इंडोनेशिया |
| डच गुयाना | सूरीनाम |
| लोर सेई | पूर्वी तिमोर |
| एलिस आइसलैंड | तुवालू |
| फार्मोसा | ताइवान |
| गौहाटी | गुवाहाटी |
| गोल्ड कोस्ट | घाना |
| हालैण्ड | नीदरलैण्ड |
| रोडेशिया | जिम्बाब्वे |
| सैगोन | हो चिन मिन्ह सिटी |
| सेलिसबरी | हरारे |
| सैंडविच आइसलैंड | हवाईअन द्वीप |
| तंजानिका व जंजीबार | तंजानिया |
| सियाम | थाईलैंड |
| सिमला | शिमला |
| साउथ वेस्ट अफ्रीका | नामीबिया |
| स्पेनिस गुयाना | विषुवतीय गुयाना |
| न्यू हेब्रिडस | वनुआतु |
| उत्तरी रोडेशिया | जाम्बिया |
| न्यासालैण्ड | मालावी |

| पुराना नाम | परिवर्तित नाम |
|---|---|
| पंजिम | पणजी |
| पेट्रोगार्ड | लेनिनग्राड |
| पीकिंग | बीजिंग |
| पर्शिया | ईरान |
| पूना | पुणे |
| सेंट पीट्सबर्ग | लेनिनग्राड |
| तंजौर | तंजावुर |
| यूनाइटेड प्रोविंसेज | उत्तर प्रदेश |
| यू.एस.एस.आर. | सीआईएस |
| विशाखापट्नम | विशाखापत्तनम |
| यूगोस्लाविया | सर्बिया |
| बंगलौर | बेंगलुरु |
| इलाहाबाद | प्रयागराज |
| उत्तरांचल | उत्तराखंड |
| पांडिचेरी | पुडुचेरी |
| पूर्वी पाकिस्तान | बांग्लादेश |
| रंगून | यंगून |
| मिस्र | संयुक्त अरब गणराज्य |
| उड़ीसा | ओडिशा |
| तुर्की | तुर्किए |

## महत्त्वपूर्ण सीमा रेखाएं

- **डूरंड लाइन :** यह भारत और अफगानिस्तान के बीच सीमा के विभाजन को परिलक्षित करती थी। इसका सीमांकन सर मोर्टीमर डूरंड ने 1896 में किया था। अब यह पाकिस्तान और अफगानिस्तान के बीच की सीमा रेखा है।
- **हिंडेनवर्ग लाइन :** यह वह रेखा है जहां से विश्व युद्ध के दौरान जर्मनी की सेना वापस लौट गई थी। यह रेखा पोलैण्ड और जर्मनी के बीच की सीमा रेखा है।
- **मैकमोहन रेखा :** यह भारत और चीन के बीच सीमा रेखा है जिसका सीमांकन सर हेनरी मैकमोहन ने किया था।
- **मैगिनोट रेखा :** यह फ्रांस और जर्मनी के बीच सीमा रेखा है।
- **रेडक्लिफ रेखा :** यह भारत और पाकिस्तान के बीच सीमा रेखा है जिसका सीमांकन सर सिरिल रेडक्लिफ ने किया था।
- **17वां पैरेलल :** यह उत्तरी एवं दक्षिणी वियतनाम के बीच की सीमा रेखा है।
- **38वां पैरलल :** यह उत्तर और दक्षिण कोरिया के बीच सीमा रेखा है।
- **49वां पैरलल :** यह यू.एस. और कनाडा के बीच सीमा रेखा है।
- **अदूर निसे रेखा :** यह रेखा पोलैण्ड और पूर्वी जर्मनी के बीच की सीमा रेखा है जो द्वितीय विश्व युद्ध में खींची गई थी।
- **सिंगफ्रेड रेखा :** प्रथम विश्व युद्ध में फ्रांस और जर्मनी के बीच की सीमा रेखा।

## विश्व के प्रमुख जल प्रपात

| जल प्रपात | स्थान | ऊँचाई (मी॰) |
|---|---|---|
| एंजिल | वेनेजुएला | 979 (यह कैरो नदी पर स्थित संसार का सबसे ऊँचा जल प्रपात है।) |
| योसेमाइट | कैलिफोर्निया | 739 |
| दक्षिण-मर्डाल्फोसेन | नार्वे | 655 |
| तुगेला | द॰ अफ्रीका | 614 |
| कुकवेनन | वेनेजुएला | 610 |
| सूथरलैंड | न्यूजीलैंड | 580 |
| रिब्बोन | कैलिफोर्निया | 491 |
| ग्रेट-कामारना | गुयाना | 488 |
| डेल्ला | कनाडा | 440 |
| गवार्नी | फ्रांस | 422 |
| जोग (गरसोप्पा) | भारत | 255 (शरावती नदी पर स्थित इस जल प्रपात को महात्मा गाँधी जल प्रपात भी कहते हैं।) |
| नियाग्रा | कनाडा एवं अमेरिका की सीमा | 120 |

## विश्व की प्रमुख नहरें

| नाम | स्थिति | स्थान |
|---|---|---|
| ईरी | ईरी झील और मिशीगन झील को जोड़ती है। | अमेरिका |
| सू नहर | सुपीरियर झील और ह्यूइन झील को जोड़ती है। | अमेरिका |
| कील नहर | उत्तरी सागर को बाल्टिक सागर से जोड़ती है। | जर्मनी |
| पनामा नहर | कैरीबियन सागर और प्रशांत महासागर | पनामा |
| स्वेज नहर | लाल सागर और भूमध्य सागर | मिस्र |
| मैनचेस्टर नहर | मैनचेस्टर एवं लिवरपूल के बीच | ग्रेट ब्रिटेन |

## विश्व की प्रमुख नदियाँ

| नाम | उद्गम स्थल | गिरने का स्थान | लम्बाई (किमी) | प्रमुख स्थान |
|---|---|---|---|---|
| नील (विश्व की सबसे लम्बी नदी) | विक्टोरिया झील | भूमध्य सागर | 6670 | आस्वान बाँध व नासिर झील स्थित है। |
| अमेजन (आयतन की दृष्टि से विश्व की सबसे बड़ी नदी) | एण्डीज पर्वत | अटलांटिक महासागर | 6448 | |
| मिसीसिपी मिसौरी | अलास्का झील | मैक्सिको की खाड़ी | 6300 | पक्षीपाद डेल्टा बनाती है। |
| यांग्टिसीक्यांग | तिब्बत का पठार | चीन सागर | 5494 | |
| ह्वांग हो | कुललुन पर्वत | चीन की खाड़ी | 4840 | |
| कांगो / जायरे | लुआलिया और लुआपुआ का संगम | अटलाण्टिक महासागर | 4800 | विषुवत् रेखा को दो बार काटती है। |
| अमूर | शिल्का रूस, आरगून का संगम | टार्टइ स्ट्रेट | 4510 | चीन और रूस की सीमा बनाती है। |
| वोल्गा | बल्डाई पठार | कैस्पियन सागर | 3700 | यूरोप की सबसे लम्बी नदी |
| डेन्यूब | ब्लैक फॉरेस्ट | काला सागर | 2820 | बेलग्रेड, बुखारेस्ट, बुडापेस्ट और वियना शहर स्थित है। |
| सेंट लारेंस | आण्टेरियो झील | सेंट-लॉरेंस की खाड़ी | 3058 | नियाग्रा जल प्रपात स्थित है। |
| कोलोरेडो | ग्रैण्ड कंट्री | कैलीफोर्निया की खाड़ी | 2333 | ह्यूबर बाँध स्थित |
| नाइजर | गिनी | गिनी की खाड़ी | 4800 | तेल नदी कहलाती है। |
| मेकांग | तिब्बत का पठार | दक्षिण चीन सागर | 4023 | द.पू. एशिया की सबसे लम्बी नदी। |
| सिन्धु | मानसरोवर झील के पास | अरब सागर | 3180 | |
| ब्रह्मपुत्र | मानसरोवर झील | बंगाल की खाड़ी | 2900 | |
| डार्लिंग-मर्रे | ऑस्ट्रेलिया आल्पस | हिन्द महासागर | 3720 | ऑस्ट्रेलिया की सबसे बड़ी नदी। |

## विश्व की प्रमुख झीलें

| झील का नाम | भौगोलिक क्षेत्र | क्षेत्रफल (वर्ग.किमी.) | विशेष तथ्य |
|---|---|---|---|
| कैस्पियन सागर | पूर्व सोवियत संघ तथा ईरान | 3,94,299 | खारे पानी की सबसे बड़ी झील |
| सुपीरियर झील | संयुक्त राज्य अमेरिका एवं कनाडा | 82,414 | ताजे पानी की सबसे बड़ी झील |
| विक्टोरिया झील | केन्या, युगाण्डा तथा तंजानिया | 69,485 | |
| अरल सागर झील | कजाकिस्तान एवं उज्बेकिस्तान | 64,457 | |
| ह्यूरन झील | संयुक्त राज्य अमेरिका तथा कनाडा | 59,600 | |
| मिशीगन झील | संयुक्त राज्य अमेरिका | 57,800 | |
| बैकाल झील | रूस | 31,500 | यह सबसे गहरी (1940 मी॰) झील है। |

| | | | |
|---|---|---|---|
| ग्रेट बेरियर झील | कनाडा | 31,080 | |
| ग्रेट स्लेव झील | कनाडा | 28,438 | |
| विनीपेग झील | कनाडा | 24,341 | |
| ओण्टेरियो झील | सं.रा. अमेरिका तथा कनाडा | 19,529 | |
| टिटिकाका | पेरू-बोलीविया | 9,065 | यह विश्व की सबसे ऊँची (3811 मी.) झील है। |
| आयर झील | ऑस्ट्रेलिया | 9,583 | |

## विश्व की प्रमुख खाड़ियाँ

| खाड़ी | क्षेत्रफल (वर्ग.किमी.) | खाड़ी | क्षेत्रफल (वर्ग.किमी.) |
|---|---|---|---|
| मैक्सिको की खाड़ी | 15,44,000 | हडसन की खाड़ी | 12,33,000 |
| अरब की खाड़ी | 2,38,000 | सेंट लॉरेंन्स की खाड़ी | 2,37,000 |
| कैलिफोर्निया की खाड़ी | 1,62,000 | | |

## महासागरों की प्रमुख जलधाराएं

| जलधारा का नाम | प्रकृति | विशेष विवरण | महासागर का नाम |
|---|---|---|---|
| • उत्तरी विषुवतीय जलधारा | उष्ण अथवा गर्म | | अटलांटिक महासागर |
| • गल्फस्ट्रीम धारा | उष्ण | हेटेरस अंतरीप तक इसे फ्लोरिडा धारा कहते हैं। | अटलांटिक महासागर |
| • कनारी धारा | ठंडी | | अटलांटिक महासागर |
| • फ्लोरिडा की धारा | उष्ण | | अटलांटिक महासागर |
| • लेब्राडोर की धारा | ठंडी | | अटलांटिक महासागर |
| • बैंगुला की धारा | ठंडी | | अटलांटिक महासागर |
| • फाकलैंड की धारा | ठंडी | | अटलांटिक महासागर |
| • विपरीत भूमध्यरेखीय जलधारा | गर्म | इसे गिनी की धारा भी कहते हैं। | अटलांटिक महासागर |
| • उत्तरी भूमध्यरेखीय जलधारा | गर्म | | प्रशांत महासागर |
| • क्यूरोसीवो जलधारा | गर्म | जापानी लोग इसे काली धारा भी कहते हैं। | प्रशांत महासागर |
| • कैलिफोर्निया जलधारा | ठंडी | | प्रशांत महासागर |
| • पूर्वी ऑस्ट्रेलिया की जलधारा | गर्म | इसे न्यू साउथवेल्स की धारा के नाम से भी जाना जाता है। | प्रशांत महासागर |
| • अलास्का धारा | गर्म | | प्रशांत महासागर |
| • दक्षिणी विषुवतीय जलधारा | गर्म | | हिन्द महासागर |
| • मोजाम्बिक धारा | गर्म | | हिन्द महासागर |
| • अगुलहास धारा | गर्म | | हिन्द महासागर |
| • पश्चिमी ऑस्ट्रेलिया की धारा | ठंडी | | हिन्द महासागर |
| • ग्रीष्मकाल मानसून प्रवाह | गर्म | | हिन्द महासागर |
| • शीतकालीन मानसून प्रवाह | परिवर्तनशील | | हिन्द महासागर |

## विश्व की प्रमुख जनजातियाँ

| जनजाति | सम्बन्धित क्षेत्र/देश |
|---|---|
| माओरी | न्यूजीलैंड |
| बुशमैन | कालाहारी मरुस्थल (बोत्सवाना) |
| वेद्दा | श्रीलंका |
| बद्दू | अरब |
| आइनू | जापान |
| यूकाधिर | साइबेरिया |
| एस्कीमो | ग्रीनलैंड, कनाडा |
| मसाई | पूर्वी अफ्रीका |
| बोरो | ब्राजील |
| सेमांग | मलेशिया |
| जूलू | नेटाल (दक्षिण अफ्रीका) |
| खिरगीज | मध्य एशिया |
| रेड इंडियन | उ॰ अमेरिका |
| पिग्मीज | कांगो बेसिन |
| नीग्रो | मध्य एशिया |
| याइ | टुण्ड्रा प्रदेश |

## विश्व की प्रमुख भौगोलिक खोजें

1. **क्रिस्टोफर कोलम्बस**–प॰ द्वीप समूह (1492), द॰ अमेरिका (1498 ई॰)
2. **जॉन कैवेट**–न्यूफाउण्डलैण्ड (1497 ई॰)
3. **कोपरनिकस**–सौरमंडल (1540 ई॰)
4. **केपलर**–ग्रहों की गति नियम (1600 ई॰)
5. **मैगलन**–विश्व का भ्रमण, अटलांटिक के दक्षिण से प्रशांत महासागर की खोज (1519 ई॰)
6. **वास्को-डि-गामा**–केप ऑफ गुड होप होकर भारत आगमन (1498 ई॰)
7. **कैप्टन कुक**–हवाई द्वीप समूह (1770 ई॰)
8. **फ्रिड्टजौफ नानसेन**–ग्रीनलैंड एवं उत्तरी ध्रुव का पहाड़ी भाग (1888 ई॰)
9. **आर. एमण्डसन**–दक्षिणी ध्रुव पर पहुँचने वाला प्रथम व्यक्ति (1911 ई॰)
10. **रॉबर्ट पियरे**–उत्तरी ध्रुव की खोज (1909 ई॰)

## विश्व के प्रसिद्ध स्थान

1. झुकी हुई मीनार : पीसा (इटली)
2. मर्डेका पैलेरा : जकार्ता (इण्डोनेशिया)
3. रेड स्क्वायर, क्रेमलिन : मास्को
4. स्फिंक्स, पिरामिड : मिस्र
5. पोर्सलिन टावर : नानकिंग (चीन)
6. लोवर, एफिल टावर : पेरिस (फ्रांस)
7. पोटाला : ल्हासा (तिब्बत)
8. श्वेत डेगेन पैगोडा : रंगून
9. ओपेरा हाउस : सिडनी
10. ब्राडवे स्ट्रीट, स्टेच्यू ऑफ लिबर्टी, एंपायर स्टेट बिल्डिंग : न्यूयार्क (सं. रा. अमेरिका)
11. अल अक्सा, वेलिंग वाल, टेंपल माउंट : जेरूसलम (इजरायल)

## विश्व के प्रमुख भौगोलिक उपनाम

| उपनाम | देश/स्थान |
|---|---|
| एण्टीलीज का मोती | क्यूबा |
| गगनचुम्बी इमारतों का नगर | न्यूयॉर्क (सं.रा.अमेरिका) |
| एटरनल सिटी (होली सिटी) | रोम |
| क्वेकर सिटी | फिलाडेल्फिया |
| चीन का शोक | ह्वांगहो नदी (पीली नदी) |
| निरंतर-बाही झरनों का शहर | क्विटो (इक्वेडोर) |
| शुगर बाऊल ऑफ द वर्ल्ड | क्यूबा |
| सात पहाड़ियों का नगर | रोम (इटली) |
| पर्ल ऑफ दी ऑरियण्ट | सिंगापुर |
| गार्डन सिटी | शिकागो |
| पूर्व का मोती | श्रीलंका |
| लैंड ऑफ मॉर्निंग काम | कोरिया |
| लैंड ऑफ थाउजेण्ड लेक्स | फिनलैंड |
| भूमध्यसागर का द्वार | जिब्राल्टर |
| लैंड ऑफ दी थाउजैंड एलीफैन्ट्स | लाओस |
| स्वर्णिम पैगोडा का देश | म्यांमार |
| सिटी ऑफ गोल्डन गेट | सैन फ्रांसिस्को |
| क्वीन ऑफ एड्रियाटिक | वेनिस (इटली) |
| पिलर्स ऑफ हरक्यूलिस | स्ट्रेट ऑफ जिब्राल्टर |
| श्वेत शहर | बेलग्रेड |
| पूर्व का मैनचेस्टर | ओसाका (जापान) |
| लिली का देश | कनाडा |
| होली लैंड | जेरूसलम (इजरायल) |
| सूर्योदय का देश | जापान |
| कॉकपिट ऑफ यूरोप | बेल्जियम |

| उपनाम | देश/स्थान |
|---|---|
| आंसुओं का प्रवेश द्वार | बाब-अल-मंडब जलडमरूमध्य |
| लैंड ऑफ मिडनाइट सन | नार्वे |
| अरब सागर की रानी | कोच्चि (भारत) |
| लैंड ऑफ ह्वाइट एलीफैंट्स | थाइलैंड |
| दक्षिण का ब्रिटेन | न्यूजीलैंड |
| वेनिस ऑफ द वर्ल्ड | स्टॉकहोम (स्वीडन) |
| स्मारकों की नगरी | वियना (ऑस्ट्रिया) |
| पवनचक्कियों की भूमि | नीदरलैण्ड |
| आइलैंड ऑफ क्लोव्ज | जंजीवार (तंजानिया) |
| नील नदी का देश | मिस्र |
| एमराल्ड द्वीप | आयरलैंड |
| लैंड ऑफ थंडरवोल्ट | भूटान |
| मोतियों का द्वीप | बहरीन |

## नदियों के तट पर बसे विश्व के प्रमुख नगर

| नगर | नदी |
|---|---|
| लन्दन (इंग्लैंड) | टेम्स |
| कैन्टन (चीन) | सीक्यांग |
| मास्को (रूस) | मस्कोवा |
| न्यूयार्क (सं.रा.अ.) | हडसन |
| बर्लिन (जर्मनी) | स्प्री |
| बेलग्रेड | डेन्यूब |
| पेरिस (फ्रांस) | सीन |
| बुडापेस्ट (हंगरी) | डेन्यूब |
| पर्थ (ऑस्ट्रेलिया) | स्वान |
| वाशिंगटन | पोटोमेक |
| बगदाद (इराक) | टाइग्रिस |
| वियाना (ऑस्ट्रिया) | डेन्यूब |
| आस्वान (मिस्र) | नील |
| टोकियो (जापान) | अराकावा |
| सेंट लुईस (अमेरिका) | मिसिसिपी |
| शंघाई (चीन) | यांग्टिसीक्यांग |
| रोम (इटली) | टाइबर |
| यंगून (म्यांमार) | इरावदी |
| प्राग | विंतावा |
| ओटावा (कनाडा) | सेंट लारेंस |
| सिडनी (ऑस्ट्रेलिया) | डार्लिंग |
| मैड्रिड (स्पेन) | मैजेनसेस |
| लिस्बन | टेगस |
| लिस्बन (पुर्तगाल) | टंगस |
| अंकारा (तुर्किए) | किजिल |
| लाहौर (पाकिस्तान) | रावी |
| मॉण्ट्रियल (कनाडा) | सेंट लारेंस |
| कराची (पाकिस्तान) | सिंधु |
| बोन (जर्मनी) | राइन |
| डबलिन (आयरलैंड) | लीफें |
| काहिरा (मिस्र) | नील |
| दिल्ली (भारत) | यमुना |
| ब्यूनस आयर्स (अर्जेंटीना) | लाप्लाटा |
| शिकागो (सं.रा.अ.) | शिकागो |
| लिवरपुल (इंग्लैंड) | मर्सी |
| ब्रिस्टल (इंग्लैंड) | एवन् |
| बसरा (इराक) | दजला एवं फरात |
| कीव (यूक्रेन) | नीपर |

## विश्व के प्रमुख घास के मैदान

| घास के मैदान | सम्बन्धित देश/क्षेत्र |
|---|---|
| पम्पास | अर्जेन्टीना |
| प्रेयरी | अमेरिका |
| वेल्ड | दक्षिण अफ्रीका |
| डाउन्स | ऑस्ट्रेलिया |
| केन्टरबरी | न्यूजीलैण्ड |
| स्टेपी | सेंट्रल एशिया और ईस्टर्न यूरोप, रूस, यूक्रेन, चीन, उज्बेकिस्तान, तुर्कमेनिस्तान |

## प्रमुख देशों में स्थानान्तरित कृषि

| कृषि | देश |
|---|---|
| चेन्ना | श्रीलंका |
| कैगिन | फिलीपीन्स |
| लैडान | इण्डोनेशिया एवं मलेशिया |
| रोका | ब्राजील |
| तमाराई | थाइलैण्ड |
| कोनुको | .वेनेजुएला |

❖❖❖❖❖

# संयुक्त राष्ट्र संघ

| | | |
|---|---|---|
| **स्थापना** | : | 24 अक्टूबर, 1945 |
| **संस्थापक सदस्य** | : | 50 |
| **मुख्यालय** | : | न्यूयार्क |
| **वर्तमान सदस्य संख्या** | : | 193 (इस संगठन का सदस्य बनने वाला अन्तिम देश दक्षिण सूडान है)। |
| **ध्वज** | : | ध्वज की पृष्ठभूमि हल्की नीली है और उस पर श्वेत रंग से राष्ट्र संघ का प्रतीक बना हुआ है। |
| **कार्यकारी भाषाएँ** | : | अंग्रेजी तथा फ्रेंच |
| **अन्य मान्यता प्राप्त भाषाएँ** | : | रशियन, अरबी, स्पेनिश तथा चीनी। |

## संयुक्त राष्ट्र संघ के लक्ष्य और उद्देश्य

संयुक्त राष्ट्र के कार्यों को तीन भागों में विभाजित किया जा सकता है, यथा–सुरक्षा, कल्याण और मानव अधिकार। संयुक्त राष्ट्र संघ के सदस्य-राष्ट्रों से चार कर्त्तव्यों के पालन की अपेक्षा की जाती है कि–(क) वे अपने विवादों को शांतिपूर्वक ढंग से निपटायेंगे, (ख) वे सैन्यबल का प्रयोग नहीं करेंगे, (ग) घोषणा-पत्र के पालन में सहायता करेंगे और (घ) आक्रामक की सहायता नहीं करेंगे। संयुक्त राष्ट्र संघ–जाति, भाषा, लिंग और धर्म का विचार किए बिना सब मनुष्यों के मानवीय अधिकारों को मान्यता देता है।

## संयुक्त राष्ट्र संघ के प्रमुख अंग

प्रमुख अंग 6 हैं–**1.** साधारण महासभा, **2.** सुरक्षा परिषद्, **3.** आर्थिक व सामाजिक परिषद्, **4.** अंतर्राष्ट्रीय न्यायालय, **5.** प्रन्यास परिषद्, **6.** सचिवालय

## प्रमुख अंतर्राष्ट्रीय संगठनों के मुख्यालय और स्थापना वर्ष

| अंतर्राष्ट्रीय संगठन | मुख्यालय | स्थापना वर्ष |
|---|---|---|
| संयुक्त राष्ट्र संघ (UNO) | न्यूयार्क | 1945 |
| अंतर्राष्ट्रीय मुद्रा कोष (IMF) | वाशिंगटन डी.सी. | 1945 |
| विश्व स्वास्थ्य संगठन (WHO) | जेनेवा | 1948 |
| खाद्य एवं कृषि संगठन (FAO) | रोम | 1945 |
| अंतर्राष्ट्रीय श्रम संगठन (ILO) | जेनेवा | 1919 |
| यूनेस्को (UNESCO) | पेरिस | 1946 |
| अंतर्राष्ट्रीय न्यायालय | हेग | 1945 |
| विश्व डाक संघ (UPU) | बर्न | 1874 |
| अंतर्राष्ट्रीय नागरिक उड्डयन संगठन (ICAO) | मांट्रियल | 1947 |

| अंतर्राष्ट्रीय संगठन | मुख्यालय | स्थापना वर्ष |
|---|---|---|
| सं॰ रा॰ औद्यो॰ विकास संगठन (UNIDO) | वियना | 1966 |
| अंतर्राष्ट्रीय परमाणु ऊर्जा अभिकरण (IAEA) | वियना | 1957 |
| अंतर्राष्ट्रीय वित्त निगम (IFC) | वाशिंगटन डी.सी. | 1956 |
| सं॰ रा॰ विकास कार्यक्रम (UNDP) | न्यूयॉर्क | 1965 |
| यूनिसेफ (UNICEF) | न्यूयॉर्क | 1946 |
| अंतर्राष्ट्रीय समुद्री संगठन (IMO) | लंदन | 1948 |
| विश्व मौसम विज्ञान संगठन (WMO) | जेनेवा | 1950 |
| अंतर्राष्ट्रीय दूर संचार संघ (ITU) | जेनेवा | 1865 |
| अरब लीग | काहिरा | 1945 |
| राष्ट्रमंडल (Commonwealth) | लंदन | 1931 |
| विश्व व्यापार संगठन (WTO) | जेनेवा | 1995 |
| अंतर्राष्ट्रीय विकास संघ (IDA) | वाशिंगटन डी.सी. | 1960 |
| अंतर्राष्ट्रीय पुनर्निर्माण एवं विकास बैंक (विश्व बैंक) (IBRD) | वाशिंगटन डी.सी. | 1944 |
| विश्व बौद्धिक संपदा संगठन (WIPO) | जेनेवा | 1967 |
| मुस्लिम राष्ट्रों का संघ (OIC) | जेद्दा | 1969 |
| यूरोपियन संघ | ब्रुसेल्स | (1958 में स्थापित EEC का परिवर्तित रूप) |
| रेडक्रास | जेनेवा | 1863 |
| इंटरपोल (INTERPOL) | लियोन | 1923 |
| एशियाई विकास बैंक (ADB) | मनीला | 1966 |
| उत्तरी अटलांटिक संधि संगठन (NATO) | ब्रुसेल्स | 1949 |
| आसियान (ASEAN) | जकार्ता | 1967 |
| BRICS बैंक | शंघाई | 2014 |
| संयुक्त राष्ट्र व्यापार एवं विकास सम्मेलन (UNCTAD) | जेनेवा | 1964 |
| जी-15 | जेनेवा | 1989 |
| दक्षेस (SAARC) | काठमांडू | 1985 |

# भारत का भूगोल

## प्रसिद्ध पर्वत शिखर

| पर्वत शिखर | समुद्र तल से ऊंचाई ( मीटर में ) |
|---|---|
| 1. K-2 | 8,611 पाकिस्तान के कब्जे में |
| 2. कंचनजंगा | 8,598 |
| 3. नंगा पर्वत | 8,126 |
| 4. गशेर ब्रुम | 8,068 पाकिस्तान के कब्जे में |
| 5. ब्रॉड पीक | 8,047 पाकिस्तान के कब्जे में |
| 6. डिस्तगिल सर | 7,885 पाकिस्तान के कब्जे में |
| 7. माशेर ब्रुम (पूर्वी) | 7,821 |
| 8. नंदा देवी | 7,817 |
| 9. माशेर ब्रुम (पश्चिम) | 7,806 पाकिस्तान के कब्जे में |
| 10. राकापोशी | 7,788 पाकिस्तान के कब्जे में |

## भारत के प्रमुख दर्रे

| दर्रे | राज्य/केन्द्रशासित प्रदेश |
|---|---|
| काराकोरम | लद्दाख |
| माना | उत्तराखण्ड |
| जोजिला | लद्दाख |
| नीति | उत्तराखण्ड |
| पीरपंजाल | जम्मू-कश्मीर |
| नाथुला | सिक्किम |
| बनिहाल | जम्मू-कश्मीर |
| जैलेप्ला | सिक्किम |
| बुर्जिल | जम्मू-कश्मीर |
| बोम्डिला | अरुणाचल प्रदेश |
| शिपकी | हिमाचल प्रदेश |
| यांग्याप | अरुणाचल प्रदेश |
| रोहतांग | हिमाचल प्रदेश |
| दिफू | अरुणाचल प्रदेश |
| बड़ालाचा | हिमाचल प्रदेश |
| तुजु | मणिपुर |
| लिपुलेख | उत्तराखण्ड |

## पश्चिमी घाट के दर्रे

| दर्रा | ऊं. (मी.) | स्थिति |
|---|---|---|
| थालघाट | 580 | नासिक एवं मुम्बई के बीच का संपर्क मार्ग |
| भोरघाट | 520 | मुम्बंई एवं पुणे के बीच का संपर्क मार्ग |
| पालघाट | 530 | कोयंबटूर एवं कोचीन के बीच का संपर्क मार्ग |
| सिनकोट | 280 | तिरुवनंतपुरम एवं मदुरै के बीच का संपर्क मार्ग |

## प्रमुख जल–अन्तराल

| नाम | अवस्थिति |
|---|---|
| 8° चैनल | मालदीव व मिनीकॉय के मध्य |
| 9° चैनल | लक्षद्वीप व मिनीकॉय के मध्य |
| 10° चैनल | छोटा अंडमान व कारनिकोबार के मध्य |
| ग्रैण्ड चैनल | सुमात्रा (इंडोनेशिया) व निकोबार के मध्य |
| पाक स्ट्रेट | तमिलनाडु व श्रीलंका के मध्य |
| डुंकन पास | दक्षिण अंडमान व लघु अंडमांन के मध्य |
| पाक खाड़ी | तमिलनाडु व श्रीलंका के मध्य |
| कोको स्ट्रेट | काको द्वीप (म्यांमार) व उ. अंडमान के गध्य |
| मन्नार खाड़ी | द.पू. तमिलनाडु व श्रीलंका के मध्य |
| लक्षद्वीप सागर | लक्षद्वीप व मालाबार तट के मध्य |

## भारत की महत्वपूर्ण झीलें

| झीलें | राज्य/केन्द्रशासित प्रदेश |
|---|---|
| चिल्का | ओडिशा |
| कोलेरू, पुलीकट | आन्ध्र प्रदेश |
| लोकटक | मणिपुर |
| सुकना | चण्डीगढ़ |
| लोनार | महाराष्ट्र |
| निजाम सागर | तेलंगाना |
| उमियम झील | मेघालय |
| नैनीताल, भीमताल | उत्तराखंड |
| वुलर, डल | जम्मू-कश्मीर |
| पुल्ह झील | उत्तर प्रदेश |
| अष्टमुदी | केरल |
| परशुराम कुण्ड | अरुणाचल प्रदेश |
| पोगांग शो | लद्दाख |

## भारत की प्रमुख नदियाँ

| नदी | उद्गम | मुहाना | लम्बाई (किमी.) | विशेष तथ्य |
|---|---|---|---|---|
| सिन्धु | मानसरोवर झील (तिब्बत) | अरब सागर | 3100 (भारत में 1114) | सतलज, रावी, व्यास, झेलम इसकी सहायक नदियाँ हैं। लद्दाख में यह नदी गिलगित गॉर्ज का निर्माण करती है। |
| सतलज | राक्षसताल | चिनाब | 1450 (भारत में 1050) | भाखड़ा, नांगल व नाथपा झांकरी बाँध। |
| गंगा | गंगोत्री के पास गोमुख से | बंगाल की खाड़ी | 2525 | देव प्रयाग में भागीरथी अलकनंदा से मिलती है और संयुक्त धारा का नाम गंगा हो जाता है। फरक्का बाँध एवं भागीरथी पर टिहरी बाँध। |
| यमुना | यमुनोत्री के पास बंदरपूंछ से | गंगा | 1376 | चम्बल, बेतवा, केन सहायक नदियाँ हैं। |
| चम्बल | महूँ (जानपाव पहाड़ी) | यमुना | 1050 | गाँधीनगर, राणासागर तथा जवाहर सागर बाँध स्थित है। |
| गण्डक | धौलाधार पर्वत | गंगा | 300 | त्रिवेणी के पास बाँध |
| सोन | अमरकंटक पहाड़ी | गंगा | 784 | बाणसागर व रिहन्द बाँध |
| ब्रह्मपुत्र | मानसरोवर झील (तिब्बत) | बंगाल की खाड़ी | 2900 (भारत में 916) | ब्रहापुत्र नदी अरुणाचल प्रदेश में दिहांग, तिब्बत में शांग-पो और बांग्लादेश में 'जमुना' के नाम से प्रसिद्ध। |
| नर्मदा | अमरकंटक | अरब सागर | 1290 | इंदिरा सागर, महेश्वर, सरदार सरोवर बाँध। डेल्टा के बजाए एश्चुअरी बनाती है। |
| ताप्ती | मुलताई (बैतूल) | खम्भात की खाड़ी | 720 | काकरापार व ऊकाई बाँध / यह नदी डेल्टा के बजाए एश्चुअरी बनाती है। |
| महानदी | सिहावा के समीप | बंगाल की खाड़ी | 890 | हीराकुड, तिरकपाड़ा बाँध स्थित है, डेल्टा बनाती है। |
| कृष्णा | पश्चिमी घाट की पहाड़ी (महाबलेश्वर के पास) | बंगाल की खाड़ी | 1290 | शैलम तथा नागार्जुन सागर बाँध स्थित है। डेल्टा बनाती है। |
| गोदावरी | त्रयम्बक गाँव की पहाड़ी | बंगाल की खाड़ी | 1450 | दक्षिण की गंगा कहा जाता है। एनीकट बाँध स्थित है। डेल्टा बनाती है। |
| कावेरी | ब्रह्मगिरि की पहाड़ी | बंगाल की खाड़ी | 760 | शिवसमुद्रम जल प्रपात स्थित है। डेल्टा बनाती है। |
| तुंगभद्रा | कर्नाटक के पश्चिमी घाट | कृष्णा | 331 | कुमुदवती, वर्धा, मगारी आदि सहायक नदियाँ हैं। |
| माही | विन्ध्याचल पर्वत | खम्भात की खाड़ी | 533 | वनकवोरी बाँध। |

## भारत के महत्वपूर्ण जल प्रपात

| जल प्रपात | ऊँचाई (मी.) | नदी | राज्य |
|---|---|---|---|
| कुंचिकल | 455 | वरही | कर्नाटक |
| शिवसमुद्रम | 90 | कावेरी | कर्नाटक |
| गरसोप्पा | 260 | शरावती | कर्नाटक |
| हुण्डरू | – | स्वर्णरेखा | झारखण्ड |
| केवटी | 98 | महाना | मध्य प्रदेश |
| रकीमकुण्ड | 168 | गायघाट | बिहार |

## नदियों के किनारे बसे प्रमुख नगर

| नगर | नदी | नगर | नदी |
|---|---|---|---|
| दिल्ली | यमुना | गुवाहाटी | ब्रह्मपुत्र |
| आगरा | यमुना | जबलपुर | नर्मदा |
| बद्रीनाथ | अलकनंदा | कोटा | चम्बल |
| प्रयागराज | गंगा, यमुना | कटक | महानदी |
| हरिद्वार | गंगा | नासिक | गोदावरी |
| कानपुर | गंगा | श्रीरंगपट्टनम | कावेरी |
| पटना | गंगा | जौनपुर | गोमती |
| श्रीनगर | झेलम | हैदराबाद | मूसी |
| अयोध्या | सरयु | मथुरा | यमुना |
| सूरत | ताप्ती | जमशेदपुर | स्वर्णरेखा |
| कोलकाता | हुगली | भागलपुर | गंगा |
| लखनऊ | गोमती | वाराणसी | गंगा |
| उज्जैन | क्षिप्रा | | |

## प्रमुख बहुउद्देशीय नदी घाटी परियोजनाएँ

| परियोजना का नाम | नदी | लाभान्वित राज्य |
|---|---|---|
| दामोदर घाटी परियोजना | दामोदर | झारखंड, पश्चिम बंगाल |
| टिहरी बाँध परियोजना | भागीरथी | उत्तराखंड |
| नागार्जुन सागर परियोजना | कृष्णा | आन्ध्र प्रदेश, तेलंगाना |
| कोसी परियोजना | कोसी | बिहार तथा नेपाल |
| हीराकुड बाँध परियोजना | महानदी | ओडिशा |
| व्यास परियोजना | व्यास | राजस्थान, पंजाब, हरियाणा, हिमाचल प्रदेश |
| चम्बल परियोजना | चम्बल | राजस्थान, मध्य प्रदेश |
| मयूराक्षी परियोजना | मयूराक्षी | पश्चिम बंगाल |
| तुंगभद्रा परियोजना | तुंगभद्रा | आन्ध्र प्रदेश, कर्नाटक |
| गण्डक परियोजना | गण्डक | बिहार, नेपाल |
| फरक्का परियोजना | गंगा, भागीरथी | पश्चिम बंगाल |
| काकरापारा परियोजना | ताप्ती | गुजरात |
| नागपुर शक्तिगृह परियोजना | कोराडी | महाराष्ट्र |
| इन्दिरा गाँधी नहर परियोजना | सतलज | राजस्थान, पंजाब तथा हरियाणा |
| रिहन्द परियोजना | रिहन्द | उत्तर प्रदेश |
| महानदी डेल्टा परियोजना | महानदी | ओडिशा |
| कुण्डा परियोजना | कुण्डा | तमिलनाडु |
| इडुक्की परियोजना | पेरियार | केरल |
| कोयना परियोजना | कोयना | महाराष्ट्र |
| सतलज परियोजना | चिनाब | जम्मू-कश्मीर |
| रंजीत सागर बाँध परियोजना | रावी | पंजाब |
| नाथपा-झाकरी परियोजना | सतलज | हिमाचल प्रदेश |
| शरावती परियोजना | शरावती | कर्नाटक |
| नर्मदा सागर परियोजना | नर्मदा | मध्य प्रदेश, गुजरात |
| जवाहर सागर परियोजना | चम्बल | राजस्थान |
| तुलबुल परियोजना | झेलम | जम्मू कश्मीर |
| सरदार सरोवर परियोजना | नर्मदा | गुजरात, मध्य प्रदेश, महाराष्ट्र एवं राजस्थान |
| दुलहस्ती परियोजना | चिनाब | जम्मू-कश्मीर |
| तिलैया परियोजना | बराकर | झारखंड |

## कृषि क्रांतियाँ

| क्रांति | क्षेत्र |
|---|---|
| हरित क्रांति | खाद्यान्न उत्पादन |
| लाल क्रांति | टमाटर उत्पादन |
| श्वेत क्रांति | दुग्ध उत्पादन |
| गोल क्रांति | आलू उत्पादन |
| भूरी क्रांति | उर्वरक उत्पादन |
| रजत क्रांति | अंडा उत्पादन |
| नीली क्रांति | मत्स्य उत्पादन |
| सुनहरी क्रांति | बागवानी उत्पादन |
| पीली क्रांति | तिलहन उत्पादन |
| गुलाबी क्रांति | झींगा उत्पादन |

## राष्ट्रीय उद्यान और अभयारण्य

जनवरी 2023 तक हमारे देश में 106 राष्ट्रीय उद्यान और 567 वन्यजीव अभयारण्य हैं। कुछ महत्त्वपूर्ण अभयारण्यों और उद्यानों के नाम नीचे दिए गए हैं।

- कान्हा राष्ट्रीय उद्यान (म.प्र.)
- शिवपुरी राष्ट्रीय उद्यान (म.प्र.)
- जलदापाड़ा अभयारण्य (प. बंगाल)
- काजीरंगा अभयारण्य (असम)
- मानस अभयारण्य (असम)
- हजारीबाग राष्ट्रीय उद्यान (झारखंड)
- पलामू राष्ट्रीय उद्यान (झारखंड)
- डालमा वन्य जीव अभयारण्य (झारखंड)
- सेमलीपाल राष्ट्रीय पार्क (ओडिशा)
- वनकटना वन्य जीव अभयारण्य (उ.प्र.)
- भरतपुर वन्य जीव अभयारण्य (राजस्थान)
- डर्राह वन्य जीव अभयारण्य (राजस्थान)
- कॉर्बेट राष्ट्रीय उद्यान (उत्तराखंड)
- चन्द्रप्रभा अभयारण्य (उ.प्र.)
- डाचीगाम अभयारण्य (जम्मू-कश्मीर)
- दुधवा राष्ट्रीय उद्यान (उ.प्र.)
- नन्दा देवी कस्तूरी मृग वन (उत्तराखंड)
- माउंट आबू वन्य जीव अभयारण्य (राजस्थान)
- रणथम्भौर वन्य जीव अभयारण्य (राजस्थान)
- सरिस्का क्रीड़ा अभयारण्य (राजस्थान)
- रंगथिट्टू पक्षी अभयारण्य (कर्नाटक)
- बांदीपुर अभयारण्य (कर्नाटक)
- डंडेली अभयारण्य (कर्नाटक)
- महावीर अभयारण्य (गोवा-कर्नाटक सीमा)
- पेरियार अभयारण्य (केरल)
- वेदान्त-गाल पक्षी अभयारण्य (तमिलनाडु)
- गिरि वन (गुजरात)
- बोरीवल्ली राष्ट्रीय उद्यान (महाराष्ट्र)
- मोलेम क्रीड़ा अभयारण्य (गोवा)
- कोट्टीगांव क्रीड़ा अभयारण्य (गोवा)
- नागजीरा वन्य जीव अभयारण्य (महाराष्ट्र)
- वान्धवगढ़ राष्ट्रीय उद्यान (मध्य प्रदेश)
- घाट प्रभा पक्षी अभयारण्य (कर्नाटक)
- खगचन्दजेन्दा राष्ट्रीय उद्यान (सिक्किम)
- पेंच राष्ट्रीय उद्यान (महाराष्ट्र)
- रोहिया राष्ट्रीय उद्यान (हिमाचल प्रदेश)
- सुल्तानपुर सरोवर पक्षी अभयारण्य (हरियाणा)
- तोदोवा राष्ट्रीय उद्यान (महाराष्ट्र)
- मुदमलाई अभयारण्य (तमिलनाडु)
- नगर होल अभयारण्य (कर्नाटक)
- नाल सरोवर पक्षी अभयारण्य (गुजरात)
- बोंडला क्रीड़ा अभयारण्य (गोवा)
- तनसा झील वन्य जीव अभयारण्य (महाराष्ट्र)
- बनारघट्टा राष्ट्रीय उद्यान (कर्नाटक)
- ईराविकुलम राजमल्ली राष्ट्रीय उद्यान (केरल)

## भारत के प्रसिद्ध पर्वतीय स्थल

| स्थान | राज्य/केन्द्रशासित प्रदेश |
|---|---|
| अल्मोड़ा | उत्तराखंड |
| माउण्ट आबू | राजस्थान |
| चेरापूंजी | मेघालय |
| मसूरी | उत्तराखंड |
| कोडईकनाल | तमिलनाडु |
| नैनीताल | उत्तराखंड |
| डलहौजी | हिमाचल प्रदेश |
| ऊटकमंड | तमिलनाडु |
| दार्जिलिंग | पश्चिम बंगाल |
| पंचमढ़ी | मध्य प्रदेश |
| गुलमर्ग | जम्मू और कश्मीर |
| रानीखेत | उत्तराखंड |
| कसौली | हिमाचल प्रदेश |
| शिलांग | मेघालय |
| महाबलेश्वर | महाराष्ट्र |
| शिमला | हिमाचल प्रदेश |

✧✧✧✧✧

# रक्षा

भारत की रक्षा सेनाओं का सर्वोच्च कमाण्डर भारत का राष्ट्रपति होता है। भारत की सशस्त्र सेनाओं में तीन मुख्य सेवाएंहैं–थल सेना, नौ सेना और वायु सेना। तीनों सेनाओं के प्रमुख क्रमशः थल सेनाध्यक्ष, नौ सेनाध्यक्ष और वायु सेनाध्यक्ष होते हैं।

## सेना में कमीशंड पद (Commissioned Ranks)

**थल सेना**

1. जनरल
2. लेफ्टिनेंट जनरल
3. मेजर जनरल
4. ब्रिगेडियर
5. कर्नल
6. लेफ्टिनेंट कर्नल
7. मेजर
8. कैप्टन
9. लेफ्टिनेंट

**वायु सेना**

1. एयर चीफ मार्शल
2. एयर मार्शल
3. एयर वाइस मार्शल
4. एयर कॉमोडोर
5. ग्रुप कैप्टन
6. विंग कमाण्डर
7. स्क्वाड्रन लीडर
8. फ्लाइट लेफ्टिनेंट
9. फ्लाइंग ऑफिसर

**नौ सेना**

1. एडमिरल
2. वाइस एडमिरल
3. रियर एडमिरल
4. कॉमोडोर
5. कैप्टन
6. कमाण्डर
7. लेफ्टिनेंट कमाण्डर
8. लेफ्टिनेंट
9. सब लेफ्टिनेंट

**थल सेना कमाण्ड :**

| कमाण्ड | मुख्यालय |
|---|---|
| पश्चिमी कमाण्ड | चांडी मंदिर (चंडीगढ़) |
| पूर्वी कमाण्ड | कोलकाता |
| उत्तरी कमाण्ड | ऊधमपुर |
| दक्षिणी कमाण्ड | पुणे |
| मध्य कमाण्ड | लखनऊ |
| द.प. कमाण्ड | जयपुर |
| ट्रेनिंग कमाण्ड | शिमला |

**जल सेना कमाण्ड :**

| कमाण्ड | मुख्यालय |
|---|---|
| पूर्वी कमाण्ड | विशाखापट्टनम |
| दक्षिणी कमाण्ड | कोच्चि |
| पश्चिमी कमाण्ड | मुम्बई |

**वायु सेना कमाण्ड :**

| कमाण्ड | मुख्यालय |
|---|---|
| पूर्वी कमाण्ड | शिलांग |
| पश्चिमी कमाण्ड | नई दिल्ली |
| केन्द्रीय कमाण्ड | इलाहाबाद |
| दक्षिणी कमाण्ड | तिरुअनंतपुरम |
| द.-प. कमाण्ड | गांधीनगर |
| ट्रेनिंग कमाण्ड | बेंगलुरु |
| मेन्टेनेन्स कमाण्ड | नागपुर |

**थल सेना प्रशिक्षण संस्थान :**

| कमाण्ड | मुख्यालय |
|---|---|
| नेशनल डिफेन्स एकेडमी (NDA) | खड़कवासला |
| नेशनल डिफेन्स कॉलिज | नई दिल्ली |
| इंडियन मिलिट्री एकेडमी (IMA) | देहरादून |
| डिफेन्स सर्विस स्टाफ कॉलिज | विलिंग्टन |
| इन्फेनटरी स्कूल | महू |
| आर्म्ड सेण्टर | अहमदनगर |
| आर्टीलरी स्कूल | देवलाली |

### वायु सेना प्रशिक्षण संस्थान :

| कमाण्ड | मुख्यालय |
|---|---|
| एयर फोर्स एडमिनिस्ट्रेटिव कॉलिज | कोयम्बटूर |
| एयर फोर्स एकेडमी | हैदराबाद |
| पैराटूपर ट्रेनिंग स्कूल | आगरा |
| एयर फोर्स टेक्निकल कॉलिज | जलाहली (बेंगलुरु) |
| एलीमेन्ट्री फ्लाइंग स्कूल | बिदर |

### नौ सेना प्रशिक्षण संस्थान :

| कमाण्ड | मुख्यालय |
|---|---|
| आइ.एन.एस. चिल्का | भुवनेश्वर |
| आइ.एन., बेन्दुरथी | कोचीन |
| आइ.एन.एस. तसिरकार्स | विशाखापट्टनम |
| इण्डियन नेवल एकेडमी | कोचीन |
| आइ.एन.एस. शिवाजी | लोनावाला |

## आंतरिक सुरक्षा के संगठन

| संगठन | स्थापना वर्ष | मुख्यालय |
|---|---|---|
| असम राइफल्स | 1835 | शिलांग |
| केन्द्रीय रिजर्व पुलिस बल | 1939 | नई दिल्ली |
| भारत-तिब्बत सीमा पुलिस | 1962 | नई दिल्ली |
| सीमा सुरक्षा बल (BSF) | 1965 | नई दिल्ली |
| केन्द्रीय औद्योगिक सुरक्षा बल | 1969 | नई दिल्ली |
| तट रक्षक बल | 1978 | नई दिल्ली |
| राष्ट्रीय सुरक्षा गार्ड | 1984 | नई दिल्ली |

### रक्षा स्टाफ प्रमुख (सीडीएस)

देश में उच्चतर रक्षा प्रबंधन में सुधार लाने के लिए सेवा प्रमुख समतुल्य वेतन और अतिरिक्त सुविधाओं वाले रक्षा स्टाफ प्रमुख (सीडीएस) का पद गठित किया गया है जो फोर स्टार वाले जनरल रैंक का है। रक्षा स्टाफ प्रमुख (चीफ ऑफ डिफेंस स्टाफ) रक्षा मंत्रालय में बनाये जाने वाले सैन्य मामलों के विभाग (डीएमए) के भी मुखिया होंगे और इसके सचिव के रूप में कार्य करेंगे। जनरल विपिन रावत ने 1 जनवरी, 2020 से 08 दिसम्बर, 2021 तक देश के प्रथम सीडीएस के रूप में कार्य किया।

# कला एवं साहित्य

## भारत के प्रमुख चित्रकार एवं उनकी कृतियां

| | |
|---|---|
| **अवनीन्द्र नाथ टैगोर** | शाहजहाँ का ताज को देखना, बुद्ध और सुजाता, कमल के पत्ते पर अश्रुकण, वन साम्राज्ञी, औरंगजेब का बुढ़ापा, भारतमाता आदि। |
| **गगनेन्द्र नाथ टैगोर** | माँ से विदा लेते चैतन्य, कल्कि अवतार आदि। |
| **राजा रवि वर्मा** | दुष्यन्त को प्रेम-पत्र लिखती शकुन्तला, नायर लेडी, शकुन्तला वियोग आदि। |
| **नन्द लाल बोस** | उमा की तपस्या, घायल बकरी को ले जाते भगवान बुद्ध, कृष्णार्जुन, उड़ीसा की एक दुकान, प्रणाम, बसन्त, गोपिनी आदि। |
| **के॰ वेंकटप्पा** | हनुमान द्वारा लंका दहन, स्वर्ण मृग, राम और मृग तृष्णा आदि। |
| **जॉर्ज कीट** | कृष्ण जन्म, कर्ण जन्म, यम मार्कण्डेय, निराभरण गोपियाँ आदि। |
| **भवेश चन्द्र सन्याल** | आश्रयहीन लड़की, गोल मार्केट के भिखारी आदि। |
| **मनीषी डे** | नारी-शृंगार, पनघट की ओर, बंगाली शरणार्थी। |
| **अमृता शेरगिल** | एलिफेन्ट्स बाथिंग इन ग्रीन पुल, हिल साईड, भारतीय लड़कियाँ आदि। |
| **नारायण श्रीधर बेन्द्रे** | स्टेशन पर यात्री, बुद्ध पूजा आदि। |
| **देवी प्रसाद राय चौधरी** | लेपचा कुमारी, भौटिया आदि। |
| **शोभा सिंह** | हीर-रांझा |
| **सतीश गुजराल** | काला चांद |

## संगीत

भारत में चार प्रकार के संगीत-साज मिलते हैं—तंतु या तार वाले, समीर या वायु वाले, अवनाद अथवा थाप से संचालित होने वाले और घन जिसमें घंटियाँ, मंजीरे, घड़ियाल आदि शामिल हैं। तंतु या तार वाले सामान्य साज हैं जैसे—वीणा, सितार, सारंगी, सरोद, दिलरुबा, इसराज, एकतारा, तानपुरा और मयूरी। वायु संचालित साज हैं शहनाई, बाँसुरी, नादस्वरम, निनकिर्नस और पोंगी। थाप अथवा संघात से संचालित होने वाले साज हैं: तबला, मृदंग, ढोलक, पखावज, घटाम तथा कंजीरा-मंजीरा। करतल, जल तरंग आदि अन्य भारतीय साज हैं। गायन के क्षेत्र में विष्णु नारायण भातखण्डे, बेगम अख्तर, बड़े गुलाम अली, हीराबाई बरोडकर, भीमसेन जोशी, केसरभाई केलकर, ओंकारनाथ ठाकुर, सिद्धेश्वरी देवी, त्यागराज, विष्णु दिगंबर पलुसकर, पंकज मलिक, एम.एस. सुब्बालक्ष्मी, पंडित जसराज, गंगूभाई हंगल, मल्लिकार्जुन मंसूर, डागर बंधु, डी.के. जयरामन, के.जे. यशुदास, गुलाम मुस्तफा खान, कुमार गंधर्व, के.एल. वसंधा कुमारी, किशोरी अमोनकर, गिरिजा देवी, वी.के. नारायण स्वामी दीक्षित, तानसेन, श्यामा शास्त्री, स्वाति तिरूनल आदि साजपरक संगीत के कुछ दिग्गज कलाकार रहे हैं।

### साजपरक संगीत के कुछ दिग्गज कलाकार निम्न हैंः–

**बाँसुरी**—हरि प्रसाद चौरसिया, पन्नालाल घोष, टी.आर. महालिंगम, एन. रमानी, विजय राघव राव, रघुनाथ सेठ, राजेन्द्र कुलकर्णी

**जंजीरा**—वी. नागराजन

**घटाम**—टी.एच. विनयाकरम

**गिटार**—पंडित विष्णु मोहन भट्ट, मोहन भट्ट, बृजभूषण कालरा, श्रीकृष्ण नलिन

**हारमोनियम**—पुरुषोत्तम वालावाकर, एम. धौलपुरी

**मृदंग**—पालघात आर. रघु, यू.एस. वर्मन

**पखावज**—गोविन्द राव, अनोखे लाल, कंठी महाराज

**रूद्रवीणा**—जिया मोहिउद्दीन डागर, असद अली खान

**संतूर**—शिव कुमार शर्मा, तरुण भट्टाचार्य

**सितार**—पंडित रविशंकर, बिलायत खान, देबू चौधरी, अब्दुल हलीम, जफर खान

**सरोद**—अली अकबर खान, अमजद अली खान, अलाउद्दीन खान, सरेन रानी, बज नारायण, मुकेश शर्मा, चंदन राय

**शहनाई**—बिस्मिल्ला खान, सुरबहार इमरत खान, दयाशंकर जगन्नाथ

**वायलिन**—लालगुडी जयारमण, एल. सुब्रह्मण्यम, एम.एस. गोपालकृष्णन, एस. सुब्रह्मण्यम, वी.जी. जोग, एन. राजन

**तबला**—अल्लारखा खां, गुदई महाराज, जाकिर हुसैन, लतीफ खाँ, किशन महाराज आदि।

## नृत्य

- **भरतनाट्यम** : इस नृत्य शैली का ताल्लुक तमिलनाडु से है। यह कर्नाटक संगीत के साथ किया जाने वाला एकांतिक नृत्य है। अपने शुद्ध रूप में यह नृत्य शरीर की विभिन्न हलचलों, कोणों व घुमाव के जरिए लय-ताल का एक बेहतरीन नमूना पेश करता है।
- **ओडिसी** : इसकी उत्पत्ति ओडिशा में हुई है। यह नृत्य भरतनाट्यम के समानांतर है। 'गीत-गोविन्द' नामक काव्य की संरचना इस नृत्य शैली के काव्य तथा संगीत घटकों पर हावी रही है।
- **मणिपुरी** : यह मणिपुर का लयबद्ध नृत्य है। यह राधा-कृष्ण और गोपियों की अवधारणा के इर्द-गिर्द संकेद्रित रही है। नगाड़ों और मंजीरों पर बजने वाले कई प्रकार के ताल इस नृत्य के साथ-साथ चलते हैं।
- **कत्थक** : यह उत्तरी भारत का एक विशिष्ट शहरी नृत्य है। पूर्व में इसे दरबारों से जुड़ी नृत्य परंपरा के रूप में लिया जाता था। इस नृत्य के दौरान गायन चलता रहता है, मृदंग बजते रहते हैं तथा एक और कलाकार साज बजाता रहता है। कलाकारों का यह समूह सुर-ताल का आकर्षक नजारा पेश करता है।
- **कथकली** : यह केरल की शास्त्रीय नृत्य नाटिका है। अपने स्वरूप में यह नृत्य वर्णात्मक होने के बजाय नाट्यरूप में होता है। यह नृत्य महाकाव्यों के मिथकीय घटनाओं पर आधारित होता है जिसे अतिनाटकीय अंदाज में प्रस्तुत किया जाता है। नाटकीय कथा आँखों और भौहों के संचालन से, हाथों की भाव-भंगिमाओं से तथा शरीर के विशिष्ट संचालन से आगे बढ़ती है।
- **कुचिपुड़ी** : इस नृत्य का अभ्युदय आंध्र प्रदेश में हुआ माना जाता है। पारंपरिक रूप से यह नृत्य-नाटिका मंदिरों से संबद्ध रही है।

### विभिन्न राज्यों के कुछ महत्वपूर्ण लोक-नृत्य :

- **महाराष्ट्र** : तमाशा, दही हण्डी, गोफ, दीपक, डिंडी
- **गुजरात** : गरबा, रासलीला, तिप्पनी, डांडिया
- **ओडिशा** : छऊ, माया शवरी, दलचाई
- **राजस्थान** : घूमर, कठपुतली, तेरा ताली
- **मध्य प्रदेश/छत्तीसगढ़** : लोटा नृत्य, जवारा
- **हिमाचल प्रदेश** : दशहरा नृत्य, हिकत, नेतियो
- **पंजाब** : गिद्धा, भांगड़ा, पणिहारी
- **उत्तर प्रदेश/उत्तराखंड** : रासलीला, नौटंकी, थाली, धुरंग, झुमेला, हुड़का बोल, कजरी
- **नगालैण्ड** : बांस नृत्य, केदोहोह
- **असम** : बिहू, केली गोपाल, सतरिया
- **पश्चिम बंगाल** : कीर्तन, कालत्री, असुरबध, वृता, काली नाच
- **बिहार/झारखंड** : छऊ, मगही, दुर्गा नृत्य
- **तमिलनाडु** : तेरुकलथु, कबलतम, कर्गम, पुली वेशम
- **केरल** : मोहिनी अट्टम, पदायुनी
- **कर्नाटक** : यक्षगान, कुजीता, कोडवास
- **जम्मू-कश्मीर/लद्दाख** : दुम्हल, हिकत, चाकरी
- **त्रिपुरा** : हजागिरि
- **आंध्र प्रदेश/तेलंगाना** : डंडारिया, बंजारा, घण्टा मरदाला
- **गोवा** : गोडे मोदनी, ढकनी
- **मेघालय** : नोंगकरेम, बांग्ला
- **मणिपुर** : ढोल चोलम, बसंत रस
- **हरियाणा** : धमचाल, लहूर, भांगड़ा, गिद्दा
- **झारखंड** : सरहुल, सोहराई

### शास्त्रीय नृत्य के कुछ प्रख्यात कलाकार :

- **भरतनाट्यम** : यामिनी कृष्णमूर्ति, रुक्मिणी देवी अरुण्डेल, स्वप्न सुन्दरी, सोनल मानसिंह, वैजयंती माला, मृणालिनी साराभाई, चंद्रलेखा, इंद्राणी, राम गोपाल, बाल सरस्वती
- **कथकली** : गोपीनाथ, के.के. नायर, कुंजुकुरुप, टी.के. चंदू, शांताराव, उदयशंकर
- **कुचिपुड़ी** : स्वप्न सुंदरी, राजा रेड्डी, राधा रेड्डी, शोभा नायर, वेदांतम सत्यनारायण, विम्पत्ति चिन्ना सत्यम
- **कत्थक** : बिरजू महाराज, गोपीकृष्ण, शंभू महाराज, सितारा देवी, उमा शर्मा, दुर्गा लाल, शोभना नारायण
- **मणिपुरी** : उदय शंकर, दरोहरा झावेरी, चैतम्बि सिंह, बिपिन सिंह, सूर्यमुखी
- **ओडिसी** : केलुचरण महापात्र, इंद्राणी रहमान, माधवी मुद्गल, प्रोतिमा बेदी, संयुक्ता पाणिग्रही, सोनल मानसिंह, देवू दास, प्रियवंदा मोहन्ती मिनाती दास

✧✧✧✧✧

# महत्वपूर्ण दिवस

| दिवस | महत्व |
|---|---|
| 9 जनवरी | प्रवासी दिवस |
| 15 जनवरी | थल सेना दिवस |
| 25 जनवरी | भारतीय पर्यटन दिवस |
| 26 जनवरी | भारतीय गणतंत्र दिवस |
| 30 जनवरी | शहीद दिवस, विश्व कुष्ठ निवारण दिवस (महात्मा गाँधी की पुण्य तिथि) |
| 1 फरवरी | तटरक्षक दिवस, डाक जीवन बीमा दिवस |
| 4 फरवरी | विश्व कैंसर दिवस |
| 20 फरवरी | विश्व सामाजिक न्याय दिवस |
| 21 फरवरी | विश्व मातृभाषा दिवस |
| 22 फरवरी | पल्स पोलियो दिवस |
| 28 फरवरी | राष्ट्रीय विज्ञान दिवस (रमन प्रभाव की स्मृति में) |
| 8 मार्च | अन्तर्राष्ट्रीय महिला दिवस |
| 15 मार्च | विश्व उपभोक्ता अधिकार दिवस, विश्व विकलांगता दिवस |
| 21 मार्च | विश्व वानिकी दिवस, विश्व रंगभेद उन्मूलन दिवस |
| 22 मार्च | विश्व जल दिवस |
| 23 मार्च | शहीद दिवस, विश्व मौसम विज्ञान दिवस |
| 24 मार्च | विश्व तपेदिक दिवस |
| 7 अप्रैल | विश्व स्वास्थ्य दिवस |
| 18 अप्रैल | विश्व विरासत दिवस |
| 22 अप्रैल | विश्व पृथ्वी दिवस |
| 1 मई | मई दिवस (अन्तर्राष्ट्रीय श्रम दिवस) |
| 8 मई | विश्व रेडक्रॉस दिवस |
| 9 मई | अन्तर्राष्ट्रीय थैलीसीमिया दिवस |
| 11 मई | राष्ट्रीय प्रौद्योगिकी दिवस |
| 24 मई | कॉमनवेल्थ दिवस |
| 31 मई | धूम्रपान विरोध दिवस |

| दिवस | महत्व |
|---|---|
| 1 जून | अन्तर्राष्ट्रीय बाल दिवस |
| 5 जून | विश्व पर्यावरण दिवस |
| 14 जून | वर्ल्ड ब्लड डोनर डे |
| 20 जून | शरणार्थी दिवस |
| 21 जून | विश्व योग दिवस |
| 11 जुलाई | विश्व जनसंख्या दिवस |
| 6 अगस्त | विश्व शांति दिवस, हिरोशिमा दिवस |
| 10 अगस्त | अंतर्राष्ट्रीय युवा दिवस |
| 29 अगस्त | राष्ट्रीय खेल दिवस |
| 5 सितम्बर | शिक्षक दिवस |
| 8 सितम्बर | विश्व साक्षरता दिवस |
| 14 सितम्बर | हिन्दी दिवस |
| 16 सितम्बर | विश्व ओजोन दिवस |
| 21 सितम्बर | अन्तर्राष्ट्रीय शांति दिवस |
| 27 सितम्बर | विश्व पर्यटन दिवस |
| 2 अक्टूबर | गाँधी जयन्ती / अन्तर्राष्ट्रीय अहिंसा दिवस |
| 3 अक्टूबर | विश्व पर्यावास दिवस |
| 5 अक्टूबर | विश्व आवास दिवस |
| 9 अक्टूबर | विश्व डाक दिवस |
| 16 अक्टूबर | विश्व खाद्य दिवस |
| 17 अक्टूबर | विश्व गरीबी उन्मूलन दिवस |
| 20 अक्टूबर | राष्ट्रीय एकता दिवस, विश्व सांख्यिकी दिवस |
| 14 नवम्बर | विश्व मधुमेह दिवस |
| 19 नवम्बर | अन्तर्राष्ट्रीय नागरिक दिवस |
| 26 नवम्बर | विश्व पर्यावरण संरक्षण दिवस |
| 1 दिसम्बर | विश्व एड्स दिवस |
| 10 दिसम्बर | अन्तर्राष्ट्रीय मानवाधिकार दिवस |
| 18 दिसम्बर | अन्तर्राष्ट्रीय प्रवास दिवस |
| 29 दिसम्बर | विश्व जैव विविधता दिवस |

✧✧✧✧✧

# खेल जगत

## खेलों से जुड़ी शब्दावली

- **एथलेटिक्स:** ऐली, स्प्रॉम, बैटन, बेंड, ब्लाइंड पास, बॉक्स, सर्किल, क्लियरेंस, क्रासबार, हीट्स, फाल्स स्टार्ट, फ्लॉप स्टाइल, फाउल, हर्डलेस, लेन, लैप, डेकाथलॉन, हैप्टेथलॉन, मैराथन, पेंटाथलोन, स्क्रैच, शॉट पुट, स्प्रिंट, स्टार्टिंग ब्लॉक स्टेपल चेज, स्ट्रॅडल, टाई, जोन।
- **बैडमिंटन:** एश, एली, बैक हैण्ड, ब्लाक, कैरी, चैकिंग द स्मैस, कोर्ट, क्रास कोर्ट, डबल हिट, ड्राप शाट, फाल्ट, फोरहैण्ड, फ्रेम, गेम प्वाइंट, किल, लोब, लव, नेट, रैकेट, रैली, सर्व, शार्ट सर्व, शटल (बर्ड भी कहते हैं) साइड आउट, अंडर हैंड।
- **बेसबॉल:** आर्म थ्रोअर, एराउंड द हार्न, बल्क, बाल, बाल हॉक, बेस ओपन बेस रनर, बैट, बैटर, कैचर, काक्ड आर्म, क्रास फायर, डाउनर, होम, हाट कार्नर, इनफील्ड फ्लाई, की स्टोन सैक, लेट अप, पेग, पिंच हिटर, पॉपी, पंच, रबर, इनअप, सिंकर, स्लाइडर, थ्री फुट लाइन।
- **बास्केट बॉल:** बैक डोर, बैंग बोर्ड, बैंक शाट, बाउंस पास, चार्ज, चेस्ट पास, कार्नर प्लेयर, कट, डेड बॉल, डबल फाउल, ड्रिबल, फेक, फील्ड गोल, फाउल, फ्री थ्रो, गोल, हेल्ड बॉल, जम्प बॉल, पायवोट, रिवाइंड, रिस्ट्रेनिंग सर्कल, टी, टैक्नीकल फाउल, थ्रो इन।
- **बिलियर्डस एंड स्नूकर:** एंगल, राउण्ड द टेबल, बल्क, बॉल, ब्रेक, ब्रिज, केनन, क्यू बॉल, कॉप, फॉलो, हज़ार्ड, पाकेट, पॉट, पिरामिड, रेडबॉल, रेस्ट्स, रन, सेट अप, शार्ट स्विंग, टेबल।
- **बॉक्सिंग:** स्प्रॉन, अटैक, ब्लैक पेडल, बैक हैंड पंच, ब्लाकिंग, बोली, बाउट, बट, चॉप, कम्बीनेशन, कट, डाइव, एलबोइंग, फर्स्ट ब्लड, फ्लोर, फुल काउंट, ग्लोब्स, हीलिंग, होल्डिंग, हुक, जब, माउथपीस, पंच, रिंग, स्कोरिंग, सेकेण्ड, स्पॉट, वार्निंग।
- **क्रिकेट:** ऑल राउण्डर, ऐशेज, बैकफुट, बेल्स, बॉल, बैट, बैटिंग, बैट्समैन, बीमर, बाउंसर, बाउण्ड्री, बॉलर, बॉलिंग क्रीज, बाई, कॉट एण्ड बोल्ड, कॉल, कैच, कॉट बिहाइंड, सेंचुरी, क्लीन बोल्ड, कवर प्वाइंट, क्रास बैट, कट, कटर, डेड बॉल, एक्स्ट्राज, फास्ट मीडियम, फॉलोआन, फ्रंट फुट, फुलटॉस, ग्लास, गुगली, गार्ड, गिल्ली, हाफ वॉली, हैट्रिक, हिट विकेट, हुक, इनस्वींगर, लेटकट, लेग ब्रेक, लेग साइड, मेडन, मिड ऑफ, मिड ऑन, मिड विकेट, नाइट वाचमैन, प्वाइंट, ओपनर, ओवर, ओवर थ्रो, ओवर द विकेट, पिच, पुल-राउण्ड द विकेट, स्क्वायर कट, स्क्वायर लेग, स्वीप, टॉस, अम्पायर, विकेट कीपर, यार्कर।
- **गोल्फ:** एश, एड्रेस, एयर शॉट, एप्रोन, अवे, बॉल मार्क, ब्रिडी, बोगी, बाई, चिप, क्लब, कप, ड्राइव, ईगल, फ्लफ्फ, हाल्वड्, हैण्डीकैप, हजार्ड, होल, ऑनर, हुक, जिग्गर, लाई, पार, पिन, पुट, रन, स्लाइस, स्टांस, स्विंग, टी, वेज।
- **हॉकी:** बैकपास, बुली, कैरिंग द बॉल, सेंटर फारवर्ड, चार्जिंग, कार्नर, डी, डिफेंडर, ड्रिवलिंग, फ्लिक, फारवर्ड, फाउल, फ्रीहिट, फुल बैक्स, गोल, हाब्स, हिट, हुकिंग, इंटरसेप्टिंग, लांग कार्नर, शार्ट पेनल्टी स्ट्रोक, पुश, रिवर्स स्टिक, स्कूप, सिक्सटीन यार्ड हिट, स्टिक, स्ट्राइकिंग सर्कल, टैकलिंग, थ्रू पास, ट्रैपिंग, ट्वेन्टी फाइव यार्ड लाइन, अंडरकटिंग।
- **सॉकर:** बाईसाईकिल किक, बाड़ी सर्व, बाक्स या पेनल्टी एरिया, कैरिंग, चेस्टिंग, क्लीयरिंग, कार्नर किक, कार्नर फ्लैग, क्रास, क्रास ओवर, डी, डायरेक्ट फ्री किक, डाइव, डबल फाउल, ड्रिवल, ड्राप वॉल, एक्स्ट्रा टाइम, फिनिशिंग, फ्लैंक, फाउल, गोल किक, गोल पोस्ट, गोल्स, हॉफ वॉली, हैट्रिक, हैडिंग, इनडायरेक्ट फ्री किक, इंटरसेप्सन, किक ऑफ, लाइंस मैन, लिंक मैन, लोब, मार्किंग, न्यूटमैग, ऑफ साइड, पास, पेनल्टी स्पॉट, रिवर्स पास, सीजर्स किक, शैडो मार्किंग, साइड लाइंस, स्ट्राइकर, स्वीपर, टेंकल, थ्रोइन, ड्रिपिंग, विंगर, येलो कार्ड।
- **स्क्वैश:** एंगल, बोर्ड कोर्ट, कट लाइन, ड्राइव, फुट फाउल्ट, हॉफ कोर्ट लाइन, हैमर, हैंड इन, किल, निक, पेनल्टी प्वाइंट, रैली, सर्विस बाक्स, सेट, शार्ट लाइन, वॉली, वेल्स।
- **स्वीमिंग:** बैकस्ट्रोक, बटरफ्लाई, ब्रेस्ट स्ट्रोक, कैसल, क्राउल, फाल्स स्टार्ट, फ्री स्टाइल, किकिंग, लेग, मेडले रिले, पुल, टच।

- **टेबल टेनिसः** एश, बैकहैण्ड, शॉट, ब्लेड, ब्लॉक शॉट, ड्यूस, ड्राप शॉट, गेम, ग्रिप, रैली, सर्विस, स्मैश, टॉप स्पिन, रिवर्स सेंटर लाइन।
- **टेनिसः** एश, एडवांटेज, बैक कोर्ट, बैक हैण्ड, बॉल ब्वाय या बॉल गर्ल, ब्रेक, बाई, सेंट्रल लाइन, चिप, चाप, कोर्ट, डेड, ड्यूस, डबल फाल्ट, डाउन द लाइन, ड्राप शॉट, ड्राप वॉली, इरर, फेस या रैकेट, फाउल्ट, फोर कोर्ट, फ्रेम, गेम, गेम प्वाइंट, ग्राउंड स्ट्रोक, लेट, लाइन बॉल, लोब, लव, मैच प्वाइंट, नेट, नेट बॉल, ओवर हैड, स्मैश, पासिंग शॉट, रैली रिटायर, रिटर्न, सर्व, सर्विस, सेट, सेटप्वाइंट, शार्ट बाल, स्मैश, स्ट्रोक, टॉस, अंडरहैंड, वॉली।
- **वॉलीबॉलः** एश, एड ऑन, बैकलाइन, ब्लॉक, बॉडी फाउल, कैरिंग द बॉल, चेस्टपास, कवर, क्रास कोर्ट शाट, ड्यूस, डिग, डबल हिट, फुट फाउल्ट, गेम प्वाइंट, किल, हेल्ड, बॉल, मल्टीपल टचेज, नेट, ओवर नेट, प्वांइट, पावर सर्व, सर्व, सेट, साइड आउट, स्मैश, स्पाइकर टाइम आउट।

## खेल के मैदान की माप

- **बैडमिंटन कोर्ट** : 20 फीट × 44 फीट (युगल); 17 फीट × 44 फीट (एकल)
- **बेसबॉल** : डायगोनल बेस में से निकटतम आधार के बीच की दूरी 90 फीट और 127 फीट 3⅜ इंच होती है। पिचर के सर्किल और बॉलर के बीच 60½ फीट की दूरी होती है।
- **बास्केटबॉल कोर्ट** : 85 फीट × 46 फीट।
- **बिलियड्‌र्स टेबल** : 12 फीट × 6 फीट 1½ इंच।
- **बॉक्सिग रिंग** : 20 फीट वर्ग।
- **क्रिकेट** : दोनों विकेट 22 गज की दूरी पर होते हैं। बॉल का व्यास लगभग 9 से.मी. और वजन 5½ से 5¾ ओंस होता है।
- **हैंडबॉल कोर्ट** : 126 से 147 फीट लम्बा और 60 से 73 फीट चौड़ा।
- **हॉकी का मैदान** : 100 गज × 55 गज।
- **रग्बी मैदान** : यह मैदान अंडाकार होता है जिसकी अधिकतम लम्बाई 150 से 200 गज और अधिकतम चौड़ाई 120 से 170 गज होती है।
- **रोविंग** : एकल नौका चालन हेतु नौका की लम्बाई 27 फ़ीट और युगल के लिए 34 फीट होती है। कॉक्स्ड जोड़ा 35 फीट, काक्सलेस फोर 44 फीट, कॉक्स्ड फोर 45 फीट और कॉक्स्ड एट 62 फीट होता है।
- **फुटबॉल मैदान** : 100 से 130 गज लम्बा और 50 से 100 गज चौड़ा।
- **स्क्वैश कोर्ट** : 32 फीट × 21 फीट, कट लाइन 6 फीट का और टिन 19 इंच का होता है।
- **स्वीमिंग पुल** : 50 मीटर लम्बा।
- **टेबल टेनिस** : टेबल 9 फीट × 5 फीट का होता है तथा नेट की ऊंचाई 6 इंच होती है।
- **टेनिस कोर्ट** : एकल के लिए 78 फीट × 27 फीट और युगल के लिए 78 फीट × 36 फीट।
- **वालीबॉल कोर्ट** : 18 मीटर × 9 मीटर।
- **मैराथन दौड़** : 26 मील 385 गज।

## ओलंपिक

प्राचीन काल में अपने नागरिकों को स्वस्थ एवं फिट बनाए रखने के लिए यूनानवासी प्रतियोगी खेल स्पर्द्धाओं का आयोजन करते थे। जौस देवता के सम्मान में प्रथम ओलम्पिक खेलों का आयोजन ओलम्पस माउंट में ईसा पूर्व 776 में किया गया था। इसके बाद 394 ईस्वी जबकि यूनानी सभ्यता का पतन हो गया, प्रत्येक 4 वर्षों के अंतराल के बाद ओलम्पिक खेलों का आयोजन किया जाता रहा। आधुनिक समय में फ्रांस के धनकुबेर पियरे डी कुबर्टिन ने आधुनिक खेलों को पुनर्जीवित किया। प्रथम आधुनिक ओलम्पिक खेल का आयोजन 1896 में एथेंस (यूनान) में किया गया। इसके बाद से विश्व युद्धों को छोड़कर प्रत्येक 4 वर्ष के अंतराल पर ओलम्पिक खेलों का आयोजन होता रहा है। ओलम्पिक खेलों का ध्वज श्वेत रंग का है जिस पर 5 रंगीन छल्ले बने हैं। प्रत्येक रिंग एक महादेश का प्रतिनिधित्व करता है। एक ही वर्ष में ग्रीष्मकालीन और शीतकालीन ओलंपिक खेलों का आयोजन किया जाता है।

| वर्ष | ग्रीष्मकालीन ओलम्पिक ( स्थल ) |
|---|---|
| 1896 | एथेंस (यूनान) |
| 1900 | पेरिस (फ्रांस) |
| 1904 | सेंट लुईस (यूएसए) |
| 1908 | लंदन (ब्रिटेन) |
| 1912 | स्टॉकहोम (स्वीडन) |
| 1920 | एंटवर्प (बेल्जियम) |
| 1924 | पेरिस (फ्रांस) |
| 1928 | एम्सटर्डम (नीदरलैंड्स) |
| 1932 | लॉस एंजिल्स (यूएसए) |
| 1936 | बर्लिन (जर्मनी) |
| 1948 | लंदन (ब्रिटेन) |
| 1952 | हेलसिंकी (फिनलैण्ड) |
| 1956 | मेलबोर्न (ऑस्ट्रेलिया) |
| 1960 | रोम (इटली) |
| 1964 | टोकियो (जापान) |
| 1968 | मैक्सिको सिटी (मैक्सिको) |
| 1972 | म्यूनिख (जर्मनी) |
| 1976 | मांट्रियल (कनाडा) |
| 1980 | मास्को (यूएसएसआर) |
| 1984 | लॉस एंजिल्स (यूएसए) |
| 1988 | सियोल (दक्षिण कोरिया) |
| 1992 | बार्सिलोना (स्पेन) |
| 1996 | अटलांटा (अमेरिका) |
| 2000 | सिडनी (ऑस्ट्रेलिया) |
| 2004 | एथेंस (ग्रीस) |
| 2008 | बीजिंग (चीन) |
| 2012 | लंदन, (ब्रिटेन) |
| 2016 | रियो डि जनेरियो, ब्राजील |
| 2020 | टोक्यो, जापान (2021 में सम्पन्न) |
| 2024 | पेरिस, फ्रांस (प्रस्तावित) |

## एशियाई खेल

द्वितीय विश्व युद्ध के पश्चात् अनेकों एशियाई देशों ने स्वतंत्रता प्राप्त की। ओलंपिक खेलों की तर्ज पर प्रत्येक चार वर्षों बाद एशियाई खेलों के आयोजन की योजना बनायी गई। भारत ने 1951 में नई दिल्ली में प्रथम एशियाई खेलों का आयोजन किया।

| वर्ष | आयोजन स्थल |
|---|---|
| 1951 | नई दिल्ली (भारत) |
| 1954 | मनीला (फिलीपींस) |
| 1958 | टोकियो (जापान) |
| 1962 | जकार्ता (इंडोनेशिया) |
| 1966 | बैंकाक (थाईलैण्ड) |
| 1970 | बैंकाक (थाईलैण्ड) |
| 1974 | तेहरान (ईरान) |
| 1978 | बैंकाक (थाईलैण्ड) |
| 1982 | नई दिल्ली (भारत) |
| 1986 | सियोल (दक्षिण कोरिया) |
| 1990 | बीजिंग (चीन) |
| 1994 | हिरोशिमा (जापान) |
| 1998 | बैंकाक (थाईलैण्ड) |
| 2002 | बुसान (दक्षिण कोरिया) |
| 2006 | दोहा (कतर) |
| 2010 | ग्वांगझो (चीन) |
| 2014 | इंचियोन (द. कोरिया) |
| 2018 | जकार्ता (इंडोनेशिया) |
| 2022 | हांगझू/हांगझाउ (चीन) 2023 में संपन्न |
| 2026 | नागोया और आइची, जापान (प्रस्तावित) |

## राष्ट्रमंडल खेल

राष्ट्रमंडल खेल भी प्रत्येक चार वर्ष बाद आयोजित किए जाते हैं उसी वर्ष में जिसमें एशियाई खेल आयोजित होते हैं। सभी राष्ट्रमंडल देश (ब्रिटेन के पूर्व उपनिवेश) इसमें भाग ले सकते हैं। प्रथम राष्ट्रमंडल खेल 1930 में हैमिल्टन (कनाडा) में आयोजित हुआ। 2022 में राष्ट्रमंडल खेलों का आयोजन बर्मिंघम (ब्रिटेन) में हुआ।

| वर्ष | आयोजन-स्थल |
|---|---|
| 1930 | हेमिल्टन (कनाडा) |
| 1934 | लन्दन (ब्रिटेन) |
| 1938 | सिडनी (आस्ट्रेलिया) |
| 1950 | ऑकलैण्ड (न्यूजीलैण्ड) |
| 1954 | बैंकूवर (कनाडा) |
| 1958 | कारडिफ (ब्रिटेन) |
| 1962 | पर्थ (आस्ट्रेलिया) |
| 1966 | किंग्सटन (जमैका) |
| 1970 | एडिनबरा (स्कॉटलैण्ड) |

| वर्ष | आयोजन-स्थल |
|---|---|
| 1974 | क्राइस्ट चर्च (न्यूजीलैण्ड) |
| 1978 | एडमन्टन (कनाडा) |
| 1982 | ब्रिसबेन (आस्ट्रेलिया) |
| 1986 | एडिनबरा (स्कॉटलैण्ड) |
| 1990 | ऑकलैण्ड (न्यूजीलैण्ड) |
| 1994 | विक्टोरिया (कनाडा) |
| 1998 | क्वालालम्पुर (मलेशिया) |
| 2002 | मैनचेस्टर (ब्रिटेन) |
| 2006 | मेलबोर्न (आस्ट्रेलिया) |
| 2010 | नई दिल्ली (भारत) |
| 2014 | ग्लासगो (स्कॉटलैण्ड) |
| 2018 | गोल्ड कोस्ट (ऑस्ट्रेलिया) |
| 2022 | बर्मिंघम (ब्रिटेन) |
| 2026 | विक्टोरिया (आस्ट्रेलिया) में प्रस्तावित |

पहले राष्ट्रमंडल खेल, जो 1930 में कनाडा के हैमिल्टन में आयोजित किये गये थे, को ''ब्रिटिश अम्पायर गेम'' के नाम से जाना गया। 1954 में इनका नाम बदलकर ''ब्रिटिश अम्पायर एण्ड कॉमनवेल्थ गेम्स'' कर दिया गया। 1970 में एक बार फिर इनका नाम परिवर्तन कर 'ब्रिटिश कॉमनवेल्थ गेम्स' किया गया। वर्ष 1978 से इन्हें कामनवेल्थ गेम्स अथवा राष्ट्रमंडल खेलों के नाम से जाना जा रहा है।

## विश्व कप फुटबॉल : एक दृष्टि में

| वर्ष | आयोजक देश | विजेता | उप-विजेता |
|---|---|---|---|
| 1930 | उरुग्वे | उरुग्वे | अर्जेन्टीना |
| 1934 | इटली | इटली | चेकोस्लोवाकिया |
| 1938 | फ्रांस | इटली | हंगरी |
| 1950 | ब्राजील | उरुग्वे | ब्राजील |
| 1954 | स्विट्जरलैंड | प. जर्मनी | हंगरी |
| 1958 | स्वीडन | ब्राजील | स्वीडन |
| 1962 | चिली | ब्राजील | चेकोस्लोवाकिया |
| 1966 | इंग्लैंड | इंग्लैंड | प. जर्मनी |
| 1970 | मैक्सिको | ब्राजील | इटली |
| 1974 | प. जर्मनी | प. जर्मनी | हालैंड |
| 1978 | अर्जेन्टीना | अर्जेन्टीना | हालैंड |
| 1982 | स्पेन | इटली | प. जर्मनी |
| 1986 | मैक्सिको | अर्जेन्टीना | प. जर्मनी |
| 1990 | इटली | प. जर्मनी | अर्जेन्टीना |
| 1994 | अमेरिका | ब्राजील | इटली |
| 1998 | फ्रांस | फ्रांस | ब्राजील |
| 2002 | जापान और दक्षिण कोरिया | ब्राजील | जर्मनी |
| 2006 | जर्मनी | इटली | फ्रांस |
| 2010 | दक्षिण अफ्रीका | स्पेन | नीदरलैंड |
| 2014 | ब्राजील | जर्मनी | अर्जेन्टीना |
| 2018 | रूस | फ्रांस | क्रोएशिया |
| 2022 | कतर | अर्जेन्टीना | फ्रांस |

## विश्व कप क्रिकेट : एक दृष्टि में

| वर्ष | आयोजक देश | विजेता | उप-विजेता |
|---|---|---|---|
| 1975 | इंग्लैंड | वेस्टइंडीज | ऑस्ट्रेलिया |
| 1979 | इंग्लैंड | वेस्टइंडीज | इंग्लैण्ड |
| 1983 | इंग्लैंड | भारत | वेस्टइण्डीज |
| 1987 | भारत-पाकिस्तान | आस्ट्रेलिया | इंग्लैंड |
| 1992 | आस्ट्रेलिया, न्यूजीलैंड | पाकिस्तान | इंग्लैंड |
| 1996 | भारत, पाकिस्तान, श्रीलंका | श्रीलंका | आस्ट्रेलिया |
| 1999 | इंग्लैंड | आस्ट्रेलिया | पाकिस्तान |
| 2003 | दक्षिण अफ्रीका | आस्ट्रेलिया | भारत |
| 2007 | वेस्टइण्डीज | आस्ट्रेलिया | श्रीलंका |
| 2011 | भारत, बांग्लादेश, श्रीलंका | भारत | श्रीलंका |
| 2015 | आस्ट्रेलिया, न्यूजीलैंड | आस्ट्रेलिया | न्यूजीलैंड |
| 2019 | इंग्लैंड | इंग्लैंड | न्यूजीलैंड |
| 2023 | भारत | आस्ट्रेलिया | भारत |

## विश्व के प्रसिद्ध कप और ट्राफियाँ

- अमेरिकन कप — याच रेसिंग
- एशेज — क्रिकेट (इंग्लैंड बनाम आस्ट्रेलिया)
- कनाडा कप — गोल्फ (विश्व चैम्पियनशिप)
- कोलम्बो कप — सॉकर
- चैम्पियन ट्रॉफी — हॉकी (पुरुष) विश्व की 6 श्रेष्ठ टीमों के मध्य
- कोरबिलन कप — टेबल टेनिस (महिला) विश्व कप
- डेविस कप — लॉन टेनिस (पुरुष)
- डर्बी — घुड़ दौड़ (इंग्लैंड)

- जुल्स रिमेट कप — सॉकर—विश्व कप (पुरुष)
- किंग्स कप — एयर रेसेज (इंग्लैंड)
- मर्डेका कप — सॉकर (पुरुष) (मलेशिया)
- प्रिंस ऑफ वेल्स कप — गोल्फ (इंग्लैंड)
- रोथमेंस कप — क्रिकेट
- रायडर कप — गोल्फ (इंग्लैंड)
- स्वेथलिंग कप — विश्व टेबल टेनिस (पुरुष)
- थॉमस कप — विश्व बैडमिंटन (पुरुष)
- टुंकु अब्दुल रहमान कप — बैडमिंटन
- उबेर कप — विश्व बैडमिंटन (महिला)
- वाकर कप — गोल्फ (इंग्लैंड)
- विटमैन कप — लॉन टेनिस (महिला)
- विम्बलडन कप — लॉन टेनिस (इंग्लैंड)

## प्रसिद्ध खेल मैदान एवं उनसे सम्बन्धित खेल

| खेल-मैदान | खेल | स्थान |
|---|---|---|
| इन्द्रप्रस्थ स्टेडियम | इन्डोर गेम | दिल्ली |
| जवाहरलाल नेहरू स्टेडियम | एथलेटिक्स | दिल्ली |
| अरुण जेटली स्टेडियम | क्रिकेट | दिल्ली |
| अम्बेडकर स्टेडियम | फुटबॉल | दिल्ली |
| शिवाजी स्टेडियम | हॉकी | दिल्ली |
| नेशनल स्टेडियम | हॉकी | दिल्ली |
| वानखेडे स्टेडियम | क्रिकेट | मुम्बई |
| ब्रेबोर्न स्टेडियम | क्रिकेट | मुम्बई |
| ईडन गार्डन | क्रिकेट | कोलकाता |
| ग्रीन पार्क स्टेडियम | क्रिकेट | कानपुर |
| कीनन स्टेडियम | क्रिकेट | जमशेदपुर |
| नेहरू (चेपक) स्टेडियम | क्रिकेट | चेन्नई |
| वाराबती स्टेडियम | क्रिकेट | कटक |
| इप्सम | डर्बी घुड़दौड | ब्रिटेन |
| हेडिंग्ले मानचेस्टर | क्रिकेट | ब्रिटेन |
| लार्ड्स, ओवल, लीड्स | क्रिकेट | ब्रिटेन |
| ब्लैक हीथ | रग्बी फुटबॉल | लन्दन |
| विम्बलडन | लॉन टेनिस | लन्दन |
| वेम्बले स्टेडियम | फुटबॉल | लन्दन |
| ब्रुकलैण्ड | फुटबॉल | इंग्लैंड |
| टिबंकहम | रग्बी फुटबॉल | इंग्लैंड |
| पटनी मार्टलेक | नौका दौड़ | इंग्लैंड |
| टेंट ब्रिज | क्रिकेट | इंग्लैंड |
| एण्ट्री | घुड़दौड़ | इंग्लैंड |
| व्हाइट सिटी | कुत्तों की दौड | इंग्लैंड |
| हरलिघम | पोलो | इंग्लैंड |
| पर्थ, ब्रिस्बेन, मेलबोर्न | क्रिकेट | आस्ट्रेलिया |
| यांकी स्टेडियम | बॉक्सिंग | न्यूयार्क |
| ब्रूकलिन | बेसबॉल | न्यूयार्क |
| फोरस्ट हिल | टेनिस | न्यूयार्क |
| नरेन्द्र मोदी स्टेडियम | क्रिकेट | अहमदाबाद |

✧✧✧✧✧

# पुरस्कार एवं सम्मान

## राष्ट्रीय पुरस्कार

### भारत रत्न

यह भारत का सर्वोच्च असैनिक सम्मान है। यह कला, साहित्य, विज्ञान एवं खेलकूद के क्षेत्र में अतिविशिष्ट सेवाओं तथा सार्वजनिक क्षेत्र में उत्कृष्टतम योगदान के लिए प्रदान किया जाता है। सरकारी सेवाओं में लगे व्यक्तियों को यह पुरस्कार नहीं दिया जाता। निम्नलिखित व्यक्तियों को अब तक भारत रत्न से सम्मानित किया जा चुका है:

### भारत रत्न से अलंकृत व्यक्ति

| | | |
|---|---|---|
| 1. | डा॰ एस॰ राधाकृष्णन | 1954 |
| 2. | सी॰ राजगोपालाचारी | 1954 |
| 3. | डा॰ सी॰वी॰ रमण | 1954 |
| 4. | डा॰ भगवान दास | 1955 |
| 5. | डा॰ एम॰ विश्वेश्वरैया | 1955 |
| 6. | जवाहरलाल नेहरू | 1955 |
| 7. | गोविन्द बल्लभ पन्त | 1957 |
| 8. | डा॰ डी॰के॰ कर्वे | 1958 |
| 9. | डा॰ विधानचंद्र राय | 1961 |
| 10. | पुरुषोत्तम दास टंडन | 1961 |
| 11. | डा॰ राजेन्द्र प्रसाद | 1962 |
| 12. | डा॰ जाकिर हुसैन | 1963 |
| 13. | डा॰ पाण्डुरंग वामन काणे | 1963 |
| 14. | लालबहादुर शास्त्री* | 1966 |
| 15. | इन्दिरा गांधी | 1971 |
| 16. | वी॰वी॰ गिरि | 1975 |
| 17. | के॰ कामराज* | 1976 |
| 18. | मदर टेरेसा | 1980 |
| 19. | आचार्य विनोबा भावे* | 1983 |
| 20. | खान अब्दुल गफ्फार खां | 1987 |
| 21. | एम॰जी॰ रामचन्द्रन* | 1988 |
| 22. | डा॰ बी॰आर॰ अम्बेडकर* | 1990 |
| 23. | डा॰ नेल्सन मण्डेला | 1990 |
| 24. | मोरारजी देसाई | 1991 |
| 25. | राजीव गांधी* | 1991 |
| 26. | सरदार वल्लभभाई पटेल* | 1991 |
| 27. | मौ॰ अबुल कलाम आजाद* | 1992 |
| 28. | जे॰आर॰डी॰ टाटा | 1992 |
| 29. | सत्यजीत रे | 1992 |
| 30. | गुलजारी लाल नंदा | 1997 |
| 31. | अरुणा आसफ अली* | 1997 |
| 32. | डा॰ ए॰पी॰जे॰ अब्दुल कलाम | 1998 |
| 33. | एम॰एस॰ सुब्बालक्ष्मी | 1998 |
| 34. | सी॰ सुब्रहमण्यम | 1998 |
| 35. | जयप्रकाश नारायण* | 1999 |
| 36. | अमर्त्य सेन | 1999 |
| 37. | पंडित रविशंकर | 1999 |
| 38. | गोपी नाथ बारदोलाई | 1999 |
| 39. | लता मंगेशकर | 2001 |
| 40. | बिस्मिल्ला खान | 2001 |
| 41. | भीमसेन जोशी | 2009 |
| 42. | सचिन तेंदुलकर | 2014 |
| 43. | सीएनआर राव | 2014 |
| 44. | पं. मदन मोहन मालवीय* | 2015 |
| 45. | अटल बिहारी वाजपेयी | 2015 |
| 46. | नानाजी देशमुख* | 2019 |
| 47. | भूपेन हजारिका* | 2019 |
| 48. | प्रणब मुखर्जी | 2019 |

* मरणोपरांत

### पद्म विभूषण

यह अलंकरण सभी क्षेत्रों में उल्लेखनीय योगदान के लिए दिया जाता है। सरकारी सेवाओं में लगे व्यक्ति भी इसके पात्र माने जाते हैं।

### पद्म भूषण

सभी क्षेत्रों में उल्लेखनीय योगदान के लिए यह उपाधि प्रदान की जाती है। सरकारी सेवाओं में रत व्यक्ति भी इसे पाने के हकदार हैं।

### पद्म श्री

विविध क्षेत्रों में उत्तम कार्य करने के उपलक्ष्य में यह उपाधि प्रदान की जाती है। सरकारी सेवा में लगे लोगों को भी इस उपाधि से अलंकृत किया जा सकता है।

## शौर्य पदक

### परमवीर चक्र

शत्रु के समक्ष दृढ़ता से वीरता-प्रदर्शन के फलस्वरूप दिया जाने वाला यह सबसे बड़ा पुरस्कार है। यह अत्यन्त वीरतापूर्ण कार्य जल, थल तथा नभ में से किसी भी सेना के कर्मचारी द्वारा किये जाने पर दिया जाता है।

### महावीर चक्र

यह दूसरा सर्वोच्च पदक है जो शत्रु के समक्ष अद्वितीय शौर्य प्रदर्शन के फलस्वरूप प्रदान किया जाता है। इस प्रकार का वीरतापूर्ण कार्य थल, जल एवं नभ सेनाओं में से किसी के भी द्वारा किया गया हो सकता है।

### वीर चक्र

यह तीसरी श्रेणी का सेना पदक है जो शत्रु के समक्ष वीरता-प्रदर्शन करने के उपलक्ष्य में प्रदान किया जाता है। यह पदक जल, थल और नभ सेना के किसी भी वर्ग के कर्मचारी को वीरतापूर्ण कार्य के लिए प्राप्त हो सकता है।

### अशोक चक्र

यह ऐसा पदक है जो जल, थल और नभ कहीं पर भी उत्कृष्ट वीरतापूर्ण कार्य करने अथवा आत्म-बलिदान होने के फलस्वरूप प्रदान किया जाता है। लेकिन इस प्रकार का काम शत्रु के समक्ष होना आवश्यक नहीं। गुणों के आधार पर इस पदक के तीन वर्ग हैं–प्रथम, द्वितीय तथा तृतीय। द्वितीय पदक का नाम कीर्ति चक्र तथा तृतीय पदक का नाम शौर्य चक्र है।

## अन्य राष्ट्रीय पुरस्कार/सम्मान

### ज्ञानपीठ पुरस्कार

यह पुरस्कार सांस्कृतिक एवं साहित्यिक संस्था 'भारतीय ज्ञानपीठ' द्वारा वर्ष 1965 से प्रदान किया जाता है। प्रत्येक वर्ष यह पुरस्कार संविधान की आठवीं अनुसूची में सम्मिलित 22 भारतीय भाषाओं और अंग्रेजी में से चयनित भारतीय लेखकों को प्रदान किया जाता है। इस पुरस्कार से पुरस्कृत साहित्यकार को 11 लाख रुपए नकद, एक स्मृति चिह्न, एक प्रशस्ति-पत्र तथा वाग्देवी (सरस्वती) की प्रतिमा प्रदान की जाती है।

### दादा साहब फाल्के पुरस्कार

इस पुरस्कार की स्थापना भारतीय फिल्म उद्योग के संस्थापक दादा साहब फाल्के की याद में भारत सरकार के सूचना एवं प्रसारण मंत्रालय द्वारा की गई है। इस पुरस्कार की धनराशि 10 लाख रुपए है। अब तक इस पुरस्कार से सम्मानित कलाकार निम्नलिखित हैं–

| पुरस्कार प्राप्तकर्ता | वर्ष |
|---|---|
| श्रीमती देविका रानी | 1969 |
| बी०एन० सरकार | 1970 |
| पृथ्वीराज कपूर | 1971 |
| पंकज मलिक | 1972 |
| सुलोचना रूबीमायर | 1973 |
| बी० एन० रेड्डी | 1974 |
| धीरेन गांगुली | 1975 |
| कानन देवी | 1976 |
| नितिन बोस | 1977 |
| आर०सी० बोराल | 1978 |
| सोहराब मोदी | 1979 |
| पी० जयराज | 1980 |
| नौशाद अली | 1981 |
| एल०वी० प्रसाद | 1982 |
| दुर्गा खोटे | 1983 |
| सत्यजीत रे | 1984 |
| व्ही० शांताराम | 1985 |
| बी० नागी रेड्डी | 1986 |
| राजकपूर | 1987 |
| अशोक कुमार | 1988 |
| लता मंगेशकर | 1989 |
| ए० नागेश्वर राव | 1990 |
| भालजी पेंढारकर | 1991 |
| भूपेन हजारिका | 1992 |
| मजरूह सुल्तानपुरी | 1993 |
| दिलीप कुमार | 1994 |
| डॉ॰ राजकुमार | 1995 |

| पुरस्कार प्राप्तकर्ता | वर्ष |
|---|---|
| शिवाजी गणेशन | 1996 |
| प्रदीप जी (कवि, गीतकार) | 1997 |
| बी॰आर॰ चोपड़ा | 1998 |
| ऋषिकेश मुखर्जी | 1999 |
| आशा भोंसले | 2000 |
| यश चोपड़ा | 2001 |
| देवानंद | 2002 |
| मृणाल सेन | 2003 |
| अडूर गोपालकृष्णन | 2004 |
| श्याम बेनेगल | 2005 |
| तपन सिन्हा | 2006 |
| मन्ना डे | 2007 |
| वी.के. मूर्ति | 2008 |
| डी. रामानायडू | 2009 |
| के. बालाचंदर | 2010 |
| सौमित्र चटर्जी | 2011 |
| प्राण | 2012 |
| गुलजार | 2013 |
| शशि कपूर | 2014 |
| मनोज कुमार | 2015 |
| के. विश्वनाथ | 2016 |
| विनोद खन्ना | 2017 |
| अमिताभ बच्चन | 2018 |
| रजनीकांत | 2019 |
| आशा पारेख | 2020 |
| वहीदा रहमान | 2021 |

## जमनालाल बजाज पुरस्कार

यह पुरस्कार रचनात्मक सामाजिक कार्य क्षेत्र में महत्त्वपूर्ण योगदान, ग्रामीण विकास हेतु विज्ञान एवं प्रौद्योगिकी के उपयोग तथा महिलाओं एवं बच्चों के उत्थान व कल्याण कार्यों हेतु प्रदान किया जाता है। इन पुरस्कारों के तहत 10-10 लाख की पुरस्कार राशि अब प्रदान की जाती है।

## सरस्वती सम्मान

15 लाख रु॰ का यह पुरस्कार उत्कृष्ट साहित्यिक कृति पर दिया जाता है।

## व्यास सम्मान

के॰ के॰ बिड़ला फाउंडेशन द्वारा स्थापित यह पुरस्कार किसी एक साहित्यिक कृति को प्रदान किया जाता है। इसके तहत एक प्रशस्ति पत्र तथा 4 लाख रुपये की धनराशि प्रदान की जाती है।

## मेजर ध्यानचंद खेल रत्न पुरस्कार

**(पहले राजीव गांधी खेल रत्न पुरस्कार)**

1992 में स्थापित यह पुरस्कार भारत सरकार द्वारा खेलों में सराहनीय प्रदर्शन करने वाले खिलाड़ियों को प्रदान किया जाता है। इसमें 25 लाख रुपये की धनराशि, एक पदक और एक प्रशस्ति पत्र प्रदान किया जाता है।

## अर्जुन पुरस्कार

1961 में स्थापित यह पुरस्कार भारत सरकार द्वारा विभिन्न खेलों में विशेष उपलब्धि प्राप्त करने वाले खिलड़ियों को प्रदान किया जाता है। इसमें अर्जुन की काँस्य प्रतिमा, प्रशस्ति पत्र तथा 15 लाख रुपये की धनराशि और समारोह परिधान प्रदान किया जाता है।

## द्रोणाचार्य पुरस्कार

1985 में स्थापित यह पुरस्कार भारत सरकार द्वारा खेल प्रशिक्षकों द्वारा की गयी उत्कृष्ट सेवाओं के लिए प्रदान किया जाता है। यह पुरस्कार दो वर्गों आजीवन और नियमित में प्रदान किया जाता है। आजीवन वर्ग में 15 लाख रुपये तथा नियमित वर्ग में 10 लाख रुपये गुरु द्रोणाचार्य की प्रतिमा, प्रशस्ति पत्र, तथा समारोह परिधान प्रदान किया जाता है।

# अंतर्राष्ट्रीय पुरस्कार

## नोबेल पुरस्कार

इस पुरस्कार का प्रवर्तन सन् 1901 में डाइनामाइट के आविष्कारक अल्फ्रेड बर्नहर्ड नोबेल (1833-1896 ई॰) द्वारा व्यक्त की गई इच्छा के परिणामस्वरूप किया गया था। नोबेल पुरस्कार प्रति वर्ष रसायन शास्त्र, भौतिकी, साहित्य, चिकित्सा, शान्ति-प्रोत्साहन और अर्थशास्त्र (अर्थशास्त्र के लिए यह पुरस्कार 1969 से दिया जाना शुरू किया गया) के क्षेत्र में दिये जाते हैं। निम्न भारतीय अब तक इस पुरस्कार से सम्मानित किए जा चुके हैं: *(i)* डॉ॰ रवीन्द्रनाथ टैगोर (1913) उनकी कृति 'गीतांजलि' के लिए, *(ii)* डा॰ सी॰ वी॰ रमन (1930) भौतिकी के लिए, *(iii)* मदर टेरेसा (1979) शान्ति के लिए, *(iv)* प्रो॰ अमर्त्य सेन (1998) अर्थशास्त्र के लिए और *(v)* कैलाश सत्यार्थी (2014) शान्ति के लिए। इसके अलावा भारतीय मूल के चार लोगों सुब्रमण्यन चंद्रशेखर (भौतिक विज्ञान), हर गोविंद खुराना (चिकित्सा विज्ञान), वेंकटरामन रामकृष्णन (रसायन विज्ञान) और अभिजीत बनर्जी (अर्थशास्त्र) को भी यह पुरस्कार मिल चुका है।

## रेमन मैग्सेसे पुरस्कार

एशिया महाद्वीप का सबसे बड़ा पुरस्कार फिलीपीन्स के भूतपूर्व राष्ट्रपति की स्मृति में वर्ष 1957 से प्रदान किया जाता है। इसमें एक स्वर्ण पदक तथा पचास हजार डॉलर प्रदान किये जाते हैं। इसे एशिया का नोबेल पुरस्कार भी कहा जाता है।

## शान्ति, निःशस्त्रीकरण व विकास के लिए इन्दिरा गांधी पुरस्कार

1986 में स्थापित यह पुरस्कार भारत सरकार द्वारा अन्तर्राष्ट्रीय शान्ति, निरस्त्रीकरण एवं विकास के क्षेत्र में उल्लेखनीय योगदान हेतु प्रदान किया जाता है। पुरस्कार राशि 25 लाख रुपये नगद व साथ में एक स्मृति-चिन्ह दिया जाता है।

## महात्मा गांधी अन्तर्राष्ट्रीय पुरस्कार

एक करोड़ रु० की राशि का यह पुरस्कार भारत सरकार का सर्वोच्च असैनिक अन्तर्राष्ट्रीय पुरस्कार है जो 1995 में शुरू किया गया था। यह पुरस्कार अहिंसा के जरिए सामाजिक, आर्थिक और राजनीतिक परिवर्तन के लिए काम करने वाले व्यक्ति को दिया जाता है।

## मैन बुकर पुरस्कार

ब्रिटेन की संस्था बुकर मैकोनल कंपनी एंड पब्लिशर्स एसोसियेशन के द्वारा यह पुरस्कार 1969 में स्थापित हुआ। यह प्रतिवर्ष किसी लेखक को अंग्रेजी भाषा की उत्कृष्ट रचना हेतु प्रदान किया जाता हैं। इसकी पुरस्कार राशि 50,000 पाउण्ड है।

## ऑस्कर पुरस्कार

संयुक्त राज्य अमेरिका की 'नेशनल एकेडमी ऑफ मोशन पिक्चर आर्ट्स एण्ड साइंसेज' द्वारा फिल्म जगत का अत्यन्त प्रतिष्ठित यह पुरस्कार प्रतिवर्ष प्रदान किया जाता है।

## अन्तर्राष्ट्रीय नेहरू पुरस्कार

भारत सरकार द्वारा 1964 में स्थापित यह पुरस्कार प्रत्येक वर्ष ऐसे व्यक्ति को प्रदान किया जाता है, जिसने विश्व में अन्तर्राष्ट्रीय सद्भावना और मित्रता का प्रसार करने में उल्लेखनीय भूमिका अदा की हो। वर्ष 1965 में पहला नेहरू सद्भावना पुरस्कार यू थांट (संयुक्त राष्ट्र संघ के तृतीय महासचिव) को प्रदान किया गया।

## प्रमुख देशों के सर्वोच्च सम्मान

| देश | सर्वोच्च सम्मान |
|---|---|
| भारत | भारत रत्न |
| पाकिस्तान | निशान-ए-पाकिस्तान |
| कुवैत | मुबारक अल कबीर पदक |
| सऊदी अरब | शाह अब्दुल अजीज पदक |
| अर्जेन्टीना | द ऑर्डर ऑफ सॉन मार्टिन |
| निकारागुआ | आगस्टोसीजर सैण्डिनो ऑर्डर |
| हंगरी | द ऑर्डर ऑफ वैनर |
| वियतनाम | द ऑर्डर ऑफ द गोल्डेन स्टार |
| ब्रिटेन | मेम्बर ऑफ ब्रिटिश एम्पायर, विक्टोरिया क्रॉस |
| जापान | ऑर्डर आफ मौलोवनिश सन |
| डेनमार्क | आर्डर ऑफ द डैने ब्रोग |
| फ्रांस | लेजेण्ड ऑफ ऑनर |
| अमेरिका | प्रेसिडेंशियल मेडल ऑफ फ्रीडम |
| जर्मनी | पोर ली मैरिट आयरन क्रॉस |
| नीदरलैण्ड्स | नीदरलैण्ड्स लॉयन |

# सामान्य विज्ञान

## विज्ञान की विविध शाखाएं

| नाम | अध्ययन | नाम | अध्ययन |
|---|---|---|---|
| एरोनॉटिक्स | वैमानिकी का अध्ययन | फिलाटेली | टिकट संग्रह कला |
| एनाटोमी | मानव शरीर की रचना | हार्टीकल्चर | बागवानी |
| आर्कियोलॉजी | पुरातत्व अध्ययन | सीस्मोलॉजी | भूकंप का अध्ययन |
| एकॉस्टिक | ध्वनि से संबंधित अध्ययन | ऑस्टोलॉजी | हड्डियों का अध्ययन |
| एस्ट्रोनामी | खगोल अध्ययन | जेनेटिक्स | आनुवंशिकी का अध्ययन |
| एण्टोमोलॉजी | कीटाणुओं का अध्ययन | जूलॉजी | जन्तु विज्ञान |
| एस्ट्रोफिजिक्स | ग्रह-मंडल का अध्ययन | बायलॉजी | प्राणी विज्ञान |
| कैलिस्थेनिक्स | व्यायाम विद्या का अध्ययन | जिओलॉजी | भूगर्भ की बनावट का अध्ययन |
| क्रोनोलॉजी | ऐतिहासिक क्रम का अध्ययन | पैथॉलाजी | रोगों का अध्ययन |
| बॉटनी | वनस्पति का अध्ययन | फिजिक्स | भौतिक विज्ञान |
| केमिस्ट्री | रसायन का अध्ययन | बायोकेमिस्ट्री | प्राणी का रासायनिक अध्ययन |
| सेरामिक्स | चीनी के बर्तनों के निर्माण का अध्ययन | युजेनिक्स | नस्ल सुधार का अध्ययन |
| इकोलॉजी | जीव एवं पर्यावरण संबंधों का अध्ययन | एटिमोलॉजी | शब्द व्युत्पत्ति का अध्ययन |
| एन्टोमोलॉजी | कीट-पतंगों का अध्ययन | | |

## आविष्कार और आविष्कारक

| आविष्कार | आविष्कारक | देश | सन् |
|---|---|---|---|
| वायुयान | ओरविल और विलबर राइट | अमेरिका | 1903 |
| बॉल-पाइंट | जॉन जे॰ लाउड | अमेरिका | 1888 |
| बैरोमीटर | इवेंजलिस्ता टौरीसेली | इटली | 1644 |
| बाईसिकिल | कर्कपैट्रिक मैकमिलन | इंग्लैंड | 1839-40 |
| बाईफोकल लेंस | बेन्जामिन फ्रैंकलिन | अमेरिका | 1780 |
| बनसेन बर्नर | आर॰ विल्हेम वोन बनसेन | जर्मनी | 1855 |
| कार (पेट्रोल) | कार्ल बेन्ज | जर्मनी | 1888 |
| सीमेंट (पोर्टलैंड) | जोसेफ एस्पडिन | इंग्लैंड | 1824 |
| सिनेमा | निकोलस और जीन लूमियर | फ्रांस | 1895 |
| क्लॉक (मैकेनिकल) | आई.सिंग और लियांग लिंग-तसान | चीन | 1725 |
| डीजल इंजन | रूडोल्फ डीजल | जर्मनी | 1895 |
| डायनेमो | हाइपोलाइट पिक्सी | फ्रांस | 1832 |
| इलैक्ट्रिक लैम्प | थॉमस अल्वा एडिसन | अमेरिका | 1879 |
| सेफ्टी पिन | वाल्टर हन्ट | अमेरिका | 1849 |
| सिलाई मशीन | बार्थलेमी थिम्मोनियर | फ्रांस | 1829 |
| जहाज (भाप) | जे.सी॰ पेरियर | फ्रांस | 1775 |

| | | | |
|---|---|---|---|
| जहाज (टरबाइन) | होन॰ सर सी॰ पारसंस | इंग्लैंड | 1894 |
| स्लाइड रूल | विलियम ऑग्ट्रेड | इंग्लैंड | 1621 |
| भाप का इंजन | जेम्स वॉट | इंग्लैंड | 1765 |
| स्टेनलेस स्टील | हेरि ब्रियरले | इंग्लैंड | 1913 |
| समुद्री जहाज | डेविड बुशनेल | अमेरिका | 1776 |
| टैंक | सर अर्नस्ट स्विनटन | इंग्लैंड | 1914 |
| टेलीग्राफ | एम॰ लम्मोंड | फ्रांस | 1787 |
| टेलीग्राफ कोड | सैमुअल एफ॰ बी॰ मोर्स | अमेरिका | 1837 |
| टेलिफोन (परफैक्टेड) | अलेक्जैण्डर ग्राहम बेल | अमेरिका | 1876 |
| टेलीस्कोप | हेन्स लिप्परशे | नीदरलैंड्स | 1608 |
| टेलीविजन (मैकेनिकल) | जे॰एल॰ बेयर्ड | इंग्लैंड | 1926 |
| टेलीविजन (इलेक्ट्रॉनिक) | पी॰टी॰ फार्न्सवर्थ | अमेरिका | 1927 |
| थर्मामीटर | गैलिलियो गैलिली | इटली | 1593 |
| ट्रांसफार्मर | माइकल फैराडे | इंग्लैंड | 1831 |
| ट्रांजिस्टर | बरडीन, शोकले तथा ब्राट्टेन | अमेरिका | 1948 |
| टाइपराइटर | पेलेग्रिन टेर्री | इटली | 1808 |
| कपड़ा धोने की मशीन (विद्युत) | हर्ले मशीन कम्पनी | अमेरिका | 1907 |
| घड़ी | बारथोलोम्यू मैनफ्रेडी | इटली | 1462 |

## माप/तौल की इकाइयां

| | |
|---|---|
| वॉट | बिजली की शक्ति की इकाई |
| ओम | विद्युत प्रतिरोध |
| हट्र्ज | तरंगों की आवृत्ति |
| डाइन | बल की सापेक्ष इकाई |
| कैलोरी | ऊष्मा की इकाई |
| कूलम्ब | विद्युत की मात्रा |
| एम्पियर | विद्युत धारा |
| नॉट | समुद्र पोतों की गति |
| बार | वायुमंडलीय दाब की इकाई |
| डेसीबल | सापेक्ष ध्वनि की तीव्रता |
| एंगस्ट्रम | प्रकाश तरंगों की लम्बाई |
| कैरेट | बहुमूल्य पत्थर की तौल |
| फैदम | समुद्र की गहराई की इकाई |
| न्यूटन | बल |
| कैन्डला | ज्योति तीव्रता |
| प्रकाश वर्ष | आकाश के ग्रहों आदि की दूरी की इकाई |

## चिकित्सा विज्ञान संबंधी आविष्कार

| | |
|---|---|
| रफ-बैटिन | इन्सुलिन (डायबिटीज के उपचार के लिए) |
| ब्रह्मचारी यू.एन. | काल-ज्वर बुखार की चिकित्सा |
| डॉ. क्रिश्चियन बर्नार्ड | हृदय प्रत्यारोपण |
| जी. डोमाग | सल्फा ड्रग्स |
| राबर्ट कोच | हैजे का टीका |
| डॉ. पाल मुलर | डी.डी.टी. |
| आइजकमेन | बेरी-बेरी की चिकित्सा |
| आर्थर बर्ग तथा जेम्स वाटसन | आर.एन.ए. |
| जेम्स वाटसन तथा क्रिक | डी.एन.ए. |
| ड्रेसर | एस्प्रिन |
| रेबी | क्लोरोक्वीन (कुनैन) |
| हरगोविन्द खुराना | कृत्रिम जीन |
| फिनले | टेरामाइसिन |
| ल्यूवेनहॉक | बैक्टीरिया |
| रोबर्थ | टायफायड के जीवाणु |
| रीड | पीले बुखार की चिकित्सा |
| फिन्सेन | अल्ट्रा वायलेट रेंज द्वारा चिकित्सा |
| पाल एरिक | सिफलिस की चिकित्सा |
| सर अलेक्जेंडर फ्लेमिंग और फ्लोरे | पेन्सिलिन |
| विलियम हार्वे | रक्त परिवहन (संचरण) |
| कार्ल लैंडस्टीनर | रक्त-आधान |

| | |
|---|---|
| हैनीमेन | होम्योपैथी की स्थापना |
| फंक | विटामिन |
| मैकुलन | विटामिन 'ए' |
| मैकुलन | विटामिन 'बी' |
| यूजोक्ट होल्कट | विटामिन 'सी' |
| एफ.जी. हॉपकिन्स | विटामिन 'डी' |
| एडवर्ड जेनर | चेचक का टीका |
| राबर्ट कोच | टी.बी. की चिकित्सा |
| लेनेक | स्टेथॉस्कोप |
| लार्डजोसेफ लिस्टर | एण्टीसेप्टिक द्वारा चिकित्सा |
| लुई पाश्चर | हाइड्रोफोबिया की चिकित्सा |
| डॉ. रोनेल्ड रॉस | मलेरिया की चिकित्सा |
| डॉ. जोन्स इ. साल्क | एण्टी पोलियो वैक्सीन |
| सर जेम्स हैरीसन | क्लोरोफार्म की खोज |
| वैक्समैन | स्ट्रेप्टोमाइसिन |
| हैनीमेन | होम्योपैथी |

## विटामिन की कमी से होने वाले रोग

| विटामिन | रोग | स्रोत |
|---|---|---|
| विटामिन A | रतौंधी | गाजर, दूध, अंडा |
| विटामिन $B_{12}$ | अरक्तता | कलेजी, अंडा |
| विटामिन $B_1$ | बेरी-बेरी | दाल, अंडा, मूंगफली |
| विटामिन C | स्कर्वी | संतरा, टमाटर |
| विटामिन $B_2$ | मुँह की त्वचा | कलेजी, दूध, मांस |
| विटामिन D | सूखा रोग | सूर्य का प्रकाश, |
| विटामिन $B_6$ | एनीमिया और होंठ फटना | कलेजी, दूध, मांस मछली का तेल |
| विटामिन E | बांझपन | हरी सब्जियाँ, दूध, कलेजी |
| विटामिन $B_3$ | पेलाग्रा | मछली, अंडा |
| विटामिन K | रक्त का थक्का जमने में कमी | हरी सब्जी |

## प्रमुख बीमारियों द्वारा प्रभावित अंग

| बीमारी | प्रभावित अंग |
|---|---|
| निमोनिया | फेफड़े |
| टायफाइड | आँत |
| डिप्थीरिया | श्वसन नलिका |
| सिफलिस | जनन अंग |
| मेनिनजाइटिस | मस्तिष्क |
| आर्थ्राइटिस | जोड़ों की सूजन |
| एग्जीमा | चमड़ी |
| पीलिया | यकृत |
| अतिसार | आँत का अग्रभाग |
| सुजाक, श्वेत प्रदर | मूत्र मार्ग |
| प्लूरिसी | छाती |
| पायरिया | दाँत तथा मसूड़े |
| गठिया या ट्यूमैटिज्म | जोड़ों में |
| टिटनेस | तंत्रिका तंत्र, मांसपेशी |
| कुष्ठ | त्वचा, तंत्रिकाएं |
| हैजा | आँत, आहार नाल |
| रिकेट्स | हड्डियाँ |
| गोइटर (गण्डमाला) | थाइराइड ग्रंथि |
| काली खाँसी | श्वसन तंत्र |
| बॉट्यूलिज्म | तंत्रिका-तंत्र |
| एड्स | सम्पूर्ण शरीर |
| प्लेग | फेफड़े, लाल रक्त कणिकाएं |
| रेबीज या हाइड्रोफोबिया | तंत्रिका तंत्र |
| खसरा | सम्पूर्ण शरीर |
| कालाजार | रुधिर, प्लीहा व अस्थि मज्जा |
| हरपीस | त्वचा, श्लेष्मकला |
| क्षय रोग | शरीर का कोई भी अंग, विशेषकर फेफड़े |
| केटेरेक्ट, ग्लाइकोमा, ट्रेकोमा, मायोपिया | आँख |
| चेचक | सम्पूर्ण शरीर, विशेषकर चेहरा तथा हाथ-पैर |

## प्रमुख पाचक एन्जाइम एवं उनके कार्य

| पाचक एन्जाइम | स्रोत | कार्य |
|---|---|---|
| टाइलिन | लार ग्रन्थि | स्टार्च का माल्टोस में परिवर्तन |
| एमाइलेज | लार ग्रन्थि, अग्न्याशय | पॉलीसैकेराइड का डाइसैकेराइड में परिवर्तन |
| पेप्सिन | आमाशय | प्रोटीन को पेप्टाइड खण्डों में तोड़ना |
| ट्रिप्सिन एवं काइमोट्रिप्सिन | अग्न्याशय | प्रोटीन एवं पॉलीपेप्टाइड को पेप्टाइड खण्डों में तोड़ना |
| लाइपेस | अग्न्याशय | ट्राइग्लिसराइड को वसीय अम्ल एवं मोनोग्लिसराइड में तोड़ना |

## मानव शरीर से सम्बन्धित महत्वपूर्ण तथ्य

| तथ्य | स्थिति/मात्रा |
|---|---|
| अस्थियों की कुल संख्या | 206 |
| सबसे छोटी अस्थि | स्टेपीज (मध्य कर्ण में) |
| सबसे लम्बी अस्थि | फीमर (जंघा में) |
| कशेरुकाओं की कुल संख्या | 33 |
| पेशियों की कुल संख्या | +639 |
| सबसे लम्बी पेशी | सारटोरियस |
| बड़ी आँत की लम्बाई | 1.5 मी (4.9 फीट) |
| छोटी आँत की लम्बाई | 6.25 मी (20 फीट) |
| यकृत का भार (पुरुष में) | 1.4-1.8 किग्रा |
| यकृत का भार (महिला में) | 1.2-1.4 किग्रा |
| सबसे बड़ी ग्रन्थि | यकृत |
| सर्वाधिक पुनरुद्भवन की क्षमता | यकृत में |
| सबसे कम पुनरुद्भवन की क्षमता | मस्तिष्क में |
| शरीर का सबसे कठोर भाग | दाँत का इनेमल |
| सबसे बड़ी लार ग्रन्थि | पैरोटिड ग्रन्थि |
| शरीर का सामान्य तापमान | 98.4°F (37°C) |
| शरीर में रुधिर की मात्रा | 5.5 ली |
| हीमोग्लोबिन की औसत मात्रा (पुरुष में) | 13.16 g/dl |
| हीमोग्लोबिन की औसत मात्रा (महिला में) | 11.5-14 g/dl |
| श्वेत रुधिर कोशिकाओं (WBCs) की संख्या | 5000-10000/cu mm |
| सबसे छोटी श्वेत रुधिर कोशिका | लिम्फोसाइट |
| सबसे बड़ी श्वेत रुधिर कोशिका | मोनोसाइट कोशिका |
| श्वेत रुधिर कोशिकाओं का जीवनकाल | 120 दिन |
| लाल रुधिर कोशिकाओं (RBCs) का जीवनकाल | 2-5 दिन |
| रुधिर का थक्का बनने का समय | 3-6 मिनट |
| सर्वग्राही रुधिर वर्ग | AB |
| सर्वदाता रुधिर वर्ग | O |
| सामान्य रुधिर दाब | 120/80 Hg |
| वयस्क में हृदय गति | 72 बार प्रति मिनट |

## श्वसन अंग और उसके उदाहरण

| श्वसन अंग | उदाहरण |
|---|---|
| फेफड़े | मनुष्य, मेंढक, पक्षी, छिपकली, पशु इत्यादि |
| त्वचा | मेंढक, केंचुआ |
| गिल्स | टैडपोल, मछली प्रॉन |
| श्वसन नाल | कीट |
| शरीर सतह | अमीबा, युग्लीना |

## जन्तु विज्ञान से सम्बन्धित महत्वपूर्ण तथ्य

**विशेषता** — **नाम**

- सबसे बड़ी स्तनी–**नीली व्हेल**
- सबसे विशाल स्थलीय स्तनी–**हाथी**
- सबसे बड़ी अस्थि–**फीमर (जंघा में)**
- सबसे बड़ा अण्डा–**शतुरमुर्ग**
- सबसे बड़ा शिरा–**इन्फीरियर वेना केवा**
- सबसे बड़ा स्थलीय पक्षी–**शतुरमुर्ग**
- विशालतम जीवित सरीसृप–**टर्टिल**
- विश्व में सबसे विषैला सर्प–**ऑस्ट्रेलिया का पेनिन्सुलर टाइगर सर्प**
- सबसे लम्बा स्तनी–**जिराफ**
- सबसे छोटी चिड़िया–**हमिंग बर्ड**
- दाँत रहित स्तनी–**चींटीखोर**
- शरीर का सबसे व्यस्त अंग–**यकृत**
- शरीर का सबसे भारी अंग–**यकृत**
- सबसे भारी कशेरुका–**लुम्बर**
- सबसे मजबूत पेशी–**जबड़े की पेशी**
- सबसे पुराना प्राइमेट–**लीमर**
- सबसे पुरानी स्तनी–***एकिडना***
- सबसे पुराना कपि–**गिब्बन**
- सबसे विषैला भारतीय सर्प–**किंग कोबरा**
- विषैली छिपकली–***हीलोडर्मा***
- विषैली मछली–**स्टोन मछली**
- अण्डा देने वाली स्तनी–***एकिडना*, डक बिल्ड प्लेटीपस**
- सबसे छोटा स्तनी–**छछुँदर**
- सबसे तेज दौड़ने वाला जन्तु–**चीता**
- सबसे बड़ा सर्प–**पाइथन**
- घोंसला बनाने वाला साँप–**किंग कोबरा**

✧✧✧✧✧

# वस्तुनिष्ठ प्रश्नोत्तर

**1.** मोहनजोदड़ो और हड़प्पा के प्राचीन नगर अब कहाँ स्थित हैं?
A. भारत में  B. पाकिस्तान में
C. बांग्लादेश में  D. तिब्बत में

**2.** सिन्धु सभ्यता से प्राप्त मुहरें निम्नलिखित में से किससे बनी थीं?
A. लाजवर्द  B. कांस्य
C. रजत  D. स्टेटाइट

**3.** निम्नलिखित में से कौन-सा वेद गद्य एवं पद्य में रचित है?
A. ऋग्वेद  B. यजुर्वेद
C. सामवेद  D. अथर्ववेद

**4.** ऋग्वैदिककालीन आर्यों के युद्ध के देवता कौन थे?
A. मंगल  B. इन्द्र
C. रुद्र  D. शिव

**5.** महावीर स्वामी को किस स्थान पर ज्ञान प्राप्त हुआ?
A. ऋजुपालिका नदी के तट पर
B. पुनपुन नदी के तट पर
C. गंगा नदी के तट पर
D. कोसी नदी के तट पर

**6.** अशोक के अभिलेखों को पढ़ने का प्रथम श्रेय प्राप्त है–
A. विल्किन्स को  B. विलियम जोन्स को
C. जेम्स विलियम को  D. जेम्स प्रिंसेप को

**7.** किसने भारत में सर्वप्रथम स्वर्ण सिक्के को चलाया था?
A. कुषाण  B. मौर्य
C. हिन्द यवन  D. गुप्त

**8.** गुप्तकाल में प्रमुख गणितज्ञ एवं खगोलशास्त्री था–
A. वराहमिहिर  B. आर्यभट्ट
C. रामानुजाचार्य  D. उपर्युक्त सभी

**9.** निम्नलिखित का काल क्रम है–
1. हल्दीघाटी युद्ध
2. बैरम खाँ का पतन
3. असीरगढ़ की विजय
4. अबुल फजल की हत्या

A. 1, 2, 3, 4  B. 3, 2, 4, 1
C. 1, 4, 2, 3  D. 2, 4, 3, 1

**10.** विदेशी आक्रमणकारियों को ऐतिहासिक क्रम में लिखिए–
1. मुहम्मद-बिन-कासिम  2. मुहम्मद गोरी
3. महमूद गजनवी  4. चंगेज खाँ

A. 1, 3, 4, 2  B. 4, 3, 2, 1
C. 1, 3, 2, 4  D. 4, 2, 3, 1

**11.** किस शासक के दरबार में सर्वाधिक हिन्दू पदाधिकारी थे?
A. अकबर  B. शाहजहाँ
C. जहाँगीर  D. औरंगजेब

**12.** किस शासक ने सिंचाई कर लगाया था?
A. मुहम्मद तुगलक  B. फ़िरोज तुगलक
C. अलाउद्दीन खिलजी  D. सिकन्दर लोदी

**13.** कबीर की मृत्यु किस स्थान पर हुई?
A. प्रयाग  B. काशी
C. मगहर  D. मथुरा

**14.** अंग्रेजों ने सर्वप्रथम अपना व्यापारिक कारखाना लगाया था–
A. मुम्बई में  B. हुगली में
C. सूरत में  D. बंगलौर में

**15.** भारतीय राष्ट्रीय कांग्रेस के प्रथम मुस्लिम अध्यक्ष थे–
A. बदरुद्दीन तैयबजी
B. मौलाना अबुल कलाम आजाद
C. सर सैयद अहमद खाँ
D. मो. जिन्ना

**16.** ऑल इण्डिया ट्रेड यूनियन के प्रथम अध्यक्ष थे–
A. लाला लाजपत राय  B. एम.एन. जोशी
C. स्वामी सदानन्द  D. बाल गंगाधर तिलक

**17.** भारत में सर्वप्रथम टेलीग्राफ व्यवस्था प्रारम्भ हुई थी–
A. 1850 में  B. 1853 में
C. 1854 में  D. 1856 में

**18.** असहयोग आन्दोलन वापस ले लिया गया था–
A. रौलट एक्ट के बाद
B. प्रथम विश्व युद्ध के बाद
C. जलियाँवाला बाग हत्याकाण्ड के बाद
D. चौरी-चौरा घटना के बाद

**19.** क्रिप्स मिशन को किसने 'उत्तर तिथिय चैक' की संज्ञा दी?
A. महात्मा गांधी B. पं. जवाहर लाल नेहरू
C. राजेन्द्र प्रसाद D. मोतीलाल नेहरू

**20.** थियोसोफिकल सोसाइटी का अन्तर्राष्ट्रीय मुख्यालय है–
A. अड्यार B. सैनफ्रांसिस्को
C. न्यूयार्क D. जेनेवा

**21.** सत्यशोधक समाज की स्थापना किसने की थी?
A. गोपाल कृष्ण गोखले B. महादेव गोविन्द रानाडे
C. ज्योतिबा फूले D. गोपाल हरि देशमुख

**22.** तैमूर ने किसके शासनकाल में भारत पर आक्रमण कियाथा?
A. बलबन
B. इल्तुतमिश
C. फिरोजशाह तुगलक
D. नासिरुद्दीन महमूदशाह तुगलक

**23.** समुद्रगुप्त ने अपने दक्षिण अभियान में किस वेंगी शासक को हराया था?
A. नंदी वर्मन B. हस्ती वर्मन
C. देव वर्मन D. नीरू वर्मन

**24.** मुहम्मद-बिन-तुगलक द्वारा अपनाया गया सांकेतिक मुद्रा किस धातु का बना हुआ था?
A. कांसा B. पीतल और तांबा
C. चाँदी D. लोहा

**25.** अकबर के शासन काल में मुगल सेना का सेनापति कौन था?
A. राजा मान सिंह B. टोडरमल
C. भगवंत दास D. फकीर अजीउद्दीन

**26.** इनमें से दिल्ली के सिंहासन पर बैठने वाला पहला अफगान शासक कौन था?
A. सिकन्दर लोदी B. शेरशाह
C. बहलोल लोदी D. इनमें से कोई नहीं

**27.** महमूद गवाँ का सम्बन्ध निम्नलिखित में किस दक्षिण राज्य से था?
A. बीजापुर B. वारंगल
C. काकतीय D. बहमनी

**28.** राष्ट्रीय कांग्रेस ने किस वर्ष "पूर्ण स्वराज्य" का प्रस्ताव पारित किया?
A. 1929 में B. 1916 में
C. 1924 में D. 1930 में

**29.** कांग्रेस तथा मुस्लिम लीग के बीच लखनऊ समझौता कब हुआ था?
A. 1906 में B. 1916 में
C. 1924 में D. 1929 में

**30.** सुभाष चन्द्र बोस के राजनीतिक गुरु कौन थे?
A. चित्तरंजन दास B. अरविन्द घोष
C. महात्मा गांधी D. बाल गंगाधर तिलक

**31.** पाकिस्तान के प्रथम प्रधानमंत्री कौन थे?
A. मुहम्मद अली जिन्ना
B. लियाकत अली खाँ
C. फीरोज खाँ नून
D. मौलाना मुहम्मद अली

**32.** भारतीय स्वतंत्रता के समय ब्रिटेन का प्रधानमंत्री कौन था?
A. लॉर्ड एटली B. विंस्टन चर्चिल
C. रैम्से मैक्डोनाल्ड D. रॉबर्ट वॉलपोल

**33.** 15 अगस्त, 1947 से 26 जनवरी, 1950 तक भारत का राजनीतिक दर्जा क्या था?
A. ब्रिटिश उपनिवेश
B. ब्रिटिश न्यास क्षेत्र
C. ब्रिटिश संरक्षण प्रदेश
D. ब्रिटिश राष्ट्रमंडल का एक अधिराज्य

**34.** किस वायसराय ने 1878 में भारतीय भाषाओंके समाचार-पत्रों पर अंकुश लगाया था?
A. लॉर्ड रिपन B. लॉर्ड नार्थबुक
C. लॉर्ड लिटन D. लॉर्ड एलगिन

**35.** निम्नलिखित में से किस अधिवेशन में राष्ट्रीय कांग्रेस के नरम एवं गरम दलों का पुनः विलय हो गया?
A. लाहौर (1929) B. पुणे (1917)
C. लखनऊ (1916) D. मद्रास (1915)

**36.** मुस्लिम लीग द्वारा "प्रत्यक्ष कार्यवाही दिवस" कब मनाया गया था?
A. 24 मार्च, 1946 B. 30 मार्च, 1946
C. 17 जून, 1946 D. 16 अगस्त, 1946

**37.** सिन्धु घाटी सभ्यता के लोग किस धातु से परिचित नहीं थे?
A. लोहा B. चाँदी
C. ताँबा D. सोना

**38.** सिन्धु घाटी सभ्यता का वह नगर कौन-सा है जहाँ बृहत् स्नानागार (Great Bath) के अवशेष मिले हैं?

A. लोथल B. मोहनजोदड़ो
C. कालीबंगा D. हड़प्पा

**39.** विक्रम संवत् कब-से प्रारम्भ हुआ?

A. 38 ई.पू. B. 58 ई.पू.
C. 78 ई.पू. D. 87 ई.पू.

**40.** पंचमार्क सिक्के सर्वाधिक रूप से किस धातु के बने थे?

A. सोना B. चाँदी
C. ताँबा D. काँच

**41.** निम्नलिखित में से कौन-सा ग्रह सबसे कम समय में सूर्य का चक्कर लगाता है?

A. शुक्र B. बुध
C. पृथ्वी D. शनि

**42.** पृथ्वी के अलावा किस आकाशीय पिंड पर जीवन की सम्भावना है, क्योंकि वहाँ का पर्यावरण जीवन के लिए अनुकूल है–

A. बृहस्पति
B. मंगल
C. यूरोपा-बृहस्पति का चन्द्रमा
D. चन्द्रमा-पृथ्वी का चन्द्रमा

**43.** दो ग्रह जिनके उपग्रह नहीं हैं, वे हैं–

A. पृथ्वी एवं बृहस्पति B. बुध एवं शुक्र
C. बुध एवं शनि D. शुक्र एवं मंगल

**44.** मानक समय क्या होता है?

A. किसी देशान्तर का सूर्य के अनुसार समय
B. ग्रीनविच औसत का समय
C. देश के लगभग बीच से गुजरने वाले देशान्तर का स्थानीय समय
D. उपर्युक्त में से कोई नहीं

**45.** रात और दिन होने की प्रक्रिया में कौन-सा तथ्य सही है?

A. पृथ्वी का अक्ष का 66½° अंश का झुका होना
B. पृथ्वी का सूर्य के चारों ओर परिक्रमण
C. पृथ्वी का अपनी (अक्ष) धुरी पर घूमना
D. उपर्युक्त में से कोई नहीं

**46.** ओजोन पर्त अवस्थित है–

A. क्षोभमंडल में B. क्षोभसीमा में
C. समतापमंडल में D. प्रकाशमंडल में

**47.** विली-विली है–

A. एक प्रकार का वृक्ष जो शीतोष्ण कटिबंध में उगता है
B. एक प्रकार की हवा जो मरुस्थल में चलती है
C. उत्तर-पश्चिम आस्ट्रेलिया का उष्णकटिबंधीय चक्रवात
D. लक्षद्वीप समूह के निकट सामान्यतः पाई जाने वाली मछली का एक प्रकार

**48.** चावल की खेती के लिए आदर्श जलवायु परिस्थितियाँ हैं–

A. 100 सेमी. से ऊपर वर्षा और 25°C से ऊपर ताप
B. फसल की पूरी अवधि के लिए ठण्डी और नम जलवायु
C. 100 सेमी. से कम वर्षा व 25°C से कम ताप
D. पूरी फसल अवधि में कुछ गरम और शुष्क जलवायु

**49.** सदाबहार वर्षा वन पाए जाते हैं–

A. आस्ट्रेलिया में B. ब्राजील में
C. कनाडा में D. फ्रांस में

**50.** सूची-I तथा सूची-II को सुमेलित कीजिए तथा सूचियों के नीचे दिए गए कूट का प्रयोग कर सही उत्तर चुनिए–

| **सूची-I (अग्रणी उत्पादक देश)** | **सूची-II (पदार्थ)** |
|---|---|
| (*a*) चीन | 1. प्राकृतिक रबड़ |
| (*b*) भारत | 2. दूध |
| (*c*) सउदी अरब | 3. लौह-अयस्क |
| (*d*) थाइलैण्ड | 4. पेट्रोलियम |

**कूट :**

| | (*a*) | (*b*) | (*c*) | (*d*) |
|---|---|---|---|---|
| A. | 1 | 2 | 3 | 4 |
| B. | 4 | 3 | 2 | 1 |
| C. | 3 | 2 | 4 | 1 |
| D. | 2 | 3 | 1 | 4 |

**51.** किस घास के मैदान में वृक्ष नहीं पाए जाते हैं?

A. लैनॉस B. पम्पास
C. सवाना D. स्टेपी

**52.** माओरी जनजाति का निवास स्थान है–

A. इंग्लैण्ड B. न्यूजीलैण्ड
C. ग्रीनलैण्ड D. आयरलैण्ड

**53.** क्षेत्रफल की दृष्टि से भारत का सबसे बड़ा राज्य है–

A. बिहार B. पंजाब
C. राजस्थान D. उत्तर प्रदेश

**54.** पश्चिमी घाटों के मालाबार तट पर स्थित माहे निम्नलिखित में से किसका भाग है?

A. केरल B. महाराष्ट्र
C. पुदुचेरी D. तमिलनाडु

**55.** निम्नलिखित में से कहाँ प्राचीन चट्टानें पाई जाती हैं?

A. अरावली B. हिमालय
C. शिवालिक D. उपर्युक्त सभी

**56.** भारत में 'मरुस्थल की राजधानी' किसे कहते हैं?

A. उदयपुर B. जैसलमेर
C. जयपुर D. पालामऊ

**57.** 'मानसून प्रस्फोट' से क्या तात्पर्य है?

A. वर्षा की कृत्रिम वैज्ञानिक प्रक्रिया
B. आकाश में बादलों का गलत सघन रूप में आच्छादित होना
C. मेघाच्छन्न मौसम, जिसमें एक लम्बे समय तक वर्षा होती रहे
D. मानसून के समय विद्युत चमकने, बादल गरजने के साथ तीव्र मूसलाधार वर्षा

**58.** भारत में उगाई जाने वाली अधिकतर कॉफी की किस्म है–

A. ओल्ड चिक्स B. कुर्गृस
C. अरेबिका D. केन्ट्स

**59.** सूची-I को सूची-II से सुमेलित कीजिए तथा सूचियों के नीचे दिए गए कूट का प्रयोग कर सही उत्तर चुनिए–

| **सूची-I** | **सूची-II** |
|---|---|
| (*a*) कोयम्बटूर | 1. तेलशोधन |
| (*b*) राउरकेला | 2. रेल डिब्बा |
| (*c*) कपूरथला | 3. लौह-इस्पात |
| (*d*) बरौनी | 4. सूती वस्त्र |

**कूट :**

| | (*a*) | (*b*) | (*c*) | (*d*) |
|---|---|---|---|---|
| A. | 4 | 3 | 2 | 1 |
| B. | 1 | 2 | 3 | 4 |
| C. | 2 | 3 | 4 | 1 |
| D. | 4 | 2 | 3 | 1 |

**60.** 'दचिगाम अभयारण्य' स्थित है :

A. जम्मू-कश्मीर में
B. महाराष्ट्र में
C. हिमाचल प्रदेश में
D. उत्तराखण्ड में

**61.** सड़कों की कुल लम्बाई का सर्वाधिक हिस्सा निम्नलिखित में से किस प्रांत में है?

A. पंजाब B. महाराष्ट्र
C. उत्तर प्रदेश D. बिहार

**62.** भारत का सुदूर दक्षिण-बिन्दु कौन है?

A. कन्याकुमारी
B. लक्षद्वीप
C. रामेश्वरम्
D. ग्रेट निकोबार स्थित इंदिरा प्वाइंट

**63.** 'हजार झीलों की भूमि' किसे कहा जाता है?

A. स्वीडन B. फिनलैण्ड
C. डेनमार्क D. फ्रांस

**64.** नागार्जुन सागर बाँध किस नदी पर बनाया गया है?

A. कृष्णा (आन्ध्र प्रदेश)
B. गोदावरी (महाराष्ट्र)
C. कृष्णा (कर्नाटक)
D. गोदावरी (गुजरात)

**65.** निम्नलिखित में से किस प्रदेश में काली मिट्टी वाले क्षेत्र में सबसे अधिक खेती होती है?

A. बिहार B. उत्तर प्रदेश
C. महाराष्ट्र D. गुजरात

**66.** भू-वैज्ञानिकों की दृष्टि में भारत में सबसे पुरानी पर्वतमालाएँ कौन-सी हैं?

A. विन्ध्य B. सतपुड़ा
C. हिमालय D. अरावली

**67.** निम्नलिखित में से कौन-सी नदी समुद्र में नहीं मिलती है?

A. गंगा B. यमुना
C. नर्मदा D. गोदावरी

**68.** मानसून निवर्तन से अधिकतम वर्षा कहाँ पर होती है?

A. मुम्बई B. चेन्नई
C. दिल्ली D. कोलकाता

**69.** प्राचीन भारतीयों को वर्मा (म्यांमार) किस नाम से ज्ञात था?

A. सुवर्णभूमि B. सुवर्णद्वीप
C. यवद्वीप D. मलयमण्डलम्

**70.** चीन का शोक है:

A. लिन पियाओ B. सिकियांग
C. ह्वांगहो D. सैंग हो

**71.** चाय की खेती निम्नलिखित में से किसका उदाहरण है?
A. बृहत् (Extensive) कृषि
B. सघन (Intensive) कृषि
C. जीविकोपार्जन (Subsistence) कृषि
D. रोपण (Plantation) कृषि

**72.** मानचित्र में समुद्र तल से समान ऊँचाई वाले स्थानों को दर्शाने वाली रेखाओं को कहते हैं–
A. आइसोनेफ B. कंटूर रेखा
C. आइसोबार D. आइसोहेल

**73.** ब्राजील स्थित अमेजन बेसिन के वन कहलाते हैं–
A. पम्पास B. सेल्वास
C. कैम्पोस D. लानोस

**74.** किस महासागर में द्वीपों की संख्या सर्वाधिक है?
A. प्रशान्त महासागर में
B. हिन्द महासागर में
C. उत्तरी अटलाण्टिक महासागर में
D. दक्षिण अटलाण्टिक महासागर में

**75.** लूनी नदी किस राज्य में प्रवाहित होती है?
A. महाराष्ट्र B. बिहार
C. पंजाब D. राजस्थान

**76.** सम दिवारात्रि (Equinox) कब होता है?
A. 21 जून
B. 22 दिसम्बर
C. 21 मार्च एवं 22 सितम्बर
D. 21 जून एवं 22 दिसम्बर

**77.** दक्षिणी अमरीका के वृक्ष रहित घास के मैदान को क्या कहते हैं?
A. पम्पास B. डाउन्स
C. प्रेयरीज D. लानोस

**78.** मिट्टी का वैज्ञानिक एवं क्रमबद्ध अध्ययन कहलाता है–
A. विश्व रचना विज्ञान B. भौतिक भूगोल
C. मृत्तिका विज्ञान D. इनमें से कोई नहीं

**79.** गोबी रेगिस्तान कहाँ है?
A. पश्चिमी अफ्रीका में B. दक्षिणी अमरीका में
C. दक्षिणी आस्ट्रेलिया में D. मंगोलिया में

**80.** भारत निम्नलिखित में से किस संगठन का सदस्य नहीं है?
A. जी-15 B. आसियान
C. यूएनओ D. राष्ट्रमंडल

**81.** भारत की संविधान सभा का प्रथम अधिवेशन कब शुरूहुआ?
A. 10 जून, 1946 B. 9 दिसम्बर, 1946
C. 19 दिसम्बर, 1947 D. 30 जून, 1949

**82.** भारतीय संविधान सभा के किस अनुच्छेद में देवनागरी लिपि में हिन्दी को भारत की राजकीय भाषा के रूप में मान्यता दी गई है?
A. अनुच्छेद 343 B. अनुच्छेद 345
C. अनुच्छेद 348 D. अनुच्छेद 347

**83.** भारत के संविधान में अंतर्राष्ट्रीय शान्ति और सुरक्षा की अभिवृद्धि का उल्लेख है–
A. संविधान की उद्देशिका में
B. राज्य की नीति के निर्देशक तत्वों में
C. मूल कर्त्तव्यों में
D. नवीं अनुसूची में

**84.** सूची-I को सूची-II से सुमेलित कीजिए तथा सूचियों के नीचे दिए गए कूट का प्रयोग कर सही उत्तर चुनिए–

| **सूची-I** | **सूची-II** |
|---|---|
| (*a*) अन्तर्राज्यीय परिषद् | 1. अनुच्छेद 315 |
| (*b*) वित्त आयोग | 2. अनुच्छेद 280 |
| (*c*) प्रशासनिक अधिकरण | 3. अनुच्छेद 263 |
| (*d*) संघ लोक सेवा आयोग | 4. अनुच्छेद 323(ए) |

**कूट :**

| | (*a*) | (*b*) | (*c*) | (*d*) |
|---|---|---|---|---|
| A. | 2 | 4 | 3 | 1 |
| B. | 3 | 2 | 1 | 4 |
| C. | 1 | 2 | 4 | 3 |
| D. | 3 | 2 | 4 | 1 |

**85.** राष्ट्रपति के उम्मीदवार के लिए क्या आवश्यक नहीं है?
A. आयु 35 वर्ष हो
B. पढ़ा-लिखा हो
C. सांसद चुने जाने की योग्यता रखता हो
D. देश का नागरिक हो

**86.** सर्वसम्मति से निर्वाचित भारत के राष्ट्रपति थे–
A. एस. राधाकृष्णन B. वी.वी. गिरि
C. एन. संजीवारेड्डी D. ज्ञानी जैल सिंह

**87.** संसद/विधान सभा के किसी सदस्य की सदस्यता तब समाप्त समझी जाती है, यदि वह बिना सदन को सूचित किए अनुपस्थित रहता है–
A. 60 दिन B. 90 दिन
C. 120 दिन D. 150 दिन

**88.** किस सभा का सभापति उसका सदस्य नहीं होता है?
A. राज्य सभा B. लोक सभा
C. विधान सभा D. विधान परिषद्

**89.** शिक्षा का विषय–
A. संघीय सूची में B. राज्य सूची में
C. समवर्ती सूची में है D. अवशिष्ट विषयों में है

**90.** सूची-I को सूची-II से सुमेलित कीजिए तथा सूचियों के नीचे दिए गए कूट का प्रयोग कर सही उत्तर चुनिए–

| **सूची-I (स्थापना वर्ष)** | **सूची-II (राज्य)** |
|---|---|
| (*a*) 1960 | 1. सिक्किम |
| (*b*) 1962 | 2. गोआ |
| (*c*) 1975 | 3. महाराष्ट्र |
| (*d*) 1987 | 4. नागालैण्ड |

**कूट :**

| | (*a*) | (*b*) | (*c*) | (*d*) |
|---|---|---|---|---|
| A. | 2 | 4 | 3 | 1 |
| B. | 3 | 4 | 1 | 2 |
| C. | 4 | 3 | 1 | 2 |
| D. | 3 | 4 | 2 | 1 |

**91.** प्रथम पंचायती राजव्यवस्था का उद्घाटन पं. जवाहर लाल नेहरू द्वारा 2 अक्टूबर, 1959 को किया गया था–
A. साबरमती में B. वर्धा में
C. नागौर में D. सीकर में

**92.** निम्नलिखित विधेयकों में से किसी एक का भारतीय संसद के दोनों सदनों द्वारा अलग-अलग विशेष बहुमत से पारित होना आवश्यक है?
A. साधारण विधेयक
B. धन विधेयक
C. वित्त विधेयक
D. संविधान संशोधन विधेयक

**93.** भाषा के आधार पर राज्यों के गठन हेतु राज्य पुनर्गठन आयोग की स्थापना कब की गई थी?
A. 1856 B. 1956
C. 1957 D. 1960

**94.** पंचायतों के निर्वाचन में चुनाव लड़ने के लिए उम्मीदवार की न्यूनतम आयु कितनी होनी चाहिए?
A. 21 वर्ष B. 18 वर्ष
C. 25 वर्ष D. 30 वर्ष

**95.** भारतीय संविधान के किस अनुच्छेद के तहत् जीवन रक्षा तथा व्यक्तिगत स्वतंत्रता का प्रावधान है?
A. अनुच्छेद 20 B. अनुच्छेद 21
C. अनुच्छेद 22 D. अनुच्छेद 23

**96.** संविधान निर्माण का कार्य पूरा करके संविधान सभा ने संविधान को कब स्वीकार किया?
A. 15 अगस्त, 1947 को B. 26 जनवरी, 1950 को
C. 26 नवम्बर, 1949 को D. 24 जनवरी, 1950 को

**97.** निम्नलिखित में से किस संविधान संशोधन के अनुसार राष्ट्रपति निर्वाचन के निर्वाचक मण्डल में पांडिचेरी तथा दिल्ली विधान सभा के निर्वाचित सदस्यों को भी रखागया है?
A. 71वाँ B. 42वाँ
C. 73वाँ D. इनमें से कोई नहीं

**98.** भारतीय संविधान के किस भाग को उसकी 'आत्मा' की संज्ञा दी जाती है?
A. मौलिक अधिकारों को
B. राज्य के नीति-निर्देशक सिद्धान्तों को
C. संविधान की प्रस्तावना को
D. अनुसूचियों को

**99.** भारत की संचित निधि से धन का व्यय निम्नलिखित में से किस माध्यम से किया जा सकता है?
A. संसद की अनुमति से
B. योजना आयोग की अनुमति से
C. भारत के नियंत्रक एवं महालेखा परीक्षक की अनुमति से
D. राष्ट्रपति की अनुमति से

**100.** नीति आयोग की स्थापना हुई–
A. 26 नवम्बर, 1950 B. 15 जून, 1950
C. 1 जनवरी, 2015 D. 15 जनवरी, 1950

**101.** भारत में संविधान के किस अनुच्छेद में अस्पृश्यता समाप्त की गई है?
A. अनुच्छेद 42 B. अनुच्छेद 15
C. अनुच्छेद 14 D. अनुच्छेद 17

**102.** वह रिट, जो भारत में उच्च न्यायालय अथवा सर्वोच्च न्यायालय द्वारा किसी व्यक्ति अथवा व्यक्ति समुदाय को आदेश देती है कि वह अपना कर्त्तव्य पालन करे, है–
A. बन्दी प्रत्यक्षीकरण रिट
B. उत्प्रेक्षण रिट
C. परमादेश रिट
D. इनमें से कोई नहीं

**103.** संविधान में जोड़ी गई दसवीं अनुसूची किससे सम्बन्धित है?
A. मिजोरम राज्य के लिए विशेष प्रावधानों से
B. दल-बदल के आधार पर अयोग्यता सम्बन्धी प्रावधानोंसे
C. सिक्किम के स्तर से सम्बन्धित शर्तों से
D. उपर्युक्त में से किसी से नहीं

**104.** राज्यसभा के सदस्यों की कुल संख्या ........ हो सकती है।
A. 240 B. 260
C. 241 D. 250

**105.** सर्वोच्च न्यायालय के न्यायाधीशों की नियुक्ति के पूर्व मुख्य न्यायाधीश से विचार-विमर्श करना राष्ट्रपति के लिए–
A. बाध्यकारी है
B. बाध्यकारी नहीं है
C. विवेक का प्रश्न है
D. संविधान इस विषय पर मौन है

**106.** निम्नलिखित में से कौन-सा पदाधिकारी संसद के किसी भी सदन की कार्यवाही में भाग ले सकता है?
A. भारत का मुख्य न्यायाधीश
B. भारत का महान्यायवादी (एटॉर्नी जनरल)
C. भारत का रक्षा सचिव
D. भारत का गृह सचिव

**107.** भारत में वस्तु एवं सेवा कर (GST) किस वर्ष से लागू हुआ है?
A. 2016 B. 2017
C. 2018 D. 2019

**108.** भारतीय संविधान की कौन-सी विशेष व्यवस्था इंग्लैंड से ली गई है?
A. संसदीय प्रणाली B. संघीय प्रणाली
C. मूल अधिकार D. सर्वोच्च न्यायपालिका

**109.** संविधान के किस संशोधन द्वारा सम्पत्ति के अधिकार को मूल अधिकारों की श्रेणी से निकाल दिया गया है?
A. 42वें संशोधन B. 44वें संशोधन
C. 48वें संशोधन D. 24वें संशोधन

**110.** भारत के राष्ट्रपति की मर्ज़ी तक निम्नलिखित में से कौन अपने पद पर रह सकता है?
A. सर्वोच्च न्यायालय के न्यायाधीश
B. चुनाव आयुक्त
C. राज्यपाल
D. लोकसभा अध्यक्ष

**111.** निम्न में से किसका उपयोग ऊँचाई नापने के लिए होता है?
A. बैरोमीटर B. प्लानोमीटर
C. अल्टीमीटर D. हाइड्रोमीटर

**112.** फ्लक्स घनता और चुम्बकीय क्षेत्र की क्षमता का अनुपात किसी माध्यम में होता है उसका–
A. चुम्बक की घनता B. ग्रहणशीलता
C. सम्बन्धित व्याकता D. पारगम्यता

**113.** ध्वनि तरंगें हैं–
A. अनुदैर्ध्य
B. अनुप्रस्थ
C. आंशिक लम्बवत्, आंशिक अनुदैर्ध्य
D. कभी-कभी अनुदैर्ध्य, कभी-कभी अनुप्रस्थ

**114.** कैमरे में किस प्रकार का लेन्स उपयोग में लाया जाता है?
A. उत्तल B. अवतल
C. वर्तुलाकार D. समान मोटाई का

**115.** एक स्वतंत्र रूप से लटका हुआ चुम्बक सदा ठहरता है (स्थिर होता है) वह दिशा है–
A. पूर्व-उत्तर B. उत्तर-पश्चिम
C. उत्तर-दक्षिण D. दक्षिण-पश्चिम

**116.** प्रकाश संश्लेषण में पौधे कौन-सी गैस का अवचूषण करते हैं?
A. $CO_2$ B. $O_2$
C. $N_2$ D. $H_2$

**117.** विद्युत मात्रा की इकाई है–
A. ऐम्पियर B. ओम
C. वोल्ट D. कूलॉम

**118.** 1 किग्रा. राशि का वजन है–
A. 1 न्यूटन B. 10 न्यूटन
C. 9.8 न्यूटन D. 9 न्यूटन

**119.** एक्स-रे के आविष्कारक थे–
A. आइन्स्टीन B. डब्ल्यू.एच. ब्रॅग
C. रॉन्जन D. हेनरी बेकरेल

**120.** नाड़ी गति द्वारा डॉक्टर ज्ञात करता है–
A. रक्तचाप B. साँस गति
C. हृदय की धड़कन D. उपर्युक्त में से कोई नहीं

**121.** निम्न में से कौन आवेश की इकाई नहीं है?
A. फैराडे B. फ्रैंकलीन
C. कुलम्ब D. एम्पीयर/सेकण्ड

**122.** मानव शरीर में क्रोमोसोम की संख्या होती है–
A. 46 B. 48
C. 49 D. 50

**123.** एक प्रकाशवर्ष इससे सर्वाधिक समीप है–
A. $10^{8}$ मीटर B. $10^{12}$ मीटर
C. $10^{16}$ मीटर D. $10^{20}$ मीटर

**124.** हवाई जहाज के 'ब्लैक बॉक्स' का क्या रंग होता है?
A. काला B. लाल
C. बैंगनी D. नारंगी

**125.** निम्नांकित में से कौन एक कीट के शरीर से निकलास्राव है?
A. मोती B. मूँगा
C. लाख D. गोंद

**126.** निम्नांकित में से कौन-सी धातु किसी नगर की वायु को, जहाँ बहुत अधिक संख्या में मोटर कारें आदि हों, प्रदूषित करती है?
A. कैडमियम B. क्रोमियम
C. सीसा D. ताँबा

**127.** परमाणु के नाभिक में होते हैं–
A. इलेक्ट्रॉन तथा न्यूट्रॉन B. इलेक्ट्रॉन तथा प्रोट्रॉन
C. प्रोट्रॉन तथा न्यूट्रॉन D. प्रोट्रॉन तथा रेडान

**128.** निम्नांकित में कौन कठोरतम है?
A. सोना B. हीरा
C. लोहा D. टंगस्टन

**129.** शरीर के किस भाग में पित्त का निर्माण होता है?
A. यकृत B. तिल्ली
C. पित्ताशय की थैली D. पैन्क्रियाज

**130.** एन्जाइम मूलतः क्या है?
A. वसा B. शर्करा
C. प्रोटीन D. विटामिन

**131.** मानव शरीर में सबसे छोटी ग्रन्थि कौन है?
A. एड्रीनल B. थाइरॉइड
C. पैन्क्रियाज D. पिट्यूटरी

**132.** रेफ्रीजरेटर में थर्मोस्टेट का कार्य है–
A. तापमान को कम करना
B. हिमायन ताप को बढ़ाना
C. एक समान तापमान को बनाए रखना
D. गलनांक को घटाना

**133.** सूर्य की ऊर्जा उत्पन्न होती है–
A. आयनन द्वारा
B. नाभिकीय संलयन द्वारा
C. नाभिकीय विखण्डन द्वारा
D. ऑक्सीकरण द्वारा

**134.** द्रव क्रिस्टल प्रयुक्त होते हैं–
A. कलाई घड़ियों में B. प्रदर्शन युक्तियों में
C. पॉकेट कैलकुलेटरों में D. उपर्युक्त सभी में

**135.** निम्नांकित में से कौन-सा उर्वरक मृदा में सर्वाधिक अम्ल छोड़ता है?
A. यूरिया
B. अमोनियम सल्फेट
C. अमोनियम नाइट्रेट
D. कैल्सियम अमोनियम नाइट्रेट

**136.** खाद्य पदार्थों के संरक्षण हेतु निम्नांकित में से कौन-सा प्रयुक्त होता है?
A. सोडियम कार्बोनेट B. एसीटिलीन
C. बेंजोइक अम्ल D. सोडियम क्लोराइड

**137.** कृष्ण-छिद्र सिद्धान्त को प्रतिपादित किया था–
A. सी.वी. रमन ने B. एच.जे. भाभा ने
C. एस. चन्द्रशेखर ने D. हरगोविन्द खुराना ने

**138.** साइनोकोबालमिन है–
A. विटामिन सी B. विटामिन बी-2
C. विटामिन बी-6 D. विटामिन बी-12

**139.** निम्नांकित जोड़ों में किसका सुमेल है?
A. निमोनिया-फेफड़े
B. मोतिया बिन्द-थायराइड ग्रन्थि
C. पीलिया-आँख
D. मधुमेह-यकृत

**140.** दूध उदाहरण है–
A. एक शिलिषि का B. एक पायस का
C. एक निलम्बन का D. एक फेन का

**141.** भारत के राष्ट्रीय ध्वज में केसरिया, सफेद और हरे रंग की तीन–
A. आड़ी पट्टियाँ हैं
B. खड़ी पट्टियाँ हैं
C. एक दूसरे को काटती हुई पट्टियाँ हैं
D. तिरछी पट्टियाँ हैं

**142.** हमारे राष्ट्रीय ध्वज की लम्बाई और चौड़ाई का अनुपात–
A. 2 : 3 है B. 3 : 4 है
C. 4 : 3 है D. 3 : 2 है

**143.** भारत के राष्ट्रीय ध्वज के बीच में एक गोल चक्र है; यह चक्र–
A. तीनों रंग की पट्टियों पर है
B. केसरिया रंग की पट्टी पर है
C. सफेद रंग की पट्टी पर है
D. हरे रंग की पट्टी पर है

**144.** किसी भाषा को किसी राज्य की राजभाषा के रूप में अंगीकार करने का अधिकार किसे है?
A. राष्ट्रपति B. संसद
C. राज्य विधान सभा D. राजभाषा आयोग

**145.** हमारे राष्ट्रीय ध्वज में तीन पट्टियाँ हैं; उनमें सबसे नीचे वाली पट्टी किस रंग की है?
A. केसरिया B. सफेद
C. हरे D. इनमें से कोई नहीं

**146.** हमारे राष्ट्रगान 'जन-गण-मन' में कुल कितने पद हैं?
A. तीन B. पाँच
C. चार D. दो

**147.** राष्ट्र गीत 'वन्देमातरम्', 'आनन्दमठ' नामक ग्रंथ से लिया गया है, जिसके लेखक हैं–
A. बंकिम चन्द्र चटर्जी B. रवीन्द्र नाथ टैगोर
C. व्योमेश चन्द्र बनर्जी D. सुरेन्द्रनाथ बनर्जी

**148.** हमारे राजचिह्न में ऊपर चार सिंह बने हैं और उनके नीचे देवनागरी लिपि में 'सत्यमेव जयते' लिखा है। यह 'सत्यमेव जयते' कहाँ से उद्धृत किया गया है?
A. भगवद्गीता से B. मुण्डक उपनिषद से
C. ऋग्वेद से D. स्कन्द पुराण से

**149.** भारत का राष्ट्रीय पंचांग–
A. शक् संवत् पर आधारित है
B. हिजरी संवत् पर आधारित है
C. विक्रमी संवत् पर आधारित है
D. विक्रमांक-चालुक्य संवत् पर आधारित है

**150.** भारत का राष्ट्रीय पशु है–
A. गाय B. हाथी
C. अश्व D. बाघ

**151.** होमगार्ड का गठन कब हुआ था?
A. 1972 B. 1962
C. 1968 D. 1965

**152.** स्थल सेना के निम्नलिखित पदों में सबसे छोटा कौन-सा है?
A. लेफ्टीनेंट B. ब्रिगेडियर
C. कर्नल D. कैप्टन

**153.** प्रादेशिक सेना का गठन कब हुआ था?
A. 1949 B. 1957
C. 1962 D. 1972

**154.** प्रादेशिक सेना में भर्ती होने के लिए क्या आयु होनी चाहिए?
A. 21 से 30 वर्ष B. 21 से 35 वर्ष
C. 18 से 35 वर्ष D. 20 से 35 वर्ष

**155.** एन.सी.सी. में कितने डिवीजन हैं?
A. चार B. पांच
C. तीन D. दो

**156.** एयरफोर्स अकादमी कहां है?
A. बेलगाम B. कोयम्बटूर
C. हैदराबाद D. सिकन्दराबाद

**157.** असम राइफल्स का मुख्यालय कहाँ है?
A. इंफाल B. आइजोल
C. दिसपुर D. शिलांग

**158.** हर साल 7 दिसम्बर को भारत में मनाया जाता है–
A. वायु सेना दिवस
B. झंडा दिवस
C. नौसेना दिवस
D. कोस्ट गार्ड दिवस

**159.** भारत में नौसेना दिवस किस दिन मनाया जाता है?
A. 8 अक्टूबर B. 15 जनवरी
C. 21 दिसम्बर D. 7 दिसम्बर

**160.** भारत की सेना के प्रथम भारतीय सेनापति थे–
A. जनरल के.एम. करियप्पा
B. फील्ड मार्शल मानेकशा
C. जनरल राजेन्द्र सिंह
D. उपरोक्त में से कोई भी नहीं

**161.** वीटो का अधिकार–
A. संयुक्त राष्ट्र के सभी सदस्यों को प्राप्त है
B. सुरक्षा परिषद् के सभी सदस्यों को प्राप्त है
C. सुरक्षा परिषद् के सभी स्थायी सदस्यों को प्राप्त है
D. सुरक्षा परिषद् के सभी अस्थायी सदस्यों को प्राप्त है

**162.** संयुक्त राष्ट्र संघ का मुख्यालय कहाँ है–
A. वाशिंगटन B. न्यूयार्क
C. बोस्टन D. शिकागो

**163.** संयुक्त राष्ट्र संघ का ध्वज किस रंग का है?
A. हल्के नीले रंग का
B. हल्के गुलाबी रंग का
C. गहरे केसरिया रंग का
D. आधा हल्के रंग का और आधा केसरिया रंग का

**164.** संयुक्त राष्ट्र संघ की बैठकों में आमतौर से काम-काज किस भाषा में होता है?
A. अंग्रेजी B. रूसी
C. फ्रेंच D. अंग्रेजी और फ्रेंच

**165.** अंतर्राष्ट्रीय न्यायालय का मुख्यालय कहाँ है?
A. हेग B. जेनेवा
C. रोम D. बर्न

**166.** राष्ट्रमंडल के सदस्य वे देश हैं, जो–
A. ब्रिटेन के अधीन हैं
B. ब्रिटेन से आर्थिक सहायता पाते हैं
C. पहले ब्रिटेन के अधीन थे किन्तु अब स्वाधीन हैं
D. ब्रिटेन से अस्त्र-शस्त्र प्राप्त करते हैं

**167.** सार्क (दक्षिण एशियाई सहयोग संगठन) में कितने देश सदस्य हैं?
A. पांच B. छः
C. आठ D. सात

**168.** निम्नलिखित देशों में से कौन-सा देश सार्क (SAARC) का सदस्य नहीं है?
A. भारत B. पाकिस्तान
C. बांग्लादेश D. म्यांमार

**169.** गुट निरपेक्ष देशों का पहला शिखर सम्मेलन किस वर्ष हुआ था?
A. 1955 में B. 1961 में
C. 1983 में D. 1976 में

**170.** गुट निरपेक्ष आन्दोलन के सदस्य देश–
A. शक्तिशाली देशों के गुटों से दूर रहते हैं
B. परस्पर एक-दूसरे की रक्षा के लिए वचनबद्ध हैं
C. एक दूसरे को सैनिक सहायता देते हैं
D. एक सैनिक संधि के सदस्य हैं

**171.** जमनालाल बजाज पुरस्कार किस क्षेत्र में सराहनीय योगदान के लिए प्रदान किया जाता है?
A. शांति व निःशस्त्रीकरण B. कृषि
C. रचनात्मक कार्य D. साहित्य

**172.** भारत वर्ष में प्रथम रेमन मैग्सेसे पुरस्कार विजेता कौन था?
A. सी.डी. देशमुख B. जय प्रकाश नारायण
C. डॉ. वर्गीज कुरियन D. आचार्य विनोबा भावे

**173.** भारतीय ज्ञानपीठ पुरस्कार किसे प्रदान किया जाता है?
A. उत्कृष्ट हिन्दी कविता के लिए
B. भारतीय साहित्य में उत्कृष्ट योगदान के लिए
C. हिन्दी साहित्य में उत्कृष्ट योगदान के लिए
D. भारतीय दर्शन की उत्कृष्ट समीक्षा के लिए

**174.** अध्यापकों के लिए राष्ट्रीय पुरस्कारों की घोषणा कब की जाती है?
A. 14 नवम्बर B. 5 सितम्बर
C. 30 जनवरी D. 26 जनवरी

**175.** निम्नलिखित में से किस विषय पर नोबेल पुरस्कार नहीं दिया जाता है?
A. चिकित्सा B. गणित
C. अर्थशास्त्र D. रसायन शास्त्र

**176.** बुकर पुरस्कार किस क्षेत्र में प्रदान किया जाता है?
A. कल्पना साहित्य लेखन
B. औषधि
C. साहस के कार्य
D. विज्ञान

**177.** हर गोविन्द खुराना को नोबेल पुरस्कार किस क्षेत्र में योगदान के लिए मिला था?
A. चिकित्सा शास्त्र B. भौतिक शास्त्र
C. अर्थशास्त्र D. शांति

**178.** सर्वोच्च शौर्य पुरस्कार 'परमवीर चक्र' के प्रथम विजेता कौन थे?
A. मेजर ध्यान सिंह B. के. गुरुवचन सिंह
C. मेजर शैतान सिंह D. मेजर सोमनाथ शर्मा

**179.** धन्वन्तरि पुरस्कार किस क्षेत्र में विशिष्ट योगदान के लिए दिया जाता है?
A. संगीत
B. नृत्य
C. दर्शन
D. चिकित्सा

**180.** कलिंग पुरस्कार किस क्षेत्र में दिया जाता है?
A. साहित्य के क्षेत्र में
B. विज्ञान के क्षेत्र में
C. सामाजिक कल्याण के लिए किए गए कार्य के लिए
D. अन्तर्राष्ट्रीय शान्ति एवं सद्भावना के लिए

**181.** नोबेल पुरस्कार का आरम्भ कब से हुआ?
A. सन् 1901 से
B. सन् 1905 से
C. सन् 1896 से
D. सन् 1934 से

**182.** अर्थशास्त्र के लिए नोबेल पुरस्कार कब से आरम्भ हुआ?
A. सन् 1969 ई. से
B. सन् 1939 ई. से
C. सन् 1901 ई. से
D. सन् 1935 ई. से

**183.** निम्नलिखित किस अफ्रीकी नेता को भारत-रत्न से सम्मानित किया गया है?
A. होस्नी मुबारक
B. जोमो केन्योटा
C. अनवर सादात
D. नेल्सन मंडेला

**184.** विज्ञान को सर्वसुलभ व सर्वोपयोगी बनाने में सर्वाधिक योगदान देने वाले व्यक्ति को भारतीय नाम वाले किस अन्तर्राष्ट्रीय पुरस्कार से सम्मानित किया जाता है?
A. कालिंजर पुरस्कार
B. कलिंग पुरस्कार
C. मानवता पुरस्कार
D. ऐसा कोई पुरस्कार नहीं है

**185.** नेहरू पुरस्कार कौन-सी संस्था प्रदान करती है?
A. इंडियन कौंसिल ऑफ कल्चरल रिलेशन्स
B. इंडो-सोवियत कल्चरल सोसाइटी
C. भारतीय राष्ट्रीय कांग्रेस
D. भारतीय ज्ञानपीठ

**186.** वीरता का सर्वोच्च सम्मानसूचक पदक जो शत्रु के सामने असीम शौर्य और अदम्य साहस दिखाने या आत्म-बलिदान करने पर भेंट किया जाता है, उसका क्या नाम है?
A. चक्रव्यूह
B. अशोक चक्र
C. महावीर चक्र
D. परमवीर चक्र

**187.** प्रथम मरणोपरान्त 'भारत-रत्न' अलंकरण किसे प्रदान किया गया था?
A. के. कामराज नाडार
B. आचार्य विनोबा भावे
C. लाल बहादुर शास्त्री
D. एम.जी. रामचन्द्रन

**188.** निम्नलिखित में से कौन-सा पुरस्कार केवल एशियावासियों को दिया जाता है?
A. नेहरू सद्भावना पुरस्कार
B. पुलित्जर पुरस्कार
C. इन्दिरा गांधी शान्ति पुरस्कार
D. मैग्सेसे पुरस्कार

**189.** अर्जुन पुरस्कार कब से प्रारम्भ हुए?
A. 1961 ई. से
B. 1962 ई. से
C. 1963 ई. से
D. 1964 ई. से

**190.** ऑस्कर अवॉर्ड जीतने वाले पहले भारतीय थे–
A. नरगिस दत्त
B. शशि कपूर
C. सत्यजीत रे
D. भानु अथैया

**191.** अपर कट शब्द किस खेल में प्रयोग किया जाता है?
A. टेनिस
B. वॉलीबॉल
C. क्रिकेट
D. बॉक्सिंग

**192.** निम्नलिखित में से कौन-सा कप/ट्रॉफी फुटबॉल से सम्बन्धित नहीं है?
A. मर्डेका कप
B. डूरण्ड कप
C. सन्तोष ट्रॉफी
D. दिलीप ट्रॉफी

**193.** फिनिस शब्द का प्रयोग किस खेल में होता है?
A. शतरंज
B. ब्रिज
C. बिलियर्ड्स
D. रग्बी

**194.** एक दिवसीय क्रिकेट तथा टेस्ट मैंचों में सर्वाधिक रन बनाने का रिकॉर्ड किसके नाम है?
A. सौरभ गांगुली
B. सचिन तेन्दुलकर
C. डॉन ब्रेडमैन
D. ब्रायन लारा

**195.** निम्नलिखित में से कौन-सी अन्तर्राष्ट्रीय टेनिस खेल प्रतियोगिता घास के मैदान पर खेली जाती है?
A. यू.एस. ओपन
B. फ्रेंच ओपन
C. विम्बलडन
D. ऑस्ट्रेलियाई ओपन

**196.** 'विम्बलडन ट्रॉफी' का सम्बन्ध किस खेल से है?
A. पोलो (इंग्लैंड) से
B. समुद्री दौड़ से
C. घुड़दौड़ से
D. टेनिस से

**197.** निम्नलिखित में से किस पदक का सम्बन्ध हॉकी से नहीं है?
A. आगा खां कप B. वर्दवान ट्रॉफी
C. ध्यानचन्द ट्रॉफी D. बम्बई गोल्ड कप

**198.** 'रिवर्स स्विंग' एवं 'बीमर' नामक शब्दावलियां किस खेल से संबंधित हैं?
A. नौकायन B. क्रिकेट
C. फुटबॉल D. हॉकी

**199.** निम्नलिखित में से किस ट्रॉफी का सम्बन्ध हॉकी से है?
A. सिन्धिया गोल्ड कप B. संतोष ट्रॉफी
C. रोहिंगटन बेरिया ट्रॉफी D. सुब्रतो मुखर्जी ट्रॉफी

**200.** 'ज्यूल्स रिमेट ट्रॉफी का सम्बन्ध किस खेल से है?
A. फुटबॉल (विश्व) से B. गोल्फ से
C. हॉकी (भारत) से D. लॉन टेनिस (विश्व) से

**201.** 'मर्डेका' का सम्बन्ध किस खेल से है?
A. फुटबाल (विश्व) से
B. फुटबाल (भारत) से
C. फुटबाल (एशिया) से
D. क्रिकेट (आस्ट्रेलिया-इंग्लैंड) से

**202.** प्रथम ओलम्पिक खेल ओलम्पिया (ग्रीस) में कब खेले गए थे?
A. 233 ई.पू. में B. 1500 ई.पू. में
C. 500 ई.पू. में D. 776 ई.पू. में

**203.** 394 ई. में रोम के बाद एक सम्राट ने ओलम्पिक खेलों को बंद कर दिया था। इसको पुनः किसने शुरू किया?
A. मि. स्पोर्ट्समैन ने
B. बैरन पीयरे डी कोबर्टिन ने
C. जनरल फ्रेंको ने
D. अब्राहम लिंकन ने

**204.** सर्वप्रथम आधुनिक ओलिम्पिक ध्वज कब फहराया गया?
A. 1896 में B. 1908 में
C. 1920 में D. 1924 में

**205.** ग्रैंड स्लेम निम्नलिखित में से किस खेल से सम्बन्धित है?
A. फुटबॉल B. टेनिस
C. हॉकी D. पोलो

**206.** प्रथम आधुनिक ओलम्पिक खेल कब और कहां खेले गए?
A. रोम, 1894 ई. में B. मैड्रिड, 1840 ई. में
C. लिस्बन, 1800 ई. में D. एथेन्स, 1896 ई. में

**207.** फीफा विश्व कप फुटबॉल-2022 का विजेता कौन है?
A. ब्राजील B. अर्जेन्टीना
C. फ्रांस D. इटली

**208.** भारत में खेल सम्बन्धी दो राष्ट्रीय इंस्टीट्यूट हैं। एक नेताजी सुभाष बोस के नाम से पटियाला में है, दूसरा किसके नाम से ग्वालियर में है?
A. राणा प्रताप B. पृथ्वीराज चौहान
C. शिवाजी D. रानी लक्ष्मीबाई

**209.** सबसे बड़े मैदान में खेला जाने वाला खेल कौन-सा है?
A. हॉकी B. क्रिकेट
C. पोलो D. कबड्डी

**210.** लॉन टेनिस जाल की ऊँचाई कितनी होती है?
A. 2 फुट 6 इंच B. 3 फुट 6 इंच
C. 4 फुट D. 2 फुट 2 इंच

**211.** 'ए सूटेबल ब्वाय' पुस्तक का लेखक कौन है?
A. खुशवंत सिंह B. अरुण शोरी
C. विक्रम सेठ D. उपरोक्त में से कोई नहीं

**212.** 'कैन्टरबरी टेल्स' पुस्तक का लेखक कौन है?
A. ज्योफरी चासर B. लियो टॉलस्टाय
C. गुन्नार मिर्डल D. विलियम शेक्सपियर

**213.** निम्नलिखित में से कौन-सी पुस्तक प्रेमचन्द द्वारा रचित नहीं है?
A. गोदान B. गबन
C. प्रेम पचीसी D. आनंदमठ

**214.** बांग्लादेश की लेखिका तस्लीमा नसरीन को किस पुस्तक से ख्याति मिली?
A. शर्म B. लज्जा
C. नारी स्वातंत्र्य D. अबला

**215.** 'पावर्टी एण्ड अन-ब्रिटिश रूल इन इण्डिया' का लेखक कौन है?
A. लाला लाजपत राय
B. लाला हरदयाल
C. विनायक दामोदर सावरकर
D. दादाभाई नौरोजी

**216.** 'मुद्राराक्षस' ग्रंथ का लेखक कौन है?
A. विशाखदत्त B. कालिदास
C. भारवि D. माघ

**217.** 'माई प्रेसिडेंशल ईयर्स' पुस्तक का लेखक कौन है?
A. ज्ञानी जैल सिंह B. वी.वी. गिरि
C. आर. बेंकटरमन D. डॉ. शंकर दयाल शर्मा

**218.** 'जय सोमनाथ' किसकी कृति है?
A. के.एम. मुंशी B. वृन्दावन लाल वर्मा
C. अमृत लाल नागर D. मदन मोहन मालवीय

**219.** वर्शिपिंग फाल्स गॉड्स पुस्तक के लेखक हैं–
A. विक्रम सेठ B. अरुण शौरी
C. सलमान रुश्दी D. खुशवन्त सिंह

**220.** निम्नलिखित पुस्तकों में से कौन-सी पुस्तक सलमान रुश्दी की है?
A. दि वर्ल्ड ऑफ फतवाज
B. दि मूर्स लास्ट साई
C. दि अदर हॉफ
D. फूल्स पैराडाइज

**221.** मार्ग्रेट थैचर द्वारा रचित पुस्तक है–
A. लांग वॉक टु फ्रीडम B. दि पाथ टु पावर
C. इमेज एंड इमेजिनेशन D. 10 डाउनिंग स्ट्रीट

**222.** 'फ्रीडम एट मिडनाइट' के लेखक कौन हैं?
A. जवाहरलाल नेहरू तथा डॉ. राजेन्द्र प्रसाद
B. एम.ओ. मथाई तथा फ्रैंक मोरेस
C. मैक्सिम गोर्की तथा दोस्तोवस्की
D. लैरी कॉलिन्स और डोमिनिक लापियर

**223.** 'अंकल टॉम्स केबिन' के लेखक का क्या नाम है?
A. एच.बी. स्टोव B. एडम स्मिथ
C. टॉल्स्टॉय D. थामस मूर

**224.** 'वार एण्ड पीस' और 'अन्ना कैरेनिना' दोनों एक ही अन्तर्राष्ट्रीय ख्याति प्राप्त लेखक की कृतियाँ हैं; उस लेखक का क्या नाम है?
A. ओलीवर गोल्डस्मिथ B. श्वेतलाना
C. लुई ब्रोमफील्ड D. लियो टाल्स्टॉय

**225.** नीरज चोपड़ा का संबंध किस खेल से है?
A. हॉकी B. क्रिकेट
C. फुटबॉल D. भाला फेंक

**226.** 'दास कैपिटल' के लेखक कौन हैं?
A. शेक्सपियर B. कौटिल्य
C. कर्नल जॉन हण्ट D. कार्ल मार्क्स

**227.** 'मदर' के लेखक का क्या नाम है?
A. मैक्सिम गोर्की B. पर्ल एस. बक
C. कैथराइन मेयो D. टी.एस. इलियट

**228.** 'कलम का सिपाही' में किसकी जीवनी प्रस्तुत की गई है?
A. शरतचन्द्र B. प्रेमचन्द
C. राहुल सांकृत्यायन D. जोश मलीहाबादी

**229.** 'झण्डा ऊँचा रहे हमारा' गीत किस कवि की रचना है?
A. श्यामलाल गुप्त 'पार्षद' B. मैथिलीशरण गुप्त
C. सोहनलाल द्विवेदी D. रामधारी सिंह 'दिनकर'

**230.** 'आइने अकबरी' का लेखक कौन था?
A. इब्न बतूता B. अकबर
C. अबुल फजल D. अकबर मुरादाबादी

**231.** कम्प्यूटर–
A. एक उपकरण है जो गणितीय और तार्किक संक्रियायें सम्पन्न करता है
B. एक उपकरण है, जो केवल गणितीय संक्रियायें सम्पन्न करता है
C. एक स्मृति उपकरण है
D. एक गणना उपकरण है

**232.** 'PC' का अर्थ है–
A. प्राइवेट कम्प्यूटर B. पर्सनल कल्कुलेटर
C. पर्सनल कम्प्यूटर D. प्रोफेसनल कम्प्यूटर

**233.** 'बाइनरी अंक प्रणाली' में अधिकतम अंक (digit) कितने होते हैं?
A. 1 B. 10
C. 2 D. 4

**234.** निम्नलिखित में से कौन-सा 'इनपुट' उपकरण है?
A. मॉनीटर B. प्रिंटर
C. प्लॉटर D. माउस

**235.** CPU का पूरा नाम है–
A. सेन्ट्रल प्रोग्रामिंग यूनिट
B. सेन्ट्रल प्रोसेसिंग यूनिट
C. सेन्ट्रल प्रोग्रामिंग अण्डरस्टैंडिंग
D. सेन्ट्रल प्रोसेसिंग अण्डरस्टैंडिंग

**236.** गणना हेतु प्रयोग में लाया गया पहला उपकरण था
A. ENIAC B. ABACUS
C. एनालिटिकल इंजन D. EDSAC

**237.** ABACUS का प्रयोग कब शुरू हुआ था?
A. 250 ई.
B. 450 ई.पू.
C. 1200 ई.पू.
D. 1200 ई.

**238.** किस अंग्रेज को 'कम्प्यूटर का जनक' कहा जाता है?
A. ब्लेज पास्कल
B. लेबनित्ज
C. चार्ल्स बैबेज
D. जे.पी. एकर्ट

**239.** निम्नलिखित में से कौन-सी कम्प्यूटर की सेकेण्डरी मेमोरी है?
A. RAM
B. ROM
C. रजिस्टर्स
D. फ्लॉपी

**240.** निम्नलिखित में से कौन पैकेज नहीं है?
A. BASIC
B. dBASE
C. वर्ड परफेक्ट
D. पेज मेकर

**241.** कौन-सा बेमेल है?
A. वर्ड स्टार
B. वर्ड परफेक्ट
C. DOS Editor
D. विण्डो

**242.** डाटा के समुच्चय (Set) को क्या कहते हैं?
A. फील्ड
B. रेकार्ड
C. फाइल
D. इनमें से कोई नहीं

**243.** Keyboard है?
A. इनपुट यूनिट है
B. आउटपुट यूनिट है
C. इनपुट यूनिट और आउटपुट यूनिट दोनों हैं
D. उपरोक्त में से कोई भी नहीं है

**244.** प्रिंटर–
A. आउटपुट यूनिट है
B. इनपुट यूनिट है
C. उपरोक्त दोनों हैं
D. उपरोक्त में से कोई भी नहीं है

**245.** फ्लॉपी–
A. इनपुट यूनिट है
B. आउटपुट यूनिट है
C. इनपुट यूनिट और आउटपुट यूनिट दोनों हैं
D. उपरोक्त में से कोई भी नहीं है

**246.** कम्प्यूटर की विशेषताएं हैं–
1. तेज रफ्तार
2. स्वचालन
3. कार्यशीलता
4. परिवर्तनशीलता

निम्नलिखित में से कौन-सी विशेषता सही है?
A. 1 और 2 सही हैं
B. 1, 2 और 4 सही हैं
C. 1, 2 और 3 सही हैं
D. उपरोक्त सभी सही हैं

**247.** 1 बाइट बराबर है–
A. 8 बिट
B. 16 बिट
C. 36 बिट
D. 64 बिट

**248.** असंसाधित तथ्य को क्या कहा जाता है?
A. डाटम
B. डाटा
C. फाइल
D. फील्ड

**249.** कम्प्यूटर–
A. सूचना ग्रहण करता है
B. सूचना को निर्दिष्ट प्रयोजन के लिए अनुकूल बनाता है
C. परिणाम प्रदर्शित करता है
D. उपरोक्त सभी बातें सही हैं

**250.** डाटा क्या है–
A. संसाधित तथ्य
B. असंसाधित तथ्य
C. अंक और अक्षर
D. उपरोक्त में से कोई भी नहीं

**251.** 'जीने की कला' (आर्ट ऑफ लिविंग) के प्रतिपादक और प्रचारक कौन हैं?
A. महर्षि महेश योगी
B. श्री श्री रवि शंकर
C. स्वामी चिन्मयानंद
D. भगवान रजनीश

**252.** डंकन पैसेज निम्नलिखित में से किसके बीच स्थित है?
A. दक्षिणी और लिटिल अंडमान
B. उत्तरी और दक्षिणी अंडमान
C. उत्तरी और मध्य अंडमान
D. अंडमान और निकोबार

**253.** निम्नलिखित में से किस शहर को 'इलेक्ट्रॉनिक सिटी' के रूप में जाना जाता है?
A. गुरुग्राम
B. जयपुर
C. बेंगलुरु
D. हैदराबाद

**254.** रासायनिक रूप से 'मिल्क ऑफ मैग्नेशिया' क्या होता है?
A. मैग्नीशियम कार्बोनेट
B. सोडियम बाइकार्बोनेट
C. कैल्सियम हाइड्रॉक्साइड
D. मैग्नीशियम हाइड्रॉक्साइड

**255.** वन अनुसंधान संस्थान कहाँ स्थित है?

A. देहरादून में B. भोपाल में

C. लखनऊ में D. दिल्ली में

**256.** निम्नलिखित कलाकारों और उनके कला-रूपों के मेल मिलाइए–

| **कलाकार** | **कला-रूप** |
|---|---|
| (*a*) पन्नालाल घोष | 1. चित्रकला |
| (*b*) पंडित भीमसेन जोशी | 2. कर्नाटक संगीत (कंठ संगीत) |
| (*c*) अंजलि ईला मेनन | 3. बाँसुरी |
| (*d*) मदुराई मणि अय्यर | 4. हिन्दुस्तानी संगीत (कंठ संगीत) |

**कूट :**

| | (*a*) | (*b*) | (*c*) | (*d*) |
|---|---|---|---|---|
| A. | 1 | 3 | 2 | 4 |
| B. | 2 | 1 | 4 | 3 |
| C. | 3 | 4 | 1 | 2 |
| D. | 4 | 2 | 3 | 1 |

**257.** त्वचा का रंग किसके कारण होता है?

A. एन्जाइम B. एपीडरमिस

C. हारमोन्स D. मेलानिन

**258.** किस क्षेत्र में अधिकांश मौसम सम्बन्धी गतिविधियाँ होती हैं?

A. आयनमंडल B. क्षोभमंडल

C. समतापमंडल D. क्षोभसीमा

**259.** निम्नलिखित में से वह पर्वत श्रेणी कौन-सी है जो भारत में सबसे पुरानी है?

A. हिमालय B. विंध्याचल

C. अरावली D. सहयाद्रि

**260.** निमज्जित वस्तु का पता लगाने के लिए किस उपकरण का प्रयोग किया जाता है?

A. राडार B. सोनार

C. क्वासार D. पल्सार

## उत्तरमाला

| **1** | **2** | **3** | **4** | **5** | **6** | **7** | **8** | **9** | **10** |
|---|---|---|---|---|---|---|---|---|---|
| B | D | B | B | A | D | C | B | A | C |
| **11** | **12** | **13** | **14** | **15** | **16** | **17** | **18** | **19** | **20** |
| D | B | C | C | A | A | B | D | A | A |
| **21** | **22** | **23** | **24** | **25** | **26** | **27** | **28** | **29** | **30** |
| C | D | B | B | C | C | D | A | B | A |
| **31** | **32** | **33** | **34** | **35** | **36** | **37** | **38** | **39** | **40** |
| B | A | D | C | C | D | A | B | B | B |
| **41** | **42** | **43** | **44** | **45** | **46** | **47** | **48** | **49** | **50** |
| B | B | B | C | C | C | C | A | B | C |
| **51** | **52** | **53** | **54** | **55** | **56** | **57** | **58** | **59** | **60** |
| D | B | C | C | A | B | D | C | A | A |
| **61** | **62** | **63** | **64** | **65** | **66** | **67** | **68** | **69** | **70** |
| B | D | B | A | C | D | B | B | A | C |
| **71** | **72** | **73** | **74** | **75** | **76** | **77** | **78** | **79** | **80** |
| D | B | B | A | D | C | A | C | D | B |
| **81** | **82** | **83** | **84** | **85** | **86** | **87** | **88** | **89** | **90** |
| B | A | B | D | B | C | A | A | C | B |
| **91** | **92** | **93** | **94** | **95** | **96** | **97** | **98** | **99** | **100** |
| C | D | B | A | B | C | D | C | A | C |
| **101** | **102** | **103** | **104** | **105** | **106** | **107** | **108** | **109** | **110** |
| D | C | B | D | A | B | B | A | B | C |

| **111** | **112** | **113** | **114** | **115** | **116** | **117** | **118** | **119** | **120** |
|---|---|---|---|---|---|---|---|---|---|
| C | B | A | A | C | A | D | C | C | C |
| **121** | **122** | **123** | **124** | **125** | **126** | **127** | **128** | **129** | **130** |
| D | A | C | D | C | C | C | B | A | C |
| **131** | **132** | **133** | **134** | **135** | **136** | **137** | **138** | **139** | **140** |
| D | C | B | D | B | C | C | D | A | B |
| **141** | **142** | **143** | **144** | **145** | **146** | **147** | **148** | **149** | **150** |
| A | D | C | C | C | B | A | B | A | D |
| **151** | **152** | **153** | **154** | **155** | **156** | **157** | **158** | **159** | **160** |
| B | A | A | C | C | C | D | B | C | A |
| **161** | **162** | **163** | **164** | **165** | **166** | **167** | **168** | **169** | **170** |
| C | B | A | D | A | C | C | D | B | A |
| **171** | **172** | **173** | **174** | **175** | **176** | **177** | **178** | **179** | **180** |
| C | D | B | B | B | A | A | D | D | B |
| **181** | **182** | **183** | **184** | **185** | **186** | **187** | **188** | **189** | **190** |
| A | A | D | B | A | D | C | D | A | D |
| **191** | **192** | **193** | **194** | **195** | **196** | **197** | **198** | **199** | **200** |
| D | D | B | B | C | D | B | B | A | A |
| **201** | **202** | **203** | **204** | **205** | **206** | **207** | **208** | **209** | **210** |
| C | D | B | B | B | D | B | D | C | B |
| **211** | **212** | **213** | **214** | **215** | **216** | **217** | **218** | **219** | **220** |
| C | A | D | B | D | A | C | A | B | B |
| **221** | **222** | **223** | **224** | **225** | **226** | **227** | **228** | **229** | **230** |
| B | D | A | D | D | D | A | B | A | C |
| **231** | **232** | **233** | **234** | **235** | **236** | **237** | **238** | **239** | **240** |
| A | C | C | D | B | B | A | C | D | A |
| **241** | **242** | **243** | **244** | **245** | **246** | **247** | **248** | **249** | **250** |
| D | A | A | A | C | D | A | B | D | B |
| **251** | **252** | **253** | **254** | **255** | **256** | **257** | **258** | **259** | **260** |
| B | A | C | D | A | C | D | B | C | B |

✧✧✧✧✧